1781

Joyce Milton

DIE LINDBERGHS

Eine Biographie

Aus dem Amerikanischen von
Brigitte Jakobeit und Jörn Ingwersen

Hoffmann und Campe

Die Originalausgabe erschien unter dem Titel
Loss of Eden bei HarperCollins, New York

Die Deutsche Bibliothek – CIP-Einheitsaufnahme
Milton, Joyce:
Die Lindberghs : eine Biographie / Joyce Milton.
Aus dem Amerikan. von Brigitte Jakobeit und Jörn Ingwersen.
– 1. Aufl. – Hamburg : Hoffmann und Campe, 1995
Einheitssacht.: Loss of Eden <dt.>
ISBN 3-455-08574-1

Schutzumschlag: Rambow van de Sand unter Verwendung
der Fotos von Bettmann Archive (Flieger) und K.D. Allers (Himmel)
Satz: Alphabeta Druckformdienst GmbH, Hamburg
Druck und Bindung: Graphischer Großbetrieb Pößneck
Printed in Germany

INHALT

1.
PROPHETEN

An einem Spätsommertag des Jahres 1900 stieg Evangeline Land in Little Falls, Minnesota, aus dem Zug und mietete einen Wagen, der ihren Schrankkoffer ins Antlers Hotel bringen sollte. Miss Land war die neue Lehrerin für Naturwissenschaften an der High School, von der Schulbehörde unbesehen zum Unterricht in fünf Fächern – Chemie, Physik, Biologie, physikalische Geographie und Physiologie – angestellt, und das für ein Anfangsgehalt von 55 Dollar im Monat. Mit ihren 24 Jahren war sie eine schmächtige, lebhafte Frau mit lockigem braunen Haar und großen graublauen Augen, außerdem hübsch, wenn auch nicht atemberaubend, und für eine Lehrerin in einer Kleinstadt ungewöhnlich gut ausgebildet. Als Absolventin der Miss Liggets Academy in Detroit hatte sie den Magistertitel in Chemie an der Universität Michigan erworben.

In der Zeit um die Jahrhundertwende gab es wenig Möglichkeiten für weibliche Naturwissenschaftlerinnen, aber Evangeline hatte beschlossen, ihren akademischen Titel als Passierschein zu nutzen, um sich jenseits ihrer sorgenfreien, gutbürgerlichen Umgebung von Detroit umzusehen. Für Little Falls hatte sie sich nach der Lektüre von *Down the Great River* entschieden, einem von Willard Glazier 1881 verfaßten Bericht über die Suche nach der echten Quelle des Mississippi. Glaziers populäre und extrem romantisierende Schilderung erzählt, wie er das Quellgebiet des Flusses erforscht und Seen mit so bildhaften Namen wie Winnibegoshish im Kanu befahren hatte. Seine Gruppe war einigen kupferhäutigen Chippewa begegnet, sie hatten Wapitihirsche, Bären, Rotwild und Schwärme von Meergänsen, Kormoranen, Pelikanen und Trompetenschwäne zu sehen bekommen.

Nach seiner Expedition ins Quellgebiet zog Glazier weiter flußabwärts und machte an einer Reihe von Handelsniederlassungen halt, bis die Forschergruppe Little Falls erreichte, die erste zivilisierte Stadt am Oberlauf des Mississippi. »Dort«, schrieb Glazier, »begrüßte uns eine Blaskapelle mit schwungvoller Musik, und von allen Seiten schallten uns Hurrarufe und Willkommensgrüße entgegen.« Die Forscher wurden im Triumphzug in ein komfortables Hotel geleitet, wo eine städtische Delegation unter der Leitung von Moses LaFond, dem angeblich ersten Siedler der Stadt, Glazier zu den geologischen Quellen des Flusses befragte. Zum Beweis, daß ein unbekanntes Volk die nördlichen Wälder lange vor Ankunft der Chippewa und Sioux bewohnt hatte, legte man ihm eine Sammlung von Fundstücken vor.[1]

Als Evangeline das Angebot der Schulbehörde akzeptierte, stellte sie sich vor, sie würde einfachen Holzfäller- und Bergarbeiterkindern die Grundsätze der Naturwissenschaften nahebringen, vielleicht noch mit einem treuen Hund an der Seite, der ihr die Bücher in das einzige Klassenzimmer der Schule und wieder zurück tragen würde. Doch seit Glaziers Besuch waren zwei Jahrzehnte verstrichen, in Little Falls hatte der Fortschritt Einzug gehalten. Das moderne Sägewerk der Pine Tree Lumber Company arbeitete rund um die Uhr; die Geschäftsleute des Ortes kauften westlich der Stadt große Landflächen auf und spekulierten mit dem Bau von Arbeiterwohnungen und Ladenzeilen. Über die windigen Prärien im Westen der Stadt, wo sich noch 1861 kriegerische Sioux gegen die Weißen erhoben hatten, erstreckten sich jetzt blühende Farmen. Die urzeitlichen Kiefernwälder im Norden und Osten waren rigoros kahlgeschlagen worden.

Als County-Hauptstadt mit knapp über 5 000 Einwohnern hatte Little Falls das Stadium einer Zwergschule längst hinter sich gelassen, und der Schulinspektor, der Miss Land wohl als jung und agil genug einschätzte, um mühelos Treppen zu steigen, setzte sie umgehend im obersten Stockwerk des fünfstöckigen High-School-Gebäudes ein. Der enge Raum war dürftig ausgestattet, und im Winter drangen die peitschenden Präriewinde durch die Fensterritzen. Wenn Evangeline die Versuche für ihre Unterrichtsstunden vorbereitete, waren die Teströhrchen und Bechergläser schnell vereist, ihre Finger steif und starr. Sie beschwerte sich über die Temperatur im Klassenzimmer – »ungefähr 12 Grad« –, um letztlich nur zu hören, dies sei Minnesota, und damit müsse sie sich nun mal abfinden.[2]

Im Antlers Hotel besprach Evangeline ihre Probleme mit einem Pensionsgast, der zufällig auch der führende Rechtsanwalt in der Stadt war. Charles August Lindbergh, gewöhnlich C.A. genannt, war ein glänzend aussehender Mann mit erstaunlich blauen Augen, einem tiefen Grübchen im Kinn und mit seinen 41 Jahren noch immer rank und schlank. Lindbergh war mit Mary LaFond verheiratet gewesen, einer Tochter jenes Moses LaFond, der Willard Glazier 1881 in Little Falls begrüßt hatte. Sie war im Alter von 21 Jahren an den unerwarteten Folgen einer harmlosen Operation gestorben, und C.A.s zwei kleine Töchter, Lillian und Eva, lebten bei seiner Mutter, während er im Antlers logierte. In seiner Einsamkeit und Langeweile freute er sich über die Anwesenheit der attraktiven neuen Lehrerin, die wie er die Universität von Michigan absolviert hatte. In ihren Briefen nach Hause nannte Evangeline ihn »den Witwer« und beschrieb ihn scherzhaft als reichen alten Mann, häßlich und unangenehm »norwegisch«, mit einem Namen, »der an Käse erinnert«. Natürlich war nichts davon ernst zu nehmen. Evangeline und C.A. bewohnten Zimmer, die, durch einen Hof getrennt, einander gegenüberlagen, und ihre Liebesaffäre war in wenigen Wochen so weit gediehen, daß sie sich morgens und abends mit einer eigenen Zeichensprache verständigten.[3]

Evangeline gab es bald auf, sich mit der Schulverwaltung zu streiten. Wenn ihr der Raum zu kalt war, schickte sie ihre Schüler in ein freies Klassenzimmer in eines der unteren Stockwerke. Als sie eines Tages ein sperriges Gerät die enge Treppe hinuntertrug, lief ihr der Schulinspektor über den Weg und befahl ihr, den Apparat wieder nach oben zu schaffen. Evangeline mit ihrem irischen Temperament ignorierte ihn. Die Auseinandersetzung endete damit, daß sie das Gerät abstellte und das Gebäude verließ, um nie wieder zurückzukehren.

Evangeline schickte ihre Kündigung mit der Post und kehrte nach Detroit zurück. Aber C.A. Lindbergh bemühte sich weiter um sie, und am 21. März 1901 wurde das Paar im Wohnzimmer ihrer Eltern getraut. Sie verbrachten die Flitterwochen in Kalifornien, wo sie den Yosemite National Park besuchten und anschließend einen Abstecher zur Ranch von C.A.s älterem Halbbruder Perry machten; dann kehrten die Jungverheirateten zurück nach Little Falls.

Kurz vor dem Tod seiner ersten Frau hatte C.A. eine 44 Hektar große Farm drei Kilometer südlich der Stadt gekauft, wovon ein beträchtlicher Teil am Westufer des Mississippi lag. Zu dem Besitz gehörte ein schön gelegenes Baugrundstück auf einem sechs Meter hohen Steilufer mit Ausblick auf den Fluß. In einem Anfall von Überschwenglichkeit stimmte der ansonsten eher sparsame C.A. Plänen für ein dreistöckiges Holzhaus zu, mit Holzfußböden, Eichentäfelung im Erdgeschoß, fünf Schlafzimmern und einem Billardraum im dritten Stock. Wenn es auch an das herrschaftliche Anwesen der Weyerhaeusers, der Eigentümer der Pine Tree Lumber Company, nicht ganz heranreichte, so sollte es doch eines der schönsten Landsitze im Morrison County werden.

Während das Haus gebaut wurde, wohnten C.A. und Evangeline vorübergehend in einer provisorischen Holzhütte mit zwei Zimmern nahe am Fluß. Als die kalte Jahreszeit kam, war das Haupthaus fast fertig, die neuen, in Grand Rapids bestellten Mahagonimöbel geliefert. Ein Jahr nachdem Evangeline ihren Lehrerjob aufgegeben hatte, beschäftigte sie drei Dienstboten, besaß ihren eigenen Wagen und empfing die Weyerhaeusers, die Mussers und die übrigen wohlhabenden Familien der Gegend.

Als C.A. Lindbergh Evangeline heiratete, führte er eine typische ländliche Anwaltskanzlei. Er arbeitete als Strafverteidiger und hatte während seiner Pflichtzeit als County-Staatsanwalt sogar einige Mordfälle untersucht; den Großteil seines Einkommens verdiente er jedoch mit der Abwicklung von Geschäften für die Pine Tree Lumber Company und andere Firmen. Für sich und als örtlicher Agent eines New Yorker Millionärs namens Howard Bells, der mit landwirtschaftlichem Boden spekulierte, handelte er außerdem nebenbei mit Grundstücken.

Selbst unter seinen Nachbarn in Minnesota, einem Menschenschlag, der nicht gerade für seine Offenheit berühmt ist, galt C.A. als ungewöhnlich zurückhaltend und verschlossen, als tiefsinniger Denker, dessen wahrer Charakter nur gelegentlich in scharfzüngigem Humor aufblitzte. Als einer der führenden Köpfe der Stadt brütete er über Bänden von Abraham Lincolns Reden, Geschichtsbüchern von Prescott und populistischen Abhandlungen wie »Coin's Financial School«. Er hatte die Klassiker der Philosophie und Literatur gründlicher gelesen und mehr darüber nachgedacht als mancher Collegeprofessor im Osten, konnte sich jedoch, wie so viele Autodidakten, nur in schlichten Worten ausdrücken; zudem neigte er dazu, sich mit weltbewegenden Fragen isoliert auseinanderzusetzen, und fand dabei oft Lösungen, die längst als intellektuelle Klischees galten.

C.A.s Nettojahreseinkommen lag bei ungefähr 200 000 Dollar, womit er im Morrison County ein vergleichsweise reicher Mann war, auch wenn ein Großteil seines Geldes in Farmland angelegt war und er selbst immer bescheiden gelebt hatte. Er stand im Ruf, einen Fall nur dann anzunehmen, wenn er vom Recht des Klienten überzeugt war, und nicht selten akzeptierte er eine Hypothekenzahlung von einem in Not geratenen Farmer, um das Geld gleich wieder in Form von ungedeckten Anleihen zurückzugeben.

Viele Klienten und Pächter schuldeten C.A. Geld, und sie waren vermutlich nicht allzu glücklich über seine Ehe mit einer gesellschaftlich aufstrebenden, zum Luxus neigenden Frau, die sich der Gemeinde nicht verpflichtet fühlte. Evangeline trug mit Vorliebe große, auffällige Hüte und nannte das Haus am Fluß »Lindholm«, eine Affektiertheit, die das Feingefühl ihrer bescheidenen Lindbergh-Verwandtschaft verletzte; sie überredete C.A. sogar zum Reiten.

In Minnesota erzählt man sich, daß ein anderer Junge aus der Gegend, Sinclair Lewis aus Sauk Centre, die Geschichte von C.A. Lindberghs zweiter Ehe gekannt habe und daß ihn Evangeline zur Figur der Carol Kennicott in *Main Street (Die Hauptstraße)* anregte. Dieser Zusammenhang ist zwar nicht bewiesen, doch C.A.s Eltern hatten sich in Melrose in der Nähe von Sauk Centre angesiedelt, und es gibt weitere Hinweise in Lewis' Roman, daß er von der bunten Vergangenheit der Familie Lindbergh zumindest wußte.[4]

C.A.s Vater war in seiner früheren Heimat unter dem Namen Ola Månsson ein berühmter Mann gewesen, der sich seine Bildung durch Fleiß und Zielstrebigkeit selbst angeeignet hatte und der elf Jahre lang führendes Mitglied des Schwedischen Reichstags war, wo er fast im Alleingang ein liberales Reformprogramm durchsetzte. Månsson kämpfte für die Gleichberechtigung von Juden, anderen religiösen Minderheiten und Frauen und bewirkte die Aufhebung eines alten Gesetzes, das Bibellesungen und Gottesdienste in Privathäusern verbot. Er prangerte das Schlagen von Bediensteten durch ihre Arbeitgeber als Verbrechen an, und sein längster und umstrittenster Kreuzzug endete mit dem Verbot des Schandpfahls, dem letzten Überrest der Körperstrafe in der schwedischen Rechtsprechung. Månssons höchstes Ziel war der Sturz des Klassensystems. Dies gelang ihm nicht – »Adel wie ehedem«, schrieb er resignierend einige Jahre nach seinem Amtsrücktritt –, doch als Privatsekretär und enger Freund des Kronprinzen, des späteren Karl XV., hatte er die Entwicklung Schwedens hin zur konstitutionellen Monarchie mit vorantreiben können.

1859 machte ein Skandal Månssons Karriere ein abruptes Ende. In seiner Position als Direktor der schwedischen Staatsbank hatte er für Geschäftskredite an Freunde gebürgt. Als die Schulden nicht zurückgezahlt wurden, legte man ihm strafbare Veruntreuung zur Last. Laut Dr. Grace Nute, einer verstorbenen Historikerin aus Minnesota, deren Nachforschungen zum Teil von der Familie Lindbergh finanziert wurden, konnte man Månsson schlimmstenfalls eine Mißachtung der vorgeschriebenen Bankformalitäten vorwerfen und ihn viel eher als Opfer seiner politischen Feinde sehen.

Doch statt gegen die Beschuldigungen vorzugehen, löste der zutiefst verbitterte Månsson sein Vermögen auf, um damit die Schulden zu decken, und kehrte dann seinen undankbaren Landsleuten für immer den Rücken. Zusammen mit seiner zweiten Frau, der früheren Louisa Carline, und seinem kleinen Sohn, der zu Ehren des Kronprinzen Karl August hieß, segelte er im Sommer 1859 nach Amerika.

Etwa zur gleichen Zeit von Månssons Auswanderung ging man in Schweden von der altmodischen Regelung des Patronymikum ab: Statt an den Vornamen des Vaters die Nachsilben »son« oder »dottir« anzufügen, suchten sich die schwedischen Familien freie Nachnamen. Månssons Söhne aus erster Ehe hatten bereits den Namen Lindberg angenommen, und er selbst entschloß sich jetzt ebenfalls dazu. In einem etwas ungewöhnlichen Schritt allerdings änderte er auch seinen Vornamen und wurde August Lindberg. Kurz nach der Ankunft in Amerika anglisierte er den neuen Nachnamen und setzte ein h an den Schluß. Er war so entschlossen, die alte Heimat hinter sich zu lassen, daß er seine schwedischen Bücher beiseite legte, sich in amerikanische Literatur vertiefte und bald sogar sein persönliches Tagebuch in Englisch schrieb.

Louisa Carline Lindbergh war gerade 20 Jahre alt – 30 Jahre jünger als ihr Mann – und stammte aus genau jenen aristokratischen Familien, deren Macht Ola Månsson im Reichstag bekämpft hatte. Es ist fraglich, ob das Paar jemals gesetzlich verheiratet war; C.A.s Geburt am 20. Januar 1859 wurde jedenfalls mit der Adresse einer Hebamme gemeldet, die im allgemeinen nur bei der Geburt nichtehelicher Kinder in Familien der Oberschicht in Anspruch genommen wurde. Das alles legt nahe, daß der Skandal, der Månssons politische Karriere beendete, und seine Entscheidung, das Land zu verlassen, womöglich aus etwas komplizierteren Verhältnissen herrührten.

Das Paar ließ sich in der Nähe von Melrose nieder, am Sauk River im Stearns County, Minnesota, wo August eine goldene Medaille, die ihm vom Reichstag verliehen worden war, gegen seinen ersten Pflug eintauschte. Sich in der Wildnis ein Heim aufzubauen, bedeutete schon für einen jungen, kräftigen Mann eine große Herausforderung, doch für August Lindbergh, der zwar von Kleinbauern abstammte, seit 30 Jahren aber keine Feldarbeit mehr verrichtet hatte, bedeuteten die Mühen, seine Familie unterzubringen und zu ernähren, eine fast unmenschliche Strapaze.

Als August Lindbergh 1861 eine Fuhre Baumstämme in ein Sägewerk in Sauk Centre lieferte, rutschte er aus und fiel in die Maschine. Eine Kreissäge trennte ihm beinahe den Arm ab und drang in seinen Brustkorb – ein Augenzeuge berichtete, er habe tatsächlich Lindberghs klopfendes Herz sehen können. Der einzige Arzt des Dorfes war an diesem Tag in St. Cloud, und so lud Reverend Harrison, ein Prediger aus der Gegend, den verwundeten Mann hinten in seinen Pferdewagen und brachte ihn nach Melrose zurück, damit er im eigenen Bett sterben konnte. Am nächsten Morgen kam der Arzt und berechnete 20 Dollar dafür, daß er Lindberghs Arm ohne Betäubung amputierte.

Doch August Lindbergh weigerte sich zu sterben. Ende des Jahres fällte er wieder Bäume; er benutzte eine besonders schwere Axt, die er mit einer Hand gebrauchen konnte und die er selbst entworfen hatte. Er zeugte noch sechs Kinder, von denen drei im Säuglingsalter starben. August und Louisa waren Mitbegründer der ersten öffentlichen Schule in Melrose, und Hunderte von schwedischen Einwanderern, die auf ihrem Weg in ein neues Leben im westlichen Minnesota und den Dakotas durch Melrose kamen, fanden bei ihnen Unterkunft und Verpflegung. Noch Jahre später wurde August oft von Studenten aufgesucht, die sich seiner historischen Rolle als Verfechter der Aufklärung in Schweden bewußt waren.

Als Erwachsener war C.A. äußerst stolz auf Augusts Leistungen. In seiner Jugend jedoch hatte er sich schrecklich für den schäbig gekleideten, einarmigen Vater geschämt. Hinzu kam, daß die Lindberghs, obwohl sie Englisch lesen und schreiben konnten, mit starkem Akzent sprachen. C.A. erinnerte sich beschämt, wie alle loslachten, als er bei einer Schulaufführung »The Charge of the Light Brigade« vortragen sollte und euphorisch deklamierte: »Hof a lee-gyew, hof a lee-gyew, hof a lee-gyew onvart.« (Anfang des Gedichts von Alfred Lord Tennyson über den Reiterangriff von Balaclava bei Sebastopol am 25. 4. 1854: »Half a league, half a league, half a league onward«.)

Mit zehn Jahren verließ C.A. die Schule, um seine Familie zu unterstützen. Er stellte Fallen auf, angelte und jagte Rotwild. Bis zum 20. Lebensjahr betrat er kein Klassenzimmer mehr, erst dann schrieb er sich an einer privaten Hochschule ein, in der junge Männer wie er verlorene Unterrichtsjahre durch ein unabhängiges Studium und intensive Leseprogramme ausgleichen konnten. Danach vervollständigte er mit einem zweisemestrigen Jurastudium in Michigan seine Ausbildung.

C.A.s begrenzte Hochschulbildung war für einen Akademiker in diesem ländlichen Teil des Staates typisch, es überrascht also eigentlich nicht, daß Evangeline während der Schwangerschaft im Jahr nach der Hochzeit beschloß, zur Entbindung unbedingt ins zivilisiertere Detroit zurückzukehren. Dort überwachte ihr Onkel Edwin Lodge, ein bekannter homöopathischer Arzt, am 4. Februar 1902 die Geburt von Charles Augustus Lindbergh.

In seiner frühesten Erinnerung sah sich Charles am Mahagonitisch im Eßzimmer sitzen, der für eine der Dinner-Parties seiner Mutter festlich mit glänzendem Silber und Kristall gedeckt war, während ihn sein Vater mit rohen Karotten fütterte. Er erinnerte sich auch, wie man ihn in einer Kutsche zum Spielen zu dem kleinen Charles Weyerhaeuser brachte, dem Erben der Sägemühle. Seine Mutter hatte überall vor dem Haus Schwertlilien gepflanzt, ihre Lieblingsblumen, und spielte volkstümliche Lieder auf dem Klavier im Wohnzimmer.

Diese sehr frühen Erinnerungen, zweifellos durch die Erzählungen der Mutter und die eigene Phantasie beflügelt, stammten aus einer Zeit, als seine Eltern großzügig, glücklich und sorgenfrei lebten. Doch die Lindbergh-Ehe war von Anfang an getrübt. C.A.s Töchter Lillian und Eva, zum Zeitpunkt seiner Wiederheirat 14 und 10 Jahre alt, akzeptierten nur widerstrebend die Autorität einer 25jährigen Stiefmutter, deren Lebensstil ihre eigene Mutter nie genossen hatte. Die übrigen Lindbergh-Verwandten in der Stadt, C.A.s verwitwete Mutter Louisa, seine verheirateten Schwestern Juno und Linda und der jüngere Bruder Frank, verhielten sich keineswegs entgegenkommender. Die Lindberghs kritisierten Evangeline nur selten direkt, aber wenn sie in ihren Erinnerungen die verstorbene Mary LaFond als freundlich, bescheiden und als sparsame Hausfrau lobten, drückten sie deutlich aus, woran es der zweiten Mrs. Lindbergh mangelte.

Evangeline war eine gefühlsbetonte Frau, manchmal leidenschaftlich und zärtlich, aber auch schnell in ihrer Ablehnung. Unglücklicherweise war sie mit einem Mann verheiratet, der sie zwar sehr liebte, seine Gefühle jedoch nur schwer zum Ausdruck bringen konnte, es sei denn durch Sticheleien. Empört erinnerte Evangeline sich später, wie sie mit C.A. kurz nach der Hochzeit am Flußufer entlangschlenderte, im Schlamm den Halt verlor und dann bis zur Brust ins kalte Wasser rutschte. Doch statt ihr schnell zu helfen, bog C.A. sich vor Lachen.

Bei einer anderen Gelegenheit erzählte C.A. einem neugierigen Klienten, der allzu viele Fragen über den Altersunterschied in Lindberghs Ehe stellte: »Oh, meine Frau ist in Wirklichkeit viel älter, als sie aussieht. Sie ist sogar älter als ich.« Die Geschichte machte in der Stadt schnell die Runde, und Evangeline war nicht gerade begeistert, als sie davon hörte. Die Lindberghs kamen zu dem Schluß, daß Evangeline einfach nicht stark genug war, sich der Mentalität in Minnesota anzupassen, und daß ihr zudem jeder Sinn für Humor fehlte. Aber sie bemühte sich, mit zwei unglücklichen Stieftöchtern und einer feindseligen Stadt fertig zu werden, und C.A. schien für ihre Probleme oft blind zu sein. »Ich erzähle den Leuten nicht, wenn ich zufrieden bin«, schrieb er einige Jahre später und nannte sich selbst einen »alten Griesgram«.[5]

C.A. fühlte sich nicht besonders wohl, wenn er als Gentleman vom Land mit den Weyerhaeusers und Mussers Karten und Billard spielte. Durch landwirtschaftlichen Boden reich zu werden bedeutete letztlich oft, vom Unglück der eigenen Nachbarn zu profitieren, und diese Situation belastete sein Gewissen. Wenn er sich in seine populistischen Traktate vertiefte, machte er sich Gedanken über die Farmer, die machtlos den Schwankungen des Geldmarktes im Osten und den großen Eisenbahngesellschaften ausgeliefert waren. Warum, so fragte er sich, sollten sinkende Warenpreise in New York und Chicago dazu führen, daß ein kleiner, fleißiger Farmer sein Land verliert? Warum sollte das Schicksal einer ganzen Region von der Eisenbahn bestimmt werden, deren Frachtgebühren den Warentransport von Minnesota nach Chicago teurer machten als von New England nach Chicago?

Zur Lösung dieser Probleme gründete C.A. im Februar 1905 die Industrial Adjustment Company. Zu den ersten Investoren gehörten sein jüngerer Bruder Frank, sein Schwiegervater Dr. Charles Land und sein langjähriger Freund Carl Bolander, ein Bauunternehmer in Little Falls. Das Vermögen der Gesellschaft schloß ein leeres Lagerhaus in der Nähe des Verschiebebahnhofs ein, das in einen Kühlraum umfunktioniert werden sollte. Geplant war, Vieh von den einheimischen Farmern zu kaufen, die Tiere auf einem Stück Land außerhalb der Stadt aufzupeppeln und sie dann direkt in Little Falls zu schlachten. Die Gesellschaft sollte zusätzlich als eine Art landwirtschaftliche Kreditvereinigung dienen, Darlehen gegen Waren gewähren und als Vermittleragentur zwischen Gläubigern und Schuldnern fungieren.

Während C.A.s Partner die Gesellschaft sehr wohl in erster Linie als ein kommerzielles Risiko einschätzten, sah er sie als Beginn einer Bewegung. Er fing an, ein vierteljährliches Mitteilungsblatt mit dem umständlichen Titel *The Law of Rights, Realized and Unrealized, Individual and Public* zu veröffentlichen, in dem er die Notwendigkeit landwirtschaftlicher Selbsthilfe und die Beseitigung sinnlosen Wettbewerbs predigte. Die Schwierigkeiten in Städten wie Little Falls beständen darin, argumentierte C.A., daß es zu viele kleine Händler gebe und jeder gegen jeden konkurriere. Statt mit 16 verschiedenen Lebensmittelläden beispielsweise wäre Little Falls mit ein oder zwei Einzelhandelskooperativen viel besser bedient.

Diese Idee hatte sicher ihr Gutes, nur waren die konkurrierenden kleinen Geschäftsleute in der Stadt nicht besonders erpicht darauf, sich zugunsten des Allgemeinwohls selber aus dem Geschäft zu bringen. Zudem konnte C.A. weitaus besser radikale Theorien zur Lösung sozialer Ungerechtigkeiten diskutieren als die Alltagssorgen einer Krämerseele nachvollziehen. Die Industrial Adjustment Company ging bald pleite, C.A. verlor seine gesamte Einlage – über 20 000 Dollar. Doch dieser geschäftliche Fehlschlag war noch nicht das schlimmste – auf die Familie Lindbergh sollten in diesem Jahr noch ganz andere Probleme zukommen.

An einem heißen Sonntagnachmittag im August spielte der dreijährige Charles friedlich im ersten Stock, als er seine Mutter und die Dienstboten schreiend durchs Haus laufen hörte. ein Kindermädchen packte ihn und trug ihn über die Straße zur Scheune. »Schau nicht hin! Du darfst nicht hinschauen!« ermahnte sie ihn. Aber Charles konnte sich losmachen und spähte um die Scheunenecke. Er sah, wie Nachbarn mit Möbeln aus dem Haus rannten und schwarzer Rauch aus einem Fenster im dritten Stock quoll.

Die Ursache des Feuers wurde nie festgestellt, man spekulierte lediglich, ein Dienstmädchen habe eine heiße Lockenschere in den Wäscheschrank gelegt. Die Nachbarn der Lindberghs konnten noch rechtzeitig die meisten Möbel aus dem Erdgeschoß retten, doch für das Haus war es zu spät. Am nächsten Morgen blickte Charles an der Hand seiner Mutter in das schwelende Loch hinab, das einmal der Keller gewesen war. »Vater wird uns schon ein neues Haus bauen«, versprach ihm seine Mutter.

Doch das prächtige Haus am Fluß wurde nie wieder aufgebaut. Im folgenden Jahr, im Sommer 1906, wurde es durch einen wesentlich bescheideneren Bau ersetzt, ein typisches Sommerhaus, um dessen winzige Diele in der Mitte sich die Zimmer drängten; das Dachgeschoß wurde nicht komplett ausgebaut, und es gab weder eine Pumpe in der Küche noch sanitäre Installationen oder eine Zentralheizung. Und wenngleich C.A. erst kurz zuvor finanzielle Rückschläge erlitten hatte, war der Hauptgrund für diese Entscheidung offenbar nicht Geldmangel.

Nach dem Brand bezog die Familie – C.A., Evangeline, Lillian, Eva, Charles, das Kindermädchen und eine Zeitlang auch die beiden Hunde – in der Stadt Zimmer im Buckman Hotel. Waren die Familienbeziehungen schon vorher gespannt, so tat die beengte Unterkunft jetzt ihr übriges.

Trotz drückender geschäftlicher und familiärer Probleme konzentrierte C.A. sich in dieser Zeit darauf, für das Abgeordnetenamt im sechsten Wahlkreis von Minnesota zu kandidieren und den Abgeordneten Frank Buckman (Besitzer des Buckman Hotels) herauszufordern. Theodore Roosevelt, der charismatische »Trustbuster« (etwa: Monopolbrecher, A. d. Ü.), hatte seinen Platz im Weißen Haus eingenommen, und der progressive Flügel der in Minnesota mehrheitlich vertretenen republikanischen Partei suchte frisches Blut, vor allem intelligente Rechtsanwälte vom Land wie C.A., die kreative Ideen mitbrachten, um Probleme wie die ungerechten Bahnfrachtgebühren und Kreditbestimmungen zu bekämpfen. Da der Name Lindbergh bei den skandinavisch-amerikanischen Wählern der Region noch immer hoch im Kurs stand, hatte sich im Winter 1905/06 eine Gruppe von Progressiven an C.A. gewandt und ihn gedrängt, bei den Vorwahlen der Republikaner gegen den Amtsinhaber Buckman zu kandidieren.

Evangeline unterstützte die politischen Ambitionen ihres Mannes. Obwohl sie in Little Falls nie eine Kirche besucht hatte, putzte sie Charles jetzt mit einem kratzigen Flanellanzug und langen schwarzen Strümpfen heraus und schickte ihn zum Gottesdienst in die lutherische Kirche.

Die Lindberghs zeigten sich weniger begeistert. Frank Lindbergh war – abgesehen von der Tatsache, daß er mit seinem Bruder die Anwaltskanzlei führte – auch noch zufällig mit Buckmans Tochter verheiratet, und nachdem C.A. einmal übertrieben pathetisch seine Mission als »Feldzug gegen die Ignoranz« bezeichnet hatte, bekam der Wahlkampf den Beigeschmack einer privaten Fehde. Frank ergriff in diesem Konflikt nur widerstrebend für seinen Bruder Partei.[6]

Bei der Vorwahl im September holte C.A. einen knappen Sieg über Buckman heraus und gewann auch die folgende Parlamentswahl, wobei er seinen Anhängern im sechsten Wahlkreis versprach, er sei der Kandidat »der Massen gegen die Klassen« und stimme, was »all die großen Themen, vor denen das amerikanische Volk heute steht«, mit Theodore Roosevelt überein.[7]

Kurz nach der Wahl bezogen die Lindberghs eine Wohnung in Minneapolis. Laut Aussage der Hauswirtin ließ Charles, der mit seinen fünf Jahren bereits wissenschaftliches Interesse zeigte, ihre Katze aus einem Fenster im zweiten Stock fallen, um zu sehen, ob das Tier auf den Füßen landete. (Das tat es.) Charles stritt diese Geschichte stets ab und erinnerte sich statt dessen, daß er wegen schwerer Masern den ganzen Winter gelangweilt in der Wohnung verbringen mußte.

Der 60. Kongreß sollte offiziell nicht vor Dezember 1907 eröffnet werden. Doch als zukünftiger Vollzeitabgeordneter zog C.A. schon Monate vor Beginn der Sitzungsperiode mit seiner Familie in die Hauptstadt und mietete einige Zimmer in einem bescheidenen Mietshaus in der V-Straße. Von nun an arbeitete er zwölf Stunden täglich und setzte sich manchmal schon um fünf Uhr morgens an den Schreibtisch.

Zu den übrigen Neulingen im Kongreß gehörte Senator Robert (»Fighting Bob«) La Follette, der bald C.A.s Freund und politischer Verbündeter wurde. La Follette war entschlossen, die Progressiven des Mittleren Westens zu einem starken Parteiblock im Kongreß zusammenzuschweißen, der den konservativen Flügel der Partei unter der Führung von Nelson Aldrich aus Rhode Island herausfordern sollte. Anfangs stieß er dabei auf Schwierigkeiten. Die Aldrich-Anhänger behandelten die Progressiven wie Parias und zogen sich manchmal sogar in den Garderobenraum zurück, wenn einer von ihnen das Wort ergriff. Doch für C.A. waren diese Kämpfe ein belebendes Element. Nach seiner früheren intellektuellen Isolation sah er sich nun teilhaben an einer aktiven Rebellion, umgeben von erstklassigen Denkern, die seine Sorge um die Probleme des ländlichen Amerika teilten.

Wenn es ein einziges Ereignis gegeben hat, das in den Augen der Progressiven alle Fehler eines uneingeschränkten Kapitalismus symbolisierte, dann war es ein Treffen, das im Dezember 1890 in der Bibliothek des New Yorker Finanziers J.P. Morgan in der Madison Avenue stattgefunden hatte. In dieser Konferenz hatte Morgan die Präsidenten von 17 wichtigen Eisenbahngesellschaften überzeugt, ihrem mörderischen Konkurrenzkampf Einhalt zu gebieten und ein Kartell zu bilden. Das Treffen markierte den Anfang des Trust-Zeitalters, und Morgan sollte während der nächsten 15 Jahre die Organisation von mehr als einem halben Dutzend riesiger Firmenzusammenschlüsse leiten – darunter die United States Steel, den Guggenheim Kupfertrust und International Harvester, die 85 Prozent des landwirtschaftlichen Maschinenmarktes kontrollierten.

Die Mehrheit der Progressiven, selbst Fighting Bob La Follette, akzeptierte, daß sich das Big Business nicht abschaffen ließ. Sie setzten ihre Hoffnung auf Antitrust- und Verbraucherschutzgesetze, um die maßlose Macht der Riesengesellschaften einzudämmen. Am Anfang seiner Kongreßkarriere teilte C.A. diese Ziele noch und »wählte mit der Herde«, wie er später dem mit ihm befreundeten Journalisten Lynn Haines erzählte. Aber er entwickelte bereits radikale Ideen, die ihm den Beinamen »einsamer Wolf« und den Ruf als linksorientiertestes Mitglied der progressiven Fraktion einbrachte.[8]

C.A.s spezielles Interesse galt der Bankenreform, und da er auf die Macht hinter den Eisenbahnmoguln und Traktorenriesen abzielte, konzentrierte er sich auf das eine Kartell, das alle anderen kontrollierte: den Geldtrust, über den das Imperium von J.P. Morgan herrschte. Der Einfluß dieses Monopols war überall zu spüren – selbst Roosevelt, für die meisten Progressiven die Leitfigur, hatte einen früheren Partner J.P. Morgans, George W. Perkins, unter seinen Beratern. Lindberghs Theorie, der Geldtrust stelle die Wurzel allen Übels dar, entwickelte sich zwar erst im Laufe mehrerer Jahre, doch die wesentlichen Punkte waren bereits in seinem Prospekt für die Industrial Adjustment Company aus dem Jahr 1905 enthalten: Die Konzentration der Finanzmacht in den Händen einiger weniger Männer vergifte den demokratischen Prozeß; die Großstädte seien widernatürliche und parasitäre Auswüchse dieses verdrehten Finanzsystems auf Kosten der Kleinstädte und Dörfer im Herzen des Landes.

Wie kann es sein, fragte C.A. sich immer wieder, daß Bankiers, »die kein Stück klüger als wir alle sind«, ständig reicher werden? Warum tragen die produktivsten Menschen in der Gesellschaft, die Bauern und Arbeiter, die Hauptlast jedes wirtschaftlichen Rückschlags?[9]

Am Anfang glaubte C.A. noch, das Finanzwesen könne effektiv durch die Schaffung eines Zentralbanksystems reguliert werden. Doch als um 1913 endlich die Gründung einer Bundesbank gesetzlich verfügt wurde, war er zynisch geworden und überzeugt, die Gesetzesvorlage mache so viele Zugeständnisse, daß das Ganze nur ein weiteres Werkzeug des Geldtrusts würde. Enttäuscht kam er zu dem Schluß, daß die Bankiers Inflation und Kursstürze absichtlich initiierten, um die Menschen auszubeuten, und das alles als Teil dessen, was er als ihren »selbstsüchtigen Plan, die Welt durch Finanzmanipulationen zu regieren«, bezeichnete.[10]

Während C.A. von der Politik der Progressiven in Anspruch genommen war, zerfiel sein Familienleben. Eva, ein lebhaftes, intelligentes Mädchen, das seinen Vater anbetete, zog zu Verwandten nach Minneapolis. Ihre ältere Schwester Lillian besuchte für einige Monate eine Privatschule in Detroit und studierte kurz an der Universität von Michigan, ehe sie nach Little Falls zurückkehrte und einen jungen praktischen Arzt, Dr. Loren Roberts, heiratete.

Evangeline schrieb inzwischen schon verschlüsselte Briefe an ihre Mutter. Es ist unklar, ob sie mit diesem Trick ihre Gedanken vor den neugierigen Augen ihres Mannes, ihrer Stieftöchter oder der Dienstboten verbergen wollte, aber es ist ein Zeichen für ihre zunehmenden Gefühle von Isolation. Der Umzug nach Washington, anfangs als Flucht aus Little Falls begrüßt, machte sie noch unglücklicher. Der von seiner eigenen Partei als Einzelgänger verschmähte C.A. – ein Abstinenzler – zeigte keinerlei Interesse am gesellschaftlichen Leben der Hauptstadt. Er und Evangeline tauchten nur bei wenigen offiziellen Anlässen gemeinsam auf, und ansonsten gab es für Evangeline kaum Gelegenheiten, die Frauen der Abgeordneten kennenzulernen oder irgendwelche Annehmlichkeiten aufgrund der Position ihres Mannes zu genießen.

Als Buckman-Anhänger Lindbergh vorwarfen, er hätte schließlich selbst durch Zwangsvollstreckungen bei Farmern profitiert, stieß er stückweise seine Bodenaktien ab. 1905 hatte er sein Jahreseinkommen auf 165 000 Dollar geschätzt; drei Jahre später war sein Grundbesitz auf 4000 Hektar im Wert von etwa 75 000 Dollar geschrumpft. Sein zunehmend feindliches Verhältnis gegenüber den Trusts veranlaßte ihn, seine Klientel aus der Wirtschaft aufzugeben. Und was er an Anwaltsgeschäften beibehielt, vernachlässigte er oft. Er hatte nie wieder ein festes Einkommen.

Evangeline stimmte zwar mit C.A.s politischen Zielen überein, hatte allerdings nicht damit gerechnet, einen Propheten zu heiraten, der das Wohlergehen seiner Familie blindlings einer hoffnungslosen Sache opferte. Ihre pessimistische Einstellung gegenüber C.A.s politischen Aktivitäten übertrug sich – indirekt oder direkt – auch auf Charles, der sich den Versuchen seines Vaters, ihn für die Angelegenheiten des Kongresses zu interessieren, stur widersetzte. C.A. nahm den Sohn stolz mit in den Plenarsaal, damit er wichtigen Augenblicken beiwohnen konnte, zum Beispiel der Verabschiedung des Panamakanal-Gesetzes, das er begeistert unterstützt hatte. Aber das einzige, was Charles am Kongreß faszinierte, war der Verbindungstunnel zwischen dem Kongreßverwaltungsgebäude und dem Capitol. Die schwarzgekleideten Abgeordneten verglich er mit Geistlichen, nur daß sie noch rotäugiger und dickbäuchiger aussahen und riesige stinkende Zigarren rauchten. Statt von Gott zu predigen, ergingen sie sich in Ausführungen über irgendeine »gute Regierung«. Die Leute, die dafür waren – das politische Äquivalent zum gläubigen Christen –, wurden Republikaner genannt. Die Gegner hießen Demokraten. (Die Spitzfindigkeit, daß nur die Progressiven unter den Republikanern guten Christen gleichkamen, entging dem Verstand des Sechsjährigen.)[11]

Um 1907 war offensichtlich, daß die Lindberghs nicht mehr gemeinsam unter einem Dach leben konnten. In diesem Frühling wie auch im kommenden Winter fuhr Evangeline mit Charles für längere Zeit zu ihren Eltern nach Detroit. Viele Jahre später erzählte Charles dem Biographen seines Vaters, Bruce B. Larson, die gescheiterte Ehe seiner Eltern sei ein »tragischer« Fall zweier Menschen gewesen, die sich innig liebten, emotional aber nicht zusammenpaßten. Den wahren Grund der Trennung hatte er als Kind nicht gekannt, und er mochte auch lieber nicht spekulieren. Dieser bewußte Versuch, sich einer Sache zu verschließen, die ihm weh tat, wurde für Charles' ganzes Leben charakteristisch. Sein Vater war genauso, und zweifellos rührte ein großer Teil seiner späteren Eheprobleme daher. Evangeline kehrte gerne ihr irisches Temperament heraus – obwohl sie in Wirklichkeit zu drei Vierteln englischer Abstammung war und ihre »irische« Großmutter, Emma Kissane, offenbar von der Isle of Man kam. C.A. fand die Zurschaustellung von Gefühlen höchst unpassend und erachtete viele Themen als zu persönlich, selbst um mit seiner Frau darüber zu sprechen. So schrieben dann auch seine Freunde Lynn und Dora Haines später: »Von vorn bis hinten, alle Lindberghs sind so gewesen. Sie sprechen nicht einmal untereinander über sich.«[12]

Für Charles bedeutete die Trennung das Ende dessen, was er im fortgeschrittenen Alter als »graue Periode« in seinem jungen Leben bezeichnete. Im Gegensatz zu den langweiligen Wohnungen in Minneapolis und Washington war das Haus seiner Großeltern an der Elizabeth-Straße West 64 in Detroit ein magischer Ort, voll mit faszinierenden Dingen – der ausgestopfte Kopf eines Langhornschafs, ein menschlicher Schädel, Schaukästen mit präparierten und beschrifteten Schmetterlingen, Mikroskope, Lupen, ein Edison-Plattenspieler und vieles mehr. Sein Großvater mütterlicherseits, Dr. Charles H. Land, war nicht nur praktizierender Zahnarzt, sondern auch Erfinder; in seiner Wohnung war nichts so wie in anderen amerikanischen Häusern. Dr. Land entwarf Möbel – eine selbstschaukelnde Wiege eingeschlossen, in der Charles als kleines Kind gelegen hatte –, und sein Haus war mit elektrischen Leitungen ausgestattet, für die er selbstgebastelte Schalter und Stecker verwendet hatte.

Die Zahnarztpraxis und die Werkstatt des Tüftlers befanden sich mit im Haus. In Lands Wartezimmer saßen oft Patienten aus aller Welt, darunter viele reiche und vornehme Persönlichkeiten, die durch Unfälle oder Krebs entstellt waren. Land hatte sich auf die Herstellung von Prothesen spezialisiert, mit deren Hilfe solche Patienten wieder normal essen, sprechen und sich ungeniert in der Öffentlichkeit bewegen konnten. Einem Mann, der durch Krebs sämtliche unteren Zähne und einen Teil des Kiefers verloren hatte, formte er ein komplettes Gebiß mit rosa getöntem Zahnfleisch und einer naturgetreu modellierten Unterlippe. Die Barthaare des Patienten schmolz er in einer Kunsthaut unter der Lippe mit ein. Aber obwohl Charles H. Land für solche Leute ein Retter war, blieb ihm die entsprechende berufliche Anerkennung verwehrt: Die American Dental Association (ADA) und der Dekan der School of Dentistry an der Universität von Michigan prangerten ihn wiederholt als Scharlatan an.

Land war in der Tat ein außergewöhnlicher Zahnarzt – er hatte nicht eine einzige medizinische Vorlesung gehört, kein qualifizierendes Examen abgelegt oder auch nur die High School besucht. Er stammte vom ersten Siedler in Hamilton, Ontario, ab, einem Tory aus Pennsylvania, der während des Unabhängigkeitskrieges in den Norden geflohen war. Als Charles H. Land 1847 geboren wurde, hatten die existentiellen Probleme der Familie schon ihren Höhepunkt erreicht. Sein Vater, John Scott Land, war ein erfolgloser Lebensmittelgroßhändler, der mit seiner größer werdenden Familie nach Keokuk, Iowa, zog, dann nach Detroit, nach New Orleans und schließlich nach New York, den Gerichtsvollziehern immer einen Sprung voraus. Nachdem 1859 in Kalifornien Gold entdeckt worden war, zog John Land bald gen

Westen, um sein Glück zu suchen. Die Familie hörte nie wieder etwas von ihm, und Charles H. Land wurde mit 14 Jahren zur einzigen Stütze seiner Mutter und Geschwister.

Der Junge brachte seine Familie nach Detroit und arbeitete dort als Apothekergehilfe. Die Drugstores reparierten damals oft künstliche Gebisse, und Land zeigte auf diesem Nebengebiet so viel Geschick, daß man ihm einen Job in Chicago anbot, wo er Dr. Gordon Allport, einem Experten für Goldkronenanfertigungen, zur Hand ging. Allport war von Lands Fähigkeiten derart beeindruckt, daß er ihm auch beibrachte, wie man Füllungen einsetzte und Zähne zog. Als Allports Praxis 1871 dem großen Feuer von Chicago zum Opfer fiel, zog Land nach Detroit. Er heiratete Evangeline (Eva) Lodge, deren Vater Apotheker und gleichzeitig Herausgeber eines Magazins war, das sich – wie man heute wohl sagen würde – mit Ganzheitsmedizin befaßte.

Eva Lodge Land teilte die Begeisterung ihres Mannes für Laborarbeit, und mit ihrer Hilfe begann er eine Reihe ehrgeiziger Projekte. Er experimentierte mit Lachgas und anderen Betäubungsmitteln und war dabei sein eigenes Versuchsobjekt. Er fand eine verbesserte Formel für Silberamalgam und entwickelte einen Ofen, der gegossene Porzellanfüllungen brannte, ohne sie zu verfärben. Doch seine bei weitem wichtigste Erfindung war die Jacketkrone aus Porzellan. Die von Dr. Allport und seinen Zeitgenossen verwendeten Gold- und Silberkronen wurden absichtlich locker eingesetzt, damit die Zahnhöhle einem »frischen Bad in dem sie umgebenden Luftmeer« ausgesetzt war. Die Ergebnisse waren allzu oft, um es mit den Worten eines medizinischen Historikers zu sagen, »Mausoleen aus Gold über einem Haufen Fäulnis«. Zunächst fielen Lands Kollegen mit einem Sturm der Entrüstung über seine luftdichte Krone her, und es verstrichen mehr als zwei Jahrzehnte, ehe sie allgemeine Akzeptanz fand und zur Standardmethode der Zahntechnik wurde.

Das Fehlen der üblichen Zertifikate erklärte viele der Vorbehalte, die gegen Land gehegt wurden, aber dies war keineswegs der einzige Grund. Nach einem Streit mit einem anderen Forscher, der ihn wegen Patentverletzung verklagte, hatte Land angefangen, Patente auf die von ihm entwickelten Behandlungsmethoden anzumelden, eine Praxis, die nach Ansicht vieler Zahnärzte dem Berufsethos zuwiderlief.[13]

Und was noch schlimmer war, er warb in Zeitungsinseraten um Patienten. Aus diesem Grund verweigerte ihm die American Dental Association (ADA) die Mitgliedschaft. Beim Internationalen Medizinischen Kongreß im Jahr 1887 durfte er an den Sitzungen der Zahnmediziner nicht teilnehmen, und sein Hauptkritiker, der Dekan der School of Dentistry an der Universität von Michigan, kanzelte ihn als »Sechs-Dollar-Zahnarzt« ab. Ein Mann mit sechs Dollar in der Tasche, so Lands Antwort, könne vielleicht ganz zufrieden sein. Als Gegenschlag erhob er in einem kritischen Aufsatz mit dem Titel »The Inconsistency of the Code of Dental Ethics« den Vorwurf, daß »Tausende von Menschen an sehr schlechten Zähnen leiden und zu barbarischen Extraktionsmethoden Zuflucht nehmen, weil Sie es versäumt haben, eine Literatur zur Verfügung zu stellen, die der Öffentlichkeit die rapiden Fortschritte in der Zahnmedizin zu Bewußtsein bringen könnte.«[14]

Infolge seines angeschlagenen Rufs weigerte sich die Firma, die seinen Hochtemperaturofen herstellte, ein verbessertes Modell zu produzieren. Eine Verleumdungsklage gegen den Dekan der Universität von Michigan verschlang Lands Ersparnisse und endete damit, daß die Geschworenen sich nicht einigen konnten. Eine weitere Klage gegen den Ofenhersteller trieb ihn in den Bankrott. Und endgültig wurde sein Stolz gebrochen, als er seine Praxis nach Chicago verlegen wollte: Obwohl mehrere bei ihm ausgebildete Zahnärzte seine Methoden dort sehr erfolgreich anwendeten, verweigerte ihm der Staat Illinois die Lizenz für die Niederlassung.

Land schien sich zeitweilig in der Rolle des verkannten Genies zu gefallen. Er ließ kaum eine Gelegenheit aus, um zu betonen, daß viele seiner akademisch ausgebildeten Kollegen keine Ahnung von den grundlegenden Prinzipien der Physik und Mechanik hätten; er beschimpfte seine Kritiker nicht nur als »Idioten«, sondern auch als Gauner, die Porzellan in der Zahnheilkunde diskredierten, weil sie, wie er es formulierte, beim »Vergipsen mit Silber« mehr Geld machen konnten. Lands Kollegen verdächtigten ihn bisweilen, Kontroversen geradezu heraufzubeschwören, weil er wußte, daß ihm die Denunziationen der ADA in der Öffentlichkeit nur immer mehr den Ruf eines Wunderheilers einbrachte. Sicher war er exzentrisch, und einer seiner früheren Patienten erinnerte sich sogar, daß Land aus Ärger über die Gegner der Evolutionstheorie die gerahmte Zeichnung eines prähistorischen Menschen an die Wand des Sprechzimmers hängte, so daß jeder, der bei ihm im Behandlungsstuhl saß, gezwungenermaßen über die Abstammung der Menschheit vom Affen nachdenken mußte.

Doch laut Dr. Laszlo Schwartz, einem Freund und genauen Beobachter der Vorgänge, entsprach der harsche Ton von Lands Polemiken nicht seiner Persönlichkeit. Schwartz beschreibt Land als einen im Grunde freundlichen Mann, dessen unzählige intellektuellen Interessen ihn geistig jung hielten. Er nahm seinen Enkel auf lange Spaziergänge in die Wälder mit und lehrte ihn die verschiedenen Arten von Vögeln, Blumen und Pilzen unterscheiden. Und obwohl er das Kino verabscheute – in seinen Augen war es eine wunderbare Erfindung, die jedoch von geistlosen Komödien und romantischem Kitsch verseucht war –, gab er dem Jungen Geld, damit er das billige Filmtheater unten an der Straße besuchen konnte.

Wie Thomas Edison und Henry Ford, die er außerordentlich bewunderte, setzte Land einen grenzenlosen Glauben in die Technik, hegte aber wenig Vertrauen in die Fähigkeit der Menschen, sie auch klug zu nutzen. Das Automobil faszinierte ihn, und er sehnte den Tag herbei, an dem es die Pferdekutschen von den Straßen verdrängen würde. Aber er prophezeite Charles auch, der Verbrennungsmotor könnte vielleicht zum Aussterben der menschlichen Rasse führen; schon um 1910 beunruhigte ihn die zunehmende Luftverschmutzung in Detroit so sehr, daß er ein Luftfiltersystem für sein Haus entwarf.

Die Tischgespräche der Lands reichten von hitzigen Diskussionen eines neuen Entwurfs für ein Laborgerät bis zu philosophischen Spekulationen über Evolution, Religion oder etwa die Frage »Was ist der Tod?« Die Arbeit mit Prothesen hatte Land zu der Spekulation veranlaßt, daß das Leben im wesentlichen wohl ein mechanistisches Phänomen sei. Wenn es möglich war, Zähne zu ersetzen, Teile des Kiefers und sogar Lippen, warum dann nicht ebenso auch andere Organe? Und wenn der Körper lediglich eine Ansammlung ersetzbarer Teile war, dann konnte man ja vielleicht den Tod auf unbestimmte Zeit hinausschieben.

Charles H. Land jr., Evangelines einziger Bruder – Schwestern hatten sie nicht –, durchforschte als ausgebildeter Geologe mehrere Jahre lang den Westen Kanadas, kehrte dann zu seinen Eltern zurück und blieb als Junggeselle bei ihnen. »Bruder«, wie er genannt wurde, hatte sich einen eigenen Radioempfänger gebaut, bastelte stundenlang im Labor herum und produzierte, neben anderen Wunderwerken, selbstgemachte Feuerwerkskörper.

Evangeline und ihre Mutter, beide mit einem gewissen Sinn für Kunst, brannten im Ofen des Labors handbemalte Porzellanteller. Evangelines Bemühungen auf diesem Gebiet konnten sich durchaus sehen lassen, ihre Teller waren mit zarten Blumenmustern in gedämpften Pastelltönen verziert, vor allem in Blauviolett, ihrer Lieblingsfarbe.

Der kleine Charles scheint die Lands mehr als wunderbare Spielkameraden gesehen zu haben denn als Erwachsene, die für ihn verantwortlich sein sollten, und sie ihrerseits kümmerten sich wenig um eine altersgerechte Erziehung. Anfang 1908, kurz nach seinem sechsten Geburtstag, schenkte ihm sein Großvater ein 22er Stevens Kurzgewehr. Bruder baute eine Schießbude im Keller, wo er und Charles abwechselnd auf eine Zielscheibe ballerten, die an einer durch eine Matratze gedämmten Querwand hing. Bruder hatte die Zielscheibe so konstruiert, daß bei einem Volltreffer eine Klingel ertönte und ein schmiedeeisernes Männchen herausgesprungen kam.

Charles ging im Sprechzimmer und in der Werkstatt ein und aus; er durfte auch die empfindlichsten Geräte ausprobieren, während ihm sein Großvater geduldig alle Fragen beantwortete – »oft während Patienten warteten«, so Schwartz. Der Junge hatte ein bißchen Angst vor dem Zahnarztstuhl, besonders nachdem man ihm einen Zahn plombiert hatte, und er wußte, wie schmerzhaft das Bohren war. Nach dieser Erfahrung mied er das Sprechzimmer mehrere Wochen lang, weil er den Gedanken nicht ertragen konnte, wie elend sich die Patienten fühlen mußten. Der Zahnarztstuhl und das Sprechzimmer, erinnerte er sich viel später, standen in seiner Phantasie mit dem Teufel in Verbindung, so wie das Capitol, wo sein Vater arbeitete, mit Gott und Religion verbunden war. Die Werkstatt des Teufels übte allerdings eine weitaus stärkere Anziehungskraft auf ihn aus.[15]

2.

ICH BETETE DIE WISSENSCHAFT AN

Evangeline und Charles kehrten von Detroit nach Little Falls zurück, um den Sommer 1908 im »Camp« zu verbringen, wie die Lindberghs das wiederaufgebaute Farmhaus nannten. Als C.A. seinen Sohn zum ersten Mal seit mehreren Wochen wiedersah, entdeckte er bestürzt, daß er ein Gewehr mit sich herumschleppte, das fast so lang wie der Junge groß war. C.A. hielt den Sechsjährigen für »ein bißchen jung«, um ein eigenes Gewehr zu besitzen, und zweifelte an Bruders pädagogischen Fähigkeiten – sicher aus gutem Grund, denn Charles erinnerte sich später, wie er mit der Waffe übte, indem er im Wohnzimmer seiner Großeltern auf den ausgestopften Schafskopf zielte. Da C.A. keinen Einfluß auf das Leben im Hause der Lands nehmen konnte, fand er es nun an der Zeit, seinem Sohn etwas über die Sicherheitsvorkehrungen im Umgang mit einem Gewehr beizubringen. Er hatte kurz zuvor eine verlassene Farm erworben, die vom Camp gut zu Fuß zu erreichen war. Dort ging er jetzt regelmäßig mit Charles auf die Jagd.

Unterdessen stritten sich Charles Eltern über die Zukunft ihrer Ehe. Evangeline wollte die Scheidung oder zumindest eine formale Trennung, doch da weder Ehebruch noch böswilliges Verlassen vorlag, konnte sie beides nur mit C.A.s Einwilligung erreichen, und der war strikt dagegen. Einem geschiedenen Abgeordneten hätten die deutschen und schwedischen Farmerfamilien im sechsten Wahlkreis sofort ihr Vertrauen entzogen; vor allem aber weigerte sich C.A. einzuwilligen, daß Evangeline seinen einzigen Sohn mit nach Detroit nehmen würde. Das Argument, es sei unfair, dem Jungen den Kontakt zum Vater zu nehmen, leuchtete Evangeline sogar ein; zudem war sie unsicher und glaubte, sich dafür verteidigen zu müssen, daß sie nicht mit einem Mann leben wollte, der treu und solide war und in seiner Gemeinde Ansehen genoß. Statt es vor Gericht darauf ankommen zu lassen – das Sorgerecht für Charles hätte durchaus auch dem Vater zugesprochen werden können –, erklärte Evangeline sich einverstanden, mit ihrem Sohn die Winter in Washington zu verbringen. Dort sollte sie getrennt von C.A. wohnen, der in einer billigen Pension blieb oder gelegentlich auf einer Couch im Büro schlief. Im Sommer, wenn C.A. in einer Pension in Minneapolis oder bei seiner Familie in Little Falls wohnte, stand ihnen das Camp zur Verfügung.

C.A. liebte seine Frau noch immer und suchte in politischen oder geschäftlichen Angelegenheiten oft ihren Rat (auch wenn er ihn vermutlich selten befolgte). Trotz Spannungen um Geldfragen renkte sich ihr Verhältnis nun zu einem annehmbaren, freundschaftlichen Waffenstillstand ein, und das Arrangement schien zunächst sogar einen gewissen Grad an Stabilität für Charles mit sich zu bringen. Auf Dauer jedoch hatte es den gegenteiligen Effekt.

Als erwachsener Mann erinnerte sich Charles an das Washington, D.C. seiner Jugend als »ein Gefängnis«.[1] Er und seine Mutter wohnten im gemieteten Zimmer – zunächst im alten Hotel Continental, später in einem etwas heruntergekommenen Haus gegenüber der Library of Congress und etwas länger in der Pension Hulton in der Massachusetts Avenue mit Blick auf die Statue von Winfield Scott – einem Verwandten seines Urgroßvaters John Scott Land, wie Charles von seiner Mutter erfuhr. Evangeline hatte keine Arbeit, keine eigene Küche und wohl auch keine Freunde – zumindest nicht solche, die ihre Interessen teilten.

Bisweilen war sie eine aufopferungsvolle, sogar übertrieben fürsorgliche Mutter, die lehrreiche Besuche im Smithsonian Institute und Ganztagsausflüge nach Mount Vernon, Fort McHenry und Arlington organisierte. Eine dieser Touren führte die beiden nach Fort Meyer, wo der zehnjährige Charles sein erstes Flugzeug sah. Der Pilot demonstrierte eine Luftbombardierung, indem er Apfelsinen auf den mit Kreide gezeichneten Umriß eines Schlachtschiffes fallen ließ. Dann wieder war Evangeline besorgt oder deprimiert, und Charles blieb sich selbst überlassen. Er lief zwischen den Geschäften und auf den Plätzen rund um die Regierungsgebäude Rollschuh, spielte im Selbstbedienungsaufzug der Library of Congress und trieb sich im Büro seines Vaters herum. Für die Mitarbeiter war es keine leichte Aufgabe, ihn zu beaufsichtigen. Als C.A.s Sekretär, Arthur Gorman, ihm zeigen wollte, wie man ein Paket richtig öffnet, schnauzte Charles ihn an: »Von Ihnen lass' ich mir nichts sagen. Sie arbeiten bloß für meinen Vater.« C.A. hörte es zufällig und wies ihn zurecht: »In diesem Büro arbeitet keiner für den anderen. Wir arbeiten alle zusammen.«[2]

Einige Lindbergh-Biographen vertraten beharrlich die Ansicht, C.A. sei ein strenger Lehrer gewesen, der seinem Sohn zur Abhärtung spartanische Torturen auferlegte. Es stimmt, daß C.A. jedem seiner drei Kinder Selbstdisziplin und Sparsamkeit predigte und ihnen vorhielt, um wieviel schwerer er es als Kind gehabt hatte, aber diese Moralpredigten waren oft nur eine Einleitung, um den Kindern letztlich ihren Willen zu lassen. Ein Mitarbeiter von C.A. war schockiert, als einmal der etwa neunjährige und für sein Alter ziemlich große Charles eine politische Diskussion unterbrach, indem er seinem Vater auf den Rücken sprang und sich dort festklammerte. C.A. protestierte mit keinem Wort dagegen, sondern trug den Jungen Huckepack, bis er sich langweilte und heruntersprang. Wenn C.A. von seinem Sohn getrennt war, schrieb er ihm ausgelassene, mit Strichmännchen verzierte Briefe, und es machte ihm Spaß, »Überraschungspakete« mit kleinen Geschenken zu schicken.

Es darf angezweifelt werden, daß Charles je auf etwas verzichten mußte, was er brauchte, aber C.A.s permanente Finanzkrise ließ wenig Geld für Spielzeug und anderen Luxus übrig; der Junge fühlte sich benachteiligt – und verglichen mit einigen seiner Schulkameraden war er es sicher auch. Evangeline versuchte, mit dem ihr von C.A. zugewiesenen Unterhalt zurechtzukommen, aber es blieb ihr überlassen, Charles zu erklären, daß sie ihm nicht all das kaufen konnte, was manche seiner Mitschüler bekamen. Charles fand bald heraus, daß sein Vater manchmal Geld herausrückte, wenn er sich direkt an ihn wandte. Wenn es nicht funktionierte, verließ er sich auf seine Phantasie und selbstgemachtes Spielzeug.

In der Nähe der Pension Houlton befand sich ein brachliegendes Gelände, wo Charles, durch einen Besuch im Smithsonian angeregt, Paläontologe spielte und nach Dinosaurierknochen grub. Eines Tages kam er an seine »Schürfstelle« und fand einen Haufen Spielzeug – einen großen, kuscheligen Teddy, ein leuchtend rotes Feuerwehrauto und andere faszinierende Schätze. Begeistert raffte er alles zusammen und rannte nach Hause. Evangeline warf nur einen Blick auf seine Beute, kippte sie in den Müll, schleppte ihn dann in die Badewanne und schrubbte ihn von Kopf bis Fuß ab. Hinterher erfuhr Charles, daß ein Kind aus der Nachbarschaft an Scharlach gestorben war und seine Mutter befürchtete, die Spielsachen könnten verseucht sein. Als er später an diesen Vorfall zurückdachte, leuchtete ihm zwar die Erklärung ein, für ihn war diese Geschichte jedoch ein Paradebeispiel für die Beziehung zu seiner überfürsorglichen Mutter. »Als Kind entdeckte ich, daß die lohnendsten Dinge im Leben mit Kampf verbunden sind«, bemerkte er.[3]

In Wirklichkeit entbehrte Charles weniger materielle Dinge als das Kindsein an sich. Rückblickend auf diese Lebensphase erläuterte Lindbergh einmal, für ihn sei es selbstverständlich gewesen, daß er wenig mit Kindern seines Alters gemeinsam hatte, daß er aber im Grunde glücklich war, auch wenn er sich einer gewissen Isolation bewußt war. Andere Aussagen von ihm zeichnen jedoch ein dunkleres Bild. Nach der Trennung der Eltern wurde er schnell zum Hauptgefährten und Beschützer seiner Mutter. Und wie unter solchen Voraussetzungen gelegentlich der Fall, waren die Rollen fast umgekehrt: Er war der Erwachsene und praktisch ein Ersatzpartner. Schon früh übernahm er Reisevorbereitungen und andere Aufgaben, kannte sich mit Hausarbeit aus und lernte, die rasch wechselnden Stimmungen seiner Mutter zu erkennen und entsprechend darauf einzugehen. Evangeline hatte beispielsweise entsetzliche Angst vor Blitzen, daher eilte er beim ersten Donnerschlag zu ihr ans Bett und hielt ihr die Hand, bis das Gewitter vorüber war.

Eva Lindbergh, die sonst wenig Positives über ihre Stiefmutter zu sagen wußte, räumte mehrfach ein, daß Evangeline sehr gut mit kleinen Kindern umgehen konnte. Ihre lebhafte Phantasie und ihr Sinn für Späße machten Mrs. Lindbergh zweifellos zu einer wunderbaren Gefährtin und Lehrerin – weshalb es kaum verwundert, daß Charles die Schule vergleichsweise langweilig fand. Aber Evangelines Persönlichkeit wies auch einen Zug von verdeckter Paranoia auf. Wenn C.A. sie nicht über jede Neuigkeit von Eva und Lillian informierte, war sie beleidigt, tat er es aber, reagierte sie mit Mißtrauen und Feindseligkeit. Niemand, vom Handwerker bis hin zu ihrem eigenen Mann, behandelte sie so, wie sie es zu verdienen glaubte. Nur die Mitglieder ihrer eigenen Familie und vor allem Charles waren davon ausgenommen.

Für einen heranwachsenden Jungen muß es schwer gewesen sein, darauf zu achten, daß ihn die Aufmerksamkeiten dieser launischen und bisweilen unbewußt koketten Mutter nicht erstickten. Als Erwachsener nahm Charles Lindbergh Evangeline in Schutz und lehnte es immer ab, näher auf die Beziehung zu ihr einzugehen. In einer unveröffentlichten Stellungnahme zu einer frühen Biographie, in der seine Mutter als kaltherzig und reserviert charakterisiert wird, deutete er allerdings an, daß genau das Gegenteil das Problem war.

Vielleicht wurde Charles aus einem Bedürfnis nach Sicherheit heraus ein zwanghafter Sammler. Er sammelte nicht nur Briefmarken, Spielzeugsoldaten und Zigarettenbilder, sondern auch Kieselsteine, Haifischzähne und eine Zeitlang leere Blechdosen. Schließlich meinte er, Autogramme zu sammeln müsse ebenfalls Spaß machen, nahm seinen ganzen Mut zusammen und ging auf den Sprecher des Repräsentantenhauses zu, den für seine Wutanfälle bekannten Joe Cannon. »Junge, meine Unterschrift ist gar nichts wert, nicht mal auf einem Scheck«, gluckste Cannon.

Diese Antwort kränkte Charles derart, daß er nie wieder jemanden um ein Autogramm bat. Vermutlich war diese extreme Reaktion weniger ein Symptom seiner Schüchternheit denn seiner chronischen Unsicherheit in bezug auf sein eigenes Verhalten. In gewisser Weise war er ein als Kind maskierter Erwachsener und folglich in den Augen der Großen in Wirklichkeit unsichtbar. An Selbstvertrauen mangelte es ihm zwar nicht – er neigte sogar zu einer etwas übertriebenen Einschätzung seiner persönlichen Fähigkeiten –, doch zu erreichen, daß Fremde ihn ernst nahmen, war ein Problem für ihn. Wenn Erwachsene ihn herablassend behandelten, versuchte er gleichgültig zu bleiben, aber sein Stolz war verletzt.

Noch schwieriger waren Beziehungen zu Kindern seines Alters. Die vielleicht aufschlußreichste Erkenntnis über Charles Lindberghs Kindheit rührt aus dem Jahre 1927, als er plötzlich der berühmteste Mann der Welt war und Reporter aus Washington verzweifelt nach Anekdoten aus seiner Kindheit forschten, aber nicht einen einzigen Freund aus seiner Schulzeit ausfindig machen konnten. Nach Charles' eigener Zählung besuchte er zwischen seinem 8. und 16. Lebensjahr mindestens elf verschiedene Schulen, öffentliche und private. Am längsten blieb er an der High School der Sidwell Friends, wo er während der siebten und achten Klasse eingeschrieben war. Aber selbst dort nahm er nicht das ganze Schuljahr am Unterricht teil. Evangelines Angewohnheit, die regelmäßigen Reisen nach Little Falls und zurück nach Washington mit einem mehrwöchigen Aufenthalt in Detroit zu verbinden, bedeutete für Charles, daß er das Schuljahr zu spät begann und wieder ging, bevor es endete. Im Unterricht war er oft abwesend und fast immer unaufmerksam. Seine Zensuren blieben dürftig, aber seine Prüfungen waren gewöhnlich gut genug, um nicht durchzufallen.

Seine Eltern fanden diese Situation nicht beunruhigend. Evangeline hielt wenig vom Auswendiglernen und meinte, sie könnte ihren Sohn zu Hause viel besser unterrichten. Wenn Lehrer sich beschwerten, daß Charles mit seinen Arbeiten nicht hinterherkam, löste sie das Problem, indem sie ihn aus der Klasse nahm und woanders unterbrachte. C.A. forderte seine Frau hin und wieder auf, eine feste Schule für Charles zu suchen, aber eigentlich hielt auch er nicht viel von pädagogischen Einrichtungen und fand es unnatürlich, gesunde Kinder in einem Klassenzimmer einzusperren. Er mißtraute dem amerikanischen Erziehungssystem ohnehin, dessen »zensierte Lehrbücher« die Lehrer daran hinderten, die Wahrheit über die Übel des Kapitalismus zu erzählen.

C.A. war ein rastloser Mann, pendelte ständig zwischen Washington und Minneapolis und schob Besuche bei fortschrittlichen Kollegen im Mittleren Westen ein. Jahrelang hatte er vor, die Politik einmal acht oder neun Monate ruhen zu lassen und eine Weltreise zu machen; der Plan wurde wiederholt verschoben, doch die Route – eine lange Reise auf dem Landweg durch China eingeschlossen – hatte er im Kopf bis ins letzte Detail ausgearbeitet. Auch Evangeline träumte von großen Reisen, aber ihr fehlten die nötigen Mittel dazu, und so verwundert es kaum, daß Charles sich schon sehr früh nach fernen Ländern sehnte. 1908 besuchte C.A. als Mitglied einer Kongreßdelegation Panama, um die Einhaltung des Kanalzonenvertrags zu überprüfen, und von dieser Zeit an war Charles nahezu besessen von dem Wunsch, Panama zu sehen. Es war eine teure Reise – allein die Dampferfahrt dauerte jeweils sieben Tage –, doch wenn Charles etwas wollte, konnte ihn nichts davon abhalten. 1913, nachdem Evangeline sich fünf Jahre lang die inständigen Bitten ihres Sohnes angehört hatte, beschloß sie, ihm den Wunsch zu erfüllen. Für Charles bestand der Höhepunkt der Reise im Anblick von riesigen Baumaschinen, die sich ihren Weg durch den Abhang eines Bergs am Culebra Cut (später in Gaillard Cut umbenannt) fraßen. Und wie schon sein Vater und sein Großvater feierte auch Charles den Kanal als den größten Triumph der amerikanischen Zivilisation.

Charles fieberte in diesen Jahren immer sehr dem Tag entgegen, an dem er mit seiner Mutter nach Little Falls zurückkehren würde. Nachdem er den Winter und den Frühling in engen Pensionszimmern eingesperrt verbracht hatte, war er dann von früh bis spät im Freien. Er watete durch den Pike's Creek, der gleich südlich des Hauses in den Mississippi mündete, spielte in der Scheune des Pächters auf dem Heuboden und baute ein Spielhaus aus übriggebliebenem Bauholz. (Auf einer Seite konstruierte er eine Klappe, damit sein Vater die Beine ausstrecken konnte, wenn er auf einen Besuch hineinkroch.)

Obwohl die Farm nur drei Kilometer von Little Falls entfernt lag, hielt sich Evangeline weder Pferd noch Kutsche, Mutter und Sohn lebten also ziemlich isoliert. Woche für Woche lieferte Fergusons Lebensmittelwagen Evangelines gleichbleibende Bestellung. Wenn seine Mutter andere Dinge brauchte oder Briefe abschicken wollte, fuhr Charles auf dem zusammenklappbaren Fahrrad, das ihm Großvater Land geschenkt hatte, in die Stadt. Sie besuchten weder die Kirche noch irgendwelche Feste. Zum allgemeinen Klatsch der Gegend gehörte, daß man den Sohn des Abgeordneten nie in einem weißen Hemd sah, und C.A.s Familie warf Evangeline vor, sie würde Charles davon abhalten, sie zu besuchen. Seine Tante Juno Lindbergh Butler beschrieb ihren Neffen als »schüchtern und ein bißchen komisch«.[4]

Lindbergh zufolge ermutigte ihn seine Mutter, mit zwei Jungen aus der näheren Umgebung zu spielen, Alex Johnson und Bill Thompson. (Er erinnerte sich tatsächlich daran, daß sie die beiden dafür bezahlte – da sie sich sonst vermutlich mit Botengängen Geld verdient hätten!) Die drei gingen zur Badestelle im Pike's Creek und angelten Neunaugen im Fluß. Charles hielt Alex und Bill für seine besten Freunde. Thompson dagegen sah es anders. Als man ihn später zu dem jungen Lindbergh befragte, bemerkte er nur lakonisch: »Er war nicht grade das, was man als Kumpel bezeichnet.«[5]

Doch die drei hatten auch wenig gemeinsame Interessen. Charles war daran gewöhnt, sich selbst zu beschäftigen, er konnte sich lange auf eine Sache konzentrieren und tagelang in Projekte vertiefen. Mit sieben konstruierte er ein System, mit dem man schwere Eisblöcke vom Eishaus in die Küche transportieren konnte, wozu er Rollen, Hebel, schiefe Ebenen und ein Spielzeugauto verwendete. Als Heranwachsender wollte er für die Enten ein Vogelbad aus Zement bauen und las zu diesem Zweck zunächst alles mögliche über die Theorie von Betonkonstruktionen, angefangen mit Regierungsbroschüren, die ihm sein Vater empfahl. Dann beobachtete er stundenlang das Verhalten der Enten und berechnete die optimale Form des Teiches, damit die Wände zwar das Wasser stauten, für die Enten aber doch nicht zu steil wären.

Aber Charles beschäftigte sich in seiner Freizeit nicht immer so ernsthaft. Gewehre faszinierten ihn, und er schoß stundenlang auf Zielscheiben, die er entlang dem Flußufer aufstellte. Mit neun Jahren besaß er bereits ein beachtliches Waffenarsenal. Sein Vater hatte ihm ein altes Savage Repetiergewehr vom Kaliber .22 vererbt, eine Winchester Schrotflinte und einen .38er Smith & Wesson Revolver. Großvater Land hatte ihm zu der .22er Stevens eine Pistole geschenkt, und von seinem Großonkel Edwin Lodge erhielt er ein altes Salutiergewehr, mit dem früher das Startsignal bei Segelregatten gegeben worden war. Charles fühlte sich bis ins frühe Erwachsenenalter als Kunstschütze, und mit 19, als er einmal allein im Camp war, schoß er versehentlich ein Loch in die Wohnzimmertür.

Auch Hunde liebte er sehr. Auf Sweet Snider und andere Haustiere in seiner frühen Kindheit folgte Todo, eine Dackelmischung, dann der Jagdhund Spot und der Spaniel Hunter. Dingo, ein undefinierbarer Mischling mit Schlappohren, kam eines Tages als verwahrloster Welpe zu ihnen, fiel nachts über den Abfall her und knurrte jeden an, der ihm nahe kam. Dingo wurde – ohne Übertreibung – Charles' bester Freund. In Washington jedoch konnte man unmöglich einen Hund halten, so daß jedesmal der große Trennungsschmerz bevorstand, wenn Dingo zu der Farmersfamilie gebracht wurde, die ihn den Winter über versorgte.

Der bei weitem größte Reiz des Camps lag darin, daß Charles dort die ungeteilte Aufmerksamkeit seines Vaters genießen konnte, was in Washington nur selten vorkam. Niemand wußte, wann C.A. auftauchte; wann immer seine Anwesenheit als Abgeordneter in der Stadt erforderlich war, schaute er kurz vorbei. C.A. ließ dann sein Fahrrad an der Straße stehen, näherte sich dem Haus zu Fuß und pfiff – Whip-poor-will, whip-poor-will (Ruf der gleichnamigen Nachtschwalbenart, A.d.Ü.). Sobald Charles das Erkennungszeichen hörte, ließ er alles stehen und liegen und rannte los.

C.A. badete mit seinem Sohn nackt im Fluß und war so leichtsinnig, sich Charles auf den Rücken zu hieven und so mit ihm durch die starke Strömung ans gegenüberliegende Flußufer zu schwimmen. Bei anderen Besuchen ging er mit Charles am Squaw Lake angeln, schlich sich zum Spaß an Klappschildkröten heran und schaufelte sie mit einem Ruder ins Boot. »Wieviel willst du, Boß?« rief er, während sich die Bootsplanken mit Schildkröten aller Größen und Farben füllten. Später wurden alle freigelassen, und nur einmal behielt Charles nach einem Ausflug zwei Junge als Haustiere.

Rein äußerlich stellte C.A. mit seiner Größe von 1,80 Meter und seinen 79 Kilo keine besonders imposante Erscheinung dar, doch Lynn Haines erzählte, wie er C.A. zu einem angeblich kleineren Eingriff ins Krankenhaus begleitete. Als der Arzt ihn untersuchte, stellte sich heraus, daß C.A. wegen eines akuten Bruches operiert werden mußte. Er lehnte gleich jedes Betäubungsmittel ab, sogar einen Schluck Whisky, und dozierte über das Federal Reserve System, während ihm der Chirurg die Abdomenwand durchschnitt. Später entschuldigte er sich bei Haines, daß er ihn einem so unangenehmen Erlebnis ausgesetzt hätte.

Für C.A. war sogar Gott zu gering. Er lehnte den rachsüchtigen Gott des traditionellen Protestantismus als »armselige Kreatur« ab, hielt statt dessen Zwiesprache mit der Natur und las Abhandlungen und Gedichte der Unitarier – er suchte nach einer Gottheit, die seinen Respekt verdiente.[6]

Auf einen kleinen Jungen muß dieser dynamische Mann tatsächlich gigantisch gewirkt haben. Charles sehnte sich nach seiner Anerkennung und freute sich sehr, als C.A. ihm 1914 mitteilte, er plane im Zusammenhang mit einem bevorstehenden Hochwasserschutzgesetz eine Rundreise am Oberlauf des Mississippi und Charles solle mitkommen. In einem grob gezimmerten Boot fuhren die beiden über Seen und Flüsse und schlugen ihr Lager vorübergehend bei einer Gruppe Chippewas auf. Im folgenden Sommer wurde die Reise wiederholt, diesmal in einem Boot mit Außenbordmotor. Beide Expeditionen fanden genau zur Zeit der Kriebelmückenschwärme statt, mit einem Minimum an Verpflegung und Ausrüstung. Charles bestand jede Herausforderung und verdiente sich C.A.s höchstes Lob. »Wir zwei können einiges einstecken«, sagte er dem Jungen. »Wir schlagen uns durch, egal, was passiert.«

Doch C.A. war selten im Camp, und in seiner Abwesenheit wurde die Farm der Lindberghs eine beliebte Zielscheibe für Halbstarke. Als Evangeline einmal bei den Blumenbeeten stand, zischte ihr eine Kugel am Kopf vorbei. Ein andermal wurde ein Mann, der auf der Straße nördlich des Lindbergh-Besitzes spazierenging, ins Bein getroffen.

Entschlossen, Mutter und Haus zu verteidigen, hob Charles einen Graben an einer Stelle aus, von der aus die Wiese am gegenüberliegenden Flußufer gut überschaubar war. Ein Jahr lang geschah nichts, und der Graben wuchs mit Gras und Unkraut zu. Doch als er dann eines Tages ein aus übriggebliebenen Zaunpfählen gebautes Floß ausprobierte, spritzten plötzlich Gewehrsalven neben ihm ins Wasser. Schnell steuerte er das Ufer an und stürmte ins Haus, um das .22er Gewehr und das Salutiergewehr zu holen. Bill Thompson spielte zufällig auch in der Nähe, und die beiden Jungen spurteten zum Graben.

Charles spähte über den Fluß und entdeckte einen Mann mit einem Gewehr und vier oder fünf Jugendliche, die »Erschieß den alten Nigger da oben im Baum« sangen. Er schoß mit seiner .22er, ohne treffen zu wollen, aber doch nahe genug, um seiner Entschlossenheit Nachdruck zu verleihen. Gleichzeitig feuerte Bill die Kanone ab; der Donner echote durchs Tal und erschreckte die Angreifer zu Tode.

»Die Gruppe zerstreute sich in Büsche und hinter Bäume, und in diesem Jahr war Schluß mit der Schießerei«, erinnerte sich Lindbergh nicht ohne Stolz.[7]

Charles und seine Mutter waren Außenseiter, eine attraktive Frau und ein Kind, die alleine lebten, und als solche waren sie leichte Beute für Unruhestifter. Doch hinter diesen Vorfällen schien mehr zu stecken, als Lindbergh je zugab. Möglicherweise wurde das Camp wegen C.A.s politischer Überzeugung attackiert, die selbst in seiner Heimatstadt immer umstritten blieb. Vielleicht galten die Anschläge auch Evangeline. Mrs. Lindbergh war kein Snob, wie einige in Little Falls glaubten, doch sie hatte bisweilen eine scharfe Zunge, und wenn sie jemanden nicht mochte, gab sie es deutlich zu verstehen. Eigentlich ist es nicht ungewöhnlich, wenn streunende Hunde irgendwann erschossen aufgefunden werden, aber die Lindberghs verloren im Laufe der Jahre verdächtig viele Haustiere, so auch Dingo, den Charles im Sommer 1915 tot auf dem Grundstück fand.

Um 1912 beunruhigte C.A. die Isolation seiner Familie zunehmend, und so tauchte er eines Tages mit einem nagelneuen Ford T-Modell auf. Am Steuer saß Clifton Roberts, der größte Autohändler der Stadt, daneben der Bruder von Lillians Mann, Dr. Loren Roberts. C.A. erklärte, er habe den Wagen für Wahlkampfreisen gekauft, wolle ihn aber sonst im Camp lassen.

In Evangelines Augen war der Wagen ein eher zweifelhaftes Vergnügen. Sie taufte ihn *Maria* (mit Betonung auf dem i) und stand ein paar Fahrstunden durch, ohne allerdings die Angst beim Schalten in den zweiten Gang zu überwinden. Der Ford hatte einen Kurbelstarter mit so starkem Rückstoß, daß er einem erwachsenen Mann den Arm brechen konnte. Evangeline und Charles mühten sich oft über eine halbe Stunde ab, bis der Motor ansprang. Saß sie dann hinter dem Lenkrad, nahm sie den Fuß auf den drei Kilometern in die

Stadt nicht mehr von der Kupplung. Diese Fahrten mit seiner Mutter waren so nervenaufreibend, daß der damals elfjährige Charles beschloß, das Steuer selbst zu übernehmen.

Charles lud Bill Thompson und Alex Johnson zu Spazierfahrten ein und prahlte, das T-Modell sei »sein« Auto. Diese Behauptung kam Eva Lindbergh zu Ohren und löste einen Disput zwischen Lindbergh und seinen Töchtern aus, aber Charles' Besitzerstolz war eigentlich gerechtfertigt. Wie alle Wagen dieses Baujahres erforderte *Maria* einiges an Wartung. Der Fahrer mußte selbst auf kurzen Strecken mit Basteleien am Motor rechnen, Reifen wechseln oder die Gasscheinwerfer regulieren. Alle diese Aufgaben blieben Charles überlassen, und im Sommer 1913 chauffierte er C.A. durch den ganzen Staat zu Wahlveranstaltungen. Zwischen den Wahlrundreisen plante er Ausflüge für sich und seine Mutter. Mit einem Picknickkorb ausgerüstet, fuhren sie nach St. Cloud, Brainerd oder zu anderen malerischen Orten wie Mille Lacs. »*Maria* verschaffte uns eine Bewegungsfreiheit, die wir uns vorher nie erträumt hätten«, erinnerte er sich.

Für einen Elfjährigen war dies eine berauschende Erfahrung. Plötzlich hatte sich der geographische Horizont seiner Eltern erweitert, und das, weil er, Charles, die Technik *Marias* beherrschte. In seiner Welt waren die Geheimnisse des Verbrennungsmotors bei weitem bezwingender als die Reden seines Vaters über die Übel des Goldstandards. Bei politischen Versammlungen verteilte Charles Flugblätter und die Bücher seines Vaters, doch sobald C.A. aufs Podium steigen mußte und seine Anklagen gegen die »schlimmen« Bankiers in New York in diesem scharfen, hohen Ton vortrug, der so gar nicht seiner gewohnten Stimme glich, fand man Charles normalerweise mit dem Kopf unter der Motorhaube vergraben, oder er kritzelte in das Notizbuch, in dem er die Reise- und Wartungsgeschichte des Wagens festhielt.

C.A.s Attacken gegen den Geldtrust und dessen Lakaien,

inklusive der, wie er es nannte, »subventionierten Presse« waren im Laufe der Jahre radikaler geworden; er konnte sich kaum noch vorstellen, wie sich die Übel des Kapitalismus anders bremsen lassen sollten, als durch eine soziale Revolution.

In vielerlei Hinsicht war C.A. ein aufgeklärter Mann. Er setzte sich früh für Naturschutzgesetze, den absoluten Schutz der Redefreiheit und das Wahlrecht für Frauen ein. Er drängte seine Tochter Eva zu einer beruflichen Karriere; vielleicht dachte er an Evangeline, wenn er Eva warnte, daß eine frühe Heirat »gewöhnlich ausreicht, um eine Frau fürs ganze Leben zu unterdrücken«.

Für die spätere Generation, die ihn gern als kämpferischen Sozialisten sah, waren einige seiner Ansichten allerdings auch peinlich. Wie viele Progressive war er stark von den Theorien des Sozialdarwinismus beeinflußt. Er glaubte an die genetische Minderwertigkeit von Schwarzen als eine wissenschaftliche Tatsache; er sagte jedoch auch voraus, daß sich die Rassenprobleme in Amerika auf lange Sicht durch Mischehen lösen würden, ein Standpunkt, mit dem er nun auch die Rassisten gegen sich aufbrachte. In Minnesota, wo der entscheidende ethnische Kampf zwischen deutschen Katholiken einerseits und deutschen und skandinavischen Protestanten andererseits ausgetragen wurde, entfachte C.A. eine Kontroverse, als er sich dem Anliegen der Free Press League verschrieb; diese Randgruppe prangerte die kirchlichen Privatschulen als Werkzeug päpstlicher Machenschaften an mit dem Ziel, amerikanische Werte zu untergraben.

Bekannt sind Lindberghs Ansichten über Rassenfragen nur aus einem einzigen, früh verfaßten Artikel; sein Liebäugeln mit der Free Press League erwies sich letztlich als flüchtig. Entsprechend findet sich kaum ein Hinweis in den übriggebliebenen Schriften auf den fanatischen Antisemitismus, den man ihm gelegentlich nachgesagt hat. Unheilvollen Einfluß befürchtete C.A. jedoch von einer anderen Gruppe, nämlich von den »Anglophilen«, wie er die reichen Angelsachsen nannte, in deren Händen er die ökonomische Macht Amerikas konzentriert sah.

Im Jahr 1914 sah C.A. nicht ohne Genugtuung seine schlimmsten Prophezeiungen bestätigt. Nach Kriegsausbruch in Europa machten sich J. P. Morgan & Co. daran, die Alliierten zu finanzieren, indem sie den Verkauf von 500 Millionen Dollar in englischen und französischen Kriegsanleihen förderten. Dann setzte die Morgan Bank ihre eigene Produktionsabteilung ein, um den allliierten Regierungen zu helfen, den Gewinn aus den Obligationen wieder auszugeben. Die Schiffe, die nun die amerikanischen Waffen und Verpflegungsgüter über den Atlantik transportierten, wurden zur Zielscheibe deutscher U-Boot-Angriffe. Für C.A. lag es auf der Hand, daß eine Clique von skrupellosen Geschäftemachern die Vereinigten Staaten in den Krieg trieb. Zu den Schuldigen zählte er neben Morgan & Co. die Wall-Street-Spekulanten, die Presse, unternehmerfreundliche Interessengruppen wie die Handelskammer und noch einige Einrichtungen wie die Carnegie Stiftung, das Rockefeller Institute und das amerikanische Rote Kreuz, dem der Morgan-Partner Henry P. Davison sen. als Präsident vorsaß. »Noch nie in der Weltgeschichte offenbarte sich Betrug so dreist und aggressiv wie jetzt, da man versucht, die gesamte Menschheit in einem Maelstrom der Hölle zu verschlingen«, wetterte C.A.[8] Kritikern, die behaupteten, es stünden andere Werte auf dem Spiel – Freiheit der Meere, nationale Ehre und die Zukunft der westlichen Demokratien –, schlug C.A. die Verstaatlichung der Kriegsindustrie vor, denn »auf diese Weise wird jeder Verdacht auf Interessenskonflikte ausgeräumt«. Die Bewältigung einer Krise, die die Sicherheit Amerikas gefährde, dürfe man nicht privaten Händen überlassen: »Kein Kriegsunternehmen darf Profit machen.«[9]

1916 gab C.A. die Sicherheit eines Sitzes im Weißen Haus auf und kandidierte bei den Senatsvorwahlen der Republikaner. Den deutschen und skandinavischen Farmern in Minnesota gefiel seine isolationistische Haltung. Doch die Stimmen der Progressiven waren gespalten, und er verlor gegen Frank B. Kellogg, einen gemäßigten Anwalt aus St. Paul.

Charles begleitete seinen Vater während des Wahlkampfes als Fahrer und äußerte sich danach tief enttäuscht, »als wir verloren«. Seine spätere Behauptung, er habe die politischen Themen seines Vaters ja kaum gekannt, kann nicht ernst gemeint gewesen sein. C.A. unterhielt sich mit seinem Sohn oft über Politik und schickte ihm jede Erstausgabe seiner Bücher, mit Widmung versehen. Darüber hinaus muß Charles mit den Standpunkten seines Vaters auch bei seinen Verwandten in Detroit konfrontiert worden sein, von denen sich viele in der Mainstreampolitik der Republikaner engagierten und die C.A. als Fanatiker bezeichneten.

Zum Glück hatte Charles eine Fluchtmöglichkeit gefunden, um nicht zu genau über die Ansichten seines Vaters nachzudenken. »Wie fast jeder moderne junge Mann betete ich die Wissenschaft an«, erinnerte er sich. »Ihre Möglichkeiten flößten mir Ehrfurcht ein. Ihre Fortschritte hatten die kühnsten Träume der Menschheit überstiegen. Ihr Nutzen und ihre Macht schienen unbegrenzt. In ihren Lehren lag der Schlüssel zu allen Geheimnissen des Lebens.« Die Wissenschaft hatte die Religion verdrängt. Mit der Politik würde es bald nicht anders sein. Unter dieser Voraussetzung konnte er seinen Vater aus persönlicher Loyalität heraus ruhig unterstützen, ohne sich mit der Frage zu quälen, ob er recht hatte oder nicht.[10]

Im Sommer 1916 begann eine harte Zeit für C.A. Im Alter von 57 Jahren sah er einer ungewissen Zukunft entgegen. Eva, die engste Vertraute ihres Vaters und gleichzeitig seine wissenschaftliche Assistentin, war mit einem Reporter verlobt; das Paar wollte eine kleine Zeitung im Norden des Staates kaufen. Und noch schlimmer, die schon immer kränkelnde Lillian – inzwischen eine 29jährige Mutter von zwei Kindern – hatte Tuberkulose, und ihr Zustand verschlechterte sich rapide. In einem verzweifelten Versuch, die Krankheit aufzuhalten, schickte die Familie sie nach Santa Marguerita, Kalifornien, wo C.A.s älterer Halbbruder Perry noch immer seine Viehranch besaß.

Evangeline stand mit Lillian und deren Mann Loren Roberts nicht auf besonders gutem Fuß, und so wurden sie und Charles nicht mit eingeladen. Charles war untröstlich – angeblich, weil er nun Kalifornien nicht sehen würde, vermutlich aber viel eher, weil er sich von der Familie seines Vaters ausgeschlossen fühlte. C.A. hatte kurz zuvor das T-Modell durch einen neuen Saxon Six ersetzt, und Charles bettelte nun um die Erlaubnis, mit dem Wagen an die Westküste fahren zu dürfen. Überraschenderweise stimmte Evangeline zu. Sie beschlossen, Wahgoosh mitzunehmen, einen Terrier, den Charles als Ersatz für den geliebten Dingo gekauft hattte. Außerdem konnten sie Bruder Land als beschützenden Begleiter gewinnen.

Eine Autofahrt quer durchs Land war im Jahr 1916 alles andere als eine beschauliche Vergnügungsreise. Die Landstraßen waren oft tückisch, Werkstätten gab es nur vereinzelt, und der Saxon war – wenn auch bequemer – weitaus weniger robust als der Ford. Bruder konnte ebensowenig wie Evangeline fahren, und so blieben die Planung, das Steuern und die Wartung des Wagens allein dem 14jährigen Charles überlassen, der zuversichtlich prophezeite, man könne die Reise in zehn Tagen bewältigen.

In Iowa versagte der Saxon zum erstenmal, und sie mußten auf die Lieferung eines Ersatzzündverteilers warten. In Kansas riß eine Feder. Letztendlich dauerte die Reise infolge der verschiedensten Pannen viermal so lange wie erwartet.

Charles beschrieb dieses Problem in einem Brief an seinen Vater so unpersönlich, daß es sich ebensogut um den Rechenschaftsbericht eines bezahlten Chauffeurs hätte handeln können. Vielleicht wollte Charles einfach nur möglichst sachlich bleiben, um C.A. den Schaden am Wagen und die zusätzlich entstandenen Kosten plausibel zu machen. Aber dieser Brief, dem jeder Kommentar zu Landschaft, Reisebegleitung oder anderen Erlebnissen unterwegs fehlte – von irgendeinem Ausdruck der Sorge um Lillian ganz zu schweigen –, war vielleicht doch von unterdrücktem Groll diktiert.

Kurz nachdem sie ihr Ziel erreicht hatten, kehrte Bruder Land mit dem Zug nach Detroit zurück. Evangeline, Charles und Wahgoosh ließen sich in einem kleinen Strandhaus am Redondo Beach nieder. Charles schrieb sich in der öffentlichen High School ein, schwänzte jedoch lieber den Unterricht, um mit seiner Mutter die damals noch sauberen Strände Kaliforniens entlangzuwandern.

Die Familie Roberts-Lindbergh fuhr unterdessen per Zug nach Westen und kam Mitte September auf Onkel Perrys Ranch an. Zwei Wochen später starb Lillian, und ihre trauernde Familie begleitete den Sarg nach Little Falls zurück. Evangeline blieb mit Charles bis Mitte April 1917 in Kalifornien; dann erhielt sie einen Brief, in dem Bruder schrieb, ihre Mutter habe Krebs. Sie und Charles beluden umgehend den Saxon und machten sich auf in Richtung Osten.

C.A. war nach Lillians Begräbnis nach Washington zurückgekehrt, wo er als nicht wiedergewählter Kongreßabgeordneter in den letzten Wochen seiner Amtszeit versuchte, Unterstützung für einen Gesetzesantrag zu sammeln, laut dem für die Ratifizierung einer Kriegserklärung ein nationales Referendum erforderlich wäre. Kurz nach Woodrow Wilsons zweiter Amtseinsetzung im März 1917 reichte der Präsident die Kriegserklärung im Kongreß ein. C.A. kündigte an, er werde seinen Antikriegsaktivimus unterlassen, doch im stillen stichelte er weiter. »In einer Demokratie gibt es doch gar keinen Krieg«, sagte er im gleichen Frühling zu Lynn Haines.

In düsterenr Stunden fragte er sich, ob mit dem Krieg nicht der Zerfall der europäischen Zivilisation beginne. Am 4. Februar 1917 schrieb er: »Charles wird heute 15... Die Welt ist verrückt geworden, und die weiße Rasse ist durch ihre eigene Torheit und fixen Ideen gefährdet.«[11]

Trotz seiner erklärten Absicht, von Antikriegsäußerungen abzusehen, wollte C.A. die Veröffentlichung eines bereits fertig geschriebenen Buches vorantreiben; darin führte er aus, wie der Geldtrust die Kriegssituation nutzen würde, um die bürgerliche Freiheit zu untergraben, die wenigen schriftlich fixierten Umweltschutzgesetze zu kippen und die arbeitende Bevölkerung zu »Skalven der Industrie« zu machen. Das Buch mit dem umständlichen Titel *Why Is Your Country at War and What Happens to You After the War and Related Subjects* fand vorwiegend in den Präriestaaten Verbreitung, in Gegenden mit etablierten agrar-fortschrittlichen Wahlkreisen.

Obwohl C.A. jahrelang darüber geredet hatte, wie sehr er sich wieder nach einem Privatleben sehnte, kandidierte er schon bald darauf bei den Gouverneursvorwahlen der Republikaner auf einer von der Non-Partisan League geförderten Liste. Diese Gruppe forderte in ihrem Wahlprogramm die Verstaatlichung von Getreidespeichern und Kornmühlen, eine staatlich unterstützte Ernteversicherung und andere Bundesprogramme, die den Farmern ein stabiles Einkommen garantieren sollten. Als der Wahlkampf gerade in Gang kam, hatte die Kriegshysterie ihren Höhepunkt erreicht. Beethoven wurde aus den Konzerthallen verbannt. Metzgereien, die weiterhin Bratwürste statt »Siegeswürste« verkauften, wurden boykottiert. Nachdem die Sowjetunion im März 1918 einen separaten Frieden mit Deutschland schloß, richtete sich die öffentliche Empörung noch heftiger gegen die Bolschewiken –

ein Begriff, der wahllos jegliche Beziehung zum Sozialismus einschloß. Die allgemeine Aufregung gipfelte in den berüchtigten *palmer raids* von 1919/20, als Vertreter des Justiz- und Arbeitsministeriums Tausende von Radikalen ohne Haftbefehl und formale Anklage festnahmen.

Einem unbelegten Bericht von C.A.s ehemaligem Anwaltspartner Walter Eli Quigley zufolge gehörte auch C.A.s Verlag, die National Capital Press, zu den Opfern dieser Polizeiaktionen; Bundesagenten nutzten die Gunst der Stunde und zertrümmerten die Druckplatten von *Why Is Your Country at War.* Angeblich versuchten auch mehrere Einwohner von Little Falls, darunter einige LaFonds, möglichst alle Exemplare aufzukaufen, um sie anschließend zu verbrennen. Aus welchen Gründen auch immer – bald jedenfalls hatten nur noch die Redakteure oppositioneller Zeitschriften Zugang zu dem Buch und zitierten daraus mit größtem Vergnügen C.A.s Attacke auf das Rote Kreuz und weitere, noch extremere Passagen. Die *New York Times* bezeichnete C.A. als »Bolschewik aus Minnesota«, doch das war noch harmlos im Vergleich zu einigen Zeitungen in Minnesota, die verlangten, man solle ihn wegen Volksverhetzung oder Schlimmerem verklagen. Bei Kundgebungen zerriß ein heulender Mob C.A.s Konterfei auf Wahlkampfplakaten, warf mit faulen Eiern und brüllte ihn nieder. In der Stadt Red Wing wurde er symbolisch aufgehängt. Im Martin Country empfingen ihn hundert bewaffnete Hilfssheriffs, jagten ihn aus der Stadt und verhafteten einen seiner Wahlhelfer wegen »Verschwörung«. In Duluth, einem Zentrum der Stahl- und Rüstungsindustrie, mochte ihm keine Organisation eine Halle vermieten. Als er im Rock County eine im Freien stattfindende Kundgebung verließ, krachte eine Gewehrkugel seitlich in seinen Wagen. C.A. zuckte nicht einmal mit der Wimper. »Fahr nicht so schnell, Gunny«, wies er seinen Fahrer an. »Sonst denken sie, wir haben Angst.«[12]

Trotz dieser äußeren Gelassenheit ging C.A. davon aus, daß er am Wahltag entweder tot oder im Gefängnis sein werde; seiner Familie hatte er vorsorglich befohlen, sich aus dem Wahlkampf herauszuhalten. Doch überraschenderweise überlebte er nicht nur, sondern sammelte beachtliche 150 626 Stimmen gegen die 199 325 seines Gegners. Obwohl er sich nicht an der Parlamentswahl beteiligte, bereiste er das Land weiter als Wahlredner, jetzt im Namen der neugegründeten Farmer Labor Party, einer aus Mitgliedern der Non-Partisan League und arbeiterfreundlichen Interessengruppen formierten Koalition.

Zum erstenmal seit vier Jahren nahm Charles keinen Anteil an den politischen Aktivitäten seines Vaters. Dazu war er viel zu beschäftigt. Beide Großeltern mütterlicherseits waren krank – Charles' Großmutter hatte Krebs, und Dr. Land litt an einer Art Schüttelfieber, vermutlich der Parkinson-Krankheit. Bruder Land und Evangeline wollten sich die Last teilen, und so zog ihre Mutter nach Little Falls, wo sie sie ständig pflegen konnte. Das Camp war noch immer nicht isoliert, hatte weder Zentralheizung noch anständige sanitäre Installationen (lediglich eine Pumpe in der Küche), und obwohl C.A. sich bereit erklärte, einen Ofen zu bezahlen, war es Charles' Aufgabe, das Haus für den Winter bewohnbar zu machen. Zudem hatte die Regierung verkündet, es sei die patriotische Pflicht aller Bauern, ihr Land weiter zu bestellen, und da sich unmöglich ein Pächter fand – viele Männer waren in den Krieg gezogen –, überredete Charles seine Mutter, ihm die Führung der Farm anzuvertrauen.

Eva Land starb eines langsamen, qualvollen Todes. Als der Winter nahte, mochte Charles, der sonst auf der Veranda schlief, kaum sein Feldbett nach drinnen schaffen. Im Dezember sanken die Nachttemperaturen bis auf 35 Grad unter Null, was selbst für Minnesota ungewöhnlich kalt war. Charles wickelte sich in einen alten Waschbärpelz seines

Vaters, sprang durchs Verandafenster direkt aufs Bett und grub sich so schnell wie möglich in die Decken ein, um das Gesicht vor dem Frost zu schützen. Im Morgengrauen stand er auf und heizte den Ofen an, hackte Holz, fütterte Hühner und Gänse und marschierte dann die schneebedeckte Landstraße hinauf nach Little Falls zur High School, wo er in der letzten Klasse eingeschrieben war.

Charles bereitete sich immer nur schlecht auf den Unterricht vor, und da er für Hausaufgaben keine Energie mehr aufbrachte, fiel er ständig weiter zurück. Seine Chancen auf einen erfolgreichen Schulabschluß standen gleich Null, als der Direktor eine Versammlung einberief und erklärte, die High School werde sich am *Food for Victory Program* beteiligen: Aufgrund des bedenklichen Mangels an Landarbeitern sollten alle Schüler der letzten Klasse automatisch den Abschluß erhalten, wenn sie, statt die Schule zu besuchen, sich ganz der Feldarbeit widmeten. Dieses Wunder rettete Charles, er verließ sofort die Schule und kam nur noch einmal im Juni zurück, um sein Abschlußzeugnis in Empfang zu nehmen.

Doch selbst nachdem er die lästige Schule hinter sich hatte, blieb ihm wenig Zeit, um sich über den letzten Stand des Kriegsgeschehens auf dem laufenden zu halten. Wie viele Jungen in seinem Alter verfolgte auch er die großen Leistungen der Helden am Himmel – der Amerikaner Eddie Rickenbacker und Frank Luke, des Briten Edward (»Mick«) Mannock, der Franzosen Charles Nungesser und René Fonck und der Deutschen Baron von Richthofen und Ernst Udet sowie seines Favoriten, des fiktiven »Tam o' the Scoots«, Held einer Zeitschriftenserie. Piloten wurden allgemein als Ritter der Lüfte angesehen, die im Zweikampf als Gentlemen aufeinandertrafen. Der Kampf in der Luft hatte nichts mit der schmutzigen Realität eines Stellungskrieges zu tun. Tatsächlich hatte kein geringerer als Orville Wright vorhergesagt, die Entwicklung der Luftfahrt würde das Verständnis unter den Völkern der Erde verbessern und schließlich zur Überwindung des Krieges führen. Man sprach jetzt oft von Flugbegeisterung, womit nicht nur das technische Interesse an Flugzeugen ausgedrückt werden sollte, sondern es lag darin auch die Hoffnung, die Luftfahrt würde zum Instrument eines umfassenden gesellschaftlichen Wandels werden.

Würde der Krieg noch ein Jahr länger dauern, dann, so beschloß Charles, würde er sich als Pilot bei der Army bewerben. Doch eines Tages, im November 1918, während er auf einer Auktion Vieh ersteigern wollte, kam ein Farmer herbeigerannt und rief, man habe einen Waffenstillstand unterzeichnet. Die Army kündigte sofort alle Flugzeugverträge und begann, die Bestände als Überschuß zu verkaufen. Hunderte von ausgebildeten Piloten, die zum Großteil erst gar nicht zum Einsatz in Europa gekommen waren, mußten plötzlich feststellen, daß sie mit ihren Fähigkeiten überflüssig waren. Charles gab vorerst jeden Gedanken an die Fliegerei auf.

3.
ERHABEN UND WERTLOS

Charles wollte unbedingt moderne Landwirtschaft betreiben und investierte großzügig in Maschinen und Vieh. Er bestellte einen LaCrosse-Traktor mit Metallrädern, einen der ersten in der Umgebung, und wurde der örtliche Verkaufsrepräsentant für die Empire Milking Machine Company. Seine Viehzuchtversuche begannen mit dem Kauf eines Guernsey-Bullen, einer reinrassigen Guernsey-Kuh und einem Shropshire-Mutterschaf. Das Wohnzimmer des Camps stand bald voller Brutkästen, darunter auch ein selbstkonstruiertes Modell. In einer Saison brütete der Apparat mehr als 1000 Küken aus. Charles' einzige Hilfe war Daniel Thompson, ein pensionierter Holzfäller um die 70, dem C.A. Unterkunft in dem gemieteten Haus angeboten hatte. Thompson und Charles reparierten die Scheune, erneuerten die Zäune mehrerer Felder und bauten aus Stacheldraht und ein paar Eschenholzpfählen eine Hängebrücke über den Pike's Creek. Charles' nächster Plan war die Zucht von Duroc-Jersey-Schweinen und Toulouse-Gänsen. Er hatte allerdings nicht bedacht, wie sich seine Investitionen auf einer Farm rentieren sollten, von deren 44 Hektar ein Großteil noch nicht einmal Ackerland war.

Charles' zweiter Fehler als Farmer war, das Vieh wie Haustiere zu halten. C.A. tadelte seinen Sohn, als er eine Tierarztrechnung für eine Kuh hatte auflaufen lassen, die höher war als der Wert des Tieres. Bei einem anderen Besuch ermahnte er Charles, für neue Behausungen für seinen Tierpark zu sorgen, sonst »sind sie nicht mehr lange Haustiere«.

Sosehr C.A. auch Charles' Ehrgeiz bewunderte, sorgte er sich doch, sein Sohn fühle sich womöglich zum Bauern berufen. Seine politische Philosophie gründete zwar auf der Prämisse, der Farmer sei die Hauptstütze des demokratischen Systems, aber der eigene Sohn sollte nicht unbedingt dazugehören. Unter dem gegenwärtigen wirtschaftlichen System, warnte er Charles, existiere der Farmer nur, um von den Kapitalisten hemmungslos ausgenommen zu werden. Für sein Einkommen jedenfalls war der Besitz in Little Falls seit 20 Jahren ein Zuschußunternehmen, und in Briefen gab C.A. wiederholt zu verstehen, daß er das Camp längst verkauft hätte, wenn Charles und seine Mutter bloß nicht so sehr daran hängen würden.

Evangeline rang Charles das Versprechen ab, daß er sich nur ein Jahr in der Landwirtschaft versuchen würde, danach sollte er ans College gehen. Sie hatte mit eigenen Augen gesehen, wie fehlende akademische Zeugnisse die Karriere ihres Vaters ruiniert hatten, und inzwischen war ein Universitätsabschluß natürlich nicht nur eine wünschenswerte, sondern eine unerläßliche Voraussetzung.

Charles war vermutlich ebensogut aufs College vorbereitet wie jeder durchschnittliche High-School-Absolvent, vor allem auf wissenschaftlichem Gebiet, doch aufgrund seiner unerfreulichen Schulerfahrungen besaß er wenig Vertrauen in seine Fähigkeit, unbekannte Themen zu bewältigen. Zunächst wollte er wie Großvater Land Arzt werden, als er jedoch erfuhr, daß die medizinischen Fakultäten Latein voraussetzten, verließ ihn der Mut. Eine interessante Alternative war für ihn das MIT (Massachusetts Institute of Technology), die einzige Einrichtung im Land mit einer Abteilung für Flugzeugbau; aber sein High-School-Zeugnis entsprach nicht den Anforderungen der Schule. Am Ende schrieb er sich an der Universität von Wisconsin ein, und zwar einzig deshalb, weil sie an einem großen See lag.

Da Evangeline nun nichts mehr ans Camp band, bewarb sie sich um eine Lehrstelle in Naturwissenschaften an der High School in Madison und suchte dort im Spätsommer 1920 für sich und ihren Sohn eine Wohnung. Einige Wochen später übergab Charles die Farm an einen Pächter und fuhr mit seinem Excelsior-Motorrad nach Wisconsin.

Vom Collegeleben war er von Anfang an nicht sonderlich begeistert. Der Alltagstrott, beschwerte er sich bei Kommilitonen, sei nur ein Aufguß der High School. »Ein Mann geht doch vermutlich ans College, weil er eine Ausbildung anstrebt«, nörgelte er. »Warum dann der ganze Unfug mit den Anwesenheitslisten, den täglichen Anweisungen, den Fragen nach Privatangelegenheiten und das alles?« Er ärgerte sich, daß er wie ein Kind behandelt wurde, lernte aber nie aus eigenem Antrieb, wie er später eingestand, und erbrachte die erforderlichen Leistungen nur widerwillig, wenn überhaupt. Sein einziges Interesse galt dem ROTC (Reserve Officers Training Corps), einem Sportschützenteam. Bei mehreren Wettbewerben erreichte er 50 Volltreffer in Serie, und am Ende des ersten Semesters gewann er eine Medaille als bester Allroundschütze der Mannschaft.[1]

Wenn er nicht gerade beim Zielscheibenschießen war, kurvte er auf seiner Excelsior in der Gegend herum, oft zusammen mit zwei anderen leidenschaftlichen Motorradfans, Richard Plummer, einem Jungen vom Land, und Delos Dudley, dem Sohn eines Universitätsbibliothekars. Die Abende verbrachten die drei Freunde häufig im Keller der Dudleys, wo sie einen Eisbrecher bauten. Als der Winter kam, baute Charles den Motor von der Excelsior aus und montierte ihn am Boot. Doch der Motor war zu schwach, wie sich bei den Testfahrten herausstellte, und noch bevor sie eine Methode fanden, ihn zu frisieren, wurde der Eisbrecher bei einem Zusammenstoß mit einem anderen Boot zerstört.

Lindberghs Zensuren in den Maschinenbaukursen waren

zunächst mittelmäßig und sackten dann in dem Maße ab, wie seine Langeweile wuchs. Für einen Ingenieurstudenten zeigte er jedoch ein ungewöhnliches Gespür für kreatives Schreiben. Einer seiner Aufsätze war in Form eines Dialogs zwischen einem Pärchen verfaßt, das auf dem Weg ins Kino ist. Die Studentin kennt sich zwar meisterhaft bei Filmen aus, doch als das Gespräch auf den Panamakanal kommt, tut sie das Projekt leichthin als »Riesenschwindel« ab.[2] Diese Miss Justrite war offenbar das Spiegelbild der Mädchen, die Lindbergh am College in Madison kennenlernte und bei denen er wenig Erfolg hatte. Delos Dudley erklärte ihm, er ginge zu intellektuell an die Sache heran. »Aber wenn du deine Hand auf ihre Brust bringen kannst, dann wird dir keine widerstehen«, lautete sein Rat. Lindbergh war schockiert. Er konnte sich nicht vorstellen, daß er jemals so verzweifelt sein könnte, um auf diese Methode zurückzugreifen. Wenn es um Liebe ginge, überlegte er sich, dann wäre das nicht notwendig. Und wenn doch, dann wollte er sowieso nicht.[3]

Charles' Einstellung gegenüber Frauen war eine abstrakte Idealisierung, zugleich geprägt von einer leichten Geringschätzung. Daß er sich im College nie mit Mädchen verabredet hatte, erklärte er später, lag einfach daran, daß man viel Zeit mit sinnlosen Dingen vergeuden mußte, um jemanden kennenzulernen – die Stunden, die man in unbequemen Kleidern steif in Wohnzimmern herumsaß, geistloses Zeug plauderte und alberne Gesellschaftsspielchen spielte. Lindbergh schien eine Frau wie seine Mutter zu suchen, ein Mädchen, das sich in ihrer Freizeit mit organischer Chemie beschäftigte und mit Kolloiden herumexperimentierte; doch solche Frauen waren selbst an der Universität von Wisconsin eine Rarität und nicht leicht zu treffen. Und sie zeigten wohl auch nicht unbedingt an Charles Lindbergh Interesse. Richard Plummers Freundin Eunice zum Beispiel hielt Charles für einen schmuddeligen jungen Mann, zu dessen auffälligsten Merkmalen das Motoröl unter den Fingernägeln und ein ungehobeltes Benehmen gehörten.

Charles' mangelndes Engagement an der Universität hing zweifellos mit C.A.s Ankündigung zusammen, er könne sich die Studiengebühren im nächsten Jahr nicht mehr leisten. Das hatte C.A. auch gesagt, als Eva am Carleton College studierte, doch irgendwie hatte er das Geld dann doch aufgetrieben. Diesmal jedoch redete er vom Verkauf oder der Verpfändung der Farm, und Evangeline, die von ihrem Lehrergehalt schon den Lebensunterhalt für sich und Charles bestritt, zeigte dafür wenig Verständnis. Statt seine Zeit dem Anwaltsberuf zu widmen und damit die finanziellen Probleme zu lösen, war C.A. bereits mit der Herausgabe der nächsten radikalen Zeitschrift beschäftigt, die prompt wieder einging. Das Camp mit dem dazugehörigen Land war das einzige richtige Zuhause, das ihr Sohn je gekannt hatte, und es war sein rechtmäßiges Erbe, soviel stand für Evangeline fest. Sie ärgerte sich über den Vorschlag, daß Charles womöglich zwischen der Farm und einem Universitätsstudium zu wählen hätte.

Plötzlich wurde Charles, bislang das Bindeglied, das seine Eltern unter dem Deckmantel einer freundschaftlichen Beziehung zusammenhielt, zum Streitpunkt. Schon im ersten Semester deutete er an, er wolle das Collegestudium aufgeben. Er und Delos Dudley malten sich aus, wie sie sich in Afrika Arbeit suchen würden, obwohl keiner von beiden wußte, wie man solche Jobs bekommen könnte oder warum ein Unternehmen, das einen Vertreter in Afrika brauchte, ausgerechnet an ihnen interessiert sein sollte. Dudley schwärmte wie Charles für die Fliegerei und hatte stapelweise Prospekte von Flugschulen überall im Land gesammelt. Doch da Dudley selbst kein Geld besaß, war es sehr unwahrscheinlich, daß sich sein Traum vom Pilotendasein je erfüllen würde. Charles dagegen verfügte über ganz ansehnliche Ersparnisse, die er hauptsächlich während seines Nebenjobs als Verkäufer und Wartungstechniker von Melkmaschinen zusammengetragen hatte, und was bei ihm mit unrealistischen Träumereien begonnen hatte, wurde bald zur festen Absicht. Als offenkundig wurde, daß Charles ernsthaft das College verlassen wollte, packten Dudley Schuldgefühle. Wenn das Thema in Evangelines Gegenwart angesprochen wurde, bemerkte er ihren gequälten Gesichtsausdruck und war sicher, daß sie es seinem Einfluß zuschrieb, daß ihr Sohn das Ingenieurstudium aufgeben wollte.

1921 hätte wohl kaum ein Elternpaar erfreut reagiert, wenn der Sohn seine Zukunft in der Luftfahrt gesehen hätte. Fliegen galt als so gefährlich, daß selbst Charles' Kameraden vom ROTC ihn davon abzubringen versuchten. Einer zeigte ihm einen Artikel, in dem behauptet wurde, ein Pilot fliege im Durchschnitt nur 900 Stunden, bis er einen tödlichen Unfall erlitt. Charles legte diese Statistik dahingehend aus, daß ein vorsichtiger Pilot ein gutes Stück länger leben könnte.

Ganz abgesehen vom Risiko verbanden die meisten Leute mit der Fliegerei weniger ein seriöses Berufsbild als die leichtsinnigen Eskapaden junger Draufgänger – so wie bei einem Jungen, der davonläuft, um zum Zirkus zu gehen. In Europa experimentierten die Fluggesellschaften bereits mit ersten Linienflügen, aber in der Heimat der Brüder Wright gehörte der Himmel noch den Flugakrobaten, die in den klapprigen Doppeldeckern aus der Überschußproduktion des Ersten Weltkriegs kreuz und quer durchs Land zogen, Kunstflugstücke vorführten und für fünf oder zehn Dollar Rundflüge anboten. Vielleicht würden sich Flugzeugrennen – ähnlich wie Polo – bald als extravaganter Sport der Reichen etablieren, vorläufig jedoch wurden vom Reiz des Fliegens hauptsächlich Burschen vom Lande angezogen und nicht die jungen Männer aus der Mittelschicht mit gesicherten beruflichen Perspektiven.

Evangeline, die sich ihr Leben lang nach Abenteuern gesehnt hatte, zeigte mehr Verständnis als die meisten Mütter. Ihre Hauptsorge war, daß Charles, hätte er erst einmal Wisconsin verlassen, wohl nie wieder zurückkehren und seinen Abschluß machen würde.

C.A. zu überzeugen war schon etwas schwieriger.

Seit 1918 verbrachte C.A. regelmäßig einige Wintermonate in Florida und kümmerte sich um seine – wie er es hochtrabend nannte – Immobilienangelegenheiten. Diese bestanden aus zwei Bauplätzen am Stadtrand von Miami. Dort hauste er in einem Zelt, während er den Bau zweier kleiner Cottages aus verputzten Zementblöcken überwachte, die er später vermieten wollte.

Als Charles andeutete, er wolle Madison verlassen, drängte C.A. ihn, nach Miami zu kommen. Sicher, bislang habe er noch nicht viel Geld verdient, schrieb er. Er sei jetzt in einer Lebensphase, wo er alles gern ein bißchen »sachte« anginge. Doch für einen jungen Mann biete Florida große Möglichkeiten. Und als Partner könnten sie beide im Handumdrehen 100 000 Dollar machen.

Doch im Juni war Charles in Kentucky unterwegs und besuchte das ROTC-Trainingslager in Fort Knox. Er war mit seiner Excelsior dorthin gefahren, verbrachte nach den Übungen noch einige Zeit im Lager und erforschte die Gegend, bevor er in den Norden zurückkehrte.

Als Charles im Herbst wieder das College in Madison besuchte, fiel es ihm schwerer denn je, sich den täglichen Vorlesungen und Studienzeiten zu fügen. Im Februar wurde ihm schließlich offiziell mitgeteilt, daß man ihn aufgrund von nachlassenden Zensuren und »Unreife« von der Universitätsliste strich. Charles' Angaben zufolge hatte er jedoch ohnehin schon beschlossen abzugehen und gar nicht daran gedacht, die Abschlußprüfungen abzulegen oder sich zum Frühjahrssemester wieder einzuschreiben. Sobald es wärmer würde, wollte er zur Fliegerschule von Ray Page nach Lincoln, Nebraska, aufbrechen.

Charles' bevorstehende Abreise zwang Evangeline, über ihre eigene Zukunft nachzudenken. Sie bewarb sich noch einmal als High-School-Lehrerin für naturwissenschaftliche Fächer in Little Falls, wurde jedoch abgewiesen mit der Begründung, ihre Ausbildung entspreche nicht den Anforderungen. Daher kehrte sie zurück nach Detroit, wo sie an der hochgeschätzten Cass Technical High School anfing. Gegen Ende des Jahres starb ihr Vater, sie verkaufte mit Bruder Land das Haus ihrer Eltern und erwarb mit ihm gemeinsam ein kleineres.

Bevor Charles sich für Lincoln entschied, hatte er in seiner gewohnt methodischen Vorgehensweise Werbebroschüren von allen möglichen Fliegerschulen studiert. Auf das von Ray Page betriebene Unternehmen legte er sich letztlich fest, weil eine Fabrik dazugehörte, die Nebraska Aircraft Corporation, die vorwiegend Lincoln Standard Doppeldecker aus Restbeständen der Army reparierte und aufpolierte. Page hatte Lindbergh brieflich mitgeteilt, ein Kurs koste 500 Dollar. Er erwähnte allerdings nicht, daß die in der Nebraska-Aircraft-Broschüre beschriebene »Fliegerschule« gar nicht existierte – ein Köder, der potentielle Flugzeugkäufer anlocken sollte.

Lindbergh kam am ersten April in Lincoln an und bezahlte den Unterricht im voraus. Page warf einen kurzen Blick auf den großen, mageren und sehr naiven Collegejungen und beschloß, ihn Slim zu nennen, ein Spitzname, der an ihm hängenblieb. Damit hatte sich Pages Verantwortungsgefühl so ziemlich erschöpft.

Während der folgenden Woche sah sich Slim in den Werkhallen um, beobachtete die Mechaniker bei der Arbeit an dem außerordentlich kompakten, 150 PS starken Hispano-

Suiza-Motor und half beim Nähen der Stoffbespannungen für die Tragflächen. Eine Woche später stand ein Doppeldecker zur Endmontage bereit. Die Mechaniker schoben das Flugzeug aus dem Hangar, die Tragflächen am Rumpf festgebunden. Slim schaute fasziniert zu, wie die Verstrebungen befestigt und Quer- und Seitenruder angebracht wurden. Am nächsten Morgen, dem 9. April, stand das Flugzeug zum Testflug bereit, und der Werksleiter Otto Timm lud Slim zu einem Rundflug ein. Timm nahm auf dem hinteren Pilotensitz Platz, Slim saß aufrecht vorne und teilte sich den Passagiersitz mit Bud Gurney, der bei Ray Page als Mädchen für alles fungierte. Gurney, ein stämmiger 16jähriger, hatte die Schule abgebrochen und die elterliche Farm verlassen, entschlossen, irgendeinen Weg zu finden, um in der Nähe von Flugzeugen arbeiten zu können, und sei es nur, den Boden im Hangar zu fegen. Slims Ankunft hatte sein Leben unendlich bereichert, und er sah in fast abgöttischer Bewunderung zu dem 20jährigen Lindbergh auf.

Ein Mechaniker wirbelte den Propeller herum, der Motor sprang an. Innerhalb von ein, zwei Minuten erhob sich die Standard in die Luft und schwebte mühelos über eine hohe Baumgruppe hinweg, die den Landeplatz begrenzte. Zur hellen Begeisterung seiner Passagiere zog Timm das Flugzeug ziemlich steil hoch. Für Slim war dies der bisher aufregendste Moment seines Lebens, ein Moment, den er in der Phantasie so oft durchlebte, daß er sich noch Jahrzehnte später an das Stottern des Motors erinnern konnte, an das Klappern der Achsen, während das Flugzeug über die unebene Piste holperte, und an das Gefühl, wenn sich eine Tragfläche über den Horizont erhob, als Timm das Flugzeug in eine Kurve legte. Die Welt unter ihm war innerhalb weniger Augenblicke auf eine quirlige Puppenbühne reduziert, jegliches Menschenwerk war plötzlich nur noch Spielzeug. Fliegen war für ihn das höchste Glück, das er immer gesucht hatte, auch auf dem

Motorrad, das er jedoch nie gefunden hatte: »Eigentlich war der Grund nicht in Worte zu kleiden. Man hat ihn dort zu suchen, wo das Unsterbliche sich an der Gefahr mißt, wo Leben und Tod gleichviel gelten ... wo die bloße Existenz zugleich erhaben und wertlos ist.«[4]

Nach dieser ersten kurzen Berührung mit dem Himmel war die Gleichgültigkeit, die Page dem Werdegang seines einzigen Schülers entgegenbrachte, um so frustrierender. Man hatte Slim einen Ausbilder zugeteilt, einen ergrauten Veteran des Signal Corps names Ira (»Biff«) Biffle. Mit seinem von Narben und tiefen Falten zerfurchten Gesicht verkörperte Biff allein äußerlich den Typ des unerschrockenen Helden der Lüfte; dazu fluchte er deftig mit seiner blechernen Stimme, die vom jahrelangen Überbrüllen der dröhnenden Motoren ganz heiser war. Biff setzte viele Unterrichtsstunden an, erteilte aber nur wenige. Morgens war es problematisch, weil er kaum vor elf aus dem Bett kam. Mittags hielt er die Turbulenzen in der Luft für zu riskant. Und gegen Abend sah dann das Wetter bedrohlich aus. In zwei Monaten brachte Slim es auf ganze acht Unterrichtsstunden. Von den Mechanikern erfuhr Slim, daß Biff seinen besten Freund hatte verunglücken sehen, ein Erlebnis, das ihm für immer die Lust an der Fliegerei genommen hatte.

Slim war betrogen worden, doch es gibt keine Anzeichen, daß er Page deswegen je direkt zur Rede gestellt hätte. Offenbar gab er sich wegen seines naiven Verhaltens selbst die ganze Schuld. Aufgrund der schlechten wirtschaftlichen Lage in der Flugzeugindustrie gab es kaum reine Fliegerschulen. Die Flugzeugmotoren aus der Produktion des Ersten Weltkriegs setzten oft mitten im Flug aus. In diesem Fall mußte der Pilot den Boden nach einem geeigneten Landeplatz absuchen und ohne Motorkraft landen. Notlandungen kamen so häufig vor, daß Orville Wright darauf gedrängt hatte, es müsse »alle 16 bis 19 Kilometer ein guter Landeplatz zur Verfügung stehen, damit das Fliegen völlig sicher« werde.[5] Kleinere Unfälle – immer als technischer Schaden, nie als Absturz bezeichnet – waren unvermeidlich. Versicherungen gab es nicht. Und so hätten wohl nur die wenigsten Besitzer einer Maschine einem Neuling die Steuerung ihres Flugzeugs überlassen. Wer fliegen lernen wollte, mußte sich, vorausgesetzt er hatte Geld, ein gutes Gebrauchtflugzeug kaufen und den Besitzer so weit bringen, daß der Kaufpreis auch ein paar Flugstunden einschloß.

In der Welt der fliegenden Vagabunden waren 500 Dollar viel Geld – aber Page war skrupellos. Er versuchte sogar noch, sein Betrugsmanöver fortzusetzen, indem er Slim einen Alleinflug versprach, wenn er zusätzlich zur bereits gezahlten Summe noch eine beträchtliche Kaution hinterlege. Doch auch dieses Angebot erwies sich als ein leeres Versprechen, da Page die einzige mit Doppelsteuerung ausgestattete Standard Ende Mai an den Piloten Erold Bahl verkaufte. Bahl wollte in Nebraska und Kansas als Kunstflieger auftreten. Inzwischen hatte Slim begriffen, daß es mit seiner Ausbildung an der Fliegerschule von Nebraska Aircraft nichts mehr werden würde, deshalb bat er Bahl, ihn als Assistenten mitzunehmen. Er bot ihm an, sich an den Ausgaben zu beteiligen, wollte sich um das Flugzeug kümmern und zahlende Passagiere auftreiben. Wenige Tage später schlug er Bahl vor, sie könnten noch mehr Leute begeistern, wenn er sich beim Überfliegen einer Stadt auf die Tragfläche stellte. Bahl, der als sehr vorsichtiger Flieger bekannt war, warnte ihn: »Geh beim ersten Mal nicht weiter als bis zur ersten Verstrebung.«

Erold Bahl war ein ernster junger Mann. Er rührte keinen Alkohol an und wollte seine Verlobte heiraten, sobald er mit der Kunstfliegerei etwas Geld zusammengespart hatte. Zudem war er ein ungewöhnlich geschickter Pilot und betrachtete sich selbst als eine Art Missionar der Luftfahrt. Zweifellos fand Slim in ihm ein Idol, und insofern lohnte sich die

Rundreise. Doch Bahl hatte natürlich ebensowenig wie Page die Absicht, sein Flugzeug zu riskieren und einen Neuling allein damit starten zu lassen.

Ende Juni kehrten Slim und Bahl wieder nach Lincoln zurück. Da Slim knapp bei Kasse war, zog er in eine billigere Pension, schloß sich Bud Gurney an und erledigte Gelegenheitsarbeiten in der Flugzeugfabrik. Er wußte, wenn er nicht bald einen Platz im Kunstfliegergeschäft fände, müßte er zurück nach Detroit und hätte außer einer abgebrochenen College-Karriere und vergeudeten Ersparnissen nichts vorzuweisen. Zu dieser Zeit trafen Charley und Kathryn Hardin in der Stadt ein, um an einer von Nebraska Aircraft unterstützten Flugschau teilzunehmen. Die Hardins stellten Fallschirme her und warben durch Vorführungen von Kunstsprüngen für ihre Produkte.

Charley Hardins Spezialität war das »Schnittspringen«. Wenn sich sein Schirm geöffnet hatte, nahm er ein Messer, das an einem Spannseil hing, und schnitt das Seil durch, das seinen Leibgurt mit den Fangleinenringen des Fallschirms verband. Auf dem Rücken trug er einen zweiten Fallschirm. Das obere Öffnungsloch dieses Fallschirms war mit einer Leine an den Fangleinenringen des ersten Schirms verbunden. Während Hardin nach dem Schnitt vom ersten Schirm fiel, wurde der zweite aus dem Rucksack gezogen und konnte sich öffnen, sobald die Verbindungsleine riß. Hardin behauptete, bis zu zehn solcher Schnitte in einem Sprung vorgenommen zu haben, was – sollte es stimmen – absoluter Rekord gewesen wäre. An dem Tag, als Slim Lindbergh ihm zuschaute, begnügte er sich mit einem Doppelsprung.

Am Tag nach der Vorführung suchte Slim entschlossen das Büro von Page auf und erklärte, er wolle dieses Kunststück auch versuchen. Page hielt ihn für verrückt. »Er hatte immer irgendeine verwegene Idee«, sagte er später. »Aber um ihn wieder aus dem Büro zu kriegen, gab es nur eine Methode, man mußte ihn machen lassen.«[6] Hardin war ebenfalls leicht schockiert, änderte aber seine Meinung, als Lindbergh andeutete, er würde vielleicht 100 Dollar für einen eigenen Fallschirm investieren.

Slim durfte zusehen, wie die Hardins den selbstgenähten Musselinfallschirm zusammenfalteten, den er benutzen würde, und wie sie Papierblätter zwischen die Fangleinen legten, damit sie sich nicht verhedderten. Der Fallschirmsack wurde an einen Tragflächenholm gebunden, und als es Zeit zum Springen war, manövrierte sich Slim vorsichtig auf die Tragfläche hinaus, setzte sich hin und befestigte die Fallschirmseile an seinem Leibgurt. Dann ließ er sich über den Tragflächenrand fallen.

Jetzt gab es kein Zurück mehr. Mit zitternden Händen löste er den Knoten, der den Fallschirmsack an der Tragfläche verschlossen hielt – und stürzte einen atemberaubenden Augenblick lang in freiem Fall in die Tiefe. Dann spürte er einen heftigen Ruck und sah die Fallschirmkappe über sich stehen. So weit, so gut.

Charley Hardin hatte ihm eingeschärft, sich viel Höhe für die zweite Sprungphase aufzuheben. Sobald Slim ruhig schwebte, zog er also an dem Messerseil, das den ersten Schirm abschneiden sollte. Wieder befand er sich im freien Fall, und der Boden raste auf ihn zu. Doch der zweite Schirm schien sich langsamer zu öffnen. Als er wieder schwebte, blieb Slim gerade noch genug Zeit, seinen Fotoapparat aus der Tasche zu holen und ein paar Schnappschüsse zu machen, ehe er auf dem Grün des städtischen Golfplatzes von Lincoln aufschlug.

Die Landung fiel zwar etwas härter als erwartet aus, aber Slim ahnte noch immer nicht, wie nahe er dem Tod gewesen war, bis er Charley Hardin auf sich zurennen sah, das Gesicht zu einer Maske der Angst verzerrt. Die Leine zwischen den beiden Schirmen war zu früh gerissen, so daß der zweite Schirm gar nicht vollständig aus dem Rucksack gezogen worden war; er hatte tatsächlich viel Zeit zum Öffnen gebraucht.

Bud Gurney, der mit Charley Hardin auf dem Golfplatz gewartet hatte, vertraute Slim auf dem Rückweg zum Werksgelände an, daß Hardin mangels einer geeigneten Schnur die beiden Schirme mit einem Stück verrottetem Bindfaden verbunden hatte.

Es war eine außergewöhnliche Tollkühnheit, 1922 freiwillig einen Fallschirmsprung zu machen. Die Gründe dafür liegen auf der Hand, wenn man bedenkt, daß Leute wie die Hardins die professionellen Fallschirmhersteller waren, auf die man sich verlassen mußte. Kein Mensch konnte sich an einen Anfänger erinnern, der sich gleich beim ersten Mal an einem *cutaway jump* versuchte. Slim war sich seiner Motive offenbar selbst nicht sicher – auch wenn er in seiner Autobiographie nahelegte, daß er eine seit seiner Kindheit vorhandene Höhenangst ein für allemal überwinden wollte, eine Erklärung, die er an anderer Stelle wieder herunterspielte. Vielleicht wollte er einfach nur auf sich aufmerksam machen.[7]

Der Zweifachsprung veränderte Slims Status auf dem Municipal-Flugplatz. Selbst Biff behandelte ihn jetzt mit Respekt. Einige Wochen später verkaufte Nebraska Aircraft einen Standard Doppeldecker an Bantry Rodgers, einen wohlhabenden Farmer aus Bird City, Kansas, der den erfahrenen Harold J. (»Shorty«) Lynch engagiert hatte, um als Flugakrobat mit der Maschine auf Tournee zu gehen. Nachdem Slim Page überredet hatte, ihm als Ausgleich für die nie erhaltenen Unterrichtsstunden einen Fallschirm zu kaufen, bot Lynch Charles an, ihn als Mechaniker, Springer und Tragflächengeher mitzunehmen.

Altgediente Flieger schätzten Fallschirmspringen und Tragflächenakrobatik als gleich gefährlich ein. Diese Beurteilung traf vermutlich auch zu, solange die Springer ihre Fallschirmbündel an den Tragflächen festbanden. Außer aufgrund von defekten Fallschirmen kam es häufig zu Unfällen, wenn der Springer auf der Tragfläche die Balance verlor oder der Schirm durch Berührung mit dem Flugzeug behindert wurde. Merkwürdigerweise jedoch war der gefürchtetste Teil des Sprungs der freie Fall. Trotz gegensätzlicher Erfahrungen glaubte man nach wie vor, daß ein Springer das hohe Risiko einging, ohnmächtig zu werden oder sogar einen Herzinfarkt zu erleiden. Das erklärt auch, warum Slims zweifacher Sprung soviel Beachtung fand.

Verglichen damit galt das Gehen auf Tragflächen als unkompliziertes Unternehmen, zu dem jeder mit einem guten Gleichgewichtssinn in der Lage war. Unter den berühmten frühen Tragflächenakrobaten waren viele Frauen wie die große Gladys Ingle, die sich darauf spezialisierte, von der oberen Tragfläche eines Doppeldeckers auf die untere einer zweiten Maschine zu klettern. Solche Flugkunststücke waren nicht schwer, zumindest solange man keinen Fehltritt beging oder einen lockeren Spanndraht erwischte. Nach seinem Zweifachsprung mußte Lindbergh die alten Hasen auf dem Flugplatz jedenfalls nicht lange überreden, ihm ein paar Tricks auf der Tragfläche zu zeigen. Wie viele jüngere Flugakrobaten trug er – außer bei den einfachsten Manövern – ein Sicherheitsseil aus Stahl, das an einem Gurt unter der Jacke befestigt war. Auf diese Weise abgesichert, konnte er die dramatischsten Kunststücke vorführen – sich beispielsweise, nur mit den Zähnen einen Lederriemen haltend, unter die Tragfläche hängen.

Sicherheitsleinen halfen jedoch nichts bei dem aufregenden Auto-Flugzeug-Kunststück, das durch eine der ersten Fox-Movietone-Wochenschauen populär wurde: Der Akrobat sprang von einem fahrenden Auto auf eine von der Tragfläche eines tieffliegenden Flugzeugs hängende Strickleiter. Berühmt wurde diese Nummer im Oktober 1921, als Madeline Davis, eine Partnerin der gefeierten Fliegerin Ruth Law, bei einer Vorführung in Long Branch, New Jersey, den Halt auf der Leiter verlor und zu Tode stürzte. Bevor Slim mit Shorty Lynch nach Wyoming aufbrach, versuchte er Ray Page zu überreden, ihn eine noch raffiniertere Variante probieren zu lassen, einen Wechsel von Motorrad zu Flugzeug. Aber Page war das nicht geheuer, und er lehnte ab.

Shorty Lynch ließ inzwischen Handzettel drucken, die den TEUFELSKERL LINDBERGH ankündigten, und verschickte Briefe, in denen er ihr Team für Luftwerbung, Jahrmärkte, »Volksfeste und Heimkehrfeiern« und »alle besonderen Anlässe« anpries. Die Resonanz war immerhin so gut, daß er und Slim vier Monate zu tun hatten; sie traten im westlichen Kansas, im östlichen Colorado, in Wyoming und Montana auf.

Um 1922 waren Flugakrobaten für die einen Jahrmarktsfiguren, für die anderen gefeierte Idole. Es gab noch immer viele Städte, deren Bewohner nie zuvor ein Flugzeug gesehen hatten, und ein Pilot, egal wie heruntergekommen oder fragwürdig, war eine äußerst glamouröse Figur – »der Supermann unserer Tage«, wie eine Wright-Werbung es formulierte. Die Realität des Fliegens mochte durchaus schmutzig sein, doch die Utopien, die begeisterte Anhänger der Fliegerei entwickelten, waren schillernd. Der Triumph des Flugzeugs würde Landesgrenzen überflüssig machen und in eine Ära globalen Friedens und Wohlstands führen; soziale und territoriale Schranken – alles werde aufgelöst. Das Fliegen, so glaubten ernsthaft einige Priester, werde eine Generation geistlich geweihter Amerikaner hervorbringen. Feministinnen sahen dem Tag entgegen, an dem Frauen genau wie Männer einen Flugschein erwerben würden. In ihrem missionarischen Eifer verkauften Kunstflieger Rundflüge im Süden sogar an schwarze Kunden und erhoben das Fliegen damit zu einer der damals wenigen nicht streng nach Rassen getrennten Aktivitäten. Ein optimistischer farbiger Pilot sagte gar voraus, Schwarze würden endlich wirtschaftlichen Wohlstand erlangen, indem sie den Lufttaximarkt beherrschen könnten. Die eher mystische Seite des Rummels um die Fliegerei repräsentierte ein gewisser Alfred Lawson, der in Vorträgen prophezeite, daß sich flugbegeisterte Menschen in 10 000 Jahren zu einer ausgeprägten Spezies, der sogenannten »Höhen-Menschheit« entwickelten, die zum Herrschen über ihre erdgebundenen Brüder prädestiniert wäre.[8]

Wenn es auch vordergründig ums Geldverdienen ging, sahen sich die meisten jungen Piloten – und auch einige, die wie Slim Lindbergh noch nicht ganz flügge waren – als eine Art Wanderprediger, die die Unwissenden in das Wunder des Fliegens einweihten. Diese Mission verlangte allerdings nicht selten die Effekthascherei eines Marktschreiers und die Moral eines Versicherungsvertreters. Flieger predigten allen Ernstes die Sicherheit des Fliegens, verpackten ihre Bruchlandungen als lustige Anekdoten und setzten sich über Bedenken mit Ironie und Galgenhumor hinweg: »Bei Absturz Geld zurück«.

Slims erster Partner, der gepflegte Erold Bahl, betrachtete sich als seriöser Pionier der Luftwege. Er trug sogar einen Geschäftsanzug statt der üblichen Fliegerkluft, weil er glaubte, ein gut gekleideter Pilot würde seinen Passagieren Vertrauen einflößen. Shorty Lynch war etwas schriller. Cupid, so sein zweiter Spitzname, verkehrte gern mit Rodeoreitern, Schaustellern und in den weniger angesehenen Kreisen der Kleinstädte, die sie besuchten. Er mochte seinen »schwarzgebrannten Schnaps«, und es wurde gemunkelt, daß er ab und zu einen Ausflug über die Grenze im Norden machte, um eine Ladung kanadischen Whisky zu holen. Slim trank und rauchte nicht – Großvater Land hatte ihm erklärt, daß Zigaretten Gift enthielten, und seine Einstellung gegenüber Alkohol war durch seinen Vater geprägt, der an keinem Saloon in Little Falls vorübergegangen war, ohne sich über den ekelhaften Geruch von abgestandenem Bier auszulassen. Slim verstand sich ganz gut mit Shorty, blieb aber meistens für sich und arbeitete gelegentlich als Tankwart in Billings, wenn die Fliegerei nicht genug einbrachte.

Als die Kunstfliegersaison im Oktober zu Ende ging, kaufte Slim sich für zwei Dollar ein gebrauchtes Boot; er wollte durch die Stromschnellen des Yellowstone River fahren und sich dann auf dem Missouri abwärts bis zum Plate treiben lassen. Doch es sollte keine angenehme Reise werden. Das Boot war schlecht abgedichtet, und nach nur 30 Kilometern mußte er mehr Wasser schöpfen als rudern. Nach zwei elenden Tagen ließ er das Boot am Ufer liegen und fuhr mit dem Zug zurück nach Lincoln, wo er sein Motorrad untergestellt hatte.

Slim verbrachte diesen Winter größtenteils in Little Falls und versuchte, die unberechenbaren sanitären Installationen im Camp zu reparieren. Außerdem sah er sich nach einem neuen Pächter um, der vielleicht etwas Schwung in die Farm brachte. Trotz der sechsmonatigen Erfahrung als Flugakrobat lag seine Fliegerkarriere im Ungewissen, solange er nicht das Geld für ein eigenes Flugzeug auftreiben konnte. Shorty Lynch hatte ihm zwar ein paar Stunden Unterricht gegeben, doch selbst er traute seinem Partner keinen Alleinflug in der Standard von Bantry Rodgers zu. Charles fuhr oft nach Minneapolis, in der Hoffnung, er könne seinen Vater zum Unterschreiben eines Kredits über 900 Dollar bewegen. Er blieb hartnäckig dabei, daß sein höchstes Ziel eine Tätigkeit in der Flugzeugkonstruktion wäre; er bräuchte nur noch einige Flugstunden, um sich Referenzen zu erwerben.

Freunden gegenüber hatte C.A. oft genug erklärt, Eltern

sollten Kinder in ihren natürlichen Neigungen unterstützen, doch nun tat er sich recht schwer, seinen eigenen Rat zu befolgen. Im Frühling war er immer noch unschlüssig, und Charles folgte ihm nach Miami, nachdem er versprochen hatte, daß er sich einen Eindruck von der Situation verschaffen und zumindest überlegen würde, ob er ins Grundstücksgeschäft einsteigen wollte. Er verbrachte zwei angenehme Wochen beim Zelten in den Everglades, doch die Vorstellung, zusammen mit seinem Vater zu arbeiten, dessen Geschäfte sich von einer Krise zur nächsten schleppten, dürfte kaum sehr verlockend gewesen sein, selbst wenn er seine Hoffnungen nicht voll auf die Fliegerei gesetzt hätte.

Das Problem löste sich Ende April durch den Tod des Senators von Minnesota, Knute Nelson. Um Nelson bis zum Ende der Legislaturperiode zu ersetzen, war eine Sonderwahl notwendig, und C.A. meldete sich kurzentschlossen als Vertreter der Farmer-Labor Party für die Vorwahlen. Er sah zwar wenig Chancen auf einen Sieg, aber allein der Gedanke, schrieb er an Eva, daß seine Rückkehr in die politische Szene von Minnesota seinen alten Feinden »Angst einjagen« würde, befriedige ihn.[9]

Da die Vorwahl schon sieben Wochen später stattfinden sollte, am 18. Juni, schlug Charles seinem Vater vor, er könne die Wähler am besten erreichen, wenn er im Wahlkampf den Luftweg nutzen würde. Unter dieser Voraussetzung unterzeichnete C.A. einen Bankkredit, und Charles, der erst kurz zuvor nach Little Falls zurückgekehrt war, machte sich wieder gen Süden auf, nach Americus, Georgia. Dort hatte die Army erst kürzlich eine größere Anzahl Flugzeuge versteigert. Charles wollte sich eine Standard zulegen, doch in Americus stand keine zum Verkauf, und so begnügte er sich mit einer Curtiss JN 4D mit einem nagelneuen achtzylindrigen OX-5-Motor. Die »Jenny«, wie sie liebevoll genannt wurde, hatte sich im Ersten Weltkrieg als Schulungsflugzeug bewährt –

leicht, gut steuerbar und billig im Unterhalt (sie kam in einer Stunde mit 38 Litern Kraftstoff aus). Doch der Jenny mangelte es an Leistung. Unter günstigen Bedingungen konnte sie 112 km/h fliegen; blies der Wind jedoch aus der falschen Richtung, kam sie manchmal gar nicht vom Boden hoch. Das Flugzeug, das Charles kaufte, war mit einem zusätzlichen 76-Liter-Tank ausgerüstet, der es noch schwerfälliger machte, als es ohnehin schon war, doch es kostete ihn nur 500 Dollar.

Endlich hatte Slim ein eigenes Flugzeug, nur stand er jetzt vor dem Problem, es vom Souther Field in Americus wegzubekommen. Nach dem Abzug der Army lag die einst belebte Flugpiste fast verlassen da, und der Spekulant, der Überschußbestände der Army zu Sonderpreisen abstieß, war natürlich nicht so liebenswürdig, auch noch Flugunterricht zu erteilen. Slim war noch nie allein geflogen, und an die wenigen Stunden, die Bill ihm lustlos gegeben hatte, konnte er sich nur vage erinnern. Als er die kleine Jenny über den Platz rollte und versuchte, ein Gefühl für die Steuervorrichtung zu bekommen, stieg er versehentlich in die Luft. Das Flugzeug glitt über den Platz und knallte mit einem Rad und einem Tragflächenbügel auf. Zum Glück war nichts beschädigt.

Einige Piloten standen in der Nähe der Hallen herum und beobachteten dieses Schauspiel von Unfähigkeit. Einer von ihnen, ein Mann namens Henderson, näherte sich der Jenny und bemerkte taktvoll, über den Winter würden viele Piloten »ein bißchen einrosten«. Da das Übungssteuerpult noch angeschlossen war, bot Henderson freiwillig an, mit Lindbergh eine Stunde lang Starten und Landen zu üben. Kurz vor Sonnenuntergang brachte Slim ihn auf den Flugplatz zurück und machte seinen ersten Alleinflug.

Slim hatte seinem Vater versprochen, die Reise in den Norden würde mit einem Umweg über Texas – ein Staat, der ihm als das Eldorado der Flugakrobaten empfohlen worden war –

höchstens zwei Wochen dauern. Doch diese Rechnung erwies sich als unrealistisch. Eine Woche verstrich, ehe Slim sich sicher genug fühlte, um Americus zu verlassen; inzwischen war es Mitte Mai. Nach einem Tagesflug erreichte er Meridian, Mississippi, wo er den ersten zahlenden Passagier zu einem Rundflug mitnahm, einen 135 Kilo schweren Mann, der angeblich im Ersten Weltkrieg in der Lafayette-Staffel geflogen war. Die überladene Jenny schaffte es kaum über den Stacheldrahtzaun am Rand der Wiese. Am zweiten Tag verlor Slim in einem heftigen Regensturm die Orientierung und flog nach Norden statt nach Westen. Sorgfältig suchte er das Ackerland unter sich ab und wählte einen verlockenden Rasen als Landeplatz. Ein typischer Anfängerfehler. Das Gras stand so dicht und hoch, daß es den Graben am Wiesenrand völlig verdeckte. Mit einem dumpfen Schlag sank das Fahrgestell der Jenny in die tiefe Rinne, das Flugzeug kippte nach vorn, und der Propeller zerbrach.

Slim marschierte in die nächste Stadt – Maben in Mississippi – und bestellte einen der Ersatzpropeller, die er am Flugplatz Souther für 20 Dollar gekauft und dort gelagert hatte. In den drei Tagen, während er auf das Ersatzteil wartete, warb er ein halbes Dutzend Interessenten für Rundflüge an, Bauern aus der Gegend, die ihm bei der Bergung seines Flugzeugs geholfen hatten.

Als die Maschine wieder startklar war, so erinnerte Lindbergh sich später, verloren seine neuen Freunde die Nerven. Er mußte einiges an »Psychologie, Diplomatie und Spott« aufbringen, um den ersten Passagier zu bewegen, im vorderen Cockpit Platz zu nehmen, doch nachdem dieser unversehrt gelandet war, lief das Geschäft für fünf Dollar pro Rundflug gut.[10]

Einer der Passagiere an diesem Tag war ein schwarzer *sharecropper* (kleiner Farmpächter, der seine Pacht mit einem Teil der Ernte bezahlt, A. d. Ü.). Einige weiße Farmer hatten ihm mit je 50 Cents den Flugpreis spendiert und Slim aufgetragen, zu ihrem Vergnügen doch ein paar Flickflacks einzulegen. Der Passagier war sich zwar der Motive seiner vermeintlichen Wohltäter bewußt, wollte aber trotzdem unbedingt nach oben, und abgesehen davon, daß er sich ständig an der Drosselklappe der noch funktionstüchtigen Doppelsteuerung festklammerte, verhielt er sich tapfer. Slim, der bislang noch in keiner Maschine Flugkunststücke vorgeführt hatte und zudem nicht wußte, wie die Jenny reagieren würde, war weniger zuversichtlich. Vorsichtig probierte er ein paar schnelle Drehungen und Rollen aus. Dann wagte er sich an einen Looping. Er drosselte das Gas, und die Jenny reckte ihre Nase im 90-Grad-Winkel nach oben. Doch statt sich zu überschlagen, verlor das zu schwache Flugzeug an Geschwindigkeit und glitt in einen Sinkflug ab, ging dann Heck nach oben und fiel über 60 Meter wie ein Stein, bevor Slim die Kontrolle über die Maschine wiedergewann.

Die Unerfahrenheit des Jenny-Piloten wurde nur noch von der Naivität des Passagiers übertroffen, der einigen Freunden am Boden zuwinkte, völlig ahnungslos, daß dieses Manöver keineswegs beabsichtigt war. Auch unter den Zuschauern war niemand schlauer, und so machte das Gerücht vom Geschick dieses Piloten in der Umgebung schnell die Runde. Aufgrund des unbeständigen Wetters hatte Slim ohnehin keine Lust, noch einmal quer durchs Land zu fliegen. Er blieb eine Woche in Maben und nahm an die 60 Passagiere mit in die Luft.

Nach verschiedenen Pannen und schweren Regenfällen, die einen Großteil von Arkansas unter Hochwasser gesetzt hatten, flog Slim schließlich nach Lincoln, Nebraska, wo Bud Gurney, der sich den Hardins im Fallschirmgeschäft angeschlossen hatte, einen Piloten suchte, der ihn zu seinem ersten Sprung mit nach oben nahm. Ein Testflug mit einem an die Tragfläche gebundenen Sandsack kostete beide fast das

Leben, doch Gurney schaffte am Ende einen erfolgreichen Sprung aus 900 Metern Höhe.

Als Pilot mußte Slim zwar noch viel lernen, aber auf dem Gebiet der Werbung betrachtete er sich mittlerweile als Experte. Während sein Vater in Shakopee, Minnesota, auf ihn wartete, schrieb er ihm in einem Brief, daß ein Erfolg im Fliegen zu 90 Prozent aus Reklame bestehe und gab klare Anweisungen, wann Pressemitteilungen herauszugeben wären, um eine maximale Reichweite ihres bevorstehenden Wahlkampfes aus der Luft sicherzustellen. Die Pressemitteilungen erübrigten sich jedoch, als Slim in ein Gewitter geriet und in einem Sumpf notlandete. Die Jenny brach aus, und ihr Pilot hing, Kopf nach unten, in einem verklemmten Sicherheitsgurt.

Der zwölfjährige Roman Arnoldy kam gerade mit seinem Freund von einem Angelausflug zurück. »Wir hörten das Flugzeug nur knallen und spucken«, erinnerte sich Arnoldy. »Wahrscheinlich war ihm der Kraftstoff ausgegangen oder sonstwas.« Sie rannten zu der Stelle, wo die Maschine heruntergekommen war, halfen Slim, sich aus dem Gurt zu befreien und aus der Maschine zu klettern. Für Arnoldy und die übrigen Kinder in der Stadt war die Bruchlandung ein aufregendes Ereignis. Während Slim nun wieder auf einen Propeller aus Georgia warten mußte, trieb er sich am Bahnhof herum, von jugendlichen Bewunderern umgeben, denen er Geschichten von seinen Flugerlebnissen erzählte. »Für uns war das wirklich was Neues«, sagte Arnoldy. »Damals war das für jeden neu.«[11]

In einem bewundernswerten Beweis väterlichen Vertrauens hielt C.A. weiter an der Luftrundreise fest. Sobald der neue Propeller montiert war, starteten Vater und Sohn in Marshall, Minnesota, mit der Absicht, Wahlkampfflugblätter aus der Luft zu verteilen. Als Slim mit den Tragflächen der Jenny wackelte, das verabredete Zeichen zum Abwurf, ließ der nervöse C.A. den ganzen Stapel mit 500 Flugblättern zur Seite hinausfallen und zerbrach dabei eine Stabilisierungsstrebe.

Bei ihrem nächsten Flug einige Tage später kam es zu einem ernsteren Unfall. Wenige Sekunden, nachdem Slim von einem Acker aus gestartet war, verlor er die Kontrolle über die Jenny und mußte wieder landen. In einem Brief an Shorty Lynch berichtete er empört, daß irgend jemand die Seitensteuerung angeschnitten haben mußte, so daß sie bei der ersten scharfen Kehre riß.

Als die Jenny wieder startklar bereitstand, war es jedenfalls zu spät, um die Wahlkampagne aus der Luft fortzusetzen, und C.A. belegte einen trostlosen dritten Platz auf der Kandidatenliste seiner Partei. Die Farmer-Labor-Koalition hatte zwar von seinem Wahlkampf im Jahr 1918 profitiert, doch inzwischen war er so umstritten, daß er als unwählbar galt.

Charles verbrachte den Rest des Sommers mit Kunstfliegen in Minnesota, Iowa und Wisconsin. Nachdem er die Grenzen des Flugzeugs kennengelernt hatte und Bodenbedingungen und Wetterlage besser einzuschätzen wußte, unterliefen ihm kaum noch Fehler. Im August fühlte er sich so sicher, daß er seiner Mutter telegrafierte, ob sie nicht nach Janesville, Minnesota, kommen und mit ihm fliegen wolle. Evangeline begeisterte sich sofort fürs Fliegen, legte selbst Hand ans Steuer und begleitete ihren Sohn zehn Tage durch Minnesota, womit sie Slim Lindbergh vermutlich zum einzigen Jenny-Piloten machte, der seine Mutter zum Schaufliegen mitnahm[12].

4.

KADETT UND LUFTPOSTPILOT

Ein Kunstflieger mußte mit leichtem Gepäck reisen. Die kleine Jenny bot keinen Platz für einen Koffer, Slim hatte also nur ein Hemd und eine Hose zum Wechseln bei sich, eine Zahnbürste sowie ein paar Werkzeuge und Ersatzzündkerzen, die in eine Decke eingewickelt waren. Seine Post erreichte ihn manchmal erst Wochen später. Meist waren es ein Stapel Briefe von Evangeline, die sich Sorgen um sein Wohlergehen machte und als Kostergänzung kartonweise selbstgemachte kandierte Früchte mitschickte. Auch Slims Fliegerfreunde hielten brieflichen Kontakt zu ihm, und wenn möglich antwortete er, wobei er mit einem stumpfen Bleistift schnell ein paar Zeilen auf eine Postkarte kritzelte.

Gegen September 1923 erreichten Slim auffällig viele Nachrichten über Fliegerkollegen, die die Luftfahrt aufgaben. Tod, Unfälle mit Verletzungen und finanzielle Nöte forderten ihre Opfer, doch der weitaus häufigste Ausstiegsgrund war die Ehe. Shorty Lynch überlegte noch, ob er als Flugakrobat durch Südamerika reisen sollte, würde aber wahrscheinlich verzichten, weil er jetzt eine feste Freundin in Billings hatte. Erold Bahl hatte endlich einen Hochzeitstermin festgesetzt und wollte eine geregelte Arbeit von neun bis fünf. Ray Page war verlobt. Und sogar der schüchterne Bud Gurney gab zu, daß er es sich jetzt nicht mehr erlauben könnte, Bahl aufzuziehen, da immerhin drei Freundinnen der Verlobten Bahls hinter ihm her waren.

»Bist du der nächste?« fragte Gurney.[1]

Die Antwort lautete nein. Slim interessierte sich nur theoretisch für Frauen, in natura ging er ihnen aus dem Weg. Später erklärte er das so, daß er weder die Geduld noch – wie er aufschlußreicher hinzufügte – die »Flexibilität« besessen habe, Frauen zu umwerben.

Charles war sicher nicht naiv. Seine Eltern waren, zumindest für die damalige Zeit, ungewöhnlich freimütig und betrachteten Sex als natürlichen Teil des Lebens – auch wenn dieser Teil längst nicht mehr zu dem ihren gehörte. Dem jungen Lindbergh machte nicht der körperliche Aspekt der Sexualität angst, sondern die emotionale Dimension. Gefühle, ob nun Liebe oder animalischer Trieb, verleiteten Männer und Frauen dazu, die falschen Partner zu heiraten, und sie ruinierten damit ihr ganzes Leben. Die Lektion, die er aus der Ehe seiner Eltern gelernt hatte, sah er durch das Schicksal seiner Kameraden bestätigt. Liebe und Fliegerei waren für ihn unvereinbar.

Indem Slim romantische Erlebnisse mied, konnte er noch eine Zeitlang weiter fliegen. Doch der Druck, seine Ziele zu überdenken, nahm zu. Selbst im entlegensten Nest von Minnesota war der Anblick eines Flugzeugs inzwischen nichts Neues mehr. Flugzeugbesitzer boten für nur 2,50 Dollar Rundflüge an, und für einen professionellen Schauflieger war es unmöglich, mit diesen Wochenendfliegern zu konkurrieren, denen es schon reichte, wenn das Benzingeld heraussprang.

Da Lindbergh nach wie vor »in die Konstruktion gehen« wollte, suchte er den Flugzeughersteller Marvin Northrop in Robbinsville, Minnesota, auf und fragte ihn um Rat. Northrop schätzte den schlaksigen Jenny-Piloten als ungewöhnlich ernsthaften, intelligenten jungen Mann ein, der sich so lange im Land herumgetrieben hatte, daß er allmählich etwas exzentrisch wurde. Er meinte, die Zukunft der kommerziellen Luftfahrt in den Vereinigten Staaten werde noch einige

Jahre auf sich warten lassen. In der Zwischenzeit, schlug er vor, solle sich Lindbergh für die Kadettenausbildung beim Army Air Service bewerben. C.A., der trotz seiner isolationistischen Ansichten nichts gegen militärische Einsatzbereitschaft einzuwenden hatte, schrieb an mehrere frühere Kongreßkollegen mit der Bitte, seinen Sohn für die Ausbildung zu empfehlen.[2]

Während Slim im Oktober auf eine Antwort der Army wartete, flog er nach St. Louis, um an den Internationalen Wettflügen teilzunehmen. Bud Gurney wollte dort einen neuen Notfallschirm vorführen, den er dann für 150 Dollar zu verkaufen hoffte. Auf dem Lambert-Flugplatz drängten sich die Flugzeuge der großen Asse, und die Pensionen in der näheren Umgebung waren belegt. Auf der Suche nach einem billigen Hotel wagte sich Slim ins Zentrum von St. Louis, wo seine abgetragenen Kleider und die zusammengerollte Decke einem Polizisten ins Auge stachen; er hielt ihn für einen Einbrecher. Slim trug einen .45er Colt als Schutz gegen Flugzeugdiebe bei sich und wußte, er könnte in ernsthafte Schwierigkeiten geraten, wenn der Polizist ihn durchsuchte. Zum Glück akzeptierte der Beamte seine Erklärung, und er durfte seinen Weg fortsetzen.

Dieser Schreck hinterließ einen nachhaltigen Eindruck bei ihm. Tatsache war, er hatte Angst gehabt, und Lindbergh konnte sich nur schwer eingestehen, daß er vor überhaupt etwas Angst hatte. Die Furcht vor physikalischen Bedrohungen ließ sich überwinden. In persönlichen Beziehungen war das jedoch nicht möglich, also mußte er in der Vernunft Zuflucht suchen. Bei genauerem Nachdenken kam er zu dem Schluß, daß die Haltung des Polizisten eine Beleidigung für die Luftfahrt war und zudem ein Beweis für die unnatürlichen Werte des städtischen Lebens. In der Stadt galt die äußere Erscheinung mehr als das eigentliche Wesen: Wegen seiner ölverschmierten Kleider und schmutzigen Hände –

Markenzeichen eines tüchtigen Piloten – wurde er mit den übelsten Kriminellen auf eine Stufe gestellt.[3]

Slims Auftritt bei der Luftschau verlief fast ebenso unglücklich wie sein Ausflug ins Zentrum von St. Louis. Als Bud Gurney, mit Lindbergh als Pilot, bei der Vorführung des neuen Fallschirms einen Doppelsprung versuchte, landete er in einem Graben und brach sich ein Schulterblatt. Der *St. Louis Post-Dispatch* berichtete ausführlich über diese unrühmliche Vorstellung und zitierte Gurneys Erklärung: »Die Luft war gestern zu dünn, um mich zu halten, und da bin ich furchtbar schnell runtergekommen.«[4]

Ungeachtet dieses Ereignisses mochte Slim das Personal auf dem Lambert-Flugplatz und beschloß, dort seine Operationsbasis aufzuschlagen, bis er die Antwort der Kadettenschule erhielt. Die leistungsschwache Jenny hatte jedoch ausgedient, obwohl er noch etwas Geld zusammenbringen mußte, um den Bankkredit abzuzahlen. Als ihm ein junger Kerl mehr bot, als er für die Maschine gezahlt hatte, nahm Slim bereitwillig eine Anzahlung und einen Schuldschein für den Restbetrag an. Er garantierte sogar noch freie Lieferung nach Oelwein, Iowa, wo der Junge wohnte. Doch der junge Pilot verlor nach nur zwei Flügen das Interesse und zog als Geiger mit einem Wanderzirkus herum. Slim mußte sich in einem aufreibenden Briefwechsel mit der Mutter des Jungen herumschlagen, die ihm erklärte, sie habe die Jenny für fünf Dollar einem Nachbarn verkauft und der hätte sie prompt zu Bruch geflogen. Die Dame fühlte sich hinters Licht geführt und war beleidigt, weil Slim höflich darauf beharrte, sie und ihr Sohn hätten trotzdem die Verpflichtung, die Restsumme zu zahlen.

Doch auch Gurney schuldete Slim Geld – wie anscheinend die Hälfte aller Piloten in Nebraska und Kansas. Um sein Bankkonto etwas zu sanieren, gab er am Lambert Field Unterricht und ging gelegentlich mit Randy Enslow, einem Piloten und Tragflächengeher, in einer gemieteten Lincoln

Standard auf Flugschautournee. In Enslows Erinnerung waren die beiden zu allem bereit, was »ein paar Groschen brachte«. Um Benzingeld zu sparen, planten sie ihre Flugrouten stets so, daß sie mit dem Wind flogen. »Überall wo wir Station machten, wurden wir hingeweht«, erzählte Enslow. Eine Zeitlang waren sie so arm, daß sie gezwungenermaßen in den Hangars auf dem Lambert-Flugplatz übernachteten. Und einmal verließen sie St. Louis mit 75 Dollar, verdienten dann an einem Tag 175 Dollar in Greenfield, Missouri, und wähnten sich so reich, daß sie sich ein Hotelzimmer leisteten, das Geld aufs Bett warfen und staunten, daß der Stapel »so groß wie ein Strohhaufen« war.

Enslows Familie lebte in der Nähe und mochte Slim so gern, daß sie Evangeline zu Besuch einlud. »Ich denke immer, die Jungs verletzen sich vielleicht beim Fliegen«, sagte Evangeline zu Mrs. Enslow. »Aber sie sind vorsichtig und wollen nichts anderes, also müssen wir sie wohl lassen.« Enslow hörte diese Unterhaltung zufällig mit und bekam, wie vor ihm schon Delos Dudley, Schuldgefühle. In Wirklichkeit waren er und Slim alles andere als vorsichtig. Sie machten sich einen Spaß daraus, die Frachtzüge der Wabash-Linie in so geringer Höhe zu überfliegen, daß der Bremser in Deckung gehen mußte. Sie kauften nie Benzin, bevor der Tank nicht knochentrocken war, und einmal landeten sie an einem Tag fünfmal mit abgestelltem Motor. »Man muß ungefähr 2000 Stunden geflogen sein, um die Dummheiten zu überwinden«, erklärte ein älterer und klügerer Enslow einige Jahre später.[5]

Zu Beginn des darauffolgenden Jahres tat sich Slim mit Leon Klink zusammen, einem Autohändler, der sich gerade eine Canuck gekauft hatte, die kanadische Version der Jenny. Klink war noch nie allein geflogen, aber vom Flugfieber gepackt und wollte etwas vom Land sehen. Nach einer Reihe langweiliger Flüge nach Florida setzten sich die beiden in den Kopf, den Kontinent von Osten nach Westen zu überqueren.

Sie kamen gerade bis zur Naval Air Station in Pensacola, Florida, als sie ihren ersten Unfall hatten: Beim Starten setzte plötzlich der Motor aus, und Lindbergh landete im Sturzflug in einer Sanddüne.

Die Canuck faßte weniger Kraftstoff als die Jenny, Slim und Klink mußten sich immer schon nach einer knappen Flugstunde wieder nach einem Ort umsehen, an dem es Kraftstoff gab. Um die Reichweite des Flugzeugs zu vergrößern, befestigten sie an jeder Tragfläche einen 20-Liter-Benzinkanister. Das Auftanken mußte der Copilot während des Flugs erledigen, wobei er auf die Tragfläche kletterte, den Kanister losband und den Inhalt durch einen Schlauch in den Tank goß.

In Camp Wood, Texas, landeten sie auf einem Platz am Stadtrand, mußten am nächsten Tag jedoch feststellen, daß der Wind gedreht hatte und sie nur nach oben kommen konnten, wenn sie die Hauptstraße entlangrollten. Auf halber Strecke standen zwar einige Telegrafenmasten, aber Slim verließ sich auf den knappen halben Meter Spielraum auf jeder Seite. Unglücklicherweise fuhr er im entscheidenden Augenblick über eine Unebenheit, und das Flugzeug änderte die Richtung. Ein Tragflächenende schrammte einen Mast, die Canuck schleuderte herum und landete im Schaufenster einer Eisenwarenhandlung. Niemand wurde verletzt, und der Ladenbesitzer lehnte gutmütig eine Entschädigung für die kaputte Scheibe ab. Da in Camp Wood sonst wenig passierte, rechnete er sich wohl aus, daß nun Kunden aus der ganzen Umgebung kommen würden, um den von einem Flugzeug beschädigten Laden zu besichtigen.

Inzwischen war es Mitte März 1924, und Slim und Leon hatten die Grenze von Texas noch immer nicht hinter sich gelassen. Als Slim schließlich den Bescheid von der Army erhielt und sich am 15. März am Flugplatz von Brooks in der Nähe von San Antonio melden mußte, überließ Klink ihm die zerbeulte Canuck und fuhr per Zug an die Westküste. Slim konnte zu diesem Zeitpunkt 330 Flugstunden einschließlich einiger Kunstflugerfahrung vorweisen und war unter 400 Kadetten der einzige, der in Brooks mit einer eigenen Maschine eintraf.

Seine Landung war ein erhebender, aber flüchtiger Moment. Der diensthabende Sergeant warf einen Blick auf die arg mitgenommene Canuck mit der zerrissenen Tragflächenbespannung und dem zusammengeflickten Fahrgestell und brüllte: »Schafft diese verdammte Kiste vom Platz!«

Slim fand einen Zivilflugplatz, wo er die Canuck unterstellen konnte, und marschierte dann zurück nach Brooks, wo ihn noch weitere schockierende Neuigkeiten erwarteten. Neben Flugunterricht umfaßte der Lehrplan 25 Kurse in Fächern wie »Buchführung« und »Militärischer Schriftverkehr«. In regelmäßigen Abständen waren bis zu acht Stunden dauernde schriftliche Prüfungen abzulegen.

Selbst für einen Kadetten, der geschickt flog, sich im Unterricht hervortat und strikt die Vorschriften befolgte – die Sperrstunde um zehn Uhr abends inbegriffen –, standen die Chancen bedrückend schlecht, die Ausbildung zu einem erfolgreichen Abschluß zu bringen. Der Army Air Service schrumpfte von Jahr zu Jahr, und die Ausbilder mußten auf Anordnung von oben 75 bis 80 Prozent der Schüler aussieben. Wenn sich kein anderer Grund fand, mußten eben Verstöße gegen die »Kadettenetikette« herhalten.

Nach den ersten Prüfungen lag Kadett Lindbergh gerade einen Punkt über dem erforderlichen Schnitt. Doch er war zum ersten Mal im Leben zum Lernen motiviert und arbeitete jetzt so hart, daß er schließlich Klassenbester wurde. Trotzdem verspürte er eine Atmosphäre »ständiger Angst«, erinnerte er sich später.

Und als hätte er nicht schon genug Probleme, erreichte ihn auch noch fast täglich ein Brief von Evangeline. Seine Stubenkameraden zogen ihn wegen der vielen Post auf, aber er konnte einfach nicht zugeben, daß die Briefe von seiner Mutter stammten. Er flehte Evangeline an, das Schreiben sein zu lassen. Doch statt dessen verwendete sie Pseudonyme und verschiedene Absender und verstellte ihre Handschrift. Das war ihr Sinn für Humor, denn jetzt, so meinte sie, würden Charles' Kameraden folgern, daß er nicht nur eine, sondern viele Freundinnen hätte. Charles war zwar nicht sehr angetan, zeigte unter den gegebenen Umständen jedoch eine bemerkenswerte Geduld.

In dieser Lebensphase unternahm Charles bewußt den Versuch, die Verbindung zu seiner Mutter allmählich zu lockern und die zu seinem Vater zu vertiefen. Ein Brief an C.A. aus seiner Anfangszeit in Brooks steckt voll detaillierter Informationen, die sein Vater zu schätzen wußte, die Charles selbst aber eigentlich nicht besonders interessierten. Durch belanglose Unterrichtsfächer und engstirnige Regeln, schrieb er, entledige sich die Army nach seiner Ansicht der besten Piloten des Lehrgangs. Andererseits überrasche es ihn nicht, daß die Army diese Männer für entbehrlich hielt, da er seit kurzem wußte, was die Ausbildung eines einzigen Militärpiloten koste – unverschämte 50 000 Dollar. Er legte zwei Seiten mit Statistiken über die Kosten des Kadettenausbildungsprogramms bei und ermahnte C.A., mit niemandem über die Quelle dieser Informationen zu sprechen, da er sonst in ernsthafte Schwierigkeiten geraten würde.

Das war keine Untertreibung. Der Status der militärischen Fliegertruppen war 1924 ein heiß diskutiertes politisches Thema. Ein halbes Jahr zuvor hatte General Billy Mitchell, der umstrittene stellvertretende Chef des Army Air Service, durch die Befürwortung eines unabhängigen Luftkorps landesweit Aufmerksamkeit erregt. Um seine Forderung zu unterstreichen, arrangierte er eine Schaubombardierung zweier außer Dienst gestellter Schlachtschiffe. Beide Schiffe versanken – eines, die *Virginia*, in nur 27 Minuten –, doch die Navy, die Mitchells Vorstellungen von Langstreckenbombern und einer separaten Luftwaffe strikt ablehnte, beurteilte die Tests als nicht überzeugend. Der verärgerte Mitchell, offiziell Demokrat, unterstützte insgeheim den Kandidaten der Progressiven, Bob La Follette, in dessen Präsidentschaftswahlkampf; er hoffte, La Follette könne bei den Republikanern eine stärkere Unterstützung und Förderung der Militärluftfahrt durchsetzen. Insofern war Slims Urteil, die Army nutze die ihr zur Verfügung stehenden Mittel nicht sinnvoll aus, geradezu ketzerisch – schließlich war sein Vater ein Freund und Verbündeter von La Follette.

Während Charles Lindbergh seinen schulischen Überlebenskampf führte, erreichte ihn am 24. April ein Telegramm, das ihn nach Minnesota zurückrief. Walter Quigley hatte C.A. wenige Tage zuvor durch die Straßen von Minneapolis irren sehen, zwar nur einige Blocks von der gemeinsamen Anwaltskanzlei entfernt, aber völlig verwirrt. C.A. wurde in die Mayo-Klinik in Rochester gebracht, wo ein massives Gliom diagnostiziert wurde, ein inoperabler Gehirntumor. Als Charles in Rochester eintraf, fand er seinen erst 65jährigen Vater in einem Zustand völliger geistiger Verwirrung vor. Da man in der Klinik nichts mehr für ihn tun konnte, traf Eva Lindbergh Christie Vorkehrungen, ihren Vater in ein Krankenhaus in der Nähe von Red Lake, ihrem Wohnort, verlegen zu lassen. Charles kehrte nach San Antonio zurück, wo ihn die Nachricht vom Tod seines Vaters einen Monat später, am 24. Mai, erreichte.

Rückblickend erinnerten sich Slim wie auch Eva an Äußerungen, die beide zu der Vermutung veranlaßten, daß ihr Vater schon Monate oder sogar ein Jahr vor der Entdeckung des Tumors seinen bevorstehenden Tod geahnt hatte. In einem Brief an Charles etwa hatte er erwähnt, er wolle nach seinem Tod verbrannt werden, und man solle seine sterblichen Überreste »im Wind verstreuen«. Und sein letztes Buch, *The Economic Pinch*, das 1923 erschien, liest sich im nachhinein wie sein politisches Testament. Es beginnt mit den üblichen Tiraden gegen die Banken und Großunternehmen, schließt jedoch mit einer bewegenden Rede, die das Ende von rassistischen Vorurteilen und Kriegen fordert. Wie andere radikale Farmer-Labor-Anhänger seiner Generation hatte C.A. aus dem Ersten Weltkrieg gelernt und erkannt, wohin die Konflikte unterschiedlicher ethnischer Gruppen führen konnten, und das erschreckte ihn.

Der »ungezähmte Polarbär« hatte seine Karriere mit einem klaren Erfolg beendet. Seine privaten Angelegenheiten dagegen erwiesen sich als weniger geordnet. In seinem letzten Lebensjahr hatte C.A. Charles ausdrücklich versprochen, er und seine Mutter sollten die Farm in Little Falls erben. Als Evangeline jedoch zur Beerdigung nach Minnesota kam, erfuhr sie, daß C.A. das Eigentumsrecht nie abgegeben hatte – in Wirklichkeit war der Besitz sogar mit einer Hypothek belastet. Nach dem in Minnesota geltenden Gesetz stand ihr zwar ein lebenslanges Wohnrecht in dem ehelichen Haus zu, dann jedoch ging das Eigentumsrecht auf Charles, Eva Christie und die Kinder von Lillian Roberts gemeinsam über.

Nicht weniger erschreckend war die totale Unordnung in C.A.s geschäftlichen Unterlagen. Eine Reihe von Übertragungsurkunden auf seinen wie auf den Grundbesitz seiner Klienten war nie rechtsgültig eingetragen worden, und viele von C.A.s Liegenschaften waren in einem Partnerschaftsvertrag festgelegt, demzufolge die Rechte auf den überlebenden Partner übergingen. Charles und Eva verdächtigten Walter Quigley, die geistige Verwirrung ihres Vaters zu seinem eigenen Vorteil ausgenutzt zu haben, doch dies ließ sich aufgrund von C.A.s notorisch nachlässiger Aktenführung nur schwer nachweisen. Eine Klage der Erben gegen den Partner wurde durch Uneinigkeiten zwischen Evangeline auf der einen Seite und ihrer Stieftochter Eva und Dr. Roberts auf der anderen erschwert. In der Zwischenzeit konnte das Vermögen nicht rechtswirksam bestätigt werden, und der Besitz in Little Falls stand leer. Zehn Jahre mußten verstreichen, bevor Charles dem letzten Willen seines Vaters nachkommen und er die Asche aus der Luft über dem alten Heim in Melrose verstreuen konnte.

Zurück in San Antonio, widmete Slim sich erneut entschlossen dem Studium. Als einer von 33 erfolgreichen Kursteilnehmern durfte er im September Flugzeuge des Typs De Havilland von Kelly aus fliegen. Die DH war auch bekannt als »brennender Sarg«, da durch die Lage des Kraftstofftanks zwischen Motor und Cockpit die Maschine bei Notlandungen leicht explodierte. Sie war eine Produktion aus dem Ersten Weltkrieg und technisch bereits veraltet. Neben einem schwachen Fahrgestell hatte sie, wie ein Kritiker klagte, »den Gleitwinkel eines Backsteins«. Die Übungen bestanden aus Achtenfliegen über Orientierungspunkten wie Bäumen und Heuhaufen. Angesichts der starren Beschaffenheit des Flugzeugs waren Abweichungen von den vorgeschriebenen einfachen Manövern streng verboten.

Die Einhaltung dieser Regel fiel dem früheren Jenny-Piloten nicht immer leicht. Eines Morgens, bei besonders schlechter Sicht – Slims Einschätzung zufolge »ein idealer Tag, um die Sachen zu machen, die wir eigentlich nicht sollten«[6] –, flog er tief unter einer Wolkenbank, als er eine zweite DH in der Nähe entdeckte und den Piloten zu einem Kunstflugduell herausforderte – »Kerzen, vertikale Kurven, Immelmann-Turns und was uns sonst noch einfiel«, und das bei einer Höhe von knapp über 900 Metern. Zu spät bemerkte er, daß in dem Flugzeug ein zweiter Mann saß, ein Ausbilder. Die obligatorische Strafe für diesen Verstoß war die Entlassung aus dem Lehrgang. Eine Woche wartete er auf den gefürchteten Befehl, die Tasche packen und die Flugbasis verlassen zu müssen. Aber der Ausbilder hatte ihn nicht gemeldet.

Als einer der besten Piloten des Kurses wurde er zur Spezialausbildung den Jagdfliegern zugeteilt, der Eliteauftrag für einen Kadetten. Das Training umfaßte Übungen mit Browning Maschinengewehren, die damals vorn am Flugzeug angebracht und so synchronisiert waren, daß die Kugeln durch die sich drehenden Propellerflügel schossen.

In den letzten Lehrgangswochen erprobten die Teilnehmer auch andere Modelle wie den Aufklärer SE-5. Am 9. März saß Lindbergh in einer solchen Maschine mit dem Übungsziel, aus einer Neuner-Formation heraus im Sturzflug eine koordinierte Attacke zu fliegen. Der Gruppenführer Phil Love, mit dem Lindbergh gut befreundet war, stürzte sich auf eine »feindliche« DH, und Lindbergh sowie Lieutenant McAllister sausten hinterher, um den »Abschuß« zu bestätigen. Dann verloren die Flugzeugpiloten irgendwie den Blickkontakt. Als nächstes erinnerte sich Slim, wie er »einen leichten Ruck spürte, dem ein Krach folgte«. Sein offizieller Bericht gibt wider, was danach geschah:

Mein Kopf stieß gegen die Cockpitverkleidung, und das Flugzeug schien sich zu drehen und hing dann einen Moment bewegungslos in der Luft. Ich nahm das Gas weg und sah nur wenige Fuß links von mir eine SE-5 mit Lieutenant McAllister im Cockpit. Offensichtlich war er unverletzt und machte sich sprungbereit.

Unsere Maschinen waren ineinander verkeilt, die Rümpfe fast parallel zueinander. Meine rechte Tragfläche war demoliert und leicht zurückgebogen, so daß sie die rechte vordere Cockpitseite verdeckte. Dann wirbelten die Maschinen umeinander, und die Drähte fingen an zu pfeifen. Die rechte Tragfläche vibrierte jetzt und schlug mir bei jeder Schwingung an den Kopf. Ich entfernte das Gummiband, das den Gurt sicherte, schnallte ihn los, kletterte an der hinteren Kante der beschädigten Tragfläche vorbei hinaus und dann, die Füße auf der Verkleidung der rechten Seite des Cockpits, das sich zu diesem Zeitpunkt in nahezu senkrechter Position befand, stieß ich mich so weit wie möglich nach hinten ab.[7]

Hätte sich der Unfall ein Jahr früher ereignet, wäre es mit Sicherheit Charles Lindberghs letzter gewesen. Die Fliegerschule der Army hatte schon 1918 Fallschirme bestellt, doch aufgrund von fehlenden Mitteln war es erst der Kadettenlehrgang 1924/25, der erstmals damit ausgerüstet wurde. Die Kadetten Lindbergh und McAllister wurden 12. und 13. Mitglied im *Caterpillar Club* der Army, dessen Mitglieder Piloten waren, die sich durch einen Fallschirmsprung das Leben gerettet hatten.

Der Vorfall hatte noch einen weiteren bemerkenswerten Aspekt: Die Vorschriften der Army verlangten über jeden Flugunfall einen »vollständigen und genauen« Bericht. Doch dem Durchschnittskadetten war die Kunst der erzählenden Darstellung fremd, der typische Unfallbericht glich viel eher jener Meldung, die der Air-Service-Pilot Jimmy Doolittle nach einer ähnlichen Panne verfaßte: »Tragflächen gebrochen. Wurde hinausgeschleudert.« Lindberghs prägnante, spannende Beschreibung seines kurzen Scharmützels mit dem Tod wurde in einem Mitteilungsblatt der Army nachgedruckt und später auch in der *New York World* veröffentlicht, einer Zeitung, die sich durch ihren Sinn für lebendig geschriebene Prosa auszeichnete.

Lindbergh erklärte zwar nie, wie es eigentlich dazu kam, daß das Stück dem zuständigen Redakteur der *World* auffiel. Doch seine spöttische Reaktion auf die Mutmaßungen eines frühen Biographen, der annahm, Kadett Lindbergh sei sich nicht bewußt gewesen, wie interessant sein Bericht für die allgemeine Öffentlichkeit wäre, weist darauf hin, daß wohl mehr als ein glücklicher Zufall am Beginn seiner schriftstellerischen Tätigkeit stand. Lindbergh sollte jedenfalls bald weitere Artikel für Fachpublikationen schreiben. Um 1925 hoffte jeder amerikanische Pilot auf eine Rennfliegerkarriere, und Slim wußte von vornherein, daß sein gedruckter Name ihm zu Sponsoren verhelfen würde.

Von den 104 Kadetten des Lehrgangs bestanden nur 18 die Prüfung. Lindbergh lag ganz vorne, mit den besten Gesamtnoten im Fliegen sowie im theoretischen Unterricht. Doch um das reguläre Offizierspatent zu erhalten, mußte er noch vor eine Prüfungskommission treten. In der ersten Frage ging es um Binominalgleichungen. In der zweiten mußten die Flußnamen von Texas genannt werden. Und obwohl ein mitfühlender Prüfer ihm den Wink gab, daß falsche Antworten nicht allzusehr ins Gewicht fielen, packte Slim bei dem Gedanken an eine schlechte Zensur in seinem Armyzeugnis die Panik, und er verließ den Prüfungsraum.

Die Chancen auf eine Beschäftigung in der Fliegerei verbesserten sich im gleichen Jahr durch eine neue Entwicklung. Der Kongreß hatte das Kelly-Gesetz verabschiedet, das die Post der Vereinigten Staaten autorisierte, Luftpostverträge mit privaten Unternehmen abzuschließen. Die Gebrüder William und Frank Robertson, Co-Eigentümer der Robertson Aircraft Company in St. Louis, bewarben sich um die Strecke Chicago–St. Louis. Bill Robertson, den Lindberghs akrobatische Leistung am Flugplatz Lambert beeindruckt hatte, bot ihm die Position des Chefpiloten an.

Es dauerte jedoch fast ein Jahr, bis die Robertsons ihren Vertrag erhielten und den Betrieb aufnahmen. Lindbergh überbrückte die Zeit, indem er Flugunterricht gab und als Ausbilder bei der 110. Aufklärungsstaffel der Nationalgarde von Missouri diente. Wie jede militärische Fliegereinheit zu der Zeit war auch die 110. so dürftig ausgestattet, daß die

Piloten Benzin und Reparaturen oft aus eigener Tasche bezahlen mußten.

Im Mai überlebte Lindbergh wieder einen Unfall. Er testete eine Maschine mit verbreitertem Rumpf, die als Passagierflugzeug vorgesehen war, als mitten im Trudeln die Steuervorrichtung klemmte. Lindbergh sprang aus einer Höhe von 110 Metern ab. Als sich sein Fallschirm öffnete, schwebte er unter dem sich drehenden und dann abstürzenden Flugzeug, das ihn nur knapp verfehlte. Er kam mit einer verrenkten Schulter davon.

Kurz darauf arbeitete er wieder im Kunstfliegergeschäft. Im Juni engagierte ihn Captain Wray Vaughn für eine Gruppe, die sich Mil-Hi-Zirkus nannte und in Colorado und Wyoming bei Jahrmärkten auf dem Land auftrat. Neben dem üblichen Tragflächengehen, den Kunstflugvorführungen und Fallschirmsprüngen war der Zirkus auf Feuerwerksdarbietungen spezialisiert. Wenn Lindbergh tagsüber in einer Stadt ankam, kaufte er eine Auswahl an Feuerwerkskörpern, baute aus Abfallholz einen Rahmen und befestigte ihn an den Tragflächen. Zur Eröffnung der Show zündete er mit einem Feuerzeug Leuchtkugeln an. Der Trick bestand darin, die gezündeten Raketen so schnell zur Seite zu schleudern, daß er sich nicht verbrannte, gleichzeitig aber auch so vorsichtig, daß sie die Streben nicht beschädigten. Als nächstes ließ er die am Rahmen befestigten Kerzen und Leuchtraketen losgehen, die er mit Hilfe einer im Cockpit angeschlossenen Batterie zündete. Die Leuchtkugeln gaben atemberaubende, von den Tragflächen ausstrahlende Feuerschweife ab, und die Magnesiumkugeln ließen den Himmel hell aufleuchten.

Verglichen mit den Postflügen war die Kunstfliegerei jedoch harmlos; erstere galten statistisch gesehen als gefährlichste Tätigkeit überhaupt. Von den 40 bei der Regierung angestellten und von der Post engagierten Piloten kamen 31 bei

Abstürzen ums Leben. Luftpostpiloten flogen nachts und wurden weder durch Positionslichter noch durch Funkfeuer geführt; sie landeten auf Wiesen und in Getreidefeldern. Im Falle einer Bruchlandung mußte der Pilot per Anhalter zur nächsten Bahnstation fahren und für den Weitertransport der Postsäcke mit dem nächsten Zug sorgen.

Robertson Aircraft besaß vier De Havillands, Aufklärungsflugzeuge mit offenem Cockpit, die man so abgewandelt hatte, daß der Pilot auf dem hinteren Sitz saß, den früher der militärische Beobachter innehatte. Die Postsäcke waren vorne verstaut. Anfang 1926 arbeitete Lindbergh die 460 Kilometer lange Route zwischen Chicago und St. Louis aus, und am 26. April startete er zum ersten offiziellen Postflug zwischen den beiden Städten. In den folgenden sechs Monaten übernahmen er und seine Pilotenkollegen Phil Love und Thomas Nelson, frühere Kameraden aus der Army, pro Woche fünf Hin- und Rückflüge.

Slim und der rothaarige Phil Love teilten sich eine Zwei-Zimmer-Wohnung im zweiten Stock eines Hauses in Bridgeton, nicht weit entfernt vom Lambert Field. Im Erdgeschoß wohnte ein Flugzeugmechaniker namens Clyde Brayton mit seiner großen Familie. Und Bud Gurney, der sich noch immer im Fallschirmgeschäft herumschlug, hatte ein Zimmer am Ende des Flurs. Bud, Phil und Slim aßen häufig in Louie's Shack, einem Lokal am Flugplatz, wo Phil und Slim hin und wieder flugbegeisterte Kunden auftrieben, die aus purem Nervenkitzel als zahlende Passagiere an einem Postflug teilnahmen. Im Gegensatz zu seinen beiden Freunden sah es bei Slim ganz so aus, als würde er sich auf Dauer auf ein Junggesellenleben einrichten. Da er sich nie verabredete, zog er seine Mitbewohner erbarmungslos wegen ihrer Frauenbeziehungen auf.

Im Jahr 1926 schwebten Piloten noch über Landschaften ohne wildwuchernde Vorstadtsiedlungen, Autobahnen und – mit Ausnahme von größeren Städten – auch ohne Dunstglocken, wie sie heute über jedem Industriegebiet hängen. Nachts funkelten die Sterne am Himmel, und der Boden unten war dunkel. Auf den Straßen fuhren kaum Autos, nur wenige Städte hatten Straßenlaternen, und selbst auf den fortschrittlichen Farmen mit elektrischem Strom gingen die Familien nach Sonnenuntergang ins Bett. Ein Junge, der gehört hatte, daß Lindberghs DH über seine Farm flog, schrieb an Robertson Aircraft, um mitzuteilen, er würde jede Nacht eine 100-Watt-Birne im Hinterhof brennen lassen. Das Licht war ein willkommener Orientierungspunkt, und als Lindbergh ihn zum ersten Mal überflog, kreiste er über dem Haus und winkte zum Dank mit den Tragflächen.

Der schlimmste Feind eines Postpiloten war der Nebel. Geriet ein Pilot Robertsons in eine Nebelbank und wollte landen, mußte er einen Leuchtfallschirm abwerfen, der es ihm ungefähr eine Minute lang ermöglichte, das Terrain zu erforschen und sich auf eine Notlandung vorzubereiten. Jede DH war jedoch mit nur einem Leuchtfallschirm ausgerüstet, und als Lindbergh seinen zum ersten Mal ausprobieren wollte, versagte die Zündung. Er flog nach Chicago weiter, wo es zumindest Landefeuer gab, konnte aber trotz der Benzinfackeln, die das Bodenpersonal zu seiner Orientierung angezündet hatte, den Flugplatz nicht finden. Es gelang ihm auch nicht, das Funkfeuer zu orten, eine der wenigen Navigationshilfen, die die Bundesregierung zur Verfügung gestellt hatte.

Als ihm der Kraftstoff ausging, entdeckte Lindbergh, daß sein Leuchtfallschirm wegen fehlender Spannung in der Reißleine nicht nach unten gefallen war. Er zerrte an der Leine und konnte so die Leuchtkugel abschütteln, nur fiel sie jetzt nutzlos durch die Nebelbank wie eine Kerze, die im Meer versinkt.

Schließlich setzte der Motor aus, und Lindbergh mußte blind springen. Er stieß sich ab, die Nase des leeren Flugzeugs sank nach unten. Durch den plötzlichen Höhenwechsel war der restliche Kraftstoff in den Vergaser gelaufen. Mit einem Ruck sprang der Motor wieder an, und die Maschine flog nun wie auf einer Spirale mit einem inneren Durchmesser von eineinhalb Kilometern nach unten. Auf ihrer ersten Runde verfehlte die DH Lindberghs Fallschirm um 25 Meter. Er versuchte, sich aus der Gefahrenzone zu manövrieren, konnte aber den Absturzkurs der Maschine nur erahnen. Jeden Augenblick konnte sie wieder wie ein Rachegott aus dem Dunst auftauchen.

Nachdem das Flugzeug fünf Kreise gezogen und fünf Beinahezusammenstöße verursacht hatte, sank Lindbergh in eine Nebelbank. Die letzten 300 Meter schwebte er blind hinab – er sah weder das noch immer kreisende Flugzeug noch den Boden oder auch nur den eigenen Fallschirm. Er konnte sich nur noch auf den Zusammenstoß gefaßt machen. Aber zum Glück landete er sicher in einem hohen Getreidefeld.

Später erfuhr Lindbergh, daß man seinen 176 Liter fassenden Kraftstofftank zur Reparatur abmontiert und vorübergehend durch einen 136-Liter-Tank ersetzt hatte. Niemand war auf die Idee gekommen, ihm das zu sagen.

Im September entging Slim wieder nur knapp dem Tod. Eine plötzliche Wetteränderung hielt ihn in einer Höhe von 4000 Metern über einer dicken Nebelschicht fest. Er flog herum und suchte eine Lücke in der Wolkendecke, bis er kaum noch Kraftstoff hatte und ihm nichts anderes übrigblieb, als hinauszuklettern. Als er sich seitlich aus dem Cockpit hievte, bereit zu springen, neigte sich die rechte Tragfläche der DH. In Erinnerung an das gräßliche Gefühl, von der eigenen Maschine gejagt zu werden, kletterte er wieder ins Cockpit und stabilisierte die Maschine, bevor er sprang. Der Nebel war so dick, daß er den Boden nicht sehen konnte, sein regendurchnäßter Fallschirm bewegte sich ruckweise nach allen Seiten und drohte bei jeder Windbö zusammenzufallen. Glücklicherweise dachte er an den Rat seines militärischen Ausbilders und hielt die Beine über Kreuz: Lindbergh landete direkt auf einem Stacheldrahtzaun, der, wie er lakonisch bemerkte, »meinen Aufprall dämpfte«.[8]

Durch diesen Unfall wurde Slim Lindbergh zu einer Art Berühmtheit, zumindest bei denen, die das Neueste aus der Luftfahrt verfolgten: Er war der einzige Pilot in den Vereinigten Staaten, der sich viermal das Leben gerettet hatte, indem er aus einer abstürzenden Maschine ausgestiegen und abgesprungen war. Sein in der Ich-Form verfaßter Unfallbericht erschien 1926 in der November-Ausgabe der *National Aeronautic Association Review*. Der Artikel endete mit der Beschreibung, wie er nach Chicago zurückkehrte, dort ein neues Flugzeug bestieg, um dann die ölgetränkte, sonst aber unbeschädigte Post aus dem zerbeulten Wrack der DH zu bergen. Die Post kam mit nur einem Tag Verspätung an.

Dieses Pflichtbewußtsein verhalf dem privaten Luftpostservice zu einer Erfolgsbilanz von 99 Prozent Zustellungen, wahrhaft erstaunlich in Anbetracht der Arbeitsbedingungen der Piloten. Aber die Geschäftswelt ließ sich davon nicht beeindrucken. Zur großen Bestürzung Lindberghs und seiner Kollegen nahm die zu befördernde Postmenge wieder ab, als der Reiz des neuen Services verflogen war. Gegen Ende 1926 wogen die Segeltuchpostsäcke oft mehr als ihr Inhalt, und die Robertsons, die nach Gewicht bezahlt wurden, standen am Rande des Bankrotts.

Das Unternehmen besaß nur noch zwei Flugzeuge, die übrigen hatte Lindbergh zu Bruch geflogen. Darüber hinaus blieben nur noch er und Nelson als Piloten übrig. Phil Love, der sich im Jahr zuvor beim Absturz einer Schädlingsbekämpfungsmaschine schwere Gesichtsverletzungen zugezogen hatte, trug eine Silberplatte im Kiefer, die sich ständig bewegte. Der Schmerz war so unerträglich, daß er sich beurlauben und den Kiefer ein zweites Mal richten ließ.

Mit Neid betrachteten amerikanische Piloten die Kollegen in Europa, wo es bereits einen geregelten Linienflugverkehr gab, der nicht nur London, Paris, Berlin und Rom miteinander verband, sondern auch Prag, Warschau und Budapest. Allein die Deutsche Luft Hansa, die von der Regierung unterstützte Fluggesellschaft, bediente in Deutschland 26 Luftverkehrslinien. In den Vereinigten Staaten dagegen war das Flugwesen noch immer eher Sport als Geschäft: Von 40 weltweit aufgestellten Geschwindigkeits- und Streckenrekorden entfielen – vor allem aus Mangel an anderen Herausforderungen – 33 auf amerikanische Piloten. Slim kannte ja bereits den Flugwettkampfbetrieb. Gegen Ende des Sommers mit dem Mil-Hi-Zirkus hatte er mit Wray Vaughn an einem Wettflug quer durchs Land teilgenommen, sie mußten jedoch nach wiederholten Pannen aussteigen, eine Erfahrung, aus der er lernte, daß Wettflüge ohne Glück und finanzielle Unterstützung nur allzu schnell in einer Sackgasse enden konnten.

Während seiner Nachtflüge über den Mississippi und durch Illinois, wenn der Wind ihm ins Gesicht peitschte und die Sterne so hell über ihm strahlten, daß er fast meinte, er brauche nur die Hand auszustrecken, um sie zu berühren, ließ Slim seiner Phantasie freien Lauf. So wie er seine Karriere als Fallschirmspringer mit einem Doppelsprung begonnen hatte, träumte er jetzt davon, ganz oben anzufangen. Sein Plan war so verwegen, daß er die gesamte Welt der Fliegerei durcheinanderwirbeln sollte.

5.
DER UMMAUERTE GARTEN

Während Lindbergh im August 1926 die Post von St. Louis nach Chicago flog, bereisten zwei junge amerikanische Damen mit ihren Eltern Europa und freuten sich auf das Pariser Nachtleben. Ein unverheirateter Freund der Familie, der amerikanische Architekt Chester Aldrich, wollte die Schwestern am Abend in der Stadt ausführen. Und nun, aufgeschreckt durch diese unerwartete Einladung, durchwühlten sie verzweifelt ihre Schrankkoffer nach einer angemessen raffinierten Garderobe. Elisabeth, die ältere Schwester, entschied sich für ein geblümtes Chiffonkleid ihrer Mutter und einen beigen Hut. Die jüngere, Anne, zog ein Kleid an, das sie »Rosenblätter und Sahne« nannte; sie krönte das Ganze mit einem unpassenden schwarzen Samthut mit breiter Krempe.

Die kleine Gruppe wurde durch einen jungen Musiker aus Neuseeland, einen Freund von Chester, zum Quartett aufgerundet und landete in einen Nachtclub, dem »Maisonette Russe«, wo ein Orchester und eine Sängergruppe aus Weißrußland von den »Wolgamännern« sangen und den beliebten Tango »Florida« vortrugen. Anne, regelrecht überwältigt vom Glanz und Zauber der glitzernden Szenerie, hielt später ihre Eindrücke in ihrem Tagebuch fest: orangefarbene, mit kleinen maskenförmigen Silhouetten verzierte Lampenschirme, die russische Gruppe am Nebentisch, die die Luft mit unverständlichem Gemurmel und einem Schleier von Zigarettenrauch erfüllte, der Akkordeon spielende Zigeuner, der sein Instrument so hoch hielt, als suche er die hohen

Noten geradezu mit dem Körper, eine Tänzerin in Lederstiefeln und mit roter Schärpe, die den vertrauten Bewegungen des Charleston einen wilden und exotischen Ausdruck verlieh.

Anne war soeben 20 geworden und stand kurz vor ihrem letzten Studienjahr am College, doch sie hätte nie daran gedacht, sich als Teil dieser Szene zu erleben. Sie empfand sich viel zu sehr als eine kleine Person mit einem lächerlichen Hut, mehr Kind als Frau, für die der Abend ein herrliches, aufregendes Abenteuer war.

Nach dem Abend im »Maisonette Russe« lud Annes Familie General John (»Black Jack«) Pershing zum Dinner im Hotel Ritz. Dann begleiteten sie Elisabeth nach Grenoble, die sich nach ihrem Studium dort für ein Jahr weiterbilden wollte. Die Familie reiste weiter nach Genf, wo Daddy mit Staatsmännern wie Eduard Beneš aus der Tschechoslowakei und Jean Monnet aus Frankreich konferierte, während Anne mit ihrer Mutter einem Mittagessen für Diplomatenfamilien im International Club beiwohnte und einem Vortrag des britischen Außenministers Austen Chamberlain über »den Geist von Locarno« lauschte. Die letzte Station ihrer Reise war Großbritannien. Dort wohnte Anne mit ihren Eltern in Wall Hall, dem Landhaus von J.P. Morgan, Junior Jack genannt. Er besaß eine gewaltige Sammlung bayerischer Maßkrüge und hatte im Haus eine Unzahl von Fellen verteilt, die überall auf dem Boden lagen, über Möbel drapiert und sogar an die Türen genagelt waren. Der stolze Gastgeber führte Anne durch seine Gewächshäuser, dann folgte ein »sehr nettes« Dinner, bei dem sie stumm dasaß, unfähig, ein Wort hervorzubringen.

Anne kannte diese Europareisen mit der Familie seit ihrer Kindheit, aber dieses Jahr langweilte sie sich und war unruhig. Nur als sie sich an den Frühstückstisch setzte und auf dem Messer, mit dem sie Butter auf ihren Toast schmierte, das

Monogramm JPM entdeckte, durchfuhr sie doch ein Schauer der Erregung.

Die Morrows hatten einen langen Weg zurückgelegt, bevor sie das mit braunen Schindeln gedeckte Haus an der Spring Lane in Englewood, New Jersey, beziehen konnten, wo Anne Spencer Morrow am 22. Juni 1906 geboren wurde. Zu diesem Zeitpunkt arbeitete Annes Vater, Dwight Morrow, als junger Teilhaber in dem Wall-Street-Unternehmen Reed, Simpson, Thatcher & Barnum. Ihre Mutter Betty, früher Lehrerin in Cleveland, beschäftigte einen Koch und stundenweise eine Aushilfe, die morgens vorbeikam und den Ofen anschürte; doch ansonsten erledigte sie die Hausarbeit selbst und war stolz, wie sie das Haushaltsgeld streckte, indem sie beispielsweise eine alte Kiste, mit einem Stoffrest bedeckt, zu einem Toilettentisch umfunktionierte. Das gesellschaftliche Leben der Morrows spielte sich im Umkreis der presbyterianischen Kirche von Englewood ab, wo Betty und Dwight in der Sonntagsschule unterrichteten, sowie in einem Bridgeverein, der sich Simple Club nannte. Wenig später schloß sich das Paar dem Shakespeare Club an, dessen Mitglieder – durchweg Jungverheiratete – jeden Monat gemeinsam ein anderes Stück lasen.

Doch selbst im Rahmen dieses bescheidenen kleinbürgerlichen Wohlstands hatte sich für Dwight und Betty ein Traum erfüllt, denn sie waren die ersten aus ihren Familien, die es »in den Osten« geschafft hatten. Beide stammten aus fleißigen Familien im Mittleren Westen, die es dort als engagierte Lehrer, Geistliche und Soldaten zu einigem Ansehen gebracht, denen es jedoch nie so recht möglich gewesen war, einen Notgroschen beiseite zu legen, um der nächsten Generation bessere Chancen zu bieten.

Dwight Whithey Morrow, das fünfte von acht Kindern, wurde 1873 in Huntington, West Virginia, geboren. Er wuchs in Allegheny (später ein Stadtteil von Pittsburgh), Pennsylvania, auf, wo sein Vater, James Elmore Morrow, als Mathematiklehrer und später als Rektor der Fifth Ward Grundschule arbeitete. Als strenge Presbyterianer brachten James und seine Frau Clara ihren Nachkommen bei, daß harte Arbeit und eine solide Bildung der Schlüssel zum Erfolg seien – ein Rezept, das bei ihnen zugegebenermaßen nicht besonders gut funktioniert hatte. In einem etwas weniger optimistischen Augenblick faßte Clara Morrow ihre Ehegeschichte so zusammen: »Zu viele Bücher, zu wenig Geld.«

Jay, der älteste Sohn, machte sich als Footballspieler an der High School einen Namen, errang bei der Auswahlprüfung für West Point den ersten Platz in seinem Bezirk und kam 1887 auf Vorschlag eines Abgeordneten an die Militärakademie. Der drei Jahre jüngere Dwight war fürs militärische Leben weniger geeignet. Von unterdurchschnittlicher Größe mit einem viel zu großen Kopf für seinen Körper, litt der junge Mann an Migräne, Bronchitis und chronischen Magenschmerzen. Sein linker Arm war nach einem Unfall in der Kindheit schlecht geschient worden und hing in einem merkwürdigen Winkel herab, so daß er (wie ein Freund beobachtete) immer seitwärts zu gehen schien. Aber wie schon sein Bruder Jay wußte auch Dwight nicht, wie er eine kostenlose Ausbildung erhalten konnte. Er nahm daher nach der High School einen Job als Bote an der Pittsburgher Börse an und verbrachte ein Jahr lang die Abende und Wochenenden damit, für die Prüfung für West Point zu büffeln. Auch er erzielte die höchste Punktzahl, wurde dann allerdings übergangen; an seiner Stelle nahm der Sohn eines der Geldgeber seines Kongreßabgeordneten den Stipendienplatz der Eliteakademie ein. Die Begründung des Abgeordneten, es sei unfair, zwei Söhne aus einer Familie im Abstand von nur drei Jahren zu ernennen, veranlaßte Dwight zu einem Protestbrief an Präsident Benjamin Harrison: »Ich habe immer geglaubt, und man hat mir auch immer beigebracht, daran zu glauben, daß in Amerika, wo doch angeblich jeder für sich selbst kämpfen soll, Familienbande jemandem weder hilfreich noch hinderlich sein können.«[1]

Der Präsident antwortete nicht, und so ging Morrow als Angestellter an der Börse arbeiten, bis ihm ein Freund seines Vaters, ein Professor in Amherst, zu einem Teilstipendium verhalf. Den Rest der Studiengebühren brachte er mühselig durch Lehrerjobs und Anleihen bei Verwandten auf. Morrow lebte in der Nähe des Campus von Amherst in einer billigen Pension, die bei armen Studenten gefragt war, zu denen auch Calvin Coolidge zählte, ein verschlossener junger Mann aus dem Ort. Morrow, ein hervorragender Student mit Spitzennoten in Mathematik und englischer Verfassungsgeschichte, schrieb Essays im *Amherst Literary Monthly*, in denen er Snobismus und Privilegien verurteilte. Er lernte jedoch von früh an, sein Gespür für die Ungerechtigkeiten des Lebens hinter einer Fassade aus Selbstironie zu verbergen.

Dwight stand kurz vor dem Examen, als er Elizabeth Reeve Cutter beim Tanzen kennenlernte. Er wußte sofort, daß diese Studentin am Smith College die Frau war, die er heiraten wollte. »Irgendwie erinnert sie mich manchmal an dich«, schrieb er seiner Lieblingsschwester Agnes.[2]

Betty Cutter allerdings teilte dieses Gefühl des Füreinander-Bestimmt-Seins keineswegs. Dwight Morrow sah komisch aus, war etwas kleiner als sie, stolperte beim Tanzen über die eigenen Füße und redete ohne Punkt und Komma. Sie verabredeten sich zwar hin und wieder, aber was Betty anging, existierte da kein Funke an körperlicher Anziehung. Als der große und gutaussehende Jay Morrow in seiner Oberleutnantsuniform Amherst besuchte, schrieb Betty in ihr Tagebuch: »Mr. M. stellt mir seinen Bruder vor. Er gefällt mir besser als Mr. M.«

Zunächst einmal schien Betty eher an ihrer College-Freundin Amey Aldrich zu hängen, der sie dilettantische Studentengedichte widmete. Als Betty das letzte Studienjahr absolvierte, kehrte der kurz zuvor graduierte Dwight Morrow zum ersten Wiedersehenstreffen nach Amherst zurück und machte einen Umweg über Northampton, um Betty erneut zu umwerben. Laut einem von einer ihrer Töchter verfaßten Bericht »schauderte (Betty) in der physischen Gegenwart des Mannes widerwillig zurück«.[3]

Wie die Morrows waren auch die Cutters aus Cleveland fleißige Presbyterianer, die, wie es im selben Bericht heißt, ständig in einer Atmosphäre »akuter finanzieller Sorgen« lebten. Gesellschaftlich betrachtete sich Betty jedoch als eine ganze Klasse höher stehend als Dwight Morrow. Die Cutters besaßen ein bescheidenes Vermögen und knauserten an lebensnotwendigen Dingen, um sich »gute« Möbel leisten zu können. Als »New-Law-Presbyterianer« akzeptierten sie Tanzen und Karten spielen; der eher fundamentalistische Flügel der Kirche, dem die Morrows angehörten, galt als sozial schwach. Bettys Familie hatte Opfer gebracht, um sie ans Smith College zu schicken, und sie dachte nicht daran, ihre Chancen zu verspielen, indem sie einen armen Kerl ohne jede Aussichten heiratete.

Immerhin waren Bettys Zweifel an Dwight Morrows Zukunft nicht ganz ungerechtfertigt. Während er sich im letzten Studienjahr um besondere Auszeichnungen bemühte, organisierten sich weniger gute, dafür aber schlauere Klassenkollegen ihre Posten oft über Familienverbindungen. Dwight dagegen landete nach dem Examen wieder in Pittsburgh und arbeitete als Bote in der Anwaltskanzlei von Richard Scandrett, dem Mann seiner Schwester Agnes. Er versank in eine zwei Jahre dauernde Depression, bis ihm seine Familie erneut zu Hilfe kam und Geld zusammenlegte, um ihn an die juristische Fakultät der Columbia University zu schicken.

Betty legte in der Zwischenzeit ihr Examen am Smith College ab und unterrichtete bis 1898 an einer Privatschule in Cleveland. Dann beschlossen ihre Eltern, daß sie und ihre Schwester Anne ihr Studium in Europa vertiefen sollten. Um dies zu ermöglichen, vermieteten sie ihr Haus für ein Jahr und verschwanden nach England, wo sie bei Verwandten wohnten, während Betty und Anne Sprachen, Literatur und Kunst in Paris und Florenz studierten.

Fünf Jahre vergingen, und Dwight Morrow beschrieb Betty Cutter Freunden gegenüber weiter als »das Mädchen, das ich heirate«. Woche für Woche schrieb er ihr Briefe, die sie nur selten beantwortete. Und als sie ihm nahelegte, er möge sich doch auf Urlaubsgrüße beschränken, legte er das Wort »Urlaub« so großzügig aus, daß seine Briefe sie fast ebenso häufig wie früher erreichten.

Im Sommer 1901 kehrte Betty Cutter aus Europa zurück und schob auf dem Rückweg nach Cleveland einen Besuch bei Freunden in Northampton ein. Als sie in ihr Hotel kam, wohnte Dwight Morrow bereits dort. Er hatte über gemeinsame Bekannte von ihrem Besuch erfahren und eine »zufällige« Begegnung arrangiert. Bettys Freunde glaubten, sie würde verärgert sein und waren überrascht, als sie ihnen nach dem Wochenende mitteilte, sie und Dwight hätten sich verlobt. Doch es verstrichen noch zwei Jahre, bis das junge Paar meinte, sich eine Heirat leisten zu können.

In der New Yorker Gesellschaft zählt niemand weniger als ein armer, doch mäßig vornehmer Mensch aus dem Mittleren Westen. Betty und Dwight waren für den harten, sozialen Aufstiegskampf in Manhattan noch nicht ganz reif und ließen sich daher in Englewood, New Jersey, nieder. Und obwohl sie sich für Englewood zum Teil aus finanziellen Gründen entschieden hatten – die teuren Mieten in den guten Gegenden um Manhattans East Side konnten sie sich nicht leisten –, entwickelten die Morrows doch bald eine gefühlsmäßige Bindung an die Stadt, die rückblickend gesehen etwas übertrieben wirkt.

Englewood war sicher ein schöner Ort zum Leben, besonders in den ersten Jahrzehnten des Jahrhunderts, als die Stadt ein Musterbild ländlicher Idylle darstellte. Manhattan lag nur 19 Kilometer weiter südlich am Hudson und war mit dem Nahverkehrszug in einer Stunde zu erreichen. Die malerischen viktorianischen Häuser in Englewood waren von sozialen Aufsteigern aus New York entdeckt worden, wie etwa Steward Prosser, der bald Präsident des Bankentrusts werden sollte, oder Harry Davison, der 1908 Partner im Morgan-Imperium wurde, so daß die Morrows durch ihre unermüdlichen Bemühungen in Wohlfahrtseinrichtungen und Bürgerinitiativen Kontakt zu hochgestellten Geschäfts- und Finanzleuten fanden, die sie in der Stadt wohl kaum zu ihren Freunden gezählt hätten.

In der Zwischenzeit bekam die Familie Morrow Zuwachs. Elizabeth Reeve und Anne Spencer, 1904 und 1906 geboren, folgte zwei Jahre später ein Sohn, Dwight Whitney Morrow jr., und 1913 schließlich eine dritte Tochter, Constance Cutter Morrow. Um 1909 war Dwight senior gleichberechtigter Partner in der Anwaltskanzlei und kaufte mit Betty ein riesiges Holzhaus an der Palisade Avenue. »Wenn es bei unseren gegenwärtigen Vorsätzen bleibt und uns kein Unglück trifft«, schrieb Dwight, »werden wir den Rest unseres Lebens hier verbringen.«[4]

Betty dagegen hoffte zweifellos, daß genau diese Prophezeiung sich nicht erfüllen möge. Ihr Geschmack war durch Amey Aldrich und deren Architektenbruder Chester beeinflußt, sie fand die Buntglasfenster, Türmchen und Holzbalken in den Räumen zu düster. Da ein Neubau die gegenwärtigen finanziellen Möglichkeiten der Familie jedoch überstieg, begnügte sie sich vorerst mit einem Bauunternehmer, der das

Haus von der überladenen Puppenstubendekoration befreite und den unzweckmäßigen Turm über der vorderen Veranda abriß.

Dwight Morrows Stellung im Familienkreis war die eines intelligenten, aber liebenswert zerstreuten Vaters. Laut Familienlegende vergaß er seine Umgebung so sehr, daß er sich einmal im Schlafanzug in die Badewanne setzte und sich wunderte, warum die Seife keinen anständigen Schaum produzierte. Da er zu Hause keine Zigarren rauchen durfte, riß er zur Beruhigung Papier in Streifen und rollte es auf Streichholzformat zusammen. Am späten Abend lagen die Papierstäbchen um seinen Sessel herum verstreut, viele hatten zwischenzeitlich zum Fingernagel- und Ohrenreinigen gedient.

Morrow mußte geschäftlich oft bis spät abends in der Stadt bleiben und aß dann nicht zu Hause, legte jedoch Wert auf ein gemeinsames Frühstück. Meistens kam er, eine flotte Melodie falsch pfeifend, ins Eßzimmer, und die Kinder stellten sich zum morgendlichen Umarmen auf. »Wo bleibt mein Guten-Morgen-Kuß?« fragte er die Mädchen immer. Dann gab er jeder Tochter einen dicken Kuß auf den Mund, »den lauten Morrow-Schmatz«, wie Anne ihn später bezeichnete. Während die Kinder hinter vorgehaltener Hand über Daddys fürchterliche Tischmanieren kicherten, unterhielt er sie mit lustigen Monologen, in die er mathematische und geschichtliche Rätselfragen einstreute. Anne erinnerte sich später, daß er, im Geiste mit ganz anderen Dingen beschäftigt, plötzlich mitten im Frühstück sagte: »Aber ihr habt eurem Dad noch keinen Guten-Morgen-Kuß gegeben!« Und dann fing das Ritual der Umarmungen und feuchten Küsse von vorne an.[5]

In Anlehnung an ein Zitat, das ursprünglich auf Alexander Hamilton bezogen war, sagte Morrows Biograph über ihn: »Hinter seinem überfallartigen, außerordentlichen Charme ließ sich die Kraft seines Intellekts kaum vermuten.« Morrow besaß die Gabe, Verhandlungspartnern das Gefühl zu vermitteln, als würden sie ihre kleinlichen Forderungen zugunsten eines höheren Grundsatzes opfern; war ein Geschäft abgeschlossen, hatte er genau das erreicht, was er wollte, und doch fühlte sich die andere Seite nicht über den Tisch gezogen, sondern irgendwie geadelt. Dabei kam ihm zugute, daß er sich auf den Geschäftsgebieten seiner Klienten oft besser auskannte als diese selbst. Daniel Guggenheim sagte einmal, Dwight Morrow wisse mehr über Kupfer als er und seine sechs Brüder zusammen.

Doch Morrow langweilte das Wirtschaftsrecht. Er hatte sich nicht in den Osten vorgekämpft und seine Ausbildung so mühsam zusammengespart, um sein Leben lang über Bilanzen von öffentlichen Versorgungsbetrieben zu hocken. Er redete immer wieder davon, daß er seine Karriere hinschmeißen wolle, sobald er für die Ausbildung der Kinder etwas Geld zur Seite gelegt hätte, um dann Mathematik oder Verfassungsrecht an einer Universität zu lehren. Für ihn als Selfmademan, der eine Familie zu ernähren hatte, war es allerdings nicht leicht, dem Wohlstand den Rücken zu kehren. Betty Morrow erzählte, wie Dwight am Anfang seiner Karriere eines Nachts schweißgebadet aufwachte und über einen entsetzlichen Alptraum klagte. »Es war alles so deutlich, so gräßlich«, sagte er zitternd. »Betsy, ich habe geträumt, daß wir reich geworden sind. Und zwar *ungeheuer* reich.«

Im Jahr 1913 erfüllte sich dieser Alptraum. Florence Lamont und Betty Morrow, beide Absolventinnen des Smith College, waren jetzt Nachbarinnen und hatten sich schnell angefreundet. Thomas Lamont, der Mann von Florence, ein ehemaliger Zeitungsherausgeber und Schokoladenimporteur, war 1911 durch Harry Davison in das Unternehmen von J.P. Morgan berufen worden. Zwei Jahre später wurde wieder ein Teilhaberplatz frei, und Lamont setzte sich für Dwight Morrow ein.

Der inzwischen 40jährige Morrow verfügte bis dahin über ein recht gutes, aber unspektakuläres Jahreseinkommen von etwa 38 000 Dollar. Er hatte nie ein Auto oder ein zweites Haus besessen. Eine Morgan-Teilhaberschaft würde ihn schnell zum Multimillionär machen und ihn in die innere Führungsschicht des internationalen Kapitals katapultieren. Zu Tom Lamonts großer Wut jedoch bat Morrow um zwei Wochen Bedenkzeit, quälte sich Tag und Nacht mit der Entscheidung und überbrachte ihm letztlich doch die naheliegende Antwort.

Selbst unter Berücksichtigung der relativ ruhigen Verhältnisse vor dem Ersten Weltkrieg war J.P. Morgan & Co. ein Königreich für sich. In dem mit Nußholz getäfelten Hauptsitz des Unternehmens in der Wall Street 23 legten die Partner jeden Nachmittag um vier ihre Arbeit nieder, damit livrierte Diener den englischen Tee servieren konnten. Als man bemerkte, daß der neue Teilhaber nach dem Besuch der Toilette oft die Hosenträger zu schließen vergaß, löste man das Problem und stellte einen Diener ein, dessen einzige Aufgabe darin bestand, an der Tür zu stehen und Mr. Morrow beim Herrichten seiner Kleidung behilflich zu sein. Tom Lamont – sein Lebensmotto lautete »Immer mit der Ruhe« – hatte die Teilhaberschaft nur unter der Bedingung angenommen, daß man ihm jährlich mindestens zwei Monate Urlaub zusammenhängend zugestand; er drängte Morrow, das gleiche zu tun.

Dwight Morrow trat in das Haus Morgan ein, als das ehrwürdige Bankinstitut des Goldenen Zeitalters eine kaum spürbare, aber doch tiefgreifende Veränderung durchmachte. John Piermont Morgan senior war im Jahr zuvor gestorben – getötet durch den Schock, wie einige behaupteten, als er vor die »Pujo-Kommission« zitiert wurde, um im Zusammenhang mit einer durch C.A. Lindbergh veranlaßten Untersuchung des Geldtrusts auszusagen. Sein Sohn, JP junior, war von einem anderen Schlag, ein unbeschwerter Familienvater, der mindestens sechs Monate im Jahr in Großbritannien verbrachte, wo er die meiste Zeit in seinem 6800 Hektar großen Revier in Schottland auf die Jagd ging. Die älteren Partner nutzten Jacks phlegmatisches Wesen nicht aus, und dem ehrgeizigen Tom Lamont, mit einer Persönlichkeit, so makellos wie seine perlgrauen Markenanzüge, gelang es bald, das Unternehmen nach seinen Vorstellungen zu gestalten.

Radikale wie der Kongreßabgeordnete Lindbergh mochten dem Haus Morgan vorwerfen, der Trust aller Truste zu sein, ein Unternehmen, das nach seinen Worten an »einem eigennützigen Plan, die Welt durch die Manipulation des Kapitals zu beherrschen«, beteiligt war. Unnötig zu erwähnen, daß man im Inneren der Wall Street 23 ganz anders dachte. JP senior hatte geglaubt, er rette die amerikanische Wirtschaft vor den verheerenden Auswirkungen des freien Wettbewerbs. Tom Lamont, mehr Manager denn Unternehmer, ging mit seiner Philosophie noch einen Schritt weiter. Er sah das Haus Morgan gern als eine Art überstaatlicher Einrichtung und, wie er es ausdrückte, als »eine wunderbare Gelegenheit, im Dienste der Öffentlichkeit zu wirken, mit enormem, jederzeit verfügbarem Prestige und berechtigtem Einfluß«.[6]

Kurz nach Dwight Morrows offizieller Teilhaberschaft im Jahr 1914 brach der Krieg in Europa aus. Morrow wurde nach London entsandt, um die Verschiffung von Kriegsmaterial zu organisieren, das durch die von Morgan unterstützte Kaufvertretung aus Amerika importiert wurde. 1918 ließ er sich vorübergehend beurlauben, fungierte für General Pershing als ziviler Berater und übernahm die heikle Aufgabe, den verschiedenen alliierten Armeen Nachschub zuzuweisen.

Nach dem Krieg verbrachte Tom Lamont fünf Monate in Versailles und arbeitete mit anderen einen Plan für die Zahlung der deutschen Kriegsreparationen aus. Solange die Deutschen keinen Schadenersatz an England und Frankreich leisteten, wären diese beiden Staaten nie in der Lage, ihre von Morgan-Syndikaten erworbenen Kriegsanleihen in Millionenhöhe zurückzuzahlen. Selbstverständlich leugnete Lamont jegliche firmenbedingte Motive und gab sich viel Mühe, die französischen und britischen Diplomaten zur Mäßigung ihrer Forderungen zu überreden. Nach seiner Rückkehr wurde er ein prominenter Fürsprecher der League of Nations wie auch bereits Dwight Morrow, der einige populäre Artikel zur Verteidigung der League für die *New York Evening Post* schrieb.

Während die übrigen Morgan-Partner wie ungekrönte Majestäten hinter den Mauern ihrer Anwesen am North Shore auf Long Island lebten, pflegten Lamont und Morrow ein moderneres, gesellschaftsbezogenes Image. Gemeinsam mit ihren Frauen verkehrten sie im Kreis von Schriftstellern wie Robert Frost, H.G. Wells und Walter De la Mare; der Politologe Walter Lippmann und der bekannte Jurist Learned Hand sowie ein Kreis von reformfreudigen College- und Universitätsmitgliedern gehörte ebenfalls zu ihrem Bekanntenkreis. Florence Lamont war eine liberale Frau, die Millionenbeträge aus den Gewinnen von J.P. Morgan in Einrichtungen wie die American Civil Liberties Union, die Women's Trade Union League und die russische Kriegshilfe lenkte. Die etwas konservativere Betty Morrow trat für gezielte Familienplanung, den YMCA und das Union Theological Seminary ein.

Dwight Morrow fand nebenbei noch jede Woche Zeit, sich den Angelegenheiten der Bürger von Englewood und der Ausschußtätigkeit für seine Alma Mater zu widmen. Er verwaltete mehr als ein Dutzend gemeinnütziger Organisationen, darunter auch die Carnegie-Stiftung, und saß im Verwaltungsausschuß des Smithsonian Institute. Seine persönlichen Briefe umfaßten bis zu sechs einzeilig getippte Seiten, und er produzierte ohne die Hilfe eines Ghostwriters

Unmengen von Artikeln, Reden und Vorworten für Bücher. Man kann sich diesen kleinen, unordentlichen Mann mit den blinzelnden blauen Augen und der ewig verknöpften Weste nur schwer als internationalen Bankier vorstellen, und Morrow selbst sah sich gewiß auch nicht so: »Ich habe Morgan & Co. nie Geld eingebracht«, sagte er einmal über die Jahre seiner Teilhaberschaft. Morrows Image als Hausintellektueller bei Morgan & Co., als ein über bloße Geldmotive erhabener Denker, wurde von seinen Partnern allerdings nicht immer geschätzt. Jack Morgan betrachtete ihn persönlich als Publicitygeier, und Tom Lamont meinte naserümpfend, als er den oben zitierten Kommentar in Morrows posthumer Biographie las: »Er war so gerissen, wie einer nur sein kann.«[7] Trotzdem diente Morrows zunehmende Popularität den Interessen des Unternehmens, und in den Jahren des Aufschwungs nach dem Ersten Weltkrieg waren die Differenzen unter den Partnern nur noch ein kleines Ärgernis.

Doch wer auch immer das Geld einbrachte, es floß jedenfalls üppig. Die Partnerprämien schossen mit der Hausse in den 20er Jahren in die Höhe und erreichten 1928 mit einer Million Vorinflations-Dollar pro Jahr die Spitze. Als die Morrows 1927 die Treuhandvermögen ihrer Kinder neu organisierten, übertrugen sie zusätzliche Wertpapiere, so daß jedes der vier Kinder ein Grundkapital von 450 000 Dollar besaß. Dwight und Betty bezuschußten auch stillschweigend zahlreiche arme Verwandte, zum Beispiel Morrows Schwester Alice, eine Lehrerin in Pittsburgh, die eine kleine Zweitwohnung am Riverside Drive in Manhattan besaß, Kaufhaus- und Leihwagenrechnungen in der Größenordnung von 20 000 Dollar pro Jahr auflaufen ließ und in neckischen, selbstironischen Briefen erklärte, sie hätte ihre Ausgaben bereits aufs äußerste reduziert, und Dwight brauche sich keine Sorgen über ihre Finanzen zu machen, sondern solle lediglich die Schecks unterschreiben.

Die Lamonts kauften bald ein Stadthaus in Manhattan in der 70. Straße Ost 170, und fuhren nur an Wochenenden nach Englewood. Dwight und Betty Morrow jedoch standen nach wie vor überzeugt in ihrer Treue zu ihrer Heimatstadt. Noch lange, nachdem sie Multimillionäre waren, wohnten die Morrows in dem riesigen, aber schlichten Haus an der Palisade Avenue.

Wenn Dwight Morrow geschäftlich nach Europa mußte, nahm er die ganze Familie mit. Sie reisten mit mehr als drei Dutzend Gepäckstücken, inklusive einer ganzen Truhe voll Bücher, und zwischen den Terminen ging er mit seinem Anhang in einem Wagen mit Chauffeur auf Sightseeing-Tour. Die Route wurde nach literarischen und historischen Kulturstätten festgelegt, die aus der winterlichen Leseliste der Kinder ausgewählt wurden. Daddy lieferte die geschichtlichen Kommentare und trug laut aus einer zerlesenen Ausgabe von Henry Adams vor, während der Familientroß um den Mont-Saint-Michel marschierte.

Diese Bildungsreisen fanden zusätzlich zu den Sommerferien statt, in denen sich die Morrows und Lamonts auf die Insel North Haven in der Penobscot Bay, Maine, aufmachten, ein Schlupfwinkel, den sie gezielt ausgesucht hatten, weil die Gemeinde zu klein war, um ein organisiertes gesellschaftliches Leben aufrechtzuerhalten. Die Sommer gehörten den Kindern, und die vier Morrow- und die vier Lamont-Sprößlinge vertrieben sich die Zeit mit Schwimmen, Segeln, Strandläufen, Tennis und Golfspielen.

Doch der Höhepunkt des Sommers bestand im »Tildsey-Picknick«, ein Ereignis für alle Altersklassen. Die Tildseys, deren Sommerhaus ein Stück weiter auf der Little Deer Isle stand, wählten als Örtlichkeit für die jährliche Zusammenkunft stets eine unbewohnte Insel in der Bucht aus. Sie servierten ihre in der ganzen Gegend berühmte Fischsuppe, und am Ende des Tages versammelten sich alle ums Feuer, während die Erwachsenen Gedichte aus dem Gedächtnis rezitierten – im Falle Tom Lamonts »Du bist von uns beiden der bessere Mann, Gunga Din!« oder »Und sie hängen Danny Deever heute morgen.«[8]

6.
REGEL NUMMER SECHS

Erinnerungen aus dem Morrow-Lamont-Kreis beschwören unvermeidlich das Bild einer goldenen Zeit herauf, in der sich innerhalb einer einzigen Generation große Vermögen anhäuften, ohne daß diesem Luxus altmodische Familienwerte zum Opfer fielen. Die Erwachsenen nutzten ihre Macht und ihren Einfluß zur Förderung des Allgemeinwohls, die Kinder waren stets gehorsam und dankbar. »Es wird viel Unsinn über die Übel großen Reichtums geschrieben (und noch mehr geredet) ... Die wenigsten Menschen heutzutage, selbst unter den hochherzigen Amerikanern, können ihren großen Reichtum großzügiger und aufgeklärter verwendet haben«, schwärmte der britische Dichterfürst John Masefield in einer posthumen Huldigung an die Lamonts.[1]

Corliss Lamont, später ein begeisterter Anhänger des stalinistischen Rußland, behauptete eisern, er habe nie gegen seine Eltern rebelliert. Obwohl sein Vater ein ehemaliger Verehrer Mussolinis war, Franco im Spanischen Bürgerkrieg unterstützte und oft »erster De-facto-Konsul der unsichtbaren Welt der Nachkriegsfinanz« genannt wurde, beschrieb Corliss seinen persönlichen politischen Standpunkt als »natürliche Fortsetzung« der liberalen Ansichten seiner Eltern auf dem Feld internationaler Politik und sozialer Fragen. Und tatsächlich erforschte er zeit seines Lebens eifrig die Familiengeschichte, besuchte Zusammenkünfte des Lamont-Clans in Schottland und gab bändeweise Familienerinnerungen heraus.[2]

Anne Morrow Lindbergh gestand etwas objektiver zu, daß da etwas Einschränkendes, ja sogar Erstickendes an der überprivilegierten Umgebung ihrer Jugend haftete, das ihr mitunter das Gefühl vermittelte, sie sei in einem »ummauerten Garten« eingeschlossen, ähnlich der beschützten Emilie in Geoffrey Chaucers *The Knight's Tale (Erzählung des Ritters)*. Trotzdem blickte sie bis weit ins mittlere Alter immer wieder sehnsuchtsvoll auf die »warme, sichere« und »tolerante« Welt ihrer Kindheit zurück. In der Einleitung zu *Bring Me a Unicorn (Bring mir das Einhorn)*, mit fast 70 Jahren geschrieben, erklärt Anne Lindbergh, sie habe sich aus gutem Grund für die Veröffentlichung ihrer frühen Tagebücher und Briefe entschieden und keine Autobiographie geschrieben, da letzteres bedeuten würde, zu »sieben, zu sortieren« und »auszuwählen«, und eine ständige Versuchung darstelle, die Wahrheit für ein »beschönigtes, retouchiertes Bild« auszulegen. Sicher entstehen viele Memoiren unter dem Bann der Geheimhaltung, doch die meisten rückblickenden Menschen gehen davon aus, daß der für jede ernsthaft geschriebene Autobiographie wesentliche Siebeprozeß zu größerer Selbsterkenntnis führt und nicht, wie Anne meinte, einen Schritt zurück auf der »mühseligen Reise hin zur Ehrlichkeit« bedeutet.

Rückblickend wundert man sich nur über die Macht dieses künstlich konstruierten Mythos eines idyllischen Familienlebens, die so zwingend war, daß selbst erwachsene Kinder, Individuen von ungewöhnlicher Intelligenz und internationalem Rang, weiterhin ihrer Faszination erlagen. Gewiß waren die Morrows außergewöhnliche Menschen, doch sie hatten auch, wie jede Familie, ihre Probleme. Was sie aber von anderen unterschied, waren weniger die Probleme an sich, als der enorme Aufwand an Energie, mit dem man ihre Existenz leugnete.

Zunächst einmal hatte Dwight Morrow immer ein Alkoholproblem. Da erfolgreichen Männern in den frühen Dekaden des 20. Jahrhunderts jedoch nur selten der Stempel »Alkoholiker« aufgedrückt wurde, taten sich Freunde wie Familie zusammen, wenn es darum ging, Dwights teilweise peinlichen Fehltritte in Anekdoten über seine sagenhafte »Geistesabwesenheit« umzuwandeln. Die vielen Geschichten über Morrows nicht zusammenpassende Socken und sein ungekämmtes Haar, die Mahlzeiten, die er vergaß einzunehmen, und die feuchten Küsse, die er den Töchtern beim Frühstück gab – das alles erscheint weniger amüsant, wenn man sich klarmacht, daß dies häufig im Whiskynebel geschah.

Die blonde, hübsche Elisabeth, in der Familie Ebba genannt, war das älteste Kind und der Liebling ihres Vaters. Von früh an strebte Elisabeth den Lehrerberuf an und erfüllte damit Dwight Morrows eigene erfolglosen Ambitionen in dieser Richtung. Noch während sie am Smith College studierte, planten sie und ihre Freundin Constance Chilton die Gründung eines eigenen Kindergartens, ein Traum, der sich in Form der Little School in Englewood verwirklichte und der hauptsächlich durch eine von ihren Eltern ins Leben gerufene Stiftung finanziert wurde. Elisabeths Vorstellungen von der idealen erzieherischen Umgebung dürften, aus heutiger Sicht betrachtet, wohl besser für ein Sanatorium geeignet sein. Die Kinder sollten vor lauten Geräuschen, zu lebhaften Spielen und – natürlich – vor Konkurrenzkampf geschützt werden. Selbst die Farben der eigens entworfenen Möbel, Spielzeuge und des Geschirrs waren stumpf – beschränkt auf Elisabeths Lieblingsfarbtöne Braungrau, Rosa und Dunkellila.

Elisabeth, eine natürliche Leitfigur sowie eine Magna-cum-laude-Studentin, hatte das sichere Auftreten und den Charme ihres Vaters geerbt, die Fähigkeit, wie ihre jüngere Schwester Anne es formulierte, »überall, wo sie war, für Stimmung zu sorgen«. Aber sie war andererseits auch unreif, ihr Liebesleben war eine einzige Serie von Schwärmereien, die mit immenser Heftigkeit kamen und ebenso schnell vergingen. Abgesehen von ihrer Zerbrechlichkeit litt sie unter einem Herzfehler, den die Familie einem akuten Gelenkrheumatismus in der Kindheit zuschrieb. Zudem neigte sie auch zur Magersucht. Ebba mußte nie zum Lernen ermuntert werden, doch sie zum Essen zu bewegen, war ein Problem.[3]

Die zwei Jahre jüngere Anne war furchtbar schüchtern, ein schwerwiegendes Handicap in einer so ehrgeizigen und ausgesprochen geselligen Familie wie der der Morrows. Anne, eine nachdenkliche und begabte Schriftstellerin, arbeitete langsam und neigte in Prüfungszeiten zu Panik. Obwohl (oder, wohl zutreffender, weil) ihr Vater beim Frühstück oft mathematische Drillübungen veranstaltete, blieb sie gegenüber allem blockiert, was mit Zahlen zusammenhing. »Ich habe nie eine arithmetische Prüfung bestanden«, gestand sie später.[4]

Als einziges Kind, das nie ein Internat besuchte, blieb Anne bei Miss Chapin, einer New Yorker Privatschule, deren Gründerin, die Namensgeberin Miss Chapin, eine enge Freundin der Familie war. Umgeben von Mädchen mit ähnlichem Hintergrund, die sie fast alle seit der ersten Klasse gut kannte, spielte Anne Basketball und wurde sogar zur Klassensprecherin gewählt. Trotzdem fehlte es ihr an Selbstvertrauen, und sie wirkte viel jünger, als sie tatsächlich war. Als sie im letzten Semester den traditionellen Klassenfragebogen ausfüllte, beantwortete Anne die Frage nach dem idealen Ehemann: »Ich möchte einen Helden heiraten.«[5]

Dwight Whitney Morrow jr., der einzige Sohn, hatte es sehr schwer. Er vergötterte seinen Vater, kopierte jeden seiner Züge und gewöhnte sich schon als Teenager an, einen Kneifer zu tragen. Unglücklicherweise war er wie sein Vater körperlich ungelenk und launisch. Doch trotz des ausgeprägten Stotterns und der Unsportlichkeit wurde der junge Dwight 1924 im Alter von 15 Jahren nach Groton verfrachtet.

Constance war das Nesthäkchen in der Familie und entkam anscheinend – wie das bei den jüngsten Kindern oft der Fall ist – dem Leistungsdruck, der so schwer auf ihren älteren Geschwistern lastete. Con legte phasenweise eine, wie sie es nannte, »feige« Rebellion an den Tag, fand es aber gewöhnlich einfacher, »demütig dem mir vorgeschriebenen Weg« zu folgen.[6]

Betty Morrow war in vielerlei Hinsicht das vielschichtigste und sicher tragischste Mitglied der Familie. Die einst vielversprechende Schriftstellerin besuchte das Smith College zu einer Zeit, als Lehrer die Weiterbildung von Frauen als »Vergeudung« abtaten und predigten, eine Collegeabsolventin könne keine höhere Berufung finden als die Gründung eines kultivierten Heims. Betty war eine energische Frau, hinter deren liebem, leicht zerstreutem Wesen sich ein eiserner Wille verbarg.

Die Familie war ihr Meisterwerk, und wenn Mann und Kinder nicht den Erwartungen entsprachen, dann lag es nicht allein an ihnen, sondern auch an ihr. Die Unterstellung, sie würde ihren Lieben ihren Willen aufzwingen, hätte Betty zweifellos entsetzt. Trotzdem schien sich die übrige Familie oft untereinander zu verschwören, damit bloß Mutter nicht enttäuscht war. Dwight versicherte seiner Frau wiederholt, er habe das Rauchen aufgegeben (ein Versprechen, das er einzuhalten noch nicht einmal die Absicht hatte), und Annes Briefe aus dem College stecken voll unwahrer Beteuerungen, daß Dwight in Groton gut vorankomme, daß es Elisabeth bestens gehe und sie selbst die Anforderungen des anspruchsvollen Stundenplans durchaus bewältige.

Mrs. Morrow und ihre Freundin Florence Lamont interessierten sich leidenschaftlich für Kultur und setzten sich engagiert für Frauenbildung ein, aber ihr intellektueller Horizont war trotzdem begrenzt. Betty schrieb dilettantische Verse, die dank ihrer Freundschaft mit literarischen Herausgebern wie

Ellery Sedgwick vom *Atlantic Monthly* gelegentlich veröffentlicht wurden. Florence Lamont hatte an der Columbia University einen akademischen Titel in Philosophie erworben – eine seltene Leistung für eine Frau ihrer Generation – und suchte ein neues philosophisches System, das Wissenschaft und Religion versöhnen und die Menschheit aus »dem Chaos, in das unser Leben verfallen ist«, retten würde, wie es ein Freund ausdrückte. Doch moderne intellektuelle Strömungen wie die Psychoanalyse fanden, wie Anne später bemerkte, keinen Platz innerhalb des »ummauerten Gartens«. Noch weniger Raum gab es für die literarische Moderne oder amerikanische Schriftsteller irgendeiner Schule, mit Ausnahme von einigen Freunden wie dem Amherst-Dichter Robert Frost.

In Wirklichkeit glich das Englewood der Lamonts und Morrows einer fernen Provinz des britischen Empire, wo Kipling nie aus der Mode kam und zweitrangige englische Schriftsteller übertrieben gewürdigt wurden. Unnötig zu erwähnen, daß die Existenz populärer Kultur einfach ignoriert wurde. Als Corliss' jüngerer Bruder Austin aus Phillips Exeter zurückkehrte und seine Ferien zu Hause verbrachte, stellte er erstaunt fest, daß seiner Mutter das Baseball-Idol Babe Ruth kein Begriff war. Die Kinder, die zu Hause wohnten, hörten mit ziemlicher Wahrscheinlichkeit nie etwas über Sport oder populäre Musik, selbst vom Dienstpersonal nicht, das fast ausnahmslos aus Großbritannien oder aus Skandinavien importiert war.

Obwohl Anne ihre Mädchenjahre als eine Zeit in Erinnerung hatte, in der die Welt wirklich noch ein »kultivierter und freundlicher« Ort war, unberührt von den Gespenstern der Konzentrationslager, der Atombombe und der Straßenkriminalität, war das Leben eines J.P.-Morgan-Partners eigentlich alles andere als friedlich oder sicher. Das Haus Morgan war zur bevorzugten Zielscheibe von Verrückten und Radikalen aller Richtungen geworden – darunter Anarchisten, Kommunisten und deutsche Nationalisten. Schon Anfang der 20er Jahre verteilten die ersten Naziverbindungen in Brooklyn und der Bronx Kopien eines Pamphlets – angeblich das Reprint eines Berichts des britischen Geheimdienstes aus dem Jahr 1917 –, in dem eine Verschwörung der Morgan-Bank und der britischen Regierung behauptet wurde, die sich zum Ziel gesetzt habe, die amerikanische Demokratie zu stürzen, das Rote Kreuz zu verstaatlichen und die Pfadfinder und den YMCA zu mißbrauchen, »um aus unseren einheimischen jungen Menschen ergebene kleine Briten zu machen«.

Doch nicht alle Feinde des Hauses Morgan gaben sich mit Verleumdungen zufrieden. 1915 brach ein Deutscher namens Erich Muenter – er selbst bezeichnete sich als Pazifist – in Jack Morgans Haus auf Long Island ein, nahm dessen Kinder als Geisel und fügte Morgan selbst Verletzungen im Unterleib zu. Muenter wurde schließlich vom Butler getötet, der ihm einen Kohlebrocken über den Kopf hieb. (Laut J.P. Morgans Chronist Ron Chernow wurde die Nachricht von Jack Morgans Verletzung in Wien mit »Feuerwerk und Ansprachen vor jubelnden Mengen« gefeiert.)[7]

Morgan erholte sich von dem Überfall; dann jedoch, im Jahr 1919, schoß ein Attentäter in einer Kirche auf ihn und tötete versehentlich seinen Leibarzt. Und nur sechs Monate später ging vor der Wall Street Nr. 23 eine Bombe hoch, die in einem mit eisernen Schiebefenstern beladenen Wagen versteckt gewesen war. Achtunddreißig Menschen kamen ums Leben, darunter auch zwei Morgan-Angestellte, und der Hauptbörsensaal der Bank lag in Schutt und Asche. Dwight Morrow, der sich zum Zeitpunkt der Explosion in seinem Büro in der Partneretage aufgehalten hatte, spazierte Minuten später auf dem Weg zum Mittagessen an der Unglücksstelle vorbei, äußerlich gänzlich unbeeindruckt vom Rauch, den Trümmern und den gequälten Schreien der Verletzten –

ein weiteres Beispiel für seine berüchtigte »Geistesabwesenheit«.

Völlig verängstigt engagierte Jack Morgan das Detektivbüro William J. Burns, um Drohbriefen von gefährlichen Fanatikern, potentiellen Kidnappern und Erpressern an die Partner und deren Familien nachzugehen; außerdem legte er allmählich gegenüber Bolschewiken, Deutschen und Juden Anzeichen von Paranoia an den Tag. (Jüdisch-amerikanische Bankiers wurden damals als deutsche Sympathisanten verdächtigt.) Tom Lamont und Dwight Morrow waren Anfang der 20er Jahre in der Öffentlichkeit noch nicht bekannt genug, um zur Zielscheibe solcher Anschläge zu werden, zumindest sah es so aus. Und da beide aus bescheidenen Verhältnissen kamen und etwas liberalere Ansichten vertraten, sorgten sie sich fast mehr darum, wie sie ihre Familien vor Verfolgungsangst und sozialer Isolation und weniger vor wirklicher Bedrohung schützen könnten. Dennoch ist Betty und Dwight Morrows überfürsorgliche Haltung gegenüber den Kindern zum Teil sicher auf die mögliche Gefährdung durch Fanatiker zurückzuführen. Anne und ihre Geschwister wurden nicht in Restaurants mitgenommen, sie durften nicht mit Fremden spielen (oder sich mit ihnen verabreden, als sie älter waren). Annes Vergleich ihrer Kindheitswelt mit einem »ummauerten Garten« war nicht bloß eine Metapher; ihre Eltern errichteten bewußt unsichtbare Mauern, in der Hoffnung, die Kinder zu schützen und sie, so weit dies möglich war, vor der Tatsache zu bewahren, daß es Menschen gab, die sie aufgrund der Stellung ihres Vaters hassen würden.

Der Hauptunterschied zwischen den Familien Lamont und Morrow lag vielleicht darin, daß die Lamonts keine Selbstzweifel kannten, während die Morrows derart introspektiv waren, daß ihr plötzlicher Aufstieg eine anhaltende Identitätskrise in Gang setzte. Als die Lamonts nach New York City zogen, machten die Morrows viel Aufhebens darum, daß sie weiter in der Palisade Avenue in einem Haus blieben, das weit unter ihren Mitteln lag – eine Entscheidung, die in Morrows autorisierter Biographie lang und breit ausgeführt wird. In Wirklichkeit jedoch war der Wohnsitz der Morrows in Englewood in diesen Jahren ein Mythos. Die Pendelei war für Dwight anstrengend und für die Kinder kompliziert, da sie Privatschulen in der Stadt besuchten, so daß die Familie von 1919 bis 1928 eigentlich vorwiegend in New York wohnte. Das Haus an der Palisade Avenue wurde hauptsächlich an Wochenenden genutzt.

In dieser Zeit lebten die Morrows meistens in einer Mietwohnung in der 66. Straße Ost nahe der Fifth Avenue. 1928 kauften sie eine Genossenschaftswohnung in der 70. Straße Ost. Beide Quartiere waren luxuriös und hatten eigene Dienstboten. Die Wohnung in der 70. Straße nahm ein ganzes Stockwerk ein, besaß ein Marmorfoyer, einen Ballsaal und über zwölf Schlafzimmer.

Morrow unterstützte aktiv die Republikaner in New Jersey, ein gutes Motiv, um die Legende von Englewood als Hauptwohnsitz aufrechtzuerhalten. Aber auch untereinander bezeichneten die Familienmitglieder die Wohnungen in Manhattan als bloße Zweitwohnsitze. In Betty Morrows Erinnerung gehörten die alten Zeiten in der Spring Lane zur glücklichsten Periode ihres Lebens – »Ich war nie auch nur eine Minute allein!« vertraute sie einer Bekannten an, die das für eine merkwürdige Definition von Glück hielt. Sie und Dwight fühlten sich in New York anonym. Betty sehnte sich nach einem richtigen Haus in New Jersey, dem Einkommen und Status der Familie angemessen. Anscheinend war es Dwight, der sich an die Vorstellung klammerte, er sei ein Mann des Volkes, anders als seine Seniorpartner, die sich mit ihren Familien auf Landsitzen am North Shore einsperrten, von Steinmauern und bezahltem Sicherheitsdienst abgeschirmt. 1927 jedoch, als das Haus in der Palisade Avenue wegen eines

Straßenbauprojekts auf der Abrißliste stand, setzte Betty sich endlich durch. Nicht weit vom Zentrum von Englewood erwarb die Familie ein Grundstück und beauftragte Chester Aldrich mit dem Entwurf für ein stattliches Haus. Die Morrows hofften, daß sie kurz nach Constances Eintritt ins Internat umziehen könnten.

Betty und Dwights sentimentale Gefühle für Englewood wurden nur noch durch ihre Loyalität gegenüber Smith und Amherst übertroffen. Im Laufe der Jahre nahm diese Bindung sogar noch zu, bis sie die Collegegemeinden gar als Ersatzfamilien sahen. Beiden Einrichtungen stiftete Morrow unter anderem Wohnheime. Dwight wurde lebenslanges Mitglied im Finanzausschuß von Amherst; Bettys lebenslanger Dienst am Smith College wurde 1940 durch die zeitlich befristete Berufung zur Präsidentin gekrönt. Doch so günstig diese Situation auch für beide Einrichtungen war, die nicht nur vom Geld, sondern auch durch die engagierte Leitung der Morrows profitierten, so haftete dieser überschäumenden Hingabe etwas Übertriebenes – oder direkter, Faules – an, als wollten Betty und Dwight verzweifelt ihr Neureichen-Image ablegen, indem sie sich mit der konservativen, alteingesessenen Familientradition in New England identifizierten.

Und noch schlimmer, von den Kindern wurde erwartet, daß sie die studentischen Triumphe der Eltern wiederholten. Die Morrows beruhigten ihr protestantisches Gewissen mit dem Argument, sie hätten sich ihren Wohlstand durch tugendhafte, harte Arbeit und überragende intellektuelle Fähigkeiten verdient. Unglücklicherweise setzt diese Art der Argumentation voraus, daß die nachfolgende Generation den Genuß ihrer Privilegien auch rechtfertigt. Nur hatte sich eben einiges geändert – die jungen Morrows waren keine ehrgeizigen Stipendiaten aus dem Mittleren Westen, sondern begünstigte Sprößlinge von prominenten, ehemaligen Studenten.

Selbst die pflichtbewußte, begabte Elisabeth empfand den

Druck, den Traumnoten ihrer Mutter zu entsprechen, manchmal als unerträglich. Ihr Vater bedauerte sie. Trotzdem kamen weder er noch Betty auf den Gedanken, daß es für die Kinder ja nicht unbedingt notwendig wäre, die Alma mater der Eltern zu besuchen. Seit Dwight jrs. Geburt ging man davon aus, daß er zunächst Groton und dann Amherst absolvieren würde. Die Mädchen, so Constance, wurden seit ihrem dritten Lebensjahr »mit dem Gerede über Smith einfach überhäuft«. Constance hätte liebend gern ein anderes College besucht – obwohl allein schon solche Gedanken »Ketzerei« bedeuteten.[8]

Im Gegensatz zu Elisabeth, die ihre Unsicherheit immer rechtzeitig abschüttelte und dann die besten Zensuren hinlegte und in Klassenämter gewählt wurde, hatte Dwight jr. gleich von Anfang an Schwierigkeiten. Von Schulhoftyrannen gequält, beklagte sich der kurzsichtige Junge, er höre Stimmen. Man brachte ihn ins Krankenzimmer, und Endicott Peabody, der Rektor von Groton, gab die einstimmige Meinung des Lehrpersonals an Dwight sen. weiter, der Junge sei »sozial unreif« und solle eine Klasse zurückgestuft werden. Die Wiederholung des Stoffs vom Vorjahr befreie ihn von schulischem Druck und gebe ihm die Chance, sich mit verträglicheren Klassenkameraden anzufreunden.

Widerwillig befolgte Morrow Peabodys Rat, konnte sich aber nicht für den Gedanken erwärmen, daß der 16jährige Dwight ein ganzes Schuljahr auf die leichte Schulter nehmen sollte. Nur daß er die gleiche Klasse wiederhole, ermahnte er den Sohn in einem Brief, dürfe keine Entschuldigung für Nachlässigkeiten werden; dann versprach er, daß er und seine Mutter ihm Geschichtsbücher schicken würden, die er in der Freizeit lesen könnte.[9]

Anne war indes auch keineswegs begeistert, am Smith College zu studieren. Einige ihrer Freundinnen von der Miss-Chapin-Schule wollten nach Vassar gehen, und in einem Anflug von Kühnheit vertraute sie ihrem Tagebuch an, sie wolle ebenfalls dorthin. Doch am Ende redete Anne sich ein, daß zwischen Smith und Vassar nun wirklich kein großer Unterschied bestehe – außer daß sie mit der Entscheidung für Vassar ihrer Mutter das Herz brechen würde. Und so begann sie im Herbst 1924 am Smith College. Betty Morrow begleitete sie und packte der Tochter die Koffer aus; danach besuchten die beiden Rektor Neilson und dessen Frau zum Tee.

Im ersten Jahr spielte Anne, obwohl nur 1,55 Meter groß, in der Collegemannschaft Basketball und entwickelte sich prächtig unter der Anleitung ihrer Englischlehrerin Mina Curtiss. Sie ermutigte Anne, ihre Arbeiten bei der Collegeliteraturzeitschrift einzureichen, wo ihr erstes Manuskript, eine lobende Rezension von A.A. Milnes *When We Were Very Young*, prompt angenommen wurde. In der Zwischenzeit kämpfte sie vergeblich mit Griechisch und Mathematik. Am Jahresende bat die Dekanin sie zu einer Besprechung und legte ihr nahe, sie solle im nächsten Semester weniger anspruchsvolle Kurse belegen, zum Beispiel »Heimgärtnerei«. Anne war verletzt und empört: »Für wen hält sie mich eigentlich? Eine fette alte Matrone?« Dann stellte sie sich einen sogar noch schwierigeren Stundenplan zusammen, mit Literatur des 18. Jahrhunderts und Physik.[10]

Doch die Dekanin lag richtig. In Mathematik und Naturwissenschaften hatte Anne eine geistige Sperre, und selbst in den Geisteswissenschaften arbeitete sie nur langsam und systematisch. Trotz ihrer Intelligenz und ihrer Fähigkeiten als Autorin war sie den Anforderungen einer konkurrenzorientierten akademischen Umgebung einfach nicht gewachsen. Schließlich engagierten ihre Eltern einen Tutor, der sich mit ihr außerhalb des Campus im Keller einer Kirche traf und versuchte, ihr behutsam die Grundkenntnisse der Physik nahezubringen. Die Möglichkeit, daß Anne und Smith womöglich einfach nicht richtig zueinander paßten, war undenkbar, auch wenn Anne in einem Brief an ihren Vater wehmütig bemerkte, wie sehr ihr eine aus seiner Bibliothek geliehene Biographie von Erasmus gefallen habe und wieviel lieber sie die Zeit mit »eingehender« Lektüre über Erasmus (oder sonst etwas) verbringen würde, als sich mit Physikkursen abzumühen, die sie nicht interessierten.

Morrow beantwortete diesen Vorstoß Annes mit einem außergewöhnlichen, sieben Seiten langen Brief, einer seltsamen Mischung aus väterlicher Sorge und verdrängter Angst.

Als erstes erinnerte er Anne an den Rat »eines alten Schotten« aus seinem Bekanntenkreis, Sir Joseph MacLay, dem britischen Schiffahrtsminister im Ersten Weltkrieg, der ihm einmal gesagt hatte, er solle immer »Regel Nummer sechs« befolgen – »Nimm dich nicht zu wichtig«. Die Maxime klingt eigentlich schon passend genug; doch um zu zeigen, wie MacLay dieser Regel im eigenen Leben folgte, erzählte Morrow, daß der Schotte an dem Tag, als sein einziger Sohn im Kampf fiel, an allen Kabinettssitzungen teilnahm und die eigene private Tragödie mit keinem Wort erwähnte, aus Angst, er würde seinen Kollegen damit ein ungutes Gefühl vermitteln!

Morrow erinnerte sich auch daran, wie er in seinem ersten Anwaltsjahr mit den Kollegen bei Reed und Simpson bis in die frühen Morgenstunden aufgeblieben war und Präzedenzfälle studiert hatte, bis irgendwann einer aus der Gruppe den Stift fallenließ und rief »Zum Teufel damit« – ein Schlagwort, das die Zeit zum Gute-Nacht-Sagen ankündigte. Vielleicht, riet er, könnten Anne und einige ihrer Freundinnen auch einen »Zum-Teufel-damit-Club« am Smith gründen. Natürlich müßte der Name geändert werden, um jeden Verdacht auf Gottlosigkeit zu vermeiden. Noch wichtiger aber, die Mitglieder müßten mit Bedacht ausgewählt werden. Es bringe nichts, Drückeberger aufzunehmen oder solche, die vielleicht allzu schnell die Bücher zuklappten.[11]

Als Reaktion auf diesen Brief zog Anne sich von Aktivitäten wie Feldhockey und Theatergruppe zurück. Sie verschanzte sich tagelang in der Bibliothek und traf kaum noch lebenslustige Freundinnen wie die nicht allzu lernwütige Edie Sedgwick, die Nichte von Ellery Sedgwick, einer entfernten Cousine von Andy Warhol – und definitiv keine geeignete Kandidatin für einen »Zum-Teufel-damit-Club«.

Anne konnte ihre Noten schließlich verbessern und erwarb sich durch die Veröffentlichung ihrer Gedichte und Stories im *Smith College Monthly* einen gewissen Ruf, gewöhnte sich aber eigentlich nie richtig ein – im Gegensatz zu Constance, die ihre Vorbehalte gegenüber der Alma mater ihrer Mutter überwand, Klassensprecherin und begeisterte Smith-Anhängerin wurde. Was Anne am meisten brauchte, war Selbstvertrauen, das einzige, was man ihr am Smith nicht beibringen konnte. Und während sie sich mit einem viel zu ehrgeizigen Lernprogramm abmühte, sorgte sich von Rektor Neilson an abwärts jeder um ihr Wohlergehen.

In den Jahren, die Anne am College verbrachte, wirkte sich die soziale Revolution des Jazz-Zeitalters allmählich auch auf den Sittenkodex der reichen und privilegierten Kinder aus. »Nette Mädchen« – selbst Smith-Mädchen – stutzten sich die Haare, trugen Make-up und kauften Kleider von der Stange. 1927 durften Frauen am Smith College zum ersten Mal nach dem Essen in den öffentlichen Gemeinschaftsräumen rauchen – eine Veränderung, die einige Studentinnen zu der Frage veranlaßte, worin sie jetzt eigentlich noch den Reiz des Verbotenen finden könnten. Die Verwegeneren hatten da schon ihre Vorstellungen und trafen sich mit jungen Männern, die kleine Whiskyflaschen im Handschuhfach ihres Roadsters verstaut hatten. Doch selbst wenn Anne vielleicht gern auf solchen Gebieten experimentiert hätte, hinderte sie zumindest die Gewißheit, daß man jede noch so zaghafte Rebellion ordnungsgemäß ihren Eltern mitteilen würde. Auch konnte sie nie ganz sicher sein, ob die ihr von den Lehrern entgegengebrachte Aufmerksamkeit – welcher Art auch immer – wirklich verdient war; sogar Mrs. Curtiss, die ihre Arbeit besonders lobend hervorgehoben hatte, wurde gefördert und unterstützt von Betty Morrows guter Freundin Ellery Sedgwick, der Herausgeberin des *Atlantic Monthly*.

Die hübsche und zierliche Anne wirkte anziehend auf Jungen, empfand Verabredungen aber als Tortur. In *Dearly Beloved (Halte das Herz fest)*, einem Roman, den sie mehr als 40 Jahre später veröffentlichte, bemerkt eine Figur, man könne alle annehmbaren Männer in vier Kategorien einteilen: Zündfunken, Blinker, Würdige und Klötze. Die Klötze gehören zu der Sorte von Männern, die es ihren Cousinen überlassen, Verabredungen für sie zu treffen. Die Würdigen sind die vorzeigbaren, aber harmlosen Söhne von Freunden der Eltern. Anne ging in ihrer Collegezeit mit beiden Kategorien aus und setzte voraus, daß ihr später wohl die Ehe mit einem Blinker vorbehalten war – vielleicht ein unterhaltsamer, guter Gesellschafter wie Corliss Lamont, der bereits sie und auch Elisabeth ausgeführt hatte. In ihr Tagebuch schrieb sie sogar, daß sie am liebsten völlig auf das quälende Hofieren verzichten und sich auf direktem Wege in den sicheren Status der verheirateten Frau begeben würde.

In Annes Wesen gab es eine romantische, widerspenstige Seite – eine, die sie gar zu der Hoffnung verführte, sie würde sich in einen Zündfunken verlieben –, nur hatte sie seit ihrem Aufenthalt am Smith College gelernt, diesen Aspekt ihrer Persönlichkeit geheimzuhalten. Eines ihrer typischen Gedichte, das sie nach dem Besuch einer Aufführung der spanischen Tänzerin Raquel Meller schrieb, beginnt so:

Ich wäre gern eine Tänzerin,
Eine schlanke, überzeugende spanische Tänzerin,
Eine verruchte, spanische Tänzerin ...

Die Erzählerin des Gedichts stellt sich einem Impresario vor, nur um zu hören, daß »gerade jetzt« eine solche Rolle nicht zu besetzen sei. Allerdings wäre der Part eines Quäkermädchens zu vergeben – »ein blauäugiges Quäkermädchen«.

»Also spiel ich die Rolle der Quäkerin und stelle meinen Schöpfer nicht als Bösen hin«, schließt das Gedicht in wenig überzeugendem, resignativem Ton.[12]

Zur Entstehungszeit dieses Gedichtes war der Name Morrow zwar in Kreisen bekannt, die die Neuigkeiten aus der Geschäfts- und Finanzwelt verfolgten, doch man konnte Dwight Morrow kaum als Figur von bestem Format bezeichnen. Der plötzliche Tod von Präsident Warren G. Harding im August 1923 hatte jedoch eine Reihe von Entwicklungen in Gang gesetzt, die auch Morrow einen Platz in der Geschichte einräumen und selbst seiner schüchternen, überbehüteten Tochter zu einem Quantum Berühmtheit verhelfen sollten.

1920 hatte Morrow einen Ausschuß, bestehend aus republikanischen Geschäftsleuten, gebildet, um die Präsidentschaftskandidatur seines ehemaligen Amherst-Kommilitonen Calvin Coolidge zu unterstützen. Coolidge war zu dieser Zeit Gouverneur in Massachusetts und durch die Beendigung eines Streiks bei der Bostoner Polizei bestens bekannt. Morrow allerdings behauptete, der »stille Cal« besitze Qualitäten, die der Aufmerksamkeit der Weltöffentlichkeit bisher entgangen seien; er rühmte ihn als »teils praktischen Politiker, teils transzendentalen Philosophen«. Die Coolidge-Kampagne sollte die Vorarbeit für die Präsidentschaftskandidatur 1924 leisten, doch der nominierende Parteikonvent endete in einer Sackgasse, und aus einem, wie Morrow meinte, »furchtbaren Durcheinander« an Abstimmungen ging Coolidge als Kandidat für die Vizepräsidentschaft hervor. »Coolidge wollte die Vizepräsidentschaft nicht, und von keiner Seite bestand irgendeine Absicht, daß er sie erhalten sollte.

Doch der Konvent verrannte sich einfach in die Idee«, schrieb Morrow an Tom Lamont.[13]

Als Harding starb und Coolidge das Weiße Haus übernahm, wurde allgemein vorausgesetzt, daß Dwight Morrow, seit fast drei Jahrzehnten sein Freund und Berater, mit einem Kabinettssitz belohnt würde, vermutlich dem Amt des Außen- oder Finanzministers. Doch der »transzendentale Philosoph« Coolidge marschierte nach dem Schlag eines anderen Trommlers. Morrow bekam nicht nur keinen Kabinettsposten, man überging ihn auch bei der Besetzung von niedrigeren Ämtern, die er liebend gern ausgefüllt hätte, beispielsweise der Einsatz als europäischer Sonderkommissar für den Dawes-Plan (der sich mit den deutschen Kriegsreparationen befaßte), eine Position, für die er außerordentlich qualifiziert gewesen wäre. Die Motive für Coolidges zurückweisendes Verhalten gegenüber seinem Hauptförderer sind undurchsichtig. Vielleicht befürchtete er, man könnte ihn als Werkzeug der Morgan-Bank betrachten – ein entscheidender Nachteil selbst für einen Republikaner. Oder vielleicht mochte Coolidge Dwight Morrow nicht besonders und ärgerte sich über die Vermutung von Experten wie Walter Lippmann, er könne das Land nicht ohne seinen weltlich gesinnten und brillanten Berater lenken. Und wie Tom Lamont giftig bemerkte, wolle kein Präsident mit gesundem Menschenverstand einen Mann fördern, der ihn mit Sicherheit »in Grund und Boden redet«.

Coolidge hielt Dwight Morrow bis zum Sommer 1925 auf Distanz, als die Regierung plötzlich von Billy Mitchell angegriffen wurde, einem General des Army Air Service. Wütend über seine Vorgesetzten, weil sie sich von der Notwendigkeit von Langstreckenbombern nicht überzeugen lassen wollten, war Mitchell mit seinem Anliegen in einer Reihe von Artikeln an die Öffentlichkeit getreten. Er verlangte die Schaffung einer unabhängigen Luftwaffe und kritisierte zudem das Versäumnis der Regierung, die kommerzielle Luftfahrt zu subventionieren. Allein schon der Mangel an Lufttransportkapazität, bemerkte er, mache das Land im Falle eines großen Krieges zu einer zweitrangigen Macht.

Mitchells Artikel erregten Aufsehen. In Washington wurde die Kontroverse so hitzig, daß Offiziere der Navy nicht mehr mit Angehörigen der Army redeten und sie bei offiziellen Empfängen und auf der Straße völlig ignorierten. Der Oberbefehlshaber der Navy drohte mit Rücktritt, wenn Mitchell nicht zurückversetzt würde, und der Abgeordnete Fiorello LaGuardia, ein Mitchell-Anhänger, brachte eine Gesetzesvorlage ein, die den Präsidenten daran hindern sollte, einen Offizier für die öffentliche Kritik an der Regierungspolitik zu bestrafen. Am Ende wurde Mitchell zum Captain degradiert und nach Texas verbannt.

Die Gemüter begannen sich gerade wieder zu beruhigen, als die *Shenandoah*, ein in Deutschland hergestelltes Luftschiff der Navy, am 1. September 1925 bei einem Demonstrationsflug über dem Ohio Valley vom Blitz getroffen wurde und der Kommandant und 14 Mann Besatzung ums Leben kamen. Der Unfall war die bisher schlimmste Katastrophe in der amerikanischen Luftfahrt – Teile des brennenden Luftschiffs waren meilenweit geflogen, und verkohlte Trümmer und menschliche Überreste waren über weite Strecken verstreut. Mitchell stellte sich sofort an die Seite der Witwe des Kommandanten und erhob mit ihr den Vorwurf, die Crew der *Shenandoah* habe trotz ungünstiger Wetterberichte den Befehl zur Durchführung des Flugs erhalten, und das alles nur zu dem Zweck, die Öffentlichkeit für die längst überholte und sinnlose Festlegung der Navy auf Luftschiffe zu gewinnen.

Coolidge mußte dem Kriegsminister nun wohl oder übel befehlen, Mitchell wegen Gehorsamsverweigerung vor ein Kriegsgericht zu stellen. Doch die öffentliche Meinung ergriff

Partei für den streitbaren Flieger. Will Rodgers versprach seinen Radiohörern, »der Fliegende Napoleon« werde bald von seinem »Texas Elba« zurückkehren, um Washington zu erobern, und als Mitchell tatsächlich in Washington auftauchte, veranstaltete die American League ihm zu Ehren eine Parade. In dieser Situation, mit einem völlig aus der Kontrolle geratenen Militär und einem Wirbel, der einen Aufruhr im Kongreß auszulösen drohte, fand Coolidge schließlich einen exzellenten und wichtigen Job für seinen alten Collegefreund. Dwight Morrow wurde zum Leiter einer erstklassig besetzten Kommission benannt, die die eigentliche Rolle der Luftwaffe – wenn sie denn eine hatte – für die Landesverteidigung beurteilen sollte. Morrow wußte rein gar nichts über Luftfahrt, aber das war auch nicht notwendig. Der wahre Auftrag der Kommission lag in der Diskreditierung von Mitchell, und so nutzte Morrow sein berühmtes Verhandlungsgeschick, um die Experten auf die erwünschte Entscheidung hinzusteuern.

Die Luftfahrtkommission des Präsidenten, besser bekannt als Morrow-Kommission, hörte sich über 1700 Stunden lang Stellungnahmen an und veröffentlichte einen Bericht, der ein Meisterwerk an Weisheit und diplomatischem Geschick darstellt: Mitchells Warnung vor einer Luftattacke von jenseits des Pazifik wurde als Hirngespinst abgetan; darüber hinaus kam die Kommission zu dem Schluß, daß die Lufthoheit bei einem Krieg in nächster Zukunft keine bedeutende Rolle spielen würde.[14]

Die Luftfahrtkommission jedenfalls hatte ihren Auftrag der politischen Schadensbegrenzung erfüllt und es doch – als Dwight-Morrow-Projekt – tatsächlich geschafft, mit ein paar positiven Empfehlungen aufzuwarten: Ein Fünf-Jahres-Programm für die Entwicklung des kommerziellen Luftwesens, das die Zulassung von zivilen Piloten einschloß; ein Programm zur kartographischen Erfassung von Luftwegen, zweimalige Wetterberichte pro Tag für Flieger und der Bau von Funkfeuern für Nachtflüge. Diese Empfehlungen, die mit dem Air Commerce Act von 1926 zum Gesetz erhoben wurden, wirkten sich direkt auf Postflieger wie Charles Lindbergh aus, der am Test des Funkfeuers in Chicago teilnahm, einer der ersten Nachtflughilfen, die unter dem neuen Programm eingerichtet wurden. Die US-Regierung hatte sich zumindest darauf eingelassen, »das Geschäft in der Luft« zu fördern.

Ironischerweise galt Morrow, der im Grunde die Regierungspolitik der gütigen Unterlassung unterstützte, nun als Hauptluftfahrtexperte der Republikanischen Partei und bei zivilen Piloten und flugbegeisterten Amerikanern irgendwie als Held, eine Entwicklung, die deutlich macht, warum seine Zeitgenossen ihn sowohl bewunderten wie auch verachteten. Die Mitchell-Anhänger konnten den Ergebnissen schwerlich etwas entgegensetzen, waren insgeheim jedoch wütend, daß die Luftfahrtkommission ihren Wortführer in Verruf gebracht und zugleich Ideen aufgegriffen hatte, für die sie seit Jahren eingetreten waren. Coolidge aber, der im Grunde genommen die Regulierung der Privatindustrie durch die Regierung ablehnte – sein Motto beim Regieren wie im Leben lautete »Tu nie etwas, was ein anderer für dich tun kann« –, hatte einen einigermaßen ehrgeizigen Fünf-Jahres-Plan für die zivile Luftfahrt am Hals, für den nicht er, sondern Morrow alle Lorbeeren erntete.

7.
DER TAPFERE LOCHINVAR AUS DEM WESTEN

Zu den großen Neuigkeiten in der Luftfahrt im Jahr 1926 zählte neben dem Inkrafttreten des Air Commerce Act die Leistung von Lieutenant Commander Richard Evelyn Byrd und seinem Kopiloten Floyd Bennett, die erstmals den Nordpol überflogen hatten. Byrd und Bennett, die Helden der Stunde, wurden in New York mit einer Konfettiparade geehrt und in Washington mit großem Pomp empfangen, wobei Präsident Coolidge sie mit der Hubbard-Medaille der National Geographic Society auszeichnete. Danach brach Bennett, unterstützt von der Daniel-Guggenheim-Stiftung zur Förderung der Luftfahrt, zu einer landesweiten Rundreise auf, in deren Verlauf er seinem Kopiloten Bernt Balchen anvertraute, er sei gar nicht sicher, ob er und Byrd den Pol überhaupt erreicht hätten. Unterdessen bereitete der in höheren Kreisen gut eingeführte Byrd insgeheim seinen nächsten Triumph vor, einen Nonstopflug von New York nach Paris.

Der Atlantik war bereits von den Briten John Alcock und Arthur Brown überflogen worden, die die 3024 Kilometer lange Strecke von Neufundland nach Irland 1919 zurückgelegt hatten. Zwei Jahre nach Alcocks und Browns Erfolg versprach Raymond Orteig, der Besitzer des Brevoort Hotels in New York, demjenigen Piloten 25 000 Dollar, der als erster von New York direkt nach Paris fliegen würde. Ursprünglich ging Orteig davon aus, er könnte den Preis schon einige Monate später vergeben, aber die Entfernung New York–Paris war um 2400 Kilometer länger als die von Alcock und

Brown bewältigte Strecke und überstieg damit die Reichweite damaliger Flugzeuge.

Technisch wurde der Flug erst 1926 durchführbar. Die in diesem Jahr in Gebrauch genommene neue Generation der Sternmotoren war nicht nur leistungsfähiger, sondern auch weitaus zuverlässiger als frühere Maschinen, und Flugexperten sagten voraus, nun wäre der New-York-Paris-Rekord bald fällig. Tatsächlich beunruhigte Dick Byrd im Herbst 1926 vor allem die Frage, ob sein Rivale, der französische Spitzenflieger René Fonck, Paris erreichen würde, bevor seine neue dreimotorige Fokker fertig wäre.

Fonck und seine Crew befanden sich bereits auf dem Roosevelt Field auf Long Island und testeten einen Sikorsky Doppeldecker, ausgerüstet mit drei 425 PS starken Gnome-Rhone-Jupiter-Sternmotoren. Für damalige Verhältnisse war die Sikorsky ein Riese, ein Ozeandampfer der Luft; sie bot rote Ledersitze, ein ausziehbares Sofabett, speziell entworfene Überlebensausrüstung und ganze Menüs, bestehend aus Long-Island-Ente und geröstetem Truthahn, die in isolierten Fächern warm gehalten wurden. Fonck lagerte sogar Champagner für die Siegesfeier in Paris – für den Fall, so scherzte man, daß die Franzosen keinen zur Hand hätten.

Am Morgen des 20. September 1926 versammelte sich eine Menschenmenge am Roosevelt-Flugplatz, um Foncks Abflug zu bejubeln. Die Sikorsky rumpelte über das ungeteerte Feld und verlor dabei Teile der Verkleidung. Ohne auch nur annähernd die Startgeschwindigkeit zu erreichen, gelangte sie an das Ende der Startbahn, taumelte über eine sechs Meter hohe Abgrenzung und ging in Flammen auf. Fonck und der Navigator kamen mit dem Leben davon. Der Bordfunker und der Mechaniker hatten dieses Glück nicht.

Als Unglücksursache kursierten verschiedene Versionen. Die gerichtliche Untersuchung führte mangelnde Kommunikation zwischen Pilot und Bordingenieur an. Die Presse mutmaßte, daß die dreimotorige Maschine, die über 12 500 Kilo auf die Waage brachte, schlichtweg überladen war. Der Konstrukteur Igor Sikorsky gab sich selbst die Schuld, weil er dem Druck von kommerziellen Sponsoren nachgegeben hatte, die Fonck unbedingt noch im Herbst fliegen sehen wollten. Sikorsky warf sich sein Leben lang vor, daß er nicht darauf bestanden hatte, bis zum Frühjahr zu warten, was ihm Zeit für ein vollständiges Testflugprogramm garantiert hätte. Dann nämlich wäre sein wunderschönes Flugzeug als erstes über den Atlantik geflogen, davon war Sikorsky überzeugt.[1]

In St. Louis las der Postpilot Slim Lindbergh die Zeitungsberichte über das Fonck-Unglück und zog eigene Schlüsse. Ein ausziehbares Bettsofa war sicher nicht notwendig, um nach Paris zu kommen. Oder warme Mahlzeiten. Eigentlich benötigte man auch nicht unbedingt drei Motoren und eine vierköpfige Besatzung. Der Gedanke, eine große, mehrmotorige Maschine sei sicherer, basierte auf der Annahme, während eines langen Fluges bestünde das beträchtliche Risiko, daß einer der Motoren ausfallen könnte. Aber die neuen Sternmotoren waren auf eine Leistung von 8000 Stunden und mehr konstruiert, und zudem konnte weder die Sikorsky noch irgendein anderes dreimotoriges Flugzeug unbegrenzt lang mit nur zwei Motoren fliegen. Bei der neuen Technologie stellte der Start den gefährlichsten Teil des Fluges dar – und eine schwer beladene dreimotorige Maschine erforderte eine längere Startbahn als ein einmotoriges Flugzeug. Solche »Giganten« mochten Zukunftsmusik sein, für die gegenwärtigen amerikanischen Flugplätze waren sie allerdings nicht geeignet, das hatte der Unfall von Foncks Sikorsky gezeigt.[2]

Lindbergh sah den Transatlantikflug als technisches Problem, und er wußte genau, die elegantesten Lösungen waren die, die funktionierten. Natürlich teilten auch andere Piloten diese Ansicht, nur war er der einzige, der aus diesen Gedanken die logische Schlußfolgerung zog: »Es war einfacher, allein zu fliegen.«

Europa war zweifellos ein hochgestecktes Ziel, aber ohne Navigator erreichbar. Es war nicht so schwierig, Frankreich zu finden wie etwa die Inseln von Hawaii. Man konnte das Ziel um Hunderte von Kilometern verfehlen, das Flugzeug trotzdem sicher landen und einen Triumph in der Luftfahrt für sich verbuchen. Und mit genügend Kraftstoff könnte man bis zu 5000 Kilometer vom Kurs abkommen und sich den Weg trotzdem wieder entlang der Küste nach Paris suchen.

Der Verzicht auf einen Navigator befreite auch von dem Druck, Fallschirme, Funkgerät und andere Apparate von zweifelhaftem Nutzen mitzunehmen. Die vorhandenen Bord-Boden-Funksysteme funktionierten bei schlechtem Wetter, wo sie am notwendigsten waren, äußerst unzuverlässig, und ein Fallschirmsprung in die eisigen Wasser des Nordatlantik rettete einem Piloten wohl kaum das Leben. Nein, ein Soloflug wäre billiger und unkomplizierter, und der Pilot hätte die alleinige Kontrolle über die Pläne, was nicht der Fall wäre, wenn das Leben eines anderen Mannes mit auf dem Spiel stand. Slim erinnerte sich eines alten Spruchs von C.A., der die Einstellung des jungen Lindbergh in bezug auf gemeinsame Unternehmen recht gut zusammenfaßte: »Ein Mann ist ein Mann, zwei Männer sind ein halber Mann. Drei Männer sind überhaupt kein Mann.«[3]

Die herkömmliche Meinung ging dahin, daß ein Flug über den Atlantik ohne Navigator einem Selbstmord gleichkam. (In Byrds Fall wäre es sogar unmöglich gewesen, da er eigentlich gar kein Pilot war – er navigierte, während Bennett steuerte.) Abgesehen von dem langen und ermüdenden Flug gab es nur wenige Piloten, die viel Erfahrung im Fliegen unter schlechten Wetterbedingungen oder bei Nacht mitbrachten, und noch weniger waren daran gewöhnt, mit Instrumenten zu fliegen. 1927 erklärten Fluglehrer ihren Schülern immer noch regelmäßig: »Ein guter Pilot schaut auf den Boden, nicht auf seine Instrumente.« Doch Lindbergh suchte sich, zum Teil aus Langeweile, nachts oder bei Nebel oft den Weg, indem er einem Kompaß folgte. Obwohl unbekannt, war er ebenso gut (wenn nicht besser) auf den Transatlantikflug vorbereitet wie jeder der gefeierten Flieger in diesem Rennen. Und was die Gefahr anlangte, traf es natürlich nicht zu, daß ihm nichts am Leben lag – im Gegenteil, die Aussicht, bei lebendigem Leib in einem »fliegenden Sarg« zu verbrennen, nur um ein paar Geschäftsbriefe von St. Louis nach Chicago zu befördern, gefiel ihm ganz und gar nicht. Wenn er denn sterben sollte, dann wenigstens bei einem wirklich waghalsigen Unternehmen.

Mit der wachsenden Aufregung um das New-York-Paris-Rennen war auch die Suche nach finanzieller Unterstützung kein unüberwindliches Problem mehr. Die Brüder Robertson spendeten kleine Beträge, ebenso Major Albert Bond Lambert, der ehemalige Ballonpilot und Namensgeber des Lambert-Flugplatzes. Auch Harry Knight, ein Geschäftsmann aus St. Louis, der seit kurzem Flugunterricht bei Lindbergh nahm, begeisterte sich für die Idee. Er und Lambert arrangierten für Lindbergh ein Treffen mit Harold Bixby, dem Leiter der Handelskammer von St. Louis. Lindbergh versicherte Bixby, daß die Publicity enorm wäre und St. Louis große Chancen hätte, zum Zentrum der kommerziellen Flugzeugindustrie im Mittleren Westen zu werden. Er schlug sogar vor, man könne das im Orteig-Rennen verwendete Flugzeug später umbauen und dann eine direkte Postlinie von St. Louis nach New York fliegen. Bixby konnte eine Reihe von wichtigen Persönlichkeiten der Stadt als Sponsoren gewinnen und brachte schnell 8500 Dollar auf.

Die Flugzeughersteller zu überreden, ihren Ruf für einen unbekannten Piloten mit einem solch tollkühnen Plan aufs Spiel zu setzen, war eine andere Sache. Als ein Vertreter der Fokker-Konstruktionswerke am Lambert-Flugplatz auftauchte, nutzte Lindbergh die Gelegenheit und horchte ihn aus. Der leicht irritierte Geschäftsmann erklärte Lindbergh, er wäre wohl etwas vermessen. Ein entsprechend konstruiertes, dreimotoriges Flugzeug würde mindestens 80 000 Dollar kosten, ohne Motoren. Das Fokker-Werk würde jedenfalls unter keinen Umständen ein einmotoriges Flugzeug für das Orteig-Rennen verkaufen.

Slim las alle verfügbaren Fliegerzeitschriften und war sehr gut über die jüngsten Entwicklungen in der Luftfahrt informiert. Es gab, wie er sehr wohl wußte, bereits ein Flugzeug, das für die anstehende Aufgabe bestens geeignet war: Der aerodynamisch weiterentwickelte Bellanca-Eindecker, von einem italienischen Einwanderer namens Giuseppe Bellanca gebaut, der in einer Werkstatt in Brooklyn arbeitete. Die Bellanca – es existierte lediglich der Prototyp – wurde von der Wright Aeronautical Corporation für Testflüge ihrer neuen neunzylindrigen Whirlwind-Motoren verwendet.

Lindbergh hoffte, die Firma Wright überreden zu können, ihm das Flugzeug zu überlassen, und stellte sich in einem Ferngespräch als Repräsentant einer Vereinigung von Geschäftsleuten aus St. Louis vor. Ein Überlandgespräch im Jahr 1927 entsprach in etwa einem heute per Fax geschickten Lebenslauf – und Lindbergh war raffiniert genug, auf diese Weise einen guten Eindruck zu machen. Dann investierte er für einen Besuch in der Geschäftsstelle der Wright Corporation in Paterson, New Jersey, 100 Dollar in maßgefertigte Garderobe. Doch der teure Anzug, blauer Mantel, grauer Filzhut sowie Seidenschal und -krawatte, verfehlten ihre Wirkung. Als die Geschäftsführer von Wright seine Pläne hörten, wollten sie, wie Fokker, nichts davon wissen.

Entmutigt kehrte Lindbergh nach St. Louis zurück, verschickte Telegramme an sämtliche Hersteller im Land und fragte an, ob man ihm ein Flugzeug nach seinen technischen

Angaben bauen würde. Er erhielt nur eine positive Antwort, und zwar von der Ryan Aircraft Corporation in San Diego. Ryan war ein kleiner Betrieb ohne viel Erfahrung, und der Kostenvoranschlag lag mit 6000 Dollar so niedrig, daß selbst der sparsame Lindbergh mißtrauisch wurde. Unterdessen erreichte ihn am 6. Februar ein Telegramm von Giuseppe Bellanca, der ihn »auf schnellstem Wege« nach New York bat. Bellanca und ein Geschäftsmann namens Charles Levine hatten die Rechte an der Wright-Bellanca-Konstruktion zurückgekauft und ein eigenes Werk gegründet, Columbia Aircraft. Sie waren jetzt bereit, den Prototyp für 15 000 Dollar an Lindbergh zu verkaufen. Lindbergh fuhr mit dem nächsten Zug zurück nach St. Louis, wo sich Knight und Bixby eilig einen Kredit zur Deckung der zusätzlichen Kosten beschafften. Am 12. Februar war Lindbergh mit einem Scheck über den vollen Kaufbetrag in New York.

Der Scheck lag fast schon auf Charles Levines Schreibtisch, als dieser – eher beiläufig – erwähnte, daß Columbia Aircraft sich »selbstverständlich« das Recht vorbehielt, die Crew für den Flug über den Atlantik auszuwählen.

Levines Forderung war zwar unerhört, aber ein etwas erfahrener Unterhändler hätte vielleicht zugestimmt, in der Hoffnung, er könne Levine dazu bewegen, Lindbergh einzusetzen, den ja schließlich die Geldgeber ausgewählt hatten. Die übrigen Mitbewerber um den Orteig-Preis standen startbereit, sobald es die Wetterbedingungen über dem Nordatlantik erlaubten, und Levine besaß das einzige noch nicht vergebene Flugzeug. Empört steckte Lindbergh jedoch den Scheck wieder ein und fuhr zurück nach St. Louis.

Es war jetzt Mitte Februar, und die Zeitungen sagten vorher, der Orteig-Preis werde vielleicht Mitte April geholt. Lindbergh vermutete, daß es nun zu spät wäre, um noch ins Rennen zu kommen, und wollte seine Pläne aufgeben. Vielleicht sollte er sich statt dessen auf einen Flug über Hawaii nach Australien konzentrieren – eine längere und, aus verschiedenen Gründen, weitaus risikoreichere Strecke. Aber Knight und Bixby rieten ihm, nicht aufzugeben. Letztendlich konnte er sich ja noch nach San Diego aufmachen und hören, was Ryan zu bieten hatte.

Lindbergh wußte es nicht, doch Ryan Aircraft stand vor dem Bankrott. Franklin Mahoney hatte kurz zuvor seinen Partner Claude Ryan abgefunden, und da er keinen laufenden Auftrag hatte, wußte es nicht einmal, wie er die März-Gehälter bezahlen sollte. Das Ryan-Werk war in einer alten Konservenfabrik im Hafenviertel untergebracht, vom Gestank toter Fische durchdrungen und mit einer alten Drehbank, einer Bohrmaschine und noch einigen wenigen Maschinen ausgestattet. Mahoney konnte es sich nicht leisten, wählerisch zu sein, doch sein erster Eindruck von dem jungen Piloten, der ihn auf Robinson-Aircraft-Briefpapier angeschrieben hatte, war nicht sehr beruhigend. Mit seiner Körpergröße von 1,88 Meter bei 140 Pfund, dem jugendlich-latschigen Gang und der für den Mittleren Westen typischen gedehnten Sprechweise wirkte der 25jährige Slim eher wie ein 18jähriger. Wie die Leute bei Fokker und Wright hätte Mahoney das Projekt liebend gern abgewälzt, doch er konnte es sich nicht erlauben, einen barzahlenden Kunden vor die Tür zu setzen.

Am 28. Februar, dem Morgen nach seiner Ankunft, fuhr Lindbergh mit Mahoney zum Hangar des Ryan-Werks durch Dutch Flats und prüfte die Bodenverhältnisse für einen Testflug. Harm Jon van der Linde, der in Dänemark geborene Chefmechaniker der Firma, sah Slim kurz an und dachte, der Boß zeige dem Sohn eines Geschäftspartners das Werk. Van der Linde hatte den Auftrag erhalten, die Demonstrationsmaschine für einen Testflug vorzubereiten, und als Slim ins Cockpit stieg, wurde er unruhig. »Statt daß einer unserer Piloten einstieg, kletterte dieser junge Kerl rein, und ich fragte mich, ob er die Maschine überhaupt fliegen konnte«, erinnerte er sich. »Daher ging ich rüber zu Red Harrigan, der zu der Zeit Chefpilot war, und fragte, ob der Knabe wirklich fliegen sollte. Er meinte ja und erklärte mir, wer er war. Er flog die Maschine ungefähr eine Stunde und holte das Letzte aus ihr raus.«[4]

Lindbergh blieb keine Zeit für einen weiteren Rückschlag. Er erklärte Don Hall, dem Chefingenieur, er gebe ihm 24 Stunden, um die vorläufigen technischen Daten für ein Flugzeug zusammenzustellen, mit dem man nach Paris kommen könne. Das Flugzeug sollte *Spirit of St. Louis* heißen, ein von Harold Bixby vorgeschlagener Name. Es sollte mit einem Induktorenkompaß ausgestattet werden – ein neues und äußerst präzises Instrument – und einem J5C Wright-Motor, der neuesten Version des Whirlwind. Ansonsten würde die Maschine kaum mehr als ein fliegender Kraftstofftank sein, ohne Platz für Fallschirm, Funkgerät oder gar einen Kopiloten: »Wenn wir den Weltrekord brechen wollen, müssen wir das Schwergewicht auf die Reichweite legen«, betonte Lindbergh.

Hall hatte nicht gewußt, daß Lindbergh einen Soloflug plante. »Bist du sicher, daß du dich wachhalten kannst?« fragte er. »Wie lange wirst du denn fliegen?«

Lindbergh wußte es nicht. Er hatte sich fünf Monate intensiv für das Vorhaben eingesetzt, die Flugzeit aber nie in Ruhe ausgerechnet. Erst jetzt fuhr er mit Hall in die nächste öffentliche Bibliothek, wo die beiden mit einem Bleistift und einem Stück Schnur die Entfernung auf dem Globus maßen.

Hall arbeitete die Nacht durch und fertigte einen groben Entwurf an. Für die Entwicklung eines völlig neuen Konzepts blieb keine Zeit mehr, daher baute er zwei vorhandene Ryan-Modelle um, die M-2 und die Brougham. Die Spannweite wurde auf 14 Meter erweitert, der Rumpf verlängert, die Ruder nach hinten verlagert. Das größte Konstruktionsproblem war die Plazierung des Kraftstofftanks. Lindbergh wollte ihn nach vorn versetzen – wie so viele De-Havilland-Piloten hatte er große Angst, im Fall eines Absturzes zwischen Benzintank und Motor eingeklemmt zu werden. Da der Tank jedoch sehr groß sein müßte, blieb dann kein Platz für einen Windschutz. Die fehlende Vordersicht beunruhigte Lindbergh jedoch wenig, weil er ohnehin gewohnt war, im hinteren Cockpit einer umgebauten De Havilland zu fliegen. »Ich erwarte unterwegs sowieso nicht viel Verkehr«, sagte er zu Hall.

Um vorzeitige Publicity zu vermeiden, klärte Mahoney die Mechaniker zunächst nicht über die Umstände ihrer Arbeit auf. Das Schweißerteam, das auf den Dutch Flats arbeitete, war völlig verwirrt, als es den Auftrag erhielt, einen riesigen, sauber geschweißten Tank, »ohne einen einzigen Kratzer« herzurichten. »Ich dachte, es wäre ein Benzintank für ein verdammtes Fischerboot«, erzählte ein Schweißer später dem Firmengeschichtsschreiber von Ryan, Ev Cassagneres. »Es war ein *Mammutding.*«[5]

Don Hall wohnte inzwischen im Büro, wo er rund um die Uhr arbeitete und nur ab und zu ein kurzes Nickerchen einlegte. Lindbergh verbrachte die meiste Zeit an einem Schreibtisch in der Ecke und zeichnete eine Großkreisroute über Neufundland und die irische Küste nach Frankreich. Da er ohne Navigationsinstrumente an Bord flog, konnte ihn schon ein kleiner Fehler am Anfang kilometerweit vom Kurs abbringen, also überprüfte er seine Berechnungen immer wieder. Er hatte zusätzlich Seekarten vom Pazifik gekauft, in die er zwischendurch einen Kurs nach Hawaii einzeichnete. Denn falls seine Konkurrenten vor ihm Frankreich erreichten, würde er ohne Zögern in Richtung Westen losfliegen.

Mitte April rückte näher, doch das Wetter wollte nicht mitspielen. Unter den Experten an der Ostküste war man sich einig, daß vier Kandidaten ausgezeichnete Siegeschancen hatten – es hing nur davon ab, wer zuerst startete. Zu den Favoriten zählte Richard Byrd, dessen dreimotorige Fokker mit vier Mann Besatzung fliegen sollte, dann die Bellanca von Charles Levine, die jetzt von dem Wright-Testpiloten Clarence Chamberlin und dem berühmten Kunstflieger Bert Acosta geflogen werden sollte. Lieutenant Commander Noel Davis zählte ebenfalls zu den vielversprechenden Teilnehmern. Davis hatte zwar eine Offiziersstelle bei der Marinereserve inne, war jedoch ein Protégé von General Mason Patrick, dem Befehlshaber des Army Air Service, der ihm zu einem Keystone-Doppeldecker verholfen hatte. Davis wurde von der American League finanziell unterstützt und galt als inoffizieller Kandidat der Army. In Frankreich hatte unterdessen Charles Nungesser, Spitzenflieger im Ersten Weltkrieg, die Absicht verkündet, in einem einmotorigen Doppeldecker, den er *L'Oiseau Blanc* getauft hatte, von Paris nach New York zu fliegen. Und das Sikorsky-Werk in Connecticut arbeitete Tag und Nacht an einem neuen Flugzeug für René Fonck, der vielleicht doch noch alle überraschen würde und am ersten Juni startbereit war. Lindbergh zählte lediglich als unbekannte Größe, wie noch einige amerikanische und französische Piloten, die sich angeblich in aller Stille auf das Rennen vorbereiteten.

Der flotte Dick Byrd, das Mensch gewordene Heldenbild einer Jugendzeitschrift, war der Kandidat der High Society; auf ihn richetete sich von dem Moment an, als er seine Pläne bekanntgab, der Löwenanteil der Publicity. Einer der letzten ehrgeizigen Forscher der alt-vornehmen Schule, genoß er die Förderung der National Geographic Society und die finanzielle Unterstützung von so wohlhabenden Mäzenen wie John D. Rockefeller, dem Kaufhausmagnaten Rodman Wanamaker und Dwight Morrow. Seine dreimotorige Maschine – sie hieß natürlich *America* – wurde wie Foncks Sikorsky begeistert als Offenbarung zukünftiger Überseeflugzeuge gelobt.

Ihre Spannweite betrug über 21 Meter, und sie war von vorne bis hinten mit eigens angefertigten (und daher größtenteils ungetesteten) Geräten beladen.

Am 16. April sollte die *America* zu einem Testflug vom Flughafen Teterboro in New Jersey starten. Der holländische Konstrukteur des Flugzeugs, Anthony Fokker, saß am Steuerknüppel; Byrd, Floyd Bennett und Bordfunker Lieutenant George Noville begleiteten ihn im Cockpit. Der riesige Reservetank der dreimotorigen Maschine und das hintere Besatzungsabteil waren leer, und als Fokker landen wollte, drehte sich das vorderlastige Flugzeug in der Luft auf den Rücken. Byrd kam mit einem angebrochenen Handgelenk davon. Floyd Bennett, der am schwersten verletzt wurde, saß fast eine Stunde im Cockpit eingeklemmt, sein rechter Oberschenkel war zertrümmert, und die Lunge war von einem Teil des Propellers durchbohrt worden. Das Flugzeug selbst war zwar nicht sehr schwer beschädigt, aber die Verletzung Bennetts – Träger der höchsten Tapferkeitsauszeichnung und einer der beliebtesten Männer in der Fliegerei – setzte der voreiligen Jubelstimmung ein abruptes Ende.

Zwei Tage später starteten Commander Noel Davis und sein Navigator Lieutenant Stanton Wooster in ihrem Keystone-Doppeldecker vom Langley-Flugplatz in Virginia. Davis, der sich vielleicht des Fehlers von Fokker bewußt war, bestand auf vollen Kraftstofftanks, damit er ein »Gespür« für die Maschine entwickeln könnte. Sein Gespür verhinderte jedoch nicht die Katastrophe: Minuten nach dem Start stürzte die *American League* in einen Sumpf und versank. Davis und Wooster erstickten, eingeschlossen in der Kabine.

Der Start der Bellanca-Maschine *Columbia* wurde zwischenzeitlich von Problemen ganz anderer Art behindert. Obwohl sie unter Kennern als bestes Flugzeug im Rennen galt und Clarence Chamberlin als bester Pilot, neigte Charles Levine anscheinend dazu, Hindernisse aufzubauen, wo gar keine existierten. Levine verkündete jetzt, er habe den Navigator Lloyd Bertaud für den Paris-Flug engagiert, was nur noch Platz für einen seiner beiden Piloten ließe. »Am Starttag«, erklärte er auf einer Pressekonferenz, »werden Chamberlin und Acosta in Fliegerkluft auf dem Feld erscheinen. Ihre Namen werden getrennt auf zwei Papierschnipsel geschrieben. Eins davon wird gezogen.« Als Acosta das hörte, lief er auf der Stelle ins Byrd-Lager über und ersetzte den verletzten Floyd Bennett. Dann plötzlich brach Levine sein Versprechen, für Chamberlin und Bertaud Lebensversicherungen über 50 000 Dollar abzuschließen. Er setzte beide unter Druck, ihren Namen unter Verträge zu setzen, die ihm im Falle eines Erfolgs die Hälfte aus allen Preisgeldern und Werbeverträgen garantierten, während er ihnen im Gegenzug ein wöchentliches Gehalt in Höhe von 150 Dollar zahlen würde. Allmählich beschlich Levines Partner der Verdacht, daß er gar nicht der Multimillionär war, für den er sich ausgab. Giuseppe Bellanca engagierte einen Anwalt, um die Mehrheitskontrolle über Columbia Aircraft wiederzugewinnen. Bertaud versuchte, eine gerichtliche Verfügung in der Versicherungssache zu erwirken, und Chamberlins Anwalt strengte einen Prozeß an, um aus dem Vertrag herauszukommen. Während die Anwälte schacherten, stand die wunderschöne Bellanca hinter durch Gerichtsbeschluß verschlossenen Hangartüren auf dem Curtiss Field von Long Island.

In San Diego setzte man den Jungfernflug der *Spirit of St. Louis* auf den 28. April fest, genau sechs Tage, nachdem Lindbergh den Auftrag an Ryan erteilt hatte. Als die Bodenmannschaft am Abend vor dem Test das Flugzeug zum ersten Mal auftankte, ließ ein Mechaniker versehentlich ein Stück Gummischlauch in den Tank fallen. Da der Schlauch die Benzinleitung verstopfen konnte, mußte ein 15 Zentimeter großes Loch in den Tankboden geschnitten werden, um es zu entfernen. Es blieb keine Zeit, zu warten, bis die Benzindünste aus dem geleerten Tank verdampft waren, und bevor die Mechaniker einen Flicken auf das Loch schweißten und damit das Risiko einer Explosion eingingen, reparierten sie es lieber mit Lötmetall und hofften das Beste. Weder Lindbergh noch Franklin Mahoney wurden über diesen Zwischenfall informiert.

Die Schwierigkeiten der amerikanischen Teilnehmer am transatlantischen Rennen vergrößerten die Chance für Charles Nungesser und seinen Kopiloten François Coli. Eigentlich sagte schon das an Bord mitgeführte Essen viel über die Persönlichkeiten der Konkurrenten aus – Byrd hatte seinen Pemmikan (sehr haltbare Fleischspeise der Indiander, A. d. Ü.), Fonck seine *Canard á l'orange*, Nungesser aber übertraf alle: Er und Coli, ließ er verlauten, würden sich an Bananen und Kaviar laben. Praktisch veranlagt wie Lindbergh, hatte der Veteranenpilot die *Oiseau Blanc* von allen überflüssigen Gewichten befreit. Der Rumpf war zum Wassern konstruiert, und kurz nach dem Start sollte das Fahrgestell abgeworfen werden – eine Maßnahme, die auch Lindbergh ernsthaft in Betracht gezogen, aber als zu gefährlich verworfen hatte.

Nungesser und Coli gingen in den frühen Morgenstunden des 8. Mai in Paris an den Start. Sie wollten die *Oiseau Blanc* im New Yorker Hafen gleich neben der Bowery absetzen, wo eine Barkasse und ein Schlepper bereitstanden, um das Flugzeug mit Besatzung aus dem Wasser zu ziehen. Hunderte von New Yorkern hatten sich Boote gemietet, um sich eine gute Aussicht bei dem historischen Moment zu sichern. In New York wie in Paris standen Menschenmengen vor den Redaktionsbüros der Zeitungen und warteten auf die neuesten Nachrichten über das Vorankommen der *Oiseau Blanc*. Die Maschine war über Neufundland gesichtet worden, dann an der Küste von Nova Scotia und noch einmal in der Nähe von Portland, Maine.

Doch am Himmel über New York tauchte die *Oiseau Blanc* nie auf, die zur Begrüßung der erfolgreichen Flieger ausgesandten Begleitflugzeuge kehrten allein zurück. Die zahlreichen Augenzeugenberichte waren entweder echte Irrtümer oder bewußte Falschmeldungen – das Schicksal von Nungesser und Coli bleibt jedenfalls bis zum heutigen Tag ein Rätsel.

Das große Luftrennen über den Atlantik hatte nunmehr sechs berühmte Flieger das Leben gekostet, und Floyd Bennett, den viele für den wahren Helden von Byrds Polarexpedition hielten, erholte sich nie mehr ganz von seinen Verletzungen. Der Wettbewerb, von dem man sich den Beginn einer neuen Ära im internationalen Flugwesen versprochen hatte, war zum Alptraum geworden.

Während Rettungsflugzeuge noch immer die Gewässer vor Neufundland nach der *Oiseau Blanc* absuchten, ging Charles Lindbergh am 10. Mai um 15.55 Uhr nachmittags in San Diego an den Start. Der Überlandflug war mitunter auch als Routinetestflug gedacht und verlangte keine ungewöhnlichen Navigationskünste. Lindbergh hatte sich in einem Buchladen in San Diego einige Straßenkarten gekauft und beabsichtigte, sich den Weg anhand von Eisenbahnlinien und natürlichen Orientierungspunkten zu suchen. Doch fünf Stunden später, über den südlichen Berggipfeln der Rockies, fing der vermeintlich idiotensichere Motor der *Spirit* zu husten und zu stottern an. Es war der denkbar schlechteste Augenblick für eine Notlandung – unter sich nur felsige Berghänge und noch gut 7500 Liter Kraftstoff im Tank. Während er auf der Suche nach einer Notlandemöglichkeit kreiste, entdeckte Slim, daß er das Flugzeug in der Luft halten konnte, wenn er Gas und Gemisch korrigierte. Das war insofern erfreulich, als das Motorproblem in New York leicht durch die Installation einer Vergaserheizung behoben werden konnte. Aber Lindbergh stellte bald fest, daß er, während er sich mit dem

Motorproblem beschäftigt hatte, über 80 Kilometer vom Kurs abgekommen war – eine ernüchternde Erkenntnis für jemanden, der den Nordatlantik bezwingen wollte.

Trotz der Schwierigkeiten über den Rockies erreichte Lindbergh durch günstige Rückenwinde eine gute Flugzeit. Als er zum Auftanken in St. Louis landete, wurde ihm klar, daß seine Chancen auf einen neuen Landesrekord gut standen. Nach einem Abendessen mit Schinken und Eiern in Louie's Shack und einem erholsamen Nachtschlaf ging er am nächsten Morgen um 8.30 Uhr erneut an den Start und schwebte um 15.15 Uhr nachmittags, St. Louis-Zeit, über Manhattan.

Sechzehn Minuten später setzte die *Spirit of St. Louis* am Curtiss-Flugplatz auf Long Island auf. Die reine Flugzeit von San Diego betrug nur 21 Stunden und 45 Minuten, ein beeindruckender neuer Rekord. Dieser Junge, meinte ein Experte, war »wie der tapfere Lochinvar aus dem Westen« angekommen – ein schlaksiger, unglaublich jugendlich aussehender Mann mit strahlendem Lächeln, einen blinden silbernen Vogel fliegend. Plötzlich sah es so aus, als wäre das Rennen vielleicht doch nicht vom Pech verfolgt.

Man könnte die Reaktion auf Lindberghs Ankunft leicht als Medienrummel abtun, doch das war nicht der Fall. Die Zeitungen hatten ihre besten Reporter bereits anderen Teams zugewiesen, und auch wenn der Reporter- und Fotografentroß, der Slim begrüßte, alles übertraf, was er bisher in St. Louis oder San Diego erlebt hatte, galt er bei der Presse doch nach wie vor als unbeschriebenes Blatt. Die Öffentlichkeit war es, die wild nach »Lindy« war – noch fast bevor die ersten Zeitungsartikel über ihn auf die Straße kamen. Seit Anfang Mai hatten Flugfans die benachbarten Flugplätze Curtiss und Roosevelt bevölkert, in der Hoffnung, sie würden Byrd, Clarence Chamberlin und Bert Acosta sehen. Am ersten Sonntag nach Lindberghs Landung pilgerten 30 000 Fans dorthin. Verblüffte Reporter beobachteten, wie eine

Frau mittleren Alters die Sicherheitssperren durchbrach, Lindberghs lederne Fliegerjacke kurz anfaßte und schreiend wieder davonrannte: »Ich hab' ihn berührt! Ich hab' ihn berührt!«[6]

Zweifellos war es Lindberghs Plan, den Atlantik allein zu bezwingen, der die Phantasie der Öffentlichkeit faszinierte, aber sein fotogenes Äußeres trug sicher auch viel zu der anhaltenden Begeisterung bei. Pressefotografen umschwärmten den Postpiloten aus St. Louis und seine Karikatur von Flugzeug. Verrückte Fotoamateure tauschten in Fotomagazinen Tips aus, wie man sich am besten an Lindbergh heranpirschte. Showgirls und Starlets schmiedeten Pläne, wie sie zusammen mit dem jungenhaften, gutaussehenden Piloten ins Bild kommen könnten. Reporter interviewten Lindbergh, als sei er ein Hollywoodstar, und überhäuften ihn mit Fragen wie »Mögen Sie lieber Blondinen oder Brünette?« und »Was ist Ihr Lieblingskuchen?«

Niemand hätte gewagt, Commander Byrd solche Fragen zu stellen. Und was Charles Chamberlin anging, so interessierte sich kein Mensch für dessen Lieblingskuchen. Charles Levine sah in dieser Publikumsreaktion erste Anzeichen eines Phänomens und gab sofort bekannt, er denke darüber nach, Chamberlin zu ersetzen, denn der sei »kein Filmtyp«.

Slim selbst war keineswegs publicityscheu. Mit seinem Sinn für die Bedeutung von Öffentlichkeitsarbeit hatte er sich bislang sogar für sehr aufgeschlossen gehalten. Doch er nahm die Fliegerei verbissen ernst, und es beunruhigte ihn, daß man ihn mit einem Mal als Volksheld behandelte. Da er mitten in den Vorbereitungen für den Flug steckte, glaubte er, er brauche sich nur zu weigern, dumme Fragen zu beantworten oder mit Schauspielerinnen zu posieren, dann würde die ungewollte Aufmerksamkeit in der Boulevardpresse nachlassen. Doch im Gegenteil, seine Zurückhaltung machte ihn nur noch interessanter.

Seit der Ankunft in New York sah sich Lindbergh stets von einem Gefolge umgeben, noch eine Entwicklung, mit der er nicht gerechnet hatte. Die Wright Corporation, die erst kurz zuvor seine Bitte, die Bellanca zu fliegen, abgelehnt hatte, stellte ihm nun ein Team zur Seite, dem die Mechaniker Eddie Mulligan und Ken Boedecker sowie der freiberufliche PR-Mann Dick Blythe von der Bruno and Blythe Agency angehörten. Auch die Pioneer Instrument Company, Hersteller des neuen Induktorenkompasses, hatte einen Vertreter entsandt, ebenso wie die Vacuum Oil Company, für deren Produkte Lindbergh werben wollte. Franklin Mahoney kam von San Diego herübergeflogen, und die Geldgeber aus St. Louis hatten einen gewissen Lieutenant George Stumpf geschickt, einen Piloten der Nationalgarde von Missouri; er sollte Lindbergh als Adjutant dienen. Stumpf war ein netter Kerl, erinnerte Lindbergh sich später, aber New York war nicht das richtige Pflaster für ihn, und Lindbergh verbrachte mehr Zeit damit, auf ihn aufzupassen, als umgekehrt.

In einem Abschnitt, den Lindbergh später aus einem frühen Entwurf seiner Autobiographie strich, wies er auf den Grund für seine wachsende Antipathie gegenüber der Presse hin: Zeitungsmenschen waren für ihn mit Mißerfolg verbunden. Er hatte gesehen, wie Fotografen am Ende der Startbahn in Position gingen, um ihn beim Start zu Testflügen zu beobachten, und er konnte sich einfach nicht des Gedankens erwehren, daß sie nur auf seinen Absturz lauerten. (Dieses Gefühl war keineswegs ungewöhnlich. Einige Jahre später sollte sich der große Jimmy Doolittle aus dem Luftrenngeschäft zurückziehen, nachdem er erfuhr, wie Fotografen seine Frau umlagerten, um ihren Gesichtsausdruck – falls er abstürzte – festhalten zu können.) Lindbergh reagierte auf jedes Anzeichen von Mißerfolg weitaus sensibler als die meisten, auch wenn die Zeitungen ihn beharrlich als leichtsinnigen Luftakrobaten darstellten. Die Entscheidung, ohne Fallschirm zu fliegen, galt als nahezu selbstmörderisch. (Doch obwohl er kaum glaubte, daß er im Falle eines Absturzes lange genug überlebte, um es zu Wasser zu lassen, nahm er ein Schlauchboot mit.) Das Schimmste war, daß ein verwegener Reporter Lindberghs Spitznamen »Flyin' Fool« aus seiner Zeit beim Mil-Hi-Zirkus wieder ausgegraben hatte. Lindbergh, der diese Phase für längst abgeschlossen hielt, war nicht sehr begeistert.

Lindbergh behauptete immer, er habe aus reiner Abenteuerlust am Orteig-Rennen teilgenommen. Dem konnte eigentlich niemand widersprechen, nur hatte man in New York bereits entschieden, daß er ein vielschichtiger und unergründlicher junger Mann sei. Dick Blythes Partner Harry Bruno glaubte, Lindbergh sei von den übrigen Piloten am Lambert-Flugplatz gnadenlos gepiesackt worden, weil er in knapp einem Jahr drei Flugzeuge verloren hatte, und nun beabsichtigte er, sich zu beweisen. Lindbergh stritt das ab, und seine Freunde in St. Louis hatten seine Fähigkeiten als Pilot sicher nie ernsthaft angezweifelt. Und doch traf Bruno den Kern mit der Bemerkung, Lindbergh neige zu Unsicherheit und habe das Bedürfnis, die Anerkennung der bedeutenden Fliegerpersönlichkeiten zu gewinnen: »Was die Öffentlichkeit über ihn und seinen Flug dachte, interessierte ihn nicht sonderlich. Aber aus dem wenigen, was er mir und Dick sagte, wußte ich, wie sehr es ihn befriedigte, daß ihn zumindest die Fliegerkonkurrenz ernst nehmen mußte.«

Und trotz der anhaltenden Porträtierung als »Flyin' Fool« in den Zeitungen wurde er am Ende ernst genommen. Im Garden City Hotel, seiner Unterkunft, wo sich auch Mitglieder des Byrd- und Bellanca-Teams aufhielten, herrschte eine Atmosphäre freundschaftlicher Konkurrenz. Mehrere Mechaniker von Wright Aeronautics arbeiteten gleichzeitig an allen drei Flugzeugen, und eine Gruppe von Dinnergästen hörte zufällig mit, wie Lindbergh, Clarence Chamberlin und

Lloyd Bertaud auf dem Balkon in nüchterner Sachlichkeit über das Schicksal von Nungesser und Coli sowie ihre eigenen Chancen spekulierten. Dick Byrd wohnte zwar nicht im gleichen Hotel, hatte seine Konkurrenten jedoch wissen lassen, sie könnten ihren Start jederzeit von Curtiss nach Roosevelt verlegen, wo er für die Unterbringung seines großen dreimotorigen Flugzeugs gezahlt hatte.

Um auf Nummer Sicher zu gehen, hatte die *New York Times* neben Dick Byrds Story auch die Exklusivrechte auf Lindberghs Geschichte für 5000 Dollar gekauft und prophezeite »das spektakulärste Luftrennen aller Zeiten«. Insider stimmten dennoch eher mit der Boulevardpresse überein, die die *Spirit of St. Louis* als »einen fliegenden Sarg« bezeichnete. Harry F. Guggenheim, Präsident der Guggenheim-Stiftung für die Förderung der Luftfahrt, besuchte den Curtiss-Flugplatz, setzte sich ins enge Cockpit der *Spirit* und wünschte Lindbergh Glück, doch insgeheim dachte er nur: »Das schafft er nie.« Und auch wenn es später nur wenige zugeben sollten, so herrschte in der Branche doch die Meinung vor, daß ein Sieg Lindberghs schlecht für die Luftfahrt wäre; als kommerzielles Verkehrsmittel war sein Flugzeug nicht zu gebrauchen, und die Öffentlichkeit könnte in seinem Alleinflug womöglich nur ein weiteres Flugkunststück sehen.

Das ausgedehnte Sturmtief über dem Nordatlantik, das zweifellos Nungessers und Colis Verderben gewesen war, dauerte bis in die dritte Maiwoche hinein an, und selbst dann sagte der Wetterbericht noch fortdauernde Regenböen und dichten Nebel voraus. Die *America* war inzwischen repariert, aber Dick Byrd bestand unter dem Eindruck der schweren Verletzungen Floyd Bennetts noch auf einigen Testflügen. Zudem hatte Byrd erfahren, daß Bert Acosta keine Nachtflugerfahrung mitbrachte, und wollte nun Bernt Balchen verpflichten. Da er seinem Hauptsponsor Rodman Wanamaker jedoch zugesichert hatte, eine durchwegs amerikanische

Besatzung zusammenzustellen, mußte er den Start aufschieben, bis Balchen, ein Norweger, die amerikanische Staatsbürgerschaft erwirkt hatte. Charles Levine hatte Lindbergh unterdessen angeblich 25 000 Dollar geboten, wenn er ihn als Passagier mitnehmen würde. Clarence Chamberlin gab die Nachricht ironisch an Slim weiter, der erwiderte: »Ich werde darüber nachdenken, wo sich ein Platz für Mr. Levine findet.« Alle lachten, aber tatsächlich wollte Levine selbst fliegen und feuerte Lloyd Bertaud am 19. Mai.

Am selben Abend hatten Blythe und Harry Bruno für Lindbergh einen Besuch des Broadway-Hits *Rio Rita* vorgesehen. Auf dem Weg zum Theater hielten sie am Büro von Blythe and Bruno, wo Blythe mit Dr. James H. Kimball vom US-Wetterdienst telefonierte. Sie erfuhren, daß nach den jüngsten Vorhersagen das Sturmtief aufbrechen würde.

»Schlechte Nachrichten, was die Show angeht, Slim«, erklärte Blythe, nachdem er das Telefon eingehängt hatte. »Morgen früh fliegst du los.«[7]

Blythe fuhr Lindbergh und Stumpf sofort nach Long Island. Unterwegs aßen sie in einem Lokal am Queensboro Plaza zu Abend, dann ging Blythe in einen Laden um die Ecke und bestellte fünf Sandwiches zum Mitnehmen. Bei ihrer Ankunft am Curtiss-Flugplatz fanden sie die Flughallen völlig verlassen vor. Dick Byrd wollte die *America* am folgenden Nachmittag bei einer ausgiebigen Feier taufen, und da die sonst anwesenden Flugkorrespondenten meinten, daß Lindbergh im Theater sei, hatten sie sich den Abend frei genommen. Der Wright-Ingenieur Ken Boedecker erzählte später einem Interviewer, Clarence Chamberlin habe ebenfalls auf einen Start in aller Frühe abgezielt, aber gegen Mitternacht seien »irgendwelche Komplikationen« aufgetaucht, offenbar eher rechtlicher denn technischer Natur.

Frank Tichenor vom *Aero Digest* hatte den Tag in New Jersey mit Lindberghs Leuten verbracht und war einer der wenigen Pressevertreter am Platz. Tichenor blickte kurz auf Lindberghs braune Lunchtüte und mußte lauthals lachen. Byrds üppiger Proviant für die Crew – ein dreiwöchiger Vorrat an Überlebensrationen und destilliertem Wasser eingeschlossen – war immerhin Thema zahlreicher Zeitungsstories gewesen.

»Nehmen Sie nicht mehr mit?« fragte Tichenor.

»Hm, wenn ich nach Paris komme, brauch' ich nicht mehr Essen, und wenn nicht, brauch' ich auch nicht mehr«, lautete die Antwort.

Lindbergh überwachte die Installation eines Barographen, eine Vorschrift des Orteig-Komitees, um einen offiziellen Flugbericht zu liefern. Dann schoben die Wright-Ingenieure das Flugzeug auf den benachbarten Roosevelt-Flugplatz. Um Mitternacht ging Lindbergh ins Hotel zurück. Er schloß sich in sein Zimmer ein und hoffte auf ein paar Stunden Schlaf vor dem Weckruf um 2 Uhr 30 morgens. George Stumpf saß draußen im Flur, er war beauftragt, Reporter und jeden abzuwimmeln, der Slims Ruhe stören könnte. Aber Lindbergh hatte gerade die Augen geschlossen, als er durch ein Klopfen geweckt wurde. Es war Stumpf, mit Tränen in den Augen und ganz aufgelöst. »Slim, was soll ich denn tun, wenn du weg bist?« jammerte er.

Stumpfs »blöde Frage«, wie Lindbergh sie nannte, machte die letzte Chance auf ein Nickerchen zunichte. Zur Startzeit um 7 Uhr 52 am Morgen des 20. Mai war er fast 24 Stunden ununterbrochen wach gewesen.

Lindberghs Plan hatte sich in der Nacht herumgesprochen, und so warteten ungefähr 500 Menschen im Nieselregen einer grauen Morgendämmerung am Roosevelt-Flugplatz. Unter den Anwesenden befanden sich Dick Byrd, Clarence Chamberlin und ein junger Flugpromoter namens Juan Terry Trippe. Die ungepflasterte Startbahn war infolge der letzten Regenfälle glitschig, und aufgrund der hohen Luftfeuchtigkeit brachte der Whirlwind-Motor der *Spirit* nicht die volle Leistung. Der Ryan-Eindecker wog 938 Kilo und trug 1246 Kilo Kraftstoff mit sich. Die Mechaniker hatten jeden erdenklichen Trick angewandt, damit die Maschine vom Boden abheben würde – sogar das Schmierfett war von den Reifen abgezogen und durch ein leichtes Schmieröl ersetzt worden.

Frogge von der *Times* zählte drei herzerschütternde Bumser, als das Flugzeug die Piste entlangrumpelte. Ein anderer Augenzeuge erzählte, die *Spirit* habe ihn an ein Känguruh erinnert, als sie auf dem matschigen Boden davonhüpfte. Doch Lindbergh konnte die Maschine halten, in die Luft bekommen und die Telefondrähte am Ende der Startbahn mit sechs Metern Abstand überfliegen.

Rückblickend sind die verblüffendsten Daten im Flugbuch der *Spirit of St. Louis* die Höhenzahlen – 61 Meter über Long Island und ganze 15 Meter über dem Meeresspiegel zwischen New England und Nova Scotia. Über Neufundland änderte Lindbergh spontan den sorgfältig geplanten Kurs, wechselte 145 Kilometer in südliche Richtung und überflog in geringer Höhe die Stadt St. John's. Plötzlich schien es ihm wichtig zu sein, daß jemand sein Flugzeug sah und wußte, er hatte es so weit geschafft.

Erst nach 13 Stunden Flug wurde er nervös. Der graue Ozean war mit Eisbergen gesprenkelt, und eine dichte Nebelhülle zwang ihn zu einem Steigflug. In 3000 Meter Höhe bildete sich allmählich Eis auf den Tragflächen, und Lindbergh überlegte, ab welcher Temperatur die auf dem Lambert-Flugplatz eingebaute Vergaserheizung wohl nicht mehr funktionieren würde. Es gab nichts, was ein Postpilot mehr fürchtete, als über einer geschlossenen Wolkendecke gefangen zu sein. Ein Sinkflug durch eine graue Dunstschicht konnte, selbst bei Tag, unmittelbar und verhängnisvoll desorientierend sein. Nachts war dieses Manöver reiner Selbstmord. Zumindest hatte die *Spirit* einen Höhenmesser, doch es war ein ziemlich primitives Modell, das häufig kalibriert werden mußte; Slim vertraute seiner Genauigkeit nicht sonderlich.

In der Erinnerung an diesen kritischen Augenblick schrieb Lindbergh zwei Jahrzehnte später: »Ein geschenkter Sieg wiegt so gut wie nichts gegen eine Schlacht, die man gewinnt. Jeder Pilot hat das Recht, sich den Kampfplatz zu wählen – das ist die Strategie des Fliegens. Hat er jedoch Position bezogen, so soll er sich des Konfliktes freuen und ihn nicht vermeiden. Der Pilot, der sich fürchtet, seine Kräfte mit denen der Elemente zu messen, hat den Beruf verfehlt.«[8]

Nach 14 Stunden Flug klarte der Himmel langsam auf. Das Eis auf den Tragflächen schmolz, und Lindbergh konnte sich einen Weg durch die Haufenwolken bahnen, die wie Berge über ihm aufragten. Der Mond ging im Norden auf, er hatte ihn an einer völlig anderen Stelle erwartet. Sowohl der Induktor- als auch der Flüssigkeitskompaß oszillierten. Zu seiner Linken konnte er hoch oben im Himmel den Polarstern sehen; er beschloß, darauf zu bauen, daß er noch immer mehr oder weniger auf Kurs war.

In den folgenden zehn Stunden war der Schlaf sein Hauptproblem. Ein Arzt hatte ihm ein paar Ammoniakkapseln gegeben. Er brach eine auf und hielt sie unter die Nase, aber seine Sinne waren so abgestumpft, daß er nichts roch. Obwohl er vor Kälte zitterte, widerstand er der Versuchung, die Plastikfenster seitlich hochzuziehen. Da er sogar zu müde war, um Meßdaten im Flugbuch festzuhalten, drückte er die *Spirit* durch den unregelmäßigen Nebel nur noch nach oben oder unten. Manchmal glitt er nur eineinhalb Meter über die Wellen hinweg, und die salzige Gischt sprühte ihm durch die offenen Fenster ins Gesicht.

Allmählich sah er jetzt, was er später als »Nebelinseln« und »Phantome« bezeichnete, gespensterhafte Halluzinationen und Bilder aus der Vergangenheit, die sich in die winzige Kabine hineindrängten. Er war seit über 48 Stunden ununterbrochen wach und agierte in einer Halbwelt, irgendwo zwischen Bewußtsein und blindem Instinkt. In der 27. Flugstunde entdeckte er eine Gruppe von Fischerbooten. An Deck befand sich niemand, aber aus einem Bullauge lehnte ein Mann und starrte mit offenem Mund zu ihm hoch. Lindbergh drosselte die Maschine und flog auf 15 Meter an das Bullauge heran, beugte sich aus dem Fenster und rief: »Wo liegt Irland?« Der Mann starrte nur vor sich hin, sein Gesicht glich einer Maske. Wahrscheinlich konnte ihn der Fischer nicht verstehen, das wußte Lindbergh, trotzdem war es merkwürdig, daß der Anblick eines aus dem Himmel herabschwebenden Flugzeugs – vielleicht das erste überhaupt, das der Mann gesehen hatte – keinerlei Reaktion hervorrief. Allmählich glaubte Lindbergh, er hätte eine andere Realitätsebene erreicht, und der Mann hatte ihn vielleicht wirklich nicht gesehen.

Eine Stunde später entdeckte er Land. Erstaunlicherweise stimmten die Einbuchtungen der Küstenlinie genau mit den Umrissen der Dingle Bay an der südwestlichen Küste Irlands auf der Karte überein. Er befand sich fast exakt auf Kurs!

Sechs Stunden später, um 22 Uhr 22 Ortszeit, schwebte die *Spirit of St. Louis* über dem Flughafen Le Bourget. Obwohl man die Flutlichter in Erwartung seiner Ankunft um neun Uhr abends eingeschaltet hatte, war nicht das ganze Feld beleuchtet, und Lindbergh suchte nach fast 34 Stunden in der Luft nahezu orientierungslos die Begrenzungen der Landebahn. Als er das Flugzeug auf der dunklen Piste aufsetzte, nahm er auch die gewaltige Menge nicht wahr, die auf 100 000 Menschen geschätzt wurde, Sperren durchbrochen hatte und ihm entgegendrängte. Während er ansetzte, die Maschine zu den Flughallen zurückzurollen, sah er eine Menschenwand auf sich zu rennen; Arme winkten, griffen nach dem Rumpf der *Spirit,* und Leute kletterten auf die Tragflächen.

Die Zeitungen verbreiteten später mehrere falsche Versionen von Lindberghs ersten Worten, so auch das überflüssige »Ist das Paris?« und »Ich bin Charles Lindbergh«. Laut Lindbergh selbst sagte er als erstes: »Sind auch Mechaniker da?«, dem die übliche Frage des amerikanischen Touristen folgte: »Spricht hier jemand Englisch?«

Es spielte keine Rolle, was er sagte. Der Tumult war so groß, daß ihn ohnehin niemand hörte. Zwei Reporter der *New York Times*, beauftragt, Lindbergh nach der Landung sofort zu interviewen, krochen unter das Flugzeug und hockten dort in Todesangst. Als Lindbergh versuchte, aus dem Cockpit zu klettern, wurde er in die Luft gehoben und fast 30 Minuten lang über die Köpfe der Menge hinweg weitergereicht, eine lebende Trophäe. Schließlich kämpften sich zwei französische Piloten, Michel Detroyat, ein ziviler Kunstflieger, und Charles Delage, ein Armeepilot, durch die Massen. Einer von ihnen packte Lindberghs Fliegerhaube und stülpte sie einem amerikanischen Reporter über den kahlen Kopf. In die Richtung des Reporters deutend, schrien sie: »Da! ... Da ist Lindbergh!«

Der vergeblich protestierende Reporter wurde in den Terminal gestoßen, wo der amerikanische Botschafter Myron T. Herrick wartete. »Aber ich bin doch nicht Lindbergh«, beteuerte das unfreiwillige Double immer wieder. Herrick nahm an, der anstrengende Flug habe den Piloten etwas verwirrt. »Natürlich sind Sie es«, meinte er besänftigend.[9]

Der echte Lindbergh sorgte dafür, daß sein Flugzeug sicher in einem Hangar verstaut wurde; dann drängten ihn Detroyat, Delage und noch ein französischer Flieger, Major Paul Weiss, in einen Wagen und brachten ihn ins Stadtzentrum, wobei sie die großen Straßen mieden, die in Richtung

Flughafen noch immer verstopft waren. Während halb Paris – inklusive die Presse und zwei Kompanien der französischen Armee – den Flugplatz nach dem fehlenden Piloten absuchte, fuhr das Fliegertrio mit Slim zum Arc de Triomphe und führte ihn zur ewigen Flamme am Grab des Unbekannten Soldaten. Lindbergh sprach kein Französisch, seine Gastgeber wenig Englisch, und es ist ungewiß, ob er verstand, warum die Piloten ausgerechnet diesen Schauplatz für angemessen hielten, der für sie die besondere Beziehung zwischen Frankreich und den Vereinigten Staaten symbolisierte: Es war hier, am Tag der Bastille im Jahr 1919, als General Pershing und seine Infanteristen von zwei Millionen Parisern bejubelt wurden, dankbar für die Unterstützung Amerikas bei der Befreiung ihres Landes.

8.
DER RUHM

»Cette fois, ça va!« jubelten die Pariser in der Nacht, als die *Spirit of St. Louis* landete: »Diesmal hat's geklappt!«

Am nächsten Morgen erwachte Paris mit einem Kater. Draußen am Flugplatz Le Bourget beseitigten Bodenmannschaften die Reste der vorangegangenen Nacht; sie sammelten über eine Tonne persönlicher Habseligkeiten auf, die in dem Gedränge verlorengegangen waren, unter anderem einen Zobelmantel und ein halbes Dutzend Gebisse. In ihrem Eifer, die Story von Lindberghs Ankunft rasch zum Druck zu geben, hatte die Presse sogar auf den Feinschliff einer Schlußredaktion verzichtet. Die Korrespondentin Janet Flanner beschäftigte vor allem Lindberghs Eilbiographie im Pariser *Herald's*, wo die Geschichte des fünfjährigen Lindbergh mit dem Haustier seiner Wirtin in Minneapolis völlig verdreht worden war: »Die Familie unten hatte ein größeres Selbst als die meisten Jungen. Er war nie eine Angorakatze.« Die Comtesse de Noailles schrieb dagegen in weniger surrealistischem Stil: »Großzügiger als Columbus, hat er uns den Kontinent des Himmels geschenkt.«[1]

In der amerikanischen Botschaft trafen körbeweise Telegramme ein. Adolph Zukor wollte Lindbergh für 350 000 Dollar für einen Film verpflichten. Einer der Gimbel-Brüder wollte sein Gehalt als Geschäftsführer »irgendeiner Fluggesellschaft« in Höhe von 100 000 Dollar zuschießen. Ein britischer Promoter, zweifellos ein Scharlatan, tönte, er wolle Lindbergh mit einem Fünf-Millionen-Dollar-Vertrag für eine

Weltreise engagieren. Parmely Herrick, der Sohn des Botschafters Myron Herrick, bot sich an, die Berge an Post zu sichten. Botschafter Herrick ahnte voraus, daß Lindbergh dem Ansturm von Vertragsangeboten nicht gewachsen wäre, und schlug vor, man solle ein Komitee, bestehend aus drei erfahrenen Geschäftsleuten, als Finanzberater ernennen.

Der Held persönlich schlief bis in den frühen Nachmittag. Als er die Augen aufschlug, sah er als erstes den Diener des Botschafters mit einem Bademantel in der Hand neben dem Bett stehen. Er hatte noch nie einen Bademantel besessen, geschweige denn einen Diener beschäftigt, der ihm beim Anziehen half. Plötzlich kam ihm der Gedanke, daß sich sein Leben von jetzt an wohl völlig ändern würde.

Bei einem Frühstück mit Schinken und Eiern gab Lindbergh einem Reporter der *New York Times*, Carlisle MacDonald, das erste Interview; MacDonald war damit betraut, als Ghostwriter einen Flugbericht in Ich-Form zu verfassen. »Sie nennen mich ›Lucky Lindy‹, aber mit Glück hatte das nichts zu tun«, begann MacDonalds Story. Jahre später gab Lindbergh zu, er habe wohl doch großes Glück gehabt, als er damals über dem Atlantik trotz des dichten Nebels auf Kurs geblieben war. Vorerst jedoch wollte er unbedingt eine andere Botschaft verbreiten: Der Flug war kein Kunststück, sondern ein Triumph der amerikanischen Technik. Er wollte über die außergewöhnliche Leistung des in Amerika konstruierten Induktorenkompasses und über Charles Lawrances luftgekühlten Whirlwind-Motor sprechen.

MacDonald, der eine etwas realistischere Vorstellung davon hatte, was selbst *Times*-Leser mehr interessierte, ignorierte Lindberghs Proteste höflich und produzierte eine Geschichte nach dem Motto »Junger Mann setzt sich gegen die Naturgewalten durch«. Doch die amerikanischen Investoren hatten die Botschaft ohnehin schon verstanden. Nach der Bekanntgabe von Lindberghs Landung in Paris war

Wright Aeronautical an der New Yorker Börse um 5,75 Punkte nach oben geschossen. Andere öffentlich gehandelte Luftfahrtaktien verzeichneten einen vergleichbaren Anstieg. Und genau diejenigen Wall-Street-Kenner, die noch vor kurzem vor einem überhitzten Markt gewarnt hatten, in dem zuviel Geld in zu wenige überbewertete Aktien gesteckt würde, waren jetzt euphorisch.

Da Lindbergh wußte, daß in Washington bereits von einer offiziellen Begrüßungsfeier gesprochen wurde, behielt er seine eigenen Pläne für sich und deutete lediglich an, er werde nicht sofort in die Vereinigten Staaten zurückkehren. In seiner Tasche steckte ein Wechsel über 1500 Dollar auf eine Pariser Bank und ein unverbindlicher Reiseplan für eine Europatour. Sollten Mittel und Fliegerglück es zulassen, wollte er nach Asien weiterfliegen und via Beringstraße zurück nach Nordamerika, womit er der erste Mensch gewesen wäre, der allein um die ganze Welt flog.

Am 25. Mai jedoch verkündete der Vorsitzende des italienischen Olympischen Komitees im Plenarsaal, er habe auf sein Glückwunschtelegramm an Kapitän Lindbergh eine Antwort erhalten: »Danke für Ihre Nachricht. Lang lebe Mussolini und die Jugend Italiens.« In einem Interview mit MacDonald am selben Tag stritt Lindbergh das Telegramm nicht ab und gab bekannt, daß seine Pläne für eine Europarundreise Gestalt annähmen: »Der schwedischen Regierung liegt viel daran, daß ich nach Schweden komme. Und auch die deutsche Regierung und Premier Mussolini von Italien erwarten mich.«[2]

Lindberghs Wunsch, Mussolini kennenzulernen, dürfte passionierte Anhänger der Fliegerei wohl kaum überrascht haben. In den amerikanischen Presseberichten über den »Duce« überwog noch immer eine recht günstige Darstellung, wobei er stets als gütiger Technokrat porträtiert wurde. Darüber hinaus war er das flugbegeistertste Staatsoberhaupt der Welt, bekannt für die Förderung von Roald Amundsen und dessen amerikanischem Partner Lincoln Ellsworth, die 1926 für ihren Luftvorstoß zum Nordpol ein italienisches Luftschiff der Marine zur Verfügung gestellt bekommen hatten. Als Amundsen sich weigerte, unter der faschistischen Flagge zu fliegen, hatte Mussolini ihm sogar gestattet, das Luftschiff zu leasen, damit es unter norwegischer Führung weiter fliegen konnte.

Lindberghs Wunsch, »durch Europa zu tingeln«, wie es zeitgenössische Zeitungen darstellten, ist gewöhnlich mit der sympathischen Naivität des Helden abgetan worden, den die Franzosen bereits »le boy« nannten. Doch Lindberghs Plan war keineswegs eine fixe Idee, denn die übrigen amerikanischen Konkurrenten im Orteig-Rennen dachten in die gleiche Richtung. Nur zwei Wochen später, am 4. Juni, folgte das Bellanca-Flugzeug *Columbia* der *Spirit of St. Louis* nach Europa, mit Clarence Chamberlin als Pilot und Charles Levine als Passagier auf dem Kopilotensitz. Danach begab sich Levine mit der *Columbia* auf eine Siegestour durch Europa, die mit einer turbulenten Begrüßung am Berliner Flughafen Tempelhof begann. Wie Lindbergh beabsichtigte auch Levine, über Asien weiterzufliegen. Sein geplanter Nonstopflug nach Neu-Delhi endete jedoch schon in Wien, wo die Bellanca aufgrund eines Motorschadens landen mußte.

Wie bei Levine nicht anders zu erwarten, artete seine Siegestour in eine Flut schlechter Publicity aus. Er nahm mehrere willkürliche personelle Veränderungen vor, und am Londoner Flugplatz Croydon kam es beinahe zu einer Katastrophe, als Levine, ein Anfänger im Cockpit, auf seiner ersten Sololandung bestand. In Rom brachte er die amerikanische Botschaft in Verlegenheit, indem er Mussolini als »größten Staatsmann der Welt« pries.

Lindbergh hätte sich zweifellos ehrenvoller geschlagen, doch die Regierung Coolidge – einschließlich Außenminister

Frank Kellogg, jener Anwalt aus St. Paul, der C.A. Lindbergh 1916 zu Fall gebracht hatte – dachte nicht daran, dieses Risiko einzugehen. Offenbar war es Kellogg, der dem Präsidenten nahelegte, er solle Amerikas neuen Helden würdigen und ein Schiff der Navy aussenden, um ihn und sein Flugzeug von Europa nach Hause zu geleiten.

Da der britische König George V. den Wunsch geäußert hatte, Lindbergh kennenzulernen, bat man ihn – zum Trost gewissermaßen –, in Belgien und England Höflichkeitsbesuche abzustatten. In Brüssel empfingen ihn riesige, aber durch scharfe Sicherheitsvorkehrungen gezügelte Menschenmengen. Am Flughafen Croydon dagegen wiederholte sich die hysterische Begrüßungsszene von Le Bourget. Aufgrund unkontrollierbarer Menschenmengen wurde die offizielle Feier gestrichen und Lindbergh direkt in den Buckingham-Palast gebracht. Dort erfuhr er, Seine Majestät habe eine Frage an ihn, die er nur unter vier Augen stellen könne. Nervös und verwundert, was der Herrscher des britischen Empire wohl wissen wolle, wurde Lindbergh in das königliche Arbeitszimmer geführt. George V. kam gleich zur Sache. »Sagen Sie mal«, fragte er in vertraulichem Ton, »wie pinkeln Sie eigentlich?«[3]

In der amerikanischen Botschaft, wo Lindbergh während des London-Besuchs wohnte, war Botschafter Alanson B. Houghton mit der Aufgabe betraut, Lindbergh zu eröffnen, daß weitere Besuche in europäischen Städten nicht in Frage kämen. Lindbergh entgegnete empört, der Plan, die *Spirit of St. Louis* auf einem Schiff nach Hause zu bringen – und noch nicht einmal auf einem Zerstörer, sondern auf einem langsamen Kreuzer –, sei eine Beleidigung für ihn und sein Flugzeug. Doch Houghton, der ja nur die Weisung des Außenministeriums überbrachte, gab nicht nach. Präsident Coolidge habe den Kreuzer bereits abkommandiert und seinen Sonderurlaub eigens verschoben, um ihn in Washington zu begrüßen, und es sei nicht ratsam, den eigenen Oberbefehlshaber zu enttäuschen.

»Ist das ein Befehl?« fragte Lindbergh und dachte an seinen Auftrag als Leutnant der Reserve.

»Fast«, sagte Houghton. »Es ist kein Befehl. Aber ein dringender Rat.«[4]

Lindbergh durfte die *Spirit* nicht einmal zurück nach Frankreich fliegen. Verärgert kehrte er in einem geliehenen Flugzeug nach Paris zurück und nahm, an Stelle des beabsichtigten Stockholm-Besuchs, am Gottesdienst in einer schwedischen Kirche teil. Am 4. Juni ging er in Cherbourg in Begleitung von Carlisle MacDonald an Bord der *Memphis*. Die *Spirit* stand schon in einer Holzkiste verpackt auf dem Schiffsdeck. Slim Lindbergh, der soeben die Macht des Flugzeugs demonstriert hatte, um die Menschheit von den Zwängen der Entfernung und der Zeit zu befreien, hatte sich noch nie unfreier gefühlt.

Die *Memphis* sollte den Atlantik in sieben Tagen überqueren. Lindbergh muß es wie ein ganzes Leben vorgekommen sein. Am 5. Juni, dem ersten vollen Tag auf See, landeten Clarence Chamberlin und Charles Levine das Bellanca-Flugzeug *Columbia* auf einer Kuhweide in Deutschland und übertrafen den Streckenrekord New York–Paris um fast 500 Kilometer. Zwei Tage später wurde das Bellanca-Team von führenden deutschen Flugzeugherstellern und einer Delegation von Fliegerassen des Ersten Weltkrieges bei einem ursprünglich für Lindbergh geplanten Festempfang geehrt. Da Byrds *America* täglich starten konnte und mehrere französische Fliegerteams sich auf eine Atlantiküberquerung von Osten nach Westen vorbereiteten, befürchtete Slim aus gutem Grund die Vergänglichkeit seines Ruhms.

Die *Memphis* war noch einige Tage von der Küste Nordamerikas entfernt, als der Zerstörer *Goff* auf sie traf. An Bord befand sich auch Dick Blythe, der seine Beziehungen in der Navy hatte spielen lassen, um mitgenommen zu werden. Er gab Lindbergh einen ersten Bericht über die unglaubliche Entwicklung in New York. Die Lindbergh-Hysterie nahm fast stündlich zu, in den Ätherwellen jagten sich musikalische Huldigungen in Form von Märschen, Balladen und ein paar konkurrierenden Melodien mit dem Titel »Lindy Hop«. Die *Times* hatte der Landung in Paris 16 Seiten gewidmet, und sämtliche Zeitungen brachten poetische Elogen und freche Cartoons, die den ordentlichen Lindbergh tadelnd der oberflächlichen Generation der *flaming youth* gegenüberstellten. Der Kongreß ließ zum ersten Mal das *Distinguished Flying Cross* prägen, dessen erster Empfänger Lindbergh werden sollte. Die Post wollte eine Luftpostbriefmarke herausgeben. In Washington, New York, St. Louis und Detroit, überall waren Empfänge zu seinen Ehren geplant.

»Da kommt einiges auf dich zu«, sagte Blythe ihm voraus. »Du bist das große amerikanische Idol. Jetzt gehört dir deine Zeit nicht mehr.«

»Über die Rolle eines Idols weiß ich nichts«, erwiderte Lindbergh. »Aber daß ich ziemlich im Schlamassel stecke, das weiß ich.«

Doch es gab auch Entschädigungen. Ein Verehrer schickte Evangeline Lindbergh ein Pfund Schokolade, verpackt in einem kostbaren antiken Silberkästchen. In Detroit, St. Louis und im Büro der Bruno and Blythe Agency stapelten sich ebenfalls wertvolle Geschenke. Die kommerziellen Angebote, die Lindbergh in Paris erhalten hatte, waren nur ein Bruchteil von dem, was ihn nun erwartete. Blythe schätzte, daß Lindbergh aus Werbeverträgen und persönlichen Auftritten ein Vermögen zwischen zwei und fünf Millionen Dollar ansammeln könnte, selbst wenn er unliebsame Angebote ablehnen würde.

Für Slim hörte sich das alles wunderbar an. Er glaubte leidenschaftlich an die Zukunft des Luftwesens und war aufrichtig daran interessiert, die Entwicklung der Luftfahrt zu fördern. Und er hatte nie gesagt, daß er dabei kein Geld verdienen wollte. Schon vor der Abreise aus den Staaten hatte Lindbergh seinen Namen für Produkte wie AC-Zündkerzen und Vacuum-Motoröl hergegeben. Und darin sah er auch nichts Unehrenhaftes oder Unangemessenes. Selbst Dick Byrd hatte schließlich hin und wieder Werbung gemacht.

Ein kleineres Rätsel am Lindbergh-Phänomen ist die Tatsache, daß die unzähligen Reporter – die fleißig Slim Lindberghs alte Fliegerkollegen, entfernte Verwandte und sogar einige Leute mit dem Namen Lindbergh interviewten, bei denen sich später keinerlei verwandtschaftliche Beziehung zu dem Piloten herausstellte –, daß alle diese eifrigen Journalisten irgendwie Lindys Verbindung zu Captain Emory S. Land übersahen, eine nicht unbedeutende Persönlichkeit im Bereich der Militärluftfahrt. Immerhin hatte nicht jeder einfache Postpilot den stellvertretenden Chef des Bureau of Aeronautics der Navy zum Cousin.

Captain Lands Vater, ein jüngerer Bruder von Dr. Charles H. Land, war 1876 nach Colorado gegangen, um Gerüchten nachzugehen, denen zufolge das vermißte Familienoberhaupt John Scott Land in der Umgebung von Pike's Peak Gold suchte. Von John Land fand sich keine Spur, aber sein Sohn blieb in Colorado und richtete eine Kette von Fischzuchtstätten ein, mit der er recht erfolgreich war. Emory Land, eher unter dem Namen Jerry bekannt, wurde 1879 geboren. Er besuchte die U.S. Marineakademie, wo er als Footballstar glänzte; 1910 wurde er ins Marineministerium nach Washington abberufen und frischte dort mit seiner Frau die Verbindung zu seiner Lieblingscousine Evangeline und ihrem kleinen Sohn Charles auf.

Im Marineluftstützpunkt Pensacola wurde Land 1915 das erste Familienmitglied, das mit einem Flugzeug flog. Nach dieser Erfahrung zeigte er sich allerdings immun gegen den Reiz des Fliegens. Der Flug »hat mich fast umgebracht«, erinnerte er sich später. »Jedenfalls war mir schlecht.« Land entschied sich für den U-Boot-Dienst, wurde jedoch 1921, sehr gegen seinen Willen, erneut dem Bureau of Aeronautics, in der Navy-Sprache kurz Bu-Aer, zugewiesen.[5]

Es war keine leichte Aufgabe. Lands Vorgesetzter, Rear Admiral William Moffat, sah die Zukunft der Militärluftfahrt in der Technik der lenkbaren Luftschiffe, und so fiel Land die unglückliche Aufgabe zu, das Programm für Zeppeline vor dem Kongreß und der Presse zu verteidigen. Ansonsten verbrachte er die Zeit damit, gegen die »Big Gun Navy« um Mittel zu kämpfen, oder er stritt sich mit General Mason Patrick vom Army Air Service und dessen Stellvertreter Billy Mitchell, einem schonungslosen Kritiker des Bu-Aer und dessen Arbeit.

Lands Beziehung zu Dick Byrd war zwiespältig. Er hatte im Laufe der Jahre eng mit Byrd zusammengearbeitet und bewunderte ihn, ärgerte sich jedoch über dessen Forderungen nach kostenloser Ausrüstung und technischer Unterstützung für seine zivilen Unternehmen. Byrd, klagte er, leide an einem schweren »Potomac-Fieber« (Potomac als Synonym für die Korruption von Politikern, A. d. Ü.) und würde allmählich unerträglich.

Obwohl das Bu-Aer ein wichtiger Kunde von Wright Aeronautics war, hatte Lindbergh seinen Cousin nicht um Hilfe gebeten, als er die Geschäftsführer des Betriebs zu überzeugen versuchte, ihm die Bellanca für den Transatlantikflug zu überlassen. Dies scheint fast unglaublich, doch der zurückhaltende und stolze Lindbergh hielt es für leicht anrüchig, Verwandte um Gefallen zu bitten. Zweifellos glaubte er auch, Land sei zur Unterstützung von Byrd verpflichtet, was ja mehr oder weniger auch der Fall war. Solche Skrupel plagten weder Land noch Lindberghs Partner. Ein von Land kurz nach dem Flug an Lindbergh geschriebener Brief wurde nie abgeschickt, da Lindberghs Verwandte in Detroit Land bereits ausfindig gemacht und ihn um Hilfe gebeten hatten. Sowohl sie als auch die Sponsoren in St. Louis waren überaus verärgert über Dick Blythe und Harry Bruno, die Presseerklärungen herausgaben und sich als Slims Agenten und »enge Freunde der Familie Lindbergh« bezeichneten. Als sie von Blythes Aufenthalt an Bord der *Memphis* erfuhren, waren sie sogar außer sich.

Es war Lands Idee, gemeinsam mit den Sponsoren einen »Brief in Klartext« zu verfassen. Die über vertrauliche Navy-Kanäle gefunkte Nachricht warnte Lindbergh in dringlichstem Ton, nichts zu unterschreiben, ehe er sich nicht mit ihnen beraten hätte. Es war zwar zu spät, um ihn noch daran zu hindern, einen 50 000-Dollar-Vertrag mit George Palmer Putnam für ein schnelles Buch zu unterschreiben, bei dem Carlisle MacDonald als Ghostwriter fungieren sollte, doch ansonsten beugte sich Lindbergh den Wünschen der Geldgeber. Unterdessen erklärte Evangeline Lindbergh Reportern in Detroit, sie sei sicher, ihr Sohn würde nichts tun, um seinen Ruhm zu vermarkten.

Das Army Air Corps (wie sich der Army Air Service inzwischen nannte) hatte eigene Pläne mit Lindbergh. Als die *Memphis* am 10. Juni bei Norfolk vor Anker ging, legte eine Barkasse längsseits an und überbrachte ihm seine schriftliche Beförderung zum Oberst der Reserve durch General Patrick. Ebenfalls überreicht wurde ein Päckchen, das eine nagelneue, nach seinen Maßen geschneiderte Uniform enthielt. Byrd, der zwar als Ziviler geflogen war, hatte bei seiner Siegesparade eine Uniform der Navy getragen, und das Army Air Corps, so schien es, freute sich nun über ihren eigenen Helden.

Am selben Morgen kam es am Dupont Circle 15, wo der Präsident und Mrs. Coolidge wegen Renovierungsarbeiten am

Weißen Haus vorübergehend wohnten, zu einer kleinen Krise. Evangeline Lindbergh sollte mit dem Neun-Uhr-Zug aus Detroit ankommen, doch sie blieb aus. Mrs. Lindbergh hatte beim Frühstück im Speisewagen im Radio gehört, daß mehrere hundert Verehrer, darunter auch eine Delegation aus Little Falls, zu ihrer Begrüßung am Bahnhof warteten. Völlig panisch stieg sie daraufhin in einem Vorort von Baltimore aus und ließ sich zum Hotel Belvedere im Zentrum fahren. Dort kaufte sie am Vormittag Hüte und ließ sich dann unter ihrem Namen einen Termin im Schönheitssalon des Hotels geben. Die Nachricht, daß Lindys Mutter dort beim Fiseur saß, löste fast einen Aufruhr aus, und die Polizei von Baltimore mußte 25 Beamte einsetzen, um Ruhe herzustellen. Die Mitarbeiter des Präsidenten, die sich schon verzweifelt überlegt hatten, wie sie das Fehlen der Heldenmutter erklären sollten, ließen Evangeline schnell mit Coolidges Privatwagen abholen.

Trotz des Umwegs war Mrs. Lindbergh bei bester Laune. Die jugendlich aussehende 51jährige traf im – provisorischen – Weißen Haus ein, bekleidet mit einem hermelinbesetzten schwarzen Seidenmantel über einem grünen Crêpe-de-chine-Kleid, grauen Pumps, grauen Doeskin-Handschuhen und – wie wartende Reporter anerkennend bemerkten – »einem italienischen, mit Gardenien geschmückten Strohhut«. Coolidge mußte am Abend zu einer Kabinettssitzung und hatte daher Dwight Morrow in seiner Funktion als Chefflugexperte der republikanischen Partei gebeten, Mrs. Lindbergh beim Dinner zu unterhalten. Morrow, ein anstrengender Gesprächspartner und keineswegs leicht zu beeindrucken, war höchst entzückt. Die Mutter des Piloten, berichtete er seiner Gemahlin, sei eine reizende Frau.

Anderen wiederum, die Evangeline während der folgenden Wochen kennenlernten, blieb sie ein Rätsel. Der extrem kamerascheuen Frau gelang es meistens, den Fotografen durch das Tragen von breitkrempigen Hüten einen Strich durch die Rechnung zu machen. Trotzdem klebte sie von dem Augenblick an, in dem ihr Sohn von Bord der *Memphis* ging, an seiner Seite und war bald ebenso berühmt wie er. Demgegenüber blieb die Lindbergh-Seite der Familie offiziell unsichtbar.

Während der Zeremonie am Fuße des Washington Monument drängten sich die Zuschauer auf der Mall vom Capitol bis zum Lincoln Memorial, die größte Menschenmenge, an die sich alte Washingtoner überhaupt erinnern konnten. Schätzungsweise 30 Millionen Menschen lauschten einer landesweiten Zusammenschaltung von 50 Radiostationen – ein weiterer Rekord und ein solches Novum, daß die *New York Times* den kompletten Kommentar des Ansagers abdruckte.

»Ich frage mich, ob ich das alles verdiene«, war Lindberghs Reaktion beim Anblick der Menge. Und viele altgediente Fachkorrespondenten stellten sich die gleiche Frage – immerhin war Lindberghs Rekord bereits von Clarence Chamberlin gebrochen worden.

Sicher war jedenfalls, daß die »Lindy-Manie« nur zum Teil mit der Luftfahrt zusammenhing. Sie stellte auch den Höhepunkt eines Heldenspleens dar, der sich seit einigen Jahren aufgebaut hatte. Die 20er Jahre waren ein optimistisches, florierendes Jahrzehnt, und neue Entwicklungen in den Massenmedien – Filmwochenschauen, Fotojournalismus und Radio – hatten ein Bedürfnis nach Berühmtheiten geschaffen. Filmstars, Baseballspieler, Kanalschwimmer, Flaggenmastbesteiger, Gangster und sogar einige Leute, deren Namen mehr oder weniger zufällig in den Nachrichten aufgetaucht waren – alle kamen zum Zuge. Nicht selten jedoch erwies sich der Ruhm als flüchtig, und die Helden von gestern zogen dann durch die Varietés und erzählten ihre Geschichten auf der Bühne vor zahlenden Gästen.

Für eher skeptische Gemüter bestand kein sonderlich großer Unterschied zwischen einem Flieger und einem Kanalschwimmer, und schon hatte der Rummel um Lindbergh pessimistische Spekulationen über seine Zukunft in Gang gesetzt. Die am häufigsten geäußerte Prophezeiung lautete, daß er sich wahrscheinlich gezwungen sehen würde, den Paris-Flug zu übertreffen und bei diesem Versuch ums Leben kommen würde. Eine andere Vermutung ging dahin, er könnte wie Gertrude Ederle enden, die schon ein Jahr nach der Bezwingung des britischen Kanals vergessen und völlig verarmt war.

Für andere wiederum stellten Flieger wirklich etwas Besonderes dar. Die Zeitungen liebten sie, weil ihre großen Leistungen eine tolle Story mit echtem kommerziellem, patriotischem und wissenschaftlichem Interesse verbanden. Aber selbst die Insider der Flugbranche verwirrte die Intensität der Lindbergh-Begeisterung etwas.

In einem Bericht über die Begrüßungsparade versuchte der *Times*-Militärkorrespondent Fitzhugh Green zu erklären, warum die Aufregung um so viel größer war als bei vergleichbaren Empfängen für Dewey, Peary und Byrd: »Die steife militärische Haltung der anderen, dieser Hauch dramatischer Überlegenheit, der im Auftreten eines militärischen Siegers so vieles andeutet, fehlte Lindbergh völlig. Sein Haar war unordentlich; seine Haltung unbeholfen. Doch es war eine Unordentlichkeit und eine Unbeholfenheit, bei deren Anblick Männer jubelten und Frauen weinten... Es schmälert Lindberghs Ruhm und Erfolg in keinster Weise, wenn man sagt, daß er keine Spur von dramatischem Pathos zeigt.«

Der Korrespondent der *New York World*, Damon Runyon, drückte es klarer aus. Er seufzte: »Mein Gott, wie jung er ist!«

Die Zeremonie am Washington Monument endete damit, daß Coolidge das *Distinguished Flying Cross* dem gefeierten Lindbergh ans Revers steckte – »diesem Jungen«, wie der Präsident Slim in seiner Rede nannte. Das Army Air Corps war nirgends vertreten, und hinterher begleitete ein überschwenglicher, ganz in Weiß gekleideter Jerry Land Charles und Evangeline im offenen Wagen auf der Fahrt zum Dupont Circle 15. Der Präsident und die First Lady warteten bereits an der Eingangstür. Neben ihnen stand Dwight Morrow.

Morrow schüttelte dem Helden energisch die Hand. Seine ersten Worte lauteten: »Junger Mann, Ihre Verwandten gefallen mir!«[6]

Beim Lunch erklärte Morrow Slim, warum Regierungssubventionen für Luftlinien, wie Billy Mitchell und die Demokraten sie befürworteten, schlecht wären: Ein Laisser-faire-Kapitalismus würde, auf lange Sicht, ein stärkeres Netz von Passagierluftlinien hervorbringen. Morrow schlug Lindbergh außerdem vor, er solle seinen Einfluß nutzen, um den Bau von Flugplätzen durch örtliche Regierungen und private Investoren zu fördern.

Wie Lindbergh bis zu diesem Zeitpunkt über Bundessubventionen dachte, ist unbekannt, doch die große Mehrheit der Piloten favorisierte sie bestimmt, und sei es nur, weil sie Arbeitsplätze schaffen würden. Selbst Jerry Land, wenngleich überzeugter Republikaner, hielt Subventionen insgeheim für notwendig und war lediglich gegen sie, weil Mitchell sie befürwortete. Aber Morrow, der einige der scharfsinnigsten Politiker der Welt in Grund und Boden geredet hatte, konnte überzeugen: Lindbergh nahm sogleich die Vorschläge in die offiziellen Äußerungen auf, die er an diesem Wochenende von sich gab.

Am selben Wochenende fand an den Stufen des Capitols eine weitere öffentliche Versammlung statt, wo man ihm das Ehrenkreuz der American Flag Association verlieh und ihn danach mit einem so exklusiven Staatsdinner ehrte, daß sich noch nicht einmal Commander Byrd eine Einladung dazu beschaffen konnte. Am Montagmorgen, nach einem Frühstück im National Press Club, wurde Lindbergh zum Flugplatz Bolling gebracht; von dort sollte er die *Spirit of St. Louis* nach New York zur nächsten Konfettiparade fliegen.

Hier allerdings gab es eine Panne. Der Motor der *Spirit* wollte nicht anspringen. Eilig wurde ein Doppeldecker der Army, eine Curtiss P-1, aus dem Hangar gerollt, und Lindbergh, schon über eine Stunde hinter der Zeit, startete ohne genaue Instruktionen. Unvertraut mit dem Fußgassystem der P-1, bediente er nach dem Start den falschen Schalter, und der Kraftstoff lief sofort vom Haupt- in einen Zusatztank. Die Anzeige für den Hauptbenzintank zeigte bald »leer« an, und Lindbergh dachte, es liege an der Benzinleitung. Da ihn eine Ehrenstaffel von 23 Flugzeugen begleitete, wäre eine Notlandung irgendwie peinlich gewesen, daher flog er weiter. Er landete – sicher, aber etwas nervös – auf dem Flugplatz Mitchel auf Long Island. Rasch wurde er zu dem Amphibienflugzeug des berühmten Captain Ira Eaker geführt, der die Maschine kurz zuvor auf einer Demonstrationsreise in Südafrika geflogen hatte und ihn nun nach New York bringen sollte. Das Amphibienflugzeug sauste über die Narrows und setzte im Hafen von New York auf. Laut *Times* warteten zur Begrüßung »400 Schiffe mit 10 000 Passagieren an Bord, die, völlig durchgedreht, vor Aufregung rasten«.

Die Konfettiparade zu Ehren Lindberghs war die größte, die in New York je stattgefunden hatte, und ist in gewisser Hinsicht einzigartig geblieben. Vier Tage vor dem Ereignis waren die Hotels ausgebucht. Die Börse hatte zu Lindberghs Ehren den ganzen Tag geschlossen – und dies war auch angemessen in Anbetracht des Einflusses, den seine Leistung auf die Flugzeugindustrieaktien hatte; die Makler versteigerten die Fensterplätze in ihren Büros an Meistbietende. Entlang der Route brachten 10 000 Schulkinder Lindbergh ein Ständchen und sangen im Chor »Hail, the Conquering Hero Comes!« Und das war nur der Anfang eines viertägigen Festprogramms, zu dem eine zweite Parade in Brooklyn gehörte, sowie ein Bankett für 3000 Gäste mit Bürgermeister Jimmy Walker als Gastgeber.

In einer Woche wurde Lindbergh mit 18 Medaillen ausgezeichnet. Im Büro von Blythe und Bruno an der 42. Straße stapelten sich die Angebote von Verlagsbüros, Werbefirmen und Geschäftsleuten. Und natürlich riß der Strom an Geschenken nicht ab. Einige waren wertvoll – zum Beispiel ein Wagen mit luftgekühltem Motor von der Franklin Motor Company und ein Satz handgeblasener Kristallgläser von der schwedischen Regierung. Zu den typischeren Geschenken zählten Modelle der *Spirit of St. Louis*, hergestellt aus jedem erdenklichen Material von Gold bis Seife, Porträtbüsten, bestickte Kissen und Teewärmer, mexikanische Umhänge, signierte Bücher, Originalgedichte, Rosenkränze, goldene Uhren und die lebenslange Mitgliedschaft in Organisationen, die das ganze Spektrum vom Verband der Chauffeure im kolumbianischen Bogota und der Gesellschaft Russischer Flüchtlinge im polnischen Wolomin bis hin zur Welt-Geher-Liga abdeckten.[7]

Der Autor Hendrik van Loon, der Lindbergh auf dem Bankett von Bürgermeister Walker kennenlernte, stellte fest, daß der junge Colonel abgespannt aussah. »Noch drei Tage in diesem Stil, und die sich in seinem Ruhm sonnen wollen, werden ihn zu Tode hetzen«, prophezeite van Loon.

Lindbergh selbst hätte solche gutgemeinten Sympathiebekundungen wohl sofort als deplaziert abgetan. In einer unveröffentlichten Notiz aus dem Jahr 1968 erinnerte er sich, daß die »phantastische« Reaktion der Öffentlichkeit auf seinen Flug durchaus nicht unangenehm gewesen sei. Im Gegenteil, er betrachtete es zu der Zeit als »äußerst interessantes« Phänomen, das er zu seinem persönlichen wie auch zum Vorteil der Luftfahrt ausnutzen wollte. »Ich beschloß, es einfach laufen zu lassen und meinen Kurs der Zeit und den Umständen entsprechend zu planen.«[8]

9.
RETTUNG VOR DEN WÖLFEN

Es war eine zweifelhafte Ehre, für eine, wie Fitzhugh Green es formulierte, »unnachahmliche Naivität« berühmt zu sein. Der Vorschlag von Botschafter Herrick, ein Komitee zu ernennen, das Lindberghs finanzielle Angelegenheiten in die Hand nehmen sollte, war typisch für die wenig schmeichelhaften Gedanken wohlmeinender Leute, die in Lindbergh einen von Ausbeutung bedrohten, harmlosen Burschen vom Lande sahen. Lindbergh lehnte sich gelegentlich gegen solche Unverschämtheiten auf, vor allem, wenn ihm Fremde vorschreiben wollten, wann und wo er ein Flugzeug fliegen könnte. Doch die Situation hatte auch ihre angenehmen Seiten. Nachdem er sich 22 Jahre lang oft vergeblich nach der Aufmerksamkeit seines Vaters gesehnt hatte, fand Slim sich nun von erfolgreichen, gebildeten Männern umgeben, die ihm unbedingt väterlichen Rat erteilen wollten.

Und den brauchte er. In gewisser Hinsicht war Lindbergh mit seinen 25 Jahren äußerst unreif und labil. Seine politischen und geschäftlichen Vorstellungen waren vage, seine sozialen Fertigkeiten ließen zu wünschen übrig. Im Land herrschte das Lindy-Tanzfieber, doch der Mann, der dieser Bewegung den Namen gab, hatte noch nie mit einer Frau getanzt. Bevor er in Paris landete, hatte er auch noch nie eine Dinner-Party besucht. »Ich war damals einfach noch ein Kind«, bemerkte er einige Jahre später gegenüber einem Freund.

Dwight Morrow gehörte zu den ersten, die sich für Slims Zukunft interessierten. Kurz nachdem er ihn in Washington kennengelernt hatte, rief er seinen Freund Harry Guggenheim an und trug ihm seine dringende Bitte vor: »Harry, fast jeder im Land ist hinter diesem jungen Mann her und will ihn ausbeuten. Kannst du und kann die Stiftung nicht irgend etwas tun, um ihn vor den Wölfen zu retten?«[1]

Guggenheim arrangierte daraufhin mit dem Komitee, das die Konfettiparade und den Lindbergh-Empfang in New York geplant hatte, daß der Pilot und seine Mutter im Anwesen von F. Trubee Davison auf Long Island bleiben konnten. Davison war früher stellvertretender Kriegsminister gewesen – und zufällig auch der Sohn des verstorbenen Henry Davison sen., jenem Morgan-Partner, gegen den C.A. einst den Vorwurf erhoben hatte, er wandle das amerikanische Rote Kreuz in eine Front für den Geldtrust um. Im Haus der Davisons wurde Lindbergh mit einer Gruppe von Geschäftsmännern bekannt gemacht, die bald seine persönlichen Ratgeber werden sollten, darunter auch Harry Davison jr. und Henry Breckinridge, ebenfalls ein ehemaliger stellvertretender Kriegsminister und prominenter Wall-Street-Anwalt.

Lindbergh war weit davon entfernt, die Ansichten seines Vaters über die Übel des Geldtrusts zu teilen. Er bewunderte wohlhabende, einflußreiche Männer und wollte einer von ihnen werden. Besonders Harry Guggenheim beeindruckte ihn. Der nur zwölf Jahre ältere Guggenheim hatte während des Ersten Weltkrieges als Marineflieger gedient und in Oxford Volkswirtschaft und Philosophie studiert. Flugbegeistert, wie er war, glaubte er, die Luftfahrt werde Völker miteinander verbinden und den unterentwickelten Ländern der Welt Wohlstand bringen. »Der Himmel ist der weltumfassende Highway«, sagte er gern.

Nach dem offiziellen Empfang in New York lud Guggenheim Lindbergh nach La Falaise ein, einem 35 Hektar großen Anwesen nahe Port Washington am North Shore von Long

Island. Auf dem Rasen tummelten sich Pfauen, und das Wohnzimmer der Guggenheims glich einer riesigen, mit Renaissance-Skulpturen bestückten Galerie. Doch trotz dieser Umgebung waren Harry und seine Frau Carol natürliche Leute. Harry begeisterte sich für Piloten wie andere für Sportidole und kam mit Slims rauhen Seiten und seiner Neigung zu kleinen Scherzen gut zurecht. Lindbergh fühlte sich bald wie ein Familienmitglied.

Die Stiftung Daniel Guggenheim für die Förderung der zivilen Luftfahrt war mit spezieller Zustimmung von Präsident Coolidge auf dem Höhepunkt der Billy-Mitchell-Kontroverse gegründet worden; sie sollte zeigen, daß Privatinitiative viele der Funktionen ersetzen konnte, die die Mitchell-Anhänger dem Verantwortungsbereich der Regierung zuordneten. Die Stiftung regte beispielsweise an, als Navigationshilfe für Piloten Städtenamen auf Häuserschornsteine zu malen. Sie hatte 1926 auch Byrds Polarreise unterstützt, mit dem Ziel, die Einrichtung weiterer Flugplätze anzuregen. Doch bislang reichte keines der Projekte an die Wirkungskraft des Lindbergh-Flugs heran.

Vor Lindberghs Landung in Paris hatten nur wenige Banken Geld für luftfahrtgebundene Zwecke verliehen, das typische Flugzeuggeschäft war ein kleines Privatunternehmen mit geringen oder gar keinen Schulden. Nun plötzlich steckten Investoren und Kreditinstitute massenhaft Geld in die zivile Luftfahrt. Die Guggenheim-Gruppe sah bereits, wie bei Finanzfachleuten nicht anders zu erwarten, die Kehrseite dieses Phänomens. Der Boom gründete sich einzig und allein auf Investorenpsychologie. Passierte irgend etwas, was den Glanz der Lindbergh-Aura zerstörte – ein Flugzeugabsturz, ein Skandal oder schlicht die Abnutzung seines Namens durch zu häufiges Auftreten in der Öffentlichkeit –, dann konnte alles wie eine Seifenblase platzen, und die Industrie würde Jahre, vielleicht sogar ein Jahrzehnt brauchen, um sich zu erholen.

In Ohio hatte ein Geschäftsmann bereits Aktien einer sogenannten Lindberg (sic) Aviation Company verkauft und mit diesem Namen unvorsichtige Kapitelgeber um mehrere Millionen Dollar geprellt. Die Behörden wurden mit Anfragen von Geschäftsleuten überschwemmt, die ihre Betriebe unter den Namen »Lindbergh«, »Slim«, »Lindy« und »Lone Eagle« (»Einsamer Adler«) eintragen lassen wollten – letzterer ein Spitzname, der schnell den »Flyin' Fool« ersetzte. Während der Konfettiparade in New York hatte die Guggenheim-Stiftung das Detektivbüro William J. Burns angeheuert, um Personen zu ermitteln, die den Namen Lindbergh auszuschlachten versuchten. Unglücklicherweise befanden sich unter den mit gerichtlichen Schritten Bedrohten viele kleine Geschäftsleute, die den Flieger lediglich ehren wollten, indem sie in ihrer Stadt die erste »Lindy Laundry« oder den »Lone Eagle Luncheonette« eröffneten.

Doch die wichtigste Aufgabe der Guggenheim-Gruppe bestand darin, Lindbergh zur Ablehnung aller ihm unterbreiteten lukrativen Angebote zu bewegen. Henry Breckinridge, mittlerweile Lindberghs persönlicher Rechtsberater, versicherte ihm, Zurückhaltung würde sich auf lange Sicht auszahlen. Seine Zukunft sei unbegrenzt; wenn er richtig taktiere, könnte er in wenigen Jahren sogar für das Präsidentenamt kandidieren. Darüber hinaus, warnte Breckinridge, hätten gerade diejenigen, die ihn zur Vermarktung seines Ruhms drängten, nicht die besten Absichten für die Luftfahrt. Harry Guggenheim schlug vor, Slim solle zunächst einen Rundflug durch die Vereinigten Staaten unter der Federführung der Stiftung unternehmen und damit für den Bau von Flugplätzen werben. Man würde ihm 50 000 Dollar zahlen, zusätzlich ein ansehnliches Beraterhonorar im folgenden Jahr. Diese Idee gefiel Lindbergh, weil sie mit Fliegen verbunden war und außerdem Gelegenheit bot, die Zuverlässigkeit der *Spirit of St. Louis* zu beweisen.

Zweifellos waren Breckinridge und Guggenheim davon überzeugt, sie würden Lindbergh wirklich zu seinem eigenen Besten beraten. Sie wollten ihn tatsächlich »retten«. Sie retteten ihn vor öffentlichen Auftritten, Film- und Werbeverträgen, die ihn reich gemacht hätten. Natürlich konnten sie als Multimillionäre es sich leisten, auf so etwas wie Vermarktung als entwürdigend herabzublicken. Zwangsläufig kam es auch zu Interessenkonflikten. Juan Trippe etwa, der damals gerade am Planungsprozeß der späteren Pan-American Airways mitwirkte, wollte Lindbergh unbedingt vertraglich verpflichten. Da Trippe befürchtete, man könne ihm die Ausbeutung des jungen Postpiloten vorwerfen, verhandelte er nur in Gegenwart seines Anwalts mit Lindbergh. Doch auch Breckinridge dachte an den Einstieg ins Flugliniengeschäft, und so wurde der Vertrag mit Trippe, was kaum überrascht, nicht unterschrieben.[2]

Ende Juni arrangierte Guggenheim für Slim einen Besuch bei Dwight Morrow in dessen New Yorker Wohnung. Morrow versprach, als Lindberghs persönlicher Finanzberater zu fungieren. Er eröffnete bei der Morgan-Bank ein Konto für ihn und setzte Lindberghs Namen auf die geheime Liste der »bevorzugten Kunden«, die das Privileg genossen, Aktien unter Marktpreis zu kaufen und andere, auf Insiderinformationen beruhende Geschäfte auszunutzen. Technisch war dies damals legal, und Lindbergh hatte bestimmt keine Ahnung, *wie* bevorzugte Kunden von Morgan reich wurden; er wußte nur, *daß* sie es wurden.[3]

Im Verlauf dieses Besuches erwähnte Dwight Morrow, Coolidge habe ihm bei seinem Aufenthalt in Washington seine, Morrows, Ernennung zum Botschafter von Mexiko vorgeschlagen. Vielleicht, setzte er dann nachdenklich hinzu, sei Lindy ja an einem Goodwillflug nach Mexiko City interessiert, falls er den Posten annehme.

Morrow kümmerte sich auch um ein anderes Problem von

Lindbergh. Genaugenommen stand Slim immer noch bei den Robertsons unter Vertrag und fühlte sich gegenüber den Förderern aus St. Louis moralisch verpflichtet – schließlich hatten sie zu den Kosten des Fluges beigesteuert und versuchten sogar noch jetzt, Spenden zur Begleichung der Rechnung aufzutreiben. Morrow setzte sich umgehend mit Harry Knight in Verbindung, erkundigte sich nach dem Budget des Fluges und gab zu verstehen, daß er einen Beitrag leisten wolle. Knight erwiderte, die Sponsoren hätten für ein Bankdarlehen in Höhe von 8500 Dollar gebürgt, wobei auf Lindbergh die Verpflichtung über den größten Einzelbetrag – 2000 Dollar – entfiel. Nach Eingang aller Rechnungen, schätzte er, käme der Flug wohl auf 16 000 bis 17 000 Dollar. Knight betonte, er und Harold Bixby hätten sich darauf geeinigt, Lindbergh die 2000 Dollar zu erlassen. »Wir haben Lindbergh aber noch nichts von diesem Plan gesagt. Er ist selbstverständlich nicht nur bereit, sondern auch sehr darauf bedacht, seinen vollen Anteil an den Kosten zu tragen.«[4]

Das war eine höfliche Art auszudrücken, daß ein 2000-Dollar-Beitrag gern gesehen wäre. Doch Morrow wartete Knights schriftliche Antwort gar nicht ab. Noch am selben Tag, als Knight ihm schrieb, schickte er einen Scheck über 10 500 Dollar, eine Summe, die nur 80 Dollar unter den Gesamtkosten der *Spirit of St. Louis* lag. Einen Tag später, am 30. Juni, erhielt Knight von Morrow eine Liste der 22 einzelnen Spender, allesamt Morgan-Partner und leitende Angestellte, Jack und Junius Morgan eingeschlossen.[5]

Knight, der mit Recht Stolz auf seine Rolle war, Lindbergh ohne Ersatzansprüche unterstützt zu haben, dürfte sich leicht brüskiert gefühlt haben, daß seine Großzügigkeit nun überflüssig geworden war. Insgesamt aber beschwerten sich die Geldgeber aus St. Louis nicht. Knight und Bixby taten sich für den Aufbau einer Fluglinie New York–St. Louis mit Henry Breckinridge zusammen, das Projekt wurde unter der

Leitung von J.P. Morgan durch ein New Yorker Bankenkonsortium konsolidiert. Die Gebrüder Robertson verkauften unterdessen ihre Luftpostroute mit Gewinn, stiegen in die Herstellungsindustrie der Flugzeugbranche ein und bauten den beliebten Curtiss-Robin-Eindecker.

Einen Punkt gab es sicher, in dem man in St. Louis und New York völlig übereinstimmte: Dick Blythe mußte abgeschoben werden. Blythe redete wie ein großer Bruder mit Slim, nannte ihn liebevoll »Dummkopf« und »du alter Penner« und förderte seinen Hang zu Streichen, derben Späßen und schnellen Autofahrten. Außerdem hatten sich Blythe und Bruno, was wohl noch schwerer wog, mit Franklin Mahoney von Ryan Aircraft zusammengetan, der mit Lindberghs Beteiligung ebenfalls am Aufbau einer Fluglinie interessiert war. Und schließlich machte Blythe kein Geheimnis aus seiner Meinung, daß Slim ein Trottel wäre, wenn er sich die Chance entgehen ließe, durch Vorträge und Werbeverträge Millionär zu werden.

Im Anschluß an die Festlichkeiten in New York sollte Lindbergh zur nächsten Paraden- und Bankettrunde nach St. Louis fliegen. Harry Knight schrieb Dwight Morrow und ließ keinen Zweifel daran, daß Blythe dabei unerwünscht wäre. Guggenheim ordnete mehrere Persönlichkeiten ab, darunter auch Guy Vaughan, den Geschäftsführer von Wright Aeronautics, um Lindbergh vor Blythe abzuschirmen. Doch Blythe tauchte trotzdem in St. Louis auf, wo die Gäste auf Harry Knights Anwesen entsetzt zusahen, wie Blythe und der Held Amerikas sich auf dem Rasen balgten. Einmal schmierte Blythe Slim Dreck ins Gesicht, und dieser stakste in gespielter Empörung davon. Später amüsierten sich die beiden köstlich über das Gehabe der Leute, die »diesen Heldenquatsch« so ernst nahmen.[6]

Obwohl Slim den Standpunkt der Guggenheim-Gruppe akzeptiert hatte, es sei schlecht für ihn und die Luftfahrt, wenn er seine Leistung durch die Vermarktung des Atlantikflugs mindern würde, fiel es ihm doch schwer, bestimmte Angebote abzulehnen. William Randolph Hearst und die MGM Studios hatten ihm für den Auftritt in einem Dokumentarfilm über den transatlantischen Wettflug 500 000 Dollar plus zehn Prozent an den Bruttoeinnahmen geboten. Als Hearst ihm versicherte, er würde den Vertrag sofort zerreißen, wenn Lindbergh es sich anders überlegte, unterschrieb er auf der Stelle. Am Abend, auf La Falaise, überbrachte er Guggenheim und Breckinridge die Neuigkeit. Sie waren entsetzt. Breckinridge prophezeite, daß Hearst zweifellos seiner Geliebten eine Rolle geben wolle. »Wissen Sie nicht, daß Hearsts Interesse an Filmen bei Marion Davies anfängt und endet?« fragte er. Guggenheim meinte ebenfalls, der Film würde Lindbergh zum Gespött machen. Die Auseinandersetzung dauerte die halbe Nacht. Am nächsten Tag tauchte ein verlegener Lindbergh in Hearsts Haus an der East Side auf und erklärte, er habe es sich anders überlegt.

Hearst blieb dabei, daß es sich um einen Dokumentarfilm handelte, wie im Vertrag ausgeführt. »Das ist kein üblicher Film: Es ist keine erfundene Geschichte. Es ist die wahre Geschichte Ihres Lebens – der Präsident der Vereinigten Staaten könnte froh sein, wenn jemand so etwas über ihn machen würde.«

Lindbergh starrte seine Füße an. »Ich habe gesagt, ich will nicht ins Filmgeschäft.«

Achselzuckend reichte Hearst ihm die Papiere. »Na schön. Aber den Vertrag zerreißen Sie. Ich bring' es nicht übers Herz.«[7]

Um diese Zeit wurde Lindbergh zum Dinner in die Junggesellenwohnung von Blythe und Bruno eingeladen. Als er ankam, stellte er fest, daß es außer ihm nur noch einen Gast gab, eine grell geschminkte Blondine. Nach einer kurzen peinlichen Unterhaltung dämmerte ihm, daß die Frau, wie er es ausdrückte, »eine professionelle Prostituierte« war. Aus Sorge, daß Slim seine Unschuld aus eigenem Antrieb nie verlieren würde, hatten Blythe und Bruno sie engagiert. Zutiefst bestürzt, entschuldigte sich Lindbergh und flüchtete. Am nächsten Tag schickte er Harry Bruno einen Brief, dankte ihm für die Hilfe in der Vergangenheit und legte einen Scheck bei, um alle Nebenkosten zu decken, die dem Büro seinetwegen erwachsen waren. Später erfuhr er wütend, daß Bruno den Brief eingerahmt und hinter seinem Schreibtisch aufgehängt hatte. Dick Blythe, den er wirklich mochte, machte Slim zwar keine Vorwürfe, aber der Vorfall hinterließ bei ihm eine lebenslange Abneigung gegen die Public-Relations-Branche. Lindbergh nahm nie wieder einen persönlichen Agenten oder Publicitymanager in Anspruch.[8]

Neben allem Druck in diesen ereignisreichen Wochen wurde in der Presse auch noch über die Umstände des Lindbergh-Flugs von Washington nach New York am Tag der Konfettiparade gestritten. Das Mißverständnis um das Kraftstoffsystem der Curtiss hatte Lindbergh ein paar spannungsgeladene Augenblicke bereitet, doch er weigerte sich, der Army die Schuld zu geben: Ein Pilot mußte seine Maschine kennen, ganz gleich, welche mildernden Umstände man anführen konnte. In einem der *Times*-Artikel jedoch, die zwar von einem Ghostwriter stammten, aber unter seinem Namen erschienen, hieß es, das Maschinenversagen der *Spirit* sei durch den Kontakt mit »salziger Seeluft« beim Transport über den Atlantik verursacht worden. Ob Lindbergh dies nun wirklich gesagt hatte, sei dahingestellt, weitere Untersuchungen ergaben jedenfalls, daß das Problem eine gebrochene Kurvenscheibe war, derselbe technische Defekt, an dem der Bellanca-Flug nach Neu-Delhi gescheitert war.

Blieb die Frage: Warum hatten die Techniker der Navy auf dem Flugplatz Bolling das Problem nicht entdeckt und behoben? Der stellvertretende Chef der Navy, Admiral Edward Warner, erklärte lahm, der Wright-Motor sei noch nicht für eine Routineüberholung fällig gewesen (und das nach einem bisher einmaligen 33 1/2-Stunden-Flug und der teilweisen Demontage des Flugzeugs zum Transport über den Atlantik); in einem Statement, das die Piloten der Navy kaum beruhigt haben dürfte, tat er das Maschinenproblem als »eines der Dinge (ab), die in einem von 1000 Fällen vorkommen und gegen die man sich unmöglich schützen kann«.

An diesem Punkt schaltete sich Billy Mitchell in die Diskussion ein. »Man sagt jetzt so schön: ›Geh zur Navy, und du siehst die Welt.‹ Aber geh zu den Navyfliegern, und du siehst die nächste Welt«, schrieb er in einem Brief an die *Washington Post.* »Heutzutage lebt die Navy hauptsächlich von der heißen Luft, die ihre Lobby in Washington von sich gibt.« Die Regierung Coolidge, fuhr er fort, habe Lindberghs Rückkehr auf der *Memphis* inszeniert, um den Ruhm für seine Leistung einzuheimsen, und sich dabei ihre Propagandaübung gründlich vermasselt. »Wie muß Lindbergh sich wohl jetzt vorkommen...?«[9]

Tatsächlich ärgerte sich Lindbergh immer noch über seine erzwungene Heimkehr und war nicht allzu glücklich darüber, wie die Navy mit seinem Flugzeug umgegangen war. Doch wie Mitchell jetzt lernte, war die sicherste Methode, Lindbergh ins gegnerische Lager zu treiben, wenn man ihn öffentlich provozierte. Er gab unverzüglich eine Presseerklärung heraus und sprach die Navy von jeder Verantwortung frei. Insgeheim aber schien Lindbergh zu glauben, daß er wohl nicht in Verlegenheit gebracht worden wäre, hätte Carlisle MacDonald nicht eine so unbedachte Geschichte geschrieben.

Auf dem Höhepunkt der Mitchell-Warner-Aufregung lieferte der glücklose MacDonald das Manuskript seines schnell geschriebenen Buches ab. Die Druckfahnen lagen bereits vor, als Lindbergh ein Exemplar erhielt und es zum großen Kummer von George Putnam ablehnte. Lindbergh behauptete später, er habe nicht gewußt, daß das Buch in der ersten Person geschrieben würde, doch da es sich auf »Lindberghs eigene Geschichte« gründete, wie sie in der *Times* erschien, dürfte es ihm wohl kaum entgangen sein. Er hatte jedoch nicht unrecht mit der Einschätzung, daß MacDonalds Versuch ihm nicht gerade schmeichelte. Lindberghs breite, gedehnte, für den Mittleren Westen typische Aussprache und seine altmodische Ausdrucksweise wurden in kürzester Zeit überall von Piloten nachgeahmt, darunter auch von seinem leidenschaftlichen Verehrer, dem in Pennsylvania geborenen Schauspieler und Flieger James Stewart. Die Bemühungen MacDonalds, die Sprechweise Lindberghs ins gedruckte Wort zu übertragen, ließen den Helden wie einen dümmlichen Einfallspinsel wirken.

Aber man schuldete Putnam nach wie vor ein Buch, und Guggenheim ermutigte Lindbergh, das Ganze selbst zu schreiben. Drei Wochen lang schloß Lindbergh sich in sein Schlafzimmer in La Falaise ein und arbeitete 14 Stunden am Tag. Seine Rechtschreibung und Zeichensetzung waren grauenhaft wie immer, doch er brachte einen informativen, prägnant geschriebenen Bericht über seine frühen Flugerfahrungen zuwege. Das Buch erschien am 27. Juli im Handel und wurde sofort ein kommerzieller Erfolg: 190 000 Exemplare waren nach zwei Monaten verkauft worden.

Doch die Veröffentlichung von *We* stand unter keinem glücklichen Stern. Aus Zeitgründen hatte man den Titel nicht mehr ändern können, der auf MacDonalds Beobachtung basierte, daß Lindbergh von sich und dem Flugzeug gern in der ersten Person Plural sprach. Die Kritiker gerieten bei diesem Thema ins Schwärmen und verglichen Lindy und die *Spirit* mit Alexander dem Großen und seinem Pferd Bukephalus oder anderen vergleichbaren Heldenduos. Lindbergh berief daraufhin eine Pressekonferenz ein und belehrte die Reporter über ihr Unvermögen zu begreifen, daß das »Wir« des Titels sich auf ihn selbst und seine Partner in St. Louis bezog. Da absolut nichts in dem Buch diese Interpretation nahelegte, fühlten sich die Journalisten getäuscht. Lindbergh behauptete bis an sein Lebensende, der Titel *We* sei mißverstanden worden. Angesichts seiner eigenen Beschreibung des Flugs in *The Spirit of St. Louis (Mein Flug über den Ozean)* einer Autobiographie von 1953, drängt sich allerdings der Gedanke auf, daß MacDonald keineswegs unrecht gehabt hatte. »Sie ist wie ein menschliches Wesen; gleitet weich dahin, als sei sie glücklich«, schrieb Lindbergh. »*Wir* sind quer über den Ozean geflogen – nicht *sie* oder *ich*.«[10]

Der wahre Grund für Lindberghs Verstimmung war, so wird vermutet, daß die Direktoren der Guggenheim-Stiftung ernste Vorbehalte gegen den Buchinhalt hegten. Flugakrobaten erzählen gern Geschichten über ihre Beinahe-Unfälle – Übungen, die als »Bodenfliegen« bekannt waren –, und Lindbergh hatte in *We* ein paar der besten Anekdoten aufgetischt. Aber Erzählungen von draufgängerischen Mätzchen und mehrfachen Bruchlandungen – ganz zu schweigen von Lindberghs freimütigem Geständnis, er habe die Kunstflugfiguren geübt, während er Passagiere an Bord hatte – waren wohl kaum geeignet, eine ängstliche Öffentlichkeit von der Sicherheit des Fliegens zu überzeugen. Offenbar auf Drängen von Ivy Lee, dem Sprecher der Stiftung, versah Putnam Lindberghs Bericht über seine Schaufliegervergangenheit mit einer langatmigen Erläuterung: »Der Leser sollte sich vergegenwärtigen, daß die in diesem Buch erwähnten Erfahrungen und Erlebnisse keineswegs die Bedingungen des modernen kommerziellen Flugverkehrs beschreiben ... etc.«

Nach Beendigung des Buches wandte Lindbergh sich erleichtert der Planung seiner 48-Staaten-Rundreise zu. Die Reaktion auf die erste Ankündigung war überwältigend gewesen, und so entschied er sich mit den Stiftungsmitarbeitern für eine Reiseroute, die 69 Übernachtungsstationen sowie zahlreiche Zwischenlandungen und Luftparaden einschloß. Lindbergh sollte die *Spirit of St. Louis* allein fliegen, begleitet von einem Flugzeug der Handelskammer mit einem Piloten, einem Mechaniker und dem Sprecher Donald Keyhoe, einem freundlichen Ex-Marinepiloten, der schon Bennett und Balchen 1926 auf der Polarrundreise eskortiert hatte.

Lindbergh wartete ungeduldig darauf, daß er wieder fliegen konnte, und versprach sich einigen Spaß von der Reise. Er hatte dafür gesorgt, daß Phil Love die Begleitmaschine flog und schrieb Shorty Lynch und einigen seiner alten Fliegerkollegen, die er unterwegs treffen wollte. Um die Zuverlässigkeit des modernen Flugverkehrs zu demonstrieren, setzte er seine Ankunft bei allen 69 Landungen auf Punkt zwei Uhr nachmittags fest – ein Ziel, das er nur einmal nicht erreichte, als ihn ein Sommergewitter in Portland, Maine, an der Landung hinderte.

Während des Flugs vertrieben sich Lindbergh und Love die Zeit bisweilen mit akrobatischen Kunststücken. Love hatte herausgefunden, daß, wenn er die Nase seines Flugzeugs plötzlich nach unten kippte, alle losen Objekte in der Kabine – und manchmal auch die Passagiere – in der Luft schwebten. Er setzte es sich zum Ziel, diesen Levitationstrick zu perfektionieren, und paßte natürlich immer den Moment ab, wenn Keyhoe und der Mechaniker ein Nickerchen machten. Lindbergh liebte es, nach einem jähen Sturzflug die Maschine nur zehn bis elf Meter über dem Boden abzufangen und dann dicht über der Erde hinwegzugleiten, wobei er das Gefühl von hoher Geschwindigkeit genoß.[11]

Gegen zwei Uhr nachmittags vor jeder Landung hörte der Spaß abrupt auf. Die riesigen Menschenmengen konnten von den örtlichen Polizeiaufgeboten nicht in Schach gehalten werden. Auf dem Wold-Chamberlain-Flugplatz durchbrachen

20 000 Zuschauer die Polizeisperren und stürmten der heranrollenden *Spirit of St. Louis* entgegen; Lindbergh konnte der drängelnden Masse nur entkommen, indem er scharf wendete und mit Höchstgeschwindigkeit davonrollte. In Kansas City und Portland, Oregon, mußte er die Landung abbrechen und die Maschine auf nahe gelegenen Feldern herunterbringen. Selbst dort, wo die Sicherheitskräfte es schafften, die Menge zurückzuhalten, sprangen regelmäßig Fotografen über die Absperrungen und plazierten sich auf der Piste.

Unmittelbar nach den Landungen war Lindbergh den wartenden Journalisten ausgesetzt, die ihm die üblichen Fragen zubrüllten: »Wie ist denn das Wetter da oben?« »Haben Sie schon 'ne Freundin, Lindy?« »Sagen Sie, welche sind Ihnen lieber, Blondinen oder Brünette?« Lindbergh, dessen Talent für belangloses Geplauder ohnehin gleich Null war, reagierte auf derartiges Hervorpreschen mit der Standardantwort: »Wenn Sie mir sagen können, was das mit der Luftfahrt zu tun hat, anworte ich Ihnen gern.«

Die Stiftung hatte für alle Aufenthalte der *Spirit* das exakt gleiche Programm vorgesehen. Doch die Durchführung, die sich bei der Bennett-Balchen-Rundreise bewährt hatte, berücksichtigte nicht die riesige Begeisterung, mit der die Öffentlichkeit auf Lindbergh reagierte. Flugbegeisterung, bemerkte der Historiker Joseph J. Corn, war eine Art weltlicher Religion: »Flugenthusiasten neigten dazu, Fliegen als ›heilige Sache‹ zu sehen ... Im Laufe der Jahre wurde das Sammeln von Andenken aus der Luftfahrt üblich, eine Form von Anbetung, die der Ehrfurcht vor Reliquien in den traditionellen Religionen vergleichbar ist.« Der Lindbergh-Flug traf zufällig mit dem Höhepunkt dieses Phänomens zusammen. In den Augen vieler Fans, die während der Rundreise in Scharen zu den Flugplätzen strömten, stellte Lindy mehr dar als nur eine Berühmtheit; er wurde im wahrsten Sinne des Wortes vergöttert. Das Ausmaß dieser Heldenverehrung zeigt eine Studie von 1980, in der Lawrence Goldstein zu dem Schluß kam, daß der Lindbergh-Flug mehr dichterische Werke anregte als jede andere Person oder irgendein Ereignis in der Geschichte. Die literarischen Ergüsse umfaßten Verse von etablierten Dichtern wie Babette Deutsch und William Rose Benet, aber auch Tausende von laienhaften Versuchen mit Titeln wie »Lord of the Air« (»Herr der Lüfte«), »A Chantey for Celestial Vikings« (»Ein Loblied auf die himmlischen Wikinger«) und »Master of the Empyrean« (»Herrscher des Empyreums«).[12]

Donald Keyhoe stellte überrascht fest, daß Lindbergh, fern jeder Aufgeblasenheit, all diese Verherrlichung überhaupt nicht berührte. Im Gegenteil, bei einigen Aufenthalten enttäuschte er die Veranstalter und lehnte es ab, auf den Aufbauten Platz zu nehmen, die man eigens auf die Rücksitze der blumengeschmückten offenen Limousinen montiert hatte. »Ich mache nicht gern Unannehmlichkeiten, aber ich würde lieber nicht da oben sitzen«, sagte er entschuldigend. Keyhoe verriet er, daß ihn die erhöhten Sitze an Throne erinnerten.

Doch trotz des Unbehagens, das Lindbergh in der Rolle des verehrten Helden empfand, hielt auch er die Luftfahrt für eine fast heilige Sache. Es schockierte ihn, als er feststellte, wie viele Reporter – vor allem die, die den Bau von Flughäfen als Aufgabe der Regierung und nicht privater Investoren sahen – ihn als Handlanger des Großkapitals betrachteten, während Kommunalpolitiker und Geschäftsleute seine Auftritte als Gelegenheiten für Eigenwerbung nutzten.

Es gab kaum einen Wohltätigkeits- oder Interessenverband, der aus dem Lindy-Fieber nicht irgendwie Kapital schlagen wollte. Besonders penetrant waren linksgerichtete Gruppen, die auf C.A.s Sohn als einen heimlichen Sympathisanten hofften. Die International Labor Defense League in Chicago zum Beispiel gab bekannt, daß ihre Mitglieder von Lindbergh während seines Besuchs eine Stellungnahme zu der bevorstehenden Hinrichtung der Anarchisten Sacco und Vanzetti erzwingen wollten. Als Lindbergh daraufhin rund um die Uhr von Leibwächtern bewacht wurde, warf die Liga der Polizei vor, man wolle Lindbergh »vom Volk trennen«.

Überraschenderweise aber war es die Antiraucherlobby, die Lindbergh so provozierte, daß er seinen Ärger zum erstenmal öffentlich zeigte. Eine landesweite Tabakabstinenzorganisation von Frauen hatte eine Broschüre in Umlauf gebracht, in der junge Männer dringend aufgefordert wurden, »Lindy's Beispiel zu folgen und sich des Rauchens zu enthalten«. Tatsächlich rauchte und trank Lindbergh nicht, aber er war auch nicht das Muttersöhnchen, als das ihn die Frauengruppe hinstellte.

»Ich lasse nicht zu, daß man mich als falschen Heiligen mißbraucht«, sagte er zu Phil Love. »Ich habe nie gesagt, daß ich nicht rauchen würde.«

Am gleichen Abend nahm Lindbergh bei einem Bankett in Cincinnati eine Verdauungszigarette an. Merkwürdigerweise fiel es nur einem aufmerksamen AP-Reporter auf, der den Rest der Geschichte von Phil Love erfuhr.

Bei der Pressekonferenz am folgenden Tag stritt Lindbergh ab, daß er, wie AP zitierte, zu Phil Love gesagt hätte: »Wenn mich diese Frauen nicht in Ruhe lassen, dann genehmige ich mir das nächste Mal einen Drink.« Damit jedoch gaben sich die Stiftung und die abstinenten Damen nicht zufrieden, und es folgten zusätzliche Klarstellungen und teilweise Widerrufe, bis Lindbergh schließlich behauptete, er hätte noch nie geraucht.

Lindberghs defensive Grundhaltung in Verbindung mit der völligen Unfähigkeit, mit Journalisten herumzuplänkeln, die letztlich nur auf eine geistreiche Bemerkung warteten, um ihre Geschichten aufzupeppen, verführte einige dazu, sich unfairer Methoden zu bedienen. Vielen war aufgefallen, daß Lindbergh – wie seine Mutter – eine extreme Abneigung gegen die öffentliche Zurschaustellung von Gefühlsregungen hatte. In Wisconsin beispielsweise sollte ihm ein junges Mädchen einen Blumenstrauß überreichen und versuchte, ihn dabei zu küssen. Unwillkürlich trat er einen Schritt zurück und hielt die Blumen vors Gesicht, um sie abzuwehren. Das Mädchen war danach angeblich von der Bühne gerannt und in Tränen ausgebrochen. Von da an fragte mit Sicherheit bei jeder Pressekonferenz jemand: »Lindy, stimmt es, daß Sie keine Mädchen mögen?«

Entgegen solchen Spekulationen *war* Lindbergh an Mädchen interessiert, was zweifellos seine zunehmend säuerliche Reaktion begründete. Ein 25jähriger ohne sexuelle Erfahrungen mit dem weiblichen Geschlecht galt im Jahr 1927 nicht unbedingt als anormal. Dennoch konnte es ein junger Mann wohl kaum begrüßen, daß die gesamte zivilisierte Welt ein lebhaftes Interesse an seinem Sexualleben – oder vielmehr dem Fehlen desselben – zeigte.

Die Frauen warfen sich Slim an den Hals, und manchmal genoß er es. Als er bei einer Veranstaltung in einem College für Mädchen in South Carolina ankam, wurde ihm mitgeteilt, daß die Studentinnen eine Zweierreihe gebildet hätten und ihn unbedingt »Spießruten laufen« lassen wollten. Entgegen Keyhoes Erwartung fand Lindbergh die Idee ausgezeichnet. Andererseits war er mehreren Versuchen von seiten der Zeitungen, ihn in kompromittierende Situationen zu locken, nur mit knapper Not entgangen, eine Erfahrung, die ihn mit Mißtrauen und Ärger erfüllte. »Wenn ich nur fünf Minuten lang mit einem Mädchen redete«, schrieb Lindbergh später, »so begann sofort überall der Klatsch, als ob ich auf einer Bühne herumgebalzt hätte.«[13]

Donald Keyhoe schätzte Slim als einen »Superpiloten und guten Kerl«, der einem Druck standhielt, an dem jeder andere zerbrochen wäre. Leider jedoch, fügte Keyhoe hinzu, wurde Lindberghs notorischer »Mangel an Überschwenglichkeit«

oft als Bedrücktheit verkannt. »So unmöglich es ihm war, in Superlativen zu denken oder zu sprechen, so unmöglich wäre es ihm auch gewesen, irgend jemanden absichtlich zu verletzen.«

Keyhoe erlebte den privaten Lindbergh als überaus rücksichtsvollen Kameraden, eine Beobachtung, die viele teilten, die ihn im Laufe der Jahre kennenlernten. Es war Lindbergh, der die gute Laune seiner Begleiter stärkte, der Wert darauf legte, der örtlichen Polizei für die gewährte Sicherheit zu danken, und der immer darauf achtete, daß man die Blumen, Süßigkeiten und Lebensmittel, die sich in seiner Hotelsuite anhäuften, unter den Angestellten verteilte oder in Kinderkliniken schickte.

Um der Presse auch diese Seite des Helden vorzustellen, fing Milburn Kusterer an, Situationen für Schnappschüsse zu stellen. In Pittsburgh beispielsweise hielt die Wagenkolonne – scheinbar spontan – an, damit Lindbergh einen kleinen Jungen im Rollstuhl begrüßen konnte; später fanden Reporter heraus, daß es sich bei dem Kind um den Sohn eines Geschäftsführers der Alleghany Airlines handelte, dessen Anwesenheit an dieser Stelle im voraus arrangiert worden war. Als Slim dahinterkam, protestierte er heftig gegen solche »inszenierten guten Taten« und unternahm alles, um Kusterers Bemühungen zu durchkreuzen. Als er in Omaha einem fremden älteren Mann gegenüberstand, angeblich ein entfernter Verwandter, sagte Lindbergh, er sei so tief berührt, daß er seinen Gefühlen nur unter vier Augen Ausdruck verleihen könne, und bevor die versammelten Fotografen ihre Bilder machen konnten, schaffte er den alten Mann eilends in ein Nebenzimmer.

Etwa Mitte August, nach einem knappen Drittel der Rundreise, war das Verhältnis zwischen Lindbergh und der Presse zu einem unerklärten Krieg verkommen. Während die Zeitungsleute nicht ganz schuldlos waren, gab Lindbergh später zu, er habe auch seinen Teil dazu beigetragen, um das Feuer zu schüren. Da er das ganze Berühmtheitsspektakel mittlerweile für falsch hielt, hatte er sich geschworen, absolut nichts mehr zu tun oder zu sagen, nur um die Presse versöhnlich zu stimmen – ein völlig irriger Vorsatz in Anbetracht der Tatsache, daß man ihm 50 000 Dollar dafür zahlte, als Fürsprecher der Luftfahrt aufzutreten.[14]

Nach einer Flut von Zeitungsberichten, laut denen Lindbergh abgespannt aussah und angeblich einem Nervenzusammenbruch entgegensteuerte, schickte Harry Guggenheim einen Arzt, der den Flieger gründlich untersuchte. Das Attest wurde zusammen mit einem Statement von Lindberghs Mutter (!) veröffentlicht, die den guten Gesundheitszustand ihres Sohnes bestätigte. Aber die Guggenheim-Gruppe war offenbar selbst nicht von ihrem Public-Relations-Trick überzeugt, denn Dwight Morrow schlug in einem Brief an ein Stiftungsmitglied vor, man solle den Rest der Rundreise streichen. Statt dessen wurde Jerry Land überredet, sich vom Bu-Aer beurlauben zu lassen, so daß er und seine Frau sich Lindbergh in Montana anschließen konnten. Unter Lands ausgleichendem Einfluß kam Lindbergh zur Ruhe, und die zweite, westliche Hälfte der Rundreise verlief, wenn auch kaum gemütlich, so doch entspannter.

Obwohl die 48-Staaten-Tour fast ebensoviel schlechte wie gute Publicity hervorrief, war sie, im nachhinein betrachtet, ein überwältigender Erfolg. Für Tausende von jungen Menschen bedeutete die Pilgerfahrt, um Lindy und sein Flugzeug kurz zu sehen, den Anfang einer lebenslangen Faszination durch das Fliegen. Und wie Jerry Land später berichtete, »war die Lindbergh-Rundreise, finanziell gesehen, die hervorragendste Leistung der Stiftung. Vorsichtigen Schätzungen zufolge wurden nach der Reise allein für Flughäfen über 100 Millionen Dollar ausgegeben.«[15]

Auch für Land persönlich zahlte sich die Reise gut aus. Im

August 1928 schied er vorübergehend aus der Navy aus und wurde Vizepräsident der Stiftung. In einer seiner ersten Entscheidungen ernannte er seinen Protégé, Lieutenant Jimmy Doolittle, zum Cheftestpiloten der Stiftung.

Lindbergh selbst sah sich allerdings einer ungewissen Zukunft gegenüber. Am Anfang der Rundreise hatte Donald Keyhoe verblüfft gehört, wie eine überschwengliche ältere Dame zu Lindbergh sagte, er sei es der Welt schuldig, die Fliegerei aufzugeben. »Sie sind zu wertvoll, um verlorenzugehen! Sie gehören jetzt der Welt!« säuselte sie. Keyhoe hielt die Frau für ziemlich verrückt, doch sechs Monate nach Lindberghs Triumph herrschte die einhellige Meinung vor, er solle auf alle »gefährlichen« Flüge (was auch immer man darunter verstand) verzichten. Der Versuch, den Atlantik oder Pazifik zu bezwingen, hatte insgesamt 23 Männern und zwei Frauen das Leben gekostet. Der Handelsminister Dwight Davis drängte berühmte Flieger, sich für den Stopp von weiteren transozeanischen Fliegerwettkämpfen einzusetzen. So kam es, daß Lindbergh, nachdem er die am meisten gefeierte Leistung der Luftfahrt seit der Erfindung des Flugzeugs vollbracht hatte, keine Angebote von kommerziellen Sponsoren für zukünftige Flüge vorlagen. Und auch Dwight Morrow, beunruhigt durch Berichte, Lindbergh sei ausgebrannt, hatte den Goodwillflug nach Mexiko nicht mehr erwähnt. Kurz vor Abschluß der Guggenheim-Rundreise schrieb Lindbergh an Harry Davison jr., der inzwischen sein Konto bei der Morgan-Bank verwaltete, und bat ihn herauszufinden, ob Morrow noch immer bereit wäre, eine Einladung des mexikanischen Präsidenten zu arrangieren. Die *Spirit,* so glaubte er, sei noch für einige Rekorde gut, darunter auch für den ersten Nonstopflug von Washington, D.C., nach Mexiko City.

Jetzt war Morrow zur Stelle. Ein Lindbergh-Besuch würde das mexikanische Volk begeistern und seine eigene politische

Präsenz stärken. Andererseits ging er dabei das Risiko ein, als der Mann in Erinnerung zu bleiben, der den »Einsamen Adler« in den Tod lockte. Der Botschafter wollte es jedenfalls darauf ankommen lassen, war jedoch ziemlich verunsichert, als Lindbergh ihm schrieb, wie sehr er sich über den Zeitpunkt der Einladung freue, die zweite Dezemberhälfte: Er hatte kurz zuvor einen neuen und äußerst genau arbeitenden Höhenmesser installiert und wollte dessen Leistung unter extremen Witterungsverhältnissen testen.

Obwohl Slim keinen Vertrag mit Juan Trippe abgeschlossen hatte, beeindruckten ihn dessen Pläne, die erste große amerikanische Überseefluglinie zu entwickeln und mit den Deutschen um Luftwege in Lateinamerika zu konkurrieren. Nachdem er die Einladung von Morrow erhalten hatte, beschloß er, Mexiko City als Ausgangspunkt für einen Rundflug über die Karibischen Inseln zu nehmen, mit Aufenthalten in Nicaragua, Panama, Venezuela und Kuba. Inzwischen war die Stimmung zugunsten eines Startverbots für Lindy so gestiegen, daß selbst Adolph Ochs von der äußerst flugbegeisterten *New York Times* Botschafter Morrow die Bitte telegrafierte, er möge Lindbergh überreden, den Ausflug in Mexiko zu beenden. Ochs hob hervor, durch den Venezuela-Besuch könnten sich andere, nicht in gleicher Weise beehrte Staaten zurückgesetzt fühlen, was die Chancen für eine groß angelegte spätere Rundreise verringern würde.[16]

Tatsächlich standen Lindberghs Chancen auf eine offizielle, von der Regierung unterstützte Südamerika-Tour ziemlich schlecht. Noch vor der Guggenheim-Reise, Anfang Juli, hatte das Außenministerium Lindbergh gebeten, zu Ehren der 60-Jahr-Feier von Kanada nach Ottawa zu fliegen. Doch was eigentlich eine Routinelandung hätte sein sollen, endete mit dem tragischen Tod eines Piloten, als zwei kanadische Begleitflugzeuge der *Spirit* in der Luft kollidierten. Obwohl Lindbergh selbst nie gefährdet war, hüteten sich Regierungsbeamte jetzt davor, Besuche anzuregen, insbesondere nach Südamerika, wo die Bedingungen auf den Flugplätzen und die Sicherheitsvorkehrungen wohl bestenfalls unberechenbar waren.

Lindbergh ignorierte diesen Einwand, wie auch schon alle vorherigen. Obwohl ihn niemand daran hindern konnte, wann und mit welchem Ziel auch immer zu fliegen, war seine Situation doch frustrierend. Der Transatlantikflug hatte ihm schätzungsweise 500 000 Dollar aus verschiedenen Quellen eingebracht, darunter Preise, das Honorar der Guggenheim-Stiftung, Buchverkäufe und Nachdruckhonorare in Höhe von 125 000 Dollar, die die *Times* freiwillig an ihn abführte. Doch alle Illusionen, daß der Orteig-Preis ihm einen Blankoscheck für zukünftige Erkundungsflüge garantieren würde, waren unsanft zerstört worden. Die übereinstimmende Meinung, daß Lindbergh ein Volksschatz sei, zu wertvoll, um riskiert zu werden, hielt die Gönner von ihm fern. Als Preis für den Status als Herr der Lüfte mußte er seinen Flug über die Karibische See aus eigener Tasche bezahlen.

10.

DER LETZTE UNTER DEN GÖTTERN

Dwight Morrow hatte die Ernennung zum US-Botschafter in Mexiko gegen den heftigen Widerstand seiner Frau angenommen. Empört verglich sie Calvin Coolidge mit einem Vater, der seinen Reichtum unter seinen undankbaren Kindern verteilt und dem einzigen aufrechten Sohn »die kleine Blechpfeife« zuteilt. Die mexikanische Regierung unterhielt umfangreiche Beziehungen zum Hause Morgan, und um den Vorwurf des Interessenkonflikts zu vermeiden, mußte Morrow für den Posten seine Partnerschaft aufgeben und seine Investitionen in Regierungsanleihen anlegen. Bei Spitzenbörsenkursen und Morgan-Teilhaberprämien von fast einer Million Dollar pro Jahr könnte man Morrows Familie und Freunden die Unterstellung verzeihen, daß Coolidge Dwights Bemühungen um ein öffentliches Amt bösartig ausnutzte.

Die mexikanisch-amerikanischen Beziehungen befanden sich auf einem bisher unerreichten Tiefpunkt. Die revolutionäre Bewegung saß fest an der Macht, Präsident Plutarco Elías Calles hatte die Kirchen geschlossen, die Verträge mit amerikanischen Ölbohrfirmen aufgekündigt und drohte, die Auslandsschulden nicht anzuerkennen. »Ein paar Hitzköpfe hier, die Mexiko annektieren wollten, dachten sich, wir sollten einfach hingehen und es nehmen«, erinnerte sich Morrows guter Freund George Rublee später. »Die Mexikaner waren erregt, beunruhigt und feindselig.« Ein verblüffter Rublee fragte Morrow, was er sich denn davon verspreche, nach Mexiko zu gehen. »Nun, ich kann sie doch wenigstens gern haben«, antwortete Morrow, der darauf vertraute, daß es nur wenige Probleme gab, die sich nicht durch die ihm eigene Mischung aus scharfer Intelligenz und sehr viel gutem Willen lösen lassen könnten.[1]

Morrow hielt wenig von professionellen Auslandsdiplomaten – »Karrieristen, denen noch die Milch von Groton an den Lippen klebt«, nannte er sie einmal – und entwickelte schnell ein Gespür für persönliche Diplomatie. Er und seine Frau verkehrten gesellschaftlich mit den Führern der Revolutionspartei, von der Botschaft bislang mit Argwohn und Verachtung bedacht. Betty lernte Spanisch und besuchte unzählige Dörfer, um das Kunsthandwerk zu fördern. Constance wurde in einer mexikanischen Schule eingeschrieben. Elisabeth ließ sich von ihren Lehrpflichten in Englewood beurlauben und unterrichtete in einer mexikanischen Grundschule Englisch. Einige dieser Bemühungen scheinen aus heutiger Sicht herablassend – Elisabeths Unterrichtspläne etwa bestanden daraus, die Kinder Aufsätze auf der Grundlage von Werbefotos schreiben zu lassen, die sie aus *Town and Country* und *Vanity Fair* ausschnitt –, aber auf Präsident Calles machten sie einen günstigen Eindruck. Er lud Morrow bald zu einem privaten Frühstück ein, bei dem die beiden einen Kompromiß in der Ölfrage ausarbeiteten.

Charles Lindbergh weilte unterdessen in Washington, D.C., wo ihm am 8. Dezember die Langley-Medaille der Smithsonian Institution überreicht wurde. Er wohnte bei Jerry und Betty Land, und am 10. Dezember lud ihn Land zu einer Sitzung des Haushaltsausschusses ein. Sprecher Nicholas Longworth bat Lindbergh sofort in den Plenarsaal, wo die Abgeordneten ihn mit *standing ovations* empfingen und den Sonderbeschluß faßten, ihn mit der Tapferkeitsmedaille des Kongresses auszuzeichnen.

Am frühen Nachmittag des 13. Dezember startete Lindbergh nach Mexiko. Der Washingtoner Flugplatz Bolling besaß noch keine asphaltierte Rollbahn, und ein Reporter beschrieb die Piste an diesem regnerischen Tag als »einen holprigen, matschigen, mit Pfützen übersäten Morast«. Mit 1425 Litern Kraftstoff beladen, raste die *Spirit of St. Louis* 900 Meter durch den Dreck, bevor sie in die Luft stieg. Und während des 22stündigen Flugs erfüllte sich auch Lindberghs Hoffnung, sich mit dem Wetter messen zu können. Von dichten Wolken, Regen und wechselndem Nebel verfolgt, überquerte er die Smoky Mountains, ließ Houston hinter sich, flog weiter südlich und hielt sich nahe an der Küste. Als er in das Tal von Mexiko einflog, traf er auf den schlimmsten Nebel, den er bisher erlebt hatte. Mit Hilfe des neuen Höhenmessers konnte er sich durch die Bergspitzen fädeln, aber er war vom Kurs abgekommen. Er folgte Eisenbahnschienen, die sich durch die Wüste schlängelten, und ging am nächsten Bahnhof tief hinunter, damit er das Schild mit dem Ortsnamen an der Ziegelmauer lesen konnte. *Caballeros* stand darauf.

Zu seinem Verdruß gab es diesen Ort nicht auf der Karte. Er flog zum nächsten Bahnhof, doch auch da stand *Caballeros* auf der Tafel. Erst allmählich begriff er, daß sich hinter »Caballeros« der Hinweis auf Herrentoiletten verbarg.[2]

Am Flugplatz von Mexiko City wartete eine riesige Menschenmenge auf ihn. Lindbergh hatte zwei Stunden Verspätung, und Dwight Morrow war ein einziges Nervenbündel, bemerkte George Rublee. Aber nach vielen Falschmeldungen tauchte die *Spirit* letztlich doch am Himmel auf.

Lindberghs Empfang in Mexiko City stand in nichts dem in den Staaten nach. »Es war unbeschreiblich, wie die Menschenmenge auf dem Platz vor Freude schrie und brüllte«, schrieb Betty Morrow in ihr Tagebuch. »Als wir zum Wagen gingen, wurden uns fast die Kleider vom Leib gerissen.« Die 14jährige Constance, die zu Lindberghs Füßen in dem offenen Wagen saß, der ihn und ihre Eltern durch die verstopften

Straßen fuhr, wurde unter den Blumensträußen der Lindy-Fans fast begraben.

Beim offiziellen Botschaftsempfang – so Constance in einem Brief an ihre Schwester – ließen 1000 Gäste die Bowle und das Buffet links liegen und standen statt dessen gaffend um den Helden herum. Ihre Schulfreundinnen hatten sie dazu überredet, Autogrammbücher mitzunehmen und Lindy um eine Unterschrift zu bitten, und er schrieb entgegenkommend Widmungen in eine ganze »Wagenladung« von Heften, bis ihre Eltern es bemerkten und dem ganzen ein Ende bereiteten. Als eines der signierten Bücher gestohlen wurde, tauchten die Eltern des Opfers weinend in der Schule auf und baten Con, Lindbergh doch zum Unterschreiben eines Ersatzexemplars zu bewegen. (Das tat er.)[3]

In ihrer jugendlichen Schwärmerei buk Con Schokoladenpralinen für ihr Idol und schickte Anne ein selbstgezeichnetes Porträt, um ihre Behauptung zu beweisen, der Flieger sehe in Wirklichkeit viel »vornehmer« aus als auf Zeitungsfotos. Den übrigen Gästen und Botschaftsmitarbeitern fiel dagegen auf, daß Lindbergh, zwar durchaus freundlich zu jedermann, seine ganze Aufmerksamkeit der strahlenden und immer selbstsicheren Elisabeth schenkte, die es mit ihrer natürlichen Art sogar schaffte, diesen äußerst zurückhaltenden jungen Mann in ein persönliches Gespräch zu verwickeln. In der mexikanischen Presse sickerte bald das Gerücht von einer Liebesaffäre durch.

Und Lindbergh sah sich tatsächlich nach einer Frau um. Das Problem, als begehrtester Junggeselle der Welt zu gelten, bestand darin, wie er später schrieb, daß es »überall Mädchen gab, aber... die Mischung aus Ehrfurcht, Respekt und Neugier, mit der man mich behandelte, legte sich wie ein Dunst um mich.« Er war bereits zu dem Schluß gekommen, daß er seine zukünftige Braut wohl unter den Töchtern seiner wohlhabenden Berater finden würde, die einzigen jungen

Frauen, denen er unter einigermaßen normalen Umständen begegnete. Im Augenblick aber beschäftigte ihn anderes.

Zwei Tage nach seiner Ankunft in Mexiko gab es noch einen spektakulären Empfang am Flughafen. Evangeline Lindbergh landete in einer eigens für diese Gelegenheit angemieteten Trimotor von Henry Ford. Mrs. Lindbergh hatte eine Einladung der Morrows abgelehnt, mit Anne und Dwight jr. im privaten Eisenbahnwagen der Familie, dem *Henry Stanley*, nach Mexiko zu reisen. Charles wollte Dwight Morrow unbedingt von den Vorzügen des neuen Zwölf-Personen-Flugzeugs überzeugen und hatte vermutlich aus diesem Grund seine Mutter zu dem Flug gedrängt.

Am 20. Dezember stießen Anne und Dwight jr. zu ihrer Familie. Mit ihnen im *Henry Stanley* reisten Richard (»Dicky«) Bissell, ein Mitschüler von Dwight in Groton, und Alice Morrow, die Schwester des Botschafters. Die intellektuelle, abenteuerlustige Alice entwickelte schnell ein persönliches Verhältnis zu Evangeline. Sie stand kurz vor ihrer Abreise in die Türkei, wo sie ein Jahr lang an einer High School für Mädchen Englisch unterrichten sollte, und bot Mrs. Lindbergh an, ihr eine ähnliche Stellung zu besorgen; Evangeline willigte begeistert ein.

Anne, durch die Briefe von Constance vorgewarnt, war verärgert, daß ihre Ferien bei den Eltern durch den ganzen Wirbel um Lindbergh verdorben werden sollten. Sie hatte ihn von vornherein als eine Art »Sportskanone« abgetan – einen Typus, mit dem sie zwar keinerlei Erfahrung hatte, den sie aber, da war sie sicher, kaum interessant finden würde. Im Gegensatz zu Con, die von dem ganzen Tumult und Jubel begeistert war, verunsicherten und beängstigten Anne die hysterischen Menschenmengen, die sich allabendlich vor der Botschaft versammelten und nicht wichen, bevor Lindbergh auf dem Balkon erschien. Unter diesen Umständen beeindruckte sie Colonel Lindberghs Gelassenheit um so mehr.

Wie viele, die Charles Lindbergh zum erstenmal trafen, fielen Anne als erstaunlichstes körperliches Merkmal seine Hände auf. Lindbergh hatte lange elegante Finger (eine Künstlerhand, wie eine Bekannte bemerkte), und seine präzisen Gesten und geschickten Handgriffe bei allem, was er anfaßte – angefangen vom Tafelsilber beim formalen Dinner bis zur Steuerung eines Flugzeugs –, erwartete man bei einem solchen Mann der Tat nicht unbedingt. Als Lindbergh Betty Morrow und einige ihrer Gäste zu einem Rundflug in der Ford Trimotor einlud, durften Anne und ihre Schwestern im Cockpit Platz nehmen. Verzückt beschrieb sie den Flug in ihrem Tagebuch in einer, zweifellos unbewußten, sinnlichen Sprache. Colonel Lindbergh, schrieb sie, habe alles perfekt, wunderbar unter Kontrolle – »er bewegte sich so wenig, und doch spürte man die Harmonie darin ... Es war ein vollkommenes, ein ungeheuer starkes Erlebnis.«[4]

Anne hatte jetzt ebenso Feuer gefangen wie Constance. Die intellektuellen Collegejungen aus ihrem Bekanntenkreis, die »auf Künstler machen«, wurden als hoffnungslos seicht und mittelmäßig entlarvt. Doch der Colonel schien Anne kaum wahrzunehmen. Tatsächlich hatte er sie vor einigen Monaten bei den Morrows in New York kurz gesehen und angenommen, sie besuche noch die High School. In Mexiko geschah nichts, was diesen ersten Eindruck änderte, und es war Elisabeth, die mutig andeutete, sie und ihre Schwestern würden gern Flugunterricht bei ihm nehmen. Anne war verzweifelt, denn wie alle jungen Männer, die sie anziehend fand, bevorzugte Colonel Lindbergh offensichtlich ihre Schwester.

Am Freitag, dem 13. Januar 1928, eine Woche nach Annes Rückkehr ins Smith College, fegte ein Sturm über den Campus, zerbrach Fensterscheiben und riß Äste von den Bäumen. Am nächsten Morgen war der Himmel bleigrau, eine Ankündigung des ersten schweren Schneesturms. Im Speisesaal saß die Studienanfängerin Joy Kimball beim Frühstück und wartete auf ihre Freundin Frances St. John. Sie machte sich Sorgen, weil Frances am Freitag den Unterricht geschwänzt hatte, obwohl sie noch in der Probezeit war. Joy hatte ihrer Freundin daher eine Nachricht ins Zimmer gelegt und vorgeschlagen, gemeinsam zu frühstücken.

Als Frances nicht auftauchte, stieg Joy die Treppe zu dem Einzelzimmer ihrer Freundin im dritten Stock des Dewey House hoch. Das Fenster stand wie am vorigen Nachmittag weit offen, und die Nachricht lag unberührt auf dem Bett. Keines der Mädchen im Wohnheim konnte sich genau erinnern, wann es Frances zum letztenmal gesehen hatte.

Innerhalb von 48 Stunden wurde Frances international gesucht. Herbeigeorderte Pfadfindertrupps aus dem westlichen Massachusetts durchkämmten die Wälder um Northampton; Reporter aus Boston und New York fielen in die College-Stadt ein, angezogen durch die Berichte, daß die 18jährige eine zwei Millionen Dollar schwere Erbin sei. Junge Frauen, auf die Frances' allgemeine Beschreibung paßte – 1,68 Meter groß, durchschnittliches Gewicht, braunes Haar und vermutlich mit einem braunen Mantel bekleidet –, wurden in verschiedenen Bundesstaaten von den Behörden in Haft genommen. Eine amerikanische Studentin, die sich in Paris unter dem Namen Frances Smith im Ritz eingetragen hatte, wurde drei Tage lang festgehalten, bis die Botschaft überzeugt war, daß sie nicht mit dem in Massachusetts vermißten Mädchen identisch war.

Am Sonntagmorgen reiste die Familie St. John Smith aus New York an, bezog eine Suite im Northampton Hotel und nannte den Ermittlungsbeamten die Namen der Bekannten ihrer Tochter. Als Anne Morrow zu einem Polizeiverhör gerufen wurde, stellte sie fassungslos fest, daß ihr Name ziemlich weit oben auf der Liste stand. Frances hatte Anne kurz vor den Ferien aufgesucht und ihr anvertraut, wie furchtbar einsam sie sich fühlte, wie sie Joy Kimball beneidete, die im Gegensatz zu ihr viele Freundinnen hatte, und wie sehr sie ihre Erstsemesternoten bedrückten, die ihren Vater sicher tief enttäuschen würden. Anne hörte sich ihren Kummer verständnisvoll an – ihre Klagen unterschieden sich ja kaum von ihren eigenen Problemen im ersten Jahr –, aber in der Aufregung um ihre verlängerten Weihnachtsferien in Mexiko waren ihr Frances und deren Sorgen in Vergessenheit geraten.

Anne befand sich nun in der unangenehmen Situation, ihr Verhalten vor ganzen Polizistenteams und auch noch den St. John Smiths verteidigen zu müssen, für die Anne eines von nur drei Mädchen war, die Frances als echte Freundinnen empfunden hatte.

Wie die Polizei vermutete auch Anne Selbstmord, doch es sollte keine schnelle Lösung im Fall St. John Smith geben. Frances Eltern waren überzeugt, daß ihre Tochter das anfängliche Heimweh längst überwunden hatte, und glaubten eher an einen Unfall während eines Waldspaziergangs oder eine Entführung, als sie per Anhalter zum Sommerhaus der Familie in der Nähe von Amherst fahren wollte.

Als Frances nach einer Woche noch immer nicht aufgetaucht war, übergab der Gouverneur von Massachusetts den Fall an Detective Joseph Daly von der State Police, einen ehemaligen Chef der Sicherheitstruppe für Calvin Coolidge und selbst Vater einer Smith-Studentin. Daly ordnete das Absuchen des Connecticut River an und setzte einen speziellen Unterwasserscheinwerfer ein, um den teilweise zugefrorenen Paradise Pond auf dem Campus abzusuchen. Unterdessen veröffentlichte die *Northampton Gazette* einen Brief des Vaters von Alice Corbett aus Syracuse, New York, in dem er die College-Gemeinde daran erinnerte, daß Alice 1925 ebenfalls an einem Freitag, den 13. verschwunden und nie wieder aufgetaucht war.[5]

Der Familie und der Collegeleitung, die Frances' Zimmer

nach deren Verschwinden aufgesucht hatten, war ein scharfer chemischer Geruch aufgefallen, eine Beobachtung, die eine Zeitlang zu Spekulationen über Chloroform und Gift führte. Doch nach einer gründlichen polizeilichen Durchsuchung stellte sich heraus, daß der Geruch von verfaulten, in einer Schreibtischschublade gehorteten Orangen rührte. Einige Mädchen im Haus erinnerten sich, wie übertrieben Frances auf ihr Gewicht geachtet und radikale Schlankheitskuren eingelegt hatte. Jetzt beschwerte sich die Elternschaft, die sich wegen der laschen Sicherheit auf dem Campus ohnehin schon in großem Aufruhr befand, das College sei von einer Diätepidemie erfaßt. Direktor und Mrs. Neilson luden Anne zum Tee ein und befragten sie zu ihren Eßgewohnheiten. Anne, die wie jede ihrer Freundinnen von einem Schlankheitsfimmel besessen, aber wohl kaum magersüchtig war, beklagte sich, wie lästig es ihr allmählich sei, ständig als Sprachrohr der Studentinnen benutzt zu werden.

Während die Boulevardpresse in Boston und New York den Fall Smith auf den ersten Seiten brachte, erhielten die Eltern von Frances Drohbriefe. Nachdem sie mindestens ein Lösegeld umsonst gezahlt hatten, schlug Daly vor, dem nächsten Erpresser eine Falle zu stellen. Ein Vertreter der Familie hinterlegte im Treppenschacht eines Kaufhauses in Springfield, Massachusetts, einen Koffer, der statt der 12 000 Dollar Lösegeld in Streifen geschnittenes Zeitungspapier enthielt. Doch die mehr als zwei Dutzend in der Verkaufsetage verteilten Geheimdetektive waren, wie eine Bostoner Zeitung kritisierte, so leicht zu erkennen, daß sich der Erpresser nicht die Mühe machte, das Geld zu holen. Lieutenant Daly führte im Gegenzug an, die Lösegeldforderung sei »so gut geschrieben«, daß sie durchaus eine Zeitungsente hätte sein können.

Drei Monate nach Frances Smiths Verschwinden, im April 1928, starb Lieutenant Daly nach kurzer Krankheit. Im Juni entdeckte ein Ruderer auf dem Connecticut River eine stark verweste Leiche, die später aufgrund von Zahnarztunterlagen als die von Frances St. John identifiziert wurde. Die Todesursache konnte nicht mehr festgestellt werden. Die Boulevardpresse mochte jedoch die Identifikation nicht akzeptieren und spekulierte weiter, die Millionenerbin würde noch leben und an Magersucht leiden.

In der Zwischenzeit folgte das Smith College seiner bewährten Tradition und zog den Schleier des Schweigens über einen möglichen Schülerselbstmord. Frances St. John wurde am Ende des Schuljahres 1928 weder im Jahrbuch noch in offiziellen Publikationen erwähnt und ebensowenig bei der Abschlußfeier ihrer Klasse.

Während sich die Suche nach Frances dahinschleppte, erreichten Anne beunruhigende Nachrichten aus Groton. Dwight jr. hatte, wie es damals hieß, einen Nervenzusammenbruch erlitten, heute würde man es wohl einen manischen Schub nennen. Da Botschafter Morrow mit Frau auf einem Staatsbesuch in Havanna weilte, mußte Elisabeth in Dwights Schule eilen und dafür sorgen, daß er sich in ärztliche Behandlung begab.

Eigentlich hatten Dwights Probleme schon ein Jahr zuvor begonnen, im Frühling 1927, als er in den Redaktionsstab des *Grotonian* gewählt wurde. Es war ihm gelungen, ein paar berühmte Redner an die Schule zu holen, Robert Frost etwa, und seine Gegner beschuldigten ihn, daß er ohne die Fähigkeit, die Beziehungen seiner Eltern auszunutzen, keinen Fuß in das Redakteursteam bekommen hätte. Gekränkt von diesen Behauptungen, war der verzweifelte Junge eines frühen Morgens im Büro von Rektor Endicott Peabody aufgetaucht und hatte ihn gebeten, das Wahlergebnis aufzuheben. Dwight wurde ins Krankenzimmer geschickt, und in einem Brief an Betty erklärte Peabody, der Junge sei wohl »ein bißchen zu wohlerzogen«.[6]

Dwight erholte sich nach einigen Tagen, doch im Herbstsemester traten die Symptome erneut auf. Interessanterweise verwandelte ihn der Ausbruch der manischen Phase über Nacht vom schwerfälligen, pedantischen Jungen in eine strahlende Persönlichkeit. Er wurde ein glänzender Wortführer in den Diskussionsrunden seiner Klasse, forderte die Lehrer im Unterricht heraus, brach furchtlos sämtliche Regeln und verführte seine Mitschüler mehrere Male zu verbotenen Ausflügen nach Northampton.

Dwights Zusammenbruch erfolgte Anfang Februar. Er phantasierte, wurde von inneren Stimmen gequält, die er einer Clique von Klassenkameraden zuschrieb, von der er sich verfolgt fühlte. Betty Morrow kehrte eilends aus Havanna zurück und pflegte Dwight zusammen mit Elisabeth im folgenden Monat.

Charles Lindbergh gehörte zu den wenigen außerhalb des unmittelbaren Familienkreises, der von Dwights Krankheit wußte. Er besuchte den kranken Jugendlichen kurz nach seiner Rückkehr von dem Rundflug über die Karibik. Die Morrows schätzten diese freundliche Geste sehr, wenn auch alle vermuteten, daß Lindberghs Hauptinteresse wohl die Auffrischung der Bekanntschaft mit der ältesten Miss Morrow wäre. Elisabeth, die das ganz sicher dachte, lud Lindbergh für den Sommer nach North Haven ein, und Anne erging sich mit Constance in verrückten, neidischen Phantasien über die bevorstehende Hochzeit ihrer Schwester mit dem berühmtesten Mann der Welt.

Mitte März hatte sich Dwight wieder etwas gefangen, und Mrs. Morrow kehrte nach Mexiko zurück. Anne verlängerte ihre Osterferien und begleitete sie, um das neue Wochenendhaus ihrer Eltern in Cuernavaca zu sehen. Elisabeth sollte ebenfalls nach Mexiko kommen, änderte jedoch ihre Pläne, als Dwight sie bat, ihn auf der Bahnreise nach Southern Pines, einem Erholungsort, zu begleiten. Seine Großmutter Cutter, eine schwedische Krankenschwester, und ein junger

Student, den man als bezahlten Gefährten und Golflehrer engagiert hatte, sollten dort seine Genesung beaufsichtigen. Dwight hatte sich entschlossen, in dieser Zeit das Golfspielen zu lernen, der einzige Sport, den sein Vater mochte.

Die Belastung, ein Kind von Dwight und Betty Morrow zu sein, wird nirgends deutlicher als in der Reaktion der Familie auf Dwight jr.'s Krankheit. Botschafter Morrow liebte seinen Sohn offenbar sehr und protestierte gegen die Ansicht des Arztes, daß der junge Mann in Southern Pines besser aufgehoben wäre als bei seinen Eltern in Mexiko. Gleichzeitig aber fürchtete er, daß Dwight ein Schuljahr verlieren und dann in Amherst nicht mit dem Abschlußjahr 1932 beginnen könnte. Dieser schrecklichen Konsequenz beugte Morrow vor, indem er Endicott Peabody beeinflußte, Dwight die Prüfung im Juni zu gewähren, obwohl dieser das ganze Semester nichts getan hatte. Selbst die psychische Krankheit durfte Dwights Weg hin zu akademischen Zielen, die seine Eltern ihm gesteckt hatten, nicht durchkreuzen.

Anne besuchte mittlerweile das letzte Semester, eine Zeit, in der ihre Kommilitoninnen Karrieren planten und Hochzeitspläne schmiedeten. Ein früherer Verehrer von Anne hatte vor kurzem seine Verlobung verkündet; ein anderer junger Mann, mit dem sie gelegentlich verabredet war – so jedenfalls sah sie es –, brachte das Thema Heirat nur in eher hypothetischer Form zur Sprache. Da Anne nicht auf Verpflichtungen vorbereitet war, die andere Mädchen ihres Alters anscheinend ganz natürlich eingingen, fürchtete sie allmählich, daß die sichere, alles umhüllende Welt ihrer Kindheit zerfiel und nichts an ihre Stelle trat. Als sie Anfang März ein Wochenende in Englewood verbrachte, überfiel sie die plötzliche Vorahnung, »einer von uns (den Kindern) wird sterben. Ich werde es nicht sein.«

Während sich Mrs. Morrow völlig auf Dwights Probleme konzentrierte, war Annes angebetetes Idol Colonel Lindbergh – »der letzte unter den Göttern«, wie sie ihn nannte. In ihrem Tagebuch zählte sie Lindberghs beste Eigenschaften auf und erwähnte, aufschlußreich genug, »Sachlichkeit« (was Zurückhaltung bedeutet) sowie »Mut« und »Würde«. Als Anne eine Zahnfüllung eingesetzt wurde, erinnerte sie der surrende Bohrer an die Maschine eines Flugzeugs und somit an »Ihn« – ein Wort, um das sie kleine Sonnen zeichnete.[7]

In Annes Tagebüchern finden sich kaum Hinweise, ob sie überhaupt daran dachte, mit Elisabeth um die Gunst des Colonels zu konkurrieren. Elisabeths Platz als Tochter »Nummer eins« war innerhalb der Familie unbestritten. Sie galt allen nicht nur als die strahlende, sondern auch als die schöne Schwester. Auf Familienfotos präsentiert sich Elisabeth tatsächlich als hübsches Kind, ein blauäugiger Blondschopf mit perfektem ovalem Gesicht und engelhaften Zügen. Aber mit 25 Jahren war Elisabeth zu dünn, ihr Lächeln etwas schief und ihr Kleidergeschmack altjüngferlich. So war sie eher die am wenigsten hübsche Schwester. Constance dagegen entwickelte sich mit ihrem runden Gesicht und der Stupsnase zum »süßen Mädchen«, ein Ende der 20er Jahre nach wie vor sehr gefragter Typ, während Anne mit der hohen Stirn und den dicken geraden Augenbrauen eher die klassische Schönheit darstellte.

Eine von Annes Kurzgeschichten, die 1928 in der Juniausgabe des *Smith College Monthly* erschien, zeigt, daß sie im Grunde ihres Herzens Bescheid wußte. Die Heldin der Geschichte, ein Mädchen namens Jane, mußte ihr Leben lang hören, wie die Erwachsenen ein Loblied auf ihre ältere Cousine Lida sangen, jetzt, mit 29 Jahren jung verheiratet: »Immer, solange sie zurückdenken konnte, hatte man ihr die unvergleichliche Lida als Musterbeispiel für Güte und Schönheit vorgehalten. Dessen überdrüssig, fragte sie sich, ob Lida wirklich so schön war. Manchmal schien es ihr, als sei Lida ein bißchen – nun ja – *altmodisch.*« Selbst Janes derzeitiger

Verehrer Tom, ein gewöhnlicher junger Anwalt, ist einer von Lidas abgelegten Liebhabern. Eines Tages jedoch, als Jane einen von Toms geschwätzigen, zerstreuten Briefen liest, bleiben ihre Augen an ein paar unzusammenhängenden Bemerkungen über die letzte Begegnung mit ihrer Cousine hängen: »Sah Lida – ekelhaft fett geworden.« Der so beiläufige Kommentar erfüllt Jane mit gehässiger Freude. Doch der Verdrängungsprozeß setzt schnell ein. Am Abend sitzt Jane, still in sich hineinlächelnd, am Eßtisch und kann sich einfach nicht mehr an die »nette Sache« in Toms Brief erinnern, die sie so sehr, sehr glücklich gemacht hat.[8]

Trotz einiger arg gekünstelter Passagen zeugt diese Geschichte von einer Reife, die Anne Morrows übrigen in der Collegezeit verfaßten Werken fehlt. Sie mochte nicht mehr nur die glänzenden Oberflächen des Lebens anerkennen und schlug sich jetzt mit unangenehmen Realitäten herum, was auch die Möglichkeit einschloß, daß Gefühle wie Eifersucht und die Demütigung einer Rivalin vielleicht zu den süßen Dingen im Leben gehörten.

Ihren ersten wichtigen Literaturpreis gewann Anne jedoch mit einer Arbeit in ganz anderem Stil: Den Elisabeth-Montagu-Preis für den besten studentischen Essay zum Thema »Frauen in Dr. Johnsons Tagen«. Anne entschied sich für eine Abhandlung über Sophie, Comtesse d'Houdetot, die als Geliebte von Jean-Jacques Rousseau bekannt ist und deren Beitrag zur französischen Literatur einzig und allein in dem achtzeiligen Gedicht *Amour* besteht. Anne sah ihr Untersuchungsobjekt als Modell eines entfremdeten Ästhetizismus: »Madame d' Houdetot hatte kein Bewußtsein für das Böse. Sie sah nur das Gute ... Selbst in den Schrecken der Revolution beschrieb eine Freundin sie als jemand, der es vermag, beim Betrachten einer Blume, eines Schmetterlings, bei einem vorbeiwehenden Duft oder einem glänzenden Farbfleck für einen Augenblick alle schmerzlichen Erinnerungen zu vergessen.«[9]

Der Aufsatz war eine Glanzleistung und ließ beeindruckende Kenntnisse in französischer Literatur und Geschichte erkennen, doch die Themenwahl konnten nur wenige Leser damals wie wohl auch heute nachvollziehen. Vom feministischen Standpunkt aus kann Madame d'Houdetot sicher nur als verkümmerte Persönlichkeit gesehen werden, die ihr eigenes Talent opferte, um Herrscherin über einen literarischen Salon und Muse eines Genies zu werden. Aber kann man wirklich eine Frau bewundern, die den Hof von Ludwig XVI. zierte, den Terror überlebte und doch kein »Bewußtsein für das Böse« entwickelte? Eine Reporterin vom *New York Telegram,* die während ihrer Arbeit an einem biographischen Porträt auf diesen Essay stieß, bezeichnete ihn taktvoll als »Vorstellung eines sehr jungen Mädchens von der perfekten Frau«.

Anne hatte die vage Vorstellung, nach dem Studium den Eltern nach Mexiko zu folgen; sie wollte »versuchen zu schreiben«, und ihre bisherigen Leistungen deuteten tatsächlich auf eine Zukunft als Lyrikerin und Schriftstellerin hin. Neben dem Montagu-Preis für den d'Houdetot-Essay erhielt sie für eine Gedichtauswahl den Augusta-Baker-Jordan-Preis für College-Literatur. Zudem hatte Betty Morrow, ohne Annes Wissen, eines ihrer Gedichte ans *Scribner's Magazine* geschickt, wo es in der Aprilnummer 1928 veröffentlicht wurde. Anne reagierte mit gemischten Gefühlen, als sie vom Abdruck ihres Gedichts in einer wichtigen, überregionalen Publikation erfuhr. *»Height«* (»Höhe«) war ein kindisches Gedicht über das Erwachsenwerden und lange vor Lindberghs Transatlantikflug entstanden. Jetzt aber, im Frühling 1928, erschienen die Zeilen über den Griff nach dem Himmel geradezu der ganzen Welt Annes Leidenschaft für die Fliegerei und damit auch für Colonel Lindbergh zu verkünden. Man vermutet, daß die Herausgeber von *Scribner's* genau diese Verbindung hergestellt hatten und kein Interesse an der

Veröffentlichung solcher Knittelverse gezeigt hätten, wäre die Autorin nicht die Tochter von Botschafter Morrow gewesen.

Dieses etwas peinliche Zeitschriftendebüt und die Erfahrung im Fall Smith, als Reporter sie ständig verfolgten, ließen Anne extrem auf den Schutz ihrer Privatsphäre bedacht sein. Einige Wochen später, als das Pressebüro des Smith Colleges Fragebögen an alle Studienabgänger verteilte, muß Anne sich an die naiven Antworten erinnert haben, die sie vier Jahre zuvor in einem ähnlichen Fragebogen bei Miss Chapin's gegeben hatte. Sie war die einzige ihres Semesters – überhaupt die einzige Absolventin –, die dem Pressebüro jegliche Informationen über ihre künftigen Pläne verweigerte.

11.

ANNE UND LINDY HEIRATEN

Während Anne das Studium am Smith College abschloß, war Charles Lindbergh damit beschäftigt, »aus dem Heldengeschäft herauszukommen«, wie er es formulierte. Einige Verpflichtungen lagen noch vor ihm, so etwa ein Besuch in Washington im März, wo Präsident Coolidge ihm gemäß Kongreßbeschluß vom Dezember die Tapferkeitsmedaille überreichte.

Als Dank bot Lindbergh den Abgeordneten Freiflüge in Flugzeugen der Navy an. Fliegen galt noch immer als wagemutiger Akt, und so gingen Lindbergh und das Bu-Aer davon aus, daß nur wenige Senatoren und Abgeordnete den notwendigen Mut aufbringen würden. Doch zur großen Überraschung aller – das Army Air Corps eingeschlossen, das nachträglich darauf bestand, Lindbergh müsse für die Hälfte der Flüge ihre Maschinen benutzen – tauchten die Kongreßabgeordneten scharenweise auf, brachten ihre Frauen, Töchter und, in wenigen Fällen, auch ihre Geliebten mit. In einer Woche nahm Lindbergh 835 Leute mit in die Luft, eine Statistik, die zwangsläufig alle Investoren beeindrucken mußte, die immer noch an der Unterstützung der amerikanischen Bevölkerung für die kommerziellen Luftfahrt zweifelten.

Die *Spirit of St. Louis* stand auf einer Ausstellung der Historischen Gesellschaft von Missouri in St. Louis, wo sie bis April bleiben sollte; danach wollte Lindbergh sie der Smithsonian Institution schenken. Im Februar jedoch telegrafierte Dwight Morrow im Auftrag eines Komitees, dem

Harry Davison, Harry Guggenheim und der Morgan-Partner Tom Cochrane angehörten, und bat Lindbergh um die Erlaubnis, die *Spirit* nach New York holen zu dürfen; dort sollte sie zehn Tage auf einer Wohltätigkeitsveranstaltung gezeigt werden.[1] Die Sponsoren in St. Louis, ohnehin enttäuscht, daß die *Spirit* nicht für immer in ihrer Stadt blieb, wehrten sich vehement gegen eine weitere Verkürzung der Ausstellungszeit, und so lehnte Lindbergh Morrows Bitte mit der Entschuldigung ab, er habe bereits Hunderte von Organisationen abgewiesen, die sicher beleidigt wären, wenn er nun einer Gruppe zusagte. Morrow war zu taktvoll, um Lindbergh daran zu erinnern, daß er und seine Partner nicht irgendein lästiger Wohltätigkeitsverband waren. Letztlich hatten sie das Flugzeug bezahlt – eine Tatsache, die natürlich nie an die Öffentlichkeit gedrungen war.

Im selben Monat traf Lindbergh mit Harold Bixby, Major William Robertson, Harry Knight und Henry Breckinridge in Detroit zusammen, wo sie hofften, Henry Ford für die Unterstützung einer Passagierfluglinie New York–St. Louis zu gewinnen. Ford erklärte der Gruppe, er habe keine Ahnung vom Transportbetrieb und investiere grundsätzlich nicht in Geschäfte, von denen er nichts verstehe. Außerdem denke er nicht daran, seine Flugzeugproduktion zu erweitern. Der Tod seines Freundes Harry Brooks beim Absturz eines Flivver Einsitzers hatte Ford die Lust am Flugzeugbau genommen.

»Das Treffen mit Ford war eine der größten Enttäuschungen meines Lebens«, erzählte Lindbergh viele Jahre später einem Bekannten. »Ich erwartete von Henry Ford die Herstellung eines T-Modells für die Luft. Aber daran war er nicht interessiert.«[2]

Die Vision von einem »T-Modell für die Luft« oder, wie Dick Blythe es einmal formulierte, von »einem Flugzeug in jeder Garage« war ein Traum, den viele flugbegeisterte Amerikaner der Lindbergh-Generation teilten. So wie das Automobil die Vorstädte geschaffen hatte, würde das Familienflugzeug ländliche Gegenden neu beleben und es den Leuten ermöglichen, auf ihren Farmen zu leben und zu ihren weit entfernten Arbeitsplätzen zu pendeln. Schmutzige, ungesunde Städte wären dann überholt. Was in 50 Jahren populistischer und progressiver Agitation nicht gelungen war, würde das Privatflugzeug erreichen – es würde die Abwanderung der Bevölkerung und der politischen Macht in städtische Gebiete umkehren.[3]

Wenn überhaupt jemand an diese utopische Phantasie glaubte, dann Lindbergh, auch wenn er schnell erkannte, wie völlig anders die Vision der Geschäftswelt aussah. Die Bixby-Gruppe fand ihren finanzkräftigen Hintermann bald in Clement Keys, einem ehemaligen, inzwischen zum Unternehmer gewandelten Reporter des *Wall Street Journal,* der vor kurzem die Kapitalmehrheit an der Curtiss Aeroplane Company erworben hatte. »Warum in St. Louis stehenbleiben?« fragte er laut. »Warum nicht eine richtige transkontinentale Fluglinie organisieren, die Amerika von Küste zu Küste verbindet?« Keys schätzte die Anlaufkosten auf etwa zehn Millionen Dollar, eine so unglaubliche Summe, daß Bixby, Lindbergh und die übrigen dachten, er mache Witze. Keys und Breckinridge gelang es jedoch, das Geld innerhalb weniger Wochen durch ein Investorenkonsortium aufzutreiben, dem Curtiss, die Wright Aeronautical Corporation, J.P. Morgan & Co. und vier weitere New Yorker Banken angehörten. Die neue Fluglinie sollte Transcontinental Air Transport, TAT, heißen.

Doch die TAT flog ihre Passagiere nicht wirklich quer durch Nordamerika. Nachtflüge waren nach wie vor nicht durchführbar, insbesondere über der sogenannten »Höllenstrecke« zwischen Philadelphia und Pittsburgh und über den noch tückischeren Rockies. Die TAT-Passagiere sollten von New York in einem Pullman-Wagen der Pennsylvania Railroad starten und am nächsten Morgen in Columbus, Ohio, in ein Flugzeug umsteigen, das dann in Indianapolis, St. Louis, Kansas City und Wichita zwischenlandete. Ein zweiter Zug würde sie durch die südlichen Rockies nach Clovis, New Mexiko, bringen, wo sie erneut für den Flug nach Los Angeles umsteigen mußten. Wenn alles nach Plan lief – ein großes Wenn –, würde die Reise 48 Stunden dauern.

Bei den Gesprächen mit den Investoren hatte Keys die Mitarbeit Lindberghs hervorgehoben, und sobald das Finanzpaket geschnürt war, fragte er Slim, welchen Titel er in der neuen Gesellschaft führen wolle. Zu Keys großem Entsetzen antwortete Lindbergh, er wolle überhaupt keinen Titel. Die Aussicht auf einen Ganztagsjob am Schreibtisch gefiel ihm nicht besonders.

Nach mehreren Wochen hektischer Verhandlungen erklärte Lindbergh sich einverstanden, bei TAT als unabhängiger Berater mit dem Titel »Vorsitzender des technischen Komitees« zu fungieren. Er erhielt ein verhältnismäßig bescheidenes Gehalt in Höhe von 10 000 Dollar pro Jahr plus einem zusätzlichen Beraterhonorar von der Pennsylvania Railroad sowie einmalig 25 000 TAT-Gratisaktien im Wert von zehn Dollar pro Aktie. Die Ernennung wurde am 22. Mai 1928 bekanntgegeben und mit gemischten Reaktionen aufgenommen. Lauren D. Lyman, der Luftfahrtkorrespondent der *New York Times,* bemerkte, man brauche den Namen Lindy nur zu erwähnen, und schon »schossen Flugzeugaktien nach oben«. Andererseits vermuteten »einige zynische Beobachter«, man hätte Lindbergh aus Werbegründen einen Nulljob gegeben.[4]

Trotz dieser Auffassung war es nicht einfach ein Ehrentitel. Neben Erkundungsflügen für die TAT-Linie zeichnete Lindbergh für die Einstellung und Ausbildung von Piloten hauptverantwortlich, er empfahl, welche Flugzeuge gekauft werden sollten, legte den Sicherheitsstandard fest und entwickelte die Einrichtung der Bodenstationen. In den westlichen Staaten mußte die TAT eigene Flughallen und Terminals bauen und Ingenieure schicken, um Landepisten zu verbessern, die bislang noch nie für mehrmotorige Maschinen benutzt worden waren. Das technische Komitee mußte auch die Logistik für den Passagier- und Gepäcktransport zu und von den Verbindungszügen ausarbeiten und ein eigenes Netz von 79 Wetterdiensten organisieren, um das unzulängliche System der Regierung zu ergänzen.

Eine der schwierigsten Entscheidungen des Komitees betraf die Frage, ob man TAT-Flugzeuge mit Fallschirmen für Passagiere ausrüsten sollte. Fallschirme, einst als exhibitionistisches Mittel von Selbstmördern betrachtet, waren jetzt, wie Lindbergh meinte, eine Art fixe Idee bei den Leuten. Realistisch gesehen passierten die meisten Unfälle beim Starten und Landen, und wenn die Besatzung einer dreimotorigen Maschine Zeit hätte, eine Flugzeugladung von Passagieren – allesamt Anfänger im Springen – zu evakuieren, dann bliebe dem Piloten vermutlich auch Zeit genug für eine Notlandung. Doch so logisch dies klang, so entsetzt war die Marketingabteilung bei der TAT über die Entscheidung des Komitees, daß Fallschirme unnötig seien, denn von einem Passagier zu verlangen, ohne Fallschirm zu fliegen, wäre das gleiche, als bitte man ihn an Bord eines Ozeandampfers, der nicht mit Rettungsbooten ausgestattet war.

Lindberghs umstrittenste Aktion innerhalb der Gesellschaft war der Versuch, das technische Komitee dazu zu bewegen, daß es den Kauf von dreimotorigen Ford-Flugzeugen und die gleichzeitige Ablehnung von sechs anderen Modellen empfahl, darunter auch die von Keys eigenem Betrieb hergestellte Curtiss Condor mit Holztragflächen. Die Ford-Maschine, die bald den Spitznamen »Tin Goose« (»Blechgans«) trug, hatte einen rechtwinkligen Boden und gewölbte Tragflächen. Wie bei Ford-Konstruktionen fast schon Tradition, war die Steuerung schwer zu bedienen. Der Fahrwerkhebel konnte nur unter Aufwendung übermenschlicher Kräfte bewegt werden, und der Trimmhebel war an der Kabinendecke angebracht, so daß sich – mit Ausnahme der größten Piloten – jeder anstrengen mußte, um ihn zu erreichen. Eine zusätzliche Herausforderung stellten die an einer Verstrebung *außerhalb* des Cockpits befestigten Instrumente dar, wo sie bei schlechtem Wetter schnell überfroren.

Die Ingenieure und Piloten, die der eleganten Condor den Vorzug gaben, murrten zwar, Lindbergh sei in seiner Verehrung für Henry Ford völlig verblendet, doch auf lange Sicht erwies sich seine Entscheidung als gerechtfertigt. Die dreimotorige Maschine brachte enorme Leistung und verlangte verhältnismäßig wenig Wartung. Nachdem die Condor einer Konkurrenzlinie mitten im Flug eine Tragfläche verlor, schien Lindberghs Entscheidung für die »Blechgans« noch vorausschauender.

Lindberghs Ruhm ermöglichte es der TAT, einige der versiertesten Piloten des Landes zu gewinnen, von denen viele während ihrer gesamten Laufbahn bei der TAT und deren Nachfolgerin, der TWA, blieben. Und trotz seiner Publicityscheu erledigte Lindbergh letztlich seinen Teil der Werbearbeit; er gab Interviews, hielt Reden und begrüßte Stars und Produzenten aus Hollywood, die bald den treuesten Kundenstamm der Fluggesellschaft stellen sollten.

Alles in allem verdiente die TAT durch Lindbergh mehr, als er sie kostete. Genau wie Kritiker vermutet hatten, wollten Keys und die Investoren im Grunde nichts als den Publicitywert seines Namens. Harry Bruno hatte die Pressearbeit für die neue Fluggesellschaft übernommen und – so erzählte er später – gab regelmäßig einen Rundbrief heraus, wobei ihm der Einfall kam, er könnte nach den Buchstaben TAT in Klammern die Wörter »The Lindbergh Line« setzen. Als Keys das sah, leuchtete sein Gesicht auf. »Großartig!« sagte er. »Wir werben nicht mit dem Namen Lindbergh, aber durch die ständige Wiederholung des Slogans ›The Lindbergh Line‹ in Berichten wird die Öffentlichkeit begreifen, was Lindbergh für den Luftverkehr getan hat.«[5]

Bruno war unehrlich. Lindberghs Name wurde nicht zu Werbezwecken benutzt, weil es sein Vertrag nicht erlaubte. Trotzdem wurde der Lindbergh-Line-Slogan auf Tickets und Gepäckaufkleber gedruckt, ja sogar auf die Rumpfseiten der TAT-Flugzeuge und Pennsylvania-Railroad-Züge gemalt. Lindbergh, ohnehin kein Freund von Bruno, war wütend und erwog eine Klage gegen die TAT, doch Henry Breckinridge, der im Management der Gesellschaft saß und gleichzeitig als Lindberghs persönlicher Anwalt fungierte, riet ihm ab.

Auf seinen häufigen Geschäftsreisen für die TAT setzten sich Lindberghs Probleme mit der Presse fort. Kündigte er seinen Flug vorher an, erwarteten ihn am Zielort kaum zu kontrollierende Menschenmengen. Unterließ er es, rätselten die Zeitungsleute herum und meldeten ihn schließlich, wenn er nicht auftauchte, als vermißt oder verschollen. Kent Cooper von AP und Karl Bickle von UP erklärte Slim, er könne die ganze Sache für sich und alle Beteiligten erleichtern, wenn er hin und wieder eine Presseerklärung herausgebe, sich fotografieren ließe und aufhöre, Interviews auf einige wenige bevorzugte Leute wie Lauren Lyman von der *Times* und C.B. Allen von der *World* zu beschränken. Lindbergh versuchte diesem Rat zu folgen, doch seine Bemühungen waren sporadisch, und er ließ sich zu leicht entmutigen, wenn sie nicht sofortige Erfolge zeigten. Während eines Besuchs in Cleveland zum Beispiel rief er eine Zeitung an, die ein paar kritische Bemerkungen über ihn gedruckt hatte und stellte sich zu einem Gespräch zur Verfügung, nur um dann mit der spöttischen Überschrift belohnt zu werden: JETZT BITTET LINDBERGH UM INTERVIEWS.

Lindberghs Versöhnungsversuch mit der Presse schlug letztlich fehl. Er wurde noch einsilbiger, verwendete falsche Namen, Verkleidungen und andere Tricks, um Reporter zu umgehen. Auf dem Roosevelt-Flugplatz fungierte George Dade, ein junger Mann aus Minnesota, als sein Helfer. Er mußte Lindberghs Franklin an einen weiter weg gelegenen Teil der Piste bringen, den er zum Starten und Landen benutzte. »Sie müssen wissen«, sagte Dade, »in Lindbergh steckten zwei verschiedene Menschen. Wenn es irgend etwas mit den Zeitungen zu tun hatte, reagierte er auf besondere Art. Aber sonst war er in Ordnung.«[6]

Den Sommer 1928 über beschäftigten Lindbergh Erkundungsflüge und andere TAT-Angelegenheiten. Da er nicht nach North Haven kommen konnte, ließ er Elisabeth wissen, daß er versuchen würde, sie vor ihrer Abreise nach Frankreich in Englewood zu treffen. Doch Elisabeth, die in Frankreich weiterstudieren wollte, trat die Schiffsreise an, ohne ihn gesehen zu haben. Dwight jr. ging nach Amherst, Constance besuchte die Milton Academy, und Botschafter Morrow kehrte mit seiner Frau nach Mexiko zurück. Nur Anne, die sich im Oktober einer kleineren Operation unterziehen mußte, blieb in Englewood.

Zwei Tage bevor Anne ins Krankenhaus ging, rief Lindbergh an und fragte nach dem Botschafter, Mrs. Morrow oder Miss Morrow. Er schien überrascht, daß Elisabeth schon fort war, aber da Anne ebenfalls Interesse am Fliegen bekundet hatte, bot er ihr eine Stunde Unterricht an. Anne glaubte, daß sie als Ersatz eingeladen wurde. Doch in Wirklichkeit war der Zeitpunkt des Anrufs sorgfältig geplant. Denn obwohl Lindbergh die »spritzige Lebhaftigkeit« der älteren Miss Morrow in Mexiko tief beeindruckt hatte, so war es doch Annes Gesicht, das ihm lebendig in Erinnerung geblieben war.[7]

Anne Morrow glich Evangeline Lindbergh in so vieler Hinsicht – zierlich, schüchtern, warmherzig, launisch –, daß Charles' Beteuerung, er habe sich schon vor ihrer ersten Verabredung in sie verliebt, nicht zu bezweifeln ist. Es gab jedoch noch einen Grund, warum er sich auf die jüngere Schwester konzentrierte: Er hatte einen Traum, in dem er und seine Lebensgefährtin Flugpartner werden würden. In einer plumpen und ziemlich peinlichen Passage seiner posthum veröffentlichten Autobiographie *Autobiography of Values (Stationen meines Lebens)* listete Lindbergh die abstrakten Qualitäten auf, die er in einer Frau suchte – u. a. eine gute Figur und Gesundheit –, was darauf hindeutet, daß er möglicherweise während seines Besuchs in Englewood Anfang des Jahres von Elisabeths schwachem Herzen erfahren hatte.

Charles plante diese erste Verabredung mit Anne (die erste seines Lebens, sagte er später) mit derselben systematischen Zielstrebigkeit, mit der er auch die Vorbereitungen zur Atlantiküberquerung betrieben hatte. Sie begann mit einem Lunch in La Falaise, wo Anne, die ihn noch immer für etwas ungehobelt hielt, ihn im familiären Umgang mit den Guggenheims erlebte. Dann folgte eine Flugstunde in einem geliehenen Moth-Doppeldecker mit offenem Cockpit.

Ihr zweiter Ausflug bestand in einer gemütlichen Fahrt mit dem Franklin über die Landstraßen von New Jersey. Ein viele Jahre später veröffentlichter Roman Annes beschreibt genau eine solche Verabredung. Sie beginnt damit, daß der junge Mann eine verwirrende Abhandlung über die Gefahren von Kohlenmonoxydabgasen liefert. Während seine Freundin immer noch über den Sinn dieses Vortrags nachgrübelt, macht er plötzlich einen ungeschickten Satz über den Vordersitz und platzt mit einem Heiratsantrag heraus. Geblendet von der Vorstellung, wie ihre Freundinnen, die den jungen Mann als gute Partie betrachten, wohl staunen würden, willigt die junge Dame ein.

Charles und Anne waren nun verlobt – allerdings heimlich.

Aus Sorge um die Reaktion ihrer Eltern hofften sie, ihr Verhältnis so lange vor den Zeitungen geheimhalten zu können, bis sich die Gelegenheit bot, ihnen die Nachricht persönlich mitzuteilen. Natürlich war das unmöglich. Ryan Aircraft hatte Charles als Ersatz für die *Spirit of St. Louis* einen fünfsitzigen Brougham geschenkt, und er lud Anne und die Haushälterin der Morrows, Jo Graeme, zu einem Rundflug nach Lakehurst, New Jersey, ein. Reporter entdeckten das Trio am Flugplatz Teterboro und hielten die Frauen für die Morrow-Töchter. Als Anne nach Hause kam, fand sie eine von Reportern belagerte Veranda und telefonische Anfragen von sämtlichen New Yorker Zeitungen einschließlich der *Times* vor. Sie wies das Hauspersonal an, allen Anrufern zu sagen, »Miss Morrow ist in Europa«. (Als Miss Morrow war eigentlich nur Elisabeth bekannt; Anne wurde Miss Anne Morrow genannt.) Diese Äußerung verleitete die Presse zu dem Glauben, daß zwischen Charles und Elisabeth eine Liaison bestand, ein Mißverständnis, das sich noch verstärkte, als Elisabeth ihre Tante Alice in der Türkei besuchte und zusammen mit Evangeline Lindbergh gesehen wurde.

Im November fuhr Anne zu ihren Eltern nach Mexiko, doch sie brachte nicht den Mut auf, ihnen die Neuigkeit allein zu überbringen. 1928 hätten wohl die wenigsten Eltern begeistert reagiert, daß ihre Tochter einen Flieger heiraten und – noch viel schlimmer – selbst Fliegerin werden wollte. Charles Lindberghs Lebenserwartung wurde sicher nicht hoch eingeschätzt. Mrs. Jay Morrow, die Schwägerin des Botschafters, gab denn auch an Reporter weiter, was sie als Meinung der Familie voraussetzte: »Wenn Lindbergh eine Morrow heiraten will, müßte er die Fliegerei aufgeben.«[8]

Es war ein glücklicher Zufall, daß Colonel Alexander McNab, der amerikanische Militärattaché in Mexiko, Charles zu einer Jagdexpedition mit einer Gruppe mexikanischer Offiziere in Couahuila eingeladen hatte. Doch McNab wurde nach ein paar Tagen wieder nach Mexiko City zurückbeordert, und so konnten die Morrows Lindbergh in ihr Wochenendhaus in Cuernavaca einladen. »Casa Mañana«, wie die Familie den Sitz nannte, bestand aus einer Reihe Einzelbungalows, malerisch an einem steilen Hang gelegen und durch mit rotem Ziegelstein gepflasterte Wege miteinander verbunden. Es gab einen Swimmingpool und eine Terrasse, wo Charles und Anne gemeinsam frühstückten und dabei die herrliche Aussicht auf die Zwillingsvulkane Popocatepetl und Ixtacihuatl genießen konnten. Eine idyllische Szenerie für ein frisch verliebtes Paar, und die Tiefe ihrer Zuneigung war bald für alle offenkundig, mit Ausnahme von Sandy McNab, der sich unentwegt bei Lindbergh entschuldigte, daß er ihn der Obhut der Damen überlassen hatte.

Jahre später erinnerte sich Anne lebhaft der Reaktion ihres Vaters auf die phantastische Neuigkeit. »Er will also Anne heiraten! Was wissen wir denn über diesen jungen Mann?«[9] Dwight Morrow war nie ein Mann begegnet, der ihm für eine seiner Töchter gut genug gewesen wäre, doch die Aussicht, einen Nationalhelden zum Schwiegersohn zu haben, schmeichelte ihm gewaltig; zudem erfüllte ihn der plötzliche Unternehmungsgeist seiner ängstlichen, belesenen Tochter mit Stolz. »Wenigstens ist er ein netter, anständiger Junge«, erzählte er einem amüsierten Freund.

Betty Morrow konnte sich nicht so leicht mit dem Gedanken anfreunden. Anne war immerhin das Kind, das allem Anschein nach ihre eigenen vereitelten Schriftstellerträume erfüllen sollte. Und nun wollte sie sich an einen Mann hängen, der in Bettys Augen wenig mehr als einen besseren Mechaniker darstellte. Die Morrows waren gar nicht unbedingt gesellschaftliche, sondern eher intellektuelle Snobs. Bildung – definiert als Wortgewandtheit, Esprit, Besuch der richtigen Schulen und Vertrautheit mit den richtigen Büchern, Bildern und entsprechender Musik – bedeutete ihnen alles.

Ein Professor von Anne am Smith College hatte seinen Studentinnen oft gesagt: »Heiratet nie einen Mann, um ihn zu bessern.« Doch zu einem so banalen Fehler war Anne gar nicht fähig. Im Gegenteil, sie heiratete eigentlich, um sich selbst zu bessern. Als Anne Charles bei einer ihrer ersten Verabredungen gestand, sie wolle Schriftstellerin werden, hatte er erstaunt ausgerufen: »Du willst *schreiben?!* Ich will Dinge machen, über die andere Leute schreiben!« Kaum eine Antwort hätte Anne mehr beeindrucken können. Von ihrer eigenen Passivität und ihrem Hang zu Depressionen beunruhigt, die sie später als ein Gefühl des »Vom-Leben-abgetrennt-Seins« bezeichnete, hatte sie beschlossen, als Gegenmittel die Ehe mit einem Mann zu wählen aus »dieser Welt des Handelns, die jede Beschaulichkeit ausschließt, an dieser herrlichen objektiven, kraftvollen Welt, der er und Elisabeth angehören.«[10]

Charles dürfte die fast unverhohlen herablassende Haltung der Familie wohl kaum entgangen sein, und er reagierte darauf, indem er in der Botschaft mit einer Gruppe mexikanischer Offiziere herumalberte und Sandy McNab Streiche spielte. Beim Dinner warf er zum Zeitvertreib Nüsse in die Luft und fing sie mit dem Mund auf. Frederick Hibbard und Alan Dawson, zweite und dritte Sekretäre der Botschaft, verspotteten hämisch Lindberghs Versuche, etwas zu Gesprächen beizutragen, die eigentlich zu hoch für ihn waren, und witzelten über seinen »eingleisigen Verstand«.

Manchmal konnte Lindbergh allerdings auch beeindrucken. Als er seine zukünftige Schwiegermutter auf einen Rundflug über die Zwillingsvulkane mitnahm, versicherte er ihr, daß die Fliegerei gar nicht so gefährlich sei, vor allem wenn der Pilot so sicherheitsbewußt wie er wäre. Betty, die sich dem Unvermeidlichen fügte, meinte zu ihrer Tochter: »Naja, zumindest wird dir der Himmel gehören.«[11]

Da Charles und Anne wußten, daß ihr Liebesverhältnis für

die Medien ein gefundenes Fressen sein würde, wünschten sie so schnell wie möglich zu heiraten. Doch Betty und Dwight bestanden auf einer Wartezeit – vielleicht hofften sie, Anne würde es sich anders überlegen. In der Zwischenzeit sollte die Verlobung geheim bleiben.

Wenige Monate später schrieb Anne in ihr Tagebuch, Charles hätte eine »Bombe« in ihre im College herangezüchtete, ewig bücherlesende, nach innen gekehrte Familie geworfen.[12] Im Kontext von Annes veröffentlichten Briefen und Tagebüchern erscheint das als theatralisch. Bedenkt man jedoch bestimmte Ereignisse, die Anne lieber nicht in ihren Bericht aufnahm, ist die Metapher eher zu verstehen.

Mitte Oktober, fast zeitgleich mit Annes Entscheidung, Charles zu heiraten, erkrankte Elisabeth an einer Lungenentzündung. Nach einem kurzen Aufenthalt in einer Londoner Privatklinik fuhr sie per Schiff zurück nach Amerika, wo sie ein beschützender Jack Morgan vor Reportern abschirmte, die vermuteten, sie komme zurück, um Lindy zu heiraten. Elisabeth war wohl kaum die verschmähte Geliebte, als die man sie später gern darstellte, aber es war auch nicht einfach, genau in dem Moment Fragen über eine nicht existierende Verlobung abzuwehren, als die Ärzte ihr eröffneten, daß sie ihre künftigen Aktivitäten womöglich stark einschränken mußte.

Im selben Herbst preschte Dwight jr. in Amherst vor und tat sich gleich am Anfang des ersten Semesters mit der Gründung eines Vereins »Al Smith for President« hervor. Als Botschafter Morrow – zufällig einer der Architekten von Hoovers Kandiatur – dies aus einem Zeitungsartikel erfuhr, reagierte er eher verwirrt als verärgert. Aber auch wenn er sich über die Presseberichte über den Club lustig machte, zeigte er sich in seinem nächsten Brief an Dwight doch eindeutig beunruhigt.[13]

Voller Angst, nie an die Leistungen des Vaters heranzukommen, hatte Dwight jr. sich oft Sorgen gemacht, daß ihm das Schicksal des »vergessenen Morrow« vorbehalten wäre. Annes Verlobung mit Charles ließ seinen schlimmsten Alptraum wahr werden, und infolgedessen versuchte er, soviel Aufmerksamkeit wie nur möglich auf sich zu ziehen. »Dwight Morrow war vermutlich das aufsässigste Erstsemester in der Geschichte von Amherst«, erinnerte sich der College-Kaplan Arthur Lee Kinsolving viele Jahre später.[14]

Lindbergh verschärfte den Konkurrenzkampf, zweifellos unabsichtlich, als er seinen Mexiko-Aufenthalt unterbrach und nach St. Louis flog, um seine Stimme zur Präsidentschaftswahl abzugeben; später informierte er die Presse, er habe für Hoover gestimmt. Offenbar war die Bekanntgabe seiner Unterstützung von Hoover eine Idee von Jerry Land. Doch von wem auch immer sie stammte, gut war sie nicht. Die Journalisten hatten – wenn auch insgeheim skeptisch, um es milde zu sagen – in die Verherrlichung Lindys miteingestimmt und ihn als den amerikanischen Universalhelden dargestellt. Und nun entpuppte dieses Vorbild sich als Republikaner, und die vorwiegend demokratische Presse hatte das Gefühl, daß Lindbergh das Versprechen, seinen Ruhm nicht auszubeuten, gebrochen hatte. Bis zu diesem Zeitpunkt waren in der Presse nur wenige offen feindselige Geschichten über Lindbergh erschienen. Das sollte sich bald ändern.

Im Dezember kehrte Anne mit ihren Eltern für die Feiertage nach Englewood zurück. Inzwischen waren die letzten Sachen der Familie in die neue, von Chester Aldrich entworfene Villa gebracht worden, die Betty Morrow »Next Day Hill« taufte. Mrs. Morrow hatte sich schon seit Monaten auf die Einweihungsfeier gefreut, und weder Elisabeths Krankheit noch Annes und Charles Wunsch, der Presse möglichst wenig Stoff zu bieten, konnten sie von der Veranstaltung eines Einweihungsfestes abhalten. Für den Neujahrstag gingen an 960 Gäste Einladungen, die unvermeidlich das Gerücht schürten, daß der Botschafter und seine Frau die Verlobung ihrer Tochter mit Colonel Lindbergh bekanntgeben wollten. Es herrschte noch immer einige Unklarheit darüber, welche Tochter denn wohl Lindberghs Liebste wäre. Die Associated Press tippte richtig auf Anne, nur veröffentlichte sie ein Foto, das Constance zeigte, was bei vielen Lesern den Eindruck erweckte, der Einsame Adler würde sich mit einem 15jährigen Mädchen verabreden.

Am Abend der Party säumten einige Dutzend Fotografen die Straße zum Haus, und der Privatsekretär des Botschafters, Arthur Springer, mußte mehrere Reporter hinauswerfen, die sich Einladungen von geladenen Gästen verschafft hatten. Die Präsenz der Presse in Next Day Hill wurde zur Dauereinrichtung, zumindest wenn die Morrows anwesend waren. Schließlich brachte die Familie die Stadt Englewood so weit, eine Verfügung zu erlassen, gemäß der Fotografen sich dem Besitz nur bis auf 2,50 Meter nähern durften; der prunkvolle Lebensstil der Morrows, der in Englewood weitaus mehr auffiel als in Manhattan, erwies sich jedoch als unwiderstehlicher Magnet für die Regenbogenpresse. Ein treuer Diener, dem man für die Beschaffung von Annes Liebesbriefen 5000 Dollar bot, lehnte das Angebot ab. Trotzdem schien die Presse äußerst gut über das Kommen und Gehen in der Familie informiert zu sein. Da sich die Morrows aber nicht vorstellen konnten, daß ihr treues Dienstpersonal Tips an die Presse verkaufte, vermuteten sie, das Telefon werde abgehört.

Am 28. Januar 1929 erhielt Botschafter Morrow einen dringenden Ruf nach Amherst: Dwight jr. hatte wieder einen Zusammenbruch erlitten. Die Einzelheiten dieser Episode bleiben im dunkeln. Dwights Probleme hingen möglicherweise mit einem mysteriösen Feuer zusammen, das wenige Tage zuvor im Morrow-Gebäude in Amherst ausgebrochen war. Morrow nahm seinen Sohn jedenfalls aus der Schule und ließ ihn mit einer Limousine in eine Privatklinik in Stockbridge bringen. Das Sanatorium, zu der Zeit als Riggs-Stiftung für psychopathische Krankheiten bekannt, betreute wohlhabende Patienten. Doch Dwight jr. wohnte nicht auf dem Gelände. Er blieb in einer Wohnung in der Stadt, rund um die Uhr von privaten Krankenschwestern bewacht. Drei Wochen später richtete ein weiteres mysteriöses Feuer im Therapiezimmer des Sanatoriums einen Schaden von 12 000 Dollar an, und Dwight wurde in eine sicherere Einrichtung verlegt, das Bloomingdale Center in Beacon, New York; dort verbrachte er den größten Teil des Jahres.

Die Morrows machten sich Sorgen, daß Informationen über Dwights Krankheit an die Öffentlichkeit dringen könnten und seine Chancen auf eine erfolgreiche Karriere zerstört würden. Noch schenkte die Presse der Angelegenheit keine Beachtung, doch diese Situation hielt sehr wahrscheinlich nicht lange vor. Frustriert, da ihnen das bekannteste Liebespaar der Welt jegliche Fotos versagte, wurden die Zeitungen allmählich ungeduldig. Am 12. Februar nahmen die Nachrichtenagenturen eine Meldung auf, derzufolge sich Evangeline Lindbergh, die auf einem Kreuzfahrtschiff aus der Türkei zurückkehrte, mit dem Kapitän, der zufällig auch noch verheiratet war, verlobt hätte. Mrs. Lindbergh fand das Gerücht über ihre angebliche Verlobung amüsant. Die Morrows dagegen entschieden, genug sei genug. Noch am selben Nachmittag versammelte Dwight Morrow die Presse im Botschaftsbüro in Mexiko City und verteilte Kopien einer Presseerklärung, in der die Verlobung seiner Tochter mit Colonel Charles A. Lindbergh bekanntgegeben wurde.

Constance, mittlerweile Studentin an der Milton Academy, war bisher das einzige vom grellen Licht der Öffentlichkeit verschonte Familienmitglied. Das änderte sich schlagartig, als sie am 24. April ihre Post im Studentenwohnheim abholte und einen anonymen Brief in den Händen hielt, in dem in unbeholfenen, mit Bleistift geschriebenen Blockbuchstaben stand:

Lies das und halt deinen Mund... Mach die Klappe gegenüber keiner Menschenseele auf... Das Smith-Mädchen bekam den gleichen Brief wie den hier und sagte es ihren Freundinnen in der Schule. Und ihr Vater ließ sie bewachen. Aber du weißt ja, wie sie von der Bildfläche verschwand. Genauso wird es dir gehen, wenn du mit irgend jemandem über diese Nachricht redest.

In dem Brief, der auch Alice Corbett erwähnte, wurde Constance aufgefordert, ihren Vater um 50 000 Dollar Lösegeld zu bitten.[15] Um auf Nummer Sicher zu gehen, zog Direktor W. L. Field Sicherheitsleute der Burns Agency hinzu, doch eigentlich nahmen weder er noch Botschafter Morrow die Drohung ernst. Am 13. Mai jedoch kam ein zweiter Brief, der genaue Anweisungen für die Geldübergabe enthielt. Constance sollte mit einem Bus nach Westwood, Massachusetts, fahren und den Koffer mit den 50 000 Dollar über die Mauer eines katholischen Friedhofes werfen. Die Burns-Detektive mieteten eine Wohnung gegenüber der angegebenen Stelle, und am festgesetzten Tag hinterlegte eine Polizistin, die Constance Morrow verblüffend ähnlich sah, einen mit unechten Banknoten gefüllten Koffer.

Der Koffer lag 48 Stunden unberührt da, woraus die Polizei schloß, daß der Erpresser Constance verfolgt und sich nicht von der Doppelgängerin hatte täuschen lassen. Ernsthaft besorgt, empfahl die Burns Agency nun General Jay Morrow, der die Sache in Abwesenheit seines Bruders Dwight übernommen hatte, Constance in das Sommerhaus der Familie nach North Haven zu schaffen. Das Inselanwesen war nur über die Autofähre zu erreichen, so daß der Sicherheitsdienst dort für absolute Sicherheit garantieren konnte. General Morrow, erst kürzlich vom Dienst als Befehlshaber der US-Streitkräfte in der Panamakanal-Zone zurückgetreten, erfreute sich nicht bester Gesundheit und war äußerst reizbar. Doch er steigerte sich so in die Rolle des verantwortlichen Beschützers seiner Nichte hinein, daß er einem ausgeklügelten Sicherheitsplan zustimmte. Am folgenden Morgen wurden alle drei Morrow-Schwestern zu einem kleinen Flugplatz in Connecticut gefahren, wo Colonel Lindbergh in einem geliehenen Sikorsky-Wasserflugzeug wartete, um sie nach North Haven zu fliegen.

Unglücklicherweise waren an diesem Tag zufällig Luftfahrtkorrespondenten aus dem ganzen Land am Old Orchard Beach, Maine, versammelt, um über die mögliche Ankunft eines Transatlantikfluges zu berichten. Ein Flughafenangestellter gab den Tip, daß man Lindbergh und die Familie seiner Verlobten in Portland zum Auftanken erwartete, und die Korrespondenten folgerten daraus, daß die Gesellschaft wahrscheinlich zu einer heimlichen Hochzeit nach North Haven unterwegs sei. Sie sprangen in ihre Autos und rasten zum Flugplatz Portland. Dort ging ein Freiwilliger zu dem Flugzeug und fragte Lindbergh, ob er mit seinen Passagieren herauskommen und sich fotografieren lassen würde. Die Worte, mit denen Lindbergh seine ablehnende Antwort gab, wurden später von einem Mitglied der Gruppe als »unverblümt« bezeichnet.

Unwissend, daß sie soeben eine genau geplante geheime Operation verdorben hatten, reagierten die Reporter wütend. Minuten später rollte die schwer mit Kraftstoff beladene Sikorsky über die nasse Piste und blieb prompt im Matsch stecken. Morris Markey berichtete in einem Artikel im *New Yorker* eingehend, was weiter passierte:

Auf der Piste befand sich niemand vom Servicepersonal, und die 20 Zeitungsleute standen direkt daneben und jubelten, während Lindbergh sich allein mit dem Schlamassel abmühte. In stummer Übereinstimmung verweigerten sie ihm jegliche Hilfe, den Schubs aus dem Schlamm und das Drehen der Motorkurbel, die seine Schwierigkeiten behoben hätten. Es dauerte eine Stunde, bis er wegkam.[16]

Doch selbst wenn man die Sikorsky nicht entdeckt hätte, wäre die überfallartige Ankunft der mehreren Dutzend Sicherheitsleute von Burns im friedlichen Rockland, Maine, wohl kaum unbemerkt geblieben. Wie die Reporter in Portland interpretierten auch die Bewohner von Rockland die Ankunft der Wachen als Beweis für die bevorstehende Hochzeit von Lindy und Anne im Sommerhaus der Morrows. Presse und Nachrichtenjäger strömten von überallher in das Dorf, doch statt einer Hochzeit erlebten sie eine zweitägige Fahndung nach einem verdächtigen Fremden mit, den man auf der Insel gesehen hatte. Als er endlich in dem Wald nahe des Morrow-Cottages aufgegriffen wurde, erwies sich der Eindringling als ein Mexikaner namens Robert Tondero, der, wie er der Polizei erzählte, Lindbergh lediglich die Pläne einer Erfindung zeigen wollte, mit deren Hilfe sich Flugzeugabstürze vermeiden ließen. Erbost über die Privatdetektive von Burns, die Einheimische verhörten und seinen Hilfssheriffs Befehle erteilten, beschwerte sich der Sheriff von Kno County, daß dieser offenbar harmlose Exzentriker der erste Mensch sei, den man seit 200 Jahren auf North Haven verhaftet hätte.

Am folgenden Tag, dem 22. Mai, brachte die *Boston Post* die Geschichte über das bedrohte Leben der Constance Morrow. Die *Post* zitierte darin die Aussage des Polizeipräsidenten von Westwood, laut der die Schriftstücke etwa 20 anderen glichen, die wohlhabende Bostoner und einige prominente Persönlichkeiten erhalten hätten, darunter auch Mrs. Douglas Walsh, die Mutter der extravaganten Evalyn Walsh McLean. Polizeipräsident Driscoll sagte auch, die Polizei habe den Verfasser identifiziert, und die Festnahme könne jeden Tag erfolgen.Driscolls mutmaßlicher Täter hieß George Long, ein ehemaliger Kodierungsspezialist der Army. Long war erst vor kurzem wegen Postbetrugs verurteilt worden und wurde jetzt verhört, doch Edward Dean Sullivan, der in seinem Buch *The Snatch Racket* über den Fall berichtete, konnte den schlüssigen Beweis liefern, daß er nichts mit den Briefen zu tun hatte. Long wurde nie offiziell angeklagt, und der Fall blieb unaufgeklärt.[17]

Charles und Anne hatten tatsächlich auf eine ruhige Hochzeit in Deacon Brown's Point im Juni gehofft. Charles hatte einen elf Meter langen Motorkreuzer gekauft, die *Mouette,* auf der sie nach der Feier ruhige Flitterwochen entlang der Küste von Maine genießen wollten. Doch da die Aufregung um die Verhaftung des Mexikaners diese Pläne durchkreuzt hatte, sollte der Hochzeitstermin nun vorverlegt werden. Betty Morrow, die es nicht zuließ, daß irgendwelche Familienkrisen ihren gesellschaftlichen Terminplan durcheinanderbrachten, gab am Sonntag, dem 26. Mai, einen Nachmittagsempfang für 260 Gäste in Next Day Hill, um Alices Rückkehr aus der Türkei zu feiern. Auch Evangeline Lindbergh befand sich unter den Anwesenden. Am folgenden Morgen rief Betty etwa 25 gute Freunde der Familie an und lud sie zu einer Partie Bridge ein. Bei ihrer Ankunft stellten die Gäste fest, daß Dr. William A. Brown vom Union Theological Seminary anwesend war. Betty machte die Runde um die Tische und flüsterte den Gästen zu: »Wenn Dr. Brown aufsteht, kommt ihr bitte näher.« Dr. Brown stand auf, die Wohnzimmertüren wurden schwungvoll geöffnet und zeigten Anne in einem traditionellen, weißen Chiffonkleid, den stolzen Vater an ihrer Seite.

Annes Kleid war in aller Eile von der Schneiderin der Familie genäht worden. Ihr Hochzeitsstrauß bestand aus Blumen, die Elisabeth auf dem Grundstück gepflückt hatte. Der Bräutigam verzichtete auf einen Trauzeugen, und außer Evangeline war niemand aus seiner Familie anwesend. Minuten, nachdem der Hochzeitskuchen angeschnitten war, schlichen Anne und Charles aus dem Haus und kauerten sich im Wagen eines Gastes auf den Rücksitz. Henry Breckinridge wartete mit Charles' Franklin in einer Nebenstraße, und die Jungverheirateten fuhren direkt zu seinem Jachtclub auf Long Island, wo die *Mouette,* die weder Charles noch Anne bislang gesehen hatten, im gleißenden Scheinwerferlicht lag.

Diese Fluchtpläne für Flitterwochen – romantisch und kompliziert – waren natürlich zum Scheitern verurteilt. Das junge Paar war offenbar nicht auf die Idee gekommen, daß ein nagelneuer Motorkreuzer nicht gerade unauffällig ist. Als die *Mouette* in einem Jachthafen anlegte, um Vorräte und Kraftstoff aufzunehmen, versteckte Anne sich in der Kabine, während Charles, der eigens aufs Rasieren verzichtet hatte, damit er weniger leicht erkannt wurde, die Besorgungen erledigte. Aber sein Stoppelbart dürfte kaum jemanden getäuscht haben – ein alter Seebär machte sich mit seinem Freund sogar in Lindberghs Gegenwart darüber lustig: »He, der Kerl hat mir gesagt, daß er Lindbergh ist!« Aber immerhin gelang es der *Mouette* fast eine Woche lang, den Suchtrupps der Zeitungen immer einen Schritt voraus zu sein.

Als die *Mouette* am 6. Juni 1929 in den York Harbor, Maine, einlief, flog dicht über ihr ein Presseflugzeug, und ein Fotograf beugte sich aus dem Fenster. Gleich nachdem Charles geankert hatte, näherte sich ein Boot, von dem aus ein zweiter Fotograf über ein Megaphon bat, die Jungvermählten möchten an Deck kommen und sich fotografieren lassen. Charles, »ziemlich verärgert«, dachte nicht daran, dem Mann diese Freude zu machen. Acht Stunden lang hielten er und Anne sich unter Deck versteckt, während das Presseboot sie umkreiste. Als klar wurde, daß die Fotografen bis zum bitteren Ende abwarten würden, warf Charles den Motor an, und die *Mouette* schlingerte mit hinterherschleifendem Anker ruckweise zur Hafenausfahrt hinaus.

12.

UNSERE TURTELTÄUBCHEN AM HIMMEL

Im Juli 1929 führten Wissenschaftler im Auftrag der Carnegie Institution im Canyon del Muerto in Arizona archäologische Ausgrabungen durch. Eines Tages entdeckte die Gruppe, die durch eine plötzliche Überschwemmung von der Außenwelt abgeschnitten war, wie ein kleines Flugzeug ihr Lager umkreiste. Es verschwand wieder, und kurz darauf kletterten zwei Gestalten, ein großer hagerer Mann und eine kleine Frau in kniehohen Stiefeln, die steil abfallende Canyonwand zum Lagerplatz herunter.

»Haben Sie vielleicht was zu essen?« fragte der große Mann, als er sich dem Biwak näherte. »Ah ... entschuldigen Sie, das ist Mrs. Lindbergh. Es soll für sie sein.«

Die Lindberghs erklärten, sie hätten in einem angrenzenden Canyon eine verlassene Felsenhöhle gefunden und daraufhin beschlossen, hier im Lager vorbeizuschauen, um vielleicht spontan eine Expedition zu organisieren. Am nächsten Tag marschierten sie in Begleitung der Archäologen und mehrerer Navajo-Führer ins Canyon de Chelly und spürten die Stätte auf, deren untere Räume prähistorische Tonscherben enthielten. Anne erforschte eine der oberen Kammern. Als sie durch eine enge Öffnung kletterte, landete sie auf den Knien und sah sich einem Skelett gegenüber. Aber die Führer versicherten ihr, daß kein Grund zur Aufregung bestehe; die Knochen stammten nicht aus der Zeit der Anasazi-Kultur, sondern seien »ziemlich jung«, sie hatte also keinen Schaden angerichtet.[1]

Die vorbereitenden Kundschafterflüge für archäologische Expeditionen waren nur ein Beispiel für die Abenteuer der Lindberghs, die sie schnell als Amerikas Turteltäubchen am Himmel berühmt machten – »unser erstes Liebespaar der Luft«, wie es in einem Bericht in *Vanity Fair* hieß. Unter der gestrengen Anleitung ihres Mannes hatte sich Anne zu einer sehr fähigen Pilotin entwickelt. Sie wiederum brachte ein lebhaftes Interesse für Geologie, Archäologie und primitive Kulturen in die Ehe mit. Die Morrows waren rege Mäzene des Museum of Natural History in New York und der Carnegie Institution, und so ließen sich Charles und Anne im Sommer 1929 von ihrer Erkundungsarbeit für die TAT beurlauben, um die im Südwesten gelegenen Ausgrabungsstätten von Dr. und Mrs. Earl Moris, Dr. Alfred E. Kidder und anderen Carnegie-Wissenschaftlern zu besuchen. Charles, ein begeisterter Amateurfotograf, faszinierte die Möglichkeit, archäologische Stätten eventuell aus der Luft kartographisch zu erfassen. Während Anne über den Ausgrabungsstätten kreiste, lehnte er sich hinaus und fotografierte.

Im September befanden sich die Lindberghs in der Karibik und bereisten mit Juan Trippe und dessen Frau die Postrouten der Pan-Am. Danach schlossen sie sich den ständigen Carnegie-Mitarbeitern Dr. Oliver Ricketson und Dr. Kidder an und erkundeten per Flugzeug Maya-Stätten in Guatemala, Campeche und Quintana Roo. Man wußte zwar um die Existenz solcher Stätten, aber sie waren von dichtem Dschungel überwuchert und daher schwer aufzuspüren. Mit dem Flugzeug schafften Kidder und Ricketson in wenigen Stunden, wofür sie sich sonst wochen- oder sogar monatelang durch den Dschungel hätten schlagen müssen. Aus der Luft ließen sich nicht nur von Kletterpflanzen bewachsene Pyramiden als Rundungen am Horizont erkennen, vielmehr markierten Veränderungen in der Vegetation auch sehr genau Kalksteinbecken und alte Stelen und Steinmauern.

Die Carnegie-Wissenschaftler betrachteten archäologische Expeditionen per Flugzeug als interessante Möglichkeit für die Zukunft, doch daß sie für die Lindberghs mehr als nur ein Zeitvertreib waren, schien ihnen nicht wahrscheinlich. Zu Annes großer Bestürzung schwärmte einer von ihnen, die »größte Hilfe« des jungen Paares bestehe darin, daß man jetzt »den Namen ›Lindbergh‹ mit Archäologie in Verbindung gebracht habe«.[2]

Doch selbst dieser Aspekt erwies sich als problematisch, nachdem William Van Dusen einen zwar anschaulichen, jedoch sehr ungenauen zweiteiligen Artikel über Lindberghs Mittelamerika-Expedition in der *Saturday Evening Post* veröffentlichte. Van Dusen legte Tulum an die falsche Stelle und schrieb den Lindberghs irrtümlicherweise die Entdeckung einer Maya-Stadt zu. Die Artikel wirkten jedenfalls wie der Zündfunke im Pulverfaß akademischer Rivalitäten. Einige Experten auf dem Gebiet der Maya-Kultur schrieben Protestbriefe an die *New York Times,* und ein anderer veröffentlichte einen Artikel, in dem er darlegte, was er als wissenschaftlichen Schwindel interpretierte, nämlich den Versuch Ricketsons und der Lindberghs, die Lorbeeren für die Arbeit anderer einzuheimsen. Charles hatte den Inhalt des Van-Dusen-Artikels nicht bestätigt und mußte betroffen zur Kenntnis nehmen, daß er nun im Bereich der Archäologie als Persona non grata galt.

Anne, die schon im College zurückhaltend gewesen war, trafen die Anforderungen ihrer neuen Rolle völlig unvorbereitet. Sie hatte wenig Erfahrung mit einfachen, ungebildeten Leuten – und auch kein großes Interesse an ihnen –, und nun lernte sie die breite Masse unter äußerst sprapaziösen Umständen kennen. Nur wenig Menschen zeigen sich von ihrer besten Seite, wenn sie prominente Persönlichkeiten treffen: Langweiler werden regelrecht rüpelhaft; Schüchterne plappern dummes Zeug. Wie so viele Berühmtheiten hatte

Charles die Fähigkeit entwickelt, lästige Fans einfach reden zu lassen, und wenn es zu schlimm wurde, reagierte er ohne irgendwelche Schuldgefühle mit grober Abweisung. Anne dagegen schenkte jedem ihre volle Aufmerksamkeit und war stets charmant, dafür aber jeden Abend völlig erschöpft. Nachdem ihr Mann sie gewarnt hatte, daß selbst Privatgespräche mitgehört und Briefe gestohlen werden könnten, übte sie sich in ständiger Selbstzensur. Sie führte kein Tagebuch mehr, aus Angst, es könnte Journalisten in die Hände fallen. »Ich muß *so* zurückhaltend und angespannt und auf der Hut vor Fallen sein«, schrieb sie ihrer Schwester Constance knapp zwei Monate nach der Hochzeit.[3]

Charles wollte nach wie vor in der Welt der Wissenschaft Fuß fassen und fand in seinem überfüllten Terminkalender tatsächlich noch die Zeit, einen Plan für ein Raketenforschungsprogramm zu entwickeln. 1929 sahen sich Konstrukteure wie Igor Sikorsky noch immer dem Widerstand von Physikern gegenüber, die behaupteten, daß die Maschinen, die schwerer als Luft sind, ihre theoretischen Größengrenzen erreicht hätten. Lindbergh hatte diese Argumentation längst hinter sich gelassen, er schaute bereits nach vorn, ihn fesselte die Vorstellung vom Bau einer Rakete, die den Mond erreichen könnte. Im Herbst 1929 präsentierte er dieses Thema einer Gruppe von Ingenieuren und Direktoren im Hauptsitz der DuPont Company in Delaware. Als ihm klar wurde, daß DuPont wohl kaum in die Vision von der Erforschung des Weltalls investieren würde, versuchte er die Ingenieure davon zu überzeugen, daß sich für die Prinzipien der Raketenforschung möglicherweise auch näherliegende Anwendungsbereiche anbieten würden. Vielleicht, schlug er vor, ließe sich eine Rakete an ein Flugzeug koppeln, »um ihm, im Fall eines Triebwerkversagens beim Start, kurz Antrieb zu geben.«[4]

Die Ingenieure lehnten den Vorschlag mit einem höflichen Brief ab und ließen ihn wissen, die Verwendung von Raketen in Verbindung mit Flugzeugen stelle eine technische Unmöglichkeit dar.

Keine drei Wochen später zeigte Carol Guggenheim ihrem Mann und Lindbergh einen Zeitungsbericht über Robert Goddard, der in Massachusetts eine flüssigkeitsangetriebene »Mondrakete« getestet hatte. (Lindbergh und Harry Guggenheim wußten es zwar nicht, aber Goddard hatte sich bei der Guggenheim-Stiftung bereits um ein Stipendium beworben, war jedoch von Jerry Land abgelehnt worden, der den Raketenfanatiker als einen Spinner eingestuft hatte.) Lindbergh besuchte Goddard im November auf dessen Farm in der Nähe der Clark University. Am Abend saßen die beiden auf der Veranda, gegenüber der Viehweide, wo Goddard seine Raketen testete, und diskutierten die Möglichkeit, den Mond zu erreichen. »Es könnte eine Million Dollar kosten«, sagte Goddard. Das war so unerhört, daß sich beide köstlich darüber amüsierten.

Lindbergh arrangierte für Goddard ein Treffen mit den DuPont-Ingenieuren, die das Potential des Düsenantriebs allerdings nicht beeindruckte. Etwas erfolgreicher verlief sein Vorstoß bei der Carnegie Institution, die Goddard einen Zuschuß von 5000 Dollar gewährte. Anfang 1930 trat er an Daniel Guggenheim, Harrys Vater, heran, der sich bereiterklärte, Goddards Forschung vier Jahre lang mit 25 000 Dollar pro Jahr zu unterstützen. Mit diesem Geld konnte Goddard nach Roswell, New Mexiko, ziehen, wo es ihm schließlich gelang, eine Rakete 14 000 Kilometer weit in den Weltraum zu schießen. Lindbergh setzte sich noch bis 1939 beim *National Geographic* und bei der Navy für Goddard ein. Sein eigener Vorschlag aber wurde schnell vergessen.

Die Leute, mit denen die Lindberghs im Rahmen ihrer Öffentlichkeitsarbeit für die TAT zusammenkamen, gehörten einem völlig anderen Schlag an als die Wissenschaftler Goddard, Ricketson und Kidder. Da zu den potentiellen Kunden des TAT-Passagierdienstes von Küste zu Küste offenbar vor allem Filmstars zählten, rührten Charles und Anne die Werbetrommel, indem sie als Gäste von Douglas Fairbanks und Mary Pickford Hollywood einen Besuch abstatteten.

Am 7. Juli 1929 beförderte die TAT nach zahlreichen Verzögerungen die ersten zahlenden Passagiere. Vor dem Start zum Jungfernflug taufte Mary Pickford die Ford Trimotor mit einer Flasche Ginger Ale – Champagner war aufgrund der Prohibition verboten – auf den Namen *City of Columbus.* Charles flog die Maschine bis Winslow, Arizona, während Anne mit Will Rogers und einigen Flugkorrespondenten im Passagierbereich saß. In Arizona verließen die Lindberghs das Flugzeug, um die Ankunft der ersten Maschine von Ost nach West zu erwarten, die Charles dann zurück nach Los Angeles flog. Auf dieser Route lernte Anne Amelia Earhart kennen.

Die Werbebroschüren der TAT versprachen »ein unbeschreibliches Erlebnis und vollkommene, luxuriöse Entspannung«. In einem Brief an Constance sang Anne treu das Loblied auf die Annehmlichkeiten des Flugzeugs, beschrieb zum Beispiel die mit grünem Leder bezogenen Sitze, die Vorhänge an den Fenstern und die kleinen Aluminiumtische, welche die Stewardeß an Passagiere austeilte, die sich die Zeit mit Briefeschreiben zu vertreiben wünschten. Zur Essenszeit wurden dieselben Tische mit violetten Leinentüchern bedeckt und Sandwiches und Ananassalat serviert. Taktvollerweise – oder wohl eher aus Angst, ihre Bemerkungen könnten in falsche Hände geraten – verschwieg Anne die Schattenseiten des Fluges mit der »Blechgans«: In der nicht klimatisierten, ohne Druckausgleich ausgestatteten Kabine kamen die Passagiere in Bodennähe vor Hitze fast um, während sie nach Luft schnappten, sobald die Maschine zum Überfliegen der Berge auf über 3000 Meter stieg. Der Flug verlief so unruhig, daß nach TAT-eigenen Statistiken 75 Prozent aller Passagiere luftkrank wurden. Unter den Opfern des Einweihungsflugs Ost-West befand sich auch Amelia Earhart, die sich hinter einem Vorhang versteckte, damit niemand sah, wie sie mit ihrem unkontrollierbaren Brechreiz kämpfte.

Wenn Earharts TAT-Geschäfte sie an die Westküste führten, wohnte sie gewöhnlich bei Jack und Helen Maddux, wo auch die Lindberghs mehrere Male mit ihr logierten. Earhart, eine berühmte, wenn auch keineswegs die einzige gute Fliegerin ihrer Zeit, war von George Palmer Putnam aus der Vergessenheit geholt worden; Putnam beeindruckte ihre verblüffende Ähnlichkeit mit dem Helden von 1927, und er verkaufte sie als »Lady Lindy«. Da Earhart wußte, wie empfindlich Lindbergh auf die Vermarktung seines Namens reagierte, sah sie der ersten Begegnung mit ihm etwas beunruhigt entgegen. Doch als die Maddux' dann einen Ausflug in ein Chinarestaurant organisierten, vertraute sie Anne und Charles an, sie habe gerade zufällig zwei Damen mittleren Alters zugehört, die sich wenig schmeichelhaft über ihr Aussehen ausgelassen hätten. Eine der Frauen, erzählte Earhart, beendete die Unterhaltung mit der Bemerkung: »Und sie sieht ja wirklich wie Lindbergh aus, das arme Ding.« Charles brüllte vor Lachen und bezeichnete Earhart später als »ein prächtiges Mädchen«. Anne empfand sie »genauso stark« wie ihren Mann und in vieler Hinsicht ihm ähnlich.

Earhart beurteilte die Lindberghs mit gemischten Gefühlen. Als engagierte Feministin sah Earhart ihre eigene Karriere als bahnbrechend für andere Frauen. Zu ihrer großen Enttäuschung zeigte Anne keinerlei Interesse, als Rollenvorbild zu dienen, und behauptete, keine »moderne Karrierefrau« zu sein, sondern lediglich die »Frau eines modernen Mannes«.[5]

Trotzdem war Anne an feministischen Ideen interessiert, wie Earhart bemerkte. Bei einer späteren Begegnung unterhielten sich beide begeistert über Virginia Woolfs *A Room of*

One's Own (Ein Zimmer für sich allein), ein Werk, das Betty Morrow vielsagend als »das wichtigste Buch seit *Onkel Toms Hütte*« bezeichnete. Was jedoch die Umsetzung des Feminismus in die Praxis anging, hatte Anne in Amelia Earharts Augen noch einen weiten Weg vor sich. Charles nämlich, so Earhart, traf sämtliche Entscheidungen für beide und sagte seiner Frau sogar, wie sie ihre Koffer packen sollte.

Außerdem erwartete er, daß Anne ihm ihre volle Aufmerksamkeit schenkte. Eines Abends, als Anne und Amelia bei den Maddux in der Küche saßen und diskutierten, stellte sich Charles hinter seine Frau und versuchte sie zu necken, indem er aus seinem Glas Wasser auf ihr Seidenkleid tropfen ließ. Amelia Earhart beobachtete begeistert, wie Anne sich plötzlich umdrehte und ihm ihr Glas Buttermilch ins Gesicht kippte. Aber Colonel Lindbergh, mußte Earhart zugeben, war kein Spielverderber und offenbar sogar stolz auf Annes temperamentvolle Reaktion.[6]

Während desselben Besuchs kam eines Abends der neunjährige Jack Maddux im Schlafanzug die Treppe herunter, um den Gästen gute Nacht zu wünschen. Charles fragte den Jungen, ob er sich einen Vierteldollar verdienen wolle. Jack jr. wollte natürlich. Daraufhin drehte Charles ein Blatt Papier zu einem Trichter zusammen, befestigte ihn vorn am Gummiband der Schlafanzughose und forderte den Jungen auf, die Augen zu schließen, die Münze in die Luft zu werfen und sie dann mit dem Trichter zu fangen. Jack kniff die Augen fest zu, doch bevor er die Münze werfen konnte, packte Charles ein Wasserglas und schüttete es in den Trichter. Der Junge brach, erschreckt und gedemütigt, in Tränen aus. Lindbergh schien von dieser Reaktion völlig überrascht zu sein. Amelia Earhart war entsetzt.

Charles Erinnerung an diesen Besuch sah selbstverständlich ganz anders aus. Ihm zufolge war die Fliegerin selbst ein ziemlicher Witzbold. Sie schleppte eine kleine Schachtel mit getrockneten Käfern mit sich herum und forderte neue Bekannte auf, sie zu probieren, da sie angeblich den geheimen Bestandteil der Soyasauce enthielten. Und Amelia konnte sehr überzeugend sein, erinnerte er sich.

Amelia Earharts Eindruck von der Lindbergh-Ehe wurde von vielen geteilt, die das Paar im Laufe der Jahre kennenlernten, aber er bedarf einiger Korrekturen. Als Sohn einer Mutter, die nicht nur ausgebildete Wissenschaftlerin, sondern nun auch eine unerschrockene Fliegerin war, hatte der junge Charles Lindbergh seine eigenen Vorstellungen von der Stellung der Frau in der Gesellschaft entwickelt. Gleich am Anfang der Ehe überredete er Anne, sich die Haare zu stutzen, die Röcke zu kürzen und weniger matronenhafte Kleidung zu tragen. Wichtiger aber war, daß er ihr Schreibtalent mit großem Stolz betrachtete, und er hätte sie sehr gern in einer Karriere als Solofliegerin unterstützt. Unglücklicherweise jedoch war Charles daran gewöhnt, alles auf seine Weise durchzusetzen. Froh darüber, eine Frau an der Seite zu haben, die sein Kumpel und Flugpartner war, schien er kaum darüber nachzudenken, daß Anne vielleicht eigene Wünsche und Ziele haben könnte, die ein wenig Kompromißbereitschaft seinerseits erfordern würden.

Doch es muß auch gesagt werden, daß Anne anscheinend nicht einmal selbst über ihre Bedürfnisse nachdachte. Nach ihren ersten romantischen Flugabenteuern hatte Anne festgestellt, daß das Fliegenlernen mit dem großen Lindbergh als Lehrer entgegen ihrer Erwartung eher einer Tortur gleichkam. Charles war so besorgt um Annes Sicherheit, daß er ein spezielles Schulungsflugzeug, eine Bird, gekauft hatte, das angeblich so sicher war, daß es in einem Baum landen konnte. Gleichzeitig war er jedoch auch ein fordernder Lehrer. Während des Unterrichts im Aviation Club auf Long Island trieb er sie ununterbrochen zu stundenlangen Start- und Landeübungen an. Doch Anne war psychisch belastbarer, als sie wirkte, und zu stolz und beherrscht, um abzubrechen oder der manchmal vernichtenden Kritik ihres Mannes etwas entgegenzusetzen.

Und das war erst der Anfang. Anne hatte sich selbst zum Ziel gesetzt, sich an Lindberghs Aktivitäten zu beteiligen, nur war sie bei weitem nicht die geborene Abenteurerin und hatte einen Mann geheiratet, der ständig neue physische Herausforderungen suchte. Obwohl sie trotz des Ärgers mit der Presse und dem zu vollen Terminplan sehr verliebt war und der Reiz ihres neuen Lebens sie begeisterte, wußte sie manchmal selbst nicht genau, ob es ihr Spaß machte oder nicht.

Während eines Aufenthalts in San Diego im Januar 1930 testete Charles ein Segelflugzeug, das Hawley Bowlus konstruiert hatte, der Betriebsleiter bei Ryan während des Baus der *Spirit of St. Louis*. Charles war derart begeistert, daß er und Anne sich im März mit Bowlus zu einem einwöchigen Segelflugurlaub bei den Klippen von Monterey trafen. Annes erster Versuch mit dem Segelflugzeug verlief allerdings nicht sehr erfolgreich, so daß Lindbergh und Bowlus einen Plan ausheckten. Statt die Maschine hinter einem Lastwagen herzuziehen, bis sie Eigengeschwindigkeit erreicht hatte – die übliche Übungsmethode für Anfänger –, beschlossen sie, sie von der Kuppe des Mount Soledad aus starten zu lassen, wo aufsteigende Luftströmungen den Flug etwas aufregender gestalten würden. Im Segelflugzeug festgeschnallt, während sechs Helfer sie an Stricken über den Abgrund zogen, kam Anne sich plötzlich wie das Opfer eines primitiven Rituals vor. Nach dem Start konnte sie den Flug zwar sehr genießen, aber Anne begnügte sich damit, sicher auf der Erde zu landen, und unternahm keinen Versuch, sich von den Luftströmungen tragen zu lassen. Obwohl sie als erste Frau der Vereinigten Staaten den Segelflugschein erwarb, empfand sie das Ganze doch als einen Nervenkitzel, den sie gern hinter sich ließ.

Nachdem die TAT den Passagierbetrieb im Juli 1929 aufgenommen hatte, hofften die Lindberghs, etwas weniger Zeit für die Fluggesellschaft aufbringen zu müssen. Doch es kam anders. Aller beruhigenden Publicity zum Trotz war das Überfliegen der Berge bei geringer Höhe nach wie vor ein gefährliches Unterfangen. Aufgrund schlechter Wetterbedingungen wurden so viele Flüge gestrichen, daß unter Piloten der Witz kursierte, die Initialen der Fluggesellschaft stünden für »Take a Train« (»Fahr mit dem Zug«). Als die TAT knapp drei Monate im Geschäft war, stürzte am 4. September die erste Maschine ab. Charles und Anne, die zwei Wochen später zu den Karibischen Inseln aufbrechen wollten, flogen nach New Mexiko, um sich an der Rettungsaktion zu beteiligen. Erst nach fünf Tagen wurde das Wrack der Trimotor an einem Berghang in den Sierras gefunden. Alle Passagiere waren ums Leben gekommen. Die TAT versuchte den Imageverlust nun auszugleichen, indem sie während des Flugs warme Mahlzeiten und Fox-Movietone-Wochenschauen anbot, allerdings mit wenig Erfolg. Im Januar 1930 stürzte eine zweite TAT-Maschine über Pleasanton, Kalifornien, ab, und 16 Menschen kamen dabei ums Leben. Diese beiden Unfälle, verbunden mit einer weiteren »Bruchlandung« an der Wall Street im Oktober 1929, trieb die Gesellschaft an den Rand des Bankrotts.

In einem Brief an ihre Mutter schrieb Anne, die Suche nach der vermißten TAT-Maschine habe bei ihr furchtbare Erinnerungen an das Verschwinden von Frances Smith ausgelöst. Flüge bei schlechtem Wetter machten sie schrecklich nervös; trotzdem hoffte sie, mit Charles bald eine Großkreisroute über Alaska und die Beringstraße nach Tokio zu fliegen – die erste Etappe eines ehrgeizigen Rund-um-die-Welt-Flugs.

An ihrem Hochzeitstag schrieb Anne, sie sehe sich Hand in Hand mit Charles und ihrer Mutter in die Zukunft schreiten.

Mit etwas mehr Eheerfahrung als Anne zu diesem Zeitpunkt hatte, weiß man, daß diese Konstellation heikel sein dürfte.

Von Anfang an gab es Probleme zwischen Charles und seinen Schwiegereltern.

Der größte Schock für die unermüdlich strebsamen Morrows war vielleicht die Erkenntnis, daß Lindbergh, der unter attraktiven Karrieremöglichkeiten wählen konnte, nicht die Absicht hatte, eine feste Arbeit anzunehmen. Darüber hinaus hatte Charles, der auf den meisten Gebieten alles andere als verschwenderisch war, schon die Verlobung mit dem Erwerb der *Mouette* gefeiert; als nächstes kaufte er den kleinen Bird Doppeldecker, um Anne Flugunterricht zu geben, und für den Erkundungsflug in Asien sollte ein weiteres, moderneres und auch teureres Flugzeug notwendig sein. Nachdem Charles den Lockheed-Ingenieur Jerry Vultee beim Luftrennen von Cleveland kennengelernt hatte, gab er einen speziell zu fertigenden Tiefdecker in Auftrag, der ihn 17 825 Dollar kostete. Und das waren erst die anfänglichen Kosten für den geplanten Nordpolarflug.

Mit ihrer Heirat konnte Anne über ihr Vermögen verfügen, aber Mitte September, dreieinhalb Monate nach der Hochzeit, beauftragte Botschafter Morrow seinen persönlichen Anwalt Charles Fay mit der Ausarbeitung eines neuen Testamentsentwurfs, den seine Tochter unterschreiben sollte. Fays Entwurf befindet sich zwar nicht bei den Morrow-Dokumenten, aber offenbar wurde darin festgelegt, daß Annes Vermögen, sollte sie kinderlos sterben, zu gleichen Teilen unter ihrem Witwer und ihren drei Geschwistern aufgeteilt würde. Hinterließ sie Nachkommen, sollte das Geld zu deren Gunsten in ein wirtschaftlich verwaltetes Treuhandvermögen übergehen. Die Morrows hatten die Treuhandvermögen ihrer Kinder zum Teil aus Steuergründen eingerichtet, und die Bedingung, das Geld im Falle von Annes vorzeitigem Tod in der Familie zu behalten, war eigentlich nicht ungewöhnlich.

Trotzdem lag damit unausgesprochen die Folgerung auf der Hand, Charles' Frau könnte bei einem Flugzeugunglück ums Leben kommen, während er überlebte und dann ihr Vermögen verbrauchte. Und noch schlimmer, sollten Kinder im Spiel sein, würden die Morrows durch ihre Vermögensverwalter das Erbe kontrollieren und damit praktisch auch die Ausbildung und Erziehung der Kinder.

Als der Botschafter das Thema mit Tochter und Schwiegersohn besprach, waren die Einzelheiten des Testaments bereits ausgearbeitet. Zu Morrows Überraschung erhob Colonel Lindbergh Einwände.

Charles' Reaktion läßt sich besser verstehen vor dem Hintergrund, daß der Botschafter nicht nur sein Schwiegervater war, sondern auch der großzügige und vertrauenswürdige Ratgeber, der ihn erst vor kurzem zum Verzicht auf ein Vermögen durch Werbeverträge und öffentliche Auftritte gedrängt hatte. Zu dieser Zeit hatten Morrow und Freunde Lindbergh erklärt, seine Zukunft sei gesichert, wenn er sich für die Entwicklung der Luftfahrt einsetze. Charles nahm diese Versprechen natürlich für bare Münze. Und nun zeigte der Testamentsentwurf ihm schwarz auf weiß, daß er sogar noch weniger als ein Ersatzsohn galt. Lindbergh beendete die Unterredung abrupt mit der Äußerung, bevor seine Frau ein solches Dokument unterschreibe, sei es ihm lieber, sie würde das Geld gleich zurückgeben.[7]

Und genau das tat Anne, um den Frieden zu wahren.

Natürlich verstärkte Annes Verzicht auf das Vermögen die Abhängigkeit von ihren Eltern. Dwight und Betty richteten daraufhin erneut ein Treuhandvermögen auf Annes Namen ein, diesmal zu ihren Bedingungen. Anne konnte allerdings jetzt nicht mehr über eigenes Geld verfügen – darin bestand der Hauptunterschied.

Für Leute, die ständig über ihre Neigung zum einfachen Leben redeten und sich wehmütig an die guten alten Zeiten erinnerten, bevor sie reich waren, hatten es Dwight und Betty Morrow ganz gut geschafft, sich mit dem Allerfeinsten auszustaffieren. Inzwischen besaßen sie vier Domizile – Next Day Hill, die Wohnung in Manhattan, ihr feines Landhaus in Deacon Brown's Point in Maine und Casa Mañana in Cuernavaca. Die Mahlzeiten auf Next Day Hill bestanden aus reichlich Hummer, exotischen Früchten und anderen Delikatessen, die uniformiertes Personal auftrug; Charles dagegen bevorzugte eher Hausmannskost und ertränkte seine Rühreier gern in Ketchup. Ging Familie Morrow auf Reisen, so entsprach es ihrem Lebensstil, daß selbst für relativ kurze Aufenthalte nebst Bergen von Gepäck auch Golfschläger, Bücherkisten und, wenn nötig, ein oder mehrere Diener mit Gepäck mitgenommen wurden.

Während die Morrows ehrgeizig Geld und Gut anhäuften, befürchtete Charles, der meistens in Pensionen gelebt und das Land mit nichts als einer Decke bereist hatte, daß ihn die wachsende Flut von ungewollten Besitztümern erdrücken könnte. Er war froh, daß er die vielen, nach dem Transatlantikflug eingegangenen Geschenke der Historischen Gesellschaft von Missouri überschreiben konnte, und behielt nur die wenigen Dinge, an denen er wirklich hing, wie die Franklin-Limousine und die Ryan Brougham.

Schwieriger war es, sich der Aberhunderte von Hochzeitsgeschenken zu entledigen, die er und Anne erhalten hatten – viele von fremden Menschen, doch eine ganze Menge auch von Bekannten der Morrows, die nicht beleidigt werden durften. Ordentlich bis fast zur Zwanghaftigkeit, entwickelte Charles seine sogenannte »Packpapiermethode«. Er kaufte eine dicke Rolle Packpapier und wickelte sämtliche überflüssigen Gegenstände in sauber beschriftete Pakete.

Als noch exzentrischer empfanden die Morrows Lindberghs lässige Handhabung der eingehenden Post, deren Umfang sich immerhin auf rund eine Million Briefe pro Jahr belief. Der größte Teil davon war Müll – nach seinem Rundflug über die Karibische See hatte allein die Western Union ihren Kunden eine Auswahl an acht Standardglückwunschgrüßen angeboten –, und Charles verbrannte sie lieber, als eine Sekretärin zu bezahlen, die säckeweise diese Formbriefe zu öffnen gehabt hätte. Die Wahrscheinlichkeit, daß sich in der Post auch persönliche Nachrichten von wichtigen Leuten befinden könnten, interessierte ihn im Gegensatz zu seinen Schwiegereltern nicht im geringsten.

Charles war zwar oft gelassen und darauf bedacht, anderen zu gefallen, doch er hatte auch die Launenhaftigkeit seiner Mutter geerbt. Äußerst pünktlich und gewissenhaft, brachte er nicht allzuviel Geduld für anders gestrickte Menschen auf, und gerade Pünktlichkeit und Genauigkeit gehörten nicht zu den Tugenden der Morrows. Außerdem war Charles jähzornig. Obwohl nichts darauf hindeutet, daß er je gewalttätig war, konnte ein zorniger Charles Lindbergh zum denkwürdigen Erlebnis werden. (Als ein Bekannter aus späteren Tagen gefragt wurde, wie Lindbergh reagierte, wenn er aufgebracht war, suchte er zunächst nach Worten. »Nun ja«, sagte er schließlich, »er wurde plötzlich *sehr groß.*«)

Im nächsten Augenblick waren solche Gefühlsausbrüche vergessen, zumindest für Lindbergh. Doch in der Familie Morrow waren unerfreuliche Emotionen verpönt und wurden nicht offen gezeigt. Lediglich Constance ließ sich nicht einschüchtern, sie neckte Charles, nannte ihn Lindy (ein Spitzname, den er nicht ausstehen konnte) und lachte über die Verkleidung, die er und Anne inzwischen trugen, um nicht erkannt zu werden.

Der Presse zu entwischen war ein lästiges Spiel, das die Lindberghs mit tödlichem Ernst betrieben. So sehr Charles selbst sich nach Anonymität sehnte, regte es ihn weitaus mehr auf, wenn die Presse seine Frau belästigte. Anne konnte sich nur schwer daran gewöhnen und klagte, sie komme sich oft wie ein entflohener Sträfling vor, nur dürfte das Bewußtsein, daß ihr Mann jeden Zeitungsartikel, jeden Schnappschuß als persönliche Niederlage empfand, kaum zu ihrer Entspannung beigetragen haben.

Diese beiden attraktiven jungen Leute, die so leicht die gefeierten Stars von New York hätten sein können, führten quasi ein Einsiedlerleben. Als Charles kurz nach dem Atlantikflug eine Ein-Mann-Show von Will Rogers besucht hatte, war er im Publikum entdeckt worden, und es hatte ein so großes Durcheinander gegeben, daß Rogers seinen Auftritt hatte unterbrechen müssen, bis Charles das Theater wieder verlassen hatte. Nach ein oder zwei ähnlichen Erfahrungen verzichtete Charles zukünftig auf jeden Theaterbesuch. Restaurants kamen ebensowenig in Frage. Noch bevor er und Anne zu Ende gegessen hatten, wurden sie mit Sicherheit von irgendeinem Gast erkannt, der sich dann mit der unvermeidlichen Einleitung an den Tisch heranschlich: »Colonel, ich möchte Ihnen nur die Hand schütteln.« Mit dieser an sich harmlosen Bemerkung war eine Lawine losgetreten. Bald standen weitere Gäste zum Plausch und für Autogramme an. Mehr als einmal erstreckte sich die Schlange bis vor die Restauranttür, und auf der Straße versammelte sich dann schnell eine Menschenmenge.

Wenn das Ehepaar im Berkshire wohnte, verkleidete es sich – er mit Kappe und Brille, sie mit Schal und geschminkt – und schlich sich dann ins Kino oder zu einem Spaziergang in den Central Park. Aber auch wenn niemand auf sie zuging, fürchteten sie ständig dieses blitzartige Erkanntwerden, das sich manchmal in den Augen der Passanten widerspiegelte. Das Problem, so berühmt zu sein, bemerkte Anne Jahre später, liege darin, daß dem Leben jede Spontaneität abhanden komme; wie Medusa besitze man die ungewollte Macht, andere Menschen in Stein zu verwandeln.

Auch die Morrows waren inzwischen zu Opfern geworden. Boulevardblätter stellten noch immer Fotografen ab, um das Haus zu überwachen und Fotos von Gästen zu schießen. Als die Morrows eine Party für Mitarbeiter der Republikanischen Partei gaben, mußten sie den Namen Dick Scandrett – Neffe des Botschafters und politischer Geschäftsführer – als Parole herausgeben; nur wer »Ich komme von Dick Scandrett« sagte, wurde eingelassen. Ein anderes Mal kamen ungebetene Gäste im Auto, rasten durch das Eingangstor und um die ovale Auffahrt und überfuhren dabei Daffin, den Lieblingshund von Anne und Constance. Charles muß sich für all diesen Ärger verantwortlich gefühlt haben – die Morrows jedenfalls gaben ihm sicher die Schuld daran. Andererseits war klar, daß die Presse längst das Interesse an Lindy verloren hätte, wäre er mit einer x-beliebigen Arzttochter aus St. Louis oder Detroit verheiratet gewesen. Es schien, als würden alle Beteiligten am schnellsten ihren Frieden finden, wenn er mit Anne ein eigenes Zuhause gründete, weg von Englewood.

Anne wünschte sich ebenso sehr wie Charles ein eigenes Heim, nur war der Gedanke, sich von ihrer Familie zu trennen, äußerst quälend für sie. Um Lindbergh zu heiraten, hatte sie ihr ganzes Leben umgestellt – sie lernte fliegen, ließ sich von Bergkuppen ziehen und setzte sich belanglosen Gesprächen mit Tausenden von Fremden aus. Und nun redete Charles von einer Farm mit Milchwirtschaft, die er als Hobby nebenher führen wollte, und Anne befürchtete, sie müsse jetzt auch noch lernen, wie man Bilanzen über Viehbestände führt. Sie hatte nicht nur zu ihrer Familie eine starke gefühlsmäßige Bindung, sondern auch zum Freundeskreis ihrer Eltern. »Mein Heimweh nach der Familie scheint mir jetzt unglaublich naiv für eine jung verheiratete Frau und ziemlich hart für einen jungen Ehemann«, schrieb Anne viele Jahre später.[8]

Charles' Versuche, seine und Annes Privatsphäre zu schützen, wurden bald zu einem beliebten Thema von Kommentaren in Zeitungen und Zeitschriften. Die Flut von Artikeln mit Überschriften wie »Der hohe Preis des Ruhms« zeigten viel Mitgefühl, und in Kalifornien hatte ein Mann sogar die Gründung eines »Laßt-Lindy-in-Ruhe-Klubs« verkündet. Worin die Aktivitäten dieser Organisation allerdings bestehen sollten, blieb unklar.[9]

Die Situation spitzte sich zu, als im Frühling 1930 fünf New Yorker Zeitungen die seit einiger Zeit kursierenden Gerüchte bestätigten, daß Mrs. Lindbergh schwanger sei. Im Grunde war das ein durchaus legitimes Vorgehen, da Anne Lindbergh eine Persönlichkeit des öffentlichen Interesses war. Charles und Anne sahen es nicht so, und besonders er war wütend. Die Zeitungen hatten unwissentlich einen wunden Punkt aufgegriffen. Anne war nicht nur eine schwangere Frau, sondern auch eine schwangere Copilotin. 1930 herrschte allgemein die Auffassung vor, körperliche Aktivitäten würden werdenden Müttern schaden; viele Frauen aus der Oberschicht mieden im fortgeschrittenen Stadium der Schwangerschaft möglichst jeden Auftritt in der Öffentlichkeit. Annes Entschluß weiterzufliegen war nicht nur deshalb innerhalb der Fliegergemeinde höchst umstritten.Die Fluggesellschaften hatten zu kämpfen. Jeder Absturz eines kommerziellen Flugzeugs wirkte sich negativ auf das Geschäft aus, und einige Leute gaben ernsthaft zu bedenken, es sei gesellschaftlich unverantwortlich, wenn Zeitungen darüber berichteten. Sollte Anne und ihrem Baby irgend etwas zustoßen, wäre dies »schlecht für die Luftfahrt« – ein Argument, das Charles wohl gründlich satt haben mußte.

Anne erwarb den Segelflugschein im März 1930, ihrem sechsten Schwangerschaftsmonat. Im April wollten sie und Charles nach zahlreichen Verzögerungen den Lockheed-Sirius-Eindecker in Empfang nehmen, und Charles hoffte, auf dem Rückweg aus dem Osten einen transkontinentalen Geschwindigkeitsrekord aufzustellen. Doch der Testflug sollte vor allem die Vorteile des Höhenflugs beweisen. Die Öffentlichkeit und selbst einige Piloten hielten immer noch an dem Irrglauben fest, in der Luftfahrt liege der Schlüssel zur Sicherheit darin, »tief und langsam« zu fliegen. Lindbergh beabsichtigte, diesen Mythos ein für allemal zu zerstören, indem er bewies, daß über dem Wetter zu fliegen nicht nur schneller, sondern auch sicherer und angenehmer war.

Der Jungfernflug der Sirius fand am Ostersonntag statt. In einer Höhe von 4500 Metern flog die leistungsstarke Lockheed mit ihrem 450 PS starken Pratt-&-Whitney-Motor in nur 14 Stunden und 40 Minuten von Los Angeles nach New York – und verkürzte damit den bestehenden Rekord um vier Stunden. Für Anne allerdings war die Reise alles andere als angenehm. Die Höhe in Verbindung mit den ins Cockpit dringenden Abgasen verursachten ihr fast während des gesamten Flugs schreckliche Übelkeit. Die beiden Cockpitplätze der Sirius befanden sich zwar unter einer gemeinsamen Haube, doch Anne konnte sich mit Charles, der vorne saß, nur durch Zeichensprache oder kleine Notizen verständigen. Und da sie den Rekord nicht verpatzen wollte, litt sie still vor sich hin.[10]

Als sie auf dem Roosevelt-Flugplatz landeten, ging es Anne so schlecht, daß sie das Flugzeug nicht verlassen konnte, und Charles, offensichtlich verwirrt, empfing das riesige Presseaufgebot allein und stritt verärgert jede Vermutung ab, daß mit seiner Frau irgend etwas nicht stimme. Eine halbe Stunde später jedoch beobachtete man, wie Anne, aschfahl und mit Tränen in den Augen, schnell in eine schwarze Limousine befördert wurde. Die Regenbogenpresse posaunte, Anne hätte einen Nervenzusammenbruch erlitten, während das andere Extrem, die »verantwortungsbewußte« Presse, den Vorfall überhaupt nicht erwähnte.

Anne fürchtete sich inzwischen so sehr vor Fotografen und aggressiven Fans, daß sie ihre Sicherheit in keinem New Yorker Krankenhaus garantiert sah. Als der Entbindungstermin näherrückte, ließen die Morrows in ihre Wohnung in Manhattan die notwendige Krankenhausausstattung kommen, und dort brachte Anne am 22. Juni, ihrem 22. Geburtstag, einen Sohn zur Welt.

Es verstrichen 17 Tage. Die *New York Times* bestätigte die Geburt, aber die Eltern veröffentlichten keine Geburtsanzeige und verweigerten auf telefonische Nachfragen jede Reaktion. Das Schweigen der Familie schürte unvermeidlich Gerüchte, daß irgend etwas Furchtbares passiert sei. Ein Gerücht besagte, das Kind wäre behindert. Andere flüsterten, das Kind sei tot zur Welt gekommen, und die Lindberghs würden sich ein anderes Kind verschaffen, das sie als ihr eigenes ausgeben wollten.[11]

Am 9. Juli endlich lud Lindbergh die Presse in sein Büro am unteren Broadway in Manhattan und gab die Geburt seines Sohnes Charles Augustus Lindbergh jr. bekannt. Dann verteilte er Abzüge eines Fotos, das er selbst aufgenommen und vergrößert hatte. Alle Anwesenden mußten versprechen, das Bild nur mit einem Copyright-Verweis auf Lindbergh abzudrucken. Reporter der New Yorker Zeitungen, die Annes Schwangerschaft bekanntgegeben und über ihren angeblichen »Nervenzusammenbruch« berichtet hatten, wurden von der Pressekonferenz ausgeschlossen. Charles gab indirekt zu verstehen, daß sie mit einer Klage rechnen müßten, sollten sie das Foto seines Kindes veröffentlichen. »Meine Frau und ich sind es leid, weiter mit ihnen zu verhandeln«, sagte er.[12]

Einige Tage später erklärte Lindbergh in einem höchst ungewöhnlichen zweistündigen Interview mit Marlen Pew von der Zeitschrift *Editor and Publisher*, daß seine Entscheidung, die fünf »unverantwortlichen« Blätter zu bestrafen, ein Protest gegen die im amerikanischen Journalismus vorhandene ausschließliche Fixierung auf Persönlichkeiten statt auf »Dinge, Ideen und Ideale« sei, was er als »unkonstruktiv«, »gesellschaftlich belastend« und als »Zeitverschwendung« bezeichnete. Pew erhob zaghaft den Einwand, daß dies vielleicht doch ein zu hochgegriffener Anspruch sei. Die populäre Presse liefere eine Art »indirekte Befriedigung und Erbauung«. Ob das wirklich so verkehrt sei? Und es könne doch sicher inspirierend wirken, wenn »eine werdende Mutter in Zeiten der emanzipierten Frau mit ihrem Mann durch die Lüfte fliegen kann«. Lindbergh, bemerkte Pew, reagierte auf diese Argumente, als ob er sie zum erstenmal hören würde, ließ sich jedoch nicht überzeugen.

Lindbergh wußte in seiner gekränkten Verfassung eigentlich gar nicht, wen er für seinen Ärger mit der Presse verantwortlich machen sollte. Obwohl er wünschte, daß die Journalisten, die ihm zusetzten, »anständiger« arbeiten würden, brachte er Verständnis für Verleger und Redakteure auf, die »Reporter zu diesen ungerechten und unerträglichen Dingen zwingen«. Andererseits, räumte er ein, stehe er jenen Verlegern, die er tatsächlich kennengelernt hätte, freundlich gegenüber.

Pew entgegnete, Lindbergh könne sich doch direkt bei den Verlegern über Reporter beschweren, deren Verhalten die Grenzen des Anstands überschreite. Aber Lindbergh erhob Einspruch. Das könne er niemals, erklärte er, da die Reporter dann vielleicht ihre Jobs verlieren würden, und sein persönlicher Ehrenkodex verbiete es ihm, irgend jemandem bewußt zu schaden.[13]

Charles' Versuch, der lästigen Presse eine Lektion zu erteilen, traf seinen Schwiegervater zu einem ungünstigen Zeitpunkt: Morrow kandidierte zufällig gerade für den Senatssitz, der durch Walter Edges Ernennung zum Botschafter in Frankreich frei geworden war. Morrow hatte sich im Herbst 1929, auf dem Höhepunkt seiner Popularität, dazu bereit erklärt. Doch Mitte 1930 – nach Verhandlungen um die Umverteilung von Mexikos Auslandsschulden – war sein Wohlwollen bei der Regierung dieses Landes aufgebraucht, und er verstrickte sich in eine Fehde mit seinem alten Freund Tom Lamont, der einen Konkurrenzplan unterstützte, welcher Inhabern von Morgan gestützten Wertpapieren den Vorzug gab. Jetzt, da sein Ruf als außenpolitisches Genie schwand, zeigte Morrow noch weniger Bereitschaft, sich mit den drückenden innenpolitischen Problemen zu befassen, dem schwachen Aktienmarkt und der flauen Wirtschaft. In Wahlkampfreden deutete er wenig überzeugend an, die gegenwärtige Rezession könnte eine nützliche Lektion in Sachen »Selbstdisziplin« darstellen – ein überflüssiger Rat von einem Mann, der zur Zeit des Börsenkrachs voll in Regierungsanleihen investiert hatte und nach wie vor mehr als drei Dutzend vorwiegend britische Dienstboten beschäftigte.

Offenbar in Ermangelung eines Wahlkampfthemas hatte Morrow beschlossen, sich gegen die Prohibition auszusprechen, eine Entscheidung, die vielleicht gar nicht so mutig war, wie es damals schien. Als die Große Depression begann, betrachtete man dieses idealistische Experiment zur Regulierung der privaten Moral bereits als gescheitert. Schließlich hatte auch William Randolph Hearst diese 18. Verfassungsnachbesserung satt und urteilte am 6. Januar 1930, die Prohibition habe »die Kriminalität enorm gesteigert« und »setze jeden Mann und jedes Haus einem Spionagesystem aus, das nur noch in Rußland übertroffen wird«. Sowohl die *New York Times* als auch der *World-Telegram*, für dessen Leitartikel Morrows Freund Walter Lippmann verantwortlich zeichnete, billigten die Kandidatur des Botschafters, doch erst die begeisterte Unterstützung der sonst demokratisch orientierten und in New Jersey von Millionen gelesenen Hearst-Presse verhalf Morrow zu seinem Sieg bei der republikanischen Vorwahl am 7. Juni 1930.

Die Hearst-Direktoren waren sprachlos, als Lindbergh einen knappen Monat später bekanntgab, er beabsichtige, sie am Abdruck eines Fotos vom Enkel des Botschafters zu hindern. »Wir bitten Sie, mit dem Colonel zu reden«, flehte der Herausgeber des INS-Nachrichtendienstes von Hearst in einem Telegramm an Morrow.[14]

Dieses Telegramm muß Morrow bewogen haben, seinem Schwiegersohn ins Gewissen zu reden, denn nur zwei Tage später druckte der Hearst-eigene *Daily Mirror* das Foto des Lindbergh-Babys auf der Titelseite ab. Da dies keine Klage zur Folge hatte, veröffentlichten prompt auch die übrigen Boulevardblätter das Bild.

Morrows Schonzeit bei der Presse war nun vorüber, es hagelte feindselige Artikel, die ihn als Aushängeschild des Big Business porträtierten. An dem klaren Vorsprung vor seinem demokratischen Gegner konnten die negativen Berichte jedoch nichts mehr ändern.

Für Charles waren die Stunden, die er in der Luft verbrachte, die einzigen Erholungspausen von einem vollen Terminkalender, in denen er über sein gegenwärtiges Leben nachdachte. Während eines Erkundungsflugs für die TAT im Südwesten war er in der Wüste gelandet, hatte sein Lager unter dem Sternenzelt aufgeschlagen, bis spät nachts wach gelegen und versucht, einen Kurs für die Zukunft zu entwerfen. Trotz aller gegenteiliger Vorsätze war sein Leben unglaublich kompliziert geworden. Er hoffte zwar immer noch, einiges im Bereich der Luftfahrt zu erreichen, wollte aber im Grunde wie sein Großvater Land Wissenschaftler werden. Die Wissenschaft stellte – zumindest für ihn – ein Mittel zur Auseinandersetzung mit den großen Fragen dar: Welche Beziehung besteht zwischen Verstand und Körper? Ist der Tod unumgänglich?

Lindbergh war jetzt 28 Jahre alt, aus heutiger Sicht noch

jung genug, um eine neue Karriere zu starten. Es war ihm ernst gewesen, als er 1927 der Vereinigung ehemaliger Studenten der Wisconsin University erzählt hatte, daß er wieder ans College gehen und seinen Abschluß machen wolle, doch schon die Reaktion hatte ihm gezeigt, wie unrealistisch dieses Ziel war: Colonel Lindbergh als Student – ein grotesker Gedanke. Henry Breckinridge, ein Princeton-Absolvent, schlug eine andere Lösung vor. Er stellte Charles dem Rektor seiner Alma mater vor, dem bekannten liberalen Pädagogen Dr. John Hibben, der versprach, Lindbergh alle Hilfsmittel in Princeton zur Verfügung zu stellen. Charles konnte die Labors und Bibliotheken benutzen und ein unabhängiges Studium verfolgen, und das College würde sich bemühen, die Publicity auf ein Minimum zu beschränken. Außerdem lag die Universität in der Nähe des Flugplatzes Lakehurst, der sich als Basis für die Sirius eignete.

Als Charles jr. ein paar Monate alt war, nahmen die Lindberghs die Suche nach einem Haus auf dem Land wieder auf, jetzt auf die Umgebung von Princeton konzentriert. Sie sahen sich die Gegend per Flugzeug an und blieben in der Region der Sourland Mountains hängen, nahe bei Hopewell, ungefähr 30 Kilometer nordwestlich der Universität. Abgesehen von einigen versteckt in den Wäldern gelegenen illegalen Brennereien hatte der Nachkriegsboom die Sourlands fast unberührt gelassen, und die Einheimischen, angeblich Nachkommen von hessischen Söldnern, die während des Unabhängigkeitskriegs aus der britischen Armee desertiert waren, galten nach wie vor als »Bergvolk«. Es schien ein gutes Omen, daß der Besitzer des ersten Grundstücks, das sie aussuchten, zufällig Land hieß, ein direkter Abkömmling von Charles' Ururgroßvater.

Gegen Oktober hatte ein von Lindbergh beauftragter Agent 200 Hektar bewaldetes Gebiet zusammengekauft, und die Firma Aldrich & Delano entwarf Pläne für ein Haus. In der Zwischenzeit mieteten die Lindberghs ein Haus in Mount Rose, das etwa sieben Kilometer von dem Grundstück entfernt an der Straße von Princeton nach Hopewell lag. Das weiße Holzhaus, von einem Lattenzaun umgeben, war spärlich möbliert und schwer zu heizen. Annes Vorstellung vom Leben auf dem Land war von North Haven mit dem privaten Golfplatz, Segelbooten und gleichgesinnten Nachbarn geprägt. In Mount Rose hatte sie kaum etwas zu tun und vermißte ihre Eltern daher um so mehr. Sie führte zum erstenmal einen Haushalt und nahm überrascht Charles Wunsch zur Kenntnis, »daß alles nach Bauernbrauch auf dem Tisch steht und *nicht* serviert wird«, obwohl das Hauspersonal, ein sehr nettes Ehepaar, ihnen das Essen hätte auftragen können.[15]

Unterdessen besuchte Charles einige Vorlesungen in Princeton, doch er wurde bald von seinem Studienplan abgelenkt. Nach einer Unterhaltung mit Dr. Paluel Flagg, dem Anästhesisten, der die Geburt von Charles jr. überwacht hatte, bot sich ihm eine verlockende Möglichkeit. Während Anne in den Wehen lag, hatte Charles die tragische Krankheit seiner Schwägerin Elisabeth erwähnt, die kurz zuvor einen leichten Herzinfarkt erlitten hatte. Daraufhin war bei ihr ein Herzklappenfehler festgestellt worden, und die Ärzte hatten ihr erklärt, daß sie wohl nie Kinder haben könnte. Charles mochte nicht akzeptieren, daß eine Herzklappe, ein bloßes Stück Gewebe, das Leben seiner vitalen, intelligenten Schwägerin verkürzen könnte. Warum, fragte er Flagg, konnten die Ärzte die Klappe nicht einfach ersetzen oder reparieren?

Andere Ärzte, denen Lindbergh diese Frage stellte, hatten ihm erklärt, daß Herzchirurgie unmöglich sei, da es keine Methode gab, den Kreislauf des Patienten aufrechtzuerhalten, während am geschädigten Organ operiert wurde. Doch Flagg kannte zufällig den Leiter des chirurgischen Forschungslabors der Rockefeller University, der an genau diesem Problem arbeitete. Dr. Alexis Carrel, für die Entwicklung einer neuen Gefäßnahtmethode mit dem Nobelpreis für Medizin ausgezeichnet, hatte bereits 1905 mit Nierentransplantationen bei Hunden begonnen. Zudem stellte er Versuche an, amputierte Glieder wiederherzustellen und wechselseitige Transplantationen vorzunehmen, indem er die Beine von zwei Hunden austauschte. Carrels Prophezeiung, nicht nur Operationen am offenen Herzen, sondern auch Organtransplantationen und selbst die Wiederherstellung kranker Glieder würden eines Tages Routine sein, hörte sich 1930 wie Science-fiction an. Carrel war eine sehr umstrittene Persönlichkeit. Während ihn einerseits die Gegner der Vivisektion angriffen, hatte er als frommer Katholik ein Buch über die Wunder in Lourdes geschrieben und wurde so aufgrund seines Interesses für übersinnliche Wahrnehmung und Telepathie andererseits auch von Wissenschaftlern kritisiert. Carrel provozierte gern, und selbst seine Bewunderer im Century Club in New York, wo er gern ein wenig dozierte, wußten gelegentlich nicht, ob er selbst an das glaubte, was er von sich gab.[16]

Flagg schätzte sich glücklich, als »Teiresias von Colonel Lindbergh« dienen zu dürfen, wie er in einem Brief an Carrel schrieb, und vereinbarte ein Treffen. Für Lindbergh war der erste Besuch in Carrels Labor eine Offenbarung. Carrel trug im Operationssaal ein schwarzes Gewand mit Haube und bestand darauf, daß Assistenten und Zuschauer es ihm gleich taten – um das grelle Licht zu reduzieren, erklärte er, als selbstgefällige Eigendarstellung, meinten seine Kritiker.

»Sobald ich vor dem Operationsraum den Mantel und die schwarze Haube anlegte«, erinnerte Lindbergh sich später, »bereitete ich mich auf eine übernatürliche Erfahrung vor... In diesem Raum wurde Sterblichkeit in ihrer letzten körperlichen Form analysiert. Das Leben verschmolz manchmal so eng mit dem Tod, daß ich beides nicht mehr voneinander unterscheiden konnte.«[17]

Carrel zeigte Lindbergh die Zellkultur eines Kükenherzens, die seit mehr als zwei Jahrzehnten in Lösung lebendig gehalten worden war. Dann erklärte er sein jüngstes Projekt, die Entwicklung eines Apparates, in dem sich ganze Organe lebendig und funktionstüchtig halten ließen. Eine funktionierende Perfusionspumpe, wie Carrel das Gerät nannte, könnte neben ihrem Wert für die Grundlagenforschung eines Tages zur künstlichen Produktion von menschlichem Insulin und anderen Hormonen dienen. Ein deutscher Ingenieur, Heinz Rosenberger, hatte bereits eine Glaspumpe entworfen, jedoch eine ganze Reihe grundlegender Probleme nicht lösen können, zum Beispiel die Frage, wie ein entnommenes Organ mit Nährflüssigkeit versorgt werden könnte, ohne daß es dabei zu einer Infektion kam. Zurück in Princeton, saß Lindbergh bis tief in die Nacht und skizzierte Ideen zur Verbesserung der Pumpe. Und obwohl er die Probleme, an denen Rosenberg gescheitert war, nicht sofort lösen konnte, sah seine Konstruktion doch so vielversprechend aus, daß Carrel ihm einen Platz im Labor und die Dienste eines erstklassigen Glasbläsers, Otto Hopf, anbot.

Daß ein Mann ohne Collegeabschluß und ohne Biologiestudium in Carrels Gruppe an der Rockefeller University mitarbeiten konnte und gleich Weltklassearbeit leistete, ist weniger überraschend, als es klingt. Die medizinische Forschung hatte sich die im späten 19. und frühen 20. Jahrhundert vollzogene Revolution in der angewandten Wissenschaft und Technologie nur langsam zunutze gemacht, die Biotechnik stand noch am Anfang. Lindberghs Herumstöbern im Labor von Großvater Land während seiner Kindheit und das Wissen, das er sich im Labor seiner Mutter erworben hatte, lieferten ihm ein Verständnis für grundlegende Probleme und Techniken, das vielen universitätsgebildeten Ingenieuren fehlte. Um 1935 hat er bereits eine verbesserte Pumpe aus Pyrey-Glas entwickelt; für die gleichmäßige Zirkulation der

Flüssigkeit in dem Gefäß wurde komprimiertes Gas verwendet. In der Zwischenzeit hatte er auch einen Kolben entworfen, der sich zur Kultivierung von größeren Gewebekulturen eignete, und die Methode zur Trennung der roten Blutkörperchen vom Blutplasma verbessert.[18]

Das ruhige Leben der Lindberghs in Mount Rose zog selbst die Presse nicht mehr an, und obwohl das Haus fast zwei Autostunden von New York entfernt lag, mochte Charles das Landleben. Vier Jahre waren inzwischen seit dem Atlantikflug vergangen. Charles' entspanntere Haltung zeigte sich in seiner Bereitschaft, mit Keyhoe zusammenzuarbeiten, der einen Artikel über ihn in der *Saturday Evening Post* schreiben wollte. Keyhoe durfte sogar seinen Besuch in Lindberghs Haus beschreiben. Ein ziemlich beunruhigender Vorfall, der sich während Keyhoes Aufenthalt ereignete, wurde in dem Artikel allerdings nicht erwähnt. Am frühen Abend – Charles war anderweitig beschäftigt – saß Keyhoe im Wohnzimmer und schaute Anne beim Spielen mit dem kleinen Charley zu. sie sang ihm gerade das bekannte Lied »You Must Have Been a Beautiful Baby« vor, als Keyhoe aufblickte und sah, wie ein zerzauster, wild dreinblickender Mann sie durchs Wohnzimmerfenster anstarrte. In dem Moment, als der Eindringling sich entdeckt sah, drehte er sich um und floh in die Nacht.[19]

Schockiert legte Keyhoe den Lindberghs nahe, einen Wachmann zu engagieren, doch sie protestierten und meinten, sie seien aufs Land gezogen, um eben der Notwendigkeit von Wachpersonal zu entgehen. Vielleicht sei der Mann etwas schwachsinnig, aber bestimmt kein Grund zur Beunruhigung. Tatsächlich lag das Haus in Mount Rose nicht weit von einer staatlichen Nervenheilanstalt entfernt – bei den Insassen handelte es sich in den meisten Fällen um leicht zurückgebliebene Erwachsene –, und die Lindberghs hatten vermutlich recht, den Herumtreiber als arglos abzutun. Bei anderen Gelegenheiten waren nicht ganz so harmlose Leute bis ans Haus vorgedrungen. Einmal hatte eine Frau an die Tür geklopft und lautstark verlangt, daß man ihr das Baby zeige, und als Anne ihr den Zutritt verweigerte, reagierte sie verärgert und aufgebracht. Das Haushälterehepaar Ollie und Elsie Whateley war erst vor kurzem aus Schottland gekommen, und Anne hatte Bedenken, ihnen Charley für längere Zeit allein zu überlassen. Da der lange hinausgezögerte Asienflug nun für den Sommer 1931 eingeplant war, beschloß Anne, das Kind nach North Haven zu bringen, in die Obhut ihrer Mutter und des neu eingestellten Kindermädchens Betty Gow.

Wie bei jedem Lindbergh-Projekt stand auch bei dem Asien-Flug der Abenteueraspekt im Vordergrund. Charles ahnte, daß die Großkreisroute nach Asien eines Tages von kommerzieller Bedeutung sein würde, und wollte daher Wegbereiter sein. Viele der Tundraseen und abgelegenen Inseln, die die Lindberghs erkunden sollten, waren zuvor noch nie von einem Flugzeug angeflogen worden. Man hatte die Lockheed Sirius mit Schwimmern und einer leistungsstärkeren Maschine ausgestattet und Kraftstoffvorräte per Schiff vorausgeschickt. Anne hatte sich während der Vorbereitung auf den Flug als Funkerin qualifiziert und bei dem bekannten Navigator Harold Gatty Unterricht genommen. Die Lindberghs nahmen Ersatzteile mit, elektrisch beheizbare Fliegeranzüge, ein Rettungsboot aus Gummi, Fallschirme, zwei Pistolen mit Munition und 40 Pfund Lebensmittel – sie waren vom Maschinenschaden bis zur Notlandung auf alles vorbereitet.

Die Pan-Am unterstützte die Expedition, und es hieß, der geplante Shanghai-Besuch der Lindberghs sei ein Werbeschachzug für Juan Trippes Ambitionen, weiter in China zu expandieren, wo Harold Bixby bereits alle Hände voll zu tun hatte, um eine Tochtergesellschaft der Pan-Am, China Airways, am Laufen zu halten. Aber tatsächlich zahlten die Lindberghs die Expedition aus eigener Tasche, und die Vorbereitungen verliefen in einer Atmosphäre hingebungsvoller, kleinlicher Laienhaftigkeit. Am 27. Juli verließen die Lindberghs New York und legten ihren ersten Aufenthalt bei den Morrows in Maine ein, um sich von ihrem Sohn zu verabschieden.

Am nächsten Morgen starteten sie von der Penobscot Bay und landeten am Abend in Ottawa, wo ein Expertenkomitee versuchte, Lindbergh zur Benutzung einer bereits bestehenden Luftroute über den Mackenzie River zu überreden. Seine nördliche Route führte über unbewohntes Gebiet, und sie warnten ihn vor den hohen Fluten an der Hudson Bay, vor gefährlichem Nebel und anderen Risiken.

»Ich würde *meine* Frau nicht in dieses Gebiet mitnehmen«, sagte einer der Experten kopfschüttelnd.

»Sie vergessen, sie gehört zur Crew«, antwortete Lindbergh. Anne nannte diesen Moment den stolzesten Augenblick ihres Lebens.[20]

Obwohl Anne später zugab, sie habe sich »leicht gekränkt« gefühlt, als Journalisten sie mit Fragen wie »Was gibt es denn zum Mittagessen?« in die weibliche Ecke drängen wollten, war es doch genau dieser Tonfall, in dem sie ihren später veröffentlichten Reisebericht *North to the Orient* verfaßte. Ihre Selbsteinschätzung als eine Art Hochstaplerin, die sich unter Vorspiegelung falscher Tatsachen in die rauhe Abenteuerwelt begab, mag in Wirklichkeit zwar nicht besonders lustig gewesen sein, doch für den Lehnsesselabenteurer war ihr Buch eine spannende Lektüre.

Tatsächlich waren die Warnungen der Experten nicht übertrieben – während der Reise kam es zu lebensgefährlichen Situationen. Die Sirius mußte dreimal notlanden, bei einer harten Landung zerschellte dabei ein Propeller. Über den japanischen Tsuschima-Inseln, auf Lindberghs Navigationskarte als »befestigtes Gebiet« markiert, war die Bodensicht gleich Null. Charles öffnete die Cockpithaube und spähte durch den Dunst, bis er die Spitze eines Vulkans ausmachte, dann ging er nach unten und folgte den verschwommenen Umrissen der Bergwand, während Anne hektisch das Vermessungsgerät bediente. Der Geber hing an einer Leitung unter dem Flugzeug, und sobald sie sich in Bodennähe befanden, mußte er mit 48 Drehungen einer schweren Handkurbel eingeholt werden. Auf diese Weise »rodelten (sie) Vulkane hinunter«, bis sie endlich die aufgewühlten Wasser der Burton Bay erblickten.[21]

Am folgenden Morgen riß das Ankerseil der Sirius, und als sie schon gegen die felsige Küste getrieben zu werden drohten, wurden sie gerade noch von einem japanischen Schiff, der *Shinshiru Maru,* gerettet. In derselben Nacht, während sie in der Ladezone der Sirius auf einem Haufen Ausrüstung schliefen, wurden sie von orkanartigen Winden durchgeschüttelt.

Anne bestand jeden Test und bewies bemerkenswerten Mut und Zähigkeit, zog aber wenig Befriedigung aus ihrem Erfolg. Für sie war es ihr Mann, »Charles, der Unbesiegbare«, wie sie ihn nannte, der allen Gefahren getrotzt hatte.

Als die Lindberghs China erreichten, war das Jangtse-Tal überschwemmt. Dörfer standen bis zu den Dächern unter Wasser, Tausende von obdachlosen Bauern vegetierten mit ihren kläglichen Habseligkeiten zusammengepfercht auf Hausbooten und versuchten zu überleben, indem sie im schlammigen Wasser nach Fisch angelten. Nachdem sich die Lindberghs mit einem Helferteam der Rockefeller University in Nanking getroffen hatten, unterbrachen sie ihre Reise für einen hilfreichen Erkundungsflug über die überflutete Ebene. Danach flog Charles mit einem chinesischen Arzt nach Xinghua, um medizinische Vorräte zu beschaffen. Bei ihrer Rückkehr wurde die Sirius für ein Versorgungsflugzeug mit Lebensmitteln gehalten, und Hunderte von Hausbooten strömten aus allen Richtungen auf sie zu. Einige Leute auf den Booten baten mit stummen Gesten um Reis, andere verfluchten die Fremden. Auf einem Hausboot brannte eine kleine Kochstelle an Deck. Die Flammen züngelten nur Zentimeter unter der Holz- und Tuchbespannung der Tragfläche.

»Haben Sie ein Gewehr?« schrie ein amerikanischer Helfer, der sein Boot ans Flugzeug gestakt hatte, um die Medikamente zu entladen.

Lindbergh hatte eine .38er Winchester. In letzter Minute, als ein halbes Dutzend verzweifelter Männer auf die zerbrechlichen Pontons der Sirius klettern wollte, feuerte er in die Luft, und die Hausboote wichen langsam zurück. In dem Gedränge wurde ein großes Paket dringend benötigter Impfstoffe zerrissen. Das Boot eines chinesischen Helfers wurde überschwemmt, und bei dem Versuch, die Sirius zu erreichen, entging er nur knapp dem Ertrinken.[22]

Von Nanking aus flogen die Lindberghs weiter nach Hangkou, wo das Hochwasser des Jangtse so gefährlich war, daß sie die Einladung annahmen, ihr Flugzeug an Deck des britischen Flugzeugträgers *Hermes* zu bringen. Drei Tage später, bereit zum Weiterflug nach Shanghai, stiegen sie in die Sirius und wurden bei laufendem Motor mit einem Stahlkabel aufs Wasser herabgelassen. Als die Pontons das Wasser berührten, versuchten die Matrosen, das Seil einzuholen, doch es klemmte, und das Flugzeug drehte sich seitlich zur Strömung, wobei eine Tragfläche unter Wasser gedrückt wurde. Charles schrie »Spring!«, und er und Anne stürzten sich in den aufgewühlten Jangtse.

Beide kamen schwimmend wieder nach oben. Anne sah gerade noch, wie ein schwer beladenes Hausboot sicher unter dem überlasteten Seil durchfuhr, bevor es riß.

Die erheblich beschädigte Sirius mußte von Shanghai aus nach Hause verschifft werden. Charles und Anne wollten trotzdem die Reise nach Peking fortsetzen, doch noch vor der Abfahrt erhielten sie ein Telegramm von Betty Morrow.

Annes Vater hatte einen Schlaganfall erlitten und war Stunden später gestorben, ohne das Bewußtsein noch einmal wiedererlangt zu haben. Obwohl Mrs. Morrow stoisch behauptete, es gebe keinen Grund für Anne, ihre Reise vorzeitig zu beenden, trafen sie und Charles sofort Vorkehrungen für die Rückreise.[23]

Morrow, noch keine 60 Jahre alt, hatte nur ein Jahr im Senat gedient, er starb, als sein jüngstes Kind, Constance, erst drei Wochen das College besuchte. Trotz aller Meinungsverschiedenheiten hatte Charles in dem Senator einen großartigen Mann gesehen. Zu Betty Morrow dagegen hatte er nie eine persönliche Beziehung entwickelt, und jetzt plötzlich fand er sich voller Unbehagen in der Rolle des Familienoberhauptes wieder.

13.
DER KLEINE ADLER IST VERSCHWUNDEN

Im Winter 1931/32 verfolgte ganz New York gebannt die Karriere eines gewissen Vincent Coll, eines überaus umtriebigen Gangsters, der mit Dutch Schulz und Owney Madden einen erbitterten Kampf um die Kontrolle des organisierten Verbrechens auf der Insel Manhattan ausfocht. In der Hoffnung, die etablierten Bosse so unter Druck zu setzen, daß sie ihm ein eigenes Gebiet abtraten, kidnappte Colls Gang einen Madden-Komplicen namens Frenchy McFadden und strich 35 000 Dollar Lösegeld ein. Colls nächstes Opfer war Sherman Billingsley, Eigentümer und Manager des piekfeinen Stork Club, der in einem Keller gefangengehalten und täglich geschlagen wurde, bis seine Freunde 25 000 Dollar zahlten. Einige Wochen später führte ein stümperhafter Versuch, Dutch Schulz persönlich zu kidnappen, an einer Straßenecke in Midtown zu einer Schießerei, der ein vierjähriges Mädchen zum Opfer fiel.

Am 7. Februar 1932 erhielt Walter Winchell, Kolumnist beim *New York Mirror*, von der Kneipenwirtin Texas Guinan den Tip, daß die Vincent-Coll-Plage endgültig beseitigt werden sollte. Ein ungenannter Unterweltboß hatte einen Haufen Killer der berüchtigten Purple Gang in Detroit zusammengetrommelt, die auch als die »Jewish Navy« bekannt war – ihre Aktivitäten bestanden vorwiegend in der Beförderung von kanadischem Whisky um die Great Lakes, und ihre Chefs waren jüdischer Abstammung. Am nächsten Morgen schrieb Winchell in seiner Kolumne: »Fünf Flugzeuge brachten am

Freitag Dutzende von Maschinengewehren aus Chicago, um den Capone der Stadt zu bekämpfen... Hiesige Gangster haben ein Hotel und mehrere heiße Nachtklubs in regelrechte Waffenarsenale verwandelt.«[1]

Nur Stunden nach Erscheinen des Berichts wurde Coll niedergeschossen, und die Purple Gang, verärgert über die Genauigkeit von Winchells Vorhersage, gab den Auftrag zu seiner Ermordung. Mehrere Wochen lang tauchte Winchell bei der Arbeit nur in Begleitung eines von Owney Madden bereitgestellten bewaffneten Leibwächters auf.

Colls kurze Terrorherrschaft löste eine in keinem Verhältnis zu den Opfern stehende Panik aus. Da sich das Ende der Prohibition abzeichnete, war die Mafia dazu übergegangen, sich »legalen« Geschäften zu widmen, und erpreßte Schutzgelder von Unternehmern, Spediteuren, Ladenbesitzern und Arbeitsvermittlern. Und die Superreichen, ohnehin schon in Angst, ihr Wohlstand würde sie inmitten der Depression zu Zielscheiben von Verbrechern machen, fragten sich jetzt, ob das Coll-Unternehmen nur der Anfang einer erpresserischen Kidnappingwelle wäre.

Highfields, das Anwesen von Charles und Anne Lindbergh in den Sourlands, schien fern von der Hysterie, die New York in diesem trüben Februar gepackt hatte. Das Steinhaus lag ein Stück von einer schmalen, ungepflasterten Landstraße entfernt, am Ende einer eineinhalb Kilometer langen Kiesauffahrt. In vielem spiegelte das Haus Charles Lindberghs Interesse für Technik und Konstruktion wider, es besaß beispielsweise ein siebenstufiges Heizungssystem und Starkstromleitungen, um das im Keller geplante biologische Labor zu versorgen. Besonders findig waren die drei in das Schieferdach eingesetzten Dachfenster aus Glasbausteinen; von außen nicht zu sehen, durchfluteten sie das Dachgeschoß mit natürlichem Licht.

Obwohl Charles und Anne das Grundstück über einen Strohmann gekauft hatten, fand die Presse den Ort schnell, und noch während der Bauphase erschien auf der Titelseite des *Sunday Mirror* unter der Überschrift DER EINSAME ADLER BAUT EIN NEST eine Luftaufnahme des Hauses. Nach Veröffentlichung dieser Story bahnten sich Schaulustige ihren Weg zu dem Anwesen und verließen es nicht selten mit »Souvenirs« in Form von Wagenladungen voller Holz, Installationsmaterial und Werkzeugen; der Bauunternehmer engagierte einen Mann vom Ort, um die Baustelle nachts und am Wochenende zu bewachen. Als die Bauarbeiter abzogen, entließen die Lindberghs jedoch den Wachmann zu dessen großer Enttäuschung. Da sie auf ein gutes Verhältnis mit den Nachbarn bedacht waren, gaben sie bekannt, die Einheimischen könnten weiterhin Featherbed Lane benutzen, einen verlassenen öffentlichen Weg, der fast parallel zu ihrer neuen Auffahrt über das Grundstück verlief.

Charles liebte das Waldversteck, auch wenn im Alltag die zweistündige Fahrt nach New York etwas unpraktisch war. Schließlich plante er den Bau einer behelfsmäßigen Landepiste, damit er per Flugzeug pendeln konnte.

Obwohl Anne behauptete, sie sei von dem Haus ebenso entzückt wie ihr Mann, war sie mit dem Ort bisher noch nicht richtig warm geworden. Nach drei Jahren Ehe bildete ihre Familie nach wie vor das gefühlsmäßige Zentrum ihres Lebens. Seit der Fertigstellung von Highfields im vorigen Oktober hatten sie und Charles nur 14 Wochenenden dort verbracht, an denen sie gewöhnlich erst am späten Samstagnachmittag ankamen. Montags früh fuhr Charles direkt nach Manhattan, und Anne kehrte mit dem Baby nach Next Day Hill zurück. Ollie und Elsie Whateley, die eine eigene Wohnung im Westflügel des Hauses bewohnten, blieben zurück, um ein Auge auf den Besitz zu haben.

Am Schaltjahrestag, Montag, dem 29. Februar, wich Anne

von der Routine ab. Das inzwischen 20 Monate alte Kind hatte eine schlimme Bronchitis, und Anne mochte es nicht aus dem Haus nehmen. Sie verbrachte einen ruhigen Tag und schlief Montagnacht nur in Gesellschaft der Whateleys. Charles, der am folgenden Tag einen vollen Terminkalender hatte, blieb in Englewood.[2]

Am Dienstagmorgen erwachte Anne durch das Geräusch eines heftigen Regenschauers, der auf das Schieferdach hämmerte. Charley ging es viel besser, aber nun fühlte sie sich kränklich und fiebrig. Im dritten Monat schwanger und von Morgenübelkeit geplagt, hatte sie sich ebenfalls die Erkältung des Kindes geholt. Um halb elf vormittags rief sie in Next Day Hill an und sagte Charleys Kindermädchen Betty Gow, sie wolle noch eine Nacht in Highfields bleiben. Das Baby hatte sich während des zweieinhalbmonatigen Antarktisfluges sehr an Betty Gow gewöhnt – es lernte das Wort »Betty«, noch bevor es »Mami« sagen konnte –, und Anne hatte beschlossen, daß sie ihre Besuche in Hopewell dazu nutzen würde, sich wieder mit ihrem Sohn anzufreunden und sich mit etwas Unterstützung von Elsie Whateley selbst um ihn zu kümmern. Betty Gow war daher erst einmal in Highfields geblieben und nicht sehr begeistert, als Anne sie bat, mit dem Zug nach Princeton zu kommen. Das Kindermädchen hatte an diesem Abend eine wichtige Verabredung mit ihrem Freund, einem norwegischen Matrosen namens Finn Henrik (»Red«) Johnson, den sie in North Haven kennengelernt hatte, wo er Tom Lamonts Jacht betreute. Johnson hatte in einer Pension in Englewood gewohnt und brachte sich mit Gelegenheitsjobs über die Wintermonate, wollte jetzt aber zur Familie seines Bruders nach Connecticut ziehen, und Betty wußte nicht, wann sie ihn wiedersehen würde.

Doch zumindest mußte Betty nicht im strömenden Regen am Bahnhof warten. Violet Sharpe, das Dienstmädchen, das Annes Anruf entgegengenommen hatte, hatte die Sache dem

Aushilfschauffeur der Morrows erzählt, Charles Ellerson, und der erklärte sich bereit, Betty in einem der Familien-Cadillacs nach Hopewell zu fahren. Sie trafen kurz nach eins ein. Ellerson kam noch schnell auf eine Tasse Tee mit ins Haus und fuhr dann allein nach Englewood zurück.

Am Nachmittag ließ der Regen kurz nach, und Anne machte einen Spaziergang. Als sie gegen Viertel vor fünf zurückkam, blieb sie unter dem südöstlich gelegenen Eckfenster des Kinderzimmers stehen und warf Kieselsteine gegen die Fensterscheibe, bis Betty das Geräusch hörte und das Baby ans Fenster brachte, damit es seiner Mutter winken konnte.

Nachdem Charley ein frühes Abendessen bekommen hatte, verbrachten Anne und Betty noch über eine Stunde im Kinderzimmer und machten ihn bettfertig. Anne rieb ihn mit Wick VapoRub ein und gab ihm dann seine Medizin, die er gleich wieder ausspuckte. Betty holte einen anderen Schlafanzug, Marke Dr. Denton, aus der Schublade. Er war noch nagelneu und schien ihr zu schade, um mit VapoRub verschmiert zu werden.

»Ich könnte schnell ein kleines Flanellhemd zusammennähen, das wir ihm darunter anziehen«, schlug sie vor.

Betty, eine erfahrene Näherin und sehr sparsam, schnitt zwei Stücke aus einem alten Petticoat und heftete sie mit blauem Seidenfaden zusammen, den sie von einem teuren französischen Negligé aufgehoben hatte. Als das Baby wieder angezogen war, befestigte sie die Plastikdaumenschützer, die der Kinderarzt gegen Daumenlutschen empfohlen hatte. Sie legte den Jungen ins Kinderbettchen und steckte mit zwei großen Sicherheitsnadeln die Bettdecke am oberen Ende mit dem Laken fest, damit er sie im Schlaf nicht wegstrampeln konnte.

Charley schlief fast sofort ein. Anne ging nach unten, Betty blieb jedoch noch im Kinderzimmer, bis sie sicher war, daß das Baby ruhig schlief. Bevor sie das Zimmer verließ, verriegelte sie die Fensterläden der Terrassentüren auf der Südseite des Hauses und bei einem der beiden nach Osten liegenden Fenster. Die Läden am Eckfenster waren verzogen – der Bauunternehmer und die Tischler stritten sich immer noch, wer dafür verantwortlich war –, sie ließ sie also offen, schloß aber das Fenster.

Inzwischen war es ungefähr acht, und im Waldorf-Astoria in New York erwarteten die ehemaligen Studenten der New York University ungeduldig Colonel Lindbergh; er sollte als Hauptredner bei ihrem jährlichen Spendenbankett auftreten. Lindbergh, der nach dem Transatlantikflug für sein Leben genug offizielle Dinner besucht hatte, hätte liebend gern auf jede erdenkliche Entschuldigung zurückgegriffen, nur um sich kein Dinnerjacket anziehen zu müssen, aber er hielt es für unmöglich, eine Einladung von Frank Bartow abzulehnen, ein Morgan-Partner sowie Mitglied des NYU-Verwaltungsrats. Die Morgenzeitungen hatten seinen Auftritt angekündigt, und eine kleine Menschenmenge stand wartend im Regen vor dem Hotel, in der Hoffnung, den schwer greifbaren Helden kurz zu sehen. Aber sie sollten enttäuscht werden. Der Termin des Banketts war zweimal verschoben worden, und Elizabeth Sheetz, Lindberghs Privatsekretärin, hatte es in der Verwirrung versäumt, das richtige Datum in seinen Kalender einzutragen. Lindbergh selbst hatte das Datum vergessen, oder vielleicht sah er das Versehen der Sekretärin als ideale Gelegenheit, sich vor einer unangenehmen Verpflichtung zu drücken. Kurz nach sechs fuhr er nach Hopewell, rief von unterwegs an und ließ Anne und die Whateleys wissen, daß er zum Abendessen da sein würde.

Gegen acht Uhr abends, als Henry Breckinridge aus dem Waldorf anrief und sich wunderte, wo Charles blieb, war das Wetter wieder abscheulich geworden. Windböen peitschten durch die Bäume und rüttelten an den Terrassentüren, die vom Wohnzimmer auf eine mit Steinplatten geflieste Veranda führten. Anne setzte sich an ihren Schreibtisch im Wohnzimmer, um ein paar Briefe zu schreiben und ihren Tagebucheintrag zu beenden. »Ich blieb am Schreibtisch, horchte von etwa halb acht bis fünf vor halb neun, ob Colonel Lindbergh käme, schaute ständig auf die Uhr und wartete auf ihn«, erzählte sie später der Polizei. »Einmal meinte ich das Geräusch eines Wagens auf Kies zu hören, aber es war eine sehr windige Nacht. Ich stand nicht auf, um nachzusehen, was es war... Gegen 20 Uhr 25 hörte ich Colonel Lindberghs Wagen und die Hupe.«[3]

Die Hupe war das gewohnte Signal für Ollie Whateley, die Garagentür zu öffnen. Whateley hatte die Nachricht von Breckinridge aufgenommen, und Charles rief den Anwalt sofort zurück und bat ihn, den ehemaligen NYUlern sein Bedauern auszusprechen. Dann aßen Charles und Anne in dem kleinen Eßzimmer auf der Westseite des Hauses zu Abend, gingen anschließend ins Wohnzimmer und machten es sich vor dem Kamin bequem. Als sie sich eben gesetzt hatten, hörten sie ein Krachen, das Charles später als »ein Geräusch, als würden die Latten einer Apfelsinenkiste von einem Stuhl fallen« beschrieb. Zu diesem Zeitpunkt dachten er und Anne, der Lärm käme aus der Speisekammer, wo Whateley das Geschirr wegräumte.

Wenig später beschloß Charles, noch schnell ein Bad zu nehmen und den restlichen Abend im Arbeitszimmer zu verbringen. Er ging mit Anne nach oben ins Schlafzimmer und unterhielt sich zehn bis fünfzehn Minuten mit ihr. Während er dann im großen Badezimmer hinten im Flur badete, suchte Anne ihre Toilettenartikel zusammen. Sie hatte ihr Zahnpulver in dem kleineren, Schlaf- und Kinderzimmer verbindenden Bad vergessen. Die Kinderzimmertür war angelehnt, doch statt das Licht anzuschalten und das Baby zu stören, suchte sie lieber im Halbdunkel herum, vom schwachen orangenen Schimmer des Heizstrahlers geführt, den Betty Gow im Kinderzimmer angelassen hatte.

Unten war Whateley mit dem Aufräumen fertig, saß in dem sehr kleinen Wohnzimmer für das Personal gleich neben der Speisekammer und las eine Zeitschrift. Seine Frau hatte Betty Gow gebeten, in die Wohnung der Whateleys über der Garage zu kommen und ihr beim Abstecken eines Kleidersaums zu helfen. Die Frauen arbeiteten etwa 20 Minuten an dem Kleid, bis gegen halb zehn, als Anne – sie hatte ihr Bad beendet und las im Bett – klingelte und Elsie um ein Glas heiße Limonade bat. Betty beschloß, gleich auch auf einen Sprung ins Kinderzimmer zu gehen und nach dem Baby zu sehen.

Der Elektrostrahler brannte noch immer, aber Betty Gow fiel sofort die überraschende Kälte im Zimmer auf. Ohne das Licht anzuschalten, beugte sie sich über das Ahornkinderbett und langte hinein, um die Decke zu ordnen. Aber Charley lag nicht in seinem Bettchen. Merkwürdigerweise jedoch war die Decke noch ordentlich am Laken festgesteckt, so als hätte jemand das Kind mit den Füßen vorneweg unter der Decke hervorgezogen.

Colonel Lindbergh hatte dem ernsten Kindermädchen schon einige Male Streiche gespielt, das Baby heimlich genommen und sich damit versteckt, während sie anderweitig beschäftigt war. Diese Streiche hatten sie jedesmal genug erschreckt, allerdings war dies immer während der Spielzeit passiert. In dieser Nacht jedoch brauchte das Kind seinen Schlaf. Betty schluckte ihren Ärger hinunter, ging an die Schlafzimmertür, wo Anne noch immer im Bett las, und fragte: »Mrs. Lindbergh, hat der Colonel den Jungen?«

»Ich weiß es nicht«, sagte Anne. »Er muß ihn wohl haben.«

Betty ging nach unten ins Arbeitszimmer. »Colonel, haben Sie den Jungen? Halten Sie mich bitte nicht zum Narren.«

Er schüttelte den Kopf.

Das Kindermädchen blieb hartnäckig. »Sie müssen ihn haben. Er ist weg.«[4]

Charles warf den Stift beiseite und stürmte die Treppe hoch, drei Stufen auf einmal nehmend. Anne war bereits im Kinderzimmer, durchwühlte den Schrank und schaute unters Bett, in der verzweifelten Hoffnung, es handele sich wieder um einen Scherz ihres Mannes. Doch ein Blick in sein Gesicht überzeugte sie vom Gegenteil. In diesem Augenblick bemerkten sie, daß das Eckfenster weit offenstand. Während Charles Whateley aufforderte, die Polizei zu rufen, packte er ein Gewehr und rannte nach draußen. Anne ging in ihr Schlafzimmer, riß das Fenster auf und beugte sich hinaus. Zu ihrer Rechten, etwa in Richtung des Holzhaufens, hörte sie etwas, das sich wie Babygeschrei anhörte. Elsie war hinter sie getreten. »Das war eine Katze, Mrs. Lindbergh«, sagte sie schnell.[5]

Charles rannte die Auffahrt hinunter, entdeckte jedoch kein Anzeichen für einen Eindringling. Die kahlen Bäume knarrten und ächzten im Wind und erschwerten es, irgendwelche ungewöhnlichen Geräusche zu hören. Ein paar Minuten später ging er ins Haus zurück, um eine Taschenlampe zu holen. Er war überrascht, als Whateley ihm sagte, die Telefonleitung sei nicht durchgeschnitten.

Die Frauen warteten im Kinderzimmer. Es befand sich beinahe im ursprünglichen Zustand, nur der unter dem Eckfenster liegende Lederkoffer wies Matschspuren auf. Oben auf dem Heizkörper lag ein weißer Umschlag. Charles widerstand dem Impuls, ihn aufzureißen, weil er wußte, die Polizei könnte vielleicht Fingerabdrücke nehmen. Da es keine Taschenlampen im Haus gab, stieg Ollie Whateley ins Auto, um welche zu besorgen. Doch kurz nachdem er in die einspurige, als Lindbergh Lane bekannte, unbefestigte Straße einbog, stieß er zufällig auf den Polizeichef von Hopewell, Harry Wolfe, und den Polizeibeamten Williamson. Die beiden hatten zusätzliche Taschenlampen im Wagen, und so folgte Whateley ihnen wieder zurück zum Haus. Charles hatte unterdessen mit Henry Breckinridge telefoniert, der ihm empfahl, die State Police anzurufen. Gegen zehn vor elf war bereits Großalarm ausgelöst worden, und Soldaten der Nationalgarde errichteten Straßensperren auf den Hauptstraßen nach New York City, Newark und Trenton.

Als erster Beamter der State Police erreichte Corporal Joseph Wolf das Haus. Mit seinen zwei Dienstjahren zeigte er sich der Lage gewachsen, erstellte detaillierte Aufzeichnungen vom Zustand des Kinderzimmers und nahm erste Aussagen auf. Danach ging er nach draußen, wo der Polizeibeamte Williamson ihm ein Stemmeisen von Bucks Brothers zeigte, das unter dem Eckfenster des Kinderzimmers lag. Außerdem wies er auf mindestens zwei Paar schlammige Fußabdrücke unter dem Kinderzimmerfenster hin, von einem Mann und einer Frau. Die männlichen Fußabdrücke führten etwa 20 Meter vom Haus weg, und dort fanden die beiden Polizisten nahe am Wandrand eine Klappleiter im Matsch. Die Leiter war so konstruiert, daß sich ihre drei Teile zwecks leichteren Tragens ineinanderschieben ließen, aber sie war hastig hergestellt und aus verschiedenen Holzresten zusammengestückelt worden. Und eine Sprosse im unteren Leiterteil war zerbrochen, fiel Williamson auf.

Corporal Wolf ging darauf wieder nach drinnen und fragte die Frauen, ob eine von ihnen nach der Entdeckung des Verbrechens das Haus verlassen hatte. Dies war nicht der Fall. »Offenbar handelte es sich bei den Kidnappern um eine Gruppe von mindestens zwei oder mehr Personen«, schrieb Wolf in seinem Bericht. Aufgrund seiner Information, man habe die Fußabdrücke einer Frau unter dem Fenster entdeckt, achteten die Polizisten an den Straßensperren besonders auf Wagen, in denen sich Paare oder mehrere Männer mit einer Frau befanden.[6]

Einige Minuten später tauchten zwei weitere Polizisten im Haus auf, Cain und Sullivan. Wolf schickte Cain mit der Anordnung zur Auffahrt hinunter, alle Neuankömmlinge zu veranlassen, ihre Wagen an der öffentlichen Straße zu parken, damit beweisträchtige Reifenspuren nicht zerstört würden. Sullivan erhielt den Auftrag, alle Neuankömmlinge am Betreten des Geländes in der näheren Umgebung des Hauses zu hindern. Gegen 23 Uhr 15 befanden sich mindestens 13 Beamte der State Police am Tatort – unter ihnen die Detectives Nuncio de Gaetano und Lewis Bornmann, Ermittlungsbeamte, die der Zentrale der State Police in Trenton angehörten; der Chef der Detectives, Captain John J. Lamb, und sein Stellvertreter Lieutenant Arthur (»Buster«) Keaten, der eine zentrale Rolle im spektakulären Hall-Mills-Mordfall gespielt und die Beweise erbracht hatte, die einen Priester in New Jersey des Mordes an einem Mitglied seines Kirchenchores überführten; und drei weitere Detectives, Zapolsky, Leon und Haussling. Unter den letzten Ankömmlingen befand sich Colonel H. Norman Schwarzkopf, Gründungsdirektor der State Police von New Jersey, sowie sein Berater Major Charles Schoeffel.

Schwarzkopf fragte Colonel Lindbergh, wer es seiner Ansicht nach getan haben könnte. Hatte er irgendwelche Feinde?

»Ich habe keine Ahnung«, sagte Lindbergh.

Alle standen da und warteten auf den Hauptermittlungsbeamten, Corporal Frank Kelly, der kurz nach Mitternacht eintraf. Schwarzkopf wußte, daß es entscheidend war, den Inhalt des Briefumschlags vertraulich zu behandeln, und schickte bis auf wenige Berater und Colonel Lindbergh alle Personen aus dem Zimmer, ehe Kelly an die Arbeit ging. Doch unglücklicherweise zeigten Umschlag und Brief außer einem nichtssagenden Klecks keine Spuren, und die Nachricht selbst war kaum lesbar:

Sehr geehrter Herr!

Halten sie 50 000 $ bereid, 25 000 in 20-$-Scheinen 15 000 $ in 10-$-Scheinen und 10 000 $ in 5-$-Scheinen. In 2–4 Tagen informieren wir sie wo das gelt abgeliefert werden soll. Wir warnen sie davor an die Öffentlichkeit oder zur Polisei zu gehen dem Kind geht es gut. Kennzeichen für alle Briefe sind Underschrift und 3 Löcher.[7]

Diese »Underschrift«, wie es der Verfasser des Schreibens nannte, bestand aus zwei ineinandergreifenden blauen Kreisen, die an der Stelle, wo sie sich überschnitten, rot getönt waren. Das Papier wies drei viereckige Löcher auf, offenbar mit einer Handlochzange fabriziert.

Während sich die ranghöheren Beamten der State Police im Kinderzimmer aufhielten, war Corporal Kelly mit Lieutenant Bornmann nach unten gegangen, um die Leiter zu untersuchen. Die rauhe Oberfläche gab jedoch keine brauchbaren Abdrücke her. Als Kelly mit dem Stemmeisen ebensowenig Erfolg hatte, legte er den Fingerabdruckkasten beiseite und fotografierte den Tatort. Er machte eine Aufnahme von den matschigen Fußabdrücken unter dem Eckfenster, versuchte aber nicht, Gipsabdrücke zu nehmen, vielleicht weil der Boden zu naß war.

Als Anne bewußt wurde, daß die Nachricht über das Verbrechen schon im Radio gebracht wurde, rief sie rasch ihre Mutter und ihre Schwiegermutter an. Charles wollte die Detectives Keaten, Haussling und Horn bei der Befragung der Nachbarn begleiten. Als sie nach draußen gingen, entdeckten sie vor dem Haus zwei auf dem Wendeplatz geparkte Krankenwagen; in beiden befanden sich Fotografenteams des INS, die wußten, daß ihnen Blaulicht und Sirene Zugang zum Tatort verschaffen würden, und die daher die Fahrzeuge gemietet und mit kompletten mobilen Dunkelkammern ausgestattet hatten. Die INS-»Krankenwagen« waren allerdings nur der Anfang einer ganzen Reporterinvasion. Die *Times* schickte ein halbes Dutzend, die *Daily News* neun und der *American* und das *Evening Journal* gleich zwölf Journalisten, angeführt vom Verlegersohn William Randolph Hearst jr.

Das Lösen von Kriminalfällen macht bei der State Police nur einen kleinen Teil der Arbeit aus, und Schwarzkopfs Organisation war noch viel weniger als andere darauf vorbereitet, das zu bewältigen, was bald als das berühmteste Verbrechen in die Geschichte Amerikas – und vielleicht sogar der Welt – eingehen sollte. Erst kurz nach dem Ersten Weltkrieg gegründet, war die Jersey State Police während ihrer erst kurzen Geschichte hauptsächlich damit beschäftigt, dem Fluß von geschmuggeltem Alkohol durch den feuchtesten Staat der Nation Einhalt zu gebieten, und die Männer waren damit bereits überfordert. Den Detectives fehlten zeitgemäße kriminaltechnische Geräte, zudem verfügten sie über geringe Erfahrung im Umgang mit einer Klasse von Verdächtigen, die sich nicht so leicht einschüchtern oder durch Tricks dazu bringen ließen, mit Informationen herauszurücken. Die Hall-Mills-Morduntersuchung war, obwohl sie mit einem Schuldspruch endete, eine Katastrophe gewesen, und der Lindbergh-Fall sollte bald beweisen, daß Keaten und Mitarbeiter wenig aus ihren Fehlern gelernt hatten.

Trotzdem war ein Großteil der späteren Kritik an Schwarzkopf und seiner Organisation ungerechtfertigt und unfair. In Entführungsfällen ist es üblich, der Familie des Opfers das Verhandeln und eine eventuelle Lösegeldzahlung zu gestatten. Und die Lindberghs waren keineswegs gewöhnliche Opfer. Charles Lindbergh übernahm von Anfang an die Kontrolle über die Untersuchung und war für viele Entscheidungen verantwortlich, für die man später Norman Schwarzkopf und der State Police die Schuld zuschob.

In Anbetracht von Lindberghs Widerwillen gegen die Presse überrascht es, daß er die State Police daran hinderte,

Reporter vom Grundstück auszusperren. Publicity, so glaubte er, könnte nützlich sein, um die Öffentlichkeit zu mobilisieren und sich an der Suche nach dem Kind zu beteiligen. Sobald Pressevertreter ankamen, wurden sie in die große, für drei Wagen gebaute Garage im Westflügel des Hauses gebeten, wo Ollie Whateley Kaffee servierte. Die Lindberghs erschienen kurz und sprachen mit den Journalisten; danach gab Henry Breckinridge, der nach Charles' Anruf sofort aus New York gekommen war, eine kurze Zusammenfassung des Tatbestands.

Entgegen den meisten veröffentlichten Berichten – »die Presse hatte unter Mitarbeit der stümperhaften Polizei unbeabsichtigt echte Hinweise zerstört«, schrieb Daniel J. Boorstin in seinem Buch *Hidden History* – war die Situation zu diesem Zeitpunkt noch unter Kontrolle.[8] Der frühe Redaktionsschluß der Zeitungen und die Überlastung der örtlichen Telefonleitungen veranlaßten fast alle Reporter, nach Princeton zu fahren, um ihre Stories abzuliefern. Das Chaos brach erst kurz nach Tagesanbruch aus, als die allgemeine Öffentlichkeit in die Gegend einfiel und den Verkehr auf der engen Landstraße zum Erliegen brachte. Hunderte von Möchtegernhelfern oder Neugierigen marschierten über die benachbarten Farmen auf das Lindbergh-Anwesen zu, zertrampelten das Unterholz und hinterließen matschige Fußspuren, Zigarettenkippen und Müll. Unzählige Besucher tauchten plötzlich auch am Haus auf, um Bedauern auszudrücken und Hilfe anzubieten – Pfarrer, örtliche Politiker und vor allem »berühmte Detektive«, ein Menschenschlag, der in den 30er Jahren so verbreitet war wie heute berühmte Anwälte. Die Hilfsbereitschaft vieler dieser Besucher war zweifellos aufrichtig, andere dagegen waren offenbar schon damit zufrieden, daß ihre Anwesenheit am Ort des Geschehens für die Nachwelt festgehalten wurde – Anne Lindbergh beobachtete von einem Fenster im oberen Stockwerk aus, wie sich eine ganze Parade von Fremden nacheinander an die Franklin Limousine lehnte und fotografieren ließ.

Zumindest machte ein Besucher einen brauchbaren Vorschlag: Dr. John Hibben kam vormittags vorbei und erklärte sich bereit, die Studentenschaft von Princeton zu organisieren, um mit einer Menschenkette die Gegend abzusuchen. Eine intensive Suche schien jedoch nur sinnvoll, wenn das Baby tot war, und für den Fall, daß die Kidnapper sich irgendwo im Wald versteckt hielten, könnten sie bei dessen Absuchen in Panik geraten und das Kind töten. Colonel Schwarzkopfs vorrangiges Ziel war auf alle Fälle die Wiederherstellung der Ordnung. Daß nun noch einige hundert Leute in der Gegend herumtrampelten war das letzte, was er jetzt brauchen konnte. Und obwohl es eigentlich einer ganzen Armee bedurft hätte, um ein Gelände von 200 Hektar nicht eingezäunten Landes zu sichern, hatte die State Police gegen Nachmittag die Lage tatsächlich wieder mehr oder weniger unter Kontrolle.

Schwarzkopf verwandelte die Garage schnell in eine Fernmeldezentrale. Bereits um neun Uhr morgens war die Telefongesellschaft bei der Arbeit, legte Hilfsleitungen entlang der Hopewell-Princeton-Straße und installierte 20 zusätzliche Telefonanschlüsse im Haus. Colonel Lindbergh hatte unterdessen einen gewissen Oscar Bush herbeigerufen, einen Mann aus der Gegend, der im Jagen und Spurenlesen als Experte galt. Bush erkannte schnell, daß die weiblichen Fußabdrücke unter dem Kinderzimmerfenster von Mrs. Lindberghs Nachmittagsspaziergang herrührten. Er folgerte allerdings auch, daß die größeren »klumpigen« Fußspuren von zwei verschiedenen Personen stammten, die ihre Schuhe beide in Säcke gebunden hatten. Bush folgte der doppelten Spur bis zur Featherbed Lane, wo er Reifenspuren fand, die darauf hinwiesen, daß zwei Fahrzeuge am schlammigen Straßenrand geparkt hatten.[9]

Die Detectives der State Police, noch immer mit der Befragung der Nachbarn beschäftigt, hörten sich lebhafte, aber oft verwirrende und widersprüchliche Aussagen über fremde Fahrzeuge an, die man in den vergangenen Tagen in der Umgebung von Highfields gesehen hatte:

Ben Lupica, ein Schüler am Princeton Internat, dessen Familie 800 Meter von Highfields entfernt wohnte, berichtete, er sei am vorherigen Nachmittag um fünf auf der Lindbergh Lane an einem grünen Dodge Sedan 1929 vorbeigefahren; das Fahrzeug habe Chromstoßstangen und, so glaubte er, Nummern aus dem Mercer County, New Jersey, gehabt. Am Steuer habe ein sauber rasierter Mann in »Stadtkleidung« gesessen. Auf dem Rücksitz, sagte Lupica, sei ihm etwas aufgefallen, was nach mehreren Leitern aussah.

Die Familie Harry Conover, die nahe der Stelle wohnte, wo die Featherbed Lane in die öffentliche Straße mündete, konnte ebenfalls mit einer Story dienen. Als sie abends gegen Viertel vor sieben von einem Ausflug nach Hause zurückkehrten, kam ihnen auf der Featherbed Lane ein Auto entgegen. Die Conovers waren überrascht. Obwohl die Einheimischen manchmal das am Anfang aufgestellte Schild UNPASSIERBARE STRASSE nicht beachteten, wurde der unbefestigte Weg doch vorwiegend als Fußpfad benutzt. Während seine Frau ins Haus ging, blieb Conover auf der Veranda und beobachtete den Wagen. Als Mrs. Conover im Wohnzimmer Licht anmachte, wurde das Scheinwerferlicht des Wagens ausgeschaltet.

Archie Adam, Leiter der Landesanstalt für Epileptiker im nahe gelegenen Skillman, erzählte der Polizei, daß, als er um 19 Uhr 40 Richtung Hopewell unterwegs war, zwei hintereinanderfahrende Fahrzeuge ihn passiert und dabei fast von der Straße gedrängt hätten.

John Donnelson Guiness, Betreiber einer Tankstelle in Hopewell, war am 28. Februar, dem Sonntag vor der Entführung, in der Nähe des Lindbergh-Anwesens ebenfalls ein merkwürdiger Wagen aufgefallen, vermutlich ein Willys-Knight, Buick oder Packard. Guiness wurde mißtrauisch, als der Wagen in einen Feldweg einbog, der, wie er wußte, in einer Sackgasse endete. Der Wagen sei ein paar 100 Meter weitergefahren, habe dann gedreht und sei auf der Hauptstraße wieder an ihm vorbeigefahren. Auf dem Beifahrersitz habe eine Frau gesessen, und der Fahrer, erinnerte sich Guiness, hätte ziemlich auffällig ausgesehen, blond und hellhäutig, mit »rundlichem« Gesicht und »Froschaugen«.

Teresa Dersi, eine 19jährige Musikstudentin, erzählte der Polizei, daß sie am 22. Februar, acht Tage vor der Entführung, von drei Männern angehalten worden sei, die eine blaugrüne Limousine mit New Yorker Kennzeichen fuhren. Die Männer fragten sie nach dem Weg zum Lindbergh-Haus. Mindestens vier weitere Bewohner von Hopewell wollten an diesem Tag einen ähnlichen Wagen gesehen haben.[10]

Arthur Keaten hielt die Aussagen von Lupica und Conover für stichhaltig. Was die anderen Zeugen betraf, war es reine Spekulation, ob die von ihnen gesichteten Fremden mit dem Verbrechen in Verbindung standen. Zu diesem Zeitpunkt jedoch ging die Polizei davon aus, daß die Tat das Werk von mindestens zwei Männern mit vermutlich einer weiblichen Komplizin war.

Die Berichterstattung über den Vincent-Coll-Mord noch in frischer Erinnerung, spekulierten viele Reporter, die sich am Mittwoch während der frühen Morgenstunden in der Lindbergh-Garage versammelten, daß die Entführung das Werk der Purple Gang sei. Bezüglich des Tatmotivs wurden zahlreiche, höchst phantasievolle Theorien entwickelt. Eine oft geäußerte Vermutung lautete, der erst kürzlich wegen Einkommensteuerhinterziehung verurteilte Al Capone habe das Ganze arrangiert und plane nun, seine Freiheit mit der Geiselnahme zu erpressen.

An diese Version glaubten Schwarzkopf und seine Mitarbeiter nicht eine Sekunde. Das Verbrechen trug sämtliche Kennzeichen von Laienhaftigkeit – die nicht durchschnittenen Telefonleitungen, der simple Brief, der fehlende Plan für eine schnelle Zahlung. Nach Ansicht der Detectives lag der Schlüssel zur Lösung bisher darin, daß das Kind noch nie zuvor einen Wochentag in Highfields verbracht hatte. Darüber hinaus hatte sich Anne mit dem Baby dort nie ohne Colonel Lindbergh aufgehalten. Die Entführer mußten gewußt haben, daß sie die Sicherheitsvorkehrungen in Next Day Hill nie hätten durchbrechen können, und hatten auf eine genau solche Gelegenheit gewartet – soviel schien auf der Hand zu liegen. Und am Dienstagabend hatte sogar die Familie geglaubt, Colonel Lindbergh sei im Waldorf.

Jede betroffene Familie hätte wohl die Vorstellung entsetzt, von jemandem aus dem eigenen Personal betrogen worden zu sein. Charles Lindbergh konnte diese Möglichkeit schwerer akzeptieren als jede andere. Die Vielschichtigkeit der menschlichen Psyche war ihm ein Buch mit sieben Siegeln. Er glaubte fest, daß Menschen, die er kannte und mochte, auch gut und anständig sein müßten. Diese Haltung gründete zum Teil auf Idealismus, zum Teil jedoch auch auf einer fast kindlichen Egozentrik. Er konnte sich immer nur schwer vorstellen, daß Leute, die ihm feindlich gegenüberstanden, auch gute Qualitäten hatten, und es sollte sich als noch schwieriger erweisen, ihn davon zu überzeugen, daß normalerweise tüchtige Angestellte womöglich Versuchungen, Schwächen und Wünschen erliegen könnten, die zwingend genug wären, ihre Loyalität ihm gegenüber aufzugeben.

Und es gab gewiß verständliche Gründe für das Festhalten an der Theorie, Charles Lindbergh jr. sei von Gangstern entführt worden. Profiverbrecher würden das Kind vermutlich eher am Leben lassen und es unverletzt zurückgeben. Nicht nur die Presse verlegte sich blindlings auf die Bandentheorie; viele von Lindberghs engsten Vertrauten, Henry Breckinridge und die Morgan-Partner inbegriffen, waren ebenfalls völlig von ihr eingenommen.

14.
DER »INNERE KREIS«

Am Morgen des 2. März, des Tages nach der Entführung, telefonierte die Kongreßabgeordnete Ruth Pratt mit Colonel William (»Wild Bill«) Donavan. »Sie müssen Mickey Rosner in die Lindbergh-Sache einschalten«, drängte sie ihn. »Er hat großartig für die Regierung gearbeitet. Ich habe zwei Senatoren, die für seine absolute Zuverlässigkeit bürgen.«

Donavan – heute als Leiter des OSS (Office of Strategic Services) während des Zweiten Weltkriegs in guter Erinnerung – war frei praktizierender Anwalt und stand in keiner offiziellen Verbindung mit dem Lindbergh-Fall, hatte aber oft vertrauliche Aufträge für die Morgan-Bank übernommen; die Kongreßabgeordnete Pratt war nur eine von sechs Anrufern an diesem Morgen, die davon ausgingen, daß die Familie Lindbergh ihn zu Rate ziehen würde. Als früherer Bundesstaatsanwalt in Buffalo und amtierender Oberstaatsanwalt während der Coolidge-Regierung galt Donavan darüber hinaus als Experte für organisiertes Verbrechen.

Minuten nach dem Gespräch mit Pratt erfuhr Donavan, daß Rosner bereits seinen früheren Mitarbeiter Robert Thayer angerufen und ihm seine Referenzen als Vermittler aufgeschwatzt hatte. Rosner behauptete, er habe die frühen Morgenstunden mit Owney Madden verbracht, der ihm »etwas Dramatisches« mitgeteilt hätte: Hinter der Lindbergh-Entführung stecke ein bekannter Gangster, der »vor kurzem untergetaucht« sei. Rosner deutete ferner an, er stehe mit »dem Chef der Unione Sicilione« in Kontakt, und dieser habe angeboten, die Unterwelt zu mobilisieren, um die Rückgabe des Kindes sicherzustellen.

Donavan war mißtrauisch, denn Rosner, ein professioneller Hochstapler, dem eine hohe Strafe wegen eines Zwei-Millionen-Dollar-Börsenbetrugs bevorstand, hatte seine Dienste als potentieller Regierungsspitzel schon in Washington feilgeboten. Donavan gab die Nachricht an Breckinridge weiter, warnte ihn aber, daß Rosner vermutlich log. »Ich kann für diesen Mann nicht bürgen«, betonte er.

»Im Augenblick nehmen wir Hilfe von allen und jedem an«, sagte Breckinridge. »Wir tappen in der Sache noch völlig im dunkeln.«[1]

Breckinridge und ein Freund aus Washington, der Anwalt Bill Gavin, arrangierten noch für denselben Abend ein Treffen mit Rosner in Thayers Wohnung. Rosner, ein kleiner adretter Mann, der wie ein Maschinengewehr redete, tauchte im Nadelstreifenanzug mit weißem Seidentaschentuch in der Brusttasche und einem perlgrauen Filzhut auf. »Ich steige nicht wegen Geldes in den Fall ein«, versicherte er Breckinridge. Trotzdem, fügte er hinzu, bräuchte er einen Vorschuß von 2500 Dollar, um sich die Kooperation verschiedener Unterweltinformanten zu erkaufen.

Breckinridge signalisierte nickend sein Einverständnis, und Thayer ging nach oben, um das Geld aus dem Safe im Schlafzimmer zu holen. Rosner griff dann zum Telefon und bestellte zwei Leute zu sich, die, wie er durchblicken ließ, Botenjungen von Owney Madden waren. Als die Männer ankamen, holte Rosner feierlich 1000 Dollar aus dem Umschlag, den Thayer ihm soeben gegeben hatte, und steckte jedem der beiden theatralisch 500 Dollar in die Hosentasche. Später sagte einer der »Boten« beim FBI aus, daß er und sein Komplize nur 20 Dollar erhalten hatten; die größeren Scheine hatte Rosner im Ärmel verschwinden lassen.

Nachdem Breckinridge und Galvin die Wohnung wieder

verlassen hatten, bat Rosner Thayer, ihn an die Ecke 47. Straße und Broadway zu fahren. Während Thayer im Wagen wartete, ging Rosner in eine bekannte Flüsterkneipe, tauchte eine Stunde später wieder auf und verkündete, er habe eine persönliche Nachricht von den Kidnappern erhalten. Thayer und Rosner rasten nach Princeton, wo sie sich um drei Uhr morgens mit Breckinridge in einem durchgehend geöffneten kleinen Restaurant trafen und die angeblichen Forderungen der Kidnapper weitergaben:

1. Die Lindberghs mußten sich verpflichten, die Entführer bis zur sicheren Rückgabe des Kindes nicht zu verfolgen.

2. Rosner brauchte eine nicht abgehörte Telefonleitung in dem Haus in Hopewell, auf der er weitere Verhandlungen führen konnte.

Breckinridge stimmte diesen Bedingungen zu, fuhr mit Thayer und Rosner sofort nach Hopewell und kam bei Tagesanbruch an. Es fand eine lange Unterredung mit Colonel Lindbergh statt, und nach einigen Stunden gab Breckinridge vor den Reportern eine Erklärung Lindberghs ab, die eigentlich Bill Galvin entworfen hatte und in der es u. a. hieß: »Mrs. Lindbergh und ich möchten mit den Entführern unseres Kindes persönlich Kontakt aufnehmen... Wir versprechen, daß wir alle Vereinbarungen, die von ihrem und unserem Vertreter getroffen werden, vertraulich behandeln; des weiteren verpflichten wir uns, nichts zu unternehmen, was den Personen, die mit der Rückgabe unseres Kindes in Zusammenhang stehen, in irgendeiner Weise schaden könnte.«

»Colonel Lindbergh ist unverzagt«, führte Breckinridge aus. »Die Entführer können sicher sein, daß er in einer für ihn äußerst wichtigen Angelegenheit keine Tricks mit ihnen versuchen wird. Er wird sich überall mit ihnen treffen, unter allen Bedingungen, die sie festlegen, er würde sogar in die Unterwelt gehen, um sich mit den Männern zu treffen, die sein Kind haben, und eine sichere Rückgabe arrangieren.«

Doch die Unterwelt hatte Highfields bereits in Gestalt von Mickey Rosner besetzt. Rosner zog ins Arbeitszimmer ein, schlief nachts auf der Couch, belegte tagsüber die Telefonleitungen mit Beschlag und nahm alle eingehenden Gespräche entgegen; die Privatleitung benutzte er zum Verhandeln mit seinen vermeintlichen Kontaktmännern.

»Hier ist X«, bellte er jedesmal forsch. »Habt ihr schon Neuigkeiten für mich?«

Diese Anrufe endeten unweigerlich mit Rosners betroffenem Kopfschütteln und der Nachricht für Thayer und Breckinridge, daß die Vorbereitungen »noch ein bißchen länger« dauern würden.

Colonel Schwarzkopf, der 18-Stunden-Tage einlegte und die Befehlszentrale der State Police in der Garage überwachte, war wütend, konnte aber nichts dagegen unternehmen. Einige Wochen später erklärte er vor Agenten der Bundespolizei: »Er (Rosner) sollte der Kontaktmann sein... das beschloß die Familie in einer privaten Besprechung, von der die Polizei ausgeschlossen war. Wir wußten nichts von ihm, außer daß Colonel Lindbergh uns sagte, er sei in Ordnung. Wir schauten ihn an und meinten, nun, vielleicht ist er ein Gangster. Das sei nicht der Fall, wurde uns gesagt, es gäbe Bürgen für ihn. Er war immer im inneren Kreis der Familie.«

Charles Lindbergh erschien jeden Morgen in einem sauberen weißen Hemd und seiner ledernen Fliegerjacke. Die Lieutenants Bornmann und Keaten staunten, daß er nie seinen herzhaften Appetit verlor und immer ausgeruht wirkte. Anne, unter den gegebenen Umständen auffallend gelassen, verglich ihn stolz mit einem General, der seine Streitkräfte antreten ließ. Aber wenn überhaupt, war er ein General, der ohne Strategie in fremden Territorien operierte. Er konnte Mickey

Rosner nicht ausstehen, schien jedoch fasziniert von dessen angeblichen Verbindungen zu mächtigen Gangstern.

Selbst aus heutiger Sicht scheint es ungerechtfertigt, einen verzweifelten Vater zu kritisieren, der alles seiner Ansicht nach Notwendige tat, um sein Kind zurückzubekommen. Trotzdem – die Einbeziehung von Rosner war eine Katastrophe. Ein berüchtigter Hochstapler, von dem man sich hinter vorgehaltener Hand erzählte, er wolle FBI-Spitzel werden, war gewiß der letzte Mensch, mit dem irgendein Entführer etwas zu tun haben wollte. Gleichzeitig bot sich die Familie durch ihre Leichtgläubigkeit als Freiwild für weitere Gaunereien an. Während nur wenige den Mut hatten, diese seltsame Entscheidung öffentlich in Frage zu stellen, waren Reporter und Polizeibeamte doch so erstaunt darüber, daß sich einige fragten, ob alles tatsächlich so war, wie es schien. Eine Journalistin vom *Boston Herald,* Laura Vitray, tischte die Theorie auf, das Verbrechen sei eine Zeitungsente, von Gangstern und der Morgan-Bank initiiert, um die Öffentlichkeit von der Depression »abzulenken«. Als ihr Blatt sie daraufhin feuerte, produzierte sie auf die schnelle ein Buch und behauptete, das Lindbergh-Baby sei nie entführt worden: Das Kind sei irgendwo sicher versteckt und würde zu geeigneter Zeit wieder auftauchen.[2]

Als ein Ergebnis von Lindberghs ausdrücklichem Wunsch nach maximaler Öffentlichkeit war inzwischen buchstäblich das ganze Land mobilisiert, um das vermißte Kind zu suchen. Viele Radiosender strichen ihr Programm und berichteten rund um die Uhr über den Fall. In 35 Tagen erhielten die Lindberghs über 28 000 Schreiben, darunter 8000 Hinweise, aber auch 12 000 Briefe von Leuten, die meinten, der Schlüssel für des Rätsels Lösung sei in ihren Träumen zu finden. Der Bürgermeister von Englewood, den die Lindberghs kurz zuvor als Sprecher ernannt hatten, erhielt ebenfalls Tausende von Briefen, ebenso wie das FBI, das noch nicht einmal offiziell in die Suche eingeschaltet war. Weitere Hinweise gingen im Büro des prominenten New Yorker Anwalts Dudley Field Malone ein, den die Hearst-Presse als *ihren* Vermittler benannt hatte. (Malone, den man vorher nicht gefragt hatte, war wütend.)

In Highfields herrschte Chaos. Breckinridge, Galvin, Thayer sowie mehrere Berater der Familie und noch ungefähr ein Dutzend Polizisten belagerten das Haus und schliefen auf Matratzen am Boden. Tag und Nacht klingelten 21 Telefone ununterbrochen. Ein Trupp Soldaten drehte auf dem Anwesen ständig die Runde. An klaren Tagen flog ein Privatpilot mit einem Besichtigungsflugzeug über das Haus und nahm Neugierigen 2,50 Dollar für den Rundflug ab.

Am Mittwochnachmittag, dem Tag nach dem Verbrechen, kamen Betty und Elisabeth Morrow mit Chauffeur an und wollten Anne in die Abgeschiedenheit von Next Day Hill mit zurücknehmen. Aber Anne bestand darauf, daß ihr Platz an der Seite ihres Mannes sei, und so zog Mrs. Morrow in eines der Gästezimmer, um nach ihr zu sehen. Anne war immer noch stark erkältet, und ihre Hebamme und Mrs. Morrow befürchteten, der Schock könnte eine Fehlgeburt zur Folge haben. Nirgendwo im Haus gab es noch Privatsphäre – Anne wurde sogar einige Male mitten in der Nacht aus dem Bett gejagt, damit ihr Mann und seine Berater außer Hörweite von Rosner und der Polizei Rücksprache nehmen konnten. Noch erstaunlicher ist vielleicht, daß es weder in Polizei- noch in FBI-Unterlagen Hinweise auf eine aktive Beteiligung Anne Lindberghs bei den Strategiebesprechungen gibt.

Eigentlich waren drei Polizisten damit beauftragt worden, die in Highfields eingehende Post zu lesen und zu sortieren, doch da sie das Geheimzeichen der Entführer nicht kannten, verbrachten Colonel Lindbergh, Breckinridge und Thayer einen Teil des Vormittags in der Garage und öffneten selbst jeden einzelnen Brief. Am Freitag entdeckte Lindbergh eine handgeschriebene, rätselhaft formulierte Postkarte, die unheimliche Erinnerungen an die drei Jahre zurückliegenden Drohungen gegen seine Schwägerin heraufbeschwor. Die State Police kam zu dem Schluß, daß die Karte tatsächlich von der gleichen Person geschrieben war, die von Constance Geld zu erpressen versucht hatte, doch die Nachricht wurde als nicht mit der Entführung zusammenhängend abgetan.

Enttäuscht über die Weigerung der Familie, das Personal der Familien Lindbergh und Morrow verhören zu lassen, hatte Lieutenant Keaten sich vorgenommen, das Vertrauen von Betty Gow zu gewinnen. Am gleichen Tag, dem Freitag, erwähnte Betty Gow nebenbei beim Tee, ihr norwegischer Freund Red Johnson habe am Abend der Entführung um halb neun angerufen, um ihr zu bestätigen, daß ihn die Nachricht von der geplatzten Verabredung erreicht hätte. Als Keaten das hörte, war er sicher, daß die Puzzleteile allmählich ein Bild ergaben. Johnsons Nationalität, so dachte er, erklärte die Rechtschreibfehler in dem Lösegeldbrief. Keaten folgerte weiter, der Anruf sei in der Gegend von Hopewell getätigt worden, und zwar als Rückversicherung, daß der Junge im Kinderzimmer schlief. Und Betty Gow gehörte vermutlich der Verschwörung mit an.

In einem seltsam voreiligen Schritt bat Keaten die Polizei von Hartford, Red Johnson aufzugreifen. Die Beamten, die den Matrosen festnahmen, fanden eine leere Milchflasche auf dem Rücksitz seiner grünen Limousine und schenkten seiner Erklärung, er habe die Angewohnheit, beim Fahren Milch zu trinken, keinen Glauben. Johnson wurde rasch an New Jersey ausgeliefert, wo er einem korpulenten, rotgesichtigen Detective der Stadtpolizei namens Harry Walsh überstellt wurde, seinerseits dafür bekannt, Geständnisse mitunter mit nicht besonders fairen Mitteln zu entlocken.

Johnson, der ideale Verdächtige, war unschuldig. Die Aufzeichnungen der Telefongesellschaft bewiesen, daß er aus

Englewood angerufen hatte. Außerdem hatte er den fraglichen Abend mit Margaret Junge, einer Näherin in Next Day Hill, und deren behindertem Mann verbracht. Johnson wußte nichts, aber da er illegal in den Vereinigten Staaten lebte, konnten ihn die Behörden ohne Anklage bis zum 11. April festhalten; danach wurde er nach Norwegen abgeschoben. Zu diesem Zeitpunkt hatte der *Daily Mirror* ihn und Betty Gow schon fast schuldig gesprochen; die Zeitung brachte mehrere Artikel, denen zufolge das Kindermädchen eine Schwester von Scotty Gow war, einem Mitglied der Purple Gang aus Detroit (stimmte nicht) und eine kriminelle Vergangenheit in Kanada und Seattle (wo sie noch nie war) hinter sich hatte. In späteren Ausgaben berichtete der *Mirror,* sie habe Selbstmord begangen – noch eine Erfindung –, und nachdem man Colonel Lindbergh mit einem Gewehr im Wald gesichtet hatte (er übte mit der State Police Zielscheibenschießen), verkündete das Blatt, der vor Schmerz wahnsinnige Vater habe ebenfalls versucht, sich umzubringen.

Unglücklicherweise lieferte Lieutenant Keatens voreiliges Handeln den Lindberghs einen guten Grund, der Polizei zu mißtrauen. Betty Gow war keine Fremde für die Familie – ihre Cousine Mary Beattie war jahrelang Elisabeths Dienstmädchen gewesen – und es war kaum eine Person vorstellbar, die als Komplizin weniger in Betracht kam als diese schmächtige, nüchterne Schottin. Der Schnitzer der Polizei kam Rosner zugute, der die Leichtgläubigkeit der Lindberghs meisterhaft ausnutzte. Anne Lindbergh schrieb ihrer Schwiegermutter, sie und Charles seien »mit zweien der größten Männer der Unterwelt zu einer Verständigung gekommen… – Männern, die eine enorme Macht über alle Banden haben, auch wenn sie nicht mit ihnen in Verbindung stehen.«[3]

Norman Schwarzkopf hatte in der Zwischenzeit mit einem Polizisten vereinbart, Rosners Privatleitung beim Fernsprechamt in Hopewell abzuhören, in der Hoffnung, ihn diskreditieren zu können. Als Colonel Lindbergh zufällig von der Telefonüberwachung erfuhr, drohte er, die State Police aus dem Haus zu werfen. Schwarzkopf war jetzt völlig von den taktischen Besprechungen des, wie er ihn verächtlich nannte, »inneren Kreises« ausgeschlossen.

Als Charles Lindbergh und Robert Thayer am Samstag, dem 5. März die Post durchgingen, fanden sie einen Brief mit dem Erkennungszeichen der Kidnapper. Er war am Nachmittag zuvor aus Brooklyn abgeschickt worden und lautete:

Sehr geehrte Herr. Wir haben sie gewarnt nichds Öffentlich zu machen oder die Polizei zu informieren jetzt müssen sie die Konsequenzen tragen. Ds heißt, wir behalden das Baby, biss ales ruhig wird ... Es ist wirglich notwendig, eine Weltaffäre aus dem Ganzen zu machen oder das Baby so ballt wie möglich zurückzubekommen ... jetzt müssen wir noch jemanden dazu holen und müssen das Baby wahrscheinlich länger behalden als wir vorhatten.[4]

Angesichts dieser Komplikationen, hieß es weiter, würde die Lösegeldforderung auf 70 000 Dollar erhöht. Obwohl Lindbergh kurz zuvor zugestimmt hatte, daß nur einige wenige vertrauenswürdige Mitarbeiter die Mitteilungen der Entführer sehen sollten, verwirrte ihn diese Nachricht so sehr, daß er sie ins Wohnzimmer mitnahm, um sie Bill Galvin zu zeigen. Während Galvin sie las, spazierte Mickey Rosner aus dem Arbeitszimmer herüber. Wie Robert Thayer später die Szene beschrieb, wurde Rosner, als er den Brief in Galvins Hand sah, »kreidebleich und zitterte am ganzen Körper«. »Das ist die Wende, auf die wir gewartet haben!« verkündete er und überredete Lindbergh, ihn die Notiz Henry Breckinridge überbringen zu lassen, der sich in New York mit dem Morgan-Partner Frank Bartow besprach, dem Verantwortlichen für das Auftreiben des Lösegeldes. Wütend über diesen Verstoß gegen die Sicherheitsmaßnahmen, beauftragte Schwarzkopf zwei Polizisten, Rosner nach New York zu folgen.

Bartow hatte Lindberghs Portefeuille schon nahezu aufgebraucht. Obwohl die Presse das Nettovermögen der Lindberghs regelmäßig auf zwei bis drei Millionen Dollar schätzte, besaßen sie weitaus weniger. Anne erhielt nur das Einkommen aus ihrem Treuhandvermögen, das um 1932 beängstigend geschrumpft war. Charles hatte sich in verschiedenen Flugprojekten verausgabt, und ein Großteil seines Geldes steckte in Flugzeugaktien, die sich zu der Zeit allenfalls zu Niedrigstpreisen verkauften, sofern sich überhaupt ein Käufer fand. Um die ersten von den Entführern geforderten 50 000 Dollar aufzubringen, hatte Bartow Sicherheiten abgestoßen, die vor der Depression 350 000 Dollar wert waren. Jetzt verlangten die Entführer weitere 20 000 Dollar, und den Lindberghs blieben nur noch 5 000 Dollar auf dem Konto. Betty Morrow hätte das zusätzliche Bargeld sicher sofort vorgestreckt, doch das Thema Geld war zwischen Charles und seiner Schwiegermutter noch immer ein so wunder Punkt, daß er sich sogar jetzt weigerte, sie um Hilfe zu bitten. Statt dessen vereinbarte Bartow mit J.P. Morgan & Co., die zusätzliche Summe vorzuschießen – eine Übereinkunft, die der Bank eine sichere Position in bezug auf die Handhabung der Verhandlungen einräumte.

Bevor Rosner in Breckinridges Büro fuhr, hatte er zwei Freunde aufgelesen, Salvatore (»Sonny«) Spitale und Irving Bitz. Rosner führte Spitale bei Breckinridge und Bartow als »ein ehemaliges Mitglied bei Legs Diamond« ein. (Tatsächlich verdächtigte das FBI Spitale, Diamonds Ermordung arrangiert zu haben.) Bitz, ein grobschlächtiger Rausschmeißertyp, wurde als »Mitarbeiter« von Spitale vorgestellt. Bitz und Spitale fehlte selbst die geringe Patina von

Rosners Auftreten. Aber Rosners Art, große Namen einzustreuen, übte seinen Zauber auf Frank Bartow aus, der offenbar glaubte, daß die Unterwelt wie eine Wall-Street-Firma organisiert sei – alles könnte erreicht werden, hätte man nur Zugang zum Mann an der Spitze. Bartow und Breckinridge fuhren eilig nach Hopewell zurück, wo sie den zunehmend mißtrauischer werdenden Lindbergh zu einer Presseerklärung überredeten, in der Spitale und Bitz auf die Liste der autorisierten Mittelsmänner gesetzt wurden.

Spitale und Bitz zogen noch am selben Abend ins Haus. Sie belegten unverzüglich das Wohnzimmer mit Beschlag, machten sich auf der Couch breit, die Schuhe auf dem Kaffeetisch, rauchten stinkende Zigarren und lasen Zeitung, während sie Anne kategorisch Befehle erteilten; Anne zog sich schleunigst aus dem Zimmer zurück, servierte ihnen Sandwiches und Kaffee und leerte die Aschenbecher. Bill Galvin und John Fogarty, ein in der Anwaltskanzlei von Breckinridge angestellter Privatdetektiv, waren über diese Umgangsformen gegenüber Mrs. Lindbergh derart empört, daß sie beschlossen, Rosner und seine Kumpane aus dem Haus zu bekommen. Galvin und Fogarty teilten sich zufällig das dem Arbeitszimmer gegenüberliegende untere Gästeschlafzimmer und belauschten ab jetzt die Gespräche der Gangster.

Am Sonntagmorgen, dem 6. März, kam ein Telegramm von Reverend Peter Berritella, dem Geistlichen einer kleinen Kirche in Harlem, in dem er behauptete, er hätte wichtige Informationen über den Verbleib des Babys. Aus irgendeinem Grund beharrte Rosner darauf, daß Berritella ein wichtiger Kontaktmann sei, und so arrangierte Henry Breckinridge ein Treffen in einem gemieteten Raum im Princeton Inn. Berritella tauchte in Begleitung von Mary Cirrito auf, einem spiritistischen Medium, das in New York Séancen unter dem Pseudonym Maria Magdalena abhielt. Cirrito sagte, sie habe für die Lindberghs eine wichtige Botschaft »aus der Geisterwelt«, die nur während einer Séance im Kinderzimmer des vermißten Jungen überbracht werden könnte.

»Das ist unmöglich«, brauste Breckinridge auf. »Das läßt der Zustand der Mutter nicht zu.«

Bei diesen Worten verdrehte Cirrito die Augen. Mit zitternder Stimme verkündete sie, das Baby befinde sich in diesem Augenblick etwa sieben Kilometer nordwestlich von Highfields. (Später stellte sich heraus, daß es sieben Kilometer südwestlich lag.) Dann beschrieb Cirrito ziemlich exakt einen vom Blitz gespaltenen Baum, der hinter dem Haus der Lindberghs stand.

»Spiritistischer Unsinn«, winkte Breckinridge mißbilligend ab.

Daraufhin fuhr Cirrito aus ihrer »Trance« hoch und warnte plötzlich ganz geschäftig, daß sich keine Lösung finden würde, solange die Polizei nicht ausgeschaltet wäre. »Haben Sie irgendwelche Briefe von den Entführern bekommen?« fragte sie. Es gab einen Brief, doch Breckinridge verschwieg ihn. Cirrito murmelte, Breckinridge würde zuviel Zeit außerhalb von New York verbringen. Von jetzt an, sagte sie, müsse er Wert darauf legen, jeden Morgen um neun im Büro zu sein.

Verärgert über diese Zeitverschwendung, erklärte Breckinridge das Treffen für beendet, bot dem Paar jedoch noch an, es zum Bahnhof nach Princeton zu fahren. »Nein, nein«, sagte Berritella. »Sie haben uns Rückfahrkarten nach Princeton *Junction* gekauft (ein paar Kilometer vom eigentlichen Princeton entfernt.)« Breckinridge kam der Gedanke, daß Geister wohl kaum Bahnfahrkarten kaufen, und fragte sich allmählich, ob Rosner das Treffen arrangiert hatte, um ihn aus dem Haus zu bekommen.

Während Breckinridge sich in Princeton aufhielt, wollten Galvin und Fogarty die Gelegenheit ergreifen und vernünftig mit Colonel Lindbergh reden. Doch Rosner erhielt Wind von dem Plan und kam ihnen zuvor. Er rief Lindbergh und Bob Thayer in »sein« Büro und teilte mit, seine Quellen aus der Unterwelt hätten soeben eine Warnung weitergegeben, daß die Entführer zwei Verbündete hätten, *die unmittelbar im Haus wohnten.* Die Komplizen waren natürlich niemand anders als Bill Galvin und John Fogarty! Selbst Thayer, bisher Rosners Hauptunterstützer, fand dies etwas weit hergeholt. Aber Lindbergh beäugte Galvin und Fogarty mißtrauisch und schien von ihrer Schuld halbwegs überzeugt. Angewidert packten die beiden Männer ihre Sachen und verließen das Haus.

Kaum waren Galvin und Fogarty abgezogen, tauchte Owney Madden in Hopewell auf und verlangte, Colonel Lindbergh zu sehen. Der Spelunkenfürst glaubte, daß Rosner ihm das Verbrechen anhängen wollte, und war entschlossen, dies nicht zuzulassen. Madden rief mehrere Male im Haus an, verbrachte ein paar Tage später zwei Stunden mit Lindbergh und Breckinridge und erzählte seine Ansicht über den Fall. Maddens Sprache war eine so unergründliche Mischung aus Unterweltjargon, Redewendungen, die er sich von seinem Lieblingskolumnisten Walter Winchell entlehnte, und nichtssagenden Floskeln, daß Lindbergh und sein Anwalt unmöglich sagen konnten, ob er nun Rosner denunzieren oder Hilfe anbieten wollte. Trotzdem luden sie Madden – zum großen Entsetzen Schwarzkopfs – zu allen zukünftigen Treffen des »inneren Kreises« ein.

Am Dienstagmorgen nach dem Treffen mit Berritella und Cirrito erhielt Breckinridge merkwürdigerweise einen aufgeregten Anruf von seiner Sekretärin, in dessen Verlauf sie einen Brief erwähnte, der mit der Morgenpost gekommen war. Das Schreiben trug das Symbol der Entführer und war in derselben Handschrift und auf demselben Papier wie die ersten beiden Nachrichten geschrieben:

Sehr geehrte Herr. Habn sie unsern Brif vom 4. März erhalden. wir haben ihn mit der Post bei Burror Hall-Brooklyn apgeschickt. Wir wissen, das sich die Polizei an ihrer Post zu schafen macht; wie sollen wir so zu irgendwelchen Vereinbarungen kommen. In Zukunft werden wir unsere Briefe an Mr. Breckenbridge zum Broadway 25 schicken. Wir glauben, die Politzei hat zwei Briefe apgefangen und nicht an sie weitergegeben ...[5]

Der Brief endete wieder mit der Forderung von 70 000 Dollar, die gezahlt werden sollten, wenn »die Politzei aus dem Fahl verschwunden ist und die Zeihtungen ruhig sind«. Colonel Lindbergh sollte im New Yorker *American* eine Anzeige unter der Rubrik »Persönliches« aufgeben und den Empfang der Botschaft bestätigen. Die Warnung – »Wir wissen, das sich die Polizei an ihrer Post zu schafen macht« – war so identisch mit dem, was Mary Cirrito zu Breckinridge gesagt hatte, daß er und die State Police nun den Verdacht hegten, sie und Berritella seien von den Entführern geschickt worden. Wie sonst hätte sie wissen können, daß die Entführer beabsichtigten, den nächsten Brief über das Büro von Breckinridge zu übermitteln? Die nächste irritierende Bemerkung in dem Brief war die Beschwerde, die Polizei hätte zwei vorhergehende Briefe unterschlagen. Sofern sich dies nicht auf die zurückgelassene Nachricht im Kinderzimmer bezog – was aus verschiedenen Gründen unwahrscheinlich schien –, mußte eine Mitteilung der Entführer nicht mit der Post angekommen oder einfach nicht als echt erkannt worden sein.

Während Mickey Rosner die Lindberghs auf Trab hielt, hatte sich Charles' Cousin, Captain Emory Land, mit Evalyn Walsh McLean zusammengetan, um das vermißte Kind auf eigene Faust ausfindig zu machen. Evalyn McLean, eine reiche Erbin mit einer sagenhaften Garderobe und einer Stimme wie ein rostiges Scharnier, war in der Öffentlichkeit vor allem als Besitzerin des Hope-Diamanten bekannt, der seinen Besitzern angeblich ein Leben lang Unglück brachte. McLean machte sich über die Legende lustig und meinte, ihre Probleme – und davon hatte sie genug – seien lediglich »die natürlichen Konsequenzen von unverdientem Reichtum in undisziplinierten Händen«. Die Tochter eines Goldsuchers aus Colorado war erst spät zu Geld gekommen, nämlich als getrennt lebende Frau des Besitzers der *Washington Post;* sie galt als exzentrischste Gastgeberin der Hauptstadt. Auf Fair Haven, ihrem Gut in Virginia, hielt sie ein Lama, auf dem ihre Tochter ohne Sattel durch die unteren Schlafzimmer ritt, und einen Langschwanzaffen namens Babe, der dafür berühmt war, Präsident Warren G. Harding einmal ein Glas Limonade über den Kopf geschüttet zu haben.[6]

Nach der Geburt ihres Sohnes Vinson, dem die Presse den Spitznamen »Millionen-Baby« verpaßte, hatten die McLeans eine Reihe von Drohbriefen erhalten. Vinson wuchs umgeben von Leibwächtern auf, war träge und depressiv, trotz 15 000 Dollar teurer Geburtstagspartys und der ständigen Gesellschaft eines schwarzen Jungen namens Julian Winship, den die McLeans seinen Eltern abgekauft hatten. (Mrs. McLean erklärte, Winship sei kein Sklave, da ihr die Vereinbarung lediglich das »gesetzliche Sorgerecht für zehn Jahre« zugestand.) Der unglückliche Vinson kam mit neun Jahren bei einem schrecklichen Unfall ums Leben. Vierzehn Jahre später, noch immer von Schuldgefühlen gepeinigt, hoffte Evalyn McLean, ihre Fehler durch die Rettung des Lindbergh-Babys wiedergutmachen zu können.

Drei Tage nach der Entführung machte McLean Gaston Means ausfindig, einen der etwas zwielichtigeren »großen Detekive« der Gegend. Gaston Means war früher Hauptagent in der William J. Burns Agency und schloß sich dann dem Bureau of Investigation (Vorläufer des FBI) an, um schließlich von J. Edgar Hoover wegen Bestechung gefeuert zu werden. Er wurde Schnapsschmuggler, saß eine Weile im Staatsgefängnis in Atlanta und stand danach wegen Mordes an einer reichen Witwe in North Carolina vor Gericht, wurde jedoch freigesprochen. Sein Ruf in Washington beruhte auf seiner Funktion als Koautor bei einem Bestseller, *The Strange Death of Warren G. Harding*, laut dem der Präsident angeblich von der First Lady vergiftet worden war.

McLean war eine enge Freundin von Mrs. Harding gewesen und wußte, daß Means dreiste Vorwürfe nicht stimmten, sagte aber später: »Ich wollte Means genau wegen dem, was er war – wegen der fehlenden Aufrichtigkeit bei all dem Schick.« Einen Tag, nachdem er engagiert war, berichtete Means, er hätte mit dem Chef der Entführerbande gesprochen, einem als »der Fuchs« bekannten Mann, und einen Handel abgeschlossen: Die Freiheit des Babys konnte für 100 000 Dollar erkauft werden. Mrs. McLean erklärte sich bereit, das Geld aufzubringen, wollte jedoch einen Partner, der so eng mit den Lindberghs in Kontakt stand, daß er das Baby identifizieren konnte. Ihre erste Wahl fiel auf Robert Guggenheim, der sich jedoch nach einem Treffen mit Gaston Means schleunigst zurückzog.

Als nächstes wandte sich McLean an Jerry Land, dessen Eltern ihren Vater in Colorado gekannt hatten. Land galt selbst in den Augen des »inneren Kreises« als außerordentlich vertrauenswürdig. Ohne sich Gaston Means anzusehen, sagte er Evalyn McLean seine Unterstützung bei dem zu, was er später als »die erbärmlichste Erfahrung meines Lebens« bezeichnete.[7]

Am 6. März fuhr Land in einem spätwinterlichen Schneesturm nach Hopewell. Anne und Mrs. Morrow stellten in der Küche gerade einen Berg Sandwiches für die, wie er es formulierte, »diversen Mitarbeiter« zusammen. Charles, der vermutlich über Robert Guggenheim von Evalyn McLeans

Plänen erfahren hatte, war über den Kontakt zu Gaston Means nicht sehr begeistert, erklärte aber seinem Cousin, er akzeptiere jedes hilfreiche Angebot. Sollte das Lösegeld, fügte er hinzu, schließlich gezahlt werden, würde er Mrs. McLean selbstverständlich entschädigen.

Land kehrte mit dieser Nachricht nach Washington zurück, wo er äußerst verblüfft erfuhr, daß McLean schon die vollen 100 000 Dollar an Means gezahlt hatte, ohne auch nur um einen Beweis zu bitten, daß seine Kontaktleute das Baby wirklich hatten. Means beorderte Mrs. McLean und Captain Land zusammen mit einem katholischen Priester – er wurde anstandshalber mit eingeladen – nach Fairview, einem Sommerhaus in Maryland, das Mrs. McLeans Mutter gehörte; dort sollten die drei warten, bis man das Kind in ihre Obhut übergab. Fairview war noch winterfest, die Heizung abgestellt, die Möbel in Tücher gehüllt. Land, McLean und der Priester ließen sich im Wohnzimmer nieder und tranken kannenweise Kaffee und (zumindest in Mrs. McLeans Fall) genausoviel Alkohol. Das Kind bekamen sie nie zu sehen, nur Means tauchte ein paarmal auf und schaffte es sogar, Mrs. McLean weitere 3000 Dollar abzuschwatzen.

Nach zwei Wochen gaben Land und der Pfarrer auf. McLean jedoch ließ sich von Means überzeugen, daß man das Baby in den Süden gebracht hatte und es ihr in ihrem Wintersitz in Aiken, Carolina, übergeben würde. Unter dem Decknamen »Mrs. Land« reiste McLean nach Aiken, wo man ihr den »Fuchs« vorstellte, der eigentlich Means Komplice Norman Whitaker war. Der Fuchs erzählte kummervoll, die übrige Entführerbande sei aus Angst vor einer Falle mit dem Kind nach El Paso, Texas, geflohen. McLean folgte daraufhin Whitaker und Means nach El Paso, wo ihr mitgeteilt wurde, die Gang sei jetzt in Juarez, Mexiko, und würde das Kind für weitere 35 000 Dollar abtreten.

Evalyn McLean, durch eine dreiwöchige Zechtour in ihrem

Urteilsvermögen leicht beeinträchtigt, war durchaus bereit, auch noch nach Juarez zu fahren, doch zuvor mußte sie zurück nach Washington, um die 35 000 Dollar durch den Verkauf einiger ihrer Juwelen an wohlhabende Freunde aufzutreiben. Einer dieser Frauen war klar, daß Evalyn wohl kaum lebend aus Mexiko zurückkehren würde, und überredete ihre Freundin, die ganze Angelegenheit Anwälten zu übergeben.

Die Anwälte schließlich schickten im Namen von Evalyn McLean eine Nachricht an Means, um ihn zurück nach Washington zu locken; dort wurde er verhaftet und bekannte sich des Diebstahls und der Unterschlagung für schuldig. Obwohl Evalyn McLean angeblich zu den reichsten Frauen Amerikas zählte, hatten die verheerenden Auswirkungen des Börsenkrachs, ruinöse Rechtsstreite mit ihrem Ex-Mann und ihre jahrzehntelange Verschwendungssucht sie in die roten Zahlen getrieben. Um die 100 000 Dollar für Gaston Means zusammenzubekommen, hatte sie ihr Haus in Washington verpfändet, und ihre Anwälte, die sie als alkoholsüchtige und unvernünftige Frau kannten, zogen Captain Land dafür zur Verantwortung. Als sie von Colonel Lindberghs Versprechen hörten, McLean für geleistete Lösegeldzahlungen zu entschädigen, folgerten sie, daß Mrs. McLean als Vermittlerin der Lindbergh-Familie gehandelt und damit rechtlichen Anspruch auf das Geld hatte. Land stand in diesem Streit, der sich mehrere Jahre hinziehen sollte, zwischen den Fronten. Doch obwohl er schließlich ein Treffen zwischen Charles Lindbergh und Evalyn McLean arrangierte, wechselte das Geld nie den Besitzer.

Nachdem die Kidnapper nun über das Breckinridge-Büro mit der Familie kommunizierten, gab es für die Lindberghs offenbar keinen Grund mehr, weiter auf Mickey Rosner zu vertrauen. Doch der Stand der Dinge ermöglichte es Rosner, seine Masche noch ein paar Tage länger durchzuziehen. Am 5. März traf sich der Gouverneur von New Jersey, Harry Moore, mit einer Polizeidelegation aus Chicago, um Gerüchte zu hinterfragen, denen zufolge Al Capone in den Lindbergh-Fall verstrickt war; einige Tage später zitierte Capone den Hearst-Geschäftsführer Arthur Brisbane persönlich zwecks eines Exklusivinterviews zu sich ins Gefängnis. Capone erklärte Brisbane, die Unterwelt müsse mit dem Verbrechen in Verbindung stehen, da »es sonst niemandem gelingen würde, von einem Ort zu entkommen, der von Brücken umgeben ist«. (Brisbane fragte nicht, von welchen Brücken Capone eigentlich redete.) Und obwohl Capone zugab, daß er keine Ahnung hatte, wer die Täter seien, prahlte er, er könne den Fall in 48 Stunden lösen, wenn ihn ein Richter des Bundesgerichtshofs gegen eine Kaution von 250 000 Dollar auf freien Fuß setzen würde.

Nach dem 6. März, als die ersten Andeutungen über Capones Verwicklung in den Zeitungen auftauchten, setzte im ganzen Land eine Diskussion über die moralische Problematik eines Tausches von Capones Freiheit gegen das Lindbergh-Baby ein. Rosner behauptete natürlich sofort, er stehe mit verschiedenen Capone-Komplicen in Verbindung. »Capone ist so gefürchtet«, erklärte er Lindbergh, »wenn der frei wäre, könnte er das Kind in ein paar Stunden finden.« Gleichzeitig verhandelten mindestens sechs angebliche Capone-Agenten mit Breckinridges Anwaltskanzlei. Ein Anwalt aus Washington D.C. verlangte, daß Lindberghs TAT-Kollege Major Robert Lanphier sich für eine Lösegeldzahlung von 200 000 Dollar bereitmachen sollte, die an einer vorher bestimmten Stelle im ländlichen Illinois abzuwerfen wären. In einem Telefongespräch mit Finanzminister Ogden Mills betonte Colonel Lindbergh, er würde die Regierung nie bitten, Capone freizulassen. Doch da Lindbergh offenbar nicht sehr überzeugt klang, daß Capone wirklich bluffte, bat Mills den Direktor der IRS Enforcement Division, Elmer Irey – zufällig auch der Mann, der in erster Linie für Capones Verurteilung verantwortlich war –, nach Hopewell zu fahren, um moralische Unterstützung anzubieten.[8]

Am Dienstag, dem 8. März, traf Irey in Begleitung von Arthur Nichols vom IRS-Büro in Philadelphia im Haus der Lindberghs ein. Wie Jerry Land sah er bestürzt, wie Mrs. Lindbergh aschfahl, nach außen aber ruhig, Spitale und Bitz bediente. »Wer Lindbergh trifft, muß wissen, daß er weder die Zeit noch das Bedürfnis hat, höflich herumzuplaudern«, schrieb Irey später, »daher sagte ich ihm frei heraus: ›Capone weiß nicht, wer das Kind hat, Colonel Lindbergh. Er will einfach nur aus dem Gefängnis kommen.‹«

Lindbergh legte Irey die drei Lösegeldschreiben vor. Er sehe jetzt gute Chancen, das Kind zurückzubekommen, sagte er, und sei »unbedingt darauf bedacht, daß kein Eingriff von polizeilicher oder ziviler Seite die Sache verpatzt«. Als Beispiel für die Art von unerwünschter Einmischung zeigte Lindbergh Irey eine Ausgabe der *Bronx Home News,* einer Stadtteilzeitung mit einer Auflage von etwa 100 000 Exemplaren. DR. JOHN F. CONDON BIETET ZUSÄTZLICH TAUSEND DOLLAR VON SEINEN ERSPARNISSEN, UM LINDBERGH-KIND AUSZULÖSEN, hieß es in einer Überschrift auf der ersten Seite.

»Ich bin völlig ratlos, Mr. Irey«, sagte Lindbergh und fügte hinzu: »Es sind immer nur Polizisten, an die ich mich um Hilfe wenden kann. Deshalb würde ich es sehr begrüßen, wenn Sie bleiben könnten.«[9]

Irey erwiderte, daß schon zu viele Außenstehende das Haus belagerten, bot jedoch an, einen Geheimagenten in Peter Berritellas Kirchengemeinde einzuschleusen und Frank Bartow beim Auftreiben des Lösegeldes zu unterstützen.

15.
JAFSIE

In einem Land, das bereits durch die Depression, durch Kriminalität und den Aufstieg totalitärer Regierungssysteme im Ausland beunruhigt war, glaubte man nur allzu bereitwillig, daß die Entführung des erstgeborenen Sohnes des Landeshelden einen tieferen Riß in der Gesellschaft widerspiegelte. Bis zu einem gewissen Grad waren alle Amerikaner verantwortlich. In einem populären Liedchen aus dieser Zeit wird gefragt:

Wer stahl das Lindbergh-Baby?
Warst du es? Warst du es?
Nachdem er quer über den Ozean gereist,
War das die Art, wie unser Stolz sich beweist?
Warst du es? Warst du es? Warst du es?[1]

Denselben Gedanken, nur etwas ernster, drückte eine Karikatur der *Associated Press* aus, die einige Tage nach dem Verbrechen überall erschien. Sie zeigte einen vom Leid gezeichneten Lindbergh unter der Überschrift: LINDY, IN DER STUNDE DEINER NOT HABEN WIR VERSAGT.

Unter den Millionen, die diese Zeichnung sahen und von ihr berührt wurden, war ein 72jähriger pensionierter Schuldirektor aus der Bronx, John F. Condon. Ein paar Tage nach dem Erscheinen der AP-Karikatur hörte Condon zufällig in einem Restaurant, wie ein Fremder zu seinen Tischgefährten sagte: »Euer Justizministerium, euer Geheimdienst... was können die schon tun? In meinem Land wäre so ein Verbrechen nie passiert!« Diese Bemerkung rüttelte Condons »amerikanischen Geist« derart wach, daß er den *Home News* ein Interview gab und seine Dienste als Vermittler anbot.

Condon kam sich zunächst etwas komisch vor, als das Interview erschien. So viele hochkarätige Leute beschäftigten sich schon mit dem Fall – warum sollten die Entführer ausgerechnet an ihm als Mittelsmann interessiert sein? Jedenfalls war die einzige Antwort, die er erhielt, ein Schreiben zusammen mit einer versiegelten, an Colonel Lindbergh adressierten Anlage, das orthographisch wie inhaltlich jedoch so primitiv war, daß Condon es in die Tasche steckte und vergaß, bis er es am Abend seinen beiden besten Freunden Maxie Rosenhain und Milton Gaglio gegenüber erwähnte. Rosenhain bestand darauf, daß Condon sofort die Lindberghs anrief.

Robert Thayer nahm das Gespräch an und war schon kurz davor, Condon als einen weiteren Spinner abzutun, als dieser erwähnte, die Nachricht enthalte ein »Trigamba«.

»Ein was?« fragte Thayer.

Condon beschrieb die drei ineinander übergehenden Kreise. Gaglio hatte ihm erklärt, es sei ein sizilianisches Symbol, das soviel wie »drei Beine« hieß.[2]

Jetzt wurde Thayer hellwach und drängte Condon, noch am selben Abend nach New Jersey zu kommen.

Da Condon selbst keinen Wagen besaß, boten Rosenhain und Gaglio an, ihn hinzufahren. Um zwei Uhr nachts fanden sie schließlich das Lokal, in dem Breckinridge auf sie wartete. Condon, ein Mann, der gern und viel redete, hatte eine kleine Ansprache vorbereitet und stellte sich und seine Freunde als gute Samariter aus der Bronx vor, »dem schönsten Stadtteil der Welt«.

»Ein Itaker, ein Jude und ein Ire«, sprang Rosenhain ihm hilfreich zur Seite.[3]

Nach der Unterredung mit Elmer Irey hatte Charles Lindbergh etwas verspätet beschlossen, daß Mickey Rosner keine weiteren Lösegeldforderungen mehr sehen dürfe, weshalb Breckinridge die drei in Highfields über eine Hintertreppe in ein Schlafzimmer im zweiten Stock führte. Bevor Condon den Brief der Entführer hervorholte, bat er um die Erlaubnis, eine Weile im Kinderzimmer neben dem Bettchen des Jungen beten zu dürfen. Als nächstes wollte er Mrs. Lindbergh vorgestellt werden, die aus tiefem Schlaf geweckt werden mußte. Alles in allem war Condon noch weniger vertrauenerweckend als Mickey Rosner oder Maria Magdalena Cirrito. Nur besaß er einen Brief in der Handschrift der Entführer.

Er lautete:

Wen sie das gelt von Mr. Lindbergh hapen setzen sie diese 3 Wörder in den *New York American*

Geld ist bereid

...Keine Angsd, wir sind nicht auf ihre 1000 $ aus behalden sie die. Befolgen sie ales. Seien sie jeden abend zwischen 6 und 12 zuhause in dieser Zeit melden wir uns.

In der an Lindbergh adressierten Anlage wurde lediglich die Forderung nach den 70000 Dollar wiederholt.

Condon blieb die Nacht über im Haus, und am folgenden Nachmittag fuhren ihn Breckinridge und Lindbergh wieder zurück in die Decatur Avenue in der Bronx. Lindbergh trug eine seiner vielen Verkleidungen und hatte einen Koffer mit 70000 Dollar Bargeld bei sich. Der Koffer stand einige Tage in der Küche, bis Condons Frau Myra darauf bestand, daß Breckinridge ihn in einem Tresor in der Corn Exchange Bank deponierte.

Condons Nachricht für die Entführer erschien am 11. März im New Yorker *America* unter der Rubrik »Persönliches«. Um seine Identität vor der Presse geheimzuhalten, hatte er die Anzeige mit »Jafsie« bezeichnet – ein Wortspiel mit den Initialen J.F.C. Am selben Abend um sieben Uhr klingelte das Telefon bei ihm. »Ich habe Ihre Anzeige im *American* gesehen«, sagte eine männliche Stimme. Condon plauderte ein paar Minuten mit dem Mann und hatte den Eindruck, daß der Anrufer seine, Condons, Äußerungen an einen Dritten weitergab.

»Von wo aus rufen Sie an?« fragte Condon.

»Westchester.«

Im Hintergrund hörte Condon eine Stimme sagen: »Sta zitto«, italienisch für »Halt die Klappe«. Dann hängte der Mann ein.

Als der Taxifahrer Joseph Perrone am folgenden Samstag in der Bronx an der Kreuzung Gun Hill Road und Knox Place vorbeifuhr, wurde er von einem Mann herbeigewunken, der ihm für die Überbringung einer Nachricht an Condon 50 Cents zahlte. In der Notiz wurde Condon zu einem abgelegenen Imbiß an der Jerome Avenue gebeten. Dort beorderte ihn eine zweite Notiz zu einem Treffpunkt auf dem Friedhof Woodlawn. Condons Freund Al Reich, ein ehemaliger Schwergewichtsboxer, fuhr ihn dorthin, wartete im Wagen und beobachtete mißtrauisch einen Kerl mit braunem Filzhut, der offenbar Schmiere stand. Reich beschrieb den Mann später als »mittelgroßen Italiener«.

Sekunden nachdem Condon den Friedhof betrat, entdeckte er einen Mann, der mit einem weißen Taschentuch winkte. Er ging auf ihn zu und setzte sich auf die Steinbank neben den kräftigen, ordentlich rasierten Mann, der seinen Mantelkragen hochschlug, um das Gesicht zu verbergen. Aber Condon hatte nicht umsonst drei Jahrzehnte als Direktor an einer High School zugebracht. »Nehmen Sie den Kragen runter und seien Sie ein Mann«, schimpfte er.

Der Fremde gehorchte.

Es folgte eine 15minütige Unterhaltung zwischen Condon und dem Mann, den er – aus nie geklärten Gründen – »John«

nannte. John erzählte, er komme aus Boston, sei Matrose gewesen und vertrete eine aus drei Männern und zwei Frauen bestehende Gang.

»Sind Sie Deutscher?« riet Condon.

»Skandinavier.«

»Nun, Colonel Lindbergh ist auch Skandinavier, da dürften Sie eigentlich nichts gegen ihn haben«, bemerkte Condon.

John erwiderte, das sei auch nicht der Fall, »aber *die* haben was gegen mich«. Das Baby, fügte er hinzu, befinde sich auf einem Boot, dem er von der Küste aus Zeichen geben könne. Im nächsten Atemzug allerdings sagte er, das Boot liege fünf bis sechs Stunden entfernt. Für Condon stand fest, daß John viele Angaben aus Zeitungsberichten über Red Johnson und andere Verdächtige entnommen hatte, die ihn zweifellos in die Irre führen sollten. Nur eine Bemerkung ließ Condon frösteln. Mitten in der weitschweifigen Beschreibung der Gang platzte John heraus: »Was is', wenn das Baby tot is'? Muß ich auf den elektrischen Stuhl, wenn das Baby tot is'?«[4]

Plötzlich vorsichtig geworden, sagte Condon zu John, die Familie wolle einen Beweis sehen, daß er das Baby wirklich habe. Condon hatte die Anweisung erhalten, nach dem Dr.-Denton-Schlafanzug des Jungen zu fragen, da die Polizei absichtlich eine unkorrekte Beschreibung des Kleidungsstücks an die Zeitungen gegeben hatte, um Trittbrettfahrern einen Strich durch die Rechnung zu machen. Am Montag rief John an und sagte, es würde eine Weile dauern, das Kleidungsstück vorzulegen. Am Mittwochnachmittag endlich kam ein Päckchen mit der Post, das einen frisch gewaschenen Dr.-Denton-Schlafanzug enthielt. Mit bernsteinfarbener Brille und Arbeiterkappe verkleidet, kam Charles Lindbergh aus Hopewell angefahren, um das Kleidungsstück zu begutachten. »Der scheint meinem Sohn zu gehören«, erklärte er Condon.

Dem Poststempel auf dem Päckchen nach zu urteilen, war der Schlafanzug frühestens 65 Stunden nach dem Treffen auf dem Friedhof von Woodlawn abgeschickt worden. Für Condon gab es nur einen Grund für diese Verzögerung: Das Kind war tot, die Entführer waren ans Grab zurückgekehrt und hatten das Beweisstück herausgeholt. Obwohl er es nicht übers Herz brachte, Colonel Lindbergh diesen Verdacht mitzuteilen, bestand er jetzt auf einer, wie er es nannte »C.O.D.-Übergabe« (*cash on delivery*, Geld bei Lieferung, A. d. Ü.). Bevor er irgendeine Geldsumme übergab, wollte er das Baby mit eigenen Augen sehen, selbst wenn er sich als Geisel im Tausch für das Kind anbieten müßte. Lindbergh, dem die Agenten des Schatzamtes geraten hatten, das Geld schnell und bedingungslos zu übergeben, beauftragte Breckinridge damit, Condon zu beruhigen.[5]

Condons Anzeige – »Ich akzeptiere. Geld liegt bereit. Päckchen ist angekommen und in Ordnung« – wurde eine Woche später im *American* geschaltet. Henry Breckinridge tauchte jeden Abend um sechs in der Decatur Avenue auf, saß bis Mitternacht in der Küche, rauchte eine Zigarette nach der anderen, trank schwarzen Kaffee und war bereit, die Auszahlung binnen einer Stunde zu arrangieren.

Doch Graveyard John ließ nichts von sich hören; offenbar hatten ihn die laufenden Entwicklungen in der Mickey-Rosner-Geschichte abgeschreckt. Am 11. März hatte Lindbergh Rosner endlich erklärt, seine Dienste würden nicht mehr benötigt, und der Gangster war mitsamt seinen Komplizen von sechs stämmigen Polizisten aus dem Haus geworfen worden. Aber Rosner war noch längst nicht bereit, sich aus dem Fall zu verabschieden. Nach einem Abstecher in den Mittleren Westen, wo er sich angeblich mit Davey Fleisher von der Purple Gang besprechen wollte, gab Rosner in einer Kneipe in Manhattan eine Pressekonferenz und verkündete, er habe den »sicheren Beweis«, daß das Baby lebte und in Detroit festgehalten würde. Er sagte tatsächlich, er habe das Baby *mit seinen eigenen Augen gesehen.*

Unterdessen war Condon sicher, daß er beobachtet wurde. Bei einem Wohltätigkeitsbasar, auf dem er ein paar alte Geigen verkaufen wollte, trat eine junge Frau an ihn heran und flüsterte: »Solange sich die Aufregung nicht legt, kann nichts unternommen werden.« Dann bat ihn die Frau, sie in vier Tagen am Tuckahoe, New York, einer Bahnstation der New York Central Railroad, zu treffen. Condon erschien zur verabredeten Zeit, und die Frau – Condon nannte sie »die Geigen-Interessentin« – tauchte aus der Menge auf. »Sie erhalten später eine Nachricht«, flüsterte sie heiser. »Annoncieren Sie weiter, bis Sie etwas hören.«

Bei einer anderen Gelegenheit eilte ein dunkelhäutiger Mann, augenscheinlich ein Vertreter, mit großen Schritten die Decatur Avenue entlang, überging jedoch die Nachbarhäuser und klopfte an Condons Tür. Als der Mann Breckinridge im Wohnzimmer erblickte, lief er schnell weg.

Die Polizei dagegen war mittlerweile beunruhigt, weil Condon allzu gern über sich redete. Er hatte bereits mit Reich, Rosenhain und Gaglio sowie seinem Schwiegersohn Ralph Hacker über seine Rolle in dem Fall gesprochen. Und zweifellos hatten auch viele Leute, darunter die Herausgeber der großen Zeitungen, eine Verbindung zwischen den »Jafsie«-Annoncen im *American* und Condons öffentlichem Angebot, als Vermittler zu agieren, hergestellt. Erstaunlicherweise hielten jedoch alle die Story zurück. Erst am 17. März erwähnte ein Nachbar aus der Decatur Avenue im Verlauf eines »Bewerbungsgesprächs« bei der *Daily News* »zufällig«, er kenne »Jafsie« gut. Am nächsten Morgen drängelten sich die Reporter in Sechserreihen auf dem Bürgersteig vor Condons Haus. Condon zog sich die Kleider seiner Frau an, schlang sich einen Schal um den Kopf, um den Schnurrbart zu verbergen, und floh am Arm von Al Reich aus dem Haus.

Am selben Abend hielt der »innere Kreis« eine Krisensitzung in Frank Bartows Wohnung in Manhattan ab. Unter den Anwesenden befanden sich neben Colonel Lindbergh, Henry Breckinridge und Bill Galvin auch der J.P.-Morgan-Partner Harry Davison und die Schatzamtsagenten Elmer Irey, Arthur Nichols und Frank Wilson. Die Berater zeigten sich alles andere als dankbar für Dr. Condons Bemühungen im Namen der Familie; sie kanzelten ihn als publicitysüchtigen Exzentriker ab, der sich in den Fall gedrängt und die Chancen zerstört hatte, über Henry Breckinridge einen Verhandlungskanal aufzubauen. Ironischerweise war Breckinridge inzwischen Condons einsamer Verteidiger geworden. Obwohl Condons endlose Monologe seine Geduld oft auf die Probe stellten, betonte Breckinridge, daß dieser 72jährige Mann bei dem Treffen mit einem verzweifelten Kriminellen auf einem verlassenen Friedhof nach Einbruch der Dunkelheit doch beachtlichen Mut gezeigt hatte.

Da die Zeitungen Condons Identität jetzt kannten und beabsichtigten, sie auf den Titelseiten der Morgenausgaben preiszugeben, fand sich die Gruppe fast schon damit ab, daß sich Condens Nützlichkeit erschöpft hatte.

»Warum bittet ihr sie nicht einfach, die Meldung zurückzuhalten?« schlug Irey vor.

Niemand hatte diese Möglichkeit in Betracht gezogen. Bill Galvin rief sofort die Verleger an und stellte fest, daß alle Blätter mit Ausnahme der *Daily News* bereit waren, die Story zu streichen. Und auch die *News* schloß sich schließlich an, als Frank Bartow über einen gemeinsamen Freund an den Besitzer der Zeitung appellieren ließ.

Als nächstes – und zum großen Entsetzen der Schatzamtsagenten – beschloß die Gruppe, das Angebot von Owney Madden zu akzeptieren, der Peter Berritella und Mary Cirrito verhören wollte. Einige Tage später schickte Madden zwei seiner Männer los und ließ Berritella und Cirrito auf ein kurzes Gespräch in sein Büro bringen; dieses Erlebnis jagte den beiden so große Angst ein, daß sie in den folgenden sechs

Monaten kaum noch das Haus verließen. Berritellas Kirche wurde geschlossen, so daß sich Wilsons Geheimagent erübrigte. Wilson zweifelte nicht daran, daß Berritella und Cirrito als Boten für die Entführer agierten, wahrscheinlich als Helfershelfer, doch da die beiden Madden mehr fürchteten als das Gefängnis, bestanden kaum Chancen, sie zu einem Geständnis zu bewegen. (Im Juli 1932 heirateten Berritella und Cirrito – ein Schritt, den Wilson als Trick interpretierte, um vor einem Geschworenengericht nicht gegeneinander aussagen zu müssen. Obwohl die Schatzamtsagenten wie auch das FBI beide weiterhin verdächtigten, verlor die Polizei von New Jersey und New York erstaunlicherweise das Interesse an Ihnen – vielleicht weil für Keaten und Walsh bereits feststand, daß die beiden für Rosner arbeiteten.)[6]

Dann übernahm Elmer Irey die Initiative und erklärte, daß Schatzamtsagenten in Zusammenarbeit mit Kassierern der Morgan-Bank eine zweite Sendung Lösegeld vorbereiteten. Diesmal sollten alle laufenden Nummern der Scheine registriert und auch eine bestimmte Anzahl von Goldzertifikaten beigefügt werden, die sich – da sie in Kürze aus dem Verkehr gezogen werden sollten – leichter verfolgen ließen. Lindbergh widersprach entschieden. In dem Appell an die Entführer hatten er und Anne versprochen, sie seien nicht an einer Verfolgung interessiert, sondern wollten nur das Kind lebend zurückhaben. Versprechen blieb Versprechen, betonte er, selbst einem Kriminellen gegenüber.

Völlig verblüfft protestierte Irey gegen Lindberghs »seltsame Moral« und beharrte: »Wir können ein Verbrechen nicht gütlich regeln.« Würde das Lösegeld nicht mit registriertem Geld gezahlt, würden sich die Bundesagenten aus dem Fall zurückziehen. Aber Lindbergh, erinnerte sich Irey, »verzog nur den Mund und sagte nichts«. An diesem Punkt verließen die Schatzamtsagenten das Treffen.[7]

Obwohl Condon nach wie vor auf dem Plan bestand,

zeigte Breckinridges Fürsprache wenig Wirkung. Vor allem Bartow und Davison konnten sich einfach nicht vorstellen, daß dieser »Eindringling«, der von sich behauptete, über keinerlei hochkarätige Verbindungen zu verfügen, sich als nützlich erweisen könnte. Andererseits wurde jedem, der die richtigen Namen fallen ließ, selbst noch in diesem sensiblen Verhandlungsstadium eine Chance gegeben. Kurz nachdem Elmer Irey die Beratungsrunde verlassen hatte, erzählte Frank Bartow Lindbergh, daß Murray Garsson, ein Sonderbeauftragter des Arbeitsministeriums, an ihn herangetreten sei, weil er den Fall angeblich innerhalb von 48 Stunden lösen könnte, wenn er den Ort des Verbrechens besuchen dürfe. Bartow hatte zwar keine Ahnung, wie Garsson dieses Wunder vollbringen wollte, empfahl jedoch, daß Lindbergh Garssons Besuch noch in der gleichen Nacht in Highfields arrangierte. Lindbergh, der die Besprechung mit Breckinridge und Galvin bis zum Morgengrauen eingeplant hatte, rief um ein Uhr nachts zu Hause an und bat seine Frau, sich auf Garssons Ankunft vorzubereiten.

Bartow fuhr Garsson nach Highfields, wo Mrs. Lindbergh, ihre Mutter und Aida Breckinridge, Henrys Frau, aufgestanden waren und sich rasch angezogen hatten, ohne recht zu wissen, was sie eigentlich erwartete. Garsson betrat das Haus mit einer sperrigen Tragetasche, bei deren Anblick Anne beinahe in Ohnmacht fiel, da sie einen Augenblick dachte, ihr Kind befinde sich darin. Garsson forderte Anne zunächst auf, nach oben zu gehen und im Kinderzimmer herumzulaufen; damit wollte er seine Behauptung stützen, daß ein Entführer unmöglich das Zimmer betreten konnte, ohne unten gehört zu werden. Ungefähr vier Stunden später beendete er seinen Auftritt, indem er die Frauen in den Keller geleitete und pantomimisch vorführte, wie ein totes Kind in den Ofen geworfen wird; dann nahm er einen Schürhaken und durchsuchte den Aschenkasten nach Knochenresten.

Schließlich und endlich wurde deutlich, wie Garssons Theorie lautete: Charles Lindbergh hatte seinen Sohn in einem Wutanfall umgebracht, und Anne und das Personal logen, um ihn zu decken. Erstaunlicherweise unternahm Bartow keinen Versuch, sich einzumischen – er erklärte später, Colonel Lindbergh habe ihn angewiesen, den Besucher in jeglicher Weise zu unterstützen!

Am nächsten Morgen rief Bill Galvin Irey an und teilte ihm mit, Colonel Lindbergh sei überredet worden, nun doch registrierte Geldscheine zu verwenden. Lindbergh entschuldigte sich später für sein Verhalten bei Irey und sagte: »Die Kidnapper haben mich in der Hand.« Obwohl er wußte, wie vernünftig Ireys Vorschlag war, beunruhigte ihn nach wie vor der Gedanke, die Entführer könnten herausfinden, daß die laufenden Nummern registriert waren, und dann aus Rache den Jungen töten.

Murray Garsson tauchte noch mindestens zweimal in Highfields auf und wollte den Keller durchsuchen. Erst als Elmer Irey sich direkt beim Weißen Haus beschwerte, hörten die Besuche endlich auf.[8]

Verzweifelt über Graveyard Johns andauerndes Schweigen, war Lindbergh jetzt zu Verhandlungen mit nahezu jedem bereit, egal, wie unglaubwürdig dessen Geschichte auch sein mochte. Kurz nach der Entführung hatte die Familie Anrufe von zwei wichtigen Persönlichkeiten in Norfolk, Virginia, erhalten – von Admiral Guy Burrage und von Reverend Harold Dobson-Peacock, dem früheren Pastor der Episkopalkirche in Mexiko, in der die Morrows den Gottesdienst besucht hatten. Burrage und Dobson-Peacock drängten Charles, mit einem Bootsbauer aus Norfolk namens John Hughes Curtis zu sprechen, der angeblich in Kontakt zu einem gewissen »Sam« stand, dem Anführer einer Bande, die das Baby auf einem Boot irgendwo an der Atlantikküste der Vereinigten Staaten festhielt. Curtis, ein auffallend gekleideter Mann, der in einem pompösen Strandhaus wohnte, verkaufte Schnellboote an Alkoholschmuggler und verkehrte mit dem Gangster Sam (»der Gasmann«) Goldberg aus Philadelphia, ein Umstand, der seiner Geschichte einen Hauch von Glaubwürdigkeit verlieh.[9]

Das Problem an Curtis' Bericht war die Tatsache, daß er absolut nichts über die Lösegeldschreiben wußte; und er konnte auch keinen Beweis erbringen, daß Sam das Baby hatte. Trotzdem wurden Curtis, Burrage und Dobson-Peacock am 22. März nach Highfields eingeladen. Lindbergh hörte sich Curtis' Geschichte aufmerksam an und erklärte dann den drei Männern, daß Sam seiner Ansicht nach ein Schwindler sei. Obwohl alle drei Besucher versprachen, das Treffen nicht zu erwähnen, erzählte Dobson-Peacock bald einem Reporter, John Curtis genieße das »volle Vertrauen« von Colonel Lindbergh. Der Geistliche, offenbar berauscht durch den Auftritt im Rampenlicht, gab einige Tage später gar bekannt, er habe Sam in einem Hotel in Manhattan getroffen. Motiviert durch diese Bestätigung aus dem Munde eines angesehenen Kirchenmannes, handelte Curtis einen Vertrag aus, in dem er seine Exklusivstory für 25 000 Dollar an die *Daily News* verkaufte. In letzter Minute jedoch bestand die *News* auf einer Klausel, derzufolge Curtis keinen Cent bekommen sollte, solange das Kind nicht lebend den Eltern übergeben worden war.

Vier Tage später erhielt Dr. Condon eine unwirsche Nachricht von Graveyard John, der sich beschwerte:

Wie kann Mr. Lindbergh so vielen falschen Hinweisen nachgehen wenn er weiß wir sind die richtigen unßere Underschrift ist noch dieselbe wie im Lösegeldbrief.

Der nächste Brief, der am 31. März eintraf, gab letzte Instruktionen für die Übergabe der 70 000 Dollar.

Am vereinbarten Abend, Samstag, dem 2. April, versammelten sich in der Wohnung der Morrows in der 72. Straße Ost Vertreter der Polizei, die drei Schatzamtsagenten und der übrige »innere Kreis«. Norman Schwarzkopf und die Angehörigen des NYPD (New York Police Department) drängten darauf, daß man Graveyard John nach Verlassen des Friedhofs beschatten müsse, aber Lindbergh weigerte sich; er setzte auf den Rat der Schatzamtsleute, die meinten, daß jeder Versuch, den Entführern eine Falle zu stellen, das Leben des Babys gefährden könnte. Die diensthabenden Polizeistreifen in der Bronx und in Manhattan wurden in Kenntnis gesetzt, daß die Lösegeldzahlung in der Nacht stattfinden würde und sie sich in keine verdächtigen Situationen einmischen sollten.

Kurz vor acht brachte ein Taxifahrer eine Nachricht mit letzten Anweisungen zu Dr. Condon. Lindbergh, der unter dem Mantel einen .38er Revolver umgeschnallt hatte, fuhr ihn in Al Reichs Wagen zum Treffpunkt. Condon trug das Geld in einer von seinem Schwiegersohn gebauten Holzkiste, gemäß den Instruktionen von Graveyard John. Condon war noch immer empört darüber, so viel Geld übergeben zu müssen, ohne eine Garantie für das Leben des Kindes zu haben, und sagte zu Lindbergh, daß John seiner Ansicht nach verzweifelt sei und sich mit viel weniger als 70 000 Dollar zufriedengeben würde. Aber Lindbergh erwiderte, daß die Familie keine weiteren Verzögerungen wünsche: »Die Damen sind ungeduldig.«

Wie beim erstenmal wurde Condon durch mehrere, an abgelegenen Stellen deponierte Zettel zu dem endgültigen Treffpunkt dirigiert, diesmal der Friedhof St. Raymond in der East Bronx. Während Lindbergh im Wagen wartete, ging Condon am Friedhofstor auf und ab, bis ihn eine hinter einem Mausoleum versteckte Gestalt herbeiwinkte und rief: »Hey, Doktor!« Es war der Condon als Graveyard John bekannte Mann. Condon erklärte John spontan, daß er nur 50 000 Dollar erhalten würde, und dieser stimmte ohne großen Widerspruch zu.

Condon ging jetzt zum Wagen zurück, um das Geld zu holen. »Colonel, ich habe Ihnen einen kleinen Gefallen erwiesen«, meinte er. Lindbergh nickte zustimmend und entfernte einen Packen mit 20 000 Dollar aus der Kiste, die Condon schließlich zum Friedhof trug und im Tausch gegen einen Brief übergab; er enthielt angeblich Hinweise zur Auffindung des Kindes. John machte darauf aufmerksam, daß der Brief erst in sechs Stunden geöffnet werden dürfe.

Zu Condons Enttäuschung wollte Lindbergh diese Aufforderung befolgen. Die zwei Männer fuhren zu einem Spielplatz in Westchester, wo Condon Lindbergh so lange zusetzte, bis dieser endlich den versiegelten Brief öffnete. Er enthielt ein Blatt mit ein paar hingekritzelten Zeilen:

der Junge ist auf dem Boht Nelly. es ist ein kleines Boht, acht meter lang. zwei leute sind auf dem Boht. sie sind unschuldig. sie finden das Boht zwischen Horseneck Beach und Gay Head auf Elizabeth Island.

Lindbergh kannte die Gewässer um die Elizabeth Islands gut. In hohem Tempo fuhr er mit Condon zurück zur 72. Straße Ost. Während Henry Breckinridge dafür sorgte, daß ein befreundeter Bankier sein Sikorsky Wasserflugzeug zur Verfügung stellte, rannte Lindbergh durch die Wohnung und packte eine Flasche, Windeln und die Lieblingsdecke von Charles jr. ein. Irey schimpfte in der Zwischenzeit den glücklosen Condon für seine Bemühungen aus, Lindbergh 20 000 Dollar zu sparen – das zurückgehaltene Geldbündel hatte 50-Dollar-Goldzertifikate enthalten, Scheine, die am einfachsten zu verfolgen waren.

Wenige Stunden später gingen die vier Männer auf einem

Flugplatz nahe bei Ridgeport, Connecticut, an Bord der Sikorsky. Breckinridge übernahm das Steuer und flog wie ein Wahnsinniger; sobald er ein auf die Beschreibung zutreffendes Boot erblickte, flog er so steil nach unten, daß alle an Bord mit den Köpfen gegen dic Kabinendecke stießen. Dr. Condon, der hinten neben Irey saß, rezitierte inbrünstig Passagen aus dem Hohelied Solomons.

Küstenwache und Schiffe der Marine hatten den Long Island Sound abgeriegelt und durchkämmten dort jeden Meter Küste. Fünf Boote, die »Nelly« oder ähnlich hießen, wurden ohne Erfolg durchsucht.

Nach Stunden wurde offensichtlich, daß Johns Angaben Schwindel waren, und die Passagiere in dem Wasserflugzeug verfielen in finsteres Schweigen. Bei Einbruch der Dunkelheit flog Breckinridge zu seinem Fliegerklub in Hicksville. Enttäuscht griff Lindbergh jetzt Condon an. »Wann darf ich denn die Rechnung für Ihre Dienste erwarten?« fragte er.

Tödlich beleidigt brauste Condon auf: »Ich nehme kein Geld von einem Mann, der ärmer ist als ich.«[10]

Aber Condon konnte nicht lange böse sein. Er sei davon ausgegangen, schrieb er später, daß alle Betroffenen wußten, wie verschwindend gering nach so vielen Tagen die Chancen standen, das Baby lebend zurückzubekommen. Erst als er Lindbergh durch die Wohnung seiner Schwiegermutter eilen und die Decke an sich reißen sah, sei ihm bewußt geworden, wie wenig dieser darauf vorbereitet war, der Wahrheit ins Gesicht zu sehen.

Verständlicherweise, wenn auch völlig unrealistisch, weigerten sich die Lindberghs, die Hoffnung aufzugeben. Anne ließ sich sogar durch die Äußerung einer zweifellos wohlmeinenden Freundin trösten, die ihr sagte: »Ein totes Baby läßt sich viel schwerer verstecken als ein lebendes.«

In den folgenden vier Tagen lagen in Elmer Ireys Büro in

Washington 15 000 Rundschreiben mit den laufenden Nummern der Lösegeldscheine, die auf Wunsch der Familie zurückgehalten wurden. Als jedoch in einer Lieferung der East River Savings Bank in Manhattan an die Zentralbank ein 20-Dollar-Schein aus dem Lösegeld auftauchte, beschloß Irey zu handeln. Am 6. April wurden Rundbriefe an Banken in allen 48 Staaten verteilt, und obwohl die Bankkassierer nicht informiert wurden, warum das Schatzamt an den Scheinen interessiert war, ließ sich der Grund nur unschwer erraten.

Da die diensthabenden Polizeistreifen in der New Yorker Gegend im Vorwege von der Lösegeldzahlung informiert worden waren, wußten es die Presseleute natürlich auch. Auf Bitten der Lindbergh-Berater hatten sie sich jedoch erneut bereit erklärt, die Story nicht zu veröffentlichen, und erst als die *Newark News* am 8. April eine Beschreibung des Schatzamtsrundbriefes brachten, meinten die Herausgeber, nicht mehr länger schweigen zu können.

Plötzlich sahen alle in Dr. John Condon den Sündenbock. Die freundlicheren Zeitungsberichte stellten ihn als den Mann hin, den man zur Übergabe des Lindbergh-Geldes an die Entführung »überredet« hatte; andere deuteten an, er sei ein Mitverschwörer. Condon wurde mit Haßbriefen überschüttet, und eine in der Bronx einberufene Geschworenenjury prüfte, ob er durch seine eigenmächtigen Verhandlungen mit einem Verbrecher das Gesetz verletzt hätte. Die Fordham University, wo Condon seit seiner Pensionierung dreimal pro Woche Pädagogikvorlesungen hielt, kündigte ihm den Vertrag auf. Bundesagenten durchsuchten seine Post und hörten sein Telefon ab. Die Polizei in New York City und New Jersey verhörte seine Freunde und seine Familie.

Entmutigt durch die fehlgeschlagenen Verhandlungen, löste sich der »innere Kreis« auf; plötzlich konnten sich die Lindberghs an niemanden mehr wenden. Beamten der State

Police fiel auf, daß sich selbst Henry Breckinridge kaum noch in Highfields aufhielt. Angeblich verfolgte er in New York einen neuen Hinweis – »noch einen Flop« meinten die Polizisten –, aber es stimmte wohl, daß sich eine gewisse Kälte in die Beziehung zwischen dem Anwalt und Charles Lindbergh eingeschlichen hatte. Breckinridge war derjenige, der Condon dazu überredet hatte, das Geld zu übergeben, ohne vorher das Baby zu sehen. Jetzt hatte man Condon den Wölfen vorgeworfen, und er, Breckinridge, fühlte sich verantwortlich.

Die Lindberghs dagegen gaben eher der Presse die Schuld. »Meiner Meinung nach haben uns die Revolverblätter diese schreckliche Verzögerung beschert und diese Warterei und was sonst noch alles auf uns zukommen mag«, schrieb Anne Lindbergh ihrer Schwiegermutter. »Ich finde, daß solche Zeitungen schlicht kriminell sind, ganz abgesehen von ihrer Ungenauigkeit.«[11] Sicher traf es zu, daß die Zeitungen für einiges die Verantwortung trugen. Andererseits aber hatten sie sich auf Bitten der Familie kooperativ gezeigt und nichts als Gegenleistung erhalten – kein Versprechen auf ein späteres Interview oder auch nur einen Dankesanruf von seiten der Familie. Die Herausgeber der *Daily News*, die als erste Condons Identität bestätigten, fühlten sich besonders ungerecht behandelt und widmeten kurz nach der Lösegeldzahlung ihre Schlagzeilen der John-Curtis-Geschichte und dessen Verhandlungen mit dem geheimnisvollen Sam; auf der Titelseite erschienen Stories wie BABYKLEIDER AUF RUMSCHIFF ENTDECKT, ERFÄHRT LINDY.

Ironischerweise nahm Lindbergh nach der Veröffentlichung dieser Geschichte das Gespräch mit Curtis wieder auf, der jetzt behauptete, Graveyard John sei ein Mitglied von Sams Bande. Laut Curtis hatte Sam die 50 000 Dollar Lösegeld erhalten, bestand jedoch auf zusätzlichen 25 000 Dollar. Curtis' Beschreibungen der Gang – der gutaussehende skandinavische Matrose namens John, ein anderer Matrose namens Dynamite Larsen nebst Inez, einer ausgebildeten Krankenschwester – wurden von Tag zu Tag lebendiger.

Curtis konnte zwar noch immer nicht den geringsten Beweis erbringen, doch der Gedanke, die Entführer würden auf einem zweiten Lösegeld bestehen, war zur letzten Hoffnung der Eltern geworden. Wieder gab Lindbergh der State Police und den Bundesbehörden Anweisung, sich nicht einzumischen, und suchte mit Curtis per Schiff nach der Gang. Sam tauchte jedoch weder zu einem ersten verabredeten Treffen bei Blick Island noch zum zweiten in der Nähe von Norfolk auf. Lindbergh setzte die Suche nun mit der *Cachelot* fort, einer Jacht, die ihm ein mitfühlender Geschäftsmann aus Brooklyn zur Verfügung stellte, der die Curtis-Geschichte in den *News* verfolgt hatte. Er segelte die Küste entlang nach Cape May, wo er sich unter dem Decknamen Alex Swanson in einem Hotel neben dem Gerichtsgebäude niederließ; die Tage verbrachte er auf See und suchte nach einem Fischerkahn aus Gloucester, der *Mary B. Moss*, auf der Sams Bande angeblich das vermißte Kind festhielt.

Während Colonel Lindbergh noch in Cape May weilte, parkte am 12. Mai ein Lastwagenfahrer in der Nähe der Hopewell-Princeton-Kreuzung, ging ins Gebüsch, um sich zu erleichtern, und entdeckte den Leichnam eines bäuchlings auf der Erde liegenden kleinen Kindes. Die sterblichen Überreste befanden sich in einem Zustand fortgeschrittener Verwesung; beide Hände sowie das rechte Bein und der rechte Arm fehlten, die inneren Organe waren die Beute von Aasfressern geworden. Später wurde ein Jutesack in der Nähe gefunden, der Haarsträhnen des Babys enthielt.

Inspektor Harry Walsh war einer der ersten am Fundort. Walsh – ohne spezielles gerichtsmedizinisches Wissen – hob einen Stock auf, mit dessen Hilfe er den Kopf beim Umdrehen der Leiche stützte. Was er sah, verschlug ihm fast den Atem. Das Gesicht, in einen Mulch aus Blättern und feuchter Erde gedrückt, war weiß wie Asche, die Gesichtszüge waren eindeutig als die des Kindes erkennbar, dessen Bild in den vergangenen zehn Wochen von den Titelseiten aller Zeitungen geblickt hatte. Noch während Walsh es betrachtete, verfärbte sich die Haut, nun der Luft ausgesetzt, braun.

Die Leiche wurde nicht weit von dem Farmhaus gefunden, das die Lindberghs 1931 gemietet hatten. Die Fundstelle lag jedoch auch in der Nähe des Ortes, an dem die Telegrafenarbeiter am Morgen nach der Entführung eine Hilfsleitung gelegt hatten, was die Vermutung von John Condon zu bestätigen schien, daß der Leichnam kurz nach dem Verbrechen begraben und dann von den Entführern wieder ausgegraben worden war, um den Schlafanzug zu holen. Die lokalen Zeitungen erwähnten, daß die ruhige Landstraße regelmäßig von Schmugglern benutzt wurde, die schwarzgebrannten Schnaps aus den Sourlands in die illegalen Kneipen und Spielkasinos im Erholungsgebiet um Lakewood beförderten.

Der »kleine Adler«, wie die Presse ihn nannte, trug noch das Unterhemd, das Betty Gow in der Nacht der Entführung schnell zusammengenäht hatte. Der Polizeichef von Hopewell, Harry Wolfe, fuhr zum Haus, um die Reste von Gows Petticoat sowie ein Stück des blauen Seidenfadens zu holen, den sie benutzt hatte. Dann mußte Norman Schwarzkopf die Mutter des Kindes informieren. Mrs. Lindbergh wartete mit Betty Morrow im Schlafzimmer. Schwarzkopf fiel auf, wie jung und zerbrechlich sie aussah. Doch zu seiner Erleichterung nahm sie die Nachricht gefaßt auf.

Der Leichnam war nach Trenton in die Leichenhalle von Walter Swayze gebracht worden. Am frühen Abend wurden Betty Gow und Dr. Philip Van Ingen, der Kinderarzt der Familie, zur Identifikation hineingeführt. Danach bereitete der ärztliche Leichenbeschauer von Mercer County, Dr. Charles H. Mitchell, die Autopsie vor. Mitchell war kein ausgebildeter Pathologe, und darüber hinaus hatte er auch nicht mehr die ruhigsten Hände. Einige Jahre zuvor hatte er mit Walter Swayze, der sowohl Leichenbestatter wie amtlicher Gerichtsmediziner des County war, eine private Übereinkunft getroffen: Swayze übernahm die eigentlichen Autopsien, während Mitchell zusah und den Schlußbericht unterzeichnete.

Swayze lokalisierte schnell eine massive Fraktur an der linken Kopfseite. Sein Bericht, später vor Gericht als der von Mitchell präsentiert, hielt fest, daß direkt gegenüber dieser großen Wunde »auch ein verdächtiges Loch an einer Stelle ungefähr drei Zentimeter hinter dem rechten Ohr war, das Loch hatte einen Durchmesser von etwa eineinhalb Zentimetern, war leicht rundlich und glich einer Schußwunde; eine Kugel konnte ich jedoch bei näherer Untersuchung der Schädeldecke nicht entdecken.« Im Bericht wurde weiter spekuliert, daß die Kugel womöglich herausgefallen sei, als der Körper bewegt wurde. Als offizielle Todesursache wurde wenig überzeugend »Schädelfraktur infolge äußerlicher Gewaltanwendung« angeführt.[12]

Es war keine leichte Autopsie, selbst nicht für Mitchell und Swayze, die im Laufe der Jahre Hunderte von gerichtsmedizinischen Untersuchungen durchgeführt hatten, und als die beiden die Leichenhalle verließen, hatten sie einige Drinks gekippt. Auf dem Bürgersteig liefen ihnen zwei Fotoreporter über den Weg, Pat Candido vom *Mirror* und Frank Merts vom Acme News Picture Service. Mitchell, so erinnerte Candido sich später, »befand sich in einem fortgeschrittenen Rauschzustand«. Mit Hilfe nie aufgedeckter Mittel überredeten die beiden Fotografen Mitchell, sie einen Blick auf die Kindsleiche werfen zu lassen, die bereits in einem mit weißem Taft gesäumten Kindersarg lag.

Mitchell öffnete den Deckel. Candido kam es bei dem »fürchterlichen Geruch« fast hoch, doch er fotografierte trotzdem. In der von schärfster Konkurrenz geprägten Welt der Pressefotografen kursierte der makabre Witz, daß das »Sargfoto« der ultimative Preis sei. Candido hatte nun dieses Sargfoto, nur war es so entsetzlich, daß es, wie er wußte, keine Zeitung veröffentlichen würde.[13]

Charles Lindbergh war schnellstens von Cape May zurückgekehrt, nachdem man ihm beim Festmachen der *Cachelot* an Land die Entdeckung der Leiche mitgeteilt hatte. Zu diesem Zeitpunkt war die Hopewell-Princeton-Straße ein einziger Verkehrsstau, Händler waren wie aus dem Nichts aufgetaucht und verkauften Hot Dogs, Brezeln und sogar Postkarten mit Luftaufnahmen von Lindberghs Haus. Vor der Leichenhalle in Trenton versammelten sich ebenfalls Hunderte von Menschen. Colonel Schwarzkopf war um die Sicherheit besorgt und bat die Lindberghs, die Beerdigungspläne gut zu überdenken. Das Grab des Kindes würde mit Sicherheit zur Touristenattraktion und wahrscheinlich sogar Zielscheibe von Grabräubern werden. Entsetzt entschlossen sie sich zu einer sofortigen Feuerbestattung.

Obwohl Schwarzkopf beiden Eltern die Qual ersparen wollte, die sterblichen Überreste zu sehen, bestand Charles auf einer persönlichen Identifizierung. Er mußte sicher sein. Am nächsten Tag, Freitag, fuhr Henry Breckinridge ihn zur Leichenhalle. Noch einmal wurde der Sarg geöffnet, und Lindbergh bestätigte: »Das ist mein Sohn.« Dann folgten er und Breckinridge dem Leichenwagen ins Krematorium. Während sie in einem Nebenraum warteten, bezeugte Schwarzkopf die Vernichtung der Leiche.

Gegen Wochenende tauchten in den Spelunken von Trenton die ersten Abzüge von Pat Candidos »Sargfoto« auf, zum Preis von fünf Dollar pro Stück. Für die Behörden konnte nicht nur die Wahrheit über das Zustandekommen der Bilder peinlich werden – sie standen ohnehin schon wegen der schlampigen Durchsuchung der Wälder um Hopewell unter Beschuß –, vielmehr konnten sich auch für die Strafverfolgung ernsthafte Probleme ergeben, wenn der Mörder je gefaßt wurde. Bevor die Polizei öffentlich zugab, daß ein Säufer die Autopsie am Lindbergh-Baby durchgeführt hatte, entschied sie sich lieber für Vertuschung. Selbst dem Kindesvater wurde die Wahrheit verschwiegen. Als er von den Bildern erfuhr, erklärte man ihm, die beiden Fotografen hätten sich mitten in der Nacht Zutritt zur Leichenhalle verschafft, indem sie einen Stein durchs Fenster geworfen hätten.

Für Charles Lindbergh war die Entdeckung, daß Fotos von seinem toten Kind gekauft und verkauft wurden, in gewisser Weise noch niederschmetternder als die Entführung selbst. Alle seine Bemühungen in den vergangenen zweieinhalb Monaten hatten sich als Farce erwiesen. Graveyard John, Rosner und Curtis hatten ihn wie eine Marionette manipuliert, und nun konnte er seinen Sohn noch nicht einmal im Tod beschützen. Unter diesen Umständen ist es merkwürdig, daß Lindbergh die Erklärung der Polizei nicht in Frage stellte. (Da die Leichenhalle bewacht wurde, ist nur schwer vorstellbar, wie sich jemand durch ein zerbrochenes Fenster Zugang verschaffen konnte, ohne dabei erwischt zu werden.)[14]

Es gibt wenig Erlebnisse, die sich auf eine Ehe so zerrüttend auswirken wie der Tod eines kleinen Kindes, vor allem wenn das Kind Opfer eines Mordes geworden ist. Anne, inzwischen im sechsten Monat schwanger, mußte ihren Kummer verarbeiten und sich auf die Geburt des zweiten Kindes vorbereiten. Zehn Wochen lang war ihr Mann so damit beschäftigt gewesen, Spuren nachzujagen und taktische Besprechungen abzuhalten, daß die beiden wenig Zeit miteinander verbracht hatten. Und nun mußte sie enttäuscht feststellen, daß sich nichts änderte. Charles war völlig von der Verfolgung des Mörders eingenommen. Das Ungewöhnliche an der Situation der Lindberghs war, daß ihr Heim weiter als inoffizielle Polizeiwache fungierte.

Keaten und Walsh – noch immer unsicher, ob John Curtis ein Schwindler oder ein unschuldiger Betrogener jenes Mannes war, der sich Sam nannte – hatten es geschafft, Curtis zur Befragung nach Highfields zu locken. Hier wurde er fast vier Tage festgehalten, während der er die meiste Zeit mit Harry Walsh im Arbeitszimmer eingesperrt war, der Dame mit ihm spielte, ihn anbrüllte und ihn mit falschen Immunitätsversprechungen zu ködern versuchte.

Wenn Curtis gerade nicht verhört wurde, saß er ungekämmt und abgespannt draußen an der Auffahrt. Lindbergh beachtete ihn jetzt gar nicht mehr und ging, ohne ihn eines Blickes zu würdigen, an ihm vorbei. Anne und ihre Mutter, die nicht so gleichgültig reagieren konnten, taten alles, um ihm aus dem Weg zu gehen.

Während Curtis im Arbeitszimmer befragt wurde, wurden Dr. Condon und Rosner ebenfalls noch einmal zum Verhör herbeizitiert. Die State Police machte keinen Hehl daraus, daß sie Condon als Verdächtigen erachtete, eine Entwicklung, die Henry Breckinridge so empörte, daß er Charles dazu brachte, einen offenen Brief an Condon zu schreiben und ihm »für die großartige Hilfe, die Sie uns gewesen sind«, zu danken.

In den frühen Morgenstunden des Dienstags, des 17. Mai, brach John Curtis schließlich zusammen und gestand Inspektor Walsh, daß er die Geschichte von Sam und der Gang erfunden hatte, in der Hoffnung, sie an die Zeitungen verkaufen und mit dem Geld Spielschulden abzahlen zu können. Es sei zwar bald offensichtlich gewesen, daß er keinen Erfolg haben würde, doch an irgendeinem Punkt »ergriff eine Art Krankheit die Macht über mich«. Dobson-Peacock, die Zeitungen und dann Colonel Lindbergh, sie alle hätten ihn unter Druck gesetzt, und zuzugeben, daß die ganze Story reine Phantasie war, wäre einfach zu quälend und peinlich gewesen.[15]

Selbst als Curtis ein volles Geständnis unterschrieb, wurde er noch im Haus festgehalten und über Nacht in den Keller gesperrt, bis ein Richter kam, der an Ort und Stelle Anklage gegen ihn erhob. Und am Donnerstag, nachdem Curtis endlich vom Grundstück entfernt wurde, berief Colonel Lindbergh eine Konferenz mit allen am Fall beteiligten Untersuchungsbeamten ein, um noch einmal sämtliche Beweise zu überprüfen. Am Ende ging die Gruppe nach draußen, um die Theorie eines Beamten zu überprüfen, der meinte, der Entführer habe das Kind aus Versehen fallen lassen, als beim Heruntersteigen vom Kinderzimmerfenster eine Sprosse der selbstgemachten Leiter durchbrach. Um das Gewicht eines 20 Monate alten Kindes zu simulieren, benutzten die Polizisten einen mit Sand gefüllten Jutesack und ließen ihn auf die Steinplattenumrandung des Blumenbeetes unter dem Kinderzimmerfenster fallen. Anne eilte ins Haus und versuchte, die Vorführung zu ignorieren.

Obwohl Anne solche Szenen unmöglich aus ihrem Gedächtnis ausradieren konnte, hatte sie doch eine Zuneigung zu Highfields entwickelt – vielleicht stellte das Haus eine Verbindung zu ihrem toten Kind und eine Erinnerung an glücklichere, vielversprechendere Zeiten dar. Merkwürdigerweise war es Charles, dem das Leben im Haus seiner Schwiegermutter doch eigentlich verhaßt war, der darauf bestand, zurück nach Englewood zu ziehen. Er bereitete sich wieder auf die Arbeit im New Yorker Büro und im Labor der Rockefeller University vor und mochte – verständlicherweise – seine Frau nicht allein, nur in Gesellschaft der Dienstboten zurücklassen. Doch es gab noch einen Grund, wie Anne erst beiläufig in einem Gespräch mit Norman Schwarzkopf erfuhr: Die State Police plante, ihre Nachforschungen auf das Personal in Next Day Hill zu konzentrieren, und dabei wollte Charles intensiv mitwirken.

16. DAS LEBEN IST SO TRAURIG GEWORDEN

Mit seinen gut 20 Hektar Land in bester Lage – von Englewood aus bequem zu Fuß zu erreichen – war Next Day Hill die Art Herrenhaus, die der Durchschnittsamerikaner wahrscheinlich nur aus der Lektüre eines Romans von Agatha Christie kennt. Im Mai 1932 drängte sich dieser Vergleich besonders stark auf, als Colonel Schwarzkopf und Inspector Walsh in der Bibliothek die Dienerschaft verhörten.

Die Architektur dieses stattlichen weißen Hauses mit seinen gepflegten Gärten und der alles beherrschenden ovalen Auffahrt spiegelte deutlich den plötzlichen Aufstieg der Familie wider. Als Senator Dwight W. Morrow im Alter von 58 Jahren starb, keine zwei Jahre nachdem das Haus fertiggestellt worden war, hatte seine Witwe beschlossen, die Fahne auch weiterhin hochzuhalten. In dem Haus lebten nur noch zwei ständige Bewohner, Betty und ihre schwerkranke Tochter Elisabeth, aber der verstorbene Senator Morrow war im Geiste immer noch anwesend. Auf Mrs. Morrows Briefpapier stand weder ihr Name noch der des Hauses, sondern der Aufdruck »The Estate of Dwight W. Morrow«.

Mrs. Morrow beschäftigte 32 Angestellte, die sich um sie und ihre Tochter kümmerten, nicht eingerechnet die Wachleute und andere Auftragsarbeiter. Obwohl die Diener der Morrows gut bezahlt wurden und sich auch nicht überarbeiten mußten, waren sie keineswegs eine große, glückliche Familie. Ein tiefer sozialer Graben trennte den Verwalter Arthur Springer von den beiden Wäscherinnen und den Gärtnern. Zwischen diesen beiden Extremen standen die für das Erdgeschoß zuständigen Dienstmädchen, darunter Bessie Binn, die seit fast 20 Jahren bei der Familie war, Ida, die Köchin, Mary Beattie und Isabelle MacDonald, die Zofen von Elisabeth und Betty Morrow, zwei Sekretärinnen und Banks, der Butler. Mary Smith, die Schneiderin, die Annes Hochzeitskleid angefertigt hatte, wohnte am Ort und begleitete Mrs. Morrow gelegentlich als Reisegefährtin. Margaret Junge, eine weitere Näherin, hatte früher einer der wohlhabendsten Familien Hamburgs angehört. Nachdem 1929 ihr gesamtes Vermögen verlorengegangen war, stellte Mrs. Morrow sie ein, um damit gemeinsamen Freunden einen Gefallen zu tun.

In der Hierarchie des Personals folgte nach Arthur Springer die Wirtschafterin, Mrs. Rhoderick Cecil Grimes-Graeme. Jo Graeme, die Witwe eines Offiziers der britischen Armee, der lange in Südafrika stationiert gewesen war, bewohnte in Manhattan eine eigene Wohnung. Ebenso wie sie Annes Vertraute während deren Verlobungszeit mit Charles Lindbergh gewesen war, stand sie jetzt Constance Morrow nahe, die gelegentlich in ihrer Stadtwohnung übernachtete. Sie war beim Rest des Personals keineswegs beliebt. Nachdem sich das FBI Mitte Mai auf Präsident Hoovers Anweisung hin in den Entführungsfall Lindbergh eingeschaltet hatte, wiesen verschiedene Angestellte die Agenten der Bundesbehörde darauf hin, daß Mrs. Graeme von den Kaufleuten, bei denen sie für das Anwesen einkaufte, »Provisionen« kassierte, was ihr einen beachtlichen Nebenverdienst einbrachte.

Das FBI jedoch interessierte sich weit mehr für Mrs. Graemes erwachsene Söhne. Die Familie Graeme hatte jahrelang den Sommer in Oak Bluff auf Martha's Vineyard verbracht, nicht weit von der Stelle, wo Colonel Lindbergh entsprechend Graveyard Johns Anweisungen nach dem Boot »Nelly« hatte suchen sollen. Weiterhin wären die Graeme-

Söhne, die ja ebenfalls in Südafrika gelebt hatten, sicher in der Lage gewesen, die deutsch klingende Diktion der Erpresserbriefe zu fingieren. Als das FBI und die New Jersey State Police die jungen Männer jedoch um Schriftproben bat, hatte Mrs. Graeme beim britischen Konsul in New York empört Protest eingelegt. Dieser wiederum erinnerte beide Behörden daran, daß britische Staatsbürger nicht ohne ausdrückliche Genehmigung ihrer Botschaft verhört werden dürften.

Nach einem kurzen Besuch bei den Guggenheims in La Falaise kehrten Charles und Anne Lindbergh am 23. Mai – Mrs. Graeme war auf dem Höhepunkt ihrer Entrüstung – nach Next Day Hill zurück. Colonel Lindbergh war immer freundlich zu Jo Graeme gewesen – ein- oder zweimal hatte er sie sogar gemeinsam mit Anne auf Flüge mitgenommen –, aber seinen Stil in Fragen gesellschaftlicher Gepflogenheiten gegenüber Bediensteten mißbilligte sie. Besonders verübelte sie ihm, daß auf sein Drängen hin Mrs. Morrow den Behörden gestattet hatte, das Personal auf Next Day Hill zu vernehmen. Als Anne Mrs. Junge bat, etwas für die Ausstattung ihres Neugeborenen zu nähen, schritt Mrs. Graeme ein und erinnerte Anne daran, daß man in jedem Fall sie zu fragen hatte, wenn man die Dienste des Personals in Anspruch nehmen wollte. Anne fügte sich widerspruchslos, um dann zu erfahren, daß Mrs. Junge ihr nicht helfen könne, da sie momentan zu beschäftigt sei. Die Näherin – ebenso wie einige andere Angestellte – sahen sich bald gezwungen, Hausarbeiten für die Lindberghs hinter dem Rücken der Wirtschafterin zu erledigen. Derweil äußerte Mrs. Graeme, Anne und Charles lebten auf Kosten von Mrs. Morrow und sollten dankbar dafür sein. Anne war außer sich, aber da sie ihre Mutter nicht aufregen wollte und diese auf Jo Graeme angewiesen war, konnte sie nicht viel dagegen tun.

Während der ersten drei Ehejahre hatte Anne in ihrer Mutter nach wie vor die beste Freundin und in Next Day Hill ihr wahres Zuhause gesehen. Jetzt fand sie plötzlich reihenweise Gründe, warum das Haus sie nervös machte, von störendem Fußgetrappel auf dem Parkett der Korridore bis hin zu Betty Morrows rastloser Aktivität.

Nach ihrer Rückkehr aus Hopewell hatte Mrs. Morrow ihr früheres gesellschaftliches Leben wieder aufgenommen. Fast täglich empfing sie Gäste, manchmal in drei Schichten, zum Lunch, zum Tee und zum Abendessen. Die Familie war umtriebiger denn je. Elisabeth, Betty und Dwight jr. wollten nach Europa reisen und pendelten zwischen Abschiedsbesuchen und Einkaufstouren hin und her. Sämtliche Vorbereitungen erwiesen sich als immens kompliziert, da die Burns Agency ihnen geraten hatte, diese unter Decknamen zu tätigen, um so die Reisepläne vor der Presse geheimzuhalten.

Mrs. Morrow glaubte, daß man der Trauer – wie einer körperlichen Krankheit – am besten begegnete, wenn man sich beschäftigte, statt zu grübeln. Unglücklicherweise entpuppte sich dieses Rezept für ihre Kinder als nicht besonders hilfreich, da drei von ihnen mit psychischen Problemen zu kämpfen hatten, die sich nicht mit bloßer Willenskraft verdrängen ließen. Annes extreme Scheu und ihr ständiges Gefühl, am Rande des alltäglichen Lebens zu stehen, eher eine Zuschauerin als Teilnehmerin zu sein, deuteten auf einen Minderwertigkeitskomplex hin, unter dem sie seit ihrer Kindheit litt. Jedenfalls tauchte nach den ersten anstrengenden, berauschenden Monaten ihrer Ehe zunehmend das Wort »Erschöpfung« in ihren Briefen und Tagebüchern auf: Der Alltag kostete sie ihre ganze Energie. Da Anne sich nicht offen beklagte – die Unzufriedenheit, die in ihrem Tagebuch so überdeutlich wird, äußerte sie nur selten gegenüber anderen –, merkten weder ihre Mutter noch ihr Mann, wie niedergeschlagen sie eigentlich war, und hätten sie es geahnt, hätten sie sicher nicht gewußt, wie sie damit umgehen sollten.[1]

Mrs. Morrow war, nachdem sie gut zwei Monate in Highfields verbracht hatte, vollauf mit den Problemen ihrer ältesten Tochter beschäftigt. Seitdem man bei Elisabeth einen Herzklappenfehler diagnostiziert hatte, machten ihre wechselnden romantischen Schwärmereien Betty Morrow große Sorgen, da sie fürchtete, Elisabeth könne sich mit dem falschen Verehrer einlassen. Eine dieser Verbindungen – mit Reverend Clyde Roddy – war gelöst worden, nachdem die Familie bereits eine Verlobungsanzeige an die Presse gegeben hatte. Roddy, so stellte sich heraus, war bereits verheiratet gewesen und hatte unter fragwürdigen Umständen eine Annullierung dieser Ehe erwirkt. Daraufhin beschloß Elisabeth, Aubrey Neil Morgan zu ehelichen, den Erben eines sehr vermögenden walisischen Kaufmanns (nicht verwandt mit den J.P. Morgans). Sie hatte ihn im Januar 1930 kennengelernt, als sie ihren Vater zu den Beratungen der London Naval Conference begleitete.

Mrs. Morrow, natürlich sehr bekümmert, daß ihre Tochter nun nach England übersiedeln würde, sah der Begegnung mit der Familie ihres zukünftigen Schwiegersohns mit banger Erwartung entgegen. Elisabeth selbst war von der Aufregung und den kurzfristigen Vorbereitungen zu dieser Reise so erschöpft, daß sie sich für ein paar Tage in ärztliche Behandlung begeben mußte. Ein Team von Ärzten des Rockefeller Instituts unternahm eine Reihe von Tests und teilte ihr mit, daß sich der Zustand ihres Herzens gegenüber dem Vorjahr verschlechtert habe.

Weder Anne noch ihre Mutter zeigten das geringste Interesse an der Suche nach den Entführern (alle Beteiligten gingen davon aus, daß es sich um mehrere handeln müßte), und sie hatten auch nicht viel Verständnis für Charles' Mithilfe in dieser Angelegenheit. Die Verantwortlichen zu fassen würde Charley nicht wieder lebendig machen. Darüber hinaus hatte die Hypothese der Polizei, die Entführer müßten einen Informanten unter den Angestellten von Next Day Hill gehabt haben, den gesamten Haushalt in Aufruhr versetzt. Mrs. Morrow vermochte sich nicht vorzustellen, daß diese Theorie sich bewahrheiten könnte. Charles wies die Idee ebenfalls von sich, war aber entschlossen, Colonel Schwarzkopfs Ermittlungen zu unterstützen. Er war hin und her gerissen zwischen dem Wunsch, die Wahrheit herauszufinden, und seiner Verantwortung dafür, daß niemand aus dem Personal noch einmal so ungerecht behandelt würde, wie es Betty Gow und Red Johnson widerfahren war.

Wie sich herausstellte, war das Interesse der Detectives Kearne und Lamb an den Gebrüdern Graeme nicht mehr als eine Laune. Verschiedene Angestellte standen unter dringenderem Verdacht, insbesondere Charles Henry Ellerson, der stellvertretende Chauffeur, der sich freiwillig bereit erklärt hatte, Betty Gow am 1. März nach Hopewell zu fahren. Bis zu seiner Einstellung bei den Morrows im Sommer 1931 hatte der 29jährige, aus Dänemark stammende Ellerson eine bewegte Vergangenheit gehabt. Aus unbekannten Gründen jedoch gelang es ihm, schnell Arthur Springers Vertrauen zu gewinnen, der ihn dem FBI gegenüber später als »ein wenig wild, aber harmlos« beschrieb. Springer beförderte Ellerson vom Gärtner zum stellvertretenden Chauffeur. In den Monaten vor der Entführung war es eine von Ellersons Aufgaben gewesen, Charles Lindbergh jr. quer durch die Stadt zur Little School zu fahren, wo Elisabeth Morrow ihrem Neffen einen Kindergartenplatz verschafft hatte.[2]

Es war bekannt, daß Ellerson im »Sha-Toe«, einer Kneipe in Fort Lee, New Jersey, verkehrte, einem Treffpunkt von Gaunern und Ganoven, und es hieß, im März und April habe er dort oft mit einem dicken Bündel Banknoten geprahlt, das er angeblich einer Reihe von »heißen Tips« zu verdanken hatte. Der Buttler der Morrows, Septimus Banks, erklärte gegenüber der State Police, er selbst sei am Abend des 1. März im »Sha-Toe« gewesen und habe gesehen, wie Ellerson einen Packen Geldscheine aus der Tasche gezogen und einem Bekannten, der darüber klagte, knapp bei Kasse zu sein, 20 Dollar geliehen habe. Banks war zwar mißtrauisch, hatte jedoch keinen speziellen Grund anzunehmen, daß Ellerson in ein solches Verbrechen verstrickt sei. Dennoch, nach den Akten des FBI erklärte »eine der vertrauenswürdigsten Angestellten der Morrows, eine Frau, die seit 25 Jahren bei der Familie ist«, den Beamten, sie wisse genau, daß Ellerson auf die eine oder andere Weise in diese Sache verwickelt sei, auch wenn sie keinen Beweis für ihre Behauptung vorbringen könne.

Etwa zu der Zeit, als die Leiche des Babys entdeckt wurde, fiel Ellerson der Polizei im nahe gelegenen Fort Lee auf, als er meldete, er habe an einem Abhang die Kontrolle über seinen Privatwagen verloren. Er sei allein gewesen, habe die Tür aufgestoßen und sei hinausgesprungen, aber der Wagen sei eine Böschung hinuntergerutscht, in Brand geraten und ein Raub der Flammen geworden. Die Polizei wollte diese Geschichte nicht ohne weiteres glauben, und der allgemeine Eindruck war, der Unfall könne inszeniert worden sein, um Beweise zu vernichten.[3]

Wie verdächtig Ellerson auch sein mochte – er war am Abend der Entführung unbestreitbar im »Sha-Toe« gewesen, und die Polizei hatte keine Mittel, ihn zu irgendeinem Geständnis zu bewegen.

Im Falle der zweiten Hauptverdächtigen, des Dienstmädchens Violet Sharpe, sah die Sache anders aus. Bei ihrer ersten Befragung hatte Sharpe ausgesagt, sie sei am Abend des 1. März im Kino gewesen. Später behauptete sie, sie habe sich in einer Gaststätte namens »Peanut Grille« mit einem gewissen Ernie und einem weiteren Pärchen getroffen. Violet Sharpe sagte, sie habe Ernie kennengelernt, als er sie und ihre Schwester Edna ein paar Tage zuvor auf der Palisade Avenue angesprochen habe. Violet war brünett und hübsch, hatte einen leichten Überbiß, einen Hang zur Koketterie und war inoffiziell mit Septimus Banks verlobt, was ohne weiteres erklärt hätte, warum sie nicht zugeben mochte, daß sie mit einem anderen Mann ausgegangen war. Doch Sharpes Angaben änderten sich immer wieder, und ihr Beharren darauf, weder Ernies Nachnamen noch seine Adresse zu kennen, machte sie verdächtig. Außerdem hatte ihre Schwester Edna, die eigentlich einen längeren Aufenthalt in Amerika geplant hatte, ihre Schiffstickets umgetauscht und war am 6. April, vier Tage nachdem die Lindberghs das Lösegeld gezahlt hatten, vorzeitig nach England zurückgekehrt.

Anfang Mai wurde Sharpe zu einer Mandeloperation ins Englewood Hospital eingewiesen, und der Arzt der Familie Morrow hatte der Polizei – wahrscheinlich auf Anweisung von Mrs. Morrow – erklärt, das Dienstmädchen sei zu krank, um weitere Fragen zu beantworten. Ein Grund für Charles Lindberghs Wunsch, nach Englewood zurückzukehren, war seine Entschlossenheit, diesen scheinbar undurchdringlichen Schutzwall zu durchbrechen. Am 23. Mai, dem ersten Tag seines Aufenthalts, arrangierte er, daß Sharpe nach dem Abendessen in der Bibliothek von Lieutenant Arthur Keaten und Inspector Harry Walsh verhört wurde. Anwesend waren außerdem Norman Schwarzkopf und Harold Nation, einer der stellvertretenden Direktoren des FBI (damals noch bekannt als das »BI«, das »Bureau of Investigation«). Lindbergh nahm an diesem Gespräch ebenfalls teil, nachdem er seiner Schwiegermutter hatte versprechen müssen, nicht zuzulassen, daß man Violet Sharpe unter Druck setzte.

Als Sharpe die Bibliothek betrat, waren Keaten und Walsh vom Zustand des Mädchens geradezu schockiert. Früher mollig, keck und draufgängerisch, hatte Sharpe in zwei Monaten mehr als 40 Pfund abgenommen und wirkte bedrückt, beinahe verängstigt. Walsh begann mit einigen Fragen zum »Peanut Grille«, dann wechselte er abrupt das

Thema. »Haben Sie noch andere Verehrer als Banks und diesen Ernie?« wollte er wissen.

Violet blieb dabei, daß dies nicht der Fall sei.

»Was ist mit diesem Mann namens McKelvie, der für die *Daily News* arbeitet?«[4]

Sharpe gab zögernd zu, sie habe McKelvie kennengelernt, als dieser das Haus für die *News* observiert hatte. Sie war einige Male mit ihm ausgegangen, blieb jedoch dabei, daß sie ihn seit Februar nicht mehr gesehen habe. McKelvie dagegen hatte der Polizei in New York längst eine ganz andere Geschichte erzählt. Kurz vor Mitternacht des 1. März, sagte er, habe Violet Sharpe ihn zu Hause angerufen, um ihm von der Entführung und der Reaktion der Familie zu erzählen. Zu McKelvies Enttäuschung war dieser Knüller in den *News* nicht unter seinem Namen erschienen, aber die Tatsache, einen Informanten im Haus der Morrows zu haben – das gab er offen zu –, hatte sein Ansehen bei der Zeitung erheblich aufpoliert.

Als nächstes begann Walsh, Sharpe nach dem beträchtlichen Guthaben auf ihrem Konto zu befragen. Woher hatte sie das ganze Geld? Hatte sie schon länger Informationen an die *News* verkauft?

Sharpe sagte, das Geld stamme von gesparten Prämien und Weihnachtsgratifikationen. Mrs. Morrow sei sehr großzügig.

Bevor sie ihre Erklärung beenden konnte, begann Sharpe, heftig zu zittern und wurde furchtbar blaß. Als sie auf ihrem Stuhl in sich zusammensank, offensichtlich ohnmächtig, rief Colonel Lindbergh den Hausarzt, der draußen im Flur wartete. Der Arzt half Sharpe auf ihr Zimmer, kam zurück und erklärte den Detectives, das Dienstmädchen habe Fieber, und bis auf weiteres könne er keine Befragungen mehr zulassen.

Zwei Wochen später schrieb Violet Sharpe an ihre Schwester in England und berichtete, sie sei »mit einer Halsentzündung« ins Krankenhaus eingewiesen worden und wiege nur noch 98 Pfund. »Du machst dir keine Vorstellung davon, was wir durchgemacht haben, als die Polizei zum Verhör kam«, fuhr sie fort. »In zwei Stunden bin ich zweimal in Ohnmacht gefallen. Du kannst dir denken, wie geschwächt ich war ... Ach, das Leben ist so traurig geworden. Ich glaube bald nicht mehr daran, daß es noch einen Grund zum Weiterleben gibt.«

Die unterbrochene Befragung war jedoch nicht ergebnislos geblieben. Während Sharpe verhört wurde, hatten zwei Soldaten der Nationalgarde und ein FBI-Agent ihr Zimmer durchsucht und eine Visitenkarte von Ernie Brinkert gefunden, die ihn als Chauffeur bei einem Automobilservice in White Plains, New York, auswies. Kurz vor dem Mittagessen am 9. Juni kehrte Walsh allein nach Next Day Hill zurück und ließ Violet Sharpe in Arthur Springers Büro rufen. Er wedelte mit einer Kopie von Ernie Brinkerts Führerschein und bedrängte sie: »Das ist der Mann, mit dem Sie sich getroffen haben, hab' ich recht?«

Sharpe betrachtete das Foto und schüttelte den Kopf. Sie hatte diesen Mann noch nie im Leben gesehen.

Walsh schnitt ihr das Wort ab. »Kommen Sie mir nicht auf die Tour. Wir wissen, daß er es ist.«

»Na, schön. Wenn Sie es sagen, dann ist er es.«

Obwohl Sharpe ganz überzeugend geklungen hatte, blinzelte sie Arthur Springer auf dem Weg nach draußen verschwörerisch zu. Springer versuchte, Walsh zu erklären, daß Sharpe ihm nur erzählt habe, was er hören wollte, aber Walsh glaubte, kurz vor der Lösung des Falles zu stehen, und war so zufrieden mit sich selbst, daß Springers Warnung keinen Eindruck auf ihn machte.

Am nächsten Morgen verließ Charles Lindbergh das Haus sehr früh mit der Urne, in der sich die sterblichen Reste seines kleinen Sohnes befanden. Anne und er hatten beschlossen, daß die Asche von einem Flugzeug aus über dem Atlantik verstreut werden sollte. Es sollte in aller Stille geschehen und ohne irgend jemanden vorher darüber zu informieren, um ja nicht die Aufmerksamkeit der Zeitungen auf sich zu ziehen.

Kurz nachdem Charles gegangen war, rief Harry Walsh an und sagte, Miss Sharpe solle zum Verhör ins Präsidium der State Police nach Alpine kommen. Als Banks Violet diese Nachricht übermittelte, brach sie in Tränen aus und lief in ihr Zimmer. In einer Ecke ihres Schranks hatte sie eine Dose Kaliumzyanid versteckt, eine hochgiftige, kristalline Substanz, die gelegentlich zum Silberpolieren verwendet wurde. Sie schüttete eine Handvoll Kristalle in ein Wasserglas, stürzte die Mischung hinunter, wankte wieder nach unten und brach im Speiseraum zusammen.

Zuerst dachte Banks, Violet hätte wieder einen ihrer Ohnmachtsanfälle erlitten, und er und Dwight jr., der erst kurz zuvor aus Amherst gekommen war, bemühten sich vergeblich, sie wiederzubeleben. Als ihnen klar wurde, daß Violet tot war, folgte Dwight einer plötzlichen Eingebung und trug die tote Frau nach oben in ihr Bett.

Nachdem Lindbergh von seiner traurigen Pflicht zurückgekehrt war, fand er das gesamte Haus in Aufruhr. Banks, der Alkoholiker war und erst seit kurzem das Trinken aufgegeben hatte, um Violets Zuneigung zu gewinnen, hatte wieder Trost im Whisky gesucht und redete wirres Zeug. (Ein Jahr später wurde er in ein Sanatorium eingewiesen.) Inzwischen verhörte die Polizei Dwight jr., dessen spontaner Entschluß, die Tote nach oben zu tragen, allgemein Verdacht erregte.

Anfangs glaubte man, Violet Sharpes Selbstmord sei ein Eingeständnis ihrer Schuld, doch diese Annahme ließ sich nicht bestätigen. Am nächsten Morgen – nachdem er in der Zeitung von Sharpes Tod gelesen hatte – erschien ein 20jähriger Busfahrer namens Ernest Miller aus Closter, New York, in der Polizeidienststelle von Alpine und stellte sich als der Mann vor, der Sharpe in den »Peanut Grille« ausgeführt hatte. Wie Millers Freunde und weitere Zeugen bald bestätigten, war dieser Ausflug vollkommen harmlos gewesen. Aus Sorge, mit einer Alkoholfahne nach Hause zu kommen, hatte Violet Sharpe ausschließlich Kaffee getrunken.

Sharpes Selbstmord entwickelte sich zu einem Skandal internationalen Ausmaßes. Der *Daily Mirrow* vertrat die allgemein vorherrschende Meinung, die Behörden von New Jersey hätten das hilflose Dienstmädchen unter Druck gesetzt, möglicherweise sogar körperlich mißhandelt, und nannte ihren Tod einen MORD DURCH MISSHANDLUNG. Die britische Presse stimmte dem zu, und ein Abgeordneter der Labour Party kündigte an, das Verhalten des britischen Konsuls in New York prüfen zu wollen, denn dieser habe die aus der bürgerlichen Mittelschicht stammenden Gebrüder Graeme geschützt, jedoch versäumt, die anderen britischen Angestellten in Next Day Hill über ihre Rechte aufzuklären. In dem ärmlichen nordenglischen Dorf Tult's Clump hielt Edna Sharpe eine Pressekonferenz ab und verlas Violets letzten Brief als Beweis dafür, daß ihre Schwester ein Opfer brutaler Polizeigewalt geworden sei. Edna erklärte außerdem, Violet könne unmöglich mit Septimus Banks verlobt gewesen sein, da sie heimlich mit einem Engländer namens George Price verheiratet gewesen sei.

Man traute Harry Walsh allgemein sehr wohl zu, hin und wieder einen Verdächtigen zusammenzuschlagen, aber Violet Sharpe war nur sehr kurz verhört worden und stets in Anwesenheit mindestens zweier Zeugen. Dies allerdings war dem Rest des Personals nur ein schwacher Trost. Betty Morrow unternahm den ungewöhnlichen Schritt, eine Presseerklärung zu veröffentlichen, in der sie ihr ungebrochenes Vertrauen in Sharpes Unschuld kundtat. Nur Colonel Lindbergh – ob er nun in irgendeiner Weise überzeugt war oder nicht – blieb wie stets bei seinem sphinxhaften Schweigen.

Am 14. Juni wurde Violet Sharpe in Englewood beerdigt. Am selben Nachmittag fuhren Mrs. Morrow, Dwight jr. und

Constance nach England (Elisabeth hatte ein früheres Schiff genommen). Obwohl die Reise seit einiger Zeit geplant war, machte es nun den Eindruck, als schicke man Dwight jr. eilig außer Landes, und einige Boulevardzeitungen, die Dwights Existenz bis dato ignoriert hatten, lancierten nun gezielt Spekulationen über eine Beziehung zwischen dem Dienstmädchen und dem »wahnsinnigen Sohn« des Senators.

In den folgenden Wochen richtete sich die Kritik im wesentlichen gegen Norman Schwarzkopf und seine Leute. Gleichzeitig wurde in manchen Zeitungsartikeln angedeutet, daß die Morrows etwas zu verbergen hätten, zumindest aber, daß Colonel Lindbergh das Personal seiner Schwiegermutter auf der übereilten Suche nach einem Sündenbock einer Art Inquisition unterzöge. (Scheinheiligerweise empörten sich ausgerechnet eben jene Zeitungen am meisten über Violet Sharpes vermeintliche Schikanierung, die Betty Gow ohne jeden Prozeß vorverurteilt hatten.)

Tatsächlich stellte der Selbstmord sowohl das FBI als auch die State Police vor ein Rätsel. Die Akten des FBI besagen, daß Violet Sharpe im Frühjahr 1932 eine illegale Abtreibung hatte vornehmen lassen, und während Banks und Arthur Springer dieses entschieden zurückwiesen, mag die Sorge, eine Autopsie könne den Beweis für eine Abtreibung erbringen, Edna Sharpes seltsam standhafte Behauptung erklären, ihre Schwester sei heimlich verheiratet gewesen. (George Price, der mutmaßliche Ehemann, gab zu, Violet zu kennen, war aber seit über 30 Jahren mit einer anderen Frau verheiratet, und Scotland Yard konnte keinerlei Beweise dafür finden, daß Sharpe selbst sich jemals als Prices Ehefrau ausgegeben hatte.) Am Abend vor Sharpes Selbstmord – dies berichten die FBI-Akten weiter – kam ein anderes Dienstmädchen (offenbar Betty Gow) in ihr Zimmer, um sie aufzuheitern, doch ihre Unterhaltung endete damit, daß Violet furchtbar weinte, nicht zu trösten war und sagte, sie habe ihr eigenes Kind getötet, und jetzt versuche die Polizei, ihr auch noch die Schuld an der Ermordung des Lindbergh-Babys zu geben.

Offenbar rührte Violet Sharpes Verzweiflung auch daher, daß man sie als Informantin der *Daily News* enttarnt hatte. Die Polizei und die Bundesagenten taten Sharpes Anruf bei McKelvie als geringfügiges Vergehen ab, doch im Haushalt der Morrows betrachtete man es als das schlimmstmögliche Verbrechen, Familiengeheimnisse an die Presse zu verkaufen. Selbst wenn man Sharpe nicht entlassen hätte – was sicher geschehen wäre –, hätte sie mit der Verachtung der anderen Bediensteten fertig werden müssen, von denen einige aus Loyalität gegenüber der Familie erhebliche Bestechungsgelder ausgeschlagen hatten.

Natürlich blieb nach wie vor die Möglichkeit, daß Violet Sharpe tatsächlich etwas von der Entführung gewußt hatte. Falls sie von der Mittäterschaft eines anderen Bediensteten gewußt hatte, so war die Chance, diese Person zu identifizieren, inzwischen erheblich gesunken. Mrs. Morrow, durch ihre Freundschaft zu einflußreichen Republikanern und Gelehrten wie Walter Lippmann schnell im Kreuzfeuer von Kritik, untersagte jegliche weitere Nachforschungen unter ihren Angestellten. Die Polizei saß fest.

An dem Wochenende nach Violet Sharpes Tod zogen sich die Lindberghs in die Abgeschiedenheit von La Falaise zurück, wo es, wie Anne in ihrem Tagebuch vermerkte, »zu einer schrecklichen Auseinandersetzung darüber, wie wir mit der Publicity in unserem Leben fertig werden sollen«, kam.

Guggenheim beging den Fehler, Charles erklären zu wollen, er müsse sich daran gewöhnen, eine Figur des öffentlichen Lebens zu sein. »Das einzige, was du tun kannst, ist, deine ganze Einstellung dazu zu ändern«, drängte er. »Besiege sie in deinem *Inneren*, dann wird sie dir gleichgültig.«[5]

Dieses Rezept empörte und befremdete Charles und Anne, die dabei blieben, daß sie doch nur in Ruhe gelassen werden wollten.

Da es ihnen widerstrebte, auf Next Day Hill zu bleiben, solange Mrs. Morrow und der Rest der Familie in Europa waren, zogen die Lindberghs bald wieder nach Highfields um. Weil ihr Foxterrier, ein Geschenk von Evangeline, in der Nacht der Entführung nicht angeschlagen hatte, kaufte Charles bei einem Hundedresseur in Princeton einen Deutschen Schäferhund. Der Mann schloß das knurrende Tier mit der Warnung in der Garage ein, daß es sicher zwei Wochen dauern würde, bis »Thor«, wie der Hund nun genannt wurde, seine neuen Besitzer akzeptieren würde. Am folgenden Tag ging Charles in die Garage – vorsichtshalber mit einem Baseballschläger bewaffnet – und schaffte es, Freundschaft mit dem Hund zu schließen.

Doch kein Wachhund konnte die Geister vertreiben, die Highfields heimgesucht hatten. Charles verbrachte viele seiner Tage beim Prozeß gegen John Curtis, der schließlich wegen Behinderung der Justiz zu einem Jahr Gefängnis verurteilt wurde.[6]

Kurz nach Ende des Verfahrens packten die Lindberghs wieder ihre Sachen und zogen zurück nach Englewood. Da sie sich nicht zum Verkauf des Hauses entschließen konnten, baten sie die Anwälte der Familie Morrow, einen Vertrag aufzusetzen, um Hopewell dem Staat New Jersey zu überschreiben und »dort zum Wohl von Kindern ... ohne Rücksicht auf Rasse oder Religion« ein Heim einzurichten.

Wenn Thor auch manche von Mrs. Morrows Gästen in Angst und Schrecken versetzte, war der Wachhund doch eine vernünftige Sicherheitsmaßnahme, und in den ersten Monaten nach der Entführung demonstrierten die Lindberghs ihre eiserne Entschlossenheit, so normal wie möglich weiterzuleben. Von Zeit zu Zeit schien es, als wären sie weit weniger ängstlich als die meisten ihrer Bekannten. Bedenkt man die unzähligen Artikel, die über das Verbrechen geschrieben worden waren, stellten seltsamerweise nur wenige Journalisten eine Verbindung zwischen dieser Tat und der langen Geschichte von Angriffen auf die Morgan-Bank und die Familien ihrer Partner her. Dies jedoch war keineswegs die Ansicht der Bankiers und anderer Mitglieder ihrer Gesellschaftsschicht. Die Dekanin am Smith College, Marjorie Nicolson, erinnerte sich daran, daß die Schüler eine Zeitlang von nichts anderem sprechen konnten. »Eine Frage stand im Raum«, erinnerte sie sich. »War es ein Morrow-Kind? War es ein Lindbergh-Kind? Warum hatte man es getan?«[7] Als Constance Morrow im Herbst ans Smith College zurückkehrte, wurde sie von einem privaten Wachmann begleitet, der sie auf dem Campus eskortierte und der sogar mit im Klassenzimmer saß. Andere Morgan-Partner, darunter Russel Leffingwell und Tom Lamont, engagierten ebenfalls Leibwächter für ihre Kinder. In manchen Fällen hielt man diese Sicherheitsmaßnahme über zehn Jahre aufrecht. Margot Lamont Heap, die älteste Tochter von Corliss Lamont, erinnerte sich später daran, daß die ansonsten unbeschwerten Besuche bei ihren Großeltern in Torrey Canyon am Hudson während der späten 40er Jahre von etwas überschattet waren, was sie »eine Art bedrohlicher Atmosphäre« nannte. Blieben die Enkelkinder dort, behielt ein bewaffneter Wachmann sie im Auge, solange sie draußen spielten, und ein anderer saß die ganze Nacht über auf dem Flur vor ihren Schlafzimmern.[8]

Einige Beobachter holten in der Reaktion auf den Fall Lindbergh weiter aus:

Harry Guggenheim, der nie untätig blieb, wurde zu einem der Organisatoren des »Citizen Committee for the Control of Crime«, eines Bürgerkomitees, das die rechtmäßige Aburteilung von Gangstern überwachen wollte. Bis 1940 nahm die

Kampagne zur Reform des Strafverfolgungs- und Vollzugssystems den Großteil seiner Zeit in Anspruch.

Alexis Carrels Reaktionen flossen in das Manuskript eines Buches ein, das er auf Drängen seiner Freunde im Century Club, seiner zweiten Heimat in Manhattan, zu schreiben begonnen hatte. Moderne Demokratien, insbesondere Amerika erklärte Carrel seinen Freunden oft genug, behandelten die persönlichen Freiheiten wie einen Fetisch, und das zum Schaden der Allgemeinheit. Massenkultur, moderne Erziehung und sexuelle Freizügigkeit – ganz zu schweigen von kränklichen, unsportlichen Kindern und Frauen, die Cocktails tranken – waren allesamt Symptome des Auflösungsprozesses, den die Industrielle Revolution ausgelöst hatte. Doch nichts war für ihn alarmierender alsdie Tendenz, das Wohlergehen von kriminellen Straftätern über die Interessen des gesetzestreuen Durchschnittsbürgers zu stellen.

In den Jahren nach dem Ersten Weltkrieg ging man allgemein davon aus, daß die Wissenschaft die Probleme der Menschheit lösen könne. Wer sich für modern hielt, glaubte ebenso fest an die Eugenik, wie spätere Generationen die Lehren Freuds in sich aufsaugen sollten. Charles Lindbergh war in einer Tradition erzogen worden, die sich nicht nur mit Wissenschaftlern wie den Lands identifizierte, sondern auch mit progressiver Politik. Das Ziel, die menschliche Rasse mit Hilfe der Genetik zu optimieren, schien ihm nicht gänzlich unsinnig zu sein, doch der primitive Stand der damaligen Wissenschaft bot keinerlei Ansatzpunkt, mit dem man dieses Ziel hätte erreichen können. Vorurteile und verschrobene Sozialtheorien füllten diese Lücke aus. Mitte der 30er Jahre offenbarten sich die intellektuellen Mängel der Eugenik im Vorgehen totalitärer Fanatiker auf dramatische Weise. In Carrels Buch, einer Art letztes Gefecht der alten Garde, mischte sich ein naives Vertrauen in die soziale Verantwortung der Wissenschaften mit der Forderung nach drastischen

Stolz hält Evangeline Lindbergh ihren fünf Monate alten Sohn im Arm. Es ist Charles' erste Begegnung mit der Kamera. (Minnesota Historical Society)

C. A. Lindbergh im Jahr 1901, dem Jahr seiner Heirat mit Evangeline. Diese Aufnahme des gutaussehenden 42jährigen Anwalts wurde 1906 für die Wahlplakate verwendet, als er für den Kongreß kandidierte. (Minnesota Historical Society)

Charles mit dem treuen Dingo, seinem Lieblingshund unter seinen vielen vierbeinigen Gefährten. Dingo wurde 1915 von einem Unbekannten erschossen. (Minnesota Historical Society)

Die Lindberghs mit Freunden bei einem Ausflug im Jahr 1907 zum Lake Emily in der Nähe von Brainerd, Minnesota. Sitzend *(v. l. n. r.)*: Lillian, Evangeline, Charles (mit Gewehr) und Eva. C. A. stehend, dritter von rechts. (Minnesota Historical Society)

Der 19jährige Charles auf seiner zweizylindrigen Excelsior. Er benutzte das Motorrad für seinen Nebenjob als Verkäufer und Wartungsmonteur für Melkmaschinen. Später fuhr er damit nach Madison, Wisconsin, wo er im Herbst 1921 das College besuchte, und im darauffolgenden Jahr schließlich nach Lincoln, Nebraska, wo seine Fliegerkarriere begann. (Minnesota Historical Society)

Die Morrows in ihrem Garten an der Palisade Avenue in Englewood, New Jersey, um 1907. *V. l. n. r.:* Dwight Morrow mit seiner Frau Betty, Elisabeth, Anne, Dwight jr. und Constance. (Amherst College Archives)

Evangeline Lindbergh bei einem unerwarteten Besuch auf dem Curtiss-Flugplatz, als ihr Sohn sich gerade auf den Atlantikflug vorbereitete. Später wurde sie von einigen Pressevertretern als »kühl« bezeichnet, weil sie den Fotografen verweigerte, ihrem Sohn vor dem Objektiv einen Abschiedskuß zu geben. Aber sie war gutgelaunt und erzählte den Reportern: »Ich würde liebend gerne mitfliegen, aber dann hätte die Maschine Übergewicht.« (AP/Wide World Photos)

Der junge Postpilot aus St. Louis, von der Presse »Flyin' Fool« getauft, galt bei dem großen transatlantischen Luftrennen von 1927 nur als Außenseiter. Später verwendete die Guggenheim-Stiftung dieses Foto als Werbung für Lindberghs Goodwillreise durch 48 Staaten. Es wurde vermutlich das berühmteste Bild von »Lucky Lindy«. (AP/Wide World Photos)

Auftanken der *Spririt of St. Louis* in den frühen Morgenstunden des 20. Mai 1927. (AP/Wide World Photos)

Im geliehenen Anzug präsentiert sich Captain Lindbergh mit Botschafter Myron T. Herrick *(r.)* und dessen strahlendem Mitarbeiterstab auf den Stufen der amerikanischen Botschaft. (AP/Wide World Photos)

Die Schauspielerin Mary Pickford mit den Lindberghs und zwei unbekannten TAT-Mitarbeitern bei der Taufe der TAT-eigenen dreimotorigen *City of Los Angeles*. Hollywoodstars zählten zu den treuesten Kunden der Fluggesellschaft, die mit dem Slogan warb, ihre Passagiere in nur 48 Stunden von »Coast to Coast by Train and Plane« zu transportieren. (AP/Wide World Photos)

Die Lindberghs auf dem Grand Central Airport in Los Angeles am Ostersonntag 1930, kurz vor dem Start zu ihrem transkontinentalen Rekordflug mit nur einer Zwischenlandung. Anne war schwanger und fühlte sich nicht ganz wohl in ihrem unförmigen, elektrisch beheizbaren Fliegeranzug. (AP/Wide World Photos)

Nach einem Zwölfstundenflug von Baker Lake Landung in Aklavik, Alaska: Die Eskimos baten Anne, für das Foto in einem traditionellen Schlitten zu posieren. Die Ankunft der Lindberghs am 9. August 1931 war für das Dorf der Beginn einer neuen Ära. Bis zu diesem Zeitpunkt war es nur einmal im Jahr von einem Versorgungsschiff besucht worden. (AP/Wide World Photos)

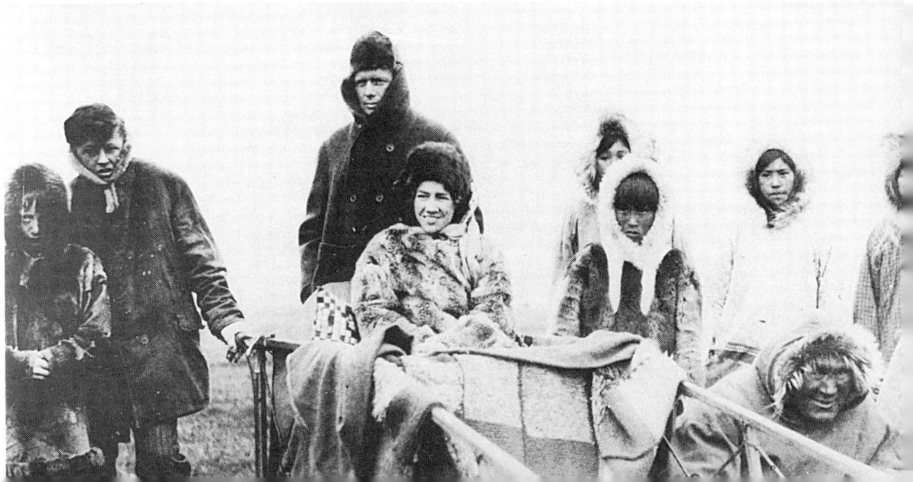

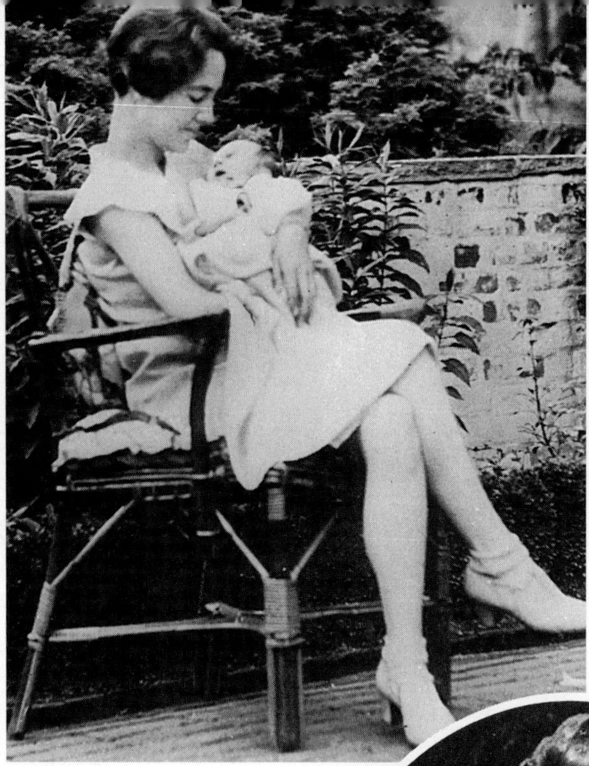

Anne und der etwa drei Woche
alte Charles jr. auf der Terrasse
von Next Day Hill. (AP/Wide
World Photos)

Diesen Schnappschuß von seinem Sohn nahm Charles Lindbergh im Februar 1932 auf. Zwei Wochen später wurde der Junge entführt. (AP/Wide World Photos)

Highfields, das Anwesen der Lindberghs in der Nähe von Hopewell, New Jersey, 1936. Die drei Verandatüren in der Mitte gehörten zum Wohnzimmer; das Kinderzimmer befand sich ganz rechts unter dem Giebeldach im zweiten Stock. Die Auffahrt *(oben r.)* erstreckte sich über 1,4 Kilometer bis zu einer unbefestigten Landstraße. (AP/Wide World Photos)

Das von dem Architekten Chester Aldrich nach Vorschlägen von Colonel Lindbergh entworfene Highfields wirkt auf Luftaufnahmen weitaus protziger, als es in Wirklichkeit war. Gemessen an der für drei Autos geplanten Garage, haben die Zimmer bescheidene Ausmaße. (Highfields)

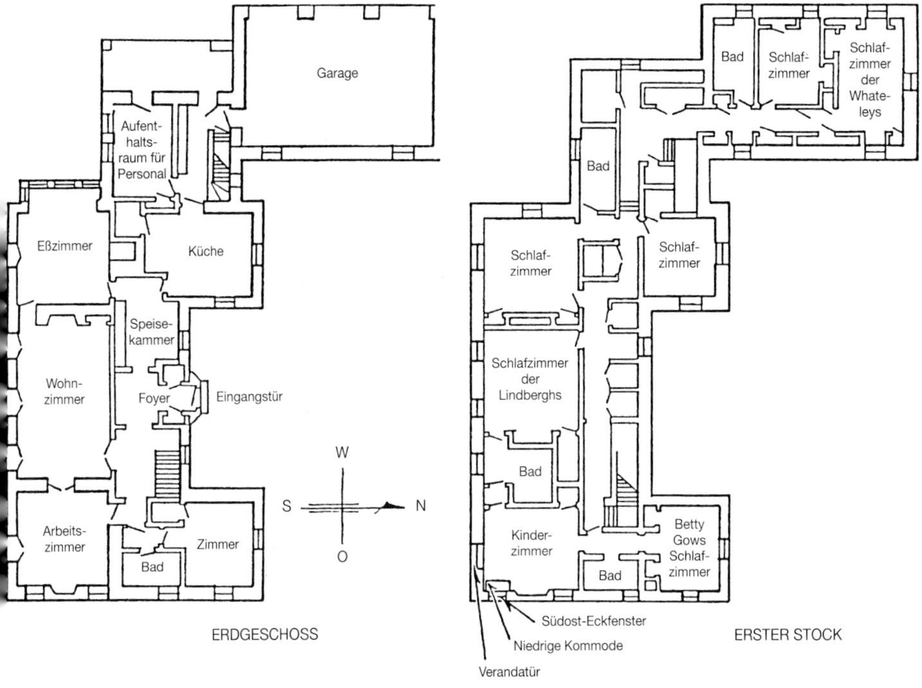

Unzählige Menschen versammelten sich vor dem Bestattungsunternehmen von Walter Swayze, wo man den Leichnam des Lindberghs-Babys zur Autopsie hingebracht hatte. Hier macht die Menge dem Leichenwagen Platz, der den mit weißem Satin ausgekleideten Kindersarg zum Krematorium fährt. (AP/Wide World Photos)

Nur zwei Monate nach ihrer Heirat mit Aubrey Morgan wurde die 28jährige Elisabeth Morrow Morgan von Pressefotografen mit einem unbekannten Begleiter am Bahnhof von Nizza entdeckt. Elisabeths Ärzte hatten ihr einen längeren Aufenthalt an der französischen Riviera empfohlen, da das feuchte Klima in ihrer neuen Heimat Wales für sie lebensbedrohlich war. (AP/Wide World Photos)

Zur Erkundung von neuen Luftwegen über dem Nord- und Südatlantik ließ Lindbergh im Sommer 1933 die Lockheed Sirius mit Schwimmern ausrüsten. Das Foto zeigt Lindbergh auf einem Testflug vor der Küste von Long Island. (AP/Wide World Photos)

Links: Abschied der Lindberghs von einer begeisterten Menschenmenge in Lerwick auf den Shetland-Inseln. Der Empfang auf den Shetlands, den Anne als *»richtig* ungezwungen« bezeichnete, gehörte zu den eher entspannenden Erlebnissen der Reise. (AP/Wide World Photos)

Rechts: Nach der fünfeinhalbmonatigen Atlantiktour kehren Anne und Charles sichtlich gutgelaunt in die Staaten zurück. Bei ihrer Ankunft am Pan-Am-Stützpunkt in Miami, Florida, wog ihr persönliches Gepäck pro Person weniger als 500 Gramm; den Rest hatten sie in Gambia abgeworfen, um Treibstoff zu sparen. (AP/Wide World Photos)

Nach seiner Festnahme in der Nähe seiner Wohnung in der Bronx wurde Bruno Richard Hauptmann zunächst in das Hauptquartier der New Yorker Polizei im Greenwich Village gebracht. Dort entstand dieses erkennungsdienstliche Foto. (AP/Wide World Photos)

In Begleitung von Colonel H. Norman Schwarzkopf verläßt Charles Lindbergh das Gericht des Verwaltungsbezirks Hunterdon in Flemington, New Jersey, nachdem er als Zeuge vor dem Großen Geschworenengericht ausgesagt hatte, das Hauptmann des Mordes anklagen wollte. Schwarzkopf, der nach der Entführung von allen Krisensitzungen ausgeschlossen wurde, war inzwischen Lindberghs engster Berater. (AP/Wide World Photos)

Anne Lindbergh erschien nur zweimal zum Prozeß: Am Tag ihrer eigenen Zeugenaussage und zur moralischen Unterstützung ihrer Mutter, die als Zeugin zu ihrem verstorbenen Hausmädchen Violet Sharpe gehört wurde. Colonel Schwarzkopf begleitet hier die beiden Frauen am Tag von Betty Morrows Aussage. (AP/Wide World Photos)

Kurz nachdem Dr. John F. Condon Hauptmann als »Graveyard John« identifiziert hat, gibt er Reportern im Flur vor dem Gerichtssaal Interviews. Sein Versuch, den selbstlosen Retter zu spielen, handelte ihm Morddrohungen ein, und er verlor seinen Arbeitsplatz. Als er später Vorträge über seine Rolle im Lindbergh-Fall hielt, wurde er als publicitysüchtig diffamiert. (AP/Wide World Photos)

Colonel Lindbergh im Gespräch mit dem Staatssekretär im Reichsluftfahrtministerium, General Erhard Milch, bei einem Bankett der Lilienthal-Gesellschaft für Luftfahrtforschung im Oktober 1937 in München. »Damals herrschte noch eine Art internationaler Brudersinn unter den Fliegern«, kommentierte Anne das Bild später. Sie erinnerte sich, daß Charles Gerüchte gehört hatte, nach denen Göring und Milch nichtarische Offiziere innerhalb der Luftwaffe schützten. (AP/Wide World Photos)

Die Lindberghs zogen sich mehr und mehr aus der Öffentlichkeit zurück und erwarben schließlich heimlich eine winzige bretonische Insel. Illiec bestand nur aus einem baufälligen Haus mit einem winzigen Gärtchen, umgeben von Felsen. (AP/Wide World Photos)

Nachdem Alexis Carrel weder seine Frau noch die Lindberghs zur Abreise aus Europa überreden konnte, kehrte er im Oktober 1938 allein per Schiff nach New York zurück. Carrel, der sich im Glanz seiner Partnerschaft mit Lindbergh sonnte, hatte einen Autorenvertrag mit *Reader's Digest* unterschrieben. Er konnte es nicht fassen, als die Zeitschrift *The New Yorker* einen Monat später sein »künstliches Herz« mit Gedanken der Nazis in Verbindung brachte. (AP/Wide World Photos)

Charles Lindberghs langes selbstauferlegtes Schweigen – er hatte keine einzige öffentliche Erklärung zu Hauptmanns Festnahme und zum Prozeß abgegeben – hatte ihn mit einer Aura des Geheimnisses umgeben. Seine erste Radioansprache, die am 15. September 1939 aus den WOL-Studios in Washington, D. C. übertragen wurde, wurde von allen drei großen Rundfunkanstalten gesendet. (AP/Wide World Photos)

Am Weihnachtsabend 1940 unterstützte Anne im Radio eine Initiative der Quäker, indem sie dringend um Unterstützung zur Verteilung von Lebensmittelhilfen im besetzten Europa bat. England war gegen diesen Plan, und die Wochenschauen verkündeten die Schlagzeile: »Anne Lindbergh will Hitlers Europa füttern.« (AP/Wide World Photos)

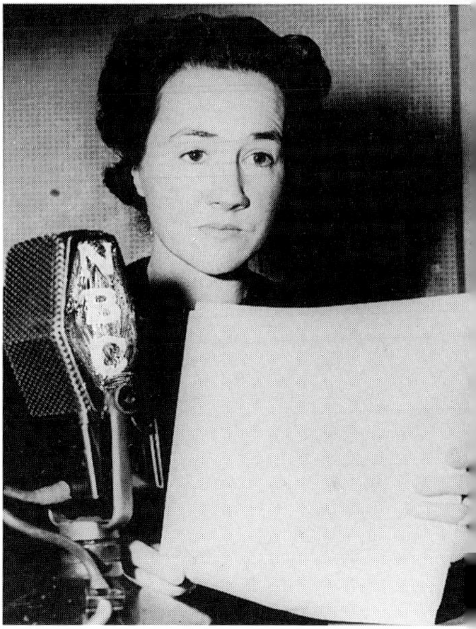

1953 legte Jon Lindbergh Taucheranzug und Tauchgerät an, um Bower Cave im County Mariposa, Kalifornien, zu erforschen. Jon machte sich als Tiefseetaucher und Erfinder einen Namen und war in der Unterwasserforschung und Fischzucht tätig, mied aber, ebenso wie seine jüngeren Geschwister, jede persönliche Publicity. (AP/Wide World Photos)

Der jüngste Lindbergh-Sohn, Scott, mit seiner Frau Alika vor ihrem Schloß in St. Chamassy in Frankreich, in dem sie ein Rehabilitationszentrum für Primaten eingerichtet hatten. Das Bild entstand, nachdem sich Scott, seit seiner Studentenzeit extrem öffentlichkeitsscheu, bereit erklärt hatte, die Familie anläßlich der 50-Jahres-Feier des Transatlantikfluges seines Vaters in Paris zu vertreten. (AP/Wide World Photos)

Um 1970 konzentrierten sich Lind
berghs Bemühungen zum Schut
bedrohter Naturvölker auf di
Philippinen. Hier unterhält er sich mi
Angehörigen der Ubu in Data
Tabayong (»Heimat der Wolken«) in
südlichen Cotabato auf der Insel Min
danao. Bewaffnete Männer hatten di
Siedlung wiederholt angegriffen, un
Lindbergh traf sich mit dem Bürger
meister und Polizeibeamten aus de
nahegelegenen Stadt, um zur Toleran
aufzurufen. (John Nance

Nach dem Treffen begrüßt Lindbergh den Ubu-Führer Datu Ma Falen. Lindbergh führt – auf Mindanao nichts Ungewöhnliches – ein Automatikgewehr bei sich. Er trägt den traditionellen kegelförmigen Hut des Tboli-Stammes, ein Geschenk von Tboli-Führern. (John Nance)

Von Gefühlen überwältigt, ergreift Anne Lindbergh die Hand der Statue, die ihren Mann als jungen Flieger im Aufbruch zum Atlantikflug darstellt. Die feier-
liche Enthüllung in St. Paul, Minnesota, im Mai 198
war einer der seltenen öffentlichen Auftritte Mrs. Lindberghs in den letzten Jahren. Zu der Skulptur von Paul Granlund gehört auch die Figur rechts, die Charles Lindbergh als Kind zeigt. (AP/Wide World Photos)

gesellschaftlichen Einschränkungen. Die Politik der Regierung, schrieb Carrel, solle nicht darauf abzielen, die Schwachen zu vermehren, sondern die »Starken weiter zu stärken«. Carrel trat für Euthanasie sowohl bei Kidnappern und anderen Schwerverbrechern als auch bei denjenigen ein, die »die Öffentlichkeit in wichtigen Fragen in die Irre leiteten«.

Verleger, die erste Entwürfe von Carrels Manuskript sahen, teilten ihm mit, in dieser Form ließe es sich unmöglich veröffentlichen. Im Frühjahr 1935 jedoch brachten Harper & Brothers das Manuskript unter dem Titel *Man, the Unknown (Der Mensch, das unbekannte Wesen)* heraus, und es wurde eines der meistdiskutierten Bücher des Jahres. Einige Rezensenten warfen Carrel vor, einem verwässerten Faschismus das Wort zu reden, doch die meisten standen dem Buch positiv gegenüber, und manch einer war voll der Bewunderung, darunter Upton Sinclair, Henry Wallace und Rabbi Stephen Wise. Letzterer nannte es »ein epochales Buch ... eine Oase der Schönheit in einer Wildnis von Dingen, die nichts weiter sind als Schund und Dreck.«[9] Solchen Lesern fiel es nicht schwer, über Carrels anachronistische Vorstellungen von Rasse und Sozialdarwinismus hinwegzusehen, geblendet von dem Versprechen, die reine Wissenschaft könne das Chaos ordnen, in das die Politiker die Welt gestürzt hatten.

Carrel war vielleicht der letzte Verfechter einer Wissenschaft im Elfenbeinturm. Sein Ruhm als der Mann, der den ersten Nobelpreis für Medizin in die Vereinigten Staaten geholt hatte, ging so weit, daß er von jeglichem weiteren Erfolgsnachweis befreit war. Die Rockefeller University förderte ungefragt die Projekte seines Labors, einschließlich einer vagen Nährwertuntersuchung an 12 000 Mäusen, die in einem speziellen Anbau des Labors mit dem Namen »The Mousery« untergebracht waren. Der Kreis seiner Bewunderer im Century Club, unter ihnen der Anwalt für Völkerrecht Frederick Coudert und Frederick Woodbridge, der Dekan der

Columbia University, stellten seine Erklärungen nur selten in Frage. Die Entführung hatte Carrel zutiefst erschüttert, und als Franzose war er entsetzt über die drohende Entwicklung in Europa. Seine privaten Unterlagen machen deutlich, daß die extremen Passagen in *Man, the Unknown* sehr genau seine Haltung im Alltagsleben widerspiegeln. Carrel war überzeugt davon, daß Amerika am Rande der Anarchie stand und die Jugend schlechthin an einer »Nervenschwäche« litt. Außerdem sei die »weiße Rasse« (da sie von der Industriellen Revolution am gründlichsten korrumpiert war) auf dem besten Wege zum genetischen Suizid. 1938 schrieb er: »Die Menschheit befindet sich in einem Zustand rapider Auflösung, und nicht weniger als die Zukunft der Zivilisation ist in größter Gefahr.«

Carrel glaubte all dies wirklich. Er war ein Intellektueller. Er redete gern. Jeder, der ihn kannte, wußte dies, einschließlich Lindbergh, der gern eine Bemerkung von Boris Bachmeteff, dem ehemaligen russischen Botschafter in den Vereinigten Staaten, zitierte: »Wenn Carrel nur in 20 Prozent aller Fälle recht hat, reicht das schon.«

Rückblickend scheint es bedauerlich, daß die Lindberghs ihre Trauer nicht bewältigen konnten, indem sie sich in irgendeinem Bereich gesellschaftlich engagierten. Im Gegensatz zu Harry Guggenheim, der sein Komitee zur Verbrechensbekämpfung hatte, und Betty Morrow, die sich auch weiterhin für bessere Ausbildungsmöglichkeiten und Wohlfahrtsorganisationen wie den YMCA einsetzte, fühlten sie sich zu solcherlei Tätigkeiten nicht berufen.

Unter dem Einfluß von Charles Morgans *The Fountain*, einem Roman über eine junge Frau, deren Mann grauenhaft entstellt aus dem Ersten Weltkrieg heimkehrt, zog sich Anne in ein Studium mystischer und Selbsterfahrungs-Literatur zurück. Sosehr sie sich auch bemühte, es gelang ihr nie, sich auf eine der traditionellen Religionen einzulassen. Wie ihr Jugendfreund Corliss Lamont – der das philosophische Rätsel seiner Mutter gelöst hatte, indem er die religiöse Komponente eliminierte und die Theorie des »Säkularen Humanismus« entwickelte – versuchte Anne, einen Weg zu finden, auf dem sie eine Mystikerin ohne Gott sein konnte. Ein einsameres Unterfangen läßt sich schwerlich vorstellen.

Währenddessen hatte Charles seine wissenschaftliche Arbeit an der Rockefeller University. Im Institut gab es einen begehbaren Brutapparat, in dem er viele Stunden verbrachte und oft bis weit nach Mitternacht Zellfunktionen unter dem Mikroskop beobachtete. Schon bald gelang es ihm, eine Zellkultur 105 Tage lang in einem selbstkonstruierten Glaskolben mit interner Zirkulation am Leben zu erhalten, und sein nächstes Ziel war es, ein verbessertes Modell der Perfusionspumpe zu entwickeln, die in der Lage sein sollte, ganze Organe zu konservieren, beginnend mit der Schilddrüse einer Katze. In Charles' wissenschaftlichen Arbeiten steckte großes Potential, nicht nur zu seiner persönlichen Befriedigung, sondern auf lange Sicht auch für die Bekämpfung von Krebs-, Herz- und Nierenerkrankungen. Da ihm jedoch jede formale Ausbildung fehlte, war er ganz und gar auf seinen Mentor angewiesen. Und obwohl er manchen von Carrels eher bizarren Aussagen mit einiger Skepsis gegenüberstand, war kaum zu verhindern, daß er von dessen Überzeugung beeinflußt wurde, der rasche technologische Fortschritt habe die westliche Zivilisation in eine Krise gestürzt, die ihren Fortbestand insgesamt gefährde.[10]

17.
EINMAL UM DEN NORDATLANTIK HERUM

Am 16. August 1932 brachte Anne Lindbergh einen Sohn zur Welt. Charles und sie hatten ein Mädchen erwartet, und der einzige Jungenname, den sie sich am Anfang der Schwangerschaft überlegt hatten, war »John«, aber nun fürchteten sie, die Presse könne den Schluß ziehen, das Kind sei nach Dr. Condon oder, schlimmer noch, nach Graveyard John benannt. Nachdem sie zwei Monate lang debattiert und unzählige Alternativen verworfen hatten, einigten sie sich auf die skandinavische Variante »Jon«, die Anne in einem Märchenbuch gefunden hatte.

Äußerlich war es eine hoffnungsfrohe Zeit. Dwight jr. hatte sich von seinem Schock nach Violet Sharpes Selbstmord erholt und studierte wieder in Amherst. Elisabeth und ihr Verehrer Aubrey Morgan hatten beschlossen, den düsteren Prognosen der Ärzte zu trotzen, und am 28. Dezember wurden sie auf Next Day Hill getraut, eine Zeremonie, an der viele alte Freunde der Familie teilnahmen, darunter Jack Morgan, Jean Monnet und die Lamonts. Und obwohl es Anne noch immer schwerfiel, im grellen Licht der Öffentlichkeit etwas von ihrem Innersten preiszugeben, hatte sie begonnen, ihre Notizen von dem Flug über die Nordatlantikroute 1931 in ein Buch umzuarbeiten, was Charles nach Kräften unterstützte.

Hin und wieder gingen Charles und sie sogar wieder aus. Verkleidet sahen sie sich eine Broadway-Show an, ohne erkannt zu werden. Außerdem besuchten sie ein Privatbankett im Waldorf-Astoria, zu dem unter anderem die Kermit Roosevelts, Henry James (der Neffe des Autors) und Vita Sackville-West mit ihrem Mann Harold Nicolson geladen waren. Anne war von Nicolson fasziniert, doch er nahm kaum Notiz von ihr, bemerkte nur, daß sie »schüchtern, zaghaft, in sich gekehrt« wirkt, »im Mundwinkel ein Trauerspiel«. Charles dagegen war für Nicolson »eine Überraschung ... Er hat eine schöne intelligente Stirn, ein zaghaftes, gewinnendes Lächeln, zerzaustes Haar, ruckt unglücklich mit dem Kopf, hat einen klaren Teint, magere, nervöse und geschickte Finger, ein schüchtern-schlaksiges Auftreten. Er sieht jung aus, ein wenig steckengeblieben.«[1]

Evangeline Lindbergh hatte verschiedene Einladungen an die Ostküste ausgeschlagen, wahrscheinlich weil sie fürchtete, daß ein Besuch zu diesem Zeitpunkt unerwünschte Publicity mit sich bringen würde. Die Familie tat alles, Jons Namen aus den Zeitungen herauszuhalten. Im März 1933 beschlossen Charles und Anne, nach Detroit zu fahren, um Evangeline zu besuchen und auf dem Weg einen Zwischenstopp bei Annes Großmutter Cutter in Cleveland einzulegen. Obwohl ständig ein Wachmann der State Police anwesend war, war es ihnen nicht geheuer, Jon auf Next Day Hill allein zu lassen, und sie verkündeten daher ihren Entschluß erst im letzten Moment: Selbst Betty Gow und der Familie erzählten sie erst eine Stunde vor ihrer Abfahrt von der Reise. Solange seine Eltern nicht da waren, wurde Jon aus seinem Kinderzimmer in einen anderen Teil des Hauses verlegt, und der treue Septimus Banks (der sich von seinem Aufenthalt im Sanatorium erholt hatte) schlief die Nächte in einem angrenzenden Zimmer. Nachdem die Sicherheit des Babys gewährleistet war, gestaltete sich die Reise für Charles und Anne zu einem herrlichen kleinen Abenteuer. Anne trug eine Lockenperücke und knallroten Lippenstift. Charles hatte seine Augenbrauen und das Haar schwarz gefärbt. Sie wohnten in billigen Hotels und Pensionen, in denen niemand bezweifelte, daß sie ein jungvermähltes Paar aus Hackensack waren, schafften die zehntägige Reise nach Detroit und zurück, ohne erkannt zu werden, und amüsierten sich königlich.

Im stillen jedoch war Anne vom Tod ihres Sohnes noch immer tief erschüttert. In ihrem Tagebuch schreibt sie, es sei nicht die »normale« Trauer gewesen, die sie beim Tod ihres Vaters empfunden hatte und die mit der Zeit verging. Der Tod des kleinen Charles war etwas, das nicht hätte geschehen dürfen. Schmerz, Verwirrung und die – vielleicht niemals zu beantwortende – Frage »Warum?« konnte sie nicht abschütteln. Sie schlief nicht gut und war ständig müde. Bei einem ihrer seltenen Ausflüge in die New Yorker U-Bahn ertappte sie sich dabei, wie sie nervös die anderen Fahrgäste musterte und überlegte, ob einer davon der Mörder ihres Sohnes sein könne.

Annes veröffentlichte Tagebücher aus dieser Zeit, in denen jeder Eintrag ein verzweifelter Aufschrei ist, vermitteln einen falschen Eindruck. Obwohl selbst einem Fremden wie Harold Nicolson klarsein mußte, daß Anne Lindbergh eine unglückliche Frau war, verbarg sie ihre Gefühle vor der Familie und Freunden hinter einer Fassade der Ausgeglichenheit. Die Atmosphäre auf Next Day Hill war dem freien Ausdruck von Gefühlen nicht gerade förderlich. Immer standen irgendwo Diener herum, die ein allzu persönliches Gespräch belauschen konnten. Zumindest gab es niemanden, mit dem Anne über das Thema sprechen konnten. Auf einer Fahrt nach Hopewell, wo sie einige persönliche Dinge abholen wollten, versuchte Anne, mit Charles über ihre Gefühle zu sprechen, aber er schnitt ihr das Wort ab und sagte: »Ich habe es im letzten Frühling durchgemacht – ich kann es nicht noch einmal durchmachen.«[2]

Unglücklicherweise ließ sich die Sache nicht so einfach verdrängen. Die Ermittlungen im Entführungsfall waren keineswegs, wie Charles geglaubt hatte, innerhalb von Tagen, höchstens Wochen abgeschlossen, sondern sie gingen mühsam voran, und in seiner Funktion als inoffizieller Koordinator der Untersuchungen hatte Charles das Problem zu bewältigen, die verschiedenen, an dem Fall beteiligten Staats- und Bundesbehörden zur Zusammenarbeit zu bewegen. Während die New Jersey State Police und die Bundesagenten ihre Kraft damit vergeudeten, Hinweisen aus der Bevölkerung nachzugehen, die ausnahmslos ins Nichts führten, richtete sich die besondere Aufmerksamkeit der Polizei mehr und mehr auf New York City und das angrenzende Westchester County, wo einige wenige Scheine aus dem Lösegeld aufgetaucht waren – drei im August 1932, nur einer im September und dann neun im Oktober.

Die Aufgabe, die Herkunft dieser Banknoten zurückzuverfolgen, war Lieutenant James Finn vom New York Police Department (NYPD) übertragen worden. Fünf Jahre zuvor hatte Finn der Ehrengarde angehört, die Lindy bei seiner Konfettiparade auf dem Broadway eskortierte. Der drahtige, aufgeweckte New Yorker Cop hatte Eindruck auf Harry Bruno gemacht, und nach der Entführung hatte Bruno den New Yorker Polizeipräsidenten gebeten, sicherzustellen, daß man Finn diesem Fall zuteilte. Finn war ein Einzelgänger, fast ebensooft degradiert wie ausgezeichnet. Er war bewandert in modernen Polizeimethoden und der erste intuitive Detective, der sich an dem Fall versuchte, aber er machte kein Geheimnis aus seiner Verachtung für Arthur Keatens und Harry Walshs unbeholfene Bemühungen. Seine Beziehungen zur New Jersey State Police waren von Anfang an denkbar schlecht: Die Detectives von der NJSP vermuteten, das NYPD wolle ihnen die Ermittlungen aus der Hand nehmen, und zeigten Finn und seinem Team die kalte Schulter. Noch 1932 weigerten sie sich, ihm Kopien der Erpresserbriefe auszuhändigen.

Trotz der mangelnden Kooperationsbereitschaft der Jersey Police hoffte Finn, mit Hilfe der Banknoten aus dem Lösegeld ein Täterprofil von Graveyard John erstellen zu können. Die meisten Scheine waren durch mehrere Hände gegangen, als die Kassierer sie entgegennahmen, und abgesehen von der Tatsache, daß zwei davon in den Kassen von Restaurants der »Childs«-Kette aufgetaucht waren, fand sich kein erkennbares Schema, wofür sie ausgegeben worden waren. Allerdings gab es andere interessante Auffälligkeiten: Der Großteil des Geldes war auf charakteristische Weise gefaltet – immer achtmal. Bei Labortests fand man Schmirgel und Glyzerin auf den Scheinen, was darauf hindeutete, daß sie vielleicht durch die Hände eines Werkzeugmachers oder Scherenschleifers gegangen waren. Manche Scheine zeigten außerdem Spuren von Lippenstift, und einigen haftete ein moderiger Geruch an, als wären sie vergraben oder an einem feuchten Ort aufbewahrt gewesen.

Auf Anregung des Hearst-Reporters Leigh Matterson bat Finn den Psychologen Dr. Dudley Shoenfeld, sich die Scheine und andere Hinweise anzusehen und ein Profil von Graveyard John zu erstellen. Shoenfeld kam zu dem Schluß, daß der Verdächtige ein deutschsprachiger Ex-Sträfling sein müsse, etwa 40 Jahre alt, wahrscheinlich schizophren mit homosexuellen Neigungen. Ein solcher Mann könne von Charles Lindbergh besessen sein, schloß Shoenfeld, da Lindbergh »in unserer Welt lebt … und ihm doch alles, was um ihn herum vorgeht, fremd ist«, was die Öffentlichkeit dazu verleitete, ihm »Wesenszüge eines Allmächtigen« anzudichten. Für einen kranken Geist könne die Entführung des Erstgeborenen seines Helden gleichbedeutend sein mit der Aneignung seiner Potenz. Shoenfeld vermutete weiter, daß Graveyard John einen einzelnen, achtmal gefalteten Schein als Talisman gegen das Gefühl sexueller Unzulänglichkeit bei sich trug.[3]

Für Finns Vertrauen in die Ratschläge eines Psychologen hatte die New Jersey State Police nur Hohn und Spott übrig, und man fand es besonders lächerlich, daß Shoenfeld aus der Art und Weise, wie der Verdächtige die Banknoten gefaltet hatte, homosexuelle Neigungen folgern wollte. Lieutenant Keaten beklagte sich gegenüber Bundesagenten, der Detective vom NYPD sei ein »Schwachkopf«, der eine ohnehin schwierige Situation mit seinen »spinnerten« Spekulationen nur verkompliziere. Charles Lindbergh jedoch hatte Vertrauen in den wissenschaftlichen Ansatz, und am 5. November – nachdem Henry Breckinridge ihn auf die Existenz des Täterprofils aufmerksam gemacht hatte – lud er Dr. Shoenfeld ein, seine Theorien auf einer Besprechung in der Bibliothek von Next Day Hill vor Bundesbeamten und Polizisten aus New Jersey zu präsentieren. Bei diesem Treffen stellte sich heraus, daß der hauptsächliche Einwand der Gesetzeshüter sich auf Shoenfelds Hypothese bezog, daß Graveyard John, da er geistesgestört sei, ein einsamer Wolf sein müsse, der die Entführung ohne jede Hilfe von Komplizen geplant und ausgeführt habe. (Rückblickend erscheint die Annahme, daß Geistesgestörte unfähig sein sollen, Komplizen für die Ausführung ihrer Zwangsvorstellungen zu gewinnen, mehr als nur ein wenig einfach, und selbst Lieutenant Finn, der an dieser Konferenz nicht teilnahm, akzeptierte diesen Aspekt des Profils nicht.)

Obwohl Lindbergh Shoenfelds Kennzeichnung von Graveyard John als einem homosexuellen Einzelgänger etwas weit hergeholt erschien, war er doch fasziniert von der Genauigkeit der Voraussagen des Psychologen. Während Schwarzkopf und die Bundesagenten skeptisch schwiegen, spielte er den Advocatus diaboli und listete einen Grund nach dem anderen auf, warum die Polizei glaubte, es müsse mehr als eine Person in die Sache verwickelt sein. Trotz all seiner Einwände wollte Lindbergh an die neue Theorie vom Einzeltäter glauben. Mit der Vorstellung eines einzelnen geistesgestörten Mörders ließ sich leichter leben als mit der Annahme der State Police, Graveyard John habe von einem Angestellten der Familie einen Tip bekommen. Am Abend überredete er Colonel Schwarzkopf, Kopien der vollständigen Erpresserbriefe an Lieutenant Finn auszuhändigen, und am nächsten Morgen lagen sie im Hauptquartier des NYPD auf dessen Tisch.[4]

Shoenfelds Kollege Leigh Matteson war der Ansicht, Norman Schwarzkopf hätte gerne enger mit dem NYPD zusammengearbeitet, habe dies jedoch unter dem Druck von Gouverneur Moore nicht tun können, nachdem ihm unmißverständlich klargemacht worden war, daß Schwarzkopfs Job und vielleicht die Existenz der gesamten State Police davon abhingen, daß dieser Fall von ihm gelöst wurde. (Der tolpatschige Harry Walsh, bemerkte Matteson, pflege enge Kontakte zum Chef der Demokratischen Partei in Jersey City, ohne dessen Unterstützung man ihm die Ermittlungen schon vor langer Zeit entzogen hätte.) Da sie keine vielversprechende Spur hatten, blieb Schwarzkopf und seinen Leuten nichts weiter übrig, als dieselben Fakten ein drittes und viertes Mal durchzugehen. Nach wie vor waren sie sich sicher, daß es einen Informanten unter den Angestellten auf Next Day Hill geben müsse. Keineswegs jedoch waren sie von Dr. Condons Unschuld überzeugt, der erst kurz zuvor im Schaufenster eines Kaufhauses neben einer Leiter posiert hatte, die bei der Entführung verwendet worden war. Inzwischen sprach er davon, auf eine Vortragstournee durch viele Bundesstaaten zu gehen. Wenn man bedachte, daß Condon seine Stelle an der Fordham University verloren hatte und mal als Trottel, mal als Komplize abgestempelt worden war, war sein Entschluß, den Fall an die Öffentlichkeit zu bringen und damit ein paar Dollar zu verdienen, durchaus nachvollziehbar.

Im März 1933, kurz vor der heimlichen Autofahrt der Lindberghs nach Detroit, dachten sich Charles und Colonel Schwarzkopf einen Plan aus, mit dem man Condon dazu bringen wollte, sich selbst zu verraten. Die beiden überlegten sich, wenn Condon mit Graveyard John unter einer Decke steckte, würde er sich die Gelegenheit nicht entgehen lassen, eine weitere Zahlung der Lindberghs einzustreichen. Während Betty Morrow bei Elisabeth und Aubrey in Wales weilte, überredete Charles Anne dazu, Condon und seine Tochter Myra Hacker zum Essen nach Next Day Hill einzuladen. Myra unterrichtete Englisch an einer High School, und nach dem Essen bot Anne an, ihr das Manuskript ihres Buches zu zeigen. Als Charles mit Dr. Condon allein war, erklärte er ihm, die Familie würde ihn gern für seine Bemühungen entschädigen.

Condon überdachte das Angebot. Als er zum ersten Mal mit dem Fall konfrontiert worden war, hatte man ihm drei Holztiere aus Charles jrs. Kinderzimmer gegeben, für den Fall, daß ihm das Kind ausgehändigt würde. »Ich möchte Ihr Geld nicht, Colonel Lindbergh. Aber wenn Sie wollen, überlassen Sie mir das Holzspielzeug.«

Beschämt reichte Lindbergh dem Arzt die Hand und erklärte ihm, er könne das Spielzeug behalten. Einige Tage später berichtete er auf einer Zusammenkunft von Bundes- und Staatsagenten, er sei überzeugt, daß Condon, wie exzentrisch er auch wirken möge, ein zutiefst anständiger Mann sei.

In New York sah inzwischen Lieutenant Finn seinem ersten großen Durchbruch entgegen. Am 2. Mai 1933 sollte eine Anweisung des Präsidenten gegen das Horten von Gold in Kraft treten. Nach diesem Datum würden Goldzertifikate nach wie vor ein gültiges Zahlungsmittel bleiben, doch da es für einen Privatmann theoretisch illegal war, solche Goldscheine im Wert von mehr als 100 Dollar zu besitzen, würden nicht mehr viele davon in Umlauf sein. Finn und Frank Wilson, ein Agent vom Finanzministerium, wetteten darauf, daß der Entführer versuchen würde, noch vor dem Termin so viele Scheine wie möglich loszuwerden, und das Finanzministerium verteilte 30 000 Rundschreiben, in denen man die Kassierer der Banken zu erhöhter Wachsamkeit aufforderte.

Am 1. Mai bildeten sich überall im Land lange Schlangen vor den Bankschaltern. In der Federal Reserve Bank in New York City war der Kassierer James Estey so beschäftigt, daß er das Geld in seiner Kasse erst nach Mitternacht zusammengezählt hatte. Als er seine Quittungen mit dem Rundschreiben des Finanzministeriums verglich, stellte Estey fest, daß er 2 980 Dollar aus Lindberghs Lösegeldzahlung in 10- und 20-Dollar-Goldnoten angenommen hatte. Allerdings waren derart viele große Transaktionen vorgenommen worden, daß er sich nicht an die Person erinnern konnte, die diese Scheine vorgelegt hatte. Aber er hielt einen Einzahlungsbeleg in Händen, der mit dem Namen J.J. Faulkner unterzeichnet war. Darauf war die Adresse 149. Straße West 537 angegeben. Die Suche nach Faulkner – in der CALNAP-Akte des FBI als »unbekanntes Subjekt Nr. 5« geführt – wurde augenblicklich zu Lieutenant Finns wichtigster Aufgabe.[5]

Am nächsten Tag machten sich Teams vom NYPD, dem FBI und dem Finanzministerium auf den Weg zu dem Haus Nummer 537 an der 149. Straße West, besser bekannt als die »Plymouth Apartments«. Wie sie bald erfuhren, gehörte das Gebäude einem gewissen Payne Louis Kretzmer, einem 63jährigen deutschen Emigranten, der nach dem Börsenkrach 1929 geisteskrank geworden war. Seltsamerweise war Payne Kretzmer, der sich inzwischen in einem Zustand fortgeschrittenen Schwachsinns befand, Patient eines Privatsanatoriums, das keine Meile von Next Day Hill entfernt lag.[6]

Die 149. Straße war der Einheit des NYPD, die den Fall Lindbergh bearbeitete, sehr wohl bekannt. Am 2. März 1932, dem Tag nach der Entführung, hatte man einen herrenlosen

1930er Buick Brougham auf der Straße gefunden, nur wenige Blocks östlich der Plymouth Apartments. Eine Frau, die in der Nähe wohnte, hatte Detective John Genet von der Abteilung für Autodiebstahl beim NYPD erklärt, sie habe gesehen, wie »ein blonder, glupschäugiger Mann« den Buick kurz vor Morgengrauen neben einem Feuerhydranten geparkt, die Fenster offen- und den Schlüssel steckengelassen habe. Der Wagen, der unter normalen Umständen leichte Beute für Diebe gewesen wäre, wurde von aufgeschreckten Anwohnern, die von der Entführung des Lindbergh-Babys gehört hatten, sofort der Polizei gemeldet.

Detective Genet hatte umgehend das Hauptquartier der New Jersey State Police darüber informiert, daß ein Zusammenhang zwischen dem Fahrzeug und dem Entführungsfall möglich wäre. Der Buick und das, was darin war – unter anderem zwei Bademäntel, ein Grapefruit-Messer, eine Milchflasche mit einem daran befestigten Stück Gummirohr –, wurde Beamten aus Trenton übergeben, die schnell herausfanden, daß der Wagen am 28. Januar 1932 vom Parkplatz des Pines Hotels in Lakewood, New Jersey, gestohlen worden war. Die ursprünglichen Nummernschilder aus New Jersey waren gegen New Yorker Kennzeichen ausgetauscht worden, die am 2. Januar in Yonkers entwendet worden waren, was stark darauf hinwies, daß der Buick für ein Verbrechen benutzt worden war. In dem Durcheinander der ersten Tage jedoch hatte ein überarbeiteter Polizeibeamter die Bedeutung dieser Information übersehen. Der Buick wurde seinem Besitzer zurückgegeben, und Genets Bericht – einschließlich der Beschreibung des blonden, glupschäugigen Mannes durch die Augenzeugin – wurde unter »falsche Spuren« abgeheftet.

Obwohl die Behörden in Jersey ursprünglich Interesse an der Information gezeigt hatten, daß Payne Kretzmer in Englewood wohnte, ließ ihre Begeisterung spürbar nach, als das NYPD sie darauf aufmerksam machte, daß sie die Spur eines

Wagens nicht weiterverfolgt hätten, der möglicherweise bei der Entführung benutzt worden war. Der Irrtum war sehr wohl entschuldbar, aber nach dem Fiasko mit Red Johnson und Violet Sharpes Selbstmord hätte die Geschichte des fälschlich abgehefteten Berichts für das Image der Truppe katastrophale Folgen gehabt. Die Wogen gingen so hoch, daß Schwarzkopfs Leute glaubten, Lieutenant Finn verfolge diesen Aspekt des Falls nur, um sie bloßzustellen.

Charles Lindberghs Verhalten in den ersten Wochen nach der Entführung hatte gezeigt, daß er viel zu leichtgläubig und gefühlsbestimmt war, um objektiv richtige strategische Entscheidungen treffen zu können. Nun waren die Ermittlungen an einen Punkt gekommen, an dem er hätte versuchen sollen, die zuständigen Behörden zur Beilegung ihrer Differenzen zu bewegen. Statt dessen zog sich Lindbergh in genau jenem Augenblick von seiner Rolle als selbsternannter Koordinator zurück, als es neue Hoffnung auf eine Lösung des Falls gab.

Anne Lindbergh machte keinen Hehl daraus, daß sie sich ganz und gar nicht auf den Tag freute, an dem der Täter gefaßt sein würde. Den Namen des Mörders ihres Babys zu kennen und sein Gesicht zu sehen, würde nicht klären, warum diese grauenhafte Tragödie geschehen war. Eine Verhaftung konnte nur weitere häßliche Publicity in den Zeitungen mit sich bringen, eine weitere Welle von Drohbriefen und den Zwang, vor aller Öffentlichkeit Ereignisse noch einmal zu durchleben, die sie ohnehin bis in den Schlaf verfolgten. Charles fand sich in einer zwiespältigen Situation wieder. Einerseits wollte er die Fakten genau kennen, andererseits mußte er auf die Gefühle seiner Familie Rücksicht nehmen, und sein Engagement bei den Ermittlungen belastete seine Frau und das Kind nur. Er reagierte darauf, indem er sich mit neuen Projekten auf einem Gebiet beschäftigte, das ihm am vertrautesten war: der Fliegerei.

Charles und Anne starteten im April wieder zu einem gemeinsamen Flug, und zwar zu einer Reise an die Westküste für die TAT (unter dem Namen TWA neu strukturiert). Bald darauf begann Charles, Pläne für ambitioniertere Flüge zu schmieden: Er wollte Transatlantikrouten für Pan-American Airways erkunden. Obwohl sich Anne auf die Abwechslung freute, sah sie doch den langen Flügen mit gemischten Gefühlen entgegen, denn sie würden Jon an seinem ersten Geburtstag allein lassen. Sie beruhigte sich aber damit, daß Evangeline versprochen hatte, sich im »Cottage« der Morrows in New Haven um das Baby zu kümmern, wobei ihr Betty Gow, Elsie Whateley und ein Trupp bewaffneter Wachleute von der Burns Agency beistehen würden.

Sechs Jahre nach Charles' Atlantikflug war es nach wie vor ein riskantes Unterfangen, den Ozean zu überfliegen, obwohl Transatlantikflüge immer häufiger stattfanden. Im Juli 1933, demselben Monat, in dem die Lindberghs auf Reisen gingen, führte General Italo Balbo aus Italien eine nie dagewesene Flotte von 25 Flugzeugen über den Atlantik und wieder zurück; nur zwei Maschinen aus Balbos Gruppe gingen unterwegs verloren – eine höchst eindrucksvolle Erfolgsquote. Was den kommerziellen Passagiertransport anging, hatte die Technik noch nicht den Stand der optimistischen Voraussagen von Fonck und Byrd aus dem Jahr 1927 erreicht. Große, mit zahlenden Passagieren vollbesetzte Flugzeuge konnten noch nicht genug Kraftstoff transportieren, um die Großkreisroute zu schaffen, deren Wegbereiter Charles Lindbergh seinerzeit gewesen war. Manche Experten sagten voraus, daß es nötig sein werde, ein Netz von Tankstationen auf künstlichen Inseln mitten im Ozean zu bauen, damit ein Flugdienst zwischen den Vereinigten Staaten und Europa möglich wäre.

Der Auftrag der Lindberghs im Juli 1933 war, realistischere Alternativen zu erkunden, sowohl eine nördliche Route – via

Labrador, Grönland, Island, die Faröer und die Shetland Inseln nach Dänemark – als auch eine südliche Route westlich von Lissabon über die Azoren. Die unübersehbare Gefahr der Nordroute bestand darin, daß das Wetter unberechenbar sein konnte, selbst im Hochsommer. Die Südroute hielt man für weniger riskant; allerdings schloß sie einen großen Streckenabschnitt über das offene Meer ein, ohne jede Landemöglichkeit im Fall einer Notlage.

Mit ihrer Lockheed Sirius, die man für diesen Flug rot und schwarz gestrichen und mit einem Wright-Cyclone-Motor mit 710 PS Leistung und einem verstellbaren Propeller ausgestattet hatte, hofften die Lindberghs, einige neuentwickelte Geräte testen zu können, darunter ein leistungsstarkes Luft-Boden-Funkgerät und eine verbesserte Navigationshilfe zum Messen der Bodengeschwindigkeit. Außerdem wollten sie ein Instrument benutzen, das Charles selbst erfunden und »Sky Hook« getauft hatte – eigentlich eine simple Vorrichtung zum Ausfahren von mit Vaseline bestrichenen Objektträgern, mit deren Hilfe sich in großen Höhen Proben von Luftmikroben nehmen ließen. (Wie später in einem Artikel im *Scientific Monthly* berichtet wurde, zeigten die Proben, die man mit dem Sky Hook genommen hatte, daß in einer Höhe von 10 000 Fuß und darüber eine erstaunliche Vielfalt von Mikroben zu finden war.) Man hielt die Wetterbedingungen auf der nördlichen Route für so gefährlich, daß die Sirius außerdem mit einer umfangreichen Überlebensausrüstung versehen wurde, die ein Gummiboot, einen Schlitten, Schneeschuhe und ein Funkgerät für den Fall einer Notlandung umfaßte. Da der Flug weitgehend über offenes Meer führen würde, nahmen die Lindberghs keine Fallschirme mit – was manch ein Beobachter zu leichtsinnig fand.

Pan-American Airways wollte die technische Versorgung der Expedition unter anderem mit einem Begleitschiff sichern, der *Jelling*, die den Lindberghs auf dem Seeweg folgen würde. Wie schon beim Orientflug 1931 trugen die Lindberghs den Großteil der Kosten selbst, und die Reise wurde eine Mischung aus Arbeit und Vergnügen und ließ ihnen viel Zeit für gewagte Flüge und die Erkundung ihrer exotischen Zwischenstationen. In Grönland blieben Charles und Anne drei Wochen, spürten aus der Luft Eisbären und Moschusochsen auf und besuchten eine Tanzveranstaltung, auf der Eskimo-Paare in ihren traditionellen Trachten schottische Volkstänze und den Virginia Reel vorführten, Tänze, die sie von den Missionaren gelernt hatten. In Godthåb kaufte Charles ein Kajak aus Seehundfell und forderte die gesamte Mannschaft der *Jelling* heraus, sich im eiskalten Wasser des Hafens im Paddeln des schwierig zu manövrierenden Bootes zu versuchen.

Hier verschreckte Charles auch den Kapitän der *Jelling*, indem er den Dänen damit beauftragte, als sein Verbindungsmann zu fungieren und anzukündigen, daß Anne und er das Grönland-Eis überfliegen wollten, was bisher erst zwei Pilotenteams gelungen war. Wie die meisten Nichtflieger ging die Begleitmannschaft davon aus, daß die Gefahr einer Notlandung bei einem Flug in einer Gegend mit unberechenbaren Wetterbedingungen relativ groß war. Die Männer sahen sich die zarte, zerbrechlich wirkende Mrs. Lindbergh an, versuchten sich vorzustellen, wie sie das Eis auf Schneeschuhen überquerte, und kamen zu dem Schluß, Colonel Lindbergh müsse den Verstand verloren haben. Lindbergh dagegen vertraute auf die verbesserte Leistungskraft der Sirius.

Nach Aussage des britischen Piloten John Grierson, eines der beiden Flieger, die vor den Lindberghs erfolgreich über das Eis geflogen waren, lag die Einschätzung für das tatsächliche Risiko irgendwo zwischen diesen beiden Standpunkten. Die Sirius besaß Leistungsreserven, aber Charles unterschätzte im üblichen Gottvertrauen auf seine fliegerischen Qualitäten die Risiken eines Fluges unter arktischen Bedingungen. Über das Eis zu fliegen, sei, wie Grierson es beschrieb, als tauche man »in eine Schüssel ab«. Die unendliche Weite von glitzerndem Schnee schaffe eine optische Illusion, lasse es so aussehen, als sei die Erde unter einem konkav, nicht konvex, wodurch dem Piloten das Gefühl für seine Flughöhe verlorengehe. Schneeblindheit und Desorientierung stellten sich ohne jede Vorwarnung ein.

Trotz eines für die Jahreszeit ungewöhnlichen Schneesturms am 1. August und starken Nebels in Küstennähe wagten die Lindberghs fünf Tage später ihre erste Überquerung. Charles ortete eine Bergkette, die auf den Karten nicht eingetragen war, und obwohl sie einen Sturm durchflogen, bevor sie in Angmagssalik an der Ostküste landeten, hatte Anne Zeit genug, die Landschaft zu bewundern – weniger Berge, als sie erwartet hatte, aber eine unermeßliche Weite von eisiger Einöde, eine glitzernde Wüste aus Schnee. In der Woche darauf flogen die Lindberghs noch zweimal übers Eis, wobei sie einmal eine längere Route via Julianehåb an der südlichsten Spitze der Insel nahmen, bevor sie ihre Erkundungsreise mit einem Flug nach Vidhey auf Island fortsetzten. »Wie üblich«, schrieb Charles in seinem offiziellen Bericht an Juan Trippe, »werden die Schwierigkeiten in einem Land, in dem bisher wenig geflogen wurde, maßlos übertrieben.«[7]

Was die Offiziere der *Jelling* und die örtlichen Beamten gesehen hatten – was aber Charles offenbar einfach nicht sehen wollte –, war, wie sehr sich Anne vor dem Flug fürchtete. Seine bewußte Mißachtung ihrer Gefühle schien ihnen derart rüde, daß der dänische Verbindungsmann nach dem dritten Flug übers Eis zu ihr sagte: »Ich glaube, ich werde den Schlitten aus dem Gepäckfach nehmen, damit Sie nicht mehr übers Eis fliegen können.«[8]

In Wahrheit war Charles nicht so ahnungslos, wie er tat. Die Fliegerei hatte Anne schon immer Nerven gekostet, aber auf lange Sicht wurde sie auch dafür belohnt mit der Befriedigung, an der Seite ihres Mannes große Abenteuer zu bestehen. Was jedoch das Wichtigste war: Sie hatte ihre Passivität überwunden. Anne selbst betrachtete die Fliegerei als Therapie, und Charles – dies eine Mal mit seiner Schwiegermutter einer Meinung – glaubte, das beste Mittel gegen die Trauer sei, wenn man zu beschäftigt zum Grübeln war.

Bei Charles selbst – und er war keineswegs von der emotionalen Anspannung des vergangenen Jahres so unberührt geblieben, wie er vorgab – schien dieses Mittel zu wirken. Obwohl er seine Zweifel an der Zukunft »fliegender Boote« für kommerzielle Flugreisen hatte, war Lindbergh nirgendwo so glücklich wie am Steuer eines Flugboots. In der Sirius waren Charles und Anne davon befreit, auf Landepisten Rücksicht nehmen zu müssen, und das Wassern in einer unerforschten Bucht oder auf einem See war immer ein Abenteuer. Gab es dort zufällig eine Siedlung, paddelten die Einheimischen zum Flugzeug hinaus und boten ihrem unerwarteten Besuch ein warmes Bett für die Nacht und rohen Fisch oder, wie in einem Fall, Frikadellen aus Ponyfleisch zum Abendessen an. War die Gegend unbesiedelt, aßen Anne und er gebackene Bohnen aus der Dose und legten sich im hinteren Gepäckabteil schlafen, wobei sie ihre Schlafsäcke auf einem Berg von Gerätschaften ausrollten. Charles war bester Laune, und als ein Junge in Island ihn fragte, ob es in Grönland hübsche Mädchen gebe, antwortete er: »Es gibt in jedem Land, in das man kommt, hübsche Mädchen! Das stimmt sicher!«[9]

John Grierson, der zufällig auf Island mit den Lindberghs zusammentraf, fand die beiden sympathisch, wenn auch etwas rätselhaft. Obwohl Anne eine ausgezeichnete Funkerin war und bald darauf den Weltrekord in der Luft-Boden-Übermittlung brechen würde, winkte sie bei seiner Bitte um einen Rat hinsichtlich der Geräte ab. »Sie gab die Frage an Charles weiter und tat, als würde sie von diesen technischen

Dingen selbst nicht viel verstehen«, schrieb Grierson mit einer Mischung aus Ärger und Enttäuschung.[10] (Anne erklärte ihren Rekord später damit, daß die Verwendung des Signals »Flugzeug Lindbergh« anstelle ihres Rufzeichens, wie sie es gelegentlich tat, in etwa so sei, »wie wenn man lebende Köder statt der künstlichen Fliege an seinen Angelhaken steckt«.[11])

Von Island aus flogen die Lindberghs zu den Faröern, die wegen ihrer miserablen Wetterbedingungen keine Zukunft als Hauptanflugpunkt auf der Nordatlantikroute hatten. Dann setzten sie ihren Flug als geruhsame Europareise fort, angefangen mit den skandinavischen Hauptstädten, von denen sie sehr angetan waren, dann weiter nach Leningrad und Moskau, wo der überschwengliche Empfang, den die Führungsriege der sowjetischen Luftfahrt ihnen entgegenbrachte, nicht den Schock über die schäbige Kleidung der Gastgeber, die unterernährten Pferde auf den Straßen und die generelle Verwahrlosung der Städte vergessen machen konnte.

In London arrangierte Anne in einem Restaurant ein Abendessen mit den Frischvermählten Elisabeth und Aubrey. Unter dem Vorwand, seine Anwesenheit könne unerwünschte Aufmerksamkeit erregen, blieb Charles im Hotel, wo er von Florence Grenfell überfallen wurde, der sehr viel jüngeren Frau des Seniorpartners der Firma Morgan Grenfell. Sie war eine berühmte Schönheit der feinen Gesellschaft, bekannt für ihre attraktive Figur und ihr Temperament. Charles, so zeigte sich, war – mit der entsprechenden Ermunterung – einem Abend in der Öffentlichkeit keineswegs abgeneigt, und Florrie, eine begeisterte Nachtschwärmerin, entführte ihn zu einem Auftritt von Josephine Baker, die in London gerade in aller Munde war.

Für Charles wurde Paris zur größten Enttäuschung der Reise, so sehr er Frankreich und die Franzosen mochte. Hier, wo begeisterte Massen die Rückkehr von »le boy« feierten, kam ihm nur allzu deutlich zu Bewußtsein, wie weit er sich von dem zuversichtlichen, sorglosen Jungen entfernt hatte, der vor Jahren in Le Bourget gelandet war.

Für Anne hingegen waren die Tage in London und Paris eine kurze Ruhepause von den langen Stunden in der Sirius, die ihr immer weniger ein Zuhause und immer öfter ein Gefängnis zu sein schien. Sie vermißte Jon und sah dem Rückflug von Tag zu Tag ungeduldiger entgegen. Mehr als einmal dachte sie ernsthaft darüber nach, sich von dem Flug zurückzuziehen, das nächste Schiff nach Hause zu nehmen und Charles mit der Suche nach einem anderen Kopiloten allein zu lassen. Das einzige, was sie davon abhielt, war die Vorstellung, sich Hunderten von Reportern stellen zu müssen, die wissen wollten, ob ihre Abreise bedeute, daß Charles und sie sich trennten. (Und die Antwort auf diese Frage war keineswegs klar. Charles, der jedem Anflug von Kritik gegenüber empfindlich war, hätte ihr diese Erniedrigung, ihn nach der Hälfte der Reise im Stich zu lassen, nur schwer verziehen.)

Eines Tages, auf dem Weg von Amsterdam nach Genf, saß die Sirius über einer Nebelbank fest, und Charles flog auf der Suche nach einem Loch in den Wolken vergeblich bis nach Spanien und zurück. Anne war so schockiert, daß sie einen Entschluß faßte: Sollte sie jemals wieder festen Boden unter die Füße bekommen, könnte nicht einmal die Angst vor der Publicity sie davon abhalten, den nächsten Zug nach Paris zu nehmen. Von dort aus konnte die französische Filiale der Morgan-Bank das Geld für eine Schiffspassage nach New York telegrafieren. Kurz vor Einbruch der Dunkelheit schlug das Wetter um, und schließlich landeten sie in Rotterdam. Dort wurden sie von einem freundlichen holländischen Piloten, der ebenfalls im Nebel festgesessen hatte, zum Essen eingeladen. »Meine Frau und ich fliegen immer gemeinsam, und für uns sind das die glücklichsten Momente in unserem Leben«, bemerkte der Pilot treuherzig. In diesem Augenblick fühlte Anne, daß dies trotz allem vielleicht auch auf Charles und sie zutraf. Eines Tages, wenn die Schrecken mancher Augenblicke in der Erinnerung verblaßten, würden ihr diese Stunden in der Luft möglicherweise kostbar erscheinen. So beschloß sie, sich an die Reiseroute zu halten.[12]

Theoretisch hätte der Rückflug über die südliche Route der einfachste Teil der Reise sein sollen, aber auf den Azoren fanden die Lindberghs keinen passenden Hafen für die großen Wasserflugzeuge der Pan-Am, und Charles beschloß, vom ursprünglichen Plan abzuweichen, der die direkte Heimkehr über Neufundland vorsah, und statt dessen über die Kapverdischen Inseln und Brasilien nach Hause zu fliegen. Wie sich herausstellte, waren auch die Häfen auf den Kanaren ungeeignet. In Porto Praia wehte der vorherrschende Wind landeinwärts und wühlte mächtige Brecher auf, die es der Sirius unmöglich machten, mit einer vollen Ladung Kraftstoff abzuheben. Der Gastgeber der Lindberghs hatte einen tuberkulösen Husten, das Bett, das man ihnen anbot, war mit etwas verseucht, das die Hausangestellten entschuldigend als *»des bêtes qui piquent«* (stechendes Ungeziefer, A.d.Ü.) bezeichneten, und nach einer Woche kehrten sie nach Bathurst in Gambia zurück. Doch auch hier waren die Bedingungen ungünstig. Sie brauchten Rückenwind, um starten zu können, aber eine Woche lang herrschte völlige Windstille. Schließlich schaffte es Charles, die Sirius in die Luft zu bringen, indem er mehr als 100 Kilogramm Ausrüstung über Bord warf, darunter Werkzeug und Schlafsäcke.

Nach einem Flug von weit mehr als 2500 Kilometern über den Südatlantik erreichten die Lindberghs am 6. Dezember Natal in Brasilien. Selbst jetzt hatte Charles keine Eile, nach Hause zu kommen. Anne und er unternahmen einen Ausflug den Amazonas hinauf nach Manaus, gefolgt von Zwischenstopps in Port-of-Spain, Trinidad, und San Juan auf Puerto Rico. Endlich, 13 Tage später, kamen sie in New York an, gerade noch rechtzeitig, um die Weihnachtswoche mit Jon verbringen zu können.

Charles Lindbergh betrachtete diesen fünfeinhalb Monate dauernden, insgesamt fast 50 000 Kilometer langen Flug über den Atlantik später als den Höhepunkt seiner Fliegerlaufbahn. In mancher Hinsicht war er gefährlicher und körperlich anstrengender gewesen als sein Flug nach Paris 1927, und unter wirtschaftlichen und wissenschaftlichen Gesichtspunkten war er produktiver. Diese Reise legte nicht nur den Grundstein für die Ausweitung des Passagierdienstes der PanAm, sondern die Lindberghs hatten die Fahne der amerikanischen Luftfahrt zu einer Zeit hoch gehalten, als die Industrie eine Vertrauenskrise durchmachte, geschwächt von der Depression und der Unentschlossenheit der Regierung.

Nach diesem Flug schickten die Lindberghs ihre Sirius in den Ruhestand. Im Laufe der Reise hatte sie den Spitznamen *Tingmissartog* bekommen, ein Wort der Eskimos, das »fliegt wie ein großer Vogel« bedeutet. Die Maschine wurde ein beliebtes Ausstellungsstück im Museum of Natural History in New York, wo sie blieb, bis Charles und Anne sie dem Smithsonian Institute vermachten. Flugzeugnarren und junge Leute waren begeistert, aber insgesamt fiel die Reaktion auf den Flug seltsam gedämpft aus. Im Gegensatz zu Wiley Post und Amelia Earhart sah man in Charles Lindbergh eine Art Nationalheiligtum, und man hatte das Gefühl, er erwies seinem Land keinen guten Dienst, wenn er weiterflog. Das *Time Magazine* schrieb, wenn Lindbergh sich weigere, im Dienste der Luftfahrt am Boden zu bleiben, müsse jemand anderes ihn dazu bewegen: »Er soll uns erhalten bleiben. Und erhalten kann man ihn am besten auf der Erde.«

Zweifelhafte Komplimente wie diese müssen für Lindbergh

noch um so frustrierender gewesen sein, wenn man die Politik der Regierung Roosevelt hinsichtlich der kommerziellen Luftfahrt bedenkt. Als deutlich wurde, daß selbst größere Fluglinien Schwierigkeiten haben würden, die Depression zu überleben, rief Postminister Walter Brown führende Industrielle zu einem Treffen nach Washington, das bald darauf als die »Spoils Conference« bekannt werden sollte. Unter Ausnutzung einer Vorschrift, die es ihm erlaubte, Billiganbieter im Interesse der Sicherheit zu umgehen, vergab Brown Verträge an Fluggesellschaften, die vor allem in der Lage waren, einen umfassenden regionalen Service anzubieten.

Browns Vorgehen schuf über Nacht ein bundesweites System von Luftlinien, zweifellos zum Vorteil der Konsumenten. Allerdings begünstigten die neuen Regelungen stark die großen, mit viel Kapital ausgestatteten Fluggesellschaften wie die TAT, die Western Air schluckte und damit zur Transcontinental Western Airlines (TWA) wurde. Kleineren Unternehmern – die, zufällig oder nicht, der Demokratischen Partei angehörten – blieb nur, sich mit größeren Mitbewerbern zusammenzutun oder aufzugeben. Unter den Opfern waren die Gebrüder Robertson, die ins Luftfahrtgeschäft zurückgekehrt waren und ihre Firma durch den Zwangsverkauf an die spätere American Airlines verloren hatten. Die Wut der Verlierer fand ihr Sprachrohr in Gene Vidal, Gründer der inzwischen eingestellten Luddington Line, die grimmig gegen dieses Beispiel des »Hoover-Sozialismus« wetterte. Und als die Republikaner abgewählt wurden, war unvermeidlich, daß es eine Gegenreaktion geben mußte.

Eine Bühne für diesen Gegenschlag stellte die Anhörung des Senatsausschusses für Bankangelegenheiten dar, besser bekannt als die »Pecora Hearings«. Im Verlauf dieser Untersuchung wurde die J.P. Morgan-Bank gezwungen, ihre Bücher den Ermittlern des Senats zugänglich zu machen, die herausfanden, daß man Kunden von einer »Vorzugsliste« –

darunter prominente Politiker (unter anderem Calvin Coolidge persönlich), führende Industrielle und natürlich Lindy – Aktien zu Vorzugspreisen angeboten hatte. Außerdem sahen sich, als die Aktienpreise fielen, viele dieser wohlbestallten Kunden von der Last der Einkommensteuer befreit, wenn sie Verluste an der Wertpapierbörse geltend machten. Tatsächlich hatten J.P. Morgan und 19 seiner Partner weder 1931 noch 1932 Einkommensteuer zahlen müssen.

Unmittelbar nach den Pecora Hearings erschienen eine Reihe von aufpeitschenden Artikeln des Hearst-Kolumnisten Fulton Lewis jr., der beklagte, bei der Spoils Conference handle es sich um einen klassischen Fall von Handelsbeschränkung, möglicherweise in Verbindung mit internen Absprachen und Bestechung. Dieser Vorwurf führte zu einer Untersuchung des Vorgehens von Postminister Brown durch einen Senatsunterausschuß, dem Senator Hugo Black aus Alabama vorstand, später Richter am Obersten Gerichtshof. Ähnlich wie C.A. Lindbergh eine Generation vor ihm, ließ sich Black zu der Theorie hinreißen, die Umorganisation der Luftfahrtlinien sei eine von J.P. Morgan angezettelte Verschwörung. Ironischerweise wurde dadurch C.A.s Sohn Lindy zur Zielscheibe der Demokraten. Colonel Lindbergh hatte an der Spoils Conference nicht teilgenommen, aber er war ein offensichtliches Bindeglied zwischen Morgans Interessen und der TAT und gleichzeitig einer der Privatkunden der Bank. Blacks Untersuchungsausschuß verlangte Einblick in Lindberghs Finanzen, die dieser bereitwillig offenlegte. Die Zahlen wurden öffentlich bekannt, als ein Angestellter aussagte, Lindberghs 250 000-Dollar-Bonus von der TAT seien ein »Geschenk« gewesen, was allgemein als ein anderes Wort für »Bestechung« galt.

Am 9. Februar 1934 erließ Präsident Franklin D. Roosevelt – ohne das Ergebnis der Untersuchungen im Ausschuß abzuwarten – eine Anweisung, sämtliche Luftpostverträge außer Kraft zu setzen. Bis neue Verträge vergeben würden, sollte die U.S. Army die Post transportieren. Das Vorgehen des Präsidenten brachte das Army Air Corps in eine peinliche Lage. Da man lange auf Zuteilungen hatte warten müssen, besaß das Corps weder die Ausrüstung noch genügend Piloten mit Nachtflugerfahrung, um die Postzustellung aus dem Stand übernehmen zu können. Gleichzeitig bot man dem Air Corps endlich die Chance, einen für alle sichtbaren Dienst an der Allgemeinheit zu leisten, und man konnte es sich kaum erlauben, zuzugeben, daß die Piloten der Army nicht in der Lage waren, ein paar Säcke mit Post auszuliefern.

Lindbergh war sich keiner Schuld bewußt. Ermutigt von Henry Breckinridge, schickte er ein offenes Telegramm an Roosevelt. »Die Luftpostverträge außer Kraft zu setzen«, protestierte er, »verurteilt den Großteil unserer kommerziellen Luftfahrt ohne jedes Gerichtsverfahren.« Ein Artikel in der *New York Times* wies darauf hin, daß Colonel Lindbergh sich große Sorgen um die Sicherheit der Armeepiloten mache.[13]

Und tatsächlich starben während der ersten Woche, in der die Army die Auslieferung der Luftpost übernahm, fünf Piloten bei Abstürzen, und sechs weitere wurden schwer verletzt. Bis Ende März 1934 hatte die Luftpost schon zwölf Todesopfer gefordert. Billy Mitchell, der der Ansicht war, die Regierung hätte die TWA-Flotte für die Dauer der Krise einfach verstaatlichen sollen, machte seiner Enttäuschung über Lindbergh in einer Rede vor der »Foreign Policy Association« in New York Luft, in der er ihn einen »Strohmann des Air Trusts« nannte, einen Fürsprecher des »Profits« (1934 ein Schimpfwort) und »diesen Schwiegersohn von Dwight Morrow« (so ziemlich die schlimmste Beleidigung, die ihm einfallen wollte). Doch die öffentliche Meinung war auf Lindberghs Seite, und ein nachdenklich werdender Roosevelt sah sich gezwungen, seine Anweisung zurückzunehmen und die Auslieferung der Luftpost wieder Privatunternehmen zu überlassen.[14]

Im nachhinein wird in der Kontroverse um die Luftpost Charles Lindberghs erstaunlicher Mangel an diplomatischem Gespür in politischen Fragen deutlich. In seiner späteren Aussage vor dem Senatsunterausschuß für Postalische Angelegenheiten gab er zu, daß er keine Ahnung hatte, was bei der Spoils Conference vor sich gegangen sei, und er trat gekränkt für die Integrität von Männern ein, die er »meine Freunde« nannte – eine Gruppe raffinierter Geschäftsleute, die sehr wohl nach dem Buchstaben des Gesetzes gehandelt haben mochten, die jedoch hinsichtlich interner Absprachen kaum Unschuldslämmer gewesen sein dürften. Die Kunst, hinter den Kulissen zu verhandeln, war Lindbergh unbekannt, und anstatt sich ausschließlich für Sicherheitsfragen stark zu machen, in denen seine Einschätzung völlig zutreffend gewesen war, setzte er seinen Ruf aufs Spiel und legte sich in einer Angelegenheit, die er anscheinend gar nicht ganz überblickte, mit dem Präsidenten höchstpersönlich an.

Zunächst stellte es sich damals allerdings anders dar. Nach elf Monaten, während derer Franklin D. Roosevelt dem Kongreß und dem ganzen Land seine Programme praktisch ohne jede Opposition hatte aufbürden können, zwang man ihn zum Rückzug – ein Schlag, der »den Mythos von Roosevelts Unantastbarkeit angekratzt« hatte, wie Arthur Schlesinger jr. es in *The Coming of the New Deal* formulierte. Über Nacht sahen die Republikaner in Charles Lindbergh ihren weißen Ritter, ihren Helden, der das Gespenst des Rooseveltismus verjagen würde, wenn man ihn nur dazu bewegen konnte, den Kreuzzug aufzunehmen.[15]

18.
UNBEKANNTES SUBJEKT NR. 5

So wichtig der Erkundungsflug des Jahres 1933 für die Luftfahrt gewesen sein mag, hatte er doch auch der Zerstreuung und Unterhaltung der Lindberghs gedient. Anne war sicher nicht davon ausgegangen, daß sie fünfeinhalb Monate von ihrem kleinen Jon getrennt sein würde, und die kühle Reaktion in den Vereinigten Staaten bei ihrer Rückkehr spiegelte wohl eine gewisse Mißbilligung gegenüber dem Verhalten dieser Eltern wider, die, nachdem sie gerade einen Sohn verloren hatten, anscheinend unbeschwert nach Europa geflogen waren und ihr zweites Kind an seinem ersten Geburtstag allein gelassen hatten.

Charles hatte zwar das Ende der Reise so lang wie möglich hinausgezögert, aber nun mußten sich die Lindberghs den Problemen stellen, die zu Hause auf sie warteten. Am drängendsten blieb die lästige Frage, wo sie wohnen sollten. Charles' Traum war es seit jeher gewesen, sich im Westen oder Mittleren Westen niederzulassen, auf einer Ranch in Montana oder Colorado oder sogar auf einer Farm in Minnesota, in jedem Fall irgendwo weit weg von der ständigen Beobachtung durch die Presse an der Ostküste. Mehr denn je empfand Anne hingegen die Aussicht als bedrückend, »in der tiefsten Provinz« zu leben, wie sie es nannte, weit weg von ihrer Mutter und der Zivilisation, mit der sie aufgewachsen war. Zweifellos wäre sie oft allein zu Haus gewesen – ohne Freunde in der Nähe, während Charles im Dienste der Luftfahrt oder der Wissenschaft interessante Reiseziele anfliegen würde. Diese schwelende Auseinandersetzung wurde jetzt durch das Sicherheitsproblem ganz enorm verkompliziert. Allein konnten sich die Lindberghs die Nachtwächter und die uniformierten Sicherheitsbediensteten nicht leisten, die auf Next Day Hill allgegenwärtig waren, und es war schwer vorstellbar, wie man ein gewöhnliches Landhaus vor kriminellen Eindringlingen schützen sollte.

Vor ihrem Europa-Flug waren Charles und Anne übereingekommen, die praktischste Lösung für ihr Problem wäre eine Hochhauswohnung in der Stadt, weil dort die Portiers sämtliche Besucher überprüften und sie nicht in der Angst leben mußten, daß irgendein Fremder durch ein Fenster eindrang. Also mieteten sie ein möbliertes Penthouse mitten in Manhattan, was sich schon sehr bald zu einer Katastrophe entwickelte. Die Entführung hatte eine Art morbider Neugier der Öffentlichkeit auf Lindy geweckt, und Charles, der den Lärm und die Menschenmassen auf den Straßen ohnehin verabscheute, kam allabendlich schlecht gelaunt nach Hause, weil er sich Belästigungen ausgesetzt fühlte. Anne versuchte währenddessen, an ihrem Buch zu arbeiten, das schließlich unter dem Titel *North to the Orient* veröffentlicht wurde. Außerdem schrieb sie für den *National Geographic* einen ausführlichen Bericht über den Atlantikflug, aber sie war deprimiert und lustlos. Allein schon, sich um Jon zu kümmern, wenn das Kindermädchen seinen freien Tag hatte, empfand sie als eine enorme Strapaze. Die Hunde, die es nicht gewohnt waren, den ganzen Tag eingesperrt zu sein, verrichteten ihr Geschäft auf dem Balkon des Penthouses und pinkelten gegen die Beine des Konzertflügels. Der Vermieter verlangte schon bald eine beträchtliche Mieterhöhung – eine Forderung, die wohl mit den Hunden zu tun hatte –, aber die Lindberghs vermuteten, man verlangte mehr Geld von ihnen, weil sie so berühmt waren, und die Mietforderung lieferte den Anlaß zu ihrem Rückzug in die Sicherheit von Englewood.

Auf Next Day Hill lebte Charles wie ein Besucher, der sein Gastrecht überstrapaziert hatte. Von einigen Angestellten wurde er nach wie vor verehrt, von anderen, wie Jo Graeme, verachtet. Besucher trafen ihn in dieser Zeit oft mit einer Kamera in der Hand an, mit der er ununterbrochen Fotos machte, als wollte er hervorheben, daß er eigentlich nur ein Beobachter war. Die Unfähigkeit, ein sicheres Zuhause für seine Familie zu schaffen, würde den Stolz eines jeden Mannes verletzen, aber diese Situation muß besonders für Lindbergh schwierig gewesen sein, dessen Selbstverständnis von seiner Rolle als Begleiter und Beschützer seiner Mutter geprägt war. Außerdem trug zur Anspannung bei, daß Anne noch ein Kind wollte und verunsichert war, weil sie nicht schwanger wurde, obwohl dies in der Vergangenheit kein Problem gewesen war.

Nach der Auseinandersetzung um die Luftpost drängten einige Bekannte Colonel Lindbergh, in die Politik zu gehen, und versicherten ihm, die Präsidentschaftsnominierung sei ihm sicher. Sogar Alexis Carrel vertraute einem Reporter an, daß er Lindbergh für einen vielversprechenden Kandidaten hielt. Aber Lindbergh, wie immer ohne das geringste Interesse an dem, was er »kleinkarierte Parteipolitik« nannte, zog es vor, sich dem letzten Stadium der Entwicklung von Igor Sikorskys neuestem Hochdecker-Flugboot, der S-42, zu widmen. Lindbergh hatte Sikorsky schon 1931 auf einem Pan-Am-Flug von Miami in die Kanalzone geholfen, die Originalpläne der S-42 zu entwerfen, indem er das grobe Design auf der Rückseite einer Speisekarte der Pan-Am festhielt. Da er von jeher ein Fürsprecher fortgeschrittener Technik war, hatte Lindbergh Sikorsky gedrängt, Neuerungen wie den verstellbaren Propeller und stromlinienförmige Profile mit Senknieten und Triebwerken einzuarbeiten, die in Verschalungen direkt am Flügel saßen. Am 1. August 1934 brachten Lindbergh und die Pan-Am-Testpiloten Ed Musick und Boris Sergievsky die S-42 auf ihren Jungfernflug und brachen während des achtstündigen, 2000 Kilometer langen Probeflugs acht Weltrekorde.

Doch selbst in seine Arbeit für Pan-Am brach die Politik ein. Juan Trippes Bemühungen, einen Luftpostdienst in Europa zu eröffnen, eines der Ziele von Lindberghs Erkundungsflug, scheiterten an Auseinandersetzungen mit ausländischen Luftfahrtgesellschaften, darunter auch Großbritanniens Imperial Airways, die sich weigerten, sich gegenseitige Landerechte zu sichern, solange sie kein Flugzeug besaßen, das es mit der S-42 aufnehmen konnte. Pan-Am und Sikorsky hatten ebenfalls unter den Folgen des Luftpoststreits zu leiden. Obwohl Juan Trippe nicht an der Spoils Conference teilgenommen hatte, betrachtete man Pan-Am als Nutznießer der Vetternwirtschaft, und der Skandal verkomplizierte seine Bemühungen, die Landerechte für Wasserflugzeuge auf Guam und Wake Island für seine geplante transpazifische Luftpostroute zu bekommen. Die Sikorsky Holding war inzwischen von Blacks Senatsausschuß gezwungen worden, sich in drei verschiedene Gesellschaften aufzuspalten (Boeing, United Aircraft und United Airlines). Im bestehenden politischen Klima hatten weder Trippe noch Sikorsky Vorteile von einer allzu engen Verbindung mit Lindbergh zu erwarten. Trippe schätzte ihre persönliche Beziehung, vermied jedoch die direkte Konfrontation, die Charles mit seinem öffentlichen Angriff auf den Präsidenten ausgelöst hatte. Weitere Testflüge der S-42 wie auch die Erkundungsarbeit der Pan-Am im Pazifik übertrug man Musick und anderen.

Während die Lindberghs in Europa waren, hatte Lieutenant Finn seine beharrlichen Nachforschungen bezüglich der Identität seines unbekannten Subjekts Nr. 5 fortgesetzt. Es gab keinen J.J. Faulkner in den Plymouth Apartments an der 149. Straße West, aber eine Überprüfung der Mietverträge und der

Meldebehörde aus den vergangenen 20 Jahren erbrachte, daß das Apartment Nummer 64 von Jane und Jane Emily Faulkner, einer Mutter mit ihrer Tochter, bewohnt worden war. Jane Faulkner war 1923 verstorben. Ihre Tochter hatte danach Carl Osswin Giessler, einen nicht mehr ganz jungen Witwer, geheiratet, dem eine Gärtnerei und ein Samengroßhandel gehörten. 1925 zogen die Giesslers nach Larchmont und vermieteten ihre Wohnung an Janes Onkel, einen älteren Musiker, der im Orchester der Metropolitan Oper spielte. Was den Ermittlungsbeamten verdächtig erschien, war jedoch die Tatsache, daß Giesslers Sohn aus erster Ehe, Carl Donald Giessler, mit Dr. Condons Schwiegersohn Ralph Hacker gemeinsam die HighSchool besucht hatte. Plötzlich stand Condon wieder unter direktem Verdacht. Außerdem begann das FBI, die Post und die Bankgeschäfte der Giesslers zu observieren, und als die verheiratete Tochter von Carl sen., Phyllis Leipold, auf einen Kurzbesuch nach Kanada wollte, wurde ihr Gepäck heimlich durchsucht, bevor sie über die Grenze ging. Als die Giesslers erfuhren, daß sie unter Verdacht standen, waren sie widerspruchslos zur Zusammenarbeit bereit und ließen wiederholt Verhöre über sich ergehen. Nach monatelanger Überprüfung wurde deutlich, daß die Ehrbarkeit der Familie außer Zweifel stand und sie ebenso wie die Polizei dem J.J.-Faulkner-Beleg ratlos gegenüberstanden.

Im August 1933, kurz nachdem NYPD und FBI übereingekommen waren, die Akten dieser Familie zu schließen, schob sich Phyllis' Ehemann Henry Leipold den Lauf einer .22er Büchse in den Mund und drückte ab. Mrs. Leipold erklärte gegenüber Inspector John J. Lyons, Lieutenant Finns Vorgesetztem, ihr Mann sei seit langem gemütskrank und davon überzeugt gewesen, das FBI verfolge ihn wegen eines vor Jahren begangenen Ehebruchs. Aus Angst davor, öffentlich als Verdächtige im Entführungsfall Lindbergh bekannt zu werden, sorgten die Leipolds und Giesslers gemeinsam mit Lyons und dem FBI dafür, daß die Presse nie von dem zweiten Selbstmordopfer der CALNAP-Ermittlungen erfuhr.[1]

Während die Giesslers noch immer unter Verdacht standen, kehrte ein Mitarbeiter aus Finns Team zu den Plymouth Apartments zurück, um mit einigen Angestellten zu sprechen. Während er im Keller auf den Verwalter wartete, fiel dem Detective eine Reihe vernagelter Speiseaufzüge gegenüber der Tür zum Büro des Verwalters auf. Über den Schächten klebten gelbe Namensschilder. Der Schacht direkt gegenüber der Bürotür gehörte zum Apartment Nummer 64. Auf dem Schild, das unter einer Schicht von Ruß und Schmutz gerade noch zu lesen war, stand: »J&J Faulkner.«

Lieutenant Finn, der sich gern seiner Fähigkeit rühmte, sich in die Gedanken eines Verbrechers hineinversetzen zu können, schien es nur logisch, daß derjenige, der die Goldnoten getauscht hatte, nicht das Risiko eingegangen wäre, seinen richtigen Namen zu verwenden. Unerwartet mit der Suche nach einer Unterschrift konfrontiert, könnte ihm sehr wohl ein Name eingefallen sein, den er immer direkt vor Augen hatte, wenn er an seinem Schreibtisch im Kellerbüro saß.

Das NYPD fand bald heraus, daß es sich bei dem Verwalter der Plymouth Apartments zur Zeit der Entführung um einen gewissen Duane William Baker gehandelt hatte. Bis zum Frühjahr 1931, als er von Richard Kretzmer, dem taubstummen Bruder des Besitzers, eingestellt wurde, hatte Baker in einer Pension in Englewood, New Jersey, gewohnt. Die Bewohner der Plymouth Apartments erinnerten sich an Baker als einen unfähigen Verwalter, der im Keller Glücksspiele veranstaltete, sich nachts in seinem Büro mit Frauen amüsierte und alles stahl, »was nicht niet- und nagelfest war«. Doch Richard Kretzmer war ein gutmütiger Mensch und zog keine Konsequenzen aus den Beschwerden der Mieter, bis er im Februar 1932 erfuhr, daß der Verwalter oft gar nicht im

Gebäude war und die Fahrstuhlführer bezahlt hatte, damit sie ihn deckten. Am 5. April 1932, als Kretzmer schon mit dem Gedanken spielte, ihn zu entlassen, erzählte Baker Kretzmer eine Geschichte, nach der seine Frau furchtbar krank sei und operiert werden müsse. Der leichtgläubige Kretzmer gab ihm 25 Dollar. Am nächsten Morgen erschien Baker nicht zur Arbeit, und Kretzmer entdeckte, daß er mit den Mieteinnahmen des laufenden Monats durchgebrannt war.

Zwischen dem 15. April und Ende Mai 1932 zog Baker mindestens fünfmal um, zahlte dabei einmal eine ganze Monatsmiete im voraus, um dann nach vier Tagen zu verschwinden, ohne eine Nachsendeadresse zu hinterlassen. Seine Lebensgefährtin, die von den Plymouth-Mietern als Brünette mit ausländischem Akzent beschrieben wurde und die in sich zurückgezogen gewirkt hatte, verschwand von der Bildfläche. Baker stellte seine Zahlungen für zwei kleine Lebensversicherungen ein, und auch eine Freundin, mit der er sich regelmäßig getroffen hatte, verlor ihn aus den Augen. Als das NYPD ihn schließlich im November 1933 aufspürte, arbeitete Baker als Verwalter in einem Gebäude am Knox Place in der Bronx, nur einen Block weit von der Stelle entfernt, wo der Taxifahrer Joseph Perrone von dem Mann angehalten worden war, der ihm eine Nachricht für Dr. John Condon gegeben hatte.

In dem Augenblick, als Lieutenant Finn Duane Baker sah, als er zum Verhör auf das Revier in der Bronx gebracht wurde, wußte er, daß er nicht Graveyard John vor sich hatte. Dr. Condons Beschreibung war sehr genau gewesen – John war ein »Mittelgewicht« mit braunem Haar, hohen Wangenknochen und mandelförmigen Augen, Baker dagegen blond und blauäugig, trug eine Hornbrille und hatte unverwechselbare Züge – langes schmales Gesicht mit kräftigen Augenbrauen, leicht hervorquellenden Augen, die auf eine Schilddrüsenerkrankung hindeuteten, und eingefallenen Wangen.

Er war deutscher Abstammung, wenn auch in New York geboren, und er sprach akzentfreies Englisch. Seine Handschrift zeigte keinerlei Ähnlichkeit mit der Schrift auf den Erpresserbriefen. Zu Finns Enttäuschung stellten die Experten des NYPD fest, daß sich seine Schrift auch erheblich von der Unterschrift »J.J. Faulkner« unterschied – wenn auch kaum zu verstehen ist, wie man – da die Schriftprobe auf dem Beleg sehr klein war – zu einem abschließenden Ergebnis kommen konnte.

Condon und Joseph Perrone erkannten Duane Baker bei einer Gegenüberstellung nicht wieder, und die Behörden von New Jersey waren nicht gewillt, der Sache mit dem gestohlenen Buick Brougham weiter nachzugehen. Lieutenant Finn hatte keinen Grund mehr, Baker festzuhalten, aber das NYPD ließ ihn weiter beobachten.

In der Zwischenzeit hatten Finns Leute weitere interessante Informationen über das Personal der Plymouth Apartments herausgebracht. Zum Beispiel war am 1. April 1932, dem Tag, bevor die Lindberghs das Lösegeld zahlten, George Maas, der für das Haus Gartenarbeiten erledigte, tot in der Garage hinter seinem Haus in Brooklyn aufgefunden worden. Maas, ein 47jähriger Junggeselle, hatte früher als Gärtner in Carl Giesslers Samengroßhandel gearbeitet. Eine seiner Hauptaufgaben war die Betreuung des Woodland-Friedhofs gewesen. Als man Maas' Leiche entdeckte, lief der Motor seines Wagens, und das Garagentor war geschlossen. Die Polizisten am Tatort hatten den Tod als einen Unglücksfall deklariert, um die Gefühle von Maas' unverheirateten Schwestern zu schonen, aber im Polizeibericht findet sich ein Hinweis darauf, daß es wahrscheinlich Selbstmord gewesen war.

Andere Angestellte der Plymouth Apartments erklärten gegenüber der Polizei, Baker habe vor seinem Verschwinden damit geprahlt, mehr als 5000 Dollar gespart zu haben. Warum, fragte sich Finn, mußte Baker sich dann am 15. April

25 Dollar von Richard Kretzmer geben lassen? Eine naheliegende Erklärung konnte sein, daß die 5000 Dollar aus Lindberghs Lösegeld stammten und er Angst hatte, es auszugeben.

Das NYPD hatte bei der Gegenüberstellung Bakers Fingerabdrücke genommen, und einen Monat später, im Dezember 1933, rief Special Agent Thomas Sisk vom FBI bei Finn an, um ihm zu melden, daß Baker, dessen richtiger Name Duane William Bacon war, in New Jersey, Upstate New York und Boston, Massachussetts, lange Vorstrafenregister hatte, hauptsächlich wegen schwerer Diebstähle. 1924 war er, nachdem er in Boston gegen die Bewährungsauflagen verstoßen hatte, in New York City verhaftet worden, hatte jedoch entkommen können, bevor man ihn belangen konnte. Einige Monate später, jetzt als Duane Baker, hatte er eine Stelle als Chauffeur für die Firma Armour & Co. gefunden. Ein Polizeibeamter wurde darauf angesetzt, die Personalakten von Armour & Co. durchzugehen, und fand bald heraus, daß den Job, für den Baker eingestellt worden war, vorher Charles Henry Ellerson ausgeführt hatte, der Mann, der Betty Gow am Tag der Entführung nach Hopewell gefahren hatte.

Diese Verbindung zwischen Baker und Ellerson kam endlich Colonel Schwarzkopf und seinen Leuten zu Ohren. Es gab allerdings noch keinen Beweis dafür, daß die beiden Männer einander tatsächlich kannten. Sie hatten in verschiedenen Pensionen zwei Blocks entfernt voneinander in einer der schäbigeren Gegenden von Englewood gewohnt. Ellerson war ein Spieler. Baker, der seine Stellung bei Armour & Co. nicht lange behielt, ging bald dazu über, seinen Lebensunterhalt mit der Veranstaltung von Glücksspielen zu verdienen. Die Kette der Zufälle, welche die Plymouth Apartments mit der Entführung in Zusammenhang brachte, machte jedoch langsam einen Sinn: Ellerson könnte Baker und Graveyard John einen Tip gegeben und dann den ganzen Abend trinkenderweise vor Dutzenden von Zeugen im »Sha-Toe« verbracht haben, während die beiden in Hopewell das Lindbergh-Baby entführten. Dieses Szenario war denkbar, aber es fanden sich keine greifbaren Beweise dafür. Sicher war, daß keiner von beiden den Erpresserbrief geschrieben hatte. Und ebensowenig paßte auf sie die Beschreibung von Graveyard John, der das Risiko eingegangen war, mit Condon zu verhandeln.

Inzwischen hatte Ellerson die Stadt verlassen, und seine Mutter, die in Englewood in einer Hutmacherei arbeitete, gab vor, keine Ahnung zu haben, wo er war. Darüber hinaus waren die Angestellten, die ihn am besten gekannt hatten, nicht mehr auf Next Day Hill. Violet Sharpe lebte nicht mehr, und Margaret Junge, die in derselben Pension wie Ellerson gewohnt hatte, war mit ihrem Mann nach Hamburg zurückgekehrt.

Norman Schwarzkopf interessierte sich seit neuestem für eine Erfindung, die sich »Lügendetektor« nannte und damals gerade als Hilfsmittel bei Ermittlungen eingeführt wurde. Im Januar 1934 bat er Colonel Lindbergh, seine Schwiegermutter dazu zu überreden, daß sie der State Police erlaubte, das Personal auf Next Day Hill einem Lügendetektortest zu unterziehen. Doch Lindbergh befand sich in einer schwierigen Situation. Die ausgedehnte Europa-Reise war für Anne hart gewesen, und Mrs. Morrow war erneut von schlechten Nachrichten über Elisabeths Gesundheitszustand beunruhigt. Die Ärzte hatten Elisabeth geraten, sie solle der Kälte und Feuchtigkeit in Wales entfliehen und 18 ruhige Monate in wärmerem Klima verbringen. Davon abgesehen war Lindbergh ein Mann von festen, wenn auch etwas exzentrischen Prinzipien und einem ausgeprägten Gewissen. In einem Brief an Jerry Land im Dezember 1932 klagte er sogar, sein Gewissen erlaube es ihm nicht, seine persönlichen Briefe von einer Sekretärin schreiben zu lassen! Zwar hatte er sich nicht öffentlich zu den Selbstmorden von Violet Sharpe und Henry Leipold geäußert, aber sie dürften ihn belastet haben. Jedenfalls wies er Schwarzkopfs Ansinnen zurück und flüchtete sich in Dr. Shoenfelds Theorien, daß es keine Verschwörung gegeben habe – Graveyard John hätte allein gehandelt.

Nachdem die Polizei in den Ermittlungen gegen Ellerson an einem toten Punkt angelangt war, kam man überein, Duane Baker zur weiteren Befragung heranzuziehen, und es ist anzunehmen, daß seine Wohnung am Knox Place rund um die Uhr diskret beschattet wurde. Am 15. Januar 1934 machte Baker seine Runde im Gebäude und sammelte die Mieten ein. Viele Mieter zahlten bar, und abends trug er einige hundert Dollar in der Tasche. Am nächsten Morgen wachten die Mieter in kalten Wohnungen auf und wunderten sich, wieso der Verwalter nicht geheizt hatte. Baker war über Nacht verschwunden – spurlos und für immer.

Duane Bakers Verschwinden war ein schwerer Rückschlag für Lieutenant Finn. Glücklicherweise kam er Graveyard John selbst auf die Spur. Am 26. November 1933 besuchte ein Mann, der Condons Beschreibung von »John« entsprach, eine Vorstellung des Films *Broadway Through a Keyhole* nach dem Drehbuch von Walter Winchell im Kino am Sheridan Square in Greenwich Village, wobei er sein 55-Cent-Ticket mit einem achtmal gefalteten Fünf-Dollar-Goldschein bezahlte. Die Angestellte Cecile Barr bekam ansonsten nicht mehr allzu viele dieser Banknoten zu Gesicht. Der Umtausch war so ungewöhnlich, daß sie später sicher war, sie würde den Mann wiedererkennen.

Im Frühjahr 1934 wurde deutlich, daß »John« die Fünf-Dollar-Scheine aus dem Lösegeld ausgingen und er zu größeren Scheinen überging. In den 30er Jahren, als man ein vollständiges Menü für weniger als einen Dollar bekommen konnte, waren Verkäufer geneigt, sich einen unbekannten Kunden ein zweites Mal anzusehen, wenn dieser einen 20-Dollar-Schein gewechselt haben wollte. Auf Leigh Mattesons

Vorschlag hin gab Finn ein Rundschreiben heraus, in dem er Tankwarte darum bat, die Kennzeichen von Kunden zu notieren, die ihre Benzinrechnung mit Goldscheinen beglichen. Diese Strategie zahlte sich schließlich aus. Am 15. September tankte ein Mann mit einem blauen 1930er Dodge Sedan an einer Tankstelle an der Upper East Side von Manhattan für einen Betrag von 98 Cents und zahlte mit einem 20-Dollar-Goldschein aus dem Lösegeld der Lindberghs. Pflichtbewußt notierte der Tankwart die Nummer vorn auf dem Schein. Fünf Tage später, nachdem ein Kassierer der Federal Reserve Bank den Schein identifiziert hatte, holte die Polizei den Besitzer des Wagens, Bruno Richard Hauptmann, ab, einen glattrasierten, mandeläugigen Mann, der aus Kamenz in Deutschland stammte.

Lieutenant Finn befand sich im Schlafzimmer von Hauptmanns Wohnung im ersten Stock eines allein stehenden Hauses an der 222. Straße in der Bronx, als die Frau des Verdächtigen nach Hause kam und ihren Mann in Handschellen auf der Bettkante sitzen sah.

»Hast du was angestellt?« schrie Anna Hauptmann.

»Nein, Anna«, antwortete Bruno auf deutsch. »Es geht um ein Problem beim Glücksspiel.«

Einer der anwesenden Beamten sprach deutsch, und dieser Wortwechsel kam ihm irgendwie verdächtig vor. Lieutenant Finn stimmte ihm zu, besonders als er erfuhr, daß Hauptmann nicht als Spieler bekannt war.[2]

Als Bruno Hauptmann in Gewahrsam genommen wurde, hatte er einen 20-Dollar-Schein aus dem Lösegeld in der Tasche, achtmal gefaltet. Bei einer Durchsuchung der angrenzenden Garage entdeckte das FBI weitere 14 570 Dollar aus dem Lösegeld, dazu eine 25-mm-Pistole mit einem Perlmuttgriff. J. Edgar Hoover nahm den nächsten Zug nach New York, wo er eine Pressekonferenz abhielt und den Erfolg für sich in Anspruch nahm.

Anfangs war Hauptmann ungemein redselig, erzählte den Vernehmungsbeamten Geschichten, wie er heldenhaft mehrere Leben gerettet hatte, das eines Schulkameraden in Kamenz, der in einen Steinbruch gefallen war, dann das eines Maschinengewehrschützen an der Front im Ersten Weltkrieg und so weiter. Im Vertrauen erklärte er, ihm sei das Lösegeld zur Aufbewahrung anvertraut worden, und zwar von seinem Freund Isidore Fisch, der kürzlich in einem Krankenhaus in Leipzig an Tuberkulose gestorben sei.

Zwei Tage später wurde Hauptmann in seiner Zelle an einen Stuhl gefesselt und von unbekannten Polizeibeamten zusammengeschlagen. Danach hatte er ein Gespräch mit dem FBI-Agenten Leon Turrou. »Wenn ich gestehe, würde man mich dann schonen?« wollte er wissen. Turrou antwortete, Colonel Schwarzkopf treffe hier die Entscheidungen. »Ich trau' ihm nicht«, antwortete Hauptmann. Von diesem Moment an verweigerte er jede weitere Aussage.

Dr. Shoenfeld, der in seinem Profil davor gewarnt hatte, daß sich Graveyard John bei extremer Belastung in einen Mutismus (psychisch bedingte Stummheit, A.d.Ü.) flüchten würde, war überzeugt davon, daß er ihm ein Geständnis hätte entlocken können. Als Leigh Matteson Lieutenant Finn fragte, wieso man Shoenfeld bei dem Verhör nicht hinzugezogen habe, gab Finn unwirsch zurück: »Ich bin hier nur Gehaltsempfänger, genau wie Sie, aber ich habe mehr Chefs als Sie. Meine Chefs haben mir gesagt: Nichts darf die Anklage gegen diesen Mann gefährden. Sie und der Doc sind uns eine große Hilfe gewesen, aber das zählt jetzt nicht. Unser Job ist es, dafür zu sorgen, daß dieser Affe verurteilt wird und schmort. Ihr Jungs meint, er ist verrückt und sollte zur Beobachtung in die Klapsmühle eingeliefert werden. Und deshalb haben Sie die Chance nicht bekommen, die Sie wollten.«[3]

Charles und Anne Lindbergh weilten auf Will Rodgers' Ranch in Santa Monica, Kalifornien, als sie von der Verhaftung erfuhren. Anne war in keiner Weise erleichtert. Im Gegenteil – sie war entsetzt. »Jetzt fängt alles wieder von vorn an!« rief sie.

Charles dagegen schöpfte nun neue Kraft. Obwohl eigentlich keine Notwendigkeit bestand, flogen Anne und er zurück an die Ostküste, damit er in der Bronx vor einer Grand Jury aussagen konnte, die Vorbereitungen traf, gegen Hauptmann Anklage wegen Erpressung zu erheben. (Der Entschluß des für die Bronx zuständigen Bezirksstaatsanwalts Samuel Foley, auf eine Anklage zu drängen, bevor man Hauptmann nach New Jersey überführte, war nicht gerade ein Ausdruck des Vertrauens in den Generalstaatsanwalt von Jersey; sollten die Geschworenen in New Jersey nämlich Hauptmann nicht der Entführung oder des Mordes schuldig sprechen, konnte man ihn immer noch in New York verurteilen.) Nachdem Lindbergh der Grand Jury beschrieben hatte, wie er in Al Reichs Wagen vor dem St. Raymond's-Friedhof gesessen und gehört hatte, wie Graveyard John Condon zurief: »Hey, Doktor! Hier drüben!«, fragte der Bezirksstaatsanwalt Foley, ob er sich in der Lage sehe, diese Stimme zu identifizieren, wenn er sie höre. »Das wäre schwierig«, antwortete Lindbergh.

Mittlerweile war Dr. Condon, nachdem er Hauptmann bei einer Gegenüberstellung erkannt hatte, seltsam ausweichend geworden und bestand darauf, er würde »die Identifikation erst bestätigen«, wenn er im Hauptmann-Prozeß als Zeuge vereidigt sei. Condon sagte später, er habe befürchtet, man werde Hauptmann lynchen, sobald bekannt sei, daß er ihn identifiziert hatte. Die Polizei vermutete, daß der betagte Pädagoge einfach nur den Augenblick im Scheinwerferlicht genießen und ihnen den Kummer heimzahlen wollte, den sie ihm in den letzten zwei Jahren bereitet hatten. Die Möglichkeit, daß Condon schlicht nicht sicher war, ob es sich bei

Hauptmann um den Richtigen handelte, läßt sich ebenfalls nicht ausschließen, wahrscheinlicher jedoch ist, daß er eine Art Versicherungspolice darin sah, seine Identifikation zurückzuhalten. Die Polizei unternahm zahllose Versuche, ihn mit der Sache in Verbindung zu bringen, und es gab keinerlei Garantie, daß Hauptmann nicht unter Druck gestehen und versuchen würde, einen Handel zu machen, indem er Condon als seinen Komplizen nannte.

Jedenfalls wurde Charles Lindberghs Aussage durch Condons Unberechenbarkeit potentiell wichtig. Norman Schwarzkopf und Inspector Lyons vom NYPD beschlossen, einen Test durchzuführen. Am Tag nach Lindberghs Aussage vor der Grand Jury wurde Hauptmann in Foleys Büro einer Gruppe von Bundes- und Staatsagenten vorgeführt und aufgefordert, die Worte zu rufen, die Graveyard John in der Nacht der Lösegeldübergabe gerufen hatte. Lindbergh, »verkleidet« mit einer Sonnenbrille, saß unter den Detectives. Nach der Demonstration erklärte Lindbergh gegenüber Schwarzkopf, er sei bereit, zu schwören, daß er denselben Mann vor dem St.-Raymond's-Friedhof gehört habe. Charles Lindbergh konnte einen Fehler offen zugeben, und es ist schwer vorstellbar, daß er in einer derart wichtigen Angelegenheit bewußt einen Meineid geleistet haben sollte. Dennoch fragten sich einige der anwesenden Beamte, ob Lindbergh sich in seinem Eifer, der Anklage zu Diensten zu sein, nicht etwas vormachte.[4]

Für Lieutenant Finn waren die Ermittlungen keineswegs beendet. Anna Hauptmann, die nach der Verhaftung ihres Mannes auf dem Polizeirevier vernommen wurde, sagte, sie könne sich nicht genau erinnern, was sie und ihr Mann am Abend des 1. März 1932 gemacht hätten (»Wer weiß das schon, wenn etwas so lange her ist?«), aber sie blieb dabei, daß Richard, wie sie ihn nannte, ein anständiger Mensch und ein guter Ehemann sei. Finn vermutete, daß Mrs. Hauptmann, wenn sie nicht selbst in das Verbrechen verwickelt war, dann zumindest sehr wohl wußte, daß Richard nicht ganz so mustergültig war, wie sie ihn darstellte. Jedenfalls fand er bald heraus, daß Schwarzkopf und die Staatanwaltschaft von New Jersey mit Anna Hauptmann so wenig wie möglich zu tun haben wollten. Mrs. Hauptmann war nicht vorbestraft, ging regelmäßig in die Kirche, war die Mutter eines elf Monate alten Sohnes und eine höchst impulsive Person. Noch tief erschüttert vom Skandal um Violet Sharpe, wollte man der Presse keinen Anlaß geben, Anna Hauptmann als ein Opfer von brutalen Polizeimethoden darzustellen.

Wie Finn ging auch das FBI davon aus, daß der nächste Schritt in den Ermittlungen die Suche nach Hauptmanns Mitverschwörern sein müsse. Vier Tage nach der Festnahme zitierte die Associated Press ungenannte »hochrangige Offizielle« im Justizministerium, nach deren Aussage das FBI noch immer einen Komplizen suche, »einen weiteren Mann, dessen Verbindung zu diesem Fall von einem Geheimnis umgeben ist«.[5] FBI-Agenten, die daran gearbeitet hatten, erklärten den Reportern inoffiziell, eigentlich seien sogar zwei weitere Männer in den Fall verwickelt gewesen.

Einige Tage später erklärte Arthur Keaten einem Bundesagenten, das New Yorker Büro des FBI und Lieutenant Finn sähen die Dinge einfach nicht realistisch. Die Öffentlichkeit fordere eine zügige Verurteilung, und es könne keinen Zweifel daran geben, daß es sich bei Hauptmann um die zentrale Figur handele. Er sei derjenige, der das Lösegeld von Condon in Empfang genommen habe, und unabhängige Schriftexperten bestätigten, daß er außerdem jeden einzelnen der Erpresserbriefe geschrieben habe.

Paradoxerweise war der Versuch, ihn auf den elektrischen Stuhl zu bringen, durch die Suche nach Hauptmanns Komplizen möglicherweise tatsächlich gefährdet. Kidnapping war in New Jersey erst seit März 1932 ein Kapitalverbrechen.

Daher konnte Hauptmann des Mordes angeklagt werden. Theoretisch waren, wenn in Ausübung eines schweren Verbrechens jemand zu Tode kam, alle Beteiligten gleichermaßen schuldig und wurden zum Tode verurteilt. Aber das Gesetz in New Jersey erlaubte es den Geschworenen auch, Gnade walten zu lassen, und wenn sie sich mehreren Angeklagten gegenübersahen, von denen jeder einen anderen belastete, konnte die Jury unberechenbar werden.

David Wilentz, der Generalstaatsanwalt von New Jersey, stand vor einem weiteren Problem, das seine Strategie verkomplizierte. Die Grenze zwischen den Counties Hunterdon und Mercer verlief im Zickzack quer über das Grundstück von Hopewell. Das Haus lag im Hunterdon County, aber der Großteil der Featherbed Lane (wie auch die Stelle, an der man die Leiche gefunden hatte) gehörte zum Mercer County. Wilentz hielt das ländliche Hunterdon County für den geeigneteren Verhandlungsort. Daher behauptete er, Charles Lindbergh jr. sei in direkter Nähe des Hauses gestorben. Da niemand einen Schuß gehört hatte und keine Kugel gefunden worden war, beschloß Wilentz, den Fall auf der Theorie aufzubauen, der Tod des Lindbergh-Babys müsse ein Unfall gewesen sein. Am 8. Oktober erklärte eine Grand Jury im Hunterdon County, Hauptmann habe das schlafende, 20 Monate alte Kind in einen Leinensack gesteckt und sei mit dem Sack unter dem Arm vom Fenster des Kinderzimmers rückwärts die Leiter hinuntergestiegen. Als eine Sprosse der nachlässig zusammengezimmerten Leiter unter dem zusätzlichen Gewicht des Kindes brach, ließ Hauptmann den Sack los. Das Baby fiel kopfüber auf die Steinplatten am Boden und starb noch dort an einem Schädelbruch. Vermutlich nahm Hauptmann das tote Baby, zog die Leiter dann 25 Meter weit bis zum Rand des Waldes und flüchtete über die Featherbed Lane. Weiterhin stammte – Wilentz nach zu urteilen – das runde Loch im Schädel des Babys nicht von einer Kugel, wie

Dr. Mitchell nach der Obduktion angenommen hatte. Es war an dem Tag entstanden, als man die Leiche entdeckte, indem Inspector Harry Walsh versehentlich einen Stock durch den Schädel trieb, als er versuchte, das Unterhemd des Kindes zu entfernen.

Wilentz' Theorie konnte die Experten damals wie heute nicht überzeugen. Bei einer Untersuchung der Obduktionsergebnisse in einem Artikel des *Journal of Forensic Science* vom Oktober 1983 kam Dr. Michael M. Baden zu dem Schluß, Dr. Mitchells Bericht sei derart vage gehalten, daß es eigentlich keine Möglichkeit gebe, exakt festzustellen, wie das Lindbergh-Baby umgekommen sei. Dr. Baden listete mehrere Möglichkeiten auf, unter anderem den Tod durch Ersticken, einen heftigen Schlag auf den Kopf und eine kleinkalibrige Schußwunde. Er glaubte nicht, daß das kleine Loch von Inspector Walshs Stock stammte. (Wahrscheinlicher ist, daß Walsh den Stock versehentlich in ein bereits vorhandenes Loch im Schädel des Babys geschoben hatte.)

Nachdem die Polizei sie am Abend nach Brunos Verhaftung gehen ließ, suchte Anna Hauptmann umgehend Rat bei Harry Whitney, dem Ex-Mann ihrer Cousine, einem Vertreter für Künstlerbedarf aus Queens. Whitney, der zum dritten Mal verheiratet und – wie es schien – vor dem Gesetz nie geschieden war, besaß Kontakte zur Justiz in Brooklyn und arrangierte, daß Bruno Hauptmann von James Fawcett vertreten wurde, einem Verteidiger, der in der Court Street am ehesten für seine violetten Samtanzüge bekannt war. Fawcett und Whitney, der eigentlich Harold Weisensee hieß, richteten im Zimmer 1101 des Pennsylvania Hotels in Manhattan ein Büro ein und begannen dort, die kommerzielle Verwertung zu planen. Einmal versuchte Whitney sogar, der *Herald Tribune* für 450 000 Dollar eine erstaunliche »neue Spur« in dem Fall zu verkaufen. Die Entführung sei, so behauptete er, von einem »schwulen Modedesigner« verübt worden, der später aus einer Pension in Chelsea verschwunden sei, nachdem er einer Freundin einen Brief geschrieben hatte, in dem stand: »Dr. Condon sucht mich.« Als die Frau, an die der Brief gerichtet war, von einem Detective aus New Jersey aufgespürt wurde, sagte sie, es habe sich um einen Scherz gehandelt. Außerdem sei der Modedesigner auch nicht verschwunden, sondern einfach die letzte Monatsmiete schuldig geblieben.[6]

Am 31. Oktober besuchten Anna Hauptmann und James Fawcett ihren Mann im Gefängnis des Hunterdon County Courthouse. Danach geriet sie mit dem Anwalt auf den Stufen des Gerichtsgebäudes in einen wütenden Streit. Bei einer eidesstattlichen Aussage erklärte Mrs. Hauptmann 1935, Fawcett habe sie gedrängt, einen Vertrag zu unterschreiben, der ihm als Manager in den nächsten 25 Jahren 25 Prozent ihrer Einnahmen sicherte. Nach Fawcetts Darstellung fing der Ärger an, weil er seinem Klienten geraten hatte, auf geistige Unzurechnungsfähigkeit zu plädieren. Am nächsten Tag, als Anna in den Zug zurück nach New York stieg, sprach sie ein Reporter von Hearsts New Yorker Zeitung *American* an. »Um Himmels willen, Mrs. Hauptmann, wenn Sie Richard retten wollen, schaffen Sie sich Fawcett vom Hals«, drängte er. Nur allzu bereitwillig stimmte sie zu und unterschrieb schon bald einen Vertrag, in dem sie dem *American* exklusiv die Rechte an allen Interviews zusicherte. Im Gegenzug wollte die Zeitung dem gefeierten Strafverteidiger Edward J. (»Big Ed«) Reilly einen Vorschuß auf sein Honorar zahlen.[7]

Am 6. Januar 1935, am Vorabend des Prozesses, veröffentlichte der New Yorker *Daily Mirror*, ebenfalls ein Blatt der Hearst-Gruppe, einen Artikel, in dem stand, Reilly habe ursprünglich die Absicht gehabt, seine Verteidigung auf Hauptmanns Aussage zu stützen, daß eine andere Person, die bisher in der Öffentlichkeit nicht namentlich genannt worden sei, das Lindbergh-Baby getötet habe. Als er dies hörte, rief Richter Thomas Trenchard Reilly in sein Arbeitszimmer und warnte ihn, falls Hauptmann einen Komplizen nennen sollte, müsse er das Verfahren sofort vertagen. »Danach kann der Prozeß erst weitergehen, wenn diese Person vor Gericht erscheint.« Hauptmann konnte die Schuld leicht auf einen abwesenden Komplizen schieben, aber wenn sich diese Person tatsächlich im Gewahrsam befände, hätte sie sich leicht auf einen Handel mit dem Staat einlassen und gegen Hauptmann aussagen können. Reilly kam offenbar zu dem Schluß, daß es die Sache nicht wert wäre, dieses Risiko einzugehen.

Man sollte annehmen, daß Charles Lindbergh daran interessiert gewesen wäre, für die Identifizierung und Verurteilung aller an der Entführung beteiligten Personen zu sorgen. Doch Lindbergh hatte schon im November 1932 bereitwillig Dr. Shoenfelds Theorie von einem Einzelgänger akzeptiert. Inzwischen hatten sich viele der Vorhersagen Shoenfelds in geradezu unheimlichem Maße als zutreffend erwiesen, und der Ankläger berief sich, wenn auch aus ganz anderen Gründen, auf einzelne Aspekte von Shoenfelds Arbeit.

So akzeptabel die Einzeltäter-Theorie für die Familie gewesen sein mag, sie wurde von Juristen und Journalisten, die der Entwicklung des Falles folgten, weitgehend als unglaubwürdig abgetan, und in Trenton ging das Gerücht, Schwarzkopf selbst sei keineswegs davon überzeugt und hoffe, später gegen Hauptmanns Komplizen vorgehen zu können.

Lindbergh verließ sich mittlerweile voll und ganz auf das Urteil des barschen, freimütigen West Pointers, und im Verlauf des Prozesses wurden die beiden Männer unzertrennlich, fuhren jeden Morgen zusammen nach Hunterdon – und einmal hielten sie sogar an, um einem der Verteidiger zu helfen, dessen Wagen von der vereisten Straße in einen Graben gerutscht war. Es wäre interessant zu wissen, ob Schwarzkopf

Lindbergh gegenüber angedeutet hat, daß dieser Prozeß das Interesse des Staates an dem Fall möglicherweise nicht abschließend befriedigen könne. Es war aber ebenso möglich, daß die Beweise zu diesem Zeitpunkt nur gegen Hauptmann von Belang waren. Obwohl die Verhandlung in einer ländlichen Gegend stattfand, erwartete man große Menschenmengen, und es hatte Drohungen sowohl gegen den Angeklagten als auch gegen seine Ankläger gegeben. Das alles konnte zur Folge haben, daß die Gerechtigkeit nicht ihren Lauf würde nehmen können.

19. FAST SOWEIT, HITLER EIN TELEGRAMM ZU SCHICKEN

In den 20er Jahren war der Hunger der amerikanischen Öffentlichkeit nach Helden unersättlich. Ein Jahrzehnt später waren Helden passé und das Land verrückt nach Kindern. Eine sechsjährige Steptänzerin namens Shirley Temple wurde ein großer Filmstar, Little Orphan Annie die Königin der Witzseiten. Der Streit um die Vormundschaft für Gloria Vanderbilt, das ultimative »arme, kleine, reiche Mädchen«, sollte zum Skandal der Dekade werden, und die Dionne-Fünflinge, die im Mai 1934 zur Welt kamen, wurden von der kanadischen Regierung wie ein Nationalheiligtum gehütet, aus der Obhut ihrer Eltern in eine speziell gebaute Siedlung gegeben, wo Touristen ihnen beim Spielen zusehen konnten. Die Gründe für diese Epidemie von »Kindermanie« sind nicht allzu schwer nachzuvollziehen. Millionen arbeitsloser Männer kämpften darum, ihre Familien zusammenzuhalten, und eine ganze Generation junger Erwachsener hatte ihre Eheschließung verschoben, oft genug, um den Eltern in der finanziellen Misere beizustehen.

Mehr als jede andere Geschichte dieser Zeit sprach die Entführung des Lindbergh-Babys die tiefliegendsten Ängste der Depressions-Generation an. Wenn schon die Lindberghs – mutig, gutaussehend, reich und berühmt – nicht verhindern konnten, daß ihr erstgeborenes Kind aus der Wiege entführt wurde, welche Familie – egal, wo – sollte dann noch sicher sein? Wenn auch ein Großteil der Faszination für die Details des Verbrechens nackter Voyeurismus war (und ist), hat diese

Entführung ihre Spuren in der Psyche der Nation hinterlassen. Ein Junge, der Ende der 20er oder Anfang der 30er Jahre geboren war, stellte sich in einer entsprechenden Situation nicht nur vor, er wäre adoptiert; er hegte insgeheim den Verdacht, er könne das »wahre« Lindbergh-Baby sein. Für andere trugen Schreckgespenster für immer und ewig das Gesicht des Lindbergh-Entführers. Der Autor Maurice Sendak, der zugibt, sein Leben lang von diesem Fall betroffen gewesen zu sein, schrieb: »Meine Bücher handeln eigentlich allesamt von der Lindbergh-Entführung.«[1]

John Schenk, der junge Bürgermeister von Flemington, New Jersey, hatte sich leidenschaftlich dafür eingesetzt, daß Bruno Richard Hauptmann in Hunterdon County der Prozeß gemacht werden sollte. Er glaubte, dieses Verfahren könne den ortsansässigen Geschäftsleuten von Nutzen sein und die malerische Landgemeinde weithin bekannt machen. In beiden Fällen sollte er mehr als recht behalten. Am Eröffnungstag fiel eine Menge von an die 100 000 Menschen in das ehemals friedliche Dorf ein. Das Union Hotel gegenüber dem 100 Jahre alten Gerichtsgebäude war für Monate ausgebucht, Zimmer in Privathäusern wurden zu horrenden Preisen vermietet. Erfrischungshallen und Schnellrestaurants am Ort hatten »Lindbergh-Eisbecher« und Gerichte mit so geschmackvollen Namen wie »Hauptmann-Pudding« im Angebot. Der Geist des Kommerzes erfaßte sogar die Kinder Flemingtons. Ein Grundschüler machte gute Geschäfte, indem er für einen Vierteldollar Miniatur-Entführungsleitern verkaufte, und mindestens zwei weitere boten »echte« Locken vom Haar des Lindbergh-Babys an.

Theoretisch waren Fotografen aus dem Gerichtssaal verbannt, aber Sheriff John Curtiss hatte mit fünf Wochenschaugesellschaften, darunter Fox Movietone News und Pathé, Vereinbarungen getroffen, die ihnen erlaubten, den

Prozeß zu filmen, unter der Voraussetzung, daß keine Bilder veröffentlicht würden, bevor das Urteil feststand. Eine Kamera hatte man in eine Wanduhr eingearbeitet, aber die zweite – »versteckt« unter einer großen Holzkiste auf dem Geländer des Balkons – war unmöglich zu übersehen, und durch die helleren Glühbirnen in der Beleuchtungsanlage wurde es im überfüllten Saal trotz frostiger Januartemperaturen reichlich drückend. Trotz dieser deutlichen Zeichen protestierten später, als die Bilder der Zeugenaussagen noch vor Ende des Prozesses in Kinos gezeigt wurden, Richter Trenchard und Anwälte beider Seiten empört und beteuerten, die Kameras seien ihnen nicht aufgefallen.

Erdrückt von mehr als 50 000 Kartengrüßen aus so weit entfernten Ländern wie Deutschland, den Philippinen und China, hatte Sheriff Curtiss den Entschluß gefaßt, Passierscheine nur an die Presse und die Anwaltschaft auszugeben und ansonsten diejenigen, die zuerst kamen, auch zuerst hereinzulassen. Am 5. Januar 1935, dem Tag, an dem die ersten Zeugen gehört werden sollten, standen die Menschen schon vor dem Morgengrauen Schlange, aber als die Türen zum Gericht geöffnet wurden, war das Geschiebe und Gedränge auf den engen Fluren so chaotisch, daß kräftige Justizbeamte einfach wahllos einzelne Zuschauer aus der Menge herauspickten. Der Ruf eines Gerichtsdieners nach »hageren Herren und schlanken Damen« für die letzten freien Plätze auf den Bänken löste beinah einen Aufstand aus, als diejenigen, auf die solche Qualitäten nicht zutrafen, erhitzt dagegen protestierten, daß man sie übergehen wollte.

Im Saal selbst verschlug es Grace Noble vom London Newspaper Service die Sprache, als sie das großspurige Auftreten der Anwälte und das ungebührliche Benehmen der Zuschauer beobachtete, die Essenspakete auspackten, lachten und sogar applaudierten, als Colonel Lindbergh und Norman Schwarzkopf ihre Plätze direkt hinter dem Tisch der

Anklage einnahmen. »Meine Güte, das ist eher ein Cricketmatch als ein Prozeß«, bemerkte Noble gegenüber amerikanischen Kollegen.

Eine erstaunlich große Anzahl derer, die um Sitzplätze kämpften, waren wohlhabende Leute. Eine Dame der Schickeria vom Tuxedo Park traf noch vor Morgengrauen in einem Rolls-Royce mit Chauffeur ein, um sich einen der vorderen Plätze in der Schlange zu sichern. Die Schauspielerin Lynn Fontanne erschien in einem Leopardenfellmantel. Der Komiker Jack Benny, der Schauspieler Clifton Webb und die Schlagersängerin Helen Morgan fanden sich regelmäßig auf den Stehplätzen ein, die sie sich mit bekannten Mafiosi aus New York und New Jersey teilten.[2]

»Man hält es für schick, zum Hauptmann-Prozeß zu gehen«, bemerkte die Schriftstellerin Edna Ferber. »Ein Nerzmantel, einer dieser Kosakenhüte, das Wort ›göttlich‹ in deinem Vokabular, und da haben wir dich schon, eine Frau, bereit für einen Tag in Flemington … All die Nerze sagten den Mänteln aus der Saville Row, den dicken, burgunderfarbenen Schals: ›Hal-lo, meine Liebe. Wie geht es dir? Ist das nicht göttlich? Ist es nicht wundervoll?‹«[3]

Es lag etwas Heuchlerisches in solchen kritischen Äußerungen. Viele, die diese unschöne Faszination der Menge für die Tragödie einer fremden Familie verdammten, waren selbst wie hypnotisiert. Die *New York Times*, die Edna Ferbers beißende Kommentare druckte, widmete dem Prozeß mehr Worte als jedes Revolverblatt. Die *Herald Tribune*, in der Ausführlichkeit ihrer Berichterstattung nur wenig gemäßigter, erwartete von seinem Chefkorrespondenten Joe Alsop 10 000 Worte täglich. H.L. Mencken nannte den Prozeß sarkastisch »das wichtigste Ereignis seit der Auferstehung Christi«. Die *Daily News* hatten klugerweise ihre besten Sportreporter geschickt. Der Literaturpapst Ford Madox Ford schrieb für Associated Press und schien einem vollkommen anderen Ereignis beizuwohnen. Er verglich die Atmosphäre im Gerichtssaal mit der Westminster Abbey am Tage der Krönung von George V.

Anfangs sprach die Presse vom »Lindbergh-Entführungs-Prozeß«, und alle Blicke waren auf die trauernden Eltern des Opfers gerichtet. Zuschauer weinten hemmungslos, als Anne Lindbergh – blaß und nervös, wenn auch ungewöhnlich elegant in einem Seidenkostüm mit Blaufuchsbesatz und flachem, schwarzem Hut – den Augenblick beschrieb, als Betty Gow ihr gesagt hatte, ihr Baby läge nicht in seiner Wiege.

Charles Lindberghs weitschweifige Aussage war aus einem anderen Grund fesselnd. Einige Zuschauer hatten bemerkt, daß er unter seinem Jackett einen .38er Revolver im Schulterholster trug. Auf den Gängen raunte man sich zu, Lindbergh wolle die Gerechtigkeit selbst in die Hand nehmen, obwohl – wie Jimmy Cannon vom New Yorker *American* anmerkte – Lindbergh eher aussah, als wollte er seine Waffe gegen die unverschämten Zuschauer richten. In Wahrheit war Lindbergh auf eine Anregung Norman Schwarzkopfs hin bewaffnet, da dieser ein Attentat befürchtete.

Gegen Ende der ersten Woche jedoch erregte Colonel Lindberghs tägliches Erscheinen im Gericht nur noch wenig Aufsehen. »Seltsamerweise – unerwarteterweise«, wie ein Reporter von AP bemerkte, »findet Lindbergh keinerlei Beachtung mehr ... Nur wenige nehmen ihn wahr, noch weniger starren zu ihm hinüber.« Als Anne Lindbergh gegen Ende des Verfahrens wieder nach Flemington kam, um ihre Mutter, die als Leumundszeugin für die verstorbene Violet Sharpe aussagen sollte, moralisch zu unterstützen, wurden die beiden Frauen durch einen Seiteneingang in den Gerichtssaal geschleust und saßen tatsächlich über eine Stunde an ihren Plätzen, bis man sie bemerkte. Die Lindberghs waren zu Nebendarstellern geworden. Was die Menge vor allem wissen wollte: Wer war dieser Bruno Richard Hauptmann? Und warum hatte er es getan?

Der jungen Hearst-Reporterin Dorothy Kilgallen fiel als erster auf, daß das Interesse an Hauptmann keineswegs feindseliger Natur war. »Offenbar ist Hauptmann ein Knüller«, schrieb Kilgallen aufgeregt. »Auf dem Papier mag dies kaum zu fassen sein, aber es ist ebenso unglaublich wie wahr.« Es lag nicht nur daran, daß Hauptmann ein muskulöser, gutaussehender Mann war. Er schien »eine Art Hypnose« zu praktizieren, indem er bewußt Blickkontakt zu den weiblichen Zeuginnen, Zuschauern und Geschworenen herstellte. Nach Kilgallen zu urteilen, war eine der weiblichen Geschworenen offensichtlich schon ganz angetan von ihm.[4]

Adela Rogers St. Johns, Kilgallens ältere Rivalin, war derselben Ansicht, wenn auch nur bis zu einem gewissen Grad. In einem Artikel mit dem Titel HAUPTMANN HAT SEX-APPEAL deutete sie an, der Angeklagte sei keine dominante Persönlichkeit, sondern »ein schwacher, ansehnlicher Mann, der entweder sexuelle oder mütterliche Gefühle weckt. Der Schwächling – den man beschützen möchte.«[5]

Die erste Gelegenheit, das Geheimnis um die Motive Hauptmanns zu enträtseln, erhielt New Jerseys Generalstaatsanwalt David Wilentz, ein 38jähriger Mann, dessen makelloses äußeres Erscheinungsbild seine Kompetenz und seinen präzisen juristischen Verstand widerspiegelten. Wilentz war zwar noch nie vorher mit einem Kriminalfall betraut gewesen, war jedoch ein aufgehender Stern auf staatspolitischer Ebene und konnte sicher sein, daß die Verurteilung des Lindbergh-Entführers ihn landesweit bekannt machen würde.

Nicht nur wegen der berühmten Opfer war dies ein spektakulärer Fall, sondern der Mord an Charles A. Lindbergh jr. war außerdem die Art Verbrechen, die in der Literatur oft, im wahren Leben dagegen nur selten vorkommt – ein höchst mysteriöser Kriminalfall, der aufgrund brillanter Polizeiarbeit und modernster forensischer Methoden gelöst worden war. Die New Jersey State Police hatte eine erstaunliche Menge an Beweisen von unabhängigen Sachverständigen zusammengestellt, da sie ihre anfänglichen Fehler in der Ermittlungsarbeit wiedergutmachen wollte.

Der vielleicht eindrucksvollste Experte war Arthur Koehler, Direktor des Labors der U.S.-Forstwirtschaftsbehörde und weithin bekannt als »Sherlock Holmes in Sachen Holz«. Bei der Untersuchung der zusammenklappbaren Leiter, die am Tatort zurückgeblieben war, war Koehler zu dem Schluß gekommen, daß die Konstruktion zwar die handwerklichen Kenntnisse eines Tischlers erforderte, die Ausführung jedoch schlampig war. Die Leiter war aus Holzresten zusammengezimmert, einige davon neu, andere gebraucht. Mehrere Streben waren aus Kiefernholz und zeigten mikroskopisch kleine Unregelmäßigkeiten, die entstanden waren, als man das Holz durch eine Hobelmaschine mit einem defekten Sägeblatt geschoben hatte. Koehler hatte dieses Sägeblatt tatsächlich bei der M.G. & J.J. Dorn-Sägemühle in McCormack, South Carolina, ausfindig gemacht, die einige Bretter an die National Lumber Company in der Bronx geliefert hatte. Und die Auftragsbücher von National Lumber zeigten, daß ein gewisser Bruno Richard Hauptmann am 31. Dezember 1931 dort eine Ladung Holz erworben hatte.

Ein anderer Teil der Leiter, den Koehler als Strebe Nr. 16 identifizierte, zeigte ein auffälliges Muster von vier alten Nägeln mit viereckigen Köpfen. Nach Hauptmanns Verhaftung hatte Koehler mit dieser Sprosse identische Bodenbretter auf dem Speicher über dessen Wohnung gefunden. Koehler äußerte sich nicht dazu, warum Hauptmann für den Bau der Leiter eine Bohle aus dem Fußboden herausgerissen haben sollte, aber die Schlußfolgerung war klar: Er mußte es sehr eilig gehabt haben.

Die überzeugendsten Indizien allerdings lieferten die Erpresserbriefe. Alle 18 Briefe mit dem Zeichen des Entführers – einschließlich dem, der auf dem Fensterbrett des Kinderzimmers gelegen hatte – stimmten mit Hauptmanns Schriftproben überein, zu denen die Anmeldung seines Autos und sechs Notizbücher gehörten, die man während seiner Abwesenheit aus der Wohnung geholt hatte. Der *New York Mirrow*-Kolumnist Walter Winchell, wie üblich mit ausgezeichneten Kontakten sowohl zur Anklage als auch zur Verteidigung ausgestattet, hatte schon vor Prozeßbeginn Fotos vom Handschriftenmaterial an sich gebracht und gab ein eigenes Stegreifgutachten in der Bar des Union Hotels zum besten. »Sobald dieser Gutachter selbst den größten Skeptikern Schriftproben des Angeklagten vorlegt«, verkündete Winchell in seiner Kolumne, »werden sie augenblicklich von Brunos Schuld überzeugt sein.«[6]

Schriftprobenbeurteilung ist eine höchst subjektive Angelegenheit, eher eine Kunstform als eine Wissenschaft. Anwälte beider Seiten können oft ohne weiteres für jede beliebige Aussage angesehene Autoritäten heranziehen, aber in diesem Fall waren die Beweise so erdrückend, daß die Verteidigung Probleme hatte, Experten zu finden, die bereit waren, sich dem Spott ihrer Berufskollegen auszusetzen.

J. Vreeland Haring, ein bekannter Sachverständiger, der ursprünglich von Hauptmanns erstem Anwalt James Fawcett bemüht worden war, schrieb sogar ein Buch, in dem er erklärte, wieso – seiner Ansicht nach – die Briefe bewiesen, daß Hauptmann am 1. März 1932 im Kinderzimmer der Lindberghs gewesen sei. Des weiteren stellte eine eindrucksvolle Reihe von Gutachtern der Anklage kommentierte Abbildungen und Hunderte Seiten von Analysen vor, die belegen sollten, was dem unvoreingenommenen Betrachter längst klar war.[7]

Zusätzlich zu diesen schlagenden Indizien identifizierte

noch eine ganze Reihe von Augenzeugen Hauptmann als Graveyard John.

Dr. Condon hatte der Staatsanwaltschaft beinahe Magengeschwüre bereitet, weil er sich weigerte, im vorwege preiszugeben, was er im Zeugenstand aussagen wollte. Dann jedoch entpuppte er sich als eindrucksvoller Zeuge und war dem Verteidiger Big Ed Reilly in Sachen Schlagfertigkeit mehr als gewachsen. Bezugnehmend darauf, daß Condon Graveyard John als »Mittelgewicht« beschrieben hatte, bemerkte Reilly: »Und Sie und ich sind beide Schwergewichte. Wir sind uns also ebenbürtig.«

»Stimmt«, erwiderte Condon ohne zu zögern. »Wenn auch nur physisch.«

Condons Aussage wurde von dem Taxifahrer Joseph Perrone bestätigt, von Cecile Barr, der Kinoangestellten, die am 26. November 1933 im Filmtheater am Sheridan Square einen Schein aus dem Lösegeld entgegengenommen hatte, und von Colonel Lindbergh selbst, der von dem Ruf »Hey Doktor!«, den er am Abend der Lösegeldübergabe beim St.-Raymon's-Friedhof gehört hatte, sagte: »Das war Hauptmanns Stimme!«

Die Anklage stellte auch eine Überraschungszeugin vor, ein schlaksiges, blondes Mannequin namens Hildegard Olga Alexander, die sagte, sie sei eines Abends im Frühling 1932 im Fordham-Road-Bahnhof der New York Central Railroad gewesen, als sie Dr. Condon, den sie von der High School kannte, am Telegrafenschalter stehen sah. Dann merkte sie, daß jemand etwas abseits des Schalters stand und Condon aufmerksam beobachtete, ein Mann, den sie später auf Zeitungsfotos als Bruno Richard Hauptmann erkannte.

Mit diesen Zeugen und den forensischen Beweisen hatte Staatsanwalt Wilentz einen wasserdichten Fall. Warum – so muß man fragen – haben sich dann Zweifel an Hauptmanns Schuld 60 Jahre lang gehalten? Warum, zum Beispiel, wurde

1987 in einem Artikel des *Standford Law Review* der Prozeß um die Lindbergh-Entführung als einer der berühmtesten Justizirrtümer in der Geschichte des amerikanischen Rechts angeführt?[8] In späteren Jahren wurde oft gesagt, die Anklage habe Beweise frisiert. Die meisten dieser Vorwürfe lassen sich aber bei näherer Betrachtung nicht aufrechterhalten, und diejenigen, die sich nicht ausräumen lassen, fallen eher in die Kategorie staatsanwaltlichen Übereifers, als daß es sich hier um ein tatsächliches Komplott handeln würde. Wilentz' Problem waren nicht die Beweise, sondern sein Unvermögen, einen überzeugenden Ablauf zu präsentieren, wie das Verbrechen geplant, motiviert und ausgeführt worden sein sollte.

Zu Beginn des Prozesses behauptete Wilentz, daß Charles Lindbergh jr. gestorben sei, weil Hauptmann ihn versehentlich habe fallen lassen, als er die Leiter vom Kinderzimmerfenster heruntergestiegen sei. Allerdings hatte diese Theorie eine unübersehbare Schwäche. Wenn das Baby gelebt hätte, was hatte Hauptmann mit ihm vorgehabt? Normalerweise braucht man für eine Entführung mindestens zwei Leute – jemanden, der die Geisel bewacht, und noch jemanden, der über das Lösegeld verhandelt und es holt. Wilentz schien den Fehler in seinem Szenarium selbst zu sehen, und in den Schlußbemerkungen änderte er seinen Standpunkt und deutete an, Hauptmann habe dem Kind absichtlich den Kopf eingeschlagen.

Ebensowenig hatte Wilentz eine eindeutige Erklärung für Hauptmanns Motive. In seinem Eingangsplädoyer sagte Wilentz, daß Hauptmann »nichts gegen Colonel Lindbergh hatte«. Sein Motiv sei »Geld, Geld, Geld« gewesen. Zusammenfassend beschrieb er den Angeklagten als Mann mit »einer eigentümlichen Psyche, der meinte, bedeutender als Lindy zu sein ... ein Egomane ... ein verschlossener Zeitgenosse ... der niemandem irgendwas erzählen wollte«. Anzudeuten, Hauptmann sei ein Gangster, behauptete Wilentz, sei eine Beleidigung für die organisierten Banden im Land: »Kein amerikanisches Bandenmitglied, kein amerikanischer Gangster ist jemals so tief gesunken, daß er Babies getötet hätte!«

Schließlich widersprach die Einzeltäter-Theorie den Aussagen der meisten Zeugen, die kurz nach der Entführung in Hopewell vernommen worden waren. Sie glaubten zwei Männer gesehen zu haben und möglicherweise ein zweites Auto, das mal als dunkelblauer oder schwarzer Buick, mal als Willys-Knight Sedan beschrieben wurde. Ben Lupica, ein angehender Student, der in einem grünen Dodge einen Mann gesehen hatte, der Hauptmann ähnlich sah, bestand darauf, daß an dem Wagen Kennzeichen aus New Jersey gewesen waren. Obwohl die Staatsanwaltschaft davon ausgehen konnte, daß Hauptmann die Nummernschilder ausgetauscht hatte – ein Trick, den professionelle Verbrecher oft anwendeten –, war dies eine unvorhergesehene Komplikation, mit der man sich nicht auseinandersetzen wollte.[9]

Ben Lupica wurde schließlich Zeuge der Verteidigung, und Wilentz blieb ein wenig beeindruckendes Trio von Augenzeugen: Millard Whited, ein des Schreibens und Lesens unkundiger »Mountaneer« aus den Sourlands, war im Kreuzverhör leicht zu erschüttern. Der 87jährige Amandus Hochmuth als zweiter Zeuge hatte einen Mann in einem grünen Dodge gesehen, der Hauptmann ähnlich sah und an seinem Haus an der Kreuzung Princeton-Amwell Road und Lindbergh Lane vorbeigefahren war. Bei Hochmuth handelte es sich um den sprichwörtlich blinden Zeugen: Er hatte tatsächlich das Augenlicht verloren, wenn man es ihm im März 1932 auch noch nicht behördlicherseits bestätigt hatte. Charles Rossiter, der dritte Zeuge, meinte, Hauptmann am Samstag vor der Entführung auf dem Flugplatz von Princeton gesehen zu haben, aber da an ihrem kurzen Gespräch damals nichts Verdächtiges gewesen war, hatte er sich erst gemeldet, als er im Herbst 1934 das Foto des Angeklagten in den Zeitungen gesehen hatte. Alle drei Zeugen mögen ehrlich und überzeugt ausgesagt haben, aber ein einfallsreicher Reporter der *Daily News* hatte mit ihrer Glaubwürdigkeit leichtes Spiel, als er einige Einwohner von Hopewell, darunter Ben Lupicas Vater, dazu brachte, Fiorella LaGuardia und Richter Crater auf Fotos als Personen zu identifizieren, die im März 1932 in Hopewell herumgelungert hatten.

Weitere Komplikationen erwuchsen aus dem Versuch der Staatsanwaltschaft, zu beweisen, daß Hauptmann die 50 000 Dollar Lösegeld nicht mit Komplizen geteilt hatte. William E. Frank von der Ermittlungsabteilung des amerikanischen Finanzministeriums präsentierte den Geschworenen eine komplizierte Abrechnung, die aufzeigte, daß sich Hauptmanns nachvollziehbare Ausgaben zwischen dem 2. April 1932 und dem September 1934, einschließlich Anna Hauptmanns Einkünften während dieser Zeit und der 14 590 Dollar aus seiner Garage, auf insgesamt exakt 49 950 Dollar und 44 Cents beliefen. Abgesehen von anderen zweifelhaften Punkten, ging man bei diesem Beispiel einer makellosen Buchhaltung nicht von der Voraussetzung aus, daß Bruno Hauptmann vor oder nach der Entführung Einkünfte aus illegalen Quellen gehabt hatte. Die Anklage schien also sagen zu wollen, daß der Einwanderer Bruno Hauptmann ein gesetzestreuer Tischler war, der plötzlich und ohne einen Grund, den der Staat zu erklären in der Lage gewesen wäre, es sich in den Kopf gesetzt hatte, seine Wohnung in der Bronx zu verlassen und nach Hopewell zu fahren, um dort Charles und Anne Lindberghs 20 Monate alten Sohn zu ermorden.

Tatsächlich besaß die Staatsanwaltschaft eine ganze Menge Informationen über Bruno Richard Hauptmanns Hintergrund, die vor Gericht nie angesprochen wurden, Informationen, die darauf hindeuteten, daß die Grenze zwischen dem Psychotiker und dem Verbrecher zu scharf gezogen worden war. Vielleicht war Hauptmann ein wenig von beidem, verschlossen und gelegentlich sogar von Wahnvorstellungen heimgesucht, aber nicht notwendigerweise ein Einzelgänger.[10]

Zum ersten Mal setzte Bruno Hauptmann an seinem 24. Geburtstag, dem 26. November 1923, einen Fuß auf amerikanischen Boden. Als blinder Passagier auf der SS *George Washington* hatte er die Reise über den Ozean in einem Kohlenbunker versteckt zugebracht und war jeden Abend an Deck gekommen, um Eßbares in den Mülleimern zu suchen, die die Wache am Morgen über Bord kippte.

Es war sein dritter Versuch in fünf Monaten, in die Vereinigten Staaten zu gelangen. Bei dem ersten Versuch im Juli hatte sich Hauptmann in einem Stauraum des deutschen Linienschiffes *Hannover* versteckt und war von Zollbeamten entdeckt worden, als er versuchte, sich von Bord zu stehlen. Er gab seinen Namen als Karl Pellmeir an und wurde nach kurzem Verhör zurück nach Deutschland geschickt. Bei seinem zweiten Versuch als blinder Passagier wurde er bei einer Routinedurchsuchung gefunden und für die Rückreise in einer Toilette eingeschlossen. Zweimal entkam er aus der verriegelten Kabine und schaffte es schließlich, über Bord zu springen und an Land zu schwimmen, kurz bevor das Schiff in Bremerhaven anlegte.

Beim nächsten Mal hatte Hauptmann mehr Glück. Ein Heizer, der über sein Versteck im Kohlenbunker gestolpert war, hatte vor, in New York heimlich von Bord zu gehen, und bot Hauptmann an, ihn an Land zu schmuggeln. Der Heizer hatte die Adresse einer deutschen Familie namens Uhland an der 82. Straße West, und er und Hauptmann liefen vom Hafen aus dorthin. Jacob Uhland war bereit, den Matrosen ein paar Tage aufzunehmen, wollte aber mit dem zerzausten, grob wirkenden blinden Passagier nichts zu tun haben. Hauptmann saß in Uhlands Wohnzimmer und überlegte, wohin er nun gehen sollte, als der 18jährige Fred Aldinger auftauchte, der mit Uhland Briefmarken tauschen wollte. Aldingers Vater, ein Kriegsveteran mit Holzbein und schweren Alkoholproblemen, hatte erst kürzlich seine Arbeit verloren, und die Mutter Lena suchte einen Untermieter, um ihre Einkünfte als Wäscherin aufzubessern. Aldinger sagte Hauptmann, er könne umsonst bei der Familie wohnen, bis er sich seinen ersten Lohn verdient habe.

Anfangs war Hauptmann der ideale Untermieter. Zwei Tage nachdem er eingezogen war, fand er eine Stelle als Tellerwäscher in einem Restaurant nahe South Ferry und verbrachte seine Abende mit dem Studium der englischen Grammatik. Obwohl er Englisch nie fließend sprechen oder schreiben sollte, war Hauptmann doch ein intelligenter Mann, der mit einigem Stolz täglich die *New York Times* las, im Gegensatz zu vielen anderen deutschen Einwanderern, die sich ihre Nachrichten aus der deutschsprachigen Presse oder den Boulevardzeitungen holten. Außerdem spielte er Mandoline und legte einwandfreie Manieren an den Tag; beispielsweise half er Lena Aldinger stets mit den schweren Wäschekörben, die sie von ihren Kunden am Riverside Drive holte.

Lena war erst 40, zehn Jahre jünger als ihr ständig betrunkener Ehemann, und schon bald verliebte sie sich in ihren athletischen Untermieter mit dem gepflegten Deutsch und, wie sie es nannte, »dieser unbekümmerten Art«. Sie begann, ihn Richard oder Rick zu nennen, weil es amerikanischer klang als »Bruno«. Schon drei Wochen später hatte Rudolph Aldinger das Gefühl, seine Frau und der neue Mieter würden allzu großen Gefallen aneinander finden. Eines Abends Mitte Dezember kam Aldinger sturzbetrunken nach Hause und beschuldigte die beiden, miteinander eine Affäre zu haben. Als Richard davor zurückschreckte, sich mit den Fäusten zu verteidigen, regelte Lena den Streit, indem sie ihrem Mann einen Stuhl über den Kopf schlug. Hauptmann suchte sich ein Zimmer in der Nähe, und zwei Tage später, während

Rudolph bei der Arbeit war, zogen Lena und ihre beiden noch unmündigen Söhne in eine neue Wohnung an der 117. Straße. Sobald sie sich eingerichtet hatten, lud sie Richard zum Weihnachtsessen ein. Er kam, trug seine spärliche Habe unter dem Arm und ließ sich häuslich nieder.

Inzwischen verfluchte Fred Aldinger den Tag, an dem er Hauptmann zu sich nach Hause eingeladen hatte. Richard nahm Kontakt zu Albert Deibisch auf, einem Deutschen, den er vor seiner zweiten Fahrt als blinder Passagier am Pier in Bremerhaven kennengelernt hatte. Deibisch, der aus bürgerlichen Verhältnissen stammte und einige Ersparnisse mit nach Amerika gebracht hatte, betrieb inzwischen einen winzigen Coffeeshop an der Lexington Avenue, bekannt als der »A.D. Coffee Pot«. Fast jeden Abend saßen Deibisch und Hauptmann am Küchentisch in der Wohnung der Aldingers herum und brüteten Pläne aus, wie sie schnell reich werden könnten. Ein Plan, an den sich Fred Aldinger besonders gut erinnerte, hatte mit der Herstellformel für eine Seife zu tun, die sie offenbar von einem Bekannten aus Hauptmanns alter Heimat, einem Mitarbeiter von Procter & Gamble, hatten. Hauptmann und Deibisch waren überzeugt davon, daß sie ein Vermögen machen würden, wenn sie Seife nach der gestohlenen Formel herstellten und selbst von Tür zu Tür verkauften. Wie die meisten ihrer Ideen gelangte auch diese nie über das Planungsstadium hinaus.[11]

Lena hatte mittlerweile ein weiteres Greenhorn unter ihre Fittiche genommen, das als Dienstmädchen für einen ihrer Wäschekunden am Riverside Drive arbeitete. Anna Schoeffler war neu in New York und kannte sich noch nicht aus, deshalb lud Lena sie eines Abends ins Kino ein und brachte sie danach auf einen Kaffee mit in die 117. Straße. Bereits am Ende dieses Abends hatte Hauptmann Anne gebeten, sie wiedersehen zu dürfen, und bald schon trafen sie sich heimlich jedes Wochenende.

Mit ihrem ausgeprägten Unterkiefer, leicht hervorquellenden Augen und dem widerspenstigen rotblonden Haar war Anna Schoeffler nicht gerade eine Schönheit, aber sie sprühte vor Tatendrang. Außerdem hatte sie mehr als 1000 Dollar auf der Bank, und nach einer Fahrt durch den »Tunnel of Love« auf Coney Island hielt Hauptmann um ihre Hand an. Hauptmann hatte eine ältere Schwester, die in West Hollywood, Kalifornien, lebte, und er versprach Anna eine Hochzeitsreise in die Hauptstadt des Films. Um Geld für die Reise anzusparen, legten sie ein gemeinsames Sparkonto an. Anna konnte gut haushalten, lebte genügsam und gab einen erheblichen Teil ihres Lohnes dafür her. Auch Richard zahlte auf das Konto ein, aber wie er später zugeben mußte, gab er auch Lena Geld und besaß nebenher ein zweites Bankkonto mit einem Guthaben von mindestens 1000 Dollar, was 1924 eine beachtliche Summe war.

Während ihrer Sonntagsspaziergänge im Riverside Park gestand Richard seiner Braut, daß er drüben in Deutschland ein wenig Ärger mit dem Gesetz gehabt hatte. Dies war, wie sie später feststellen sollte, eine glatte Untertreibung.

Hauptmann, geboren 1899 in Kamenz in Sachsen, hatte als Jugendlicher eine Reihe von Wettläufen gewonnen und erfreute sich lokaler Berühmtheit als vielversprechender Athlet. Nach dem Schulabschluß ging er bis 1917 zu einem Tischler in die Lehre, dann wurde er zur Wehrmacht eingezogen. Er diente als Maschinengewehrschütze beim 177. Regiment in der Nähe von Verdun und wurde von einem Granatsplitter am Kopf verletzt. Nach dem Krieg kehrte Hauptmann nach Kamenz zurück, doch die Freunde seiner Jugend mußten feststellen, daß er sich verändert hatte. Ständig redete er vom Geld – nicht unüblich in Anbetracht des anfälligen Währungssystems –, und doch schien er sich den Spartakisten, einer extrem links stehenden Splittergruppe, zuzuordnen.

Hauptmann und ein Kriegskamerad namens Hans Petzold gingen bald auf Diebestour, begingen in zwei Wochen ein Dutzend Raubüberfälle und Einbrüche. Unter anderem stiegen sie in das Haus des Bürgermeisters ein und verwendeten dabei eine Leiter, um in das Schlafzimmerfenster im ersten Stock zu gelangen. Wenige Tage später raubten Petzold und Hauptmann auf offener Straße zwei Frauen aus, die mit ihren Kindern spazierengingen. Für diese Verbrechen wurde Hauptmann zu fünfeinhalb Jahren Zuchthaus verurteilt, aber schon nach drei Jahren auf Bewährung wieder freigelassen. Schon 16 Tage nach seiner Entlassung saß er wieder im Gefängnis, diesmal wegen Besitzes gestohlener Werkzeuge aus einem Maschinenraum. Bevor man ihn verurteilen konnte, spazierte er dreist aus dem Gefängnis, als die Wachen gerade abgelenkt waren.

In seinem Eifer, in der Neuen Welt nun die sommersprossige Dienstmagd zu umwerben, ließ Richard einige Details seiner Vorstrafen aus. Anna wußte, daß Richard in Deutschland noch immer gesucht wurde, aber verständlicherweise war sie der Ansicht, daß die Geschichten in der alten Heimat der Vergangenheit angehörten. Das größte Hindernis für ihre Heirat war Lena Aldinger. Aus irgendeinem Grund brachte Richard es nicht über sich, Lena zu sagen, daß ihre Affäre vorüber sei. Statt dessen schrieb er Rudolph Aldinger einen Brief, nannte ihm die neue Adresse seiner Faru und drängte ihn, sich wieder mit ihr zu versöhnen.

Als Lena schließlich merkte, was vor sich ging, wurde sie wütend auf Anna und warf ihr vor, Richard mit ihrem Bankkonto zu ködern. Richard selbst machte sie keinen Vorwurf. Im Gegenteil erklärte Mrs. Aldinger den Ermittlern der New Jersey State Police nach Hauptmanns Verhaftung, es sei ihr egal, ob er schuldig sei oder nicht. Rick, sagte sie, habe vom ersten Tag in Amerika an »einen Haufen Geld« verdient, ihr ein Grammophon und andere Geschenke gekauft und sie besser behandelt, als ihr Mann es jemals getan hatte. Sie würde ihn jederzeit wieder mit offenen Armen aufnehmen.

Anna und Richard heirateten am 11. November 1925. Unmittelbar nach der Trauung packten sie ihre Sachen und machten sich auf den Weg nach Kalifornien. Mit im Wagen saß Albert Deibisch. Richard hatte Anna erklärt, Deibisch gehöre die Hälfte des Wagens und er wolle sich am Benzingeld beteiligen. Anna akzeptierte diese Erklärung, aber als der Wagen liegenblieb, noch bevor sie die Bronx verlassen hatten, waren ihre Flitterwochen zu Ende. Statt dessen zogen die Frischvermählten für 33 Dollar Monatsmiete in eine Fünf-Zimmer-Wohnung in einem gepflegten Haus an der Ecke Park Avenue und 118. Straße.

Einige Monate lang ging alles gut. Dann zahlten die Hauptmanns plötzlich keine Miete mehr. Nathan Drucker, der Vermieter, erklärte später den Ermittlern, Mrs. Hauptmann seien, als er ihr mit der Räumung gedroht habe, »Tränen über die Wangen gelaufen«, und sie habe gesagt, sie wage nicht, ihren Mann um Geld zu bitten. Drucker schloß daraus, daß Mr. Hauptmann seine Frau mißhandelte und wollte sie nicht weiter drängen, doch die Hausmeisterin erklärte ihm, Richard Hauptmann könne ohne weiteres 33 Dollar in drei Tagen verdienen und nutze nur seine Gutmütigkeit aus. Eine Stunde nachdem daraufhin der Gerichtsvollzieher angefangen hatte, Hauptmanns Möbel auf die Straße zu stellen, tauchte Hauptmann mit einem Scheck über die ausstehende Miete in Druckers Büro auf. Die Hauptmanns zogen wieder ein, aber zwei Wochen später erstatteten sie Anzeige und behaupteten, der Gerichtsvollzieher und seine Leute hätten ihre Schreibtischschubladen durchwühlt und einen Diamantring und weitere Wertgegenstände entwendet. Drucker bezweifelte, daß dieser Ring jemals existiert hatte.

Trotz ständig neuer Probleme mit ihren Vermietern ging es den Hauptmanns immer besser. Sie investierten 800 Dollar in einen neuen Coffeeshop, den Deibisch führen sollte und der ihnen schließlich 1200 Dollar in kleinen Raten zurückzahlte, und sie übernahmen die Hypothek auf das Haus eines Freundes, für die sie 224 Dollar Zinsen pro Jahr kassierten. Verschiedene kleine Investitionen und ein Sparkonto eingerechnet, besaßen sie mehr als 10 000 Dollar, und 1928 konnte Anna es sich leisten, ihre Mutter in Deutschland zu besuchen. In Dresden kaufte Anna ihrem Mann einen dieser ziemlich teuren Zeiss-Feldstecher, die in den Vereinigten Staaten als das ideale Geschenk für Flugzeugliebhaber beworben wurden, die sich bei Paraden oder Flugvorführungen ihre Helden genauer ansehen wollten.

Woher Hauptmanns Einkünfte während dieser Zeit stammten, bleibt ebenfalls ein Rätsel. Wenn Anna auch nach ihrer Hochzeit weiterarbeitete, war ihr Verdienst als Tresenkraft oder Kellnerin bescheiden. Nach seiner Verhaftung nannte Richard der Polizei eine Reihe gutbezahlter Jobs in Maschinenwerkstätten und auf Baustellen. Die Ermittler fanden jedoch heraus, daß Hauptmann diese Stellungen erheblich kürzer innegehabt hatte, als er vorgab, oft nur wenige Wochen oder Tage. Ehemalige Nachbarn berichteten, Richard sei oft über längere Zeit nicht zu Hause gewesen.

Ein paar Monate nach dem Börsenkrach im Oktober 1929 fing Richard an, auf dem Aktienmarkt zu investieren. Hauptmann kaufte und verkaufte, wobei er sich auf einige wenige Gesellschaften spezialisierte. Eine seiner Lieblingsfirmen war Curtiss Wright, seit langem schon die bevorzugte Aktie der wirklich Flugbegeisterten. (Eine andere war Warner Brothers.) Im Frühjahr 1931 wies sein Konto einen Stand von mehr als 25 000 Dollar auf.

Nunmehr wohlhabend, traten Richard und Anna ihre lang aufgeschobene Reise nach Kalifornien an. Auch diesmal sollten sie nicht allein reisen. Richards Freundschaft mit Deibisch war abgekühlt, aber er hatte seinen neuen Intimus Hans

Kloeppenburg eingeladen, einen großen, stillen Junggesellen, den die Hauptmanns den »langen Hans« nannten. In einer neuerworbenen 1930er Dodge Limousine von undefinierbarer Farbe – manche bezeichneten sie als blau, andere als grün – fuhren die drei durchs Land zum Yellowstone National Park, wo sie sich Richards Schwester Emma Gloeckner und deren Familie auf einer Campingtour anschlossen, die unter anderem nach Yosemite und ins Death Valley führte. In Los Angeles besuchten sie eine Flugvorführung, bei der Hauptmann drei Dollar für den ersten und einzigen Flug seines Lebens bezahlte. Nachdem sie sich von den Gloeckners getrennt hatten, fuhren die Hauptmanns und Kloeppenburg via Grand Canyon, Golfküste und Tybee Island in South Carolina zurück nach Hause.

Während sich Richard und Anna ihres ausgedehnten Urlaubs erfreuten, stürzte eine Kettenreaktion internationaler Ereignisse die Finanzmärkte in ein Chaos: Die deutsche Regierung sah sich nicht in der Lage, ihre Verpflichtungen aus dem Versailler Vertrag zu erfüllen und kam ihren Reparationszahlungen nicht nach. Das zentraleuropäische Bankensystem war zusammengebrochen, und Großbritannien wurde gezwungen, den Goldstandard aufzugeben. Der New Yorker Aktienmarkt, der sich am Anfang des Jahres zu erholen schien, verzeichnete erneut Tiefststände. Hauptmanns Konto war leergefegt – ein eher kleines Opfer angesichts der sich verfinsternden Situation in Europa.

Pro-Nazi-Gruppierungen in den Vereinigten Staaten rührten mittlerweile die Propagandatrommel und beschuldigten Lamont und die Morgan-Bank, Anführer eines anglophilen Komplotts zur Vernichtung der deutschen Wirtschaft zu sein. Hauptmann, der fast täglich seine Maklerfirma besuchte und im Wartezimmer stundenlang den Ticker im Auge behielt, dürften derartige Slogans kaum unbekannt gewesen sein. Er selbst hatte mit radikalen Ideen geliebäugelt, ohne daß er sich jemals sonderlich um ideologische Eindeutigkeit geschert hätte. Als er 1930 begann, an der Börse zu investieren, war Amtorg, die sowjetisch-amerikanische Handelsgesellschaft, eine der meistgehandelten Aktien. 1933 jedoch gehörten eine Reihe von Hauptmanns Freunden, darunter mehrere entfernte Bekannte Annas aus Philadelphia, der Pro-Nazi-Vereinigung »Freunde des Neuen Deutschland« an, und Hauptmann selbst war kurze Zeit Mitglied dieser »Loge«, wie er sie nannte.

Was den Winter 1931/32 angeht, ist über Richard Hauptmanns Vergangenheit nichts bekannt. Später behauptete er, er habe sporadisch gearbeitet und freie Jobs auf dem Gelände der National Lumber Company in der Bronx angenommen. Der Vorarbeiter des Holzlagers erklärte den Ermittlern allerdings, er könne sich an Hauptmann nicht erinnern und konnte ihn nach dem Foto auch nicht identifizieren. Nach mehr als sechs Monaten ohne regelmäßige Arbeit ging Hauptmann am 27. Februar, dem Samstag vor der Lindbergh-Entführung, zu einer Arbeitsvermittlung. Man bot ihm sofort einen Job auf der Baustelle der Majestic Apartments an der 72. Straße West in Manhattan an. Die Baustelle war gewerkschaftlich organisiert, und dieser Arbeitsplatz versprach die beste Bezahlung seit langem. Allerdings wurde Hauptmann erst am 21. März dorthin bestellt. Bis zum 1. April arbeitete er, fehlte die folgenden zwei Tage, tauchte am vierten wieder auf und verschwand, ohne sich je wieder zu melden. Danach hatte er nie wieder eine Stellung.

Trotzdem begann Richard ab Anfang April, regelmäßig Silberdollars und kleine Münzen auf sein Konto bei der Central Savings Bank in Manhattan einzuzahlen. Agenten vom Finanzamt vermuteten später, daß er Scheine aus dem Lösegeld für kleinere Einkäufe benutzt und das Wechselgeld bei der Bank eingezahlt hat. Am 1. Juni eröffnete er ein zweites Konto bei der Mount Vernon Trust Company in Mount Vernon, New York, einer Gegend, in der später ein Teil des Lösegeldes auftauchte.

Außerdem gab Hauptmann das Geld mit vollen Händen aus. Er kaufte eine neue Schlafzimmereinrichtung aus Ahorn, ein Gewehr für 65 Dollar, einen zweiten Zeiss-Feldstecher, nachdem man ihm den ersten am Abend des Titelkampfes im Schwergewicht zwischen Max Schmeling und Jack Sharkey aus dem Auto gestohlen hatte. Außerdem erwarb er ein großes Radio im Wert von 669 Dollar, ein Betrag, der die Jahresmiete gleich mehrerer Familien komplett beglichen hätte. Gegenüber Freunden, die sich über seinen Wohlstand wunderten, prahlte Richard, er habe endlich herausgefunden, wie am Aktienmarkt das große Geld zu machen sei.

Wie schon im Sommer 1928 hatte Hauptmann auch während dieser Phase unerklärlichen Reichtums seine Frau nach Deutschland geschickt. Mrs. Hauptmann reiste am 3. Juli ab und verbrachte den ganzen Sommer bei ihrer Familie. Im September kam sie nach Kamenz und gab Richards Mutter, Pauline Hauptmann, Geld, da in der Rechtssache ihres Sohnes ein Anwalt konsultiert werden sollte. Dieser Anwalt teilte ihr mit, daß Richards Verjährungsfrist in zwei Jahren abgelaufen sei. Bis zum Oktober 1934 könne Hauptmann nicht nach Deutschland zurückkehren, aber dann wäre er – was die deutsche Rechtsprechung anginge – ein freier Mann.

Wenige Wochen nachdem Anna aus New York abgereist war, erhielt Clayton Moul, ein Verkäufer des Immobilienbüros Strout in Spring Grove, Pennsylvania, einen Brief in einer Sprache, die er als Hochdeutsch identifizierte, im Gegensatz zum Niederdeutsch der in Pennsylvania ansässigen Holländer. Moul brachte den Brief zu Pastor George Welsh von der Mount Zion Reformed Church, der ihm erklärte, daß der Verfasser, ein gewisser Richard Hauptmann aus der Bronx, in der Gegend eine Farm erwerben wolle. Später besuchte Hauptmann Spring Grove zweimal, um sich in

Frage kommende Objekte anzusehen. Zwanglos und redselig hatte er Moul erklärt, er sei »im Zwischendeck« von Deutschland gekommen und habe Glück gehabt, daß er eine Frau gefunden habe, die fließend Deutsch und Englisch spreche.

Nachdem er in der Zeitung von Hauptmanns Verhaftung gelesen hatte, setzte sich Clayton Moul mit dem Büro des FBI in Philadelphia in Verbindung. Er hatte nicht viele Klienten aus so entfernten Gegenden wie der Bronx, daher erinnerte er sich noch sehr genau an sein Gespräch mit Hauptmann, besonders an die liebevolle Beschreibung seines kleinen blondgelockten Sohnes. Moul konnte es gar nicht fassen, als der FBI-Agent John Sears ihm erklärte, die Hauptmanns seien im Sommer 1932 noch kinderlos gewesen.[12]

Da Anna fort war, verbrachte Hauptmann die meiste Zeit des Sommers auf Hunter's Island, einem Teil des Pelham Bay Parks, den vornehmlich Arbeiter aus der Bronx besuchten. Er hatte ein neues Kanu gekauft, und abends, wenn am Lagerfeuer gesungen wurde, spielte er auf seiner Mandoline. Die Idee, eine Farm in Pennsylvania zu kaufen, hatte er aufgegeben, und gegenüber einigen Leuten auf Hunter's Island deutete er vage an, er würde langsam auch das Interesse an Anna verlieren. Seine neuen »besten Freunde« waren die Henkels, die wie Hans Kloeppenburg in der Pension an der 127. Straße West wohnten (nur wenige Blocks von Reverend Peter Berritellas kleiner Kirche entfernt).

Karl Henkel stammte wie Hauptmann aus Kamenz und war hoch erfreut, die Bekanntschaft eines Landsmanns zu machen. Richard dagegen interessierte sich mehr für Karls Frau Gerta, eine kesse Blondine mit Augenbrauen schmal wie Bleistiftstriche. Bald schon gewöhnte er sich an, auf dem Weg zum Maklerbüro von Steiner & Rouse in Yorkville morgens auf einen Kaffee bei Gerta hereinzuschauen. Überall auf Hunter's Island raunte man sich zu, daß Richard und Gerta eine Affäre miteinander hätten, Karl schien das jedoch seltsamerweise gar nichts auszumachen.

Aber Karl Henkel konnte sich seiner Sache sicher sein. Hauptmann genoß es, seinen Ruf als Frauenheld zu pflegen, zeigte jedoch keinerlei Interesse daran, eine sexuelle Beziehung einzugehen. Gerta, die deswegen etwas gekränkt war, erklärte der Polizei später, Hauptmann habe sie »benutzt«, um sich mit einem anderen Bewohner der Pension, einem kränklichen Endzwanziger mit abstehenden Ohren und dem Namen Isidore Fisch zu treffen. Fisch, ein in Leipzig geborener polnischer Jude, war ein begabter Kürschner, hatte seinen Beruf jedoch kurz nach seiner Ankunft in Amerika wegen einer Tuberkuloseinfektion aufgeben müssen. Gelegentlich ging Fisch Gertas Vater, einem kleinen Schwarzhändler, als Mädchen für alles zur Hand, aber Fisch war ein Spieler, und wegen seiner Spielschulden und der hohen Arztrechnungen war er ständig pleite.

Hauptmann und die Henkels lieferten unterschiedliche Versionen über das erste Zusammentreffen der beiden Männer, aber einig war man darin, daß sich Fisch und Hauptmann erst einige Wochen nach der Lindbergh-Entführung kennengelernt hatten. Nach Hauptmanns Darstellung waren Fisch und er Ende Juni oder Anfang Juli eine zwanglose Geschäftsbeziehung eingegangen. Fisch gab ihm Geld, um auf dem Aktienmarkt zu investieren, und er investierte im Gegenzug in Pelze, die Fisch aus Europa importierte. Seltsamerweise hielt Hauptmann, der ansonsten selbst die kleinsten Kredite an Freunde peinlich genau notierte, die Details dieser Transaktionen nicht schriftlich fest. Der einzige Beweis für diese angebliche Absprache, den man bei der Durchsuchung der Wohnung fand, waren ein paar verschlüsselte Notizen, die darauf hindeuteten, daß er und Fisch irgendeinen Handel »auf einer 20-Prozent-Basis« vereinbart hatten.

Höchstwahrscheinlich ging es bei dieser Partnerschaft weniger um die Investition in Pelze als eher um das Waschen von Geld. 1936 berichteten Informanten der *New York Times*, Izzy Fisch habe sich einige Monate nach der Lindbergh-Entführung in einem Billardsalon an der Ecke 86. Straße und Third Avenue in Manhattan herumgetrieben und versucht, »heißes Geld« für 40 Cents pro Dollar loszuwerden.[13]

Nachdem verbreitet worden war, daß Owney Madden die Jagd nach den Lindbergh-Entführern unterstützte, wird dieses Angebot von »heißem Geld« nicht mehr viele Interessenten gefunden haben, und Mitte des Sommer wirkte Isidore Fisch in sich zurückgezogen und frustriert. »Isidore ging mir auf die Nerven«, beklagte sich Gerta Henkel später bei der Polizei. »Dauernd hat er mich nervös gemacht, ist auf und ab gelaufen und hat aus dem Fenster gestarrt, ob Hauptmann kam oder nicht ... Dann ging er mit ihm weg, aber manchmal kam Hauptmann gar nicht, und er ist allein gegangen.«

Richard Hauptmann gestand den Ermittlern der Polizei tatsächlich, daß Isidore Fisch ihn seit etwa dieser Zeit erpreßte. Nach Hauptmanns Aussage war Fisch zu Ohren gekommen, daß er illegal in Amerika war, was bis dahin nur Anna und Albert Deibisch wußten. In jedem Fall waren Fischs anfängliche Forderungen geradezu lachhaft bescheiden. Er erklärte Hauptmann, 200 oder 300 Dollar könnten das Problem »bereinigen«.

Nachdem Richard Hauptmann im September 1934 verhaftet worden war, hörte das FBI von verschiedenen Sträflingen, sie hätten früher mit ihm zu tun gehabt. Die meisten dieser Informanten logen offensichtlich in der Hoffnung auf mildere Strafen und andere Vorteile. Eine Ausnahme machte ein gewisser J.R. Russell aus Massachussetts. Im Gegensatz zu den anderen meldete sich Russell nicht freiwillig. Er saß wegen eines Verstoßes gegen seine Bewährungsauflagen im Bezirksgefängnis von Middlesex, Massachussetts, als sein

Zellengenosse dem Gefängnisdirektor eine Nachricht zuspielte. Angeblich habe Russell Informationen über Hauptmanns Vergangenheit. Anfangs sträubte er sich, da er bald entlassen werden sollte, aber dann machte Russell dem FBI gegenüber eine ungewöhnlich detaillierte, zwölfseitige Aussage, in der er erklärte, Hauptmann habe ihn anwerben wollen, Isidore Fisch zu erschießen.

Russells Angaben zufolge waren Hauptmann und er sich zum ersten Mal im Juni oder Juli 1926 in einem Childs-Restaurant in Buffalo, New York, begegnet. Hauptmann arbeitete in der Stadt auf einer Baustelle, und als sie vertrauter miteinander wurden, versuchte er, mit Russell gemeinsame Sache zu machen. Zuerst schlug er vor, eine Bank in Batavia, New York, auszurauben. Später wollte er mit ihm einen reichen Juwelier aus Buffalo entführen. Russell wies beide Vorhaben als zu gefährlich zurück.

Auf einer Baustelle in Vermont trafen sich Hauptmann und Russell 1929 wieder. Bevor sich ihre Wege erneut trennten, bat Hauptmann ihn um zehn Dollar und ließ als Sicherheit einen vernickelten Revolver zurück. Außerdem nannte er Russell eine Kontaktadresse an der Palisades Avenue in Yonkers, New York (auf der anderen Seite des Hudson, gegenüber der Palisades Avenue, an der die Morrows ein Haus besaßen). Russell schrieb Hauptmann mehrere Briefe dorthin und bekam schließlich Antwort: Richard deutete an, er hätte einen Job für ihn.

Russell sprang heimlich auf einen Güterzug nach New York, wurde erwischt und durchsucht, wobei seine Waffe gefunden wurde. Daraufhin wurde er verhaftet und zu einem Jahr Gefängnis verurteilt. Man teilte Russell einer Arbeitskolonne nahe des Rockefeller-Anwesens in Pawling, New York, zu. Eines Tages tauchte Hauptmann mit einer Stange Zigaretten dort auf und versprach, ihm nach seiner Entlassung bei der Arbeitssuche zu helfen. Russell meinte, Hauptmann wäre in den Whiskyschmuggel aus Kanada verstrickt, und fand, sie hätten noch eine Rechnung offen, denn schließlich war es Hauptmanns Revolver gewesen, der Russell diesmal den Ärger eingebrockt hatte.

Als Russell im Sommer 1932 aus dem Gefängnis kam, tauchte Hauptmann mit einem Wagen auf, den Russell als blauen Nash oder blauen Buick in Erinnerung hatte. Hauptmann erklärte ihm, er wüßte, wie Russell sich auf die schnelle 500 Dollar verdienen könne, allerdings sei für den Job eine Autofahrt nach Maine nötig. Einige Tage später fuhren die beiden Männer auf der Route 1 in Richtung Norden. Irgendwo in Connecticut hielten sie an und sammelten einen Mann auf, der Russell als Isidore Fisch vorstellt wurde. Später, bei einem Tankstopp, nahm Hauptmann Russell beiseite und erklärte ihm, daß es sich bei dem »Job« um einen Mord handele. Er deutete auf Fisch und fügte hinzu: »Das ist der Mann, den du oder sonstwer umlegen soll. Er weiß zuviel über mich.«

»Na, das ist aber nicht gerade die feine Art«, sagte Russell, der bisher nur wegen Scheckbetrugs und Autodiebstahls verurteilt worden war. »Und außerdem bin ich kein Killer.«

Mit einem Mord wollte Russell nichts zu tun haben, aber er hatte keinen Cent und verlangte von Hauptmann 50 Dollar – quasi als Aufwandsentschädigung. Der Streit ging während eines Stopps in South Boston weiter, wo Hauptmann und der ahnungslose Izzy Fisch geschäftlich mit einem Mann zu tun hatten, den Russell als Gangster beschrieb. Zwei Tage später fuhren sie weiter nach Bangor in Maine. Im Motel erledigte Hauptmann für alle drei die Anmeldung, dann nahm er Russell zu einer Besprechung mit hinaus auf den Parkplatz. Er langte unter den Vordersitz des Wagens und holte eine einschüssige .22er Pistole mit kurzem Lauf hervor – »eigentlich eine Starterpistole«, wie Russell sagte –, die er für den Mord an Izzy mitgebracht hatte.

Russell warf einen Blick auf die winzige Waffe und brach in Gelächter aus. »Ich habe versucht, ihm zu erklären, daß die Kugel einer .22er einen Menschen nicht töten kann.«

Am nächsten Tag war Fisch krank und blieb im Hotel, während Russell und Hauptmann nach Houlton in Maine fuhren, eine Gegend, in der sich Hauptmann angeblich gut auskannte. Inzwischen hatte Russell seine Hoffnung auf die 50 Dollar aufgegeben, aber er wollte wenigstens Geld für neue Kleidung und den Busfahrschein. Noch immer zog er über die .22er her und sagte: »Das hat keinen Sinn. Diese Kugel bringt niemanden um.«

»Das tut sie wohl«, sagte Hauptmann. »Ich weiß es. Ich hab' damit ein Kind erschossen.«

Russell fuhr in seiner Aussage fort:

Da habe ich ihn angesehen und gedacht, er muß verrückt sein. Ich habe ihm gesagt: »Diese Pistole ist nicht gut« (weil sie schon bei einem Mord verwendet worden war und sich zurückverfolgen ließ)..., und er hat gefragt, was er mit der Waffe machen soll, und ich habe gesagt, er soll sie wegwerfen, und er hat sie neben der Straße in die Büsche geschleudert.

In Bangor ging Hauptmann, während Fisch im Kino war, in ein Pfandleihhaus und kam mit einer anderen Pistole wieder, die kaum größer war als die vorherige. Russell beschrieb sie als .25er oder .22er Automatik. Am nächsten Tag fuhren die drei Männer weiter nach Nashua, New Hampshire, wo Fisch, dem die Medikamente ausgegangen waren, nach einem Drugstore Ausschau hielt.

Russell sagte aus:

Bruno brachte mich an den Stadtrand von Nashua, hinter dem Bahnhof, unten am Fluß. Dort kamen wir an eine kleine

Brücke neben den Gleisen. Ein paar Jungen angelten dort, und Bruno sagte: »Das ist eine hübsche Stelle, um Selbstmord zu begehen.« Ich sagte: »Was meinst du damit?« Er sagte: »Siehst du diese Automatik? Isidore könnte sich erschießen, ins Wasser fallen und ertrinken.« Er sagte: »Wir könnten ihn auch mit ein paar Steinen beschweren.« Ich habe ihn angesehen und gedacht: »Der Mann ist wahnsinnig.« Aber gesagt habe ich nichts.

Die beiden fuhren zurück in den Ort. Russell berichtete weiter:

Bruno fragte mich rundheraus, ob ich es nun tun würde oder nicht. Ich sagte: »Verdammt, nein. Das ist nicht mein Stil.« Er sagte: »Wenn du es jetzt tust, gebe ich dir 1000 Dollar.«

Ich habe ihn ausgelacht und gesagt: »Du hast keine 1000 Dollar. Er sagte: »Komm, wir haben Angeln im Wagen. Wir können alle rausfahren und so tun, als wollten wir angeln, und ich seh' mich um und paß auf, daß keiner in der Nähe ist ... du kannst deine Arbeit tun, und ich helf' dir, die Leiche loszuwerden.«

Als Russell weiter dabei blieb, daß er mit einem Mord nichts zu tun haben wollte, fuhr Hauptmann ab und ließ ihn stehen. Ohne einen Cent in der Tasche nahm Russell einen Güterzug nach Concord, New Hampshire, wo er und ein Hobo namens Morgan verhaftet wurden, nachdem sie eine Sammelbüchse der Heilsarmee ausgeraubt hatten. Dafür bekamen sie ein bzw. zwei Jahre Gefängnis.[14]

Das FBI nahm Russells Aussage ernst. Verschiedene Details stimmten überein. Von Hauptmanns bekannter Vorliebe für Childs-Restaurants bis zu der Tatsache, daß Isidore Fisch einen Bruder in Stonington, Connecticut, an der Küstenstraße nach Boston hatte, von dem selbst das FBI erst durch

Russells Verhör erfuhr. Natürlich hatte Hauptmann nie in Yonkers und noch viel weniger an der Palisades Avenue gewohnt, aber etliche Scheine aus dem Lösegeld waren in Yonkers und dem angrenzenden Mount Vernon aufgetaucht, und die Annahme lag nahe, daß Hauptmann dorthin seit langem Verbindungen pflegte. Bevor Russells Geschichte jedoch weiter geprüft werden konnte, schloß das FBI die CALNAP-Ermittlungen mit Rücksicht auf den Staatsanwalt von New Jersey ab, der entschlossen war, Hauptmann als Einzeltäter anzuklagen. Selbst wenn man Russells Aussage vor Gericht zugelassen hätte, wäre sie für die Anklage nutzlos gewesen, da sie besagte, das Lindbergh-Baby sei erschossen, nicht erschlagen worden. Wichtiger noch war, daß Russell Hauptmann als jemanden beschrieb, der große Ideen hatte, aber nicht die Nerven besaß, sie auszuführen.

Zwar wurde die von Russell beschriebene Reise nach Maine von niemandem bestätigt, aber Hauptmann und Karl Henkel waren im November 1932 tatsächlich zum Angeln in Maine. In der Hütte, in der die beiden Männer wohnten, kamen die Gäste eines Abends auf den Fall Lindbergh zu sprechen. Hauptmann hörte eine Weile zu, dann schimpfte er: »Die würden kaum soviel Wind darum machen, wenn es nicht ein Kind reicher Leute wäre.«

In jenem Herbst gingen Hauptmann und Henkel auf die Jagd und besuchten dabei auch ihren Freund Henry Lempke, der sich vor kurzem mit einer Hühnerfarm etwa 12 Kilometer außerhalb von Lakewood niedergelassen hatte. Die Gegend um Lakewood war nicht nur berühmt-berüchtigt für illegale Spielhöllen, sondern außerdem die Heimat einer großen deutschen Gemeinde, die aus der Zeit kurz nach dem Ersten Weltkrieg stammte, als einige hundert Techniker aus Deutschland emigriert waren, um an den Zeppelinen im nahe gelegenen Lakehurst Aerodrome zu arbeiten. Richard Hauptmann sagte aus, er habe schon 1924 einige Zeit in Lakewood verbracht und einem Freund geholfen, eine Sommerhütte an der Hauptstraße etwas außerhalb des Ortes zu bauen. 1933 waren er und Anna jeden Monat in der Gegend und hielten einmal sogar in dem Dorf Flemington an, um bei einem Bauern frische Eier zu kaufen.

Zur Enttäuschung der State Police fand sich kein einziges Mitglied der deutschen Gemeinde, das zugeben wollte, Hauptmann Anfang 1932 in der Gegend von Lakewood gesehen zu haben, und Lempkes behaupteten, sie würden Hauptmann kaum kennen. Sie alle hatten furchtbare Angst, daß sich die antideutsche Stimmung von 1918 wiederholen könne.

Ende 1932 verschlechterte sich Izzy Fischs Gesundheitszustand sichtlich, und Hauptmann kam offenbar zu dem Schluß, ihn umzubringen sei das Risiko nicht wert. Ebensowenig setzte er sein Vorhaben, Anna zu verlassen, in die Tat um. Seit Oktober war sie wieder in den Vereinigten Staaten. Im darauffolgenden Februar, nachdem sie sich sieben Jahre nach einem Kind gesehnt hatte, wurde Anna schwanger und brachte am 4. November 1933 einen Sohn zur Welt, den sie und Richard nach dem großen, deutschen Kampfflieger Baron von Richthofen »Mannfried« nennen wollten.

Kurz nach Annas Entlassung aus dem Krankenhaus brachte der Postbote einen Brief, der an Mannfried Richard von Hauptmann adressiert war. »Ich habe ihn gelesen und war sehr aufgebracht«, erzählte Mrs. Hauptmann dem Autor Anthony Scaduto 40 Jahre später. »Schreckliche Dinge standen darin. ›Ich hoffe, du hast ein grauenvolles Leben und stirbst jung‹, solche Sachen.« Anna hatte den sanften Izzy Fisch mit seiner gepflegten Ausdrucksweise immer gemocht. Sie hielt ihn für einen »echten Gentleman«. Aber außer den Henkels und ihrer Nichte Maria Mueller wußte nur Fisch, daß sie das Baby »Mannfried« nennen wollten.

In einer hysterischen Szene sagte Anna Izzy auf den Kopf zu, er habe den anonymen Brief geschrieben. Fisch nahm ihr den Brief weg, und als er ihn zurückgab, deutete er auf ein Datum, das mit Bleistift rechts oben in der Ecke stand. Es war Anna bisher nicht aufgefallen. »Sieh hin, da steht der 26. November«, sagte er beschwichtigend. »Der Brief ist an Richard, nicht an das Baby gerichtet.« Dann unterstellte Fisch, diesen Brief hätten Gerta Henkel und ihre Schwester Erika geschrieben. Anna konnte es nicht glauben, und Gerta wiederum bezichtigte Fisch. Der Brief, sagte sie später, sei nur einer von Izzys Versuchen gewesen, Richard »Ärger zu machen«.[15]

Offenbar hatte er damit Erfolg. Hauptmann sagte nach seiner Verhaftung aus, Fisch habe ihm zu diesem Zeitpunkt bereits 5000 Dollar geschuldet, wahrscheinlich Verluste aus dem Pelzgeschäft. Jetzt willigte Hauptmann ein, ihm weitere 2500 Dollar zu leihen, vorausgesetzt, er ginge nach Leipzig zurück. Anfang Dezember gab Hauptmann für Fisch eine Abschiedsparty. Fisch, sagte Hauptmann später, sei mit einem Schuhkarton gekommen und habe ihn gebeten, diesen aufzubewahren. Hauptmann stellte den Karton auf das oberste Bord seines Besenschranks, wo er bis zum September 1934 blieb, als er entdeckte, daß der Karton von der Feuchtigkeit aus einem undichten Rohr aufgeweicht worden war. Da erst öffnete Hauptmann den Karton und fand darin mehr als 14 000 Dollar.

Inzwischen war Fisch tot, gestorben in einem Leipziger Armenhospital, vier Monate nach seiner Ankunft in Deutschland. Hauptmann trocknete die Geldscheine und vergrub einen Großteil davon unter seiner Garage. Da er der Ansicht war, Fisch sei ihm einige Tausender schuldig, hatte er keinerlei Gewissensbisse, ein paar von den Scheinen auszugeben.

Obwohl David Wilentz nur Verachtung für Hauptmanns »Fisch-Geschichte« übrig hatte, ist es sehr wohl möglich, daß

Izzy Fisch am Abend der Abschiedsparty mit einem Schuhkarton unter dem Arm auftauchte, was mehrere Freunde der Hauptmanns auch bestätigten. Es ist außerdem sehr wohl möglich, daß sich in dem Schuhkarton eine beträchtliche Summe des Lösegeldes befand, das Fisch nicht hatte eintauschen können. Vom Standpunkt der Verteidigung aus bestand das Problem darin, daß die Fisch-Geschichte keineswegs Hauptmanns Unschuld bewies. Beispielsweise erklärte sie nicht, wie Cecile Barr an der Kinokasse einen Monat *vor* der Abschiedsparty von Hauptmann einen Schein aus dem Lösegeld hatte bekommen können. Ebensowenig erklärte es die Erpresserbriefe, die Beweise bezüglich der Leiter, die deutsche .25er Automatic, die man unter Hauptmanns Garage gefunden hatte oder weshalb Dr. Condons Telefonnummer auf eine Schranktür in Hauptmanns Wohnung gekritzelt worden war. (Richard erklärte den Geschworenen in der Bronx, er habe die Angewohnheit, alles zu notieren, was ihn interessiere. Später stritt er ab, überhaupt zu wissen, wie die Telefonnummer dorthin gekommen war.)

Insgesamt zeigen die Ermittlungsakten über Hauptmann, daß er zwar verschlossen und vielleicht sogar psychotisch und von der Fliegerei besessen gewesen sein mochte – ein mögliches Motiv, das vor Gericht nie angesprochen wurde –, aber keinewegs ein Einzelgänger war. Hauptmann genoß seinen Ruf als Frauenheld, und fast immer ging er in Begleitung eines Freundes aus. Ob diese Freundschaften aktiv homosexuell waren, wie einige Detectives im Laufe dieses Falles vermuteten, bliebe zu diskutieren. Alles in allem ist es schwer vorstellbar, daß Hauptmann, der sogar Albert Deibisch mit in seine Flitterwochen nahm, das Lindbergh-Baby ganz allein entführt haben soll.

Die Aufgabe, diesen rätselhaften und äußerst zwielichtigen Angeklagten zu verteidigen, fiel dem gefeierten Edward J.

Reilly zu, einem rotgesichtigen, bärbeißigen Typ, der vor Gericht ausnahmslos in gestreiften Hosen, Cutaway und Gamaschen erschien. Wie viele erfolgreiche Strafverteidiger war Big Ed, wie man ihn nannte, in erster Linie Schauspieler. Er hatte sich seinen Ruf vor dem Brooklyn Supreme Court mit der Verteidigung von Schwarzhändlern erworben und weil er für mißhandelte Frauen eintrat, die sich mit Gewalt gegen ihre Männer gewehrt hatten. »In 25 Jahren«, berichtete die *Times* aus Anlaß seines Todes, »hat Reilly – bis auf drei – alle weiblichen Mörder in Brooklyn verteidigt.«[16]

Gerichtsveteranen erinnerten gern an Reillys Taktik während des Prozesses gegen Annie Lonergan. Sie war die Mutter von Peg Leg Lonergan, des Hafenbosses von Brooklyn, und wurde beschuldigt, ihren Mann erschossen zu haben:

»Die Geschworenen werden Sie niemals schuldig sprechen, wenn sie sehen, daß Ihr Mann Ihnen die Vorderzähne ausgeschlagen hat«, erklärte Reilly seiner Mandantin am Tag vor dem Prozeß.

»Aber ich habe meine Vorderzähne noch«, wandte die Angeklagte ein.

»Morgen nicht mehr«, versicherte ihr Reilly.

Mrs. Lonergan erschien vor Gericht ohne Schneidezähne und wurde tatsächlich freigesprochen.[17]

Die Hearst Corporation, die Reillys Vorschuß von 25 000 Dollar zahlte, konnte nicht erwarten, daß Hauptmann freigesprochen wurde, versprach sich von Big Eds Auftritt allerdings ein theatralisches Moment, damit der Prozeß nicht nur zu einer Show der Anklage wurde. Anna Hauptmann wiederum hatte einen Vertrag unterschrieben, in dem sie versicherte, ausschließlich mit den Redakteuren des *Evening Journal* zu sprechen, dem ewigen Sorgenkind des New Yorker Hearst-Imperiums. Um sicherzustellen, daß Anna Wort hielt, hatte man ihr drei Reporterinnen zugeteilt, die sie Tag und Nacht begleiteten und sogar vor ihrem Zimmer saßen, wenn sie schlief.

Zu Prozeßbeginn wurde diesem Team ein neues Gesicht zugeteilt. Dorothy Kilgallen war erst 21 Jahre alt, und mit ihren großen braunen Augen, ihren Pausbacken und den rüschenbesetzten Hemdblusenkleidern sah sie eher aus wie dreizehn. Sie war eine fromme Katholikin und schien wie geschaffen dafür, Mrs. Hauptmanns Vertrauen zu gewinnen, da diese kaum einen Schritt ohne ihren seelsorgerischen Beistand, Pater D.G. Werner, tat.

Selbst zu seinen besten Zeiten wäre es Ed Reilly nicht leichtgefallen, Richard Hauptmann als sympathisch darzustellen. Und 1932 hatte Reilly seine besten Jahre entschieden hinter sich. Er war Alkoholiker im fortgeschrittenen Stadium und verbrachte seine Nächte damit, schrill gekleideten Sekretärinnen zu »diktieren«. Auf dem Briefpapier, das er speziell für diesen Prozeß hatte drucken lassen, prangte der falsche Name »Linburg« – kein gutes Omen.

Je mehr er im Laufe des Prozesses unter Druck geriet, desto deutlicher verlor der Angeklagte mit seinem Auftreten anfängliche Sympathien der weiblichen Zuschauer. Hauptmann unterbrach die Aussage des FBI-Agenten Thomas Sisk mit den Rufen »Mister, Mister, Sie lügen doch!«, warf anderen Zeugen Schimpfworte an den Kopf (»Der Alte ist verrückt«, sagte er auf deutsch über den 87jährigen Amandus Hochmuth) und benahm sich insgesamt wie jemand, der keine Zurückhaltung kennt. »Hauptmann war der ungehobeltste Gefangene, den ich jemals in irgendeinem Prozeß als Angeklagten vor Gericht erlebt habe«, schrieb der Reporter Leigh Matteson vom International News Service. »Obwohl sein Leben auf dem Spiel stand, war er taktloser als ein übellauniger, verkaterter Mann, den man mit Alkohol am Steuer erwischt hat.« Als er sich zu seiner Verteidigung äußern sollte, schien Hauptmann die Chance zu genießen, sich mit

David Wilentz zu messen, und konnte sich dabei gelegentlich ein höhnisches Grinsen nicht verkneifen. Seine Wachen berichteten, er verbrächte seine Abende mit dem Lesen von Heldenbiographien, darunter Floyd Gibbons' Lebensbeschreibungen des Barons von Richthofen und Lowell Thomas' *Lauterbach of the China Seas*.

Prozeßbeobachter Jack Benny bemerkte lakonisch: »Bruno braucht an sich noch eine zweite Chance.«[18]

Anna Hauptmann machte es Reilly leichter. Sparsam, fleißig und fromm hatte Mrs. Hauptmann bis zu Mannfrieds Geburt verläßlich als Bäckereiangestellte oder Kellnerin gearbeitet und oft Sechs-Tage-Wochen eingeschoben, wenn Richard auf der Jagd war oder sich mit den Henkels auf Hunter's Island vergnügte. Die Schriftstellerin Kathleen Norris, die den Prozeß für die *New York Times* beobachtete, faßte die vorherrschende Meinung in die Worte, Mrs. Hauptmann sei eine naive und vermutlich vernachlässigte Ehefrau. »Wie lange soll eine Frau eigentlich zu einem Mann halten?« fragte sie. »Empfindet sie noch so etwas wie Liebe für ihn, oder ist es nur Mitleid?«

Aber wenn Mrs. Norris glaubte, Annas Loyalität geriete ins Wanken, täuschte sie sich. Im Gegenteil, Mrs. Hauptmann war von der Unschuld ihres Mannes von Tag zu Tag mehr überzeugt. Als die Polizei sie kurz nach der Verhaftung ihres Mannes vernahm, konnte sich Anna nicht erinnern, was ihr Mann am Abend des 1. März 1932 getan hatte. »Wenn ich mich doch nur drei Jahre zurückerinnern könnte, dann wäre alles gut«, erklärte sie Reportern vor dem Gerichtsgebäude.[19]

Vier Monate später hatte sich Annas Erinnerungsvermögen wundersam verbessert. Sie wußte genau, daß Richard gegen sieben Uhr kurz in Fredericksens Bäckerei gewesen und dort geblieben war bis zu ihrem Schichtende um neun Uhr. Außerdem sei Richard am 2. April, dem Tag der Lösegeldübergabe, den ganzen Abend zu Hause gewesen und habe mit Hans Kloeppenburg Duette für Mandoline und Gitarre gespielt. Und am 26. November 1933, als Graveyard John der Kinokassiererin Cecile Barr einen Schein aus dem Lösegeld gegeben haben sollte, habe Richard zu Hause mit Freunden seinen Geburtstag gefeiert.

Ein sichtlich nervöser Hans Kloeppenburg bestätigte die Geschichte vom »Hausmusikabend« am 2. April, gab jedoch im Kreuzverhör zu, er habe Detective Wallace vom NYPD gegenüber ausgesagt, er könne sich nicht an bestimmte Tage erinnern, die er im März oder April 1932 mit Richard verbracht habe. Annas Nichte Maria Mueller und zwei Freunde, Otto und Louis Wollenburg, sagten aus, am Geburtstagsabend bei den Hauptmanns gewesen zu sein. Auf die Frage, warum sie Detective Breslin und Captain Apple vom NYPD gegenüber ausgesagt habe, es habe keine Geburtstagsparty gegeben, sagte Mrs. Mueller, damals hätte sie dieses Beisammensein nicht als Party betrachtet. Christian Fredericksen, Besitzer der Bäckerei, in der Anna arbeitete, sagte, da es ein Dienstagabend gewesen sei, habe Hauptmann seine Frau wahrscheinlich von der Arbeit abgeholt, aber beschwören könnte er es nicht.

Obwohl die Jury abgeschirmt wurde, dürfte ihr der Presserummel kaum entgangen sein. Die Geschworenen aßen im Speisesaal des Union Hotels, und ihr Tisch war von dem der dort wohnenden Journalisten nur durch einen dünnen Vorhang getrennt. Ihre Zimmer lagen direkt über dem provisorischen Pressezentrum, und eine Geschworene klagte später darüber, daß sie wegen der penetranten Stimme des Radiokommentators Gabriel Heatter bei dessen spätabendlichen Prozeßberichten nicht habe schlafen können.

Falls Reilly jedoch geglaubt haben sollte, die Hearst-Zeitungen könnten helfen, die Sympathien der Geschworenen zu gewinnen, täuschte er sich. Dorothy Kilgallen hatte trotz ihres jugendlichen Alters ein starkes Selbstbewußtsein. Sie war Mrs. Hauptmann nicht sehr wohl gesinnt und weigerte sich, ihre eigene Glaubwürdigkeit zu gefährden, indem sie Interviews machte, wie ihr Chefredakteur sie lesen wollte. Der frustrierten Mrs. Hauptmann blieb nichts weiter übrig, als anderen Reportern Zettel zuzustecken und sie zu drängen, die Aufpasserinnen auszutricksen und Kontakt mit ihr aufzunehmen. Die Reporterin einer Bostoner Zeitung erwischte den Trupp vom New Yorker *American* in einem unachtsamen Augenblick und schlich eines Abends für ein Interview in Annas Zimmer. Anna zeigte stolz das Bild von Christus beim Gebet im Garten Gethsemane vor, das auf ihrem Schreibtisch stand. Aus der obersten Schublade nahm sie einen dicken Stapel Briefe von Anhängern, überwiegend Frauen, die sich in ihren Mann verliebt hatten. Die Reporterin hatte am Ende den Eindruck, Annas Gefühle für Richard seien eher mütterlicher Natur.

David Wilentz' offizieller Ansicht nach war Anna Hauptmann nur eines der vielen Opfer ihres Mannes. Vor Gericht jedoch vertrat er eine aggressivere Position und deutete wiederholt an, Anna könnten die Aktivitäten ihres Mannes kaum verborgen geblieben sein. Um ein Beispiel dafür zu geben, rief er Mrs. Ella Achenbach als Zeugin auf, eine Nachbarin der Hauptmanns aus der 222. Straße und früher gut mit Anna befreundet. Mrs. Achenbach sagte, sie habe an einem Märztag 1932 auf ihrer Veranda gesessen, als Anna und Richard vorgefahren seien. »Anna kam an die Veranda und erzählte, sie kämen gerade von einem Ausflug zurück.«

»Mrs. Achenbach, Sie lügen!« schrie Anna.

Der Richter forderte Anna auf, sich zurückzuhalten, und Mrs. Achenbach fuhr mit ihrer Geschichte fort, erinnerte sich, daß Richard gehinkt und Anna ihr erklärt habe: »Ach ja, Richard hat sich am Bein verletzt.«

Später sagte Anna aus, Mrs. Achenbach müsse einen Ausflug 1931, nicht 1932 gemeint haben. Zufällig besaß die Staatsanwaltschaft eine Akte mit Beweisen dafür, daß Hauptmann sich 1932 am Bein verletzt hatte und als Folge davon wegen einer Venenentzündung behandelt wurde. Wilentz machte sich nicht die Mühe, diese Angelegenheit weiterzuverfolgen. Was diesen angeblichen »Ausflug« anging, könnte Hauptmann im März oder April 1932 nach Hopewell gefahren sein, um dort den Dr.-Denton-Schlafanzug abzuholen. Wilentz konnte jedoch weder beweisen, daß ein solcher Ausflug tatsächlich stattgefunden, noch daß Anna in irgendeiner Weise mit der Entführung zu tun hatte. Dennoch fragten sich die Geschworenen, warum Mrs. Achenbachs beiläufige Bemerkung eine derart heftige Reaktion hervorgerufen hatte.[20]

Da er seine Mandanten kaum mehr im Griff hatte und ihm der Fall entglitt, ließ Ed Reilly einen Film für die Wochenschau drehen, in dem er nach weiteren Zeugen suchte. Nur wenige, die sich meldeten, wurden abgewiesen.

Louis Kiss hatte seinen Lebensunterhalt 1932 mit der Herstellung von »Rum« in seiner Küche verdient, ein Vorgang, der seiner Schätzung nach »etwa zehn Minuten« dauerte. Kiss sagte aus, er habe Hauptmann (den er nicht persönlich kannte) am Abend des 1. März in Fredericksens Bäckerei gesehen. Was das Datum anging, war er seiner Sache sicher, weil sein Sohn »genau eine Woche« nach Washingtons Geburtstag (der bis 1972 direkt am 22. Februar begangen wurde) mit heftigen Nierenschmerzen ins Krankenhaus eingeliefert wurde. Ein Blick auf den Kalender zeigte, daß 1932 ein Schaltjahr war. Eine Woche nach dem 22. Februar wäre der 29. Februar gewesen, nicht der 1. März.

Ein Bauarbeiter mit Namen Elvert Carlstrom behauptete ebenfalls, er habe Richard Hauptmann in der Bäckerei gesehen. Der Aussage eines anderen Zeugen nach war Carlstrom jedoch den ganzen Abend über in Dunellen, New Jersey, gewesen.

August Van Henke erinnerte sich, gesehen zu haben, wie Hauptmann an jenem Abend Fredericksens Hund ausgeführt hatte. Im Kreuzverhör gestand Van Henke, daß er zwei Decknamen verwendete und Geschäftsführer eines Restaurants sei, hinter dem sich ein berüchtigtes Wettbüro verberge.

Peter Sommer gab an, wenige Stunden nach der Entführung einen Mann, der aussah wie Isidore Fisch, und eine Frau, die aussah wie Violet Sharpe, mit einem Kleinkind auf dem Arm auf der Mid-Hudson-Fähre gesehen zu haben. Sommer wurde als professioneller Zeuge enttarnt, der gegen Bezahlung schon in einem Dutzend Verfahren – darunter auch im Hall-Mills-Mordprozeß – einen Meineid geleistet hatte.

Anna Bonesteel betrieb einen Coffeeshop in Yonkers, New York, nahe der Endstation der Alpine-Ferry (nicht die Verbindung, von der Sommer gesprochen hatte). Bonesteel sagte aus, sie kenne Violet Sharpe flüchtig und habe sie am 1. März 1932 in ihrem Coffeeshop mit einem Baby gesehen, das in eine graue Decke gewickelt war. Als Wilentz ihr ein Foto von Sharpe zeigte, erkannte sie diese nicht wieder.

Und so weiter.

Überraschenderweise war Reilly nach dieser beschämenden Verteidigung im Schlußplädoyer doch noch fast sein Geld wert. Kein vernünftiger Mensch nahm Reillys Theorie einer großen Verschwörung ernst, an der Betty Gow und John Condon ebenso beteiligt gewesen sein sollten wie die verstorbene Violet Sharpe und Isidore Fisch. Aber er war sehr überzeugend darin, Gründe darzulegen, warum Wilentz' Theorie eines Einzeltäters genauso unwahrscheinlich war. Reilly sagte nie, Hauptmann sei nicht daran beteiligt gewesen, und ließ die Möglichkeit offen, daß sein Mandant tatsächlich derjenige hätte gewesen sein können, der das Lösegeld kassiert hatte. Aber, verkündete er leidenschaftlich: »Ich glaube, daß dieser Mann an dem Mord absolut unschuldig ist.« Es war ein allerletzter Appell, der gelegentlich wirkt, wenn ein oder zwei Geschworene zufällig Vertretern der Staatsmacht gegenüber prinzipiell mißtrauisch sind und Anstoß daran nehmen, wenn man ihnen Halbwahrheiten erzählt.

Staatsanwalt Wilentz' Schlußplädoyer hätte der letzte Akt des Dramas sein sollen, aber eine weitere bizarre Wendung stand bevor. Als Wilentz zum Ende seiner Ausführungen kam, wurde er von einem Zuschauer im hinteren Teil des Saales unterbrochen, der rief: »Euer Ehren! Bitte! Ein Mann hat gestanden ...« Der Rest seiner Worte ging unter, als der Gerichtsdiener dem Zuschauer den Mund zuhielt und ihn mit Gewalt aus dem Saal zerrte. Nach kurzer Besprechung entschied Richter Trenchard dagegen, den Prozeß daraufhin noch einmal aufzurollen.

Vor dem Gerichtssaal erzählte der Zuschauer Reportern, er sei Reverend Vincent Burns, Pastor einer kleinen Gemeinde in Palisades, New Jersey, nicht weit von Englewood. Am Palmsonntag 1932, sagte Burns, sei nach dem Gottesdienst ein Mann in sein Büro gekommen und habe die Entführung des Lindbergh-Babys gestanden. Obwohl er es für seine heilige Pflicht hielt, den Namen des Mannes nicht preiszugeben, hatte er seit Wochen versucht, der State Police, Wilentz und dann der Verteidigung seine Geschichte zu erzählen. Seltsamerweise hatte selbst Reilly, der bedenkenlos Peter Sommer in den Zeugenstand geholt hatte, Burns' Geschichte zurückgewiesen. Später am selben Nachmittag erklärte der Richter, man würde Burns, falls er weiter von diesem angeblichen Geständnis redete, wegen Mißachtung des Gerichts einsperren.

Am nächsten Morgen um 11 Uhr 23 wurde der Fall den Geschworenen übergeben. Die erste Abstimmung endete sieben zu fünf – sieben für die Todesstrafe und fünf für lebenslänglich.

Am Nachmittag hatte sich eine Menge von schätzungsweise 10 000 Menschen auf der Main Street versammelt. Anfangs glich die Straße einem Jahrmarkt. Souvenirverkäufer machten gute Geschäfte, und Zuschauer in Feierlaune drängten sich vor den Kameras der Wochenschauen. Als es dann Zeit zum Abendessen wurde und noch immer keine Nachricht aus dem Gericht kam, schlug die Stimmung langsam um. Irgend jemand fing an zu rufen: »Tötet Hauptmann! Tötet Hauptmann!« Ein paar Jungen warfen Steine gegen das Gebäude und zerschlugen eine Fensterscheibe. Endlich, um 22 Uhr 45, signalisierten die Geschworenen, daß sie zu einer Entscheidung gelangt waren: Schuldig, ohne jede Einschränkung.

Das Ende des Prozesses bedeutete keine Befreiung und hatte nur beschämte und nachdenkliche Gesichter zur Folge. Die aufwühlenden emotionsgeladenen Szenen, die in den Wochenschauen zu sehen waren, ließen Hauptmann wie ein wildes Tier, das man in die Enge getrieben hatte, erscheinen. Das Spektakel war derart schändlich – mochte der Prozeß nun unfair gewesen sein oder nicht –, daß Kameras daraufhin über Jahre aus amerikanischen Gerichtssälen verbannt waren. Der konservative *American Mercury* bezeichnete das Verfahren als »Sensationsjustiz«, und ein Artikel im *Scribner's Magazine* trat für Beschränkungen in der Berichterstattung über Strafprozesse ein, ähnlich denen, die damals wie heute in Großbritannien gelten: »Ein englischer Redakteur kann für fast alles ins Gefängnis wandern, was ein amerikanischer Redakteur für selbstverständlich hält«, merkte der Autor des Artikels mit Genugtuung an.[21]

Überraschenderweise kam eine Reihe von Kommentatoren zu dem Schluß, die eigentlichen Wurzeln für das Verbrechen seien in der Verrohung der deutschen Gesellschaft durch den Ersten Weltkrieg und den Versailler Vertrag zu suchen.

Edna Ferber war zwar nicht bereit, Kriegsveteranen eine

Lizenz zum Töten auszustellen, stimmte aber soweit mit dieser Meinung überein, daß, »schuldig oder nicht, dieser Mann, als er noch keine 17 Jahre alt war, am eigenen Leib, der nicht der Leib eines Mannes war, mit eigenen Augen, die nicht die Augen eines Mannes waren, Angst, Schmerz, Gewissenlosigkeit, Mord, Hunger und Kälte erlebt hatte. Er war ein deutscher Soldat im Krieg und das Produkt dieses Krieges.« 1935 war es modern, den Untergang des Westens zu verkünden, und Ferber fand in den unrühmlichen Vorgängen in Flemington genügend Grund für ihre Verzweiflung über die Zukunft der Demokratie. »Fast war ich soweit«, schloß sie, »Hitler ein Telegramm zu schicken: ›Okay, Mann, du hast gewonnen.‹«

20.
DAS HAUS DES ATREUS

Harold Nicolson – angesehener Autor, Diplomat, jüngster Sohn eines Earl und verheiratet mit der Schriftstellerin Vita Sackville-West – begegnete Problemen der besseren Gesellschaft meist mit Gelassenheit. Im Herbst 1934 jedoch fand er sich in einer eher unangenehmen Situation wieder, und das hatte mit der Familie Morrow zu tun.

Auf der Suche nach dem idealen Biographen für ihren verstorbenen Ehemann hatte Betty Morrow von Walter Lippmann und anderen bedeutenden amerikanischen Autoren einen Korb bekommen. Auf Anregung von Anne und Elisabeth, die Harold Nicolsons Lebensbeschreibungen seines eigenen Vaters gelesen hatten, ließ Mrs. Morrow Nicolson durch ihre Agenten ein großzügiges Angebot unterbreiten: Falls er daran interessiert sein sollte, Morrows autorisierte Biographie zu schreiben, würde die Familie seine Auslagen übernehmen, einschließlich der Reisekosten in die Vereinigten Staaten und zurück. Normalerweise nahm Nicolson keine Auftragsarbeiten an, aber Mrs. Morrow war charmant und blieb beharrlich dabei, er habe vollkommen freie Hand, ohne jede Einmischung von seiten der Familie. Den ersten Hinweis darauf, daß vielleicht nicht alles so glattgehen würde wie geplant, bekam Nicolson schon an Bord der *Berengaria* auf dem Weg zu seiner neuen Gönnerin. Er saß mit Jack Morgans Tochter am Tisch, die ihn warnte, Dwight Morrow sei schamlos publicitysüchtig gewesen.

Als die *Berengaria* am 24. September in New York festmachte, nahm Nicolson auf dem Weg über die Gangway als erstes einen Pulk von Zeitungsverkäufern wahr, die die Neuigkeit von Hauptmanns Festnahme verbreiteten. Dann erst fiel ihm das Empfangskomitee der Morrows auf, eine Delegation schwarzgewandeter Domestiken, darunter Arthur Springer, Tom Lamonts Privatsekretär, und ein »pummeliger, kleiner Junge« mit einem Kneifer, der sich als Dwight Morrow jr. vorstellte.

Für Nicolson, der auf Sissinghurst Castle in Kent wohnte, war Luxus kein Fremdwort. Dennoch staunte er, daß ihm nicht einer, sondern zwei Cadillacs mit Chauffeur zur Verfügung standen – der erste sollte sein Gepäck nach Next Day Hill bringen, der andere ihn in die Stadt zu den Terminen fahren, die für den Tag seiner Ankunft vereinbart waren. Das Haus der Morrows bestätigte Nicolsons Vorstellung vom Geschmack reicher Amerikaner: riesige dicke Teppiche, Holzvertäfelungen und chinesische Glasmalereien. In Vertretung für Mrs. Morrow, die North Haven für den Winter herrichtete, stand Jo Graeme bereit, das ganze Haus auf den Kopf zu stellen, bis Nicolson mit seinen Räumen zufrieden war. Man stattete ihn mit einem verwirrend komplizierten Telefonsystem aus (»Ich drücke auf Knöpfe, die mich mit der ganzen Welt verbinden.«) und stellte einen Lehnsessel in sein Badezimmer. Merkwürdigerweise war Betty Morrow der irrigen Annahme, Briten mit gehobenem Lebensstandard hätten die Angewohnheit, in Badelaken gewickelt herumzuliegen, und wollte sichergehen, daß sich ihr Gast zu Hause fühlte.

Nicolson erfuhr bald, daß es Mrs. Morrow mit seiner Unabhängigkeit zweifellos ernst war, daß sie aber ebenso Dwight blind verherrlichen und ihm mit der Biographie einen Platz in der Geschichte sichern wollte. Und es gab noch weitere Komplikationen. Ein pensionierter Colonel der Army namens Lowrie, den man für Interviews und zum Ordnen von Morrows Unterlagen engagiert hatte, war davon ausgegangen, er solle das Buch schreiben. Lowrie wurde sich über die gegenteiligen Abmachungen der Familie erst im klaren, als er Nicolson die Hand schüttelte, dem Mann, dem er seine gesamten Recherchen aushändigen sollte. Am Boden zerstört, kündigte Lowrie auf der Stelle und drohte, eine eigene Biographie zu schreiben. Inzwischen wurde Tom Lamont nervös, weil er wissen wollte, wie das Haus Morgan in dem Buch wegkommen würde. Als Nicolson ihm schließlich seinen ersten Entwurf zum Lesen schickte, antwortete Lamont mit einem 100seitigen Memo, in dem er seine Einwände auflistete.

Die Lindberghs waren noch immer auf Will Rodgers' Ranch in Santa Monica, als Nicolson die Vereinigten Staaten erreichte, und bevor sie an die Ostküste zurückkehrten, unternahm er eine kurze Erkundungsfahrt in die Gegend von Amherst. Er aß mit Mina Curtiss zu Mittag, die zwischen Mrs. Morrow und ihm vermittelt hatte. Mina Curtiss, inzwischen eine »dicke Freundin« von Constance Morrow, nutzte – nach Nicolsons Einschätzung – die Gelegenheit, ihn in den Familienklatsch einzuweihen. Dwight junior, erzählte sie, sei die große »Familientragödie«: Unseligerweise könne Betty Morrow ihre Enttäuschung nicht verbergen und sei »nicht sonderlich nett« zu ihrem einzigen Sohn. Platz zwei der Familienprobleme nehme Annes Mann ein, was Mina Curtiss auf seine mangelnde Bildung und »nicht ganz einfache« Umgangsformen zurückführte. Es sei schwer für Anne, mit Charles zurechtzukommen, und die ganze Familie fühle mit ihr.

Zusammenfassend erklärte Mina Curtiss, für die Morrows sei ihr berühmter Schwiegersohn »eigentlich nicht mehr als ein Mechaniker«, und wäre er nicht über den Atlantik geflogen, betriebe er jetzt wahrscheinlich eine Tankstelle in einem Vorort von St. Louis. »Obwohl die Morrows selbst aus bescheidenen Verhältnissen stammten, waren sie doch immer kultivierte und vornehme Menschen«, schrieb Nicolson und resümierte aus den Informationen, dic Mina Curtiss ihm gegeben hatte: »Somit entstammt Lindberg *[sic]* eigentlich einer niedrigeren Gesellschaftsschicht, und sie behandeln ihn mit der zurückhaltenden Höflichkeit, die man der Nichte eines Pächters entgegenbringt.«[1]

Vorgewarnt, kehrte Nicolson nach Englewood zurück, wo er die Lindberghs in ihren Wohnräumen im anderen Flügel des Hauses antraf. Colonel Lindberghs Hand ruhte auf dem Kopf eines mächtigen Polizeihundes.

Nicolson beschrieb die folgende Unterhaltung in einem Brief an seine Frau:

»Sie müssen zuerst etwas aufpassen, Mr. Nicolson«, antwortete er [Lindbergh].

»Ist er sehr böse?«

»Das ist er schon. Aber mit der Zeit wird er sich an Sie gewöhnen …«

»Er heißt doch Thor, nicht wahr? Ich habe von ihm in den Zeitungen gelesen.«

Ich streckte die Hand nach ihm aus. »Thor!« sagte ich und legte in das Wort das Angebot meiner Freundschaft. Darauf machte er in seiner Kehle ein Geräusch, wie es nur Tiger machen, wenn sie auf ihr Futter warten … raubgierig, wütend, hungrig. Lindbergh lächelte ein wenig beklommen. »Es wird etwa eine Woche dauern«, sagte er, »bis er sich an Sie gewöhnt hat.« Dann ließ er das Halsband los. Ich wich eiligst an den Kamin zurück, als ob ich die Asche von meiner Zigarette abstreifen wollte. Thor stolzierte auf mich zu. Ich dachte an Dich und meine beiden Söhne, Gwen und Rebecca, an mein bisheriges Leben und an Englands Ehre …[2]

Der entmutigende Eindruck aus dieser ersten Begegnung blieb allerdings nicht lange bestehen. »Es ist einfach Unsinn, wenn die Leute sagen, Lindbergh sei unangenehm«, schrieb Nicolson bald an seine Frau. »Er ist so angenehm, wie er nur sein kann.«

Den gewissen Klassenunterschied, von dem Mina Curtiss berichtet hatte, sah Nicolson nicht. Er, der sich selbst als Snob bezeichnete, bemerkte respektlos, Lindbergh sei einer dieser gutaussehenden, devoten Knaben, die eine Familie der englischen Upper-Class liebend gern als Chauffeur hätte. Mrs. Morrow dagegen erinnerte ihn an eine Dienerin der besseren Gesellschaft, während Elisabeth und Anne für ihn mehr wie Postangestellte aus einem Dorf in Kent wirkten.

Bei näherer Betrachtung war Colonel Lindbergh der eigentliche Aristokrat, der sich als Meister der eleganten, wenn auch absolut unpersönlichen Plauderei entpuppte, die sonst nur die Königliche Familie beherrschte. »In diesem Land ist er ein wahrer Held, und nie verhält er sich entwürdigend«, begeisterte sich Nicolson. In anderen Briefen beschreibt er Charles' »zarte, geschickte Hände ... die dem Bild vom Mechaniker widersprechen«. »Annes Zurückhaltung einer Maus und Charles' Bescheidenheit eines Hirsches.« »O mein Gott, wie charmant sie sind!« schwärmte Nicolson.[3]

Charles sah in dem Biographen einen Geistesverwandten und redete beinahe ununterbrochen, so daß Nicolson sich fragte, woher dieser wortreiche Mann den Ruf hatte, zurückhaltend zu sein.

Lindbergh erzählte von seiner Arbeit an der Perfusionspumpe, mit der er inzwischen die Niere eines Kaninchens sechs Wochen lang am Leben erhalten konnte. Er hoffte, seine Forschung würde zu neuen Behandlungsmethoden in der Krebstherapie führen, fügte aber kopfschüttelnd hinzu: »Wir haben mit dieser verdammten Pumpe in den letzten zwei Jahren soviel Glück gehabt, daß es so nicht bleiben kann. Irgendwas wird sicher schiefgehen.«[4]

Lindbergh diskutierte mit Nicolson auch über das britische

Klassensystem, das er abstoßend fand, und erzählte, wie empört er über Roosevelts eigenmächtige Auflösung der Luftpostverträge gewesen war. Er hatte einiges gegen den New Deal einzuwenden und führte an, der Wohlfahrtstaat funktioniere nur auf Kosten der individuellen Freiheit, aber er war weniger gegen Roosevelts Politik eingenommen als viele Freunde der Morrows und nannte sich selbst einen »Demokraten aus Instinkt und Republikaner in der Praxis«.

»Er ist nicht im mindesten ein dummer Mensch«, schrieb Nicolson seiner Frau, »obwohl ich bezweifle, daß er weiß, wer Goethe ist.« Und weiter: »Er ist ein feinfühliger Mann ohne gedankenlose Vorurteile, jemand, der die Dinge direkt angeht.«[5]

Nach einem Besuch bei den Lamonts schrieb Nicolson, Mrs. Lamont (»eine dumme Gans«) und Betty Morrow versuchten jedes sinnvolle Gespräch abzublocken, offenbar aus Prinzip, da sie der Ansicht waren, es sei nicht schicklich, in gemischter Gesellschaft über Politik zu diskutieren. Colonel Lindbergh, bemerkte Nicolson amüsiert, schaffte es, taktvoll Betty Morrows Andeutungen abzuwehren, daß Florence, die »nicht flugbegeistert« war, ihre Angst überwinden würde, wenn er sie einmal mitnähme. »Das sieht den alten Damen ähnlich«, sagte Charles später. »Bloß weil ich allein nach *Parris* geflogen bin, halten sie mich für einen sicheren Piloten.«[6] Alles in allem, befand Nicolson, zeigte sich Lindbergh in Situationen, die die Gutmütigkeit eines jeden Schwiegersohns auf die Probe gestellt hätten, erstaunlich geduldig.[7]

Nicolsons zynische Bemerkungen über die gesellschaftlichen Kreise der Morrows blieben möglicherweise nicht so unbemerkt, wie der Biograph glaubte. Miss Shiff, die Sekretärin, die ihm helfen sollte, Morrows Akten durchzugehen, warnte ihn, man könne seine Briefe durch die Umschläge hindurch lesen, und Anne Lindbergh deutete in ihrem Tagebuch an, sie habe den Verdacht, er sehe insgeheim auf sie alle herab. Diese kritische Haltung dürfte Nicolson selbst kaum wahrgenommen haben, denn er fand Anne liebenswert, scheu und höchst charmant. Er las den Artikel über die Nordatlantiktour, an dem Anne für den *National Geographic* schrieb, und war davon so begeistert, daß er seiner Frau eine Kopie schickte. Vita dagegen blieb unbeeindruckt. Da er merkte, wie unsicher Anne bezüglich der Veröffentlichung war und daß sie ihre eigenen Fähigkeiten nicht richtig einschätzen konnte, brachte es Nicolson nicht über sich, Anne die Wahrheit zu sagen, und er ließ sie in dem Glauben, Vita habe das Manuskript gelobt – eine höfliche und harmlose Notlüge.

An einem stürmischen Abend Ende November rief Aubrey Morgan aus Pasadena an und brachte schlechte Nachrichten. Elisabeth hatte nach einer Blinddarmoperation eine Lungenentzündung bekommen. Ihr Zustand war kritisch. Trotz des tückischen Wetters und ihrer Flugangst war Betty Morrow fest entschlossen, sofort ans Krankenbett ihrer Tochter zu eilen. Bei der TWA entschied man, daß ein Nachtflug bei diesem Sturm unmöglich sei, und Charles willigte zögernd ein, eine Maschine zu chartern.

Während Betty Morrow in der Eingangshalle stand und darauf wartete, daß Charles und Anne sie zum Flugplatz fahren sollten, dachte Nicolson noch einmal über seine Gönnerin nach. »Sie ist eine häßliche, kleine Frau von etwa 65 Jahren mit einem unangenehmen Mund. Und doch hat sie etwas Inspirierendes an sich«, schrieb er seiner Frau. »Sie ist nicht intelligent, sie ist nicht amüsant, und ihre Lyrik ist höchst dürftig, aber sie hat etwas so Eindringliches und Verblüffendes an sich.«[8]

Mrs. Morrow landete wohlbehalten in Pasadena, und eine Zeitlang schien es, als würde sich Elisabeth gut von ihrer Operation erholen. In den frühen Morgenstunden des 3. Dezember erwachte Anne zitternd vor Kälte mit einer bösen

Ahnung. Minuten später läutete das Telefon. Ihre Mutter rief aus Pasadena an. Elisabeth war gestorben.

Obwohl die Ärzte Elisabeth seit langem einen Tod in jungen Jahren vorausgesagt hatten, war es für die Familie ein furchtbarer Schlag. Elisabeth war ihrem Vater so ähnlich gewesen, daß Betty Morrow meinte, sie habe jetzt die letzte greifbare Erinnerung an ihren Mann verloren. Anne stürzte ein weiteres Mal in tiefe Depressionen. Es wurde Charles übertragen, Vorbereitungen für die Bestattungsfeier zu treffen. Sie sollte in der Bibliothek auf Next Day Hill stattfinden, demselben Raum, in dem Elisabeth und Aubrey Morgan zwei Jahre zuvor geheiratet hatten.

Harold Nicolson verglich die Morrows mit dem Haus des Atreus, und es schien, als fordere das Schicksal grausam Vergeltung für die frühere Glückssträhne der Familie. Neben Dwight Morrow, Charles Lindbergh jr. und jetzt Elisabeth waren so viele Menschen im Umfeld der Familie unerwartet gestorben, daß verschiedene große Magazine Artikel brachten, in denen über einen »Lindbergh-Fluch« spekuliert wurde.

Zahlreiche Bekannte waren Opfer von Krankheiten und Unglücksfällen geworden. Außerdem natürlich verloren die Lindberghs, wie alle, die mit der noch jungen Luftfahrt zu tun hatten, Freunde und Kollegen bei Flugzeugabstürzen, darunter Will Rogers und Wiley Post, die 1935 in Alaska starben. Charles und Anne selbst überstanden mit viel Glück eine ganze Reihe von brenzligen Situationen, aber sie hatten auch gute Flugzeuge und verfügten über ein gewisses Sicherheitsbewußtsein und überdurchschnittliches fliegerisches Können. Trotzdem konnte niemand, der so oft flog wie Lindbergh, die Möglichkeit eines tödlichen Absturzes ausschließen. Im September 1934 überschlug sich ihre nagelneue einmotorige Lambert Monocoupe, als sie vom Wichita Airport starten wollten, und die Mechaniker entdeckten, daß die Bremse an einem Rad falsch herum eingebaut worden war. Die Lindberghs setzten ihren Flug in einer Ersatzmaschine fort, mußten jedoch mit einem Triebwerkschaden in Oklahoma auf einem Feld notlanden. Es ist kein Wunder, daß Anne sich zunehmend vor Testflügen mit neuen Maschinen fürchtete.

Harold Nicolson, der mit dieser von Tragödien heimgesuchten Familie unter einem Dach lebte, staunte über ihren Gleichmut. Als der Entführungsprozeß im Januar 1935 begann, kam er jeden Morgen zum Frühstück nach unten und fand die *Times* sauber gefaltet auf dem Tisch vor, obwohl die Titelseite ausnahmslos von den Neuigkeiten aus Flemington beherrscht wurde. Trotzdem war die Entführung – oder, wie die Familie es nannte, »der Fall« – das einzige Thema, auf das Charles bei ihren täglichen Unterhaltungen niemals anspielte. »Es *muß* ihm etwas bedeuten«, schrieb Nicolson erstaunt, und doch kam er zu dem Schluß, daß Lindberghs Weigerung, sich zu den Schlagzeilen zu äußern, »keine Verstellung« sei. »Es ist nur eine konsequente Angewohnheit, die Presse zu ignorieren.« Ob Charles Lindbergh die Presse tatsächlich ignorierte oder nur so tat, bleibt offen. Auf die eine oder andere Weise zumindest schien er oft genug auf sie zu reagieren.

Am 13. Februar, als die Geschworenen über den Fall entschieden, brach die Familie mit ihrer Gewohnheit und stellte nach dem Abendessen das Radio an. Um 22 Uhr 45 unterbrach der Ansager das Musikprogramm mit einer Kurzmeldung: »Bruno Richard Hauptmann wurde zum Tode verurteilt. Sie hörten das Urteil im berühmtesten Prozeß der Geschichte.« Das Mikrofon des Korrespondenten übermittelte das Geschrei der Menschen vor dem Gerichtsgebäude, die angesichts der Aussicht auf Hauptmanns Hinrichtung in Jubel ausbrachen. Plötzlich stellte Charles das Radio ab. »Das«, sagte er, »ist ein Lynchmob.«

Man ging gemeinsam in die Küche, um Ginger Ale zu

holen, und kaum hörbar begann Charles, die Beweise durchzugehen, die im Prozeß vorgebracht worden waren. »Er tat, als wären seine Bemerkungen an mich gerichtet«, schrieb Nicolson. Aber er konnte sehen, daß Lindbergh versuchte, die quälende Spannung zu lösen, die Betty und Anne bedrückte. Nie zuvor hatten für Nicolson Indizenbeweise derart überzeugend geklungen.[9]

Nicolsons Zusammenfassung dieses Dialogs – detaillierter in der Originalkorrespondenz als in dem veröffentlichten Eintrag in seinen *Diaries and Letters* – hat verschiedene Autoren, die ebenfalls an der Entführung interessiert waren, zu der Bemerkung veranlaßt, Lindbergh habe sowohl sich selbst als auch seine Familie überzeugen wollen. Und doch, schreiben sie, war Hauptmann nicht allein aufgrund der Indizien verurteilt worden. Lindbergh selbst hatte den Angeklagten definitiv als denjenigen identifiziert, der das Lösegeld auf dem St.-Raymond's-Friedhof abgeholt hatte. Ludovic Kennedy beispielsweise kommt in *The Airman and the Carpenter* zu dem Schluß, daß Lindbergh Hauptmanns Stimme nicht wirklich erkannt habe, sondern von der Polizei von New York und New Jersey zu dieser Annahme bewegt wurde.

Die ungeklärte Frage in diesem Prozeß jedoch war nicht so sehr Hauptmanns Schuld, sondern die mögliche Existenz von Komplizen. Ed Reilly war von Richter Trenchard gewarnt worden, die Schuld Personen zuzuschieben, die er nicht in den Zeugenstand rufen wollte. Trotzdem hatte er Lindbergh nach dem stellvertretenden Chauffeur gefragt, den er »Ellison« nannte. Lindbergh gab zu, daß Ellerson bei mehreren Anlässen Familienmitglieder nach Hopewell gefahren hatte, wenn er auch nicht wußte, wie oft.

»Ellison *[sic]* ist nicht mehr Chauffeur auf dem Anwesen, oder?« hatte Reilly gefragt. »Er ist Wachmann am Tor, nicht?«

Und es stimmte. Charles Ellerson war nach Englewood zurückgekehrt, von Arthur Springer wieder eingestellt worden und arbeitete zeitweise als Nachtwächter auf Next Day Hill. Bedenkt man, wie schlecht vorbereitet Reilly ansonsten war und wie wenig Ahnung er von den grundlegenden Beweisen hatte, muß die Tatsache, daß er davon wußte, höchst beunruhigend gewirkt haben.

Am 16. Februar, dem Samstag, nachdem das Urteil verkündet worden war, bezahlte ein Passagier auf einem Flug der American Airlines von Boston nach New York sein Ticket mit zwei Zehn-Dollar-Scheinen aus Lindberghs Lösegeld. Das FBI konfiszierte die Flugunterlagen und begann, die Passagiere zu vernehmen, mußte die Ermittlungen jedoch auf Drängen Norman Schwarzkopfs hin abbrechen, der erklärte, die Scheine seien sicher schon einige Zeit in Umlauf gewesen. Bei ihrem Auftauchen so kurz nach dem Prozeß müsse es sich um einen reinen Zufall handeln. Schwarzkopf hoffte noch immer auf Hauptmanns Geständnis, aber bis zum Ende der Berufungsverhandlung wollte er um jeden Preis verhindern, daß das FBI die in Flemington dargestellte Theorie möglicherweise nicht akzeptierte. J. Edgar Hoover und die Chefs des NYPD waren mit Schwarzkopf einer Meinung, daß diese Ermittlung endlich abgeschlossen werden mußte. Sie hatten zahllose Arbeitsstunden und einen Gutteil ihres Budgets der letzten drei Jahre aufgefressen. Unter dem Protest einiger beteiligter Agenten und Detectives wurden die CALNAP-Ermittlungen ad acta gelegt.

In der darauffolgenden Woche stellte Anna Hauptmann Reportern ihren »persönlichen Manager« vor, einen gewissen David Webber, der für eine Gruppe namens »Bruno Hauptmann Defense Fund« mit dem Hauptquartier in der 86. Straße Ost 226 in Yorkville, Manhattan, arbeitete. Sowohl der Vorsitzende dieser Gruppe, Johannes Weiss, als auch der Anwalt Alphonse Koelble gehörten der Pro-Nazi-Vereinigung »Freunde des Neuen Deutschland« an. Auf einer Veranstaltung der Hauptmann-Gruppe am 5. März 1935 in der Bronx buhte eine Menge von 1500 Teilnehmern jedesmal, wenn Colonel Lindberghs Name fiel, und applaudierte lautstark, wenn Koelble den Ankläger David Wilentz »Wilensky« nannte. Draußen vor dem Saal waren Leute ausgiebig damit beschäftigt, nationalsozialistische Flugblätter zu verteilen, eines davon mit der Überschrift »Die antijüdische Front«. Als die Reden beendet waren, forderte Weiss »unsere Männer vom O.D.« – kräftige Platzanweiser mit grünen Armbinden – auf, sich unter die Leute zu mischen und Spenden zu sammeln (»O.D.« stand für »Ordnungsdienst«, eine paramilitärische Gruppierung nach dem Vorbild von Hitlers Sturmabteilungen). Zu den Pflichten des O.D. gehörte es auch, Kameras von Zeitungsfotografen zu zertrümmern, wenn diese versuchten, auf den Versammlungen zu fotografieren. Nachdem die New Yorker Behörden sich weigerten, weitere Versammlungen zu genehmigen, schickte die Gruppe Anna Hauptmann auf eine Spendensammelreise durch den Mittleren Westen. Mrs. Hauptmann sagte später, sie habe damals keine Ahnung gehabt, daß die Organisatoren sie für ihre politischen Ziele benutzten.[10]

Allerdings genoß der »Hauptmann Verteidigungsfonds« die stillschweigende Duldung der nationalsozialistischen Führung in Deutschland. Während des gesamten Prozesses hatte die Nazipresse Hauptmann als Opfer dargestellt, und in Julius Streichers berühmt-berüchtigtem *Stürmer* wurde tatsächlich behauptet, das Lindbergh-Baby sei von Juden gestohlen und bei einem rituellen Blutopfer getötet worden. Typischer noch war der Kommentar des *Westdeutschen Beobachters*, einem Organ der Nationalsozialistischen Partei in Köln: »Dieser Fall ist für uns prinzipiell ein Beispiel für den Mangel an Disziplin, der sich in den Vereinigten Staaten ausgebreitet hat.« Als deutlich wurde, daß die Veranstaltungen der Hauptmann-Gruppe mehr Deutschamerikaner abstießen als anlockten, ging der Verteidigungsfonds bald ein, und die nationalsozialistischen Organe in Deutschland enthielten sich jeglichen Kommentars zu dem Fall. Amerikanischen Korrespondenten wurde im Deutschen Reich ernstlich davon abgeraten, Kontakt zu Hauptmanns Familie und seinen Jugendfreunden aufzunehmen.

Mrs. Hauptmanns Auftritte in Chicago, Milwaukee und den Städten im Mittleren Westen brachten weniger als 15000 Dollar ein, und als Ed Reilly aus dieser Summe die Zahlung eines noch fälligen Honorarbetrags forderte, wurde er von den Hauptmanns gefeuert. Sie engagierten Lloyd Fisher, den Anwalt aus Flemington, der Reilly als Adlatus gedient hatte und jetzt das Gnadengesuch übernehmen sollte. Fisher wußte, daß der medizinische Gutachter Dr. Mitchell und der Leichenbeschauer Swayze wacklige Zeugen waren, und er war der Ansicht, Reilly hätte seine Verteidigung auf die Behauptung stützen sollen, daß das tote Kind im Wald nicht Charles Lindbergh jr. gewesen sei. Tatsächlich bestanden Zweifel an der Korrektheit der Identifikation. Zwar waren sich die Beamten am Tatort darüber einig gewesen, daß die Gesichtszüge des Kindes erkennbar gewesen seien, und die Leiche trug noch immer das von Betty Gow selbst genähte Unterhemd; trotzdem aber wurde Fishers Behauptung, das Lindbergh-Baby lebe noch, oft genug wiederholt. Im August, sechs Monate nach Ende des Prozesses, verkündete er, der echte Charles Lindbergh jr. sei auf Long Island entdeckt worden. Fisher lehnte Norman Schwarzkopfs Angebot ab, die Sache ein für allemal zu klären, indem man die Fingerabdrücke des Babys mit denen verglich, die man in Hopewell gesammelt hatte. Öffentlich forderte er Colonel Lindbergh auf, nach Long Island zu kommen und seinem Sohn in die Augen zu sehen. Als Lindbergh dieses Ansinnen ignorierte, unterstellte Fisher, die Familie habe etwas zu verbergen.

Jedesmal, wenn die Presse über Fishers oder Mrs. Hauptmanns Aktivitäten berichtete, erhielten die Lindberghs einen neuen Schwung Drohbriefe. Auch Betty Morrow war zur Zielscheibe geworden und so nervös, daß sie weder ihre persönliche Post öffnete noch ans Telefon ging. Bis Ende 1935 hatte die Polizei in New York und New Jersey 13 geistesgestörte Männer und Frauen aufgespürt, die der Familie Drohbriefe schrieben. Um nicht weitere Nachahmer anzulocken, klärte man diese Fälle in aller Stille und wies die Personen in psychiatrische Kliniken ein.

Da er nach wie vor Zweifel am Ergebnis der Ermittlungen hatte, verließ sich Colonel Lindbergh, was die Sicherheit seines zweiten Sohnes anging, nicht länger auf Mrs. Morrows Dienerschaft. Jon verbrachte den Sommer überwiegend in North Haven, und wenn er in Englewood war, wurde er rund um die Uhr von einem pensionierten Detective bewacht. Da er nicht länger mit seinem Kindermädchen auf dem Grundstück herumstreunen durfte, spielte er in einem von Maschendraht eingezäunten Gehege, bewacht von Thor und seinem persönlichen Leibwächter, der normalerweise eine abgesägte Schrotflinte bei sich trug.

Wichtiger als die Beantwortung der Fragen im Entführungsfall war für die Lindberghs, wieder zu einem normalen Familienleben zurückzufinden. Anne und ihre Mutter hatten die Ermittlungen seit dem Sommer 1932 nicht mehr verfolgt, und Charles wollte jetzt bewußt seine eigenen Erinnerungen an das Verbrechen »ausradieren«.[11]

Etwas unerwartet kam sein Versuch, im nachhinein Frieden mit seinem Vater zu schließen. Obwohl er seit 1927 nur wenig Kontakt zu seiner Familie gehabt hatte, flogen Anne und er jetzt nach Minnesota zu Eva Lindbergh Christie und ihrer Familie in Red Lake, später dann zu C.A.'s Schwester, Mrs. Linda Seal in Melrose, wo Charles die Asche seines Vaters über das Gelände der August Lindbergh Homestead verstreute. Außerdem besuchten die Lindberghs Little Falls, wo sie bei Martin Engstrom, dem Besitzer des örtlichen Eisenwarenladens, wohnten. Engstrom war ein alter Freund von C.A. gewesen und hatte den löblichen, wenn auch erfolglosen Versuch unternommen, das Camp vor der Verwüstung durch Rowdies und Souvenirjäger zu bewahren. Inzwischen war der Streit um C.A.'s Testament beigelegt, und die Erben hatten vereinbart, das Gelände dem Staat als Gedenkstätte an den Kongreßabgeordneten zu vermachen.

Während dieses Besuchs oder kurz danach nahm Lindbergh Kontakt mit Dr. Grace Nute auf, einer Historikerin aus Minnesota, die eine Biographie über C.A. schreiben wollte. Er unterstützte einige ihrer Recherchen zum Hintergrund der Familie Lindbergh und begann mit ihr einen Briefwechsel über seinen Vater.

Anne war inzwischen vom Vorstand des Smith College der »Magistertitel der Freien Künste« ehrenhalber verliehen worden. Als berühmteste lebende Absolventin der Schule hatte sie diese Ehrung sicher verdient, war aber der Meinung, eine derartige Auszeichnung sollte Frauen vorbehalten sein, die aus eigener Kraft erfolgreich gewesen waren, nicht den Frauen berühmter Männer. Charles und ihre Mutter mußten sie regelrecht überreden, den Titel anzunehmen, und am Ende war Annes Erscheinen bei der Verleihungszeremonie kein ungetrübtes Vergnügen. Sie und Charles verbrachten die Zeit in Northampton allein im Haus eines Freundes, wiesen sämtliche Anfragen nach Fotos oder Interviews ab, und viele Bürger der Stadt und manche Studenten fühlten sich vor den Kopf gestoßen.

Trotz ihrer Angst, man könne ihre Bemühungen als einen Lindberghschen Publicity-Trick betrachten, schien Anne sehr wohl auf dem Weg zu einer erfolgreichen Karriere als Schriftstellerin zu sein. Auf Harold Nicolsons Empfehlung hin hatte sie das Manuskript ihres Buches über den Polarflug 1931 an Harcourt Brace geschickt, denselben Verlag, der die Lebensbeschreibung über Dwight Morrow herausbringen wollte. Das Buch mit dem Titel *North to the Orient* kam im Spätsommer in die Buchläden. Über keine der überschwenglichen Kritiken freute sie sich so sehr wie über die Bemerkung ihres Lektors, der ihr versicherte: »Ich hätte das Manuskript auch dann angenommen, wenn es von Jane Smith gewesen wäre.«

Auch Charles und Dr. Carrel standen kurz vor einem entscheidenden Durchbruch bei ihren Forschungen. Im Frühling 1935 hatten sie begonnen, bei experimentellen Eingriffen an Tieren Organe mit Sauerstoff zu durchströmen, und im Juni veröffentlichte *Science* ihren gemeinsamen Artikel über die erfolgreiche, 120 Tage dauernde Perfusion der Schilddrüse einer Katze. So vielversprechend dieses Experiment gewesen sein mag, schien doch die geradezu ekstatische Würdigung in den Medien reichlich übertrieben. Die Perfusionspumpe wurde in der populärwissenschaftlichen Presse als »künstliches Herz« gefeiert, und die *New York Times* nannte Carrels und Lindberghs Leistung »eine der sensationellsten in den Annalen der Medizin«.

Carrels Beziehung zu Lindbergh hatte zweifellos geholfen, sein Buch *Man, the Unknown (Der Mensch, das unbekannte Wesen)* zu einem Bestseller und ihn selbst zu einer Berühmtheit zu machen, und man überhäufte ihn mit Einladungen zu Vorträgen und Interviews. Carrel hatte schon immer gern provoziert, und die Anwesenheit von Journalisten hinderte ihn nicht daran, seinen Gedanken (und seiner Zunge) freien Lauf zu lassen. Anne New vom *Cosmopolitan* beispielsweise erzählte er, daß »wir im Laboratorium nach Belieben Telepathie einsetzen können«. Im selben Interview versuchte er zu erklären, daß er die Eugenik nicht dazu verwenden wolle, »aus einigen wenigen Leuten Supermänner herzustellen«, sondern weil er der Menschheit nützen wolle. Bei anderen Gelegenheiten akzentuierte er diese Unterscheidung keineswegs so deutlich. Als ein Reporter der *New York Times* den

Unterschied zwischen seinen Ansichten und denen Hitlers erklärt haben wollte, wies Carrel darauf hin, daß allein schon die bloße Idee einer »reinen« Herrenrasse eine wissenschaftliche Absurdität sei. Im Gegenteil: Man könne nur mit der »Kreuzung der Zivilisationen, wie sie in Amerika stattfindet«, überlegene menschliche Wesen schaffen. Und dann – statt es dabei zu belassen – sinnierte er laut vor sich hin: »Vielleicht wäre es sinnvoll, wenn wir die schlimmsten dieser reinen Rassen ausrotten und die besten behalten könnten, wie man es bei der Hundezucht tut.«[12]

Derartige Kommentare brachten die Rockefeller University in Verlegenheit, und Dr. Herbert Spencer Gasser, der 1935 die Stelle von Carrels Mentor Simon Flexner angetreten hatte, war entschlossen, Carrel zur Aufgabe seiner Stellung zu bewegen. Obwohl sich Gasser zweifellos in erster Linie über Carrels umstrittene Aussagen in der Öffentlichkeit ereiferte, trugen die beiden Männer ihren Streit über Interna aus. Nach Gassers Ansicht sollten die Mitarbeiter verpflichtet werden, Rechenschaft über ihre Projekte abzulegen, während Carrel glaubte, daß wirklich wichtige Entdeckungen nur gemacht würden, wenn Wissenschaftler die Freiheit hätten, nach Belieben in ihren Labors herumzuwerkeln, frei von dem Druck, monatliche Berichte abliefern zu müssen. Das Projektsystem, klagte er, schaffe eine Situation, in der die Karriere eines Wissenschaftlers davon abhängig sei, ob er das Ergebnis seiner Untersuchungen im voraus kenne, was Schwindeleien und eine Unterdrückung der Kreativität zur Folge habe. Damit hatte Carrel sicher recht, aber ebenso war es richtig, daß seine endlosen Studien im »Mousery« die Universität Unsummen ohne greifbare Ergebnisse gekostet hatten. Innerhalb weniger Monate war das Verhältnis zwischen Gasser und Carrel auf das Niveau eines bürokratischen Kleinkrieges gesunken. Gasser weigerte sich, selbst allgemein übliche Kostenbelege abzuzeichnen, und überschwemmte Carrel mit kleinlichen Aufforderungen, Berichte umzuschreiben und seine Bibliographien neu zu ordnen.

Nach der Rückkehr aus Minnesota war Anne zu Jon nach North Haven gefahren, und Charles flog von New York aus zu ihnen, wenn seine Arbeit bei der Fluggesellschaft und die Forschungsverpflichtungen es erlaubten. Manchmal fühlte sich Anne bei diesen Besuchen in das Jahr 1931 zurückversetzt, als Charles und sie ein junges Paar waren, das – vom Schicksal eher begünstigt als geprüft – den besten Teil des Lebens noch vor sich hatte.

Doch die alten Probleme waren noch nicht gelöst, und einige neue waren hinzugekommen. An einem strahlend schönen Septembernachmittag beschloß Charles, der Zeitpunkt für Jons ersten Flug sei gekommen. Jon war inzwischen drei Jahre alt und freute sich schon jetzt auf den Tag, an dem er »alles allein« machen durfte. Anne jedoch, die mit der Großkreisroute nach Asien Pionierarbeit für die Luftfahrt geleistet hatte, vertraute ihrem Tagebuch an, sie sei aus Angst wie versteinert gewesen – die Knöchel weiß vor Anspannung –, als das aufgeregte Kind während des Fluges auf ihrem Schoß gesessen hatte.

Im Oktober, nachdem Anne und Jon nach Englewood zurückgekehrt waren, schmolz der letzte Rest ihrer Ausgeglichenheit dahin. Das große Haus war voller Geister – Dwight senior, Elisabeth, der kleine Charley –, ganz zu schweigen von einigen undurchsichtigen Dienern und Mrs. Morrows endloser Reihe von Gästen. Einmal kam Charles von einem arbeitsreichen Tag in Manhattan zurück und traf im Foyer auf einige Dutzend ehemaliger Schülerinnen des Smith College, die darauf warteten, daß ihre Wagen gebracht würden, während die Diener in der Bibliothek bereits Stühle für einen Bridgeabend zu wohltätigen Zwecken aufstellten. Anne beschloß, sich ein Studio zu mieten, in das sie sich täglich für ein paar Stunden flüchten konnte, um dort in Ruhe zu schreiben. »Wegzukommen ist eine geradezu physische Erleichterung«, schrieb sie. »Ich versuche, mir vor Augen zu halten, daß Charles hier ständig so zumute ist.«[13]

Am 9. Oktober bestätigte das Berufungsgericht von New Jersey das Urteil gegen Bruno Richard Hauptmann, und verschiedene Boulevardblätter beauftragten Fotografen, Bilder von Jon zu beschaffen. Ein vom *Daily Mirrow* angemieteter Lieferwagen lauerte sogar vor dem Kindergarten der Little School dem Lindbergh-Sprößling auf. Einige Wochen später drängte ein fremder Wagen den Cadillac der Morrows von der Straße ab. Fotografen sprangen auf die Trittbretter und knipsten, während das Kindermädchen vor Entsetzen kreischte. Die Lindberghs beschlossen, Jon zu Hause zu behalten, aber selbst hier waren sie von seiner Sicherheit nicht restlos überzeugt. Eines Abends saß Charles in seinem Schlafzimmer, als er eine Stimme hörte, die ihn von draußen rief. Als der unangemeldete Besucher gefaßt war, stellte sich heraus, daß der offenbar harmlose Mann regelmäßig in psychiatrischen Anstalten untergebracht war. Da aber alle Vorsichtsmaßnahmen nicht hatten verhindern können, daß er auf das Grundstück spaziert war und das Schlafzimmer der Lindberghs gefunden hatte, war man allgemein sehr beunruhigt.

Am 3. Dezember veröffentlichte der *Mirror* die erste Folge von Bruno Hauptmanns Autobiographie aus der Feder eines Ghostwriters. Die Rechte hatte man für einen Bruchteil der ursprünglich geforderten 100000 Dollar erworben. Zwei Tage später meldeten die *News*, Harold Hoffman, der Gouverneur von New Jersey, wolle eine unabhängige Untersuchung des Falls in die Wege leiten. Hoffman und der Staatsanwalt Wilentz waren seit ihrer Kindheit in Perth Amboy Rivalen, und der Gouverneur hoffte nun, Beweise für ein Amtsvergehen zu finden, mit denen er Wilentz' Karriere zerstören konnte.

Am selben Tag, als die *News* Hoffmans Pläne veröffentlichten, erklärte Charles Anne, er denke daran, mit Jon und ihr nach England zu ziehen. (Wie die meisten Entscheidungen, die die Familie angingen, traf er auch diese allein.) Obwohl der Umzug bedeutete, daß sie die kleine Wohnung, die sie in den vergangenen zwei Monaten eingerichtet hatte, nicht mehr würde nutzen können, vertraute Anne ihrem Tagebuch an, sie sei im Grunde erleichtert. Darüber hinaus bot ihr das Einpacken, das Reisen und das Einrichten des neuen Hauses eine hervorragende Gelegenheit, der Arbeit an ihrem nächsten Buch zu entgehen. Zu Charles' Wunsch, Jon und Anne zu schützen, kam zweifellos seine Unzufriedenheit in Englewood und die angespannte Lage im Labor hinzu. War er im Frühjahr, als Harold Nicolson ihn zum letzten Mal gesehen hatte, noch gefaßt und sogar fröhlich, sah man ihn jetzt fast nur noch gereizt und übellaunig.

Kurz bevor die Familie nach England abreiste und sich mit Diplomatenpässen – ausgestellt auf Betreiben von Finanzminister Ogden Mills – unter falschen Namen auf den Frachter *American Importer* schlich, erklärte Charles einem Freund gegenüber: »Wir Amerikaner sind ein primitives Volk. Unsere moralischen Ansprüche sind gering. Wir haben keine Disziplin.« Die Parallele zu den Äußerungen in der Nazipresse ist dabei rein zufällig. Ähnliche Empfindungen wurden in früheren amerikanischen Zeitungen geäußert. Die *New York Herald Tribune* beispielsweise schrieb, die Entführung habe »die Auswüchse amerikanischer Gebräuche und Veranlagungen offengelegt«. Die *Daily News* andererseits zeigten sich wenig reumütig und verglichen Lindbergh mit Greta Garbo: »Man hätte ihn weniger belästigt, wenn er sich mehr verhalten hätte, wie man es von einem Volkshelden erwartet.«[14]

Mit Harold Hoffmans Einmischung wurden die Ermittlungen im Entführungsfall endgültig verwirrend und undurchschaubar. Norman Schwarzkopf, der ahnte, daß Hoffman die angeblichen Verfehlungen der State Police und des Anklägers Wilentz als Wahlkampfthema mißbrauchen wollte, verhinderte dies auf meisterliche Weise. Er schickte Hoffman ausschweifende Memoranden, in denen er meldete, es gebe nichts Neues zu berichten, und es würden – mit Hoffmans Worten – »die üblichen Konferenzen abgehalten.«[15]

Frustriert verließ sich Hoffman zunehmend auf freie Ermittler und »berühmte Detektive«, die ihn nur allzugern in seinen Phantasien unterstützten. Unter Hoffmans Informanten war auch Zoe Patricia Hobbs, eine Schriftstellerin und Radiokommentatorin aus Boston, die sehr richtig bemerkt hatte, es gebe gewisse Parallelen zwischen den Briefen des Entführers und den Erpresserbriefen, die Constance Morrow 1929 erhalten hatte. Mit wahrer Begeisterung trat Zoe Patricia Hobbs für die Theorie ein, hinter beiden Verbrechen habe ein Mitglied der Familie Morrow gestanden. Ihr Lieblingskandidat war Dwight Morrow jr., den sie schließlich tatsächlich verdächtigte, Frances Smith, Violet Sharpe, seinen eigenen Vater und auch das Lindbergh-Baby ermordet zu haben. Hobbs begann, in Amherst und am Riggs Institute in Stockbridge herumzuschnüffeln und gezielte Fragen nach Dwights Geisteszustand zu stellen. Bald schon war sie – wahrscheinlich zu Recht – überzeugt davon, daß ihr Privatdetektive folgten, entweder im Auftrag der Morrows oder der Morgan-Bank. Daraufhin war sie ihrer Sache nur umso sicherer.

Eine ganz andere Darstellung lieferte ein gewisser Gaston Means, der jetzt »gestand«, er und ein Komplize, Norman Whitaker, seien »von einem bestimmten, weiblichen Mitglied der Familie Morrow« bezahlt worden, das Lindbergh-Baby zu entführen. Means nannte vor der Öffentlichkeit keine Namen, aber es war klar, daß er Elisabeth Morrow belastete. Angeblich sollte sie in Charles verliebt und vor Eifersucht wie wahnsinnig gewesen sein, als ihre Schwester ein Baby hatte, während sie wegen ihrer Krankheit niemals ein Baby bekommen würde.

Es ist kaum zu glauben, aber diese Geschichte fand eine Anhängerin in Evalyn McLean, die nur allzu gerne bereit war, Gaston Means' haarsträubendes Konstrukt zu übernehmen. Noch immer konnte sie den Lindberghs nicht verzeihen, daß sie die 100000 Dollar nicht zurückbekommen hatte, die sie ihre eigenmächtige Rettungsaktion gekostet hatte. Nun behauptete sie, Charles und Anne seien außer Landes geflohen, weil sie fürchteten, man würde sie zu einer eidesstattlichen Aussage zu Elisabeths Rolle in dem Verbrechen vorladen.

Evalyn McLean engagierte einen Kriminalisten namens Robert Hicks, der im Laufe seiner Untersuchungen zu dem Schluß gekommen war, das Lindbergh-Baby sei an einer Schußwunde gestorben. Hicks zog in Hauptmanns ehemalige Wohnung an der 222. Straße in der Bronx ein, um nach »neuen Beweisen« zu suchen. Einige Wochen später verkündete einer von Hoffmans Ermittlern öffentlich, er habe Beweise gefunden, daß die Sprosse Nr. 16 aus der Leiter, die bei der Entführung verwendet worden war, keineswegs von den Bodenbrettern des Speichers stammte – die Nagellöcher stimmten nicht überein! Unabhängige Ermittler von der Columbia University stellten schließlich fest, daß die Löcher nicht mehr übereinstimmten, weil sie mit Sägemehl verstopft worden waren. Hicks hatte sich inzwischen allerdings von dem Fall zurückgezogen und wollte seine Gründe dafür nicht nennen.

Evalyn McLeans zweiter Geistesblitz war etwas produktiver. Sie bot einem prominenten New Yorker Anwalt namens Sam Liebowitz, der den Fall für den Radiosender WHN kommentiert hatte, 15000 Dollar, wenn er Hauptmann dazu bewegte, ein Geständnis abzulegen und seine Komplizen preiszugeben. Nach Liebowitz' Ansicht hatte der psychologische Druck durch seine Frau und die Anwälte sowie die Überzeugung, daß man ihn in jedem Fall hinrichten würde, Hauptmann bisher daran gehindert, die Wahrheit zu sagen.

Er besuchte Mrs. Hauptmann und überzeugte sie davon, daß nur er Richards Leben retten könne. (Die Behauptung, Hauptmann könne seiner Hinrichtung entgehen, wenn er die ganze Geschichte erzählte, wurde von Liebowitz und anderen wiederholt geäußert. Man hätte die Hinrichtung verschieben müssen, falls Hauptmann gegen seine Komplizen aussagen wollte. Daß man seine Todesstrafe tatsächlich umwandeln würde, war höchst unwahrscheinlich, was auch Hauptmann gewußt haben muß.) Jedenfalls wurde Fisher auf der Stelle gefeuert, und Mrs. Hauptmann überredete ihren Mann, sich mit Liebowitz zu unterhalten.

Liebowitz tauchte mit einem Pappmodell von Hopewell in Hauptmanns Zelle auf. Er appellierte an Hauptmanns Eitelkeit und überredete ihn, darüber zu theoretisieren, wie das Verbrechen vor sich gegangen sein könne. Hauptmann lachte über Wilentz' Theorie, der Entführer habe das schlafende Kind in einen Leinensack gesteckt, die Leiter hinuntergetragen und schließlich fallen lassen, als eine der Sprossen unter dem Gewicht nachgab. So wäre es nie und nimmer gewesen, erklärte er Liebowitz. Die Leiter sei auf dem Weg nach oben gebrochen. Der Entführer habe das Haus über die Haupttreppe verlassen und das Baby unter dem Arm getragen.

Liebowitz wollte es nicht glauben. »Aber Colonel Lindbergh war in seinem Arbeitszimmer! Er hätte es gehört.«

Hauptmann zuckte mit den Schultern. »Ich sage nur die Wahrheit.«[16]

Tatsächlich täuschte sich Liebowitz. Falls das Geräusch, das die Lindberghs im Wohnzimmer gehört hatten, von Hauptmann stammte, der gerade die Leiter hinaufstieg, wäre er noch im dunklen Kinderzimmer gewesen, als sie etwa eine Minute später ins große Schlafzimmer kamen. Die Türen zum angrenzenden Badezimmer standen offen, damit Anne das Baby hören konnte, falls es schrie, und das Fenster, durch das Hauptmann eingestiegen war, lag diesen Türen direkt gegenüber. Es wäre für ihn praktisch unmöglich gewesen, unbemerkt auf demselben Weg nach draußen zu gelangen, auf dem er hereingekommen war.

Nach einigen Minuten war Charles Lindbergh damals in das große Badezimmer am Ende des Korridors gegangen und hatte die Tür hinter sich geschlossen, um sein Bad zu nehmen. Anne war auf der Suche nach ihrem Zahnpulver im Schlafzimmer herumgelaufen. In diesem Augenblick mochte Hauptmann sich sehr wohl ausgerechnet haben, daß die einzige Chance darin bestand, sich das Baby zu schnappen und die Haupttreppe zu nehmen.

Inzwischen hatte Olli Whateley im Wohnzimmer der Angestellten auf der anderen Seite der Küche gesessen und die Zeitung gelesen. Seine Frau und Betty Gow befanden sich oben im Dienstbotentrakt. Es war ein stürmischer Abend. Niemand hätte gehört, wie Hauptmann die Haustür hinter sich ins Schloß zog.

Falls Hauptmann das Haus tatsächlich auf diesem Weg verlassen hätte, wäre er kaum das Risiko eingegangen, noch einmal zum Kinderzimmer zu laufen, um die Leiter zu holen. Ein Komplize müßte die Leiter genommen und zur Featherbed Lane geschleppt haben. Da die Entführer frühestens 20 Minuten nach der geschätzten Tatzeit geflohen waren, wußten sie sehr wahrscheinlich, daß man die Tat entdeckt hatte. Selbst wenn sie sich nicht mehr auf dem Grundstück befanden, als Colonel Lindbergh mit seinem Gewehr aus dem Haus gelaufen kam, war das hellerleuchtete Haus noch vom Hügel der Princeton-Hopewell Road aus zu sehen. In Panik töteten sie das Kind und vergruben hastig seine Leiche.

Nach diesem erstaunlichen Gespräch mit Hauptmann äußerte Liebowitz verschiedenen Reportern gegenüber seine

Hoffnung, der Verurteilte würde seine Schuld sicher bald gestehen. Als Anna in der Zeitung las, daß ihr neuer Anwalt Richard zu einem Geständnis bewegen wollte, entließ sie ihn und schloß eilig wieder Frieden mit Lloyd Fisher. Liebowitz erhielt keine weitere Gelegenheit, mit Hauptmann zu sprechen.

Harold Hoffmans Nachforschungen kamen inzwischen nicht voran. Weder das FBI noch das NYPD wollten mit ihm zusammenarbeiten, und Kolumnisten wie Walter Winchell warfen dem Gouverneur vor, er wolle es nur den Sympathisanten der Nazis recht machen. Auf der verzweifelten Suche nach neuen Beweisen tat sich Hoffman mit Ellis Parker zusammen, einem Detective aus dem Burlington County, der auf Schwarzkopf und Lieutenant Keaten nicht gut zu sprechen war, weil sie ihn aus den Ermittlungen im Entführungsfall ausgeschlossen hatten. Parkers Sohn engagierte vier Männer, die einen ehemaligen Anwalt namens Paul Wendel entführten und in einem Keller in Brooklyn gefangenhielten, bis er ein Geständnis unterschrieb, das sie ihm diktiert hatten. Man versteckte Wendel in einer psychiatrischen Klinik in New Jersey bis zur Anhörung vor dem Gnadenausschuß. Bei dieser Gelegenheit würde Hoffman auch die Ergebnisse seiner Untersuchung vortragen. Parker erklärte Wendel, wenn er bei seinem Geständnis bliebe, das Lindbergh-Baby ermordet zu haben, wollte Hoffman dafür sorgen, daß er für unzurechnungsfähig erklärt und nach wenigen Jahren aus dem Sanatorium entlassen würde. Dann könne er den Rest seiner Tage in Luxus leben, und zwar von dem Geld, das er mit dem Verkauf der Filmrechte für seine Geschichte verdienen würde.[17]

Paul Wendel war nicht mehr als eine bemitleidenswerte Kreatur. Man hatte ihn zusammengeschlagen und wahrscheinlich unter Drogen gesetzt. Dennoch war er sich darüber im klaren, daß es für Parker und den Gouverneur das beste wäre, wenn er das Sanatorium nicht lebend verließe. Er kannte die Adresse des Hauses in Brooklyn, in dem man ihn festgehalten hatte, und er schaffte es, seine Initialen in den Boden des Kellers zu kratzen. Bei der ersten Gelegenheit widerrief er sein Geständnis und beschuldigte Parker der Entführung.

Durch Wendels Aussage hatten Hoffmans Ermittlungen jede Glaubwürdigkeit eingebüßt, und Bruno Richard Hauptmann starb am 3. April 1936 im Staatsgefängnis von Trenton auf dem elektrischen Stuhl. Paradoxerweise wurden Ellis Parker senior und junior später nach dem »Bundesentführungsgesetz«, dem sogenannten »Lindbergh Law«, verurteilt. Harold Hoffman entging der Anklage und blieb so lange im Amt, daß er Norman Schwarzkopf für seine Weigerung, an Wilentz' politischer Demontage teilzunehmen, belangen konnte. Eine Zeitlang moderierte Schwarzkopf die beliebte Radiosendung »Gangbusters«. Schließlich ging er wieder zur Army, leitete im Zweiten Weltkrieg den amerikanischen Militäreinsatz im Iran und beendete seine Karriere als Generalmajor. Sein Sohn H. Norman Schwarzkopf jr., der erst nach dem Hauptmann-Prozeß geboren wurde, setzte die Familientradition im Militärdienst fort.

Die Lindberghs lebten indes abgeschieden in Aubrey Morgans Haus im walisischen Llandaff und erfuhren von diesen Vorkommnissen lediglich aus Briefen ihrer Verwandten und Freunde und aus den unvollständigen Berichten der britischen Presse. Der Tenor dieser Artikel war, Wendels Entführung und die anderen Dummheiten der Beamten unter Hoffmans Leitung als weiteren Beweis dafür anzusehen, daß die Vereinigten Staaten das Land der Cowboys, Gangster und Scharlatane waren.

Für Alex Carrel zumindest war dies der Beweis, daß Amerika zu dem verkommen war, was er »Ochlokratie« nannte – die Pöbelherrschaft. Ebenso wie er von der französischen Nation enttäuscht war, weil die Kollegen seine revolutionären Methoden zur Behandlung von Kriegsverletzungen nicht akzeptierten wollten, erwies sich für ihn, der sich beruflich eingeschränkt sah und dem die Trennung von Lindbergh zu schaffen machte, Amerika als Fehlschlag. Obwohl er sich seiner Kommentare zur Politik, den »ismen«, wie er sie nannte, lange Zeit enthalten hatte, erklärte Carrel seinen Freunden im Century Club, nur Lindberghs Rückkehr in die Vereinigten Staaten und seine Präsidentschaftskandidatur 1940 könne das »Regime der Gesetzlosigkeit« beenden. »Er wird mit Sicherheit gewählt.«[18]

21.
EXIL

Nach Hauptmanns Hinrichtung kehrten die Lindberghs nicht in die Vereinigten Staaten zurück. Etwas zögerlich hatten sie sich auf unbestimmte Zeit in Long Barn eingemietet, Harold und Vita Nicolsons malerischem Landsitz im Weald, einem Dorf in Kensington.

Wenige Tage nachdem Anne und Charles eingezogen waren, kam Vita Sackville-West von Sissinghurst Castle herüber, um ihren neuen Mietern zur Hand zu gehen. Sie berichtete ihrem Mann, der inzwischen Parlamentsabgeordneter der Liberalen war und meist in London lebte, die Lindberghs seien »charmant, aber zerstreuter, als ich für möglich gehalten hätte. Ich habe alles für sie organisiert, sogar die Kohlen habe ich bestellt!«

Abgesehen von ihrer Zeit in dem New Yorker Apartment, das sie beide gehaßt hatten, lebten Anne und Charles zum ersten Mal seit 1931 wieder allein, und sie fühlten sich, wie Anne schrieb, ein wenig wie Jungverheiratete, die Familie spielten. Anne hatte sich auf den ersten Blick in Long Barn verliebt, besonders in den hübschen Garten mit einer üppigen Blütenpracht von Schlüssel- und Glockenblumen. Sie packte ihre Koffer aus und begann guten Mutes die Arbeit an ihrem zweiten Buch, einem Bericht über den Nordatlantikflug von 1933. Jahrelang hatte sie befürchtet, sie könne kein zweites Kind bekommen, aber im Herbst 1936 war sie wieder schwanger. Ihr dritter Sohn kam im Mai 1937 in London zur Welt und erhielt den Namen Land.

Anne hatte beschlossen, daß ihr Buch nur die letzte Etappe des Erkundungsflugs behandeln sollte, bei der die Sirius auf den Kanarischen Inseln gelandet war und Charles und sie nur noch ein Ziel hatten: nach Hause zu kommen. Dennoch ging die Arbeit langsam voran. Zwischendurch suchte Anne Zerstreuung in Virginia Woolfs *The Years (Die Jahre)*. »Ist es einer Frau nicht möglich, eine Frau zu sein und neben Kindern etwas Konkretes zustande zu bringen, etwas, das in einer Männerwelt Bestand hat?« fragte Anne in einem Brief an ihre Cousine Mary Scandrett. »Mit anderen Worten, ist es möglich, gleichzeitig den weiblichen und männlichen Lebensanforderungen zu genügen?« Sie war zu dem Schluß gekommen, daß die Antwort, zumindest soweit es sie selbst betraf, negativ ausfiel. Sie hatte den Versuch aufgegeben, immer nur beste Noten nach Hause zu bringen, und wollte sich nicht unglücklich machen, weil sie nach den strengen Maßstäben ihrer Mutter kein erfolgreicher, »weiblicher Schriftsteller« geworden war. Sie wollte weiter schreiben und hoffen, daß etwas Gutes dabei herauskam, aber sie sah sich selbst als Amateurin und war damit zufrieden.

All dies klingt realistisch, doch hat der Brief einen wehleidigen Unterton, als wäre Anne von ihren eigenen Worten selbst nicht überzeugt. Sie zitiert einen Aphorismus – »Gott ist ein Amateur« – aus einer Anthologie, die der englische Autor Maurice Baring zusammengestellt hatte, nennt aber Virginia Woolfs *To the Lighthouse (Die Fahrt zum Leuchtturm)*, Vita Sackville-Wests *All Passion Spent (Erloschenes Feuer)* und Rebecca Wests *Thinking Reed* als Beispiele für Bücher, die aus einer »echt weiblichen« Sensibilität heraus geschrieben seien im Gegensatz zu der »Geradeaus-Mentalität« einer männlich dominierten Gesellschaft. Nur waren diese Schriftstellerinnen keine Amateure. Und ebensowenig ist man zwangsläufig ein Amateur, nur weil man nicht genug Zeit hat.[1]

Den Druck auf Anne, ständig Bestleistungen erbringen zu müssen, übte inzwischen nicht mehr nur ihre Mutter aus. Charles war sicher, daß seine Frau das Talent hatte, einen großen Roman zu schreiben, und es enttäuschte ihn, daß sie ihre Ziele so niedrig steckte. Seiner Meinung nach hatte sie genügend Zeit – schließlich bezahlten sie ein Kindermädchen, eine Köchin und einen Sekretär zu ihrer Entlastung. Er hielt Anne vor, daß sie stundenlang Tagebuch und wunderschöne persönliche Briefe schrieb, sich aber weigerte, ebensoviel Einsatz bei den Arbeiten zu zeigen, die für eine Veröffentlichung gedacht waren. Um ihr einen Ansporn für das Reisemanuskript zu geben, das später als *Listen! The Wind (Wind an vielen Küsten)* veröffentlicht wurde, schrieb Charles das Vorwort und den Anhang, zeichnete die Karten und brachte einige Stunden mit dem Manuskript selbst zu, wobei er in erster Linie die Flugbeschreibungen vom technischen Standpunkt aus kritisierte.

Im Gegensatz zu Anne hatte Charles mehr Zeit, als ihm lieb war. Seine Funktion als Berater bei der Fluggesellschaft hatte er aufgegeben, und die Entwicklung der Perfusionspumpe war in ebenjenem Augenblick unterbrochen worden, als das Gerät fast schon für die breite experimentelle Forschung zur Verfügung gestellt werden konnte. Viele von Carrels Perfusionsexperimenten waren bei sehr niedrigen Temperaturen durchgeführt worden, und um etwas zu tun zu haben, studierte Charles die Phänomene der Unterkühlung und des Scheintods. Er kaufte eine Überdruckkammer, die schließlich nach einigen Auseinandersetzungen mit dem britischen Hersteller geliefert wurde. In einem Schuppen auf dem Gelände von Long Barn begann er, Experimente an Ratten durchzuführen. Um Jon keinen Kummer zu bereiten, schaffte Charles genügend Tiere an, damit der Junge nicht merkte, wenn einige davon verschwanden.

Charles und Dr. Carrel arbeiteten trotz der weiten Entfernung voneinander weiter an einem Buch über ihre gemeinsamen Forschungen, *The Culture of Organs*, und Carrel fragte sich, wann Lindbergh in die Vereinigten Staaten zurückkehren würde. Im Zuge seiner Auseinandersetzungen am Rockefeller Institute hatte inzwischen Carrels Widersacher, Dr. Gasser, den Vorstand dazu bewegen können, ein festes Pensionsalter von 65 Jahren einzuführen. Da seine Zukunft nun ungewiß war, ging Carrel mit seiner Idee des »Institute of Man« hausieren, ursprünglich, um »die Entwicklungen für Techniken zur Erschaffung vollkommener Männer und Frauen« zu diskutieren, später als traditionelles Laboratorium, in dem herausragende Wissenschaftler ihren Forschungen zu Krebserkrankungen und Techniken der Organverpflanzung, aber auch Telepathie oder übersinnlicher Wahrnehmung nachgehen konnten. Carrels umstrittene Aussagen über die Eugenik und gesellschaftliche Zusammenhänge schreckten jedoch potentielle Sponsoren ab.

Lindbergh widerstand Carrels Drängen, zurückzukommen, und nannte diesem einen triftigen Grund, nicht wieder in den Vereinigten Staaten zu leben: »Die Presse ist tatsächlich unser größtes Problem, denn gegen Fanatiker und Kriminelle können wir uns schützen. Wir könnten unseren Kindern ein Zuhause bieten und einigermaßen normal und glücklich in unserem Land leben, wäre da nicht die Aufmerksamkeit der Zeitungen, die jeden unserer Schritte überwacht und sich in alles einmischt.«[2]

Charles Hoffnungen auf die Zurückhaltung der britischen Presse entpuppten sich als naiv. Selbst die Londoner *Times* brachte auf der Titelseite ein Foto von Jon, und es kam zu einem unangenehmen Zwischenfall, als britische Reporter mit Steinen nach Thor warfen. Nach Hauptmanns Hinrichtung jedoch zeigten die Londoner Zeitungen kein weiteres Interesse an den Lindberghs.

Im Mai 1936 tauchte Charles in Harold Nicolsons Londoner Büro auf und suchte Rat. Anne und er waren vom Militärattaché der amerikanischem Botschaft zum Tee eingeladen worden, um bei dieser Gelegenheit dem neuen Monarchen Edward VIII. vorgestellt zu werden. Lindbergh, berichtete Nicolson seiner Frau, sei wegen dieser Einladung in einem »schrecklichen Zustand«: »Benutzte man ihn als Köder, um den König zum Tee zu bekommen?« Versuchte die Botschaft, ihn zum »allgemeinen Nutzen« zu manipulieren? »Offensichtlich ging dem Ärmsten diese Sache seit langem durch den Kopf.« Nicolson hielt diese Angst, ausgenutzt zu werden, für übertrieben. Eher amüsiert wies er die Lindberghs darauf hin, daß es ihnen kaum schaden dürfte, wenn ihre eigene Botschaft sie zum Tee einlud.[3]

Nicolson hatte bald Grund genug, diesen Ratschlag zu bereuen. Drei Wochen nachdem sie den König kennengelernt hatten, lud man die Lindberghs zu einer Dinner-Party im kleinen Kreis in Edwards Residenz, das York House. Die einzigen anderen Gäste waren der Premierminister Stanley Baldwin mit seiner Frau und Mr. und Mrs. Ernest Simpson. An diesem Abend war Wallis Simpson zum ersten Mal beim König zu Gast, zumindest offiziell, und tatsächlich hatte man die Lindberghs als »Lockvögel« benutzt, um den Premierminister zu einem Treffen zu bewegen, bei dem auch die Geliebte des Königs zugegen war. Anne, die sich dieser Zusammenhänge keineswegs bewußt war, empfand Edward als unsicher und etwas traurig und als den »empfindsamsten« Engländer, den sie je kennengelernt hatte.

Auf Next Day Hill, zu Zeiten, als Edward noch der Prince of Wales war, hatte Charles Harold Nicolson gegenüber geäußert, der Prinz sei der einzige Mensch, der seine, Lindberghs, Situation wirklich verstehen könne. Anne entdeckte jetzt, daß auch der König eine gewisse Geistesverwandtschaft zu ihrem Mann empfand. Seit Lindberghs Flug 1927 war Edward von der Fliegerei begeistert. Weitere Parallelen zwischen den beiden Männern sollten in naher Zukunft deutlich werden.

Obwohl sie beim König zum Dinner geladen waren, fühlten sich die Lindberghs einsam. Auf Next Day Hill hatte man Harold Nicolson wie ein Familienmitglied aufgenommen, und Charles, der mit fremden Leuten in der Regel nicht schnell warm wurde, mochte Nicolson sehr. Zweifellos war er davon ausgegangen, daß Nicolson und seine Frau ihn und Anne in die Gesellschaft einführen und ihren literarischen Freunden vorstellen würden. Aus verschiedensten Gründen geschah das nicht. Den Parlamentsabgeordneten beschäftigten zu dieser Zeit diverse politische Krisen, darunter Edwards hartnäckige Weigerung, die Beziehung zu Mrs. Simpson aufzugeben. Vita Sackville-West hatte mit ihrer Schriftstellerei und den organisatorischen Aufgaben auf Sissinghurst Castle alle Hände voll zu tun, und auf ihre zurückhaltende Art war sie noch nachdrücklicher auf den Schutz ihres Privatlebens bedacht als die Lindberghs.

Und doch gab sich Vita große Mühe. Mehrmals lud sie ihre Mieter nach Sissinghurst Castle ein und mußte feststellen, daß es schlichtweg unmöglich war, sich auf einen gemeinsamen Termin zu einigen. Jede Antwort der Lindberghs auf einen Vorschlag, klagte sie, lautete: »Unsere Pläne sind noch unbestimmt.« Als Vita eines Tages in Long Barn hereinschaute, stellte sie fest, daß Charles und Anne zum Kontinent geflogen waren und Jon in der Obhut des Personals gelassen hatten. Der kleine Junge lag mit Bauchschmerzen im Bett, und als Vita ihn fragte, was los sei, antwortet er: »Naja, es könnte von den Äpfeln oder von den Nüssen sein.« Vita fand diese Antwort reizend, was sie über den Haushalt insgesamt nicht gerade sagen konnte. Die Köchin hatte sich den Knöchel gebrochen, und der Sekretär und das Kindermädchen waren in Panik. Jeden Tag erwartete man Betty Morrow und Constance, die erst kurz zuvor ihre Absicht verkündet hatte, Aubrey Morgan, Elisabeths Witwer, zu heiraten. Die Angestellten waren nicht sicher, wo Charles und Anne waren oder wann sie zurückkommen wollten, und sie konnten sich nicht entschließen, was sie Mrs. Morrow sagen und wie sie die Gäste bewirten sollten, falls sie eintrafen, bevor die Lindberghs wieder da waren.

Da sie annahm, Charles und Anne wollten in Ruhe gelassen werden, beschränkte Vita Sackville-West ihre Besuche auf die Gelegenheiten, die sie als Vermieterin wahrnehmen mußte. Und leider ließen die Lindberghs als Mieter einiges zu wünschen übrig. Im Dezember 1937 bekam Vita einen Anruf von den Angestellten, die ihr mitteilten, sämtliche Rohre seien geplatzt und es regne durchs Dach. »Natürlich waren die Lindberghs nicht da«, schrieb sie Harold verzweifelt. Außerdem war das Haus »schrecklich ungepflegt« und voller Mäuse. Diesmal hatten sie nicht nur Jon, sondern auch das sieben Monate alte Baby in der Obhut des Personals zurückgelassen. Vita war schockiert.

Sechs Monate später stattete sie dem Haus einen weiteren Besuch ab, und die Situation war noch chaotischer. Alles war voller »Staub und Spinnweben.« Der Garten, Vitas ganzer Stolz, war von Unkraut überwuchert, und sämtliche Möbel, einschließlich der schweren antiken holländischen Schränke, hatte man in andere Zimmer geräumt.[4]

Die regelmäßigen Flüge der Lindberghs auf das europäische Festland, die ihre Vermieterin so sehr erstaunten, erfolgten zu verschiedensten Anlässen. Charles begann sich mit Primaten zu beschäftigen, um zu prüfen, ob man in Carrels neuem Institut vielleicht Affen als Versuchstiere einsetzen konnte. Er besuchte Zentren für Primatenforschung auf dem Kontinent, darunter das Château de Claires in der Nähe von Rouen, wo eine Herde von Gibbonaffen auf einer künstlichen, von einem Wassergraben umgebenen Insel lebte.

Im Frühjahr 1937, als Mrs. Sackville-West die Angestellten

wegen des bevorstehenden Besuchs von Mrs. Morrow und Constance in Panik vorfand, waren Charles und Anne in Kalkutta und nahmen an der »Religiösen Konferenz aller Glaubensrichtungen« teil. Verschiedene bekannte Yogis sprachen dort, und Dr. Carrel hatte angedeutet, Charles könne möglicherweise etwas Interessantes über die Hypnose und psychomystische Aspekte des Scheintods erfahren. Charles war von den Yogis fasziniert und beherrschte bald den Trick, seinen Puls anzuhalten, indem er sich ein zusammengeknülltes Taschentuch unter die Achselhöhle preßte. Vom wissenschaftlichen Standpunkt aus hielt er die Konferenz jedoch für reine Zeitverschwendung.

Sie waren mit ihrem neuen, in England gebauten Flugzeug, einer Miles Mohawk, nach Indien geflogen und machten auf dem Weg Station in Italien, Ägypten und Palästina wie auch in Tunis, wo sie den italienischen Luftwaffengeneral Balbo kennenlernten. Charles beschrieb den Teil der Reise, den sie in der Luft verbrachten, als so routinemäßig, daß er sich fast langweilte. Anne, im sechsten Monat schwanger und zunehmend ängstlich, was das Fliegen und die langen Trennungen von Jon anging, war ganz anderer Ansicht. Über den Alpen saß die Mohawk oberhalb einer Nebelbank fest, und Charles mußte blind durch den Nebel abtauchen.

Dieses ängstigende Erlebnis bildete die Grundlage für Annes Novelle *The Steep Ascent (Die Gefährtin)*, die sie 1943 veröffentlichte, aber schon 1938/39 geschrieben hatte. Eve, eine Amerikanerin, ist mit einem britischen Stuntpiloten verheiratet, den man »The Flying Fool« nennt. Sie ist (wie Anne) schwanger und unglücklich, daß sie ihren kleinen Sohn allein in England zurücklassen muß, um ihren Mann auf einem gefahrvollen Flug über die Alpen begleiten zu können. »Warum mache ich diesen Flug mit?« fragt Eve sich selbst. »Mit Sicherheit tat sie es nicht aus Ergebenheit ihrem Mann gegenüber. So selbstlos war sie nicht. Nein, sie mußte zugeben, sie tat es für sich selbst und gab einer Kraft in sich nach. Es ging wohl darum, das Leben zu spüren, nahm sie an.«[5] Anne war sich der Namenssymbolik ihrer Heldin sicher bewußt: Während sie im Nebel die Orientierung verloren haben, deutet Eve auf einen Berg, den Gerald als Luftspiegelung erkennt, und sie denkt: »Ich habe ihm einen vergifteten Apfel gereicht. Aber er hatte ihn nicht genommen.«

Charles hatte sehr wohl vom vergifteten Apfel des bürgerlichen Lebens gegessen. Indem er das tat, was er für seine Familie als nötig erachtete, hatte er seine Arbeit aufgegeben und wurde von Tag zu Tag rastloser und griesgrämiger. Diese langen Flüge waren seine einzige Möglichkeit zur Flucht, und Anne, die so lange in sich zurückgezogen gelebt hatte, wollte ihn auf jeden Fall begleiten. Es war eine absolut unbefriedigende Situation, aber keinem von beiden wollte eine Lösung einfallen.

Bis zum Sommer 1936 war Deutschland, das ehemalige Zentrum der europäischen Luftfahrt, aus Lindberghs umfassenden Reiserouten ausgeklammert gewesen. In diesem Mai jedoch erreichte ihn ein Brief von Major Truman Smith, dem amerikanischen Militärattaché in Berlin, der Lindbergh fragte, ob er einer Einladung von Generaloberst Göring zur Besichtigung ziviler und militärischer Luftfahrtanlagen in Deutschland folgen würde. »Vom amerikanischen Standpunkt aus betrachtet«, sagte Smith, »wäre Ihr Besuch hier von großem Vorteil für unser Land.«[6]

Nach dem Vertrag von Versailles waren die Luftstreitkräfte des kaiserlichen Deutschlands demontiert worden, und die Weimarer Republik besaß eine Luftwaffe mit 72 Offizieren, aber ohne Flugzeug. Seit einigen Jahren war es ein offenes Geheimnis, daß die deutsche Regierung die subventionierte staatliche Fluggesellschaft Lufthansa als Tarnung für den Aufbau von Luftstreitkräften benutzte. 1936 hielt man dieses

Tarnmanöver schon nicht mehr für nötig. Man sah Offiziere in Luftwaffenuniformen auf den Straßen und Bahnhöfen, und in ganz Deutschland wurden Startbahnen und Flugzeugfabriken gebaut. Gleichzeitig, merkte Smith an, habe Göring in letzter Zeit signalisiert, daß er sich bessere Beziehungen zu den Vereinigten Staaten wünsche. Die Luftwaffe wurde mit in Amerika hergestellten Teilen wieder aufgebaut, darunter auch Pratt-&-Whitney-Triebwerke. Die Deutschen versicherten der amerikanischen Regierung, daß diese Maschinenimporte nicht für den Bau von Langstreckenbombern benutzt würden, mit denen man über den Atlantik fliegen könnte.

Angeregt von seiner Frau Kay, die einen Artikel in der Pariser *Herald* über Lindberghs Besichtigung einer französischen Flugzeugfabrik gelesen hatte, kam Smith zu dem Schluß, ein Besuch Lindberghs in Deutschland könne Göring dazu verführen, den Amerikanern die neuesten Entwicklungen der Luftwaffe zu zeigen. Smith erwartete nicht, daß Lindbergh die Deutschen aktiv ausspionieren würde. Er sollte die ganze Zeit über vom amerikanischen Luftwaffenattaché Captain Theodore Koenig begleitet werden, der bei dieser Gelegenheit versuchen wollte, sich einen Eindruck von der Stärke der deutschen Luftwaffe zu verschaffen.

In seinem Brief an Colonel Lindbergh versprach Smith, dieser Besuch würde »strengster Zensur« unterliegen – was allerdings nicht stimmte. In der Weltpresse würde kein Wort über seinen Besuch in Berlin zu lesen sein. Lindbergh wußte es besser. »Ich glaube kaum, daß es mir möglich wäre, nach Deutschland zu kommen und verschiedene deutsche Fluganlagen zu besichtigen, ohne daß dieser Umstand bekannt würde«, antwortete er. »Allerdings habe ich nichts dagegen einzuwenden. Was ich am meisten fürchte, ist diese sensationslüsterne und dumme Publicity, die wir in letzter Zeit so oft erleben mußten.« Charles fügte hinzu, daß Anne gern nach Deutschland reisen würde und ihn begleiten wolle.[7]

Wie erwartet, hatte das Reichsluftfahrtministerium – nachdem der Besuch vereinbart war – eine Reihe von offiziellen Auftritten arrangiert, darunter Lindberghs Erscheinen in Hermann Görings Loge bei der Eröffnungszeremonie der Olympischen Sommerspiele in Berlin.

Das Auftreten der Lindberghs bei dieser Gelegenheit als Gäste Görings wurde in den Vereinigten Staaten mit Bestürzung aufgenommen. Und doch, so sehr es im Rückblick überraschen mag, war die Reaktion auf Lindberghs Deutschland-Besuch keineswegs nur negativ, hauptsächlich wegen einer viel beachteten Rede, die Lindbergh bei einem Mittagessen vor deutschen Offizieren im Berliner Aero-Club hielt:

Wir, die wir Luftfahrt betreiben, tragen eine schwere Last auf unseren Schultern, denn während wir die Welt im Frieden einander näherbrachten, haben wir den kriegführenden Nationen den Panzer ersetzt ... Die Luftfahrt hat, so glaube ich, den Krieg grundlegender verändert als irgend etwas vorher. Sie hat die Verteidigung zum Angriff gemacht. Wir können unsere Familien nicht länger mit Armeen schützen. Unsere Bibliotheken, unsere Museen, alles, was wir am meisten schätzen, ist dem Bombardement ausgesetzt. Die Luftfahrt hat einer Welt, die ohnehin von einer Veränderung in die nächste taumelt, eine weitere, revolutionäre Veränderung gebracht. Es liegt in unserer Verantwortung, sicherzustellen, daß wir dabei nicht genau jene Dinge zerstören, die wir beschützen wollen.

Diese Worte wurden weithin als ernster Tadel an die Adresse der Deutschen gewertet. Sie waren weit mehr. Göring, der den amerikanischen Piloten unbedingt beeindrucken wollte, hatte arrangiert, daß Colonel Lindbergh das Luftfahrtforschungszentrum in Adlershof und die Flugzeugfabriken von Heinkel und Junkers besichtigen durfte, wo Lindbergh die deutsche Neuentwicklung eines flüssigkeitsgekühlten Motors begutachten konnte. Außerdem wurde er der erste Amerikaner, der den Ju-87 Sturzkampfbomber untersuchen durfte, der, wie Truman Smith feststellen mußte, bereits in Serie gefertigt wurde. Obwohl Lindbergh die Entwicklung der militärischen Luftfahrt kaum entgangen sein dürfte, hatte er dennoch immer auf das Flugzeug als ein Instrument des Friedens vertraut. Sein Vertrauensverlust mag sich bis dahin in einem allmählichen Prozeß vollzogen haben, aber nach dem Anblick der Stukas und seinen Gesprächen mit deutschen Luftfahrtingenieuren waren seine Illusionen wie Seifenblasen geplatzt. Das Flugzeug, die Maschine, der er sein Leben gewidmet hatte, war in Wahrheit eine Waffe, die nie dagewesene Zerstörungen auf die Zivilbevölkerung und die Zentren kulturellen Lebens herabregnen lassen konnte. Schlimmer noch, es konnten sich die friedliebenden europäischen Nationen nicht schützen, indem sie traditionelle Verteidigungsanlagen bauten. Die beste Verteidigung gegen ein Bombardement war der Vergeltungsschlag. Ein schrecklicher Krieg war unvermeidbar, und lag die europäische Zivilisation erst in Trümmern, würde der Kommunismus den Kontinent überschwemmen.

Das Ausmaß seiner Desillusionierung läßt sich kaum beschreiben. Lindberghs Utopie war einem apokalyptischen Alptraum gewichen.

Wie um seine Verwirrung noch zu vergrößern, machten die Urheber dieses Alptraums auf Charles einigen Eindruck. Die Sowjetunion hatte ihm bei seinem Zwischenstopp auf dem Nordatlantikflug nicht gefallen, und vorgewarnt von strikt antifaschistischen Freunden wie Harold Nicolson und Aubrey Morgan, erwartete er bei seinem Eintreffen, daß es ihm in Deutschland ebensowenig gefallen würde. Zu seiner Überraschung empfand er einige Bewunderung für die fleißigen, zielstrebigen und vor allem wissenschaftlich interessierten Deutschen. Das waren Menschen, die die Natur liebten, gute Musik und herzhaftes Essen, ganz ähnlich den deutschamerikanischen Farmern, die er von seinen Sommeraufenthalten in seiner Heimat her kannte. Diese Reaktion war absolut nicht ungewöhnlich. William Shirer, der damals die Universal Press in Berlin vertrat, war der Verzweiflung nahe, als er feststellen mußte, daß viele, wenn nicht die Mehrheit der amerikanischen Touristen, mit denen er sich unterhielt, vom Dritten Reich angenehm überrascht waren. »Ich fürchte, die Nazis hatten Erfolg mit ihrer Propaganda«, schrieb er.[8]

Lindbergh hatte jedoch noch einen weiteren Grund, Deutschland zu mögen. In einem Brief an Henry Davison beschrieb er, welche Erleichterung es für ihn gewesen sei, ein Land zu bereisen, in dem er nicht von Reportern und Fotografen gejagt wurde, und wie deprimiert er war, als er wieder in London war und die »Schlagzeilen von Mord, Vergewaltigung und Scheidung« an den Werbetafeln sah.[9] Das war das Widersinnige: Das Dritte Reich, ein Regime, in dem der Tod umging, schien Lindbergh eine Zuflucht vor den Schreckgespenstern zu bieten, die ihn verfolgten.

Die 30er Jahren waren ein Jahrzehnt, in dem sich viele – auch gebildete – Menschen in Irrglauben flüchteten. In den Vereinigten Staaten gab es massenhaft Intellektuelle, die an dem Glauben festhielten, die Sowjetunion sei ein Paradies der Brüderlichkeit, trotz ausreichender Gegenbeweise. Die gegenteilige Einstellung, wenn auch in den Staaten nicht unbekannt, zeigte sich doch in Europa weit verbreiteter: Hitler war der einzige starke Führer auf dem europäischen Parkett, und selbst wenn er ein Teufel war, war er doch unser Teufel und hielt entschlossen die Stellung gegen das Vordringen des sowjetischen Kommunismus.

In seiner posthum veröffentlichten *Autobiography of Values (Stationen meines Lebens)* erwähnt Lindbergh eine weitere rationale Erklärung, die damals vielversprechend klang: Stalin hatte Millionen und Abermillionen Menschen ermorden lassen. Zum damaligen Zeitpunkt waren die Verbrechen der Nazis damit nicht zu vergleichen. Abgesehen davon würde »Hitler nicht ewig leben«. Während seines Deutschland-Besuchs hatte Lindbergh nur wenig Kontakt zu Politikern gehabt. Er lernte Göring kennen, sprach aber kaum mit ihm. Er traf fast ausschließlich Wissenschaftler und Offiziere der Luftwaffe, von denen viele Hitler als das kleinere Übel betrachteten. Sicher waren auch Truman Smith die Gerüchte bekannt, daß der »Führer«, sollte er zu weit gehen, mit einem Militärputsch zu Fall gebracht werden würde, vielleicht unter Leitung antinationalsozialistischer Offiziere, vielleicht sogar unter Führung Görings.

Lindbergh glaubte diesen Argumenten so vollständig, daß er Henry Breckinridge im September 1936 schrieb, er fände die Lage in Deutschland »eher ermutigend ... als deprimierend«. Er bezeichnete Deutschland sogar als »stabilisierenden Faktor« in der europäischen Situation.

Weiter bemerkte er in einem Brief an Harry Davison im Januar 1937, er habe festgestellt, daß Deutschland und Italien »die beiden kraftvollsten Nationen in Europa« seien, und obwohl ihm der Fanatismus der Nazis mißfiel, registrierte er in Deutschland auch »einen Sinn für Anstand und Werte, der dem unseren weit voraus ist«.[10]

Dennoch kehrte Lindbergh mit der Überzeugung zurück, daß Großbritannien so schnell wie möglich Luftstreitkräfte aufbauen müßte. Sie waren der einzige Schutz, wenn die Deutschen ihr Visier gen Westen richteten. Im September 1936 arrangierte Harold Nicolson für Lindbergh ein Essen mit Ramsay MacDonald, dem Vorsitzenden der Labour Party, und dem Verteidigungsminister Sir Thomas Inskip. Lindbergh, schrieb Nicolson später, habe in seiner höflich-zurückhaltenden Art eine Fülle von Informationen geliefert. Unglücklicherweise – zumindest nach Nicolsons Beschreibung – wirkte MacDonald geistesabwesend und war der Meinung, er unterhielte sich mit Winston Churchills wissenschaftlichem Berater F.A. Lindemann.[11]

Nicolson glaubte jedoch, daß zumindest Inskip Lindberghs Warnung gehört hatte und beeindruckt war. »Es wird etwas Gutes dabei herauskommen«, schloß er. Dem war nicht so. Zu Lindberghs Enttäuschung folgte nur die halbherzige Einladung, vor einer Klasse von Kadetten einen Vortrag über Navigation zu halten.

Lindbergh schloß daraus, daß den Briten die Gefahr, die ihnen durch die Luftwaffe drohte, bereits bewußt war. Ende 1936 und Anfang 1937 revidierte die Geheimdienstabteilung des Britischen Luftfahrtministeriums erst aufgrund eigener Informationsquellen ihre Schätzungen und bestätigte Lindberghs etwas übertrieben wirkende Berichte von der Stärke der deutschen Luftwaffe. Die politischen Taktiker sahen jetzt, nachdem man die deutsche Wiederbewaffnung zu lange unterschätzt hatte, die Gefahr, daß Großbritannien in Panik geraten und glauben könnte, es sei zu spät, sich Hitlers wachsenden Forderungen zu widersetzen.

Genau diese Erfahrung machte Lindbergh. Auf einem Bankett des »Ends of the Earth Club« schäumte er vor Wut, als ein ehemaliger Mitarbeiter des Luftfahrtministeriums ihn belehrte, die japanischen Bombenschützen hätten in China »natürlich nichts getroffen, wissen Sie. Mit Bomben kann man nie genau zielen. Denken Sie doch an den letzten Krieg: Sie haben nie getroffen, worauf sie gezielt haben! Haben Sie je jemanden am Fallschirm herunterkommen sehen? – Sie landen nie dort, wo sie wollen, wissen Sie. In der Luft gibt es Querströmungen. Und die spüren auch die Bomben.« Eine weitere Ansicht, die Lindbergh oft zu hören bekam und die ihn immer wieder wütend machte, war: »Unsere amerikanischen Vettern werden immer hinter uns stehen.«[12]

22.
VERHANDLUNGEN IN BERLIN

Von Truman Smiths Blickwinkel aus betrachtet, war Lindberghs Deutschlandreise ein überragender Erfolg, so gewinnbringend, daß er ähnliche Besuche für andere amerikanische Luftfahrtexperten arrangierte, darunter Dr. Jerome Hunsacker vom Massachusetts Institute of Technology, Igor Sikorsky und Glenn Martin. Mit Lindberghs Bekanntheitsgrad (oder, um es anders zu sagen, seinem potentiellen Propagandawert für die Nazis) konnten sich diese Besucher jedoch nicht messen, und keinem von ihnen gewährte man so weitgehende Einblicke. Im Herbst 1937 bat Smith die Lindberghs daher, noch einmal nach Deutschland zu kommen. Der Vorwand für diesen Besuch war eine Einladung zum Kongreß der Lilienthal-Gesellschaft für Aeronautische Forschung, der vom 12. bis zum 16. Oktober in München stattfinden sollte. Smith arrangierte, daß Charles und Anne auf Burg Hohenschau, einer Festung aus dem 13. Jahrhundert, hoch oben in den bayrischen Alpen untergebracht wurden. Ihre Gastgeber waren der Baron und die Baronin Kramer-Klett, die allgemein für ihre antifaschistische Einstellung bekannt waren.

Lindberghs zweite Reise war noch produktiver als die erste. Wie 1936 reiste er mit dem amerikanischen Luftfahrtattaché, und dieser – nicht Lindbergh – schrieb die Berichte, die an den militärischen Geheimdienst weitergeleitet wurden. Lindbergh verstand sich gut mit General Ernst Udet, dem berühmten Flieger aus dem Ersten Weltkrieg, der inzwischen eine leitende Funktion im Luftfahrtministerium bekleidete. Udet war als Verwaltungsbeamter ungeeignet und manchen Berichten zufolge ein törichter Mann, der sich nur für Frauen und Abendgesellschaften interessierte. Allerdings war er auch einer der besten Piloten der Welt, berühmt dafür, daß er mit der Spitze seiner Tragfläche ein Taschentuch vom Boden aufnehmen konnte. Weiterhin hatte er – wie die Lindberghs – Grönland aus der Luft erkundet. Jimmy Doolittle, der Udet ebenfalls auf einer von Truman Smith organisierten Reise kennengelernt hatte, beschreibt ihn als ungeheuer charmanten Menschen, der fließend Englisch sprach und seine Gäste damit unterhielt, daß er lustige Cartoons zeichnete. Nach Doolittle zu urteilen, verachtete Udet Göring und imitierte den bösen Hitler, indem er in höchsten Tönen schimpfte und sich dabei einen Taschenkamm unter die Nase hielt.[1]

Jedenfalls lud Udet Lindbergh zu einem Besuch des streng geheimen Fliegerhorstes im pommerschen Rechlin ein. Man erklärte Lindbergh, seine Eskorte dürfe er nicht mitnehmen, weil man ihm Flugzeuge zeigen werde, die noch nicht einmal der italienische Luftattaché gesehen habe. Als Udet und er eintrafen, standen sieben Maschinen zur Inspektion bereit, darunter die Me 109, ein Jagdflugzeug von Messerschmitt, der He 111, ein Heinkel-Bomber, und der Dornier-Bomber DO-17. Man gestattete Lindbergh, in den Cockpits dieser Maschinen Platz zu nehmen und eine weitere Neuentwicklung, das Aufklärer- und Verbindungsflugzeug Fieseler Storch, zu fliegen.

Major Smith nahm an, Udet wollte Lindbergh beeindrucken, ohne ihm allzu viele technische Informationen zu verraten. Aber Lindbergh notierte seine Beobachtungen sorgfältig und arbeitete später zusammen mit dem Militärattaché Major Albert Vanaman ein Memorandum aus, das mit einer alarmierenden Erklärung begann: »Deutschland ist wieder eine Luftmacht.« Nach diesem Bericht zu urteilen, besaß die Luftwaffe »*mindestens* 174 Staffeln mit je neun Flugzeugen und drei weiteren als Reserve«. Die deutsche Technik entwickelte sich derart schnell, daß der zwei Jahre alte Sturzkampfbomber Ju-86 als veraltet galt und die neugebauten deutschen Fabriken – mindestens 46 Anlagen – Luftangriffen standhalten konnten.

Wie Smith später eingestand, hob dieses Memorandum nur die Stärken der Luftwaffe hervor und ließ die Schwächen unerwähnt: das Fehlen von Langstreckenbombern und die Unerfahrenheit vieler deutscher Offiziere. Das Schreiben hatte ganz eindeutig den Zweck, die Geheimdienstexperten in Washington wachzurütteln, was es offenbar auch tat. Im Dezember 1937 unternahmen die Lindberghs eine kurze geheime Reise nach Amerika, damit Charles das NACA, das »National Committee for Aeronautics«, über den Stand der europäischen Luftfahrt unterrichten konnte.

Sein zweiter Aufenthalt in Deutschland festigte Charles Lindberghs »Faszination« (sein Wort) für den nationalsozialistischen Staat, während er zugleich mit Großbritannien immer unglücklicher wurde. »Ich kann die Enttäuschung, die ich in England empfunden habe, gar nicht beschreiben«, erklärte er später einem amerikanischen Freund. Die britischen Militärs – im Gegensatz zu den Deutschen – ignorierten ihn. Das britische Volk mit seinen komplizierten Klassenunterschieden, das dem Glanz vergangener Größe nachhing, war für ihn deprimierend.

Anne dagegen beklagte bitterlich, daß sie seit ihrem Umzug nach Long Barn keinen einzigen Freund gefunden hatten. Charles und sie wurden zu Botschaftsempfängen und privaten Abendessen eingeladen, aber sie stellte fest, daß dieselben Leute, die bei solchen Anlässen sehr herzlich waren, beim nächsten Treffen durch sie hindurchsahen. Wenn man bedenkt, daß die Sehnsucht der Lindberghs, in Ruhe gelassen zu werden, in allen Londoner Zeitungen Schlagzeilen gemacht hatte, kann dies nicht überraschen. Wie die meisten schüchternen Menschen konnte sich Anne nicht vorstellen, daß sie auf andere vielleicht unnahbar und verunsichernd wirkte. Die Lindberghs selbst luden sich keine Gäste ein. Anne schrieb Jahre später, sie hätte in ihrem Leben noch keine einzige Dinner-Party gegeben, und ebensowenig scheint sie versucht zu haben, die Bekanntschaft der Literaten zu machen, die sie aus der Ferne bewunderte. Sie wartete darauf, daß die Leute, die sie kennenlernen wollte, zu ihr kamen. Taten sie es nicht, war sie gekränkt.

Natürlich machte Charles sich und Anne mit seinen Ansichten zur Lage in Europa in intellektuellen Kreisen nicht gerade beliebt. Im Mai 1938 waren die Lindberghs gemeinsam mit Mrs. Morrow auf Sissinghurst Castle zum Tee eingeladen, und Charles gab sich größte Mühe, Harold Nicolson von der Notwendigkeit einer Allianz zwischen Großbritannien und Deutschland zu überzeugen. Bestürzt merkte Nicolson an, Charles habe die »Theologie« der Nazis übernommen und blicke nun voller Haß wie die Deutschen auf die »degenerierte Welt«, die amerikanische Demokratie und die Presse. Zwar irrte Nicolson hier, aber die revolutionäre Aufbruchstimmung im Dritten Reich – nicht die Details des Parteiprogramms – sprach Charles tatsächlich an. Das Stichwort »Dekadenz«, das – wie Nicolson und andere britische Bekannte anmerkten – Lindberghs Äußerungen zunehmend bestimmte, war bei Charles eher auf Carrels Einfluß als auf den der Nazis zurückzuführen, wenn auch die beiden Ideologien so ähnlich waren, daß Lindbergh selbst Probleme hatte, sie auseinanderzuhalten.

Im Frühjahr 1938, etwas verspätet, begann sich Nancy Astor, eine alte Freundin von Annes Eltern, um die Lindberghs zu bemühen. Lady Astor war eine schlagfertige und respektgebietende Gastgeberin und hatte die Angewohnheit, mitunter mitten im Satz ihr Gebiß herauszunehmen. Bei einem Lunch

mit den Lindberghs und George Bernard Shaw nahm sie das Gespräch in die Hand, indem sie ihren Gästen befahl: »Ruhe jetzt. Ich will wissen, wieso G.B.S. ein Faschist geworden ist.« Lady Astor ging mit Anne Kleider kaufen – was nicht leicht war, da Anne aus unerfindlichem Grund immer Schuldgefühle hatte, wenn sie Geld für ihre Garderobe ausgab. Lady Astor sorgte auch dafür, daß die Lindberghs öfter eingeladen wurden. Ihre Bekannten – alt und ultrakonservativ – glaubten größtenteils, ein Friedensvertrag mit Deutschland sei nicht nur unumgänglich, sondern tatsächlich wünschenswert. Charles wurde von dieser Argumentation beeinflußt, auch wenn er die dahinterstehende Haltung verachtete.
Edward VIII. hatte abgedankt, und durch die Astors waren die Lindberghs zu einem Ball im Buckingham Palace eingeladen, auf dem sie George VI. vorgestellt wurden. Anne trug ein lavendelfarbenes Taftkleid und eine Straßkette, die Elisabeth gehört hatte. Charles lief zum ersten und letzten Mal in seinem Leben in Kniebundhosen herum, und als die Königin ihn um einen Walzer bat, äußerte er Bedenken: »Madame, ich habe im Leben noch nie einen Schritt getanzt.« Ihre Majestät schlug gnädigerweise vor, den Tanz gemeinsam auszusitzen. Da keine Fotografen anwesend waren, amüsierte sich Anne, die sonst aus Angst, fotografiert zu werden, nie tanzte, königlich.

Längst hatten die Lindberghs beschlossen, England hinter sich zu lassen. Nach einem Besuch bei den Carrels auf St. Gildas, einer kleinen französischen Insel vor der Côte du Nord, hatten sie sich in die Bretagne verliebt. Den Carrels gehörten St. Gildas und noch einige kleinere Inseln, und in aller Stille erwarben die Lindberghs eine davon. Das winzige Illiec war ein Felsen, auf dem es nur ein zweistöckiges Haus gab, das der Komponist Ambrose Thomas gegen Ende des 19. Jahrhunderts hatte bauen lassen. Bei Ebbe konnte man über einen Damm zum Festland laufen oder fahren. Wenn die Flut – dreizehn Meter hoch – kam, erreichte man Illiec per Boot. Im einzigen Brunnen der Insel gab es nur Brackwasser, und das heruntergekommene Haus besaß keine sanitären Anlagen. Wegen der Buntglasfenster im Erdgeschoß blieb es dort selbst an sonnigen Tagen finster, und die Möbel waren eine wilde Mischung aus übergroßen Mahagonistücken und Roßhaarsofas, auf denen sich der Staub der Jahrzehnte gesammelt hatte.

»Ich glaube, die arme Anne fürchtet sich vor dem verlassenen, steinigen Eiland«, schrieb Vita Sackville-West ihrem Mann, nachdem sie die Lindberghs verabschiedet hatte. »Ich wünschte, du hättest das kleine Notizbuch gesehen, in dem sie Tips zu Gärten an der See sammelt!«[2]

Trotzdem schienen die Lindberghs äußerlich mit ihrer Abgeschiedenheit auf Illiec zufrieden zu sein. Charles tauchte nach Abalonen, wobei er wie ein Pirat das Messer zwischen den Zähnen trug und sagte, seit dem Camp in Little Falls sei Illiec der erste Ort, an dem er wirklich gern lebe.

In Amerika war gerade *The Culture of Organs* erschienen, und am 13. Juni waren Lindbergh und Carrel auf dem Titelblatt von *Time* abgebildet. Die Zukunft ihrer gemeinsamen Arbeit indes war ungewiß, und Carrel wurde immer unglücklicher, weil er Charles und Anne nicht zur Rückkehr bewegen konnte. Als Katholik interpretierte er ihre Situation als seelische Krise, und da er sich nicht vorstellen konnte, daß ein Rationalist wie Charles an die Römische Kirche glaubte, lud er James Newton, einen jungen Amerikaner und Organisator des Moral Re-Armamant, der »Bewegung zur Moralischen Wiederaufrüstung«, nach St. Gildas ein. Newton berichtete ernst von dem Entschluß, sein Leben Gott zu widmen. Lindbergh dagegen hielt Newton einen geopolitischen Vortrag und erklärte, wenn England und Frankreich untätig blieben, würden sich Deutschland und die Sowjetunion vielleicht gegenseitig zerstören. Währenddessen schickte Madame Carrell ihren Mann in den Garten hinaus, damit er dort das Silber vergrub.

Im August bat der amerikanische Militärattaché in Moskau Colonel Lindbergh um eine Besichtigung der russischen Luftfahrteinrichtungen. Anne graute es vor der Reise, aber zu Hause bleiben mochte sie auch nicht. »Doch habe ich das Gefühl, daß ich mitmuß«, schrieb sie. »Ich muß ihn begleiten, damit wir darüber diskutieren können.«[3] Die Sowjets bewirteten die Lindberghs verschwenderisch, gaben große Bankette und machten ungeheure Propaganda. Durch die endlosen Gänge der Menüs wurden sich Charles und Anne der schäbigen Waren in den Läden und der finsteren, ängstlichen Mienen der Menschen auf den Straßen nur um so bewußter. Ein schweigender Mann in Zivilkleidung folgte ihnen überall hin, und amerikanische Diplomaten warnten sie, daß selbst die Botschaft abgehört würde. Im Vergleich zu dem, was Charles in Deutschland gesehen hatte, befand sich die sowjetische Luftfahrt in einem kläglichen Zustand. Ein neuer sowjetischer Flugzeugmotor, den man mit großem Pomp vorstellte, entpuppte sich als eine Kopie des Wright Whirlwind, der Lindbergh 1927 bereits von New York nach Paris befördert hatte. Und es war nicht mal eine gute Kopie. Als er die Reise in einem Brief an seinen Cousin Jerry Land beschrieb, klagte Lindbergh, es sei unmöglich, durch eine russische Fabrik zu gehen, ohne über herumliegendes Werkzeug zu stolpern. Und er fügte hinzu: »Das Leben in Rußland ist der Hölle auf Erden ähnlicher als alles andere auf der Welt.«[4]

Charles und Anne kehrten über Prag in die Bretagne zurück, und der amerikanische Militärattaché Major Riley unternahm mit ihnen einen Autoausflug durchs Sudetenland, mit dessen Annektierung Hitler drohte. Die drei blieben über Nacht im Palais des Prinzen Clary Aldringen. Während des Essens hielt der Prinz einen Stegreifvortrag über die russische Geschichte und führte Geheimpolizei, Terror und Säuberungsaktionen auf den Despotismus des Zarenregimes zurück. Die anderen Gäste versicherten Lindbergh, sie fürchteten den tschechischen Kommunismus weit mehr als den deutschen Nationalsozialismus.

Wieder zurück in Europa, stellten die Lindberghs fest, daß Frankreich und England bereit waren, für die Tschechoslowakei in den Krieg zu ziehen. Während eines Besuchs in London sahen sie, wie Pendler im Bahnhof Piccadilly anstanden, um sich Gasmasken abzuholen. Charles war überzeugt davon, daß es längst zu spät war, die Expansion des Deutschen Reiches in Zentraleuropa zu bremsen. Der Zeitpunkt, Deutschland aufzuhalten, war 1936 gewesen, wiederholte er in seinen Briefen an Jerry Land.

Botschafter Joseph Kennedy hatte vor seiner Berufung zum Court of St. James in der National Maritime Commission eng mit Jerry Land zusammengearbeitet und war über Lindberghs Ansichten sicher informiert, bevor er ihn bei den Astors kennenlernte. Am 22. September lud Kennedy die Lindberghs zum Lunch in die Botschaft ein und erklärte, er hoffe, der Präsident könne Premierminister Neville Chamberlain und den französischen Premier Edouard Daladier überreden, nach München zu fliegen und eine gütliche Einigung auszuhandeln. Auf Bitten des Botschafters bereitete Lindbergh einen langen Brief vor, in dem er den Zustand der deutschen Luftfahrtindustrie zusammenfaßte. Unter anderem schätzte Lindbergh, die Deutschen seien in der Lage, etwa 20000 Flugzeuge pro Jahr zu bauen. Diese Zahl war zu hoch gegriffen – 1940, zwei Jahre später, produzierten die Deutschen 10826 Maschinen –, allerdings stimmte sie mit den Zahlen überein, die amerikanische und französische Militärbeobachter geäußert hatten.

Lindberghs Problem war nicht ein Mangel an Informationen, sondern sein Pessimismus, der ihm alles, was er sah und las, in düstersten Farben erscheinen ließ. Es war wohl nicht unbedingt Haß, was er Amerika gegenüber empfand, aber es widerte ihn an. Captain John Slessor vom Britischen Luftfahrtmuseum, der Lindbergh auf Kennedys Vermittlung hin kennengelernt hatte, äußerte, er sei »ein extrem sympathischer Mensch, offen und ehrlich«. Offenbar aber war Lindberghs Sicht der Dinge verzerrt, weil er sich keine Illusionen mehr machte: »Im allgemeinen scheint mir seine Haltung den Briten gegenüber sehr wohlwollend zu sein... Er zeigt eine enorme Bewunderung für die Deutschen und mag sie persönlich sehr, auch wenn er sagt, daß er ihnen vieles an ihrer Politik und den Methoden nicht verzeihen kann. Besonders äußerte er sich über die großartige Einstellung in Deutschland, daß nichts unmöglich ist und sich jedes Hindernis überwinden läßt. Er sagte, das wäre der Geist gewesen, der früher die Vereinigten Staaten geprägt habe, der seinem Land aber, wie er fürchtete, verloren ginge.«[5]

Zurück in Frankreich, wurde Colonel Lindbergh von Botschafter William C. Bullitt gebeten, sich einer Gruppe anzuschließen, die den Bau von Fabriken in Kanada plante, in denen aus amerikanischen Teilen Flugzeuge für die französischen Luftstreitkräfte gefertigt werden sollten. Lindbergh war nicht begeistert. Er hielt den Plan für unbrauchbar, und außerdem fand er die französische Regierung so ungeschickt und das französische Volk so »dekadent«, daß der Mangel an Kriegsgerät ihm als das geringste Problem der Franzosen erschien.

Noch vor Ende der ersten Konferenz kam Bullitts Komitee zu dem Ergebnis, daß der Bau von Fabriken in Kanada zu lange dauern würde. Die Franzosen brauchten die Kampfflugzeuge sofort.

»Wieso kaufen wir keine Bomber in Deutschland?« schlug Lindbergh vor.

Alles lachte.

In dieser Nacht schlief Lindbergh in der amerikanischen Botschaft, im selben Bett, in dem er nach seinem Transatlantikflug geschlafen hatte. Er fand keine Ruhe, grübelte über seinen kleinen Scherz nach und kam zu dem Schluß, daß er vielleicht gar nicht so lächerlich war. Natürlich würden die Deutschen niemals Flugzeuge nach Frankreich verkaufen, solange es keine politische Neuorientierung gab, aber da er glaubte, daß sich Deutschlands Ambitionen gen Osten richteten – zumindest in der nächsten Zukunft –, mochte es nicht vollkommen unmöglich sein.

Einige Tage später, am 11. Oktober, flogen Anne und Charles in ihrer Mohawk nach Berlin, angeblich, um an einem Treffen der Lilienthal-Gesellschaft teilzunehmen, in Wahrheit aber auf Einladung Truman Smiths und des neuernannten amerikanischen Botschafters Hugh R. Wilson. Es gab keinen zwingenden Grund für diesen dritten Besuch. Nach Major Smith zu urteilen, wurde der Colonel in erster Linie eingeladen, weil Botschafter Wilson eine Gelegenheit suchte, inoffiziell mit Göring über die Situation der jüdischen Flüchtlinge zu sprechen. Er hoffte den Reichsmarschall zu einem Herrenabend überreden zu können, wenn Lindbergh dabei wäre. Trotz anderslautender Behauptungen wußte Lindbergh nicht, worüber Wilson sprechen wollte.

Zu dem Essen in der Botschaft waren 16 Gäste geladen, darunter Göring und seine Stellvertreter General Erhard Milch und General Udet. Göring hielt eine kleine rote Schachtel in der Hand, steuerte direkt auf Lindbergh zu und erklärte, Deutschland verleihe ihm den »Adlerschild des Deutschen Reiches«, eine zivile Auszeichnung, in Anerkennung seines Transatlantikfluges 1927. Lindbergh, bemerkte Truman Smith, verstand die Rede erst, als man sie ihm übersetzte, und wirkte dann »verblüfft«. Smith blieb auch später dabei, weder er noch Botschafter Wilson hätten von Görings Plan gewußt. Außerdem hatten schon andere Amerikaner, darunter Henry Ford, ähnliche Auszeichnungen entgegengenommen, also sah man keinen Grund, warum Lindbergh sie ablehnen sollte. Es war der 171. Orden, den er in elf Jahren bekommen hatte, und bis ans Ende seiner Tage blieb er dabei, daß er keinen Grund gesehen habe, Göring unehrenhafte Absichten zu unterstellen. Anne, die ahnte, daß die amerikanische Presse niemals darüber hinwegsehen würde, daß Lindy einen deutschen Orden angenommen hatte, warf einen Blick auf den »Adlerschild« und nannte ihn den »Albatros«.

Wie schon bei den früheren Besuchen in Berlin wohnten die Lindberghs in Smiths Wohnung. Sie waren die einfachsten Gäste der Welt, da sie sich ständig zum Schreiben auf ihr Zimmer zurückzogen. Charles, erinnerte sich Smith, »verbrachte jeden Tag Zeit mit [Anne] und versuchte, ihren literarischen Stil zu perfektionieren.« (Lindbergh selbst behauptete, er hätte Annes Stil nie kritisiert. Anne bat ihn um Hilfe wenn sie bei der Beschreibung technischer Zusammenhänge der Fliegerei unsicher war.)[6]

Charles versuchte nicht mehr, Anne von ihrem Tagebuch abzubringen. Inzwischen hatte er sein eigenes. Es war gedacht als Protokoll einer kritischen Periode europäischer Geschichte, stellte sich jedoch unbeabsichtigterweise später ebenso als das Selbstporträt eines ziellosen Geistes dar. »Das Leben in der zivilisierten Welt ist so komplex geworden, daß man kaum noch klar denken kann, selbst wenn man die Zeit dafür hat«, erinnert er sich selbst an einer typischen Stelle, und die Klarheit der Gedanken sollte ihm auch weiterhin fehlen. Verfolgt von einer Weltuntergangsvision und doch hoffnungslos vom Geist und den fliegerischen Fähigkeiten der Deutschen fasziniert, war er abwechselnd verwirrt, ärgerlich und beinah mitleiderregend dankbar für Bekanntschaften wie die des chinesischen Schriftstellers und Philosophen Lin Yutang, der ihn immer wieder aus seinen Depressionen befreien konnte.[7]

Es war, als führte die Entschlossenheit Deutschlands ihm die Sinnleere in seinem eigenen Leben vor Augen. Im Grunde seines Herzens hatte Lindbergh dieses Problem erkannt, und doch faselte er weiter davon, daß er mehr Freizeit brauche, und war wütend auf jene, die ihn drängten, nach Hause zu kommen und sich der Luftfahrt oder der Wissenschaft zu widmen. Auch wenn er es nie zugeben konnte, korrespondierte die Aggression der Nazis mit seiner eigenen Wut. Einmal bemerkte er nebenher, wie sehr Hitler es genießen müsse, sich an den Staaten rächen zu können, die Deutschland nach dem Krieg ins Elend getrieben hätten – wobei er ihn nicht für so »wahnsinnig« hielt, tatsächlich Rache zu nehmen. Unfähig, in seinem Inneren die wahren Gründe dafür zu finden, warum die Deutschen so mächtige und widersprüchliche Emotionen in ihm weckten, beschloß er, die Lösung durch weitere »Studien« der Situation in Deutschland zu suchen.

Truman Smith dagegen war sich der Übel des Nazispuks sehr wohl bewußt. Smith hatte Hitler schon 1922 interviewt und nach Washington gemeldet, daß die »rassistische Partei« nichts weiter als eine »antisemitische Bande« sei. Aber der Major war der Berufskrankheit der Länderexperten zum Opfer gefallen: Einen Großteil seines Lebens hatte er dem Studium Deutschlands gewidmet, und die Tatsache, daß der Ausbruch eines Krieges möglicherweise nicht zu verhindern war, beunruhigte ihn zutiefst. Zweifellos stieg es Smith etwas zu Kopf, daß ihm der große Charles Lindbergh »voll und ganz zur Verfügung stand«, wie er es nannte. Er benötigte einige Zeit, bis er merkte, daß Lindbergh ganz eigene Pläne hatte. Er war erstaunt, als Charles verkündete, er wolle den Winter mit Anne und den Jungen in Berlin verbringen, um seinen Eindruck vom Leben in Deutschland zu vertiefen. Dies war eine ausgesprochen schlechte Idee, aber Smith sollte erst später erfahren, daß Lindbergh zwar leicht in Trab zu bringen, aber nur schwer zu kontrollieren war.

Auf einer Dinner-Party am 13. Oktober saß Anne neben Prinz Kinsky, dem Präsidenten des Österreichischen Aero-Clubs, der sich zu einer bösen Hetzrede gegen die Juden aufschwang. Bisher hatten die nationalsozialistischen Gastgeber der Lindberghs dafür gesorgt, daß sie von solchen Reden verschont blieben. Nach diesem Erlebnis war Anne schwer erschüttert. Trotzdem sah sie sich weiter Schulen und Häuser an, darunter eines in einem Dorf, an dessen Ortseingang ein großes Schild stand: »Juden unerwünscht«. Ein anderes Haus, das sie und Charles besichtigten, war groß und geräumig und besaß ein wunderschönes Grundstück, aber – bemerkte Lindbergh in seinem Tagebuch – dieses Angebot hatte »etwas Seltsames« an sich. Die Besitzer waren in Übersee und wollten in ausländischer Währung bezahlt werden. Oberst Wendland vom deutschen Luftfahrtministerium sagte, er sehe es lieber, wenn die Lindberghs nicht dort einzögen. Albert Speer würde ihnen sicher gern ein Haus bauen, wo immer sie wollten. (Das Haus, das sich die Lindberghs angesehen hatten, gehörte einer jüdischen Familie, die emigriert war, und die Nazis wollten offensichtlich nicht, daß die Lindberghs im Haus eines Juden wohnten.)

Am 29. Oktober fuhren Charles und Anne mit dem Zug nach Paris zurück. Das schlechte Wetter zwang sie, die Mohawk in Berlin zu lassen, und sie wollten sie abholen, wenn Oberst Wendland sie wissen ließ, daß er weitere Häuser zur Ansicht hätte. Eine Woche später fanden die gewalttätigen antijüdischen Übergriffe der »Reichskristallnacht« statt, und am 11. November rief Lindbergh aus Paris Major Smith an und teilte ihm mit, unter diesen Umständen käme es nicht mehr in Frage, daß er seine Familie nach Berlin bringe.

Paradoxerweise kritisierte die Presse bis zu diesem Zeitpunkt Colonel Lindbergh nicht dafür, daß er prodeutsch, sondern daß er antisowjetisch war. Der stalinistisch orientierte Journalist Claude Cockburn, der für die britische Zeitschrift *The Week* schrieb, hatte praktisch mit dem Bericht von einem Treffen bei Lord und Lady Astor in Cliveden Karriere gemacht, bei dem Lindbergh sich angeblich über die sowjetischen Luftstreitkräfte lustig gemacht hatte. Wenn auch ein solches verschwörerisches Gespräch niemals stattgefunden hatte, so kam Cockburn Lindberghs wahren Ansichten doch sehr nah, und er weigerte sich zu dementieren. Dies führte in der *Prawda* zu einem Angriff auf Lindbergh in Form eines offenen Briefes, den elf hochrangige Militärpiloten unterzeichnet hatten. Nach diesem Brief in der *Prawda* gehörte es unter amerikanischen Kommunisten und ihren Sympathisanten fast zum guten Ton, Lindbergh anzuprangern. Nur wenige Journalisten in den Vereinigten Staaten machten sich Illusionen, was Hitler anging, aber es gab noch viele, die Stalin als harmlosen »Uncle Joe« romantisierten. Selbst in der seriösen Presse wurde die Warnung, die sowjetischen Luftstreitkräfte seien den Deutschen erheblich unterlegen, als haarsträubender Unsinn dargestellt. Rückblickend betrachtet stellten nur erstaunlich wenige Veröffentlichungen die Glaubwürdigkeit des *Prawda*-Briefes in Frage.

Der Nachricht, daß Lindbergh von Göring einen Orden bekommen hatte, folgten bald Berichte, nach denen Charles mit seiner Familie den Winter in Deutschland verbringen wollte, und diese Meldungen riefen eine ganz andere Art von Kritik hervor. Selbst die besten Freunde zeigten sich schockiert. Anne, die allein von Paris nach Illiec zurückgekehrt war, wußte nicht, wie sie auf die Protestbriefe und Telegramme reagieren sollte, die stapelweise eintrafen. Dr. Carrel, der trotz seines Hangs zum intellektuellen Faschismus im Grunde seines Herzens doch ein Franzose war und die Nazis haßte, forschte inzwischen wieder an der Rockefeller University und schickte den Lindberghs einen Ausschnitt aus der Zeitschrift *The New Yorker*, der die Reaktionen in den Staaten zusammenfaßte: »Mit Gefühlen der Verwirrung verabschieden wir uns von Colonel Charles A. Lindbergh, der in Berlin leben möchte, wahrscheinlich in einem Haus, das einmal Juden gehört hat... Sollte er weiterhin mit dem künstlichen Herzen experimentieren wollen, müßte die Umgebung dort ideal sein.« Ähnliche Empfindungen drückten politische Karikaturisten aus, die Lindbergh mit einem Orden in Form eines hakenkreuzverzierten Herzens darstellten.

Die Lindberghs reagierten auf diese Anfeindungen in der Presse nicht und veröffentlichten auch keine Erklärung, daß sie den Berlin-Aufenthalt nach dem 9. November abgesagt hatten. Die Öffentlichkeit erfuhr also davon nichts.

Allerdings mußte Charles noch einmal nach Berlin, um seine Mohwak zu holen. Bevor er abreiste, wurde er zu einem Gespräch mit dem französischen Luftfahrtminister Guy la Chambre bestellt, der ihm mitteilte, nach einigen Überlegungen habe die französische Regierung beschlossen, sie wolle in Deutschland gern Flugzeugmotoren – keine kompletten Maschinen – kaufen. Lindbergh hatte sich diese Idee inzwischen noch einmal durch den Kopf gehen lassen. Er war davon überzeugt, daß der Handel ein Vorwand für eine politische Allianz sein sollte, und wunderte sich, daß la Chambre überhaupt daran interessiert war. Selbst 50 Jahre später staunt man immer noch. Vielleicht wollte der Minister nur prüfen, wie weit die Nazis gehen würden, um Lindbergh zu beeindrucken.

In Berlin traf Lindbergh Görings Stellvertreter General Milch, der ihm versicherte, weder Göring noch Hitler seien für die antisemitischen Ausschreitungen verantwortlich. (Lindbergh interpretierte dies so, daß Goebbels und Himmler sie ohne Hitlers Zustimmung organisiert hatten.) Dann schlug Milch vor, den Verkauf der Flugzeugmotoren an Frankreich nach Weihnachten zu arrangieren.

Im Januar kehrte Lindbergh noch einmal heimlich nach Berlin zurück, und man teilte ihm mit, daß der Verkauf von

1250 PS starken Daimler-Benz-Motoren an die Franzosen genehmigt worden sei. Er überbrachte diese Nachricht la Chambre, der ihm erklärte, die Verhandlungen würden Paul Stehlin, dem französischen Luftfahrtattaché in Berlin, übertragen. Als Stehlin Udet auf das Thema ansprach, war dieser wie so häufig betrunken und lachte schallend. »Mir wurde klar, daß die Deutschen uns von Anfang an zum Narren gehalten hatten«, sagte Stehlin später. »Sie staunten, daß Colonel Lindbergh ihnen diese Geschichte abgenommen hatte.« Lindbergh, berichtete Stehlin, wurde daraufhin »ziemlich böse und fuhr mich an«.[8]

In seinen Memoiren *Berlin Alert* erzählt Truman Smith eine andere Version vom Scheitern dieses Handels. Danach erklärte la Chambre Lindbergh gegenüber, ihm und Daladier sei es mit dem Kauf von Daimler-Benz-Motoren sehr ernst gewesen, nur habe das französische Außenministerium abgelehnt. Außerdem erwähnt Smith einen Kommentar von General Friedrich Hanesse aus dem Jahr 1956, der sich erinnerte, daß Göring die Verhandlungen mit den Franzosen tatsächlich genehmigt hatte, wenn auch ohne Absprache mit Hitler, der eine solche Vereinbarung niemals gebilligt hätte.

Wie auch immer es gewesen sein mag: Lindbergh war in der Welt der Geheimdiplomatie schlichtweg überfordert. Als die Pariser *Herald* kurz vor seiner letzten Reise nach Berlin einen Artikel mit der Überschrift LINDBERGH LIEFERT U.S.A. FAKTEN ÜBER DEUTSCHE LUFTWAFFE brachte, war er von der Unterstellung, er sei ein Spion, tief getroffen und in seiner Ehre gekränkt. Lindbergh entschuldigte sich für diese Geschichte bei Milch und Udet und gab ihnen sein persönliches Ehrenwort, daß er niemals militärische Geheimnisse weitergegeben habe. Bei all seinen »Studien« der Lage in Deutschland war Lindbergh der entscheidende Punkt – daß Hitler ein unberechenbarer Fanatiker war – entgangen. Der Begriff der Ehre war in Deutschland nichts mehr wert, ebensowenig wie die Vernunft. (Kein Wunder, daß Udet lachte, als er mit Stehlin über die Motoren verhandelte!)

Die Situation wurde weiter kompliziert durch Erfahrungen, die Dwight Morrows alter Freund George Rublee machen mußte, nachdem Präsident Roosevelt ihn zum Leiter des Internationalen Flüchtlingskomitees ernannt hatte. Rublees Aufgabe war es, über eine Massenauswanderung deutscher Juden zu verhandeln, die in Nordamerika und British Guayana, den Philippinen, Tanganjika (in Tansania, A.d.Ü.) und andere Länder aufgenommen werden sollten.[9] Rublee und seine Frau Juliet befanden sich gerade in Berlin, als Lindbergh im Januar dort war, und Charles empfahl den alten Freund seiner Familie seinen Verhandlungspartnern Milch und Udet wärmstens. Kurz nach Lindberghs Abreise erklärte man Rublee, das Reich sei bereit, 150000 jüdische Arbeiter und deren Angehörige gegen eine bar zu zahlende Entschädigung freizulassen. Weitere Entlassungen würden folgen, bis die Lager leer seien. Man nannte keine Gründe für diesen plötzlichen Gesinnungswandel, aber es ging das Gerücht um, Göring stecke hinter diesem »Angebot«. Begeistert kehrte Rublee nach London zurück – und stieß auf allgemeine Ablehnung. Britische und amerikanische Offizielle waren mißtrauisch, Staaten, die vorher ihre Bereitschaft zur Teilnahme an dem Unternehmen bekundet hatten, schreckten zurück, als Zahlen genannt wurden. Selbst Vertreter der jüdischen Sache machten sich Gedanken darum, ob es moralisch vertretbar sei, dem Reich Geld zu zahlen, damit es die eigenen Leute vertrieb. Im späten Frühjahr wurde klar, daß der Plan fehlschlagen würde, und Nazideutschland wies hämisch darauf hin, daß selbst Nationen, von denen Deutschland kritisiert wurde, die Juden nicht wollten. Es mag sein, daß die Verhandlungsbereitschaft der Deutschen von vornherein nur ein Propagandatrick gewesen war, aber Rublee war überzeugt davon, daß die Deutschen es ernst meinten, die Regierung Roosevelt und die Briten dagegen den Krieg wollten und daher den Plan scheitern ließen.

Da Illiec im tiefsten Winter unbewohnbar war, lebten die Lindberghs zwischenzeitlich in Paris. An einem ihrer seltenen Abende außer Haus wurden sie im Restaurant Tour d'Argent von einer Gruppe Amerikaner am Nebentisch erkannt, die sofort eine laute Debatte über Hauptmanns Schuld oder Unschuld vom Zaun brachen. Anne war außer sich, und Charles frustriert und hilflos. Der Vorfall verstärkte seine Angst davor, wieder in die Vereinigten Staaten zurückzukehren, aber da sich am Horizont ein Krieg abzeichnete, schien es dafür keine Alternative zu geben.

Es ist nicht ganz nachzuvollziehen, warum die Lindberghs die Kritik an ihren Besuchen in Berlin unverantwortlich und ungerechtfertigt fanden. Anne war besonders von dem Artikel im *New Yorker* verletzt, weil sie ihn ungerecht fand, obwohl die Spekulationen des Redakteurs über die Haussuche der Lindberghs der Wahrheit sehr nahe kamen. Charles beklagte sich bei Henry Breckinridge darüber, wie unfair die Presse sei, und war vor den Kopf gestoßen, als der antwortete, manches, was gedruckt würde, sei unfair, aber es gäbe einiges, was die Zeitungen einfach nicht wüßten. Insgesamt habe die Presse mehr oder weniger recht.

Während sie ihren nächsten Umzug planten, nutzten die Lindberghs ihren Aufenthalt in Paris für Besuche von Galerien, und Anne beschloß, sich von dem Bildhauer Charles Despiau eine Büste modellieren zu lassen. Moderne Kunst – wie so vieles in der Welt – verwirrte sie, besonders manche Bilder von Dalí, den Charles als Beweis dafür ansah, daß die Zivilisation bedroht war. Er interessierte sich mehr für das Bronzegießen und machte Bekanntschaft mit dem amerikanischen Bildhauer Jo Davidson, der sich erbot, eine Büste von ihm anzufertigen, während Anne Despiau Modell saß.

Lindbergh mochte Davidson sehr, aber als der Bildhauer immer wieder das Münchner Abkommen verurteilte und die Meinung vertrat, der Totalitarismus könne nach wie vor besiegt werden, wandte Lindbergh energisch ein, das sei absolut unrealistisch.

Davidson sah es anders. »Ihr Problem«, erklärte er Charles, »ist, daß Sie ständig mit den falschen Leuten zusammen sind.«

Das war nur allzu wahr. Aber warum?

Man kann die Schriften der Lindberghs aus dieser Zeit nicht lesen, ohne sich ihre entsetzliche Angst vor Krieg und Gewalt und die Enttäuschung über ihre Bekannten vor Augen zu führen, die unbeirrbar die Kriegserklärung als einzig richtige Reaktion auf die Nazis anstrebten. Und doch war Davidson, der glaubte, daß man sich Hitler unter allen Umständen entgegenstellen mußte, der größere Realist. Die Haltung der Lindberghs gegenüber dem Deutschen Reich war zu diesem Zeitpunkt nicht so sehr bewußte (oder in Annes Fall unbewußte) Bewunderung, sondern eine moralische und psychologische Kapitulation. Charles hatte sich eingeredet, man könne die führenden Nazis dazu veranlassen, das westliche Europa in Frieden zu lassen, wenn man sie freundlich behandelte und ihnen im Osten freie Hand ließ. Wenn er schrieb, er »studiere« die Lage in Deutschland, meinte er damit eigentlich, daß er die Ideologie der Nazis soweit verinnerlichte, bis für ihn theoretisch eine Koexistenz damit zu rechtfertigen war. Hätte es am 9. November 1938 keine antisemitischen Ausschreitungen gegeben, wäre er mit seiner Familie sicher nach Berlin gezogen, und die Nazis hätten möglicherweise die Lindberghs ganz für sich vereinnahmen können.

So verführerisch es sein mag, die Geisteshaltung der Lindberghs den traumatischen Nachwirkungen der Entführung und des Prozesses gegen Hauptmann zuzuschreiben, kommt man in Charles' Fall nicht umhin, ein altbekanntes Verhaltensmuster zu erkennen: Aufgewachsen unter dem Einfluß eines Vaters, der glaubte, die Morgan-Bank bilde das Zentrum einer antidemokratischen Verschwörung, hatte Charles die Tochter eines Partners von Morgan geheiratet – seine erste und einzige Liebe – und einen Großteil seines Ehelebens eher unglücklich im Haus seiner Schwiegereltern verbracht. Überzeugt davon, daß sein Erstgeborener von Gangstern entführt worden war, nahm er doch den Gangster Mickey Rosner unter seinem Dach auf und ließ zu, daß er seiner Frau und dem Personal Anweisungen erteilte. Kein einziges Mal erlaubte er sich ein böses Wort über den Mann, der des Mordes an seinem Sohn angeklagt und verurteilt wurde. Im Gegenteil empfand Lindbergh – obwohl Hauptmann Deutscher war und die Aktion zu seiner Rettung von den amerikanischen Nazis unterstützt und finanziert wurde – beinah vom ersten Augenblick an, als er einen Schritt auf deutschen Boden setzte, eine erstaunliche Verbundenheit mit dem Regime der Nazis.

In den Vereinigten Staaten mischten sich mittlerweile die Befürchtungen hinsichtlich der Besuche des »Einsamen Adlers« in Deutschland mit der Erkenntnis, daß er nach wie vor großen politischen Einfluß besaß –, und wie im Jahr 1927 hatte der Präsident der Vereinigten Staaten beschlossen, daß es an der Zeit sei, Charles Lindbergh nach Hause zu holen.

23.
AMERICA FIRST

Joseph Kennedys Ernennung zum Botschafter in Großbritannien bedeutete, daß sein bisheriger Stellvertreter, Jerry Land, seinen Posten als Vorsitzender des Nationalen Seegerichtshofs übernahm. In dieser neuen Funktion hatte Land regelmäßig Kontakt zum Präsidenten, der immer wieder wissen wollte, was mit Lands Cousin Lindbergh los war. Bestand die Gefahr, daß er seine amerikanische Staatsbürgerschaft aufgab?

Jerry Land und Slim schrieben einander häufig, und Land wußte Slims informativen und nüchternen Beurteilungen zur Lage in Europa zu schätzen. Er half ihm, eine Reise in die Vereinigten Staaten zu arrangieren, wo Lindbergh im Dezember 1937 vor dem NACA (National Commitee for Aeronautics) sprechen sollte. Im Sommer 1938 jedoch scheint sich Land Sorgen um das Wohlergehen seines Vetters gemacht zu haben. Lindberghs Beratervertrag mit dem NACA sollte im August auslaufen, und Roosevelt fragte Land mehrmals, ob er ihn verlängern sollte. Kam Lindbergh zurück? Und wenn ja, wann? Land bat Roosevelt schließlich, den Kontrakt zu erneuern. »Du magst glauben, ich übertreibe«, schrieb er Charles, »aber ich hatte das Gefühl, es wäre lebenswichtig für die Luftfahrt.«[1]

Als Lindbergh immer noch nicht heimkehrte, ließ Roosevelt ihm durch Joan Trippe erklären, er sei bereit, Lindbergh die Leitung der Zivilen Luftfahrtbehörde, der »Civil Aeronautic Administration« (CAA) anzubieten. Lindbergh zeigte kein Interesse, aber nachdem er die Bestätigung des NACA-Vertrags akzeptiert hatte, mußte er der Aufforderung folgen, als General H. H. (»Hap«) Arnold, Chef des Army Air Corps, ihn bat, zu einem kurzen Einsatz in die Staaten zu kommen. Dies war zweifellos mit Land abgesprochen, der in einem Brief an seine Familie schrieb, wie froh er sei, daß er Slim und den Präsidenten endlich dazu gebracht habe, zusammenzuarbeiten. Im April 1939 buchte Charles eine Passage auf der *Aquitania.* Mit ihm reisten auch seine neuen Freunde, Lin Yutang und dessen Frau. Die Presse hatte von Lindberghs Reiseplänen erfahren, und mindestens 200 Reporter und Fotografen nahmen das Schiff in Empfang, als es in New York anlegte. Alex Carrel, der Charles besser kannte als die meisten, bat Finanzminister Henry Morgenthau, ein Arrangement zu treffen, daß er und seine Frau an Bord der *Aquitania* gehen konnten, bevor diese vom Zoll abgefertigt wurde. Sie müßten mit Colonel Lindbergh »über wichtige Angelegenheiten« konferieren. Carrel erklärte nicht, was so wichtig war, daß es nicht warten konnte, bis das Schiff angelegt hatte, aber offensichtlich sorgte er sich darum, was Lindbergh vor so vielen Reportern sagen würde.[2]

Tatsächlich konnten Carrel, seine Frau und Jim Newton mit einem Schlepper des Hafenkapitäns hinaus zu dem Schiff fahren. Sie unterhielten sich mit Lindbergh in dessen Kabine und warteten, daß die anderen Passagiere von Bord gingen, als ein Fotograf vom *Daily Mirror* die Tür zur Nachbarkabine eindrückte und sie alle fotografierte. (Die Journalisten vom *Mirror* hatten die Carrels gar nicht erkannt.) Einige Minuten später trat die ganze Gesellschaft auf den Gang hinaus in ein Blitzlichtgewitter und kämpfte sich hinter Polizeibeamten die Gangway hinunter. Carrel und Newton gingen in dem Gedränge verloren. Madame Carrel war einer Ohnmacht nah, aber Aubrey Morgan, der am Anleger gewartet hatte, schaffte es, sie in ein Taxi zu bugsieren.[3]

Lindbergh betrachtete diese Vorfälle als eine Form des legalisierten tätlichen Angriffs und beschrieb die Szenerie als sowohl »lächerlich« als auch »barbarisch«. Obwohl seine Einstellung gegenüber der Presse inzwischen paranoide Formen angenommen hatte, war seine Wut in diesem Falle nicht ungerechtfertigt. Um noch größere Tumulte zu vermeiden, hatte er Anne und die Kinder in Frankreich lassen müssen. Sie wollten mit einem späteren Schiff nachkommen. Trotzdem hatte die Polizei, als die Familie im Mai eintraf, Arthur Springer geraten, private Sicherheitsleute zu engagieren, damit Anne mit den Kindern sicher das Festland erreichte.

Trotz aller Kritik daran, daß er einen Orden von Göring angenommen hatte, war Charles Lindbergh nach wie vor ein Nationalheld. Im Zug nach Washington, wo er sich mit General Arnold treffen sollte, stand eine ganze High-School-Klasse vor seinem Abteil Schlange in der Hoffnung auf Autogramme. Führende Republikaner beobachteten Lindberghs Popularität mit einigem Interesse, da sie sich zweifellos erinnerten, wie schnell dieser Mann in der Auseinandersetzung um die Luftpost 1934 eine Oppositionsbewegung gegen Roosevelt mobilisiert hatte.

Zur ersten NACA-Konferenz, an der Lindbergh teilnahm, schickte die Washingtoner Presse einen Vertreter, der den Colonel beschwor, nur für ein einziges Foto zu posieren. Auf ihr »Ehrenwort« würden sie ihn danach in Ruhe lassen. Entrüstet lehnte Lindbergh ab. »Man stelle sich vor«, schrieb er in sein Tagebuch, »die gleichen Männer, die durch das Fenster der Leichenhalle von Trenton einbrachen, den Sarg meines Babys öffneten und seine Leiche fotografierten! Solche Männer sprechen mir von Ehre!«[4]

Noch immer war Lindbergh tief deprimiert, weil er seine Familie nicht vor den Belästigungen schützen konnte, und die Furcht vor einem Krieg bedrückte ihn inzwischen so schwer wie ein körperliches Leiden. Über seine Verfassung waren sich nur wenige Menschen aus seinem nahen Umfeld im klaren. Jerry Land, bei dem Lindbergh in Washington wohnte, berichtete seiner Schwester, Slim sähe sehr gut aus und wirke zuversichtlich. Das glaubte offenbar auch General Arnold, der Lindbergh sofort einem Komitee zuteilte, das an der Neuorganisation des NACA arbeitete, daneben dem Kilner-Ausschuß, der einen Fünfjahresplan zum Bau neuer Flugzeugwaffen erarbeiten sollte. Zusätzlich bereiste Lindbergh Armee- und Marinestützpunkte überall im Land und informierte die Offiziere über den Stand der militärischen Luftfahrt in Europa.

Im vorangegangenen Dezember hatte Lindbergh vor dem NACA auf den raschen Ausbau und die Modernisierung der amerikanischen Militärluftfahrt gedrängt. Genau das hatten General Arnold und andere hohe Offiziere des Army Air Corps seit Jahren gefordert, und jetzt – zum erstenmal seit dem Ersten Weltkrieg – schenkten der Kongreß und der Präsident ihnen Gehör. Lindbergh war dafür prädestiniert, eine führende Rolle bei diesen Diskussionen zu spielen. Er kannte die technischen Probleme und besaß die neuesten Informationen. Seine Popularität würde helfen, die Öffentlichkeit davon zu überzeugen, daß sie die nötigen Opfer bringen müßte, und er hatte Einfluß auf den konservativen Flügel der Republikanischen Partei, der sich einer Erhöhung der Finanzmittel sehr wahrscheinlich widersetzen würde. Arnold erklärte, Lindbergh könne stellvertretender Vorsitzender des NACA werden, wenn er wollte. Ein prestigeträchtigerer Titel – das deutete er an – ließe sich arrangieren. Lindbergh hätte die Bedingungen diktieren können.

Er reagierte mit Panik. Die Stellung als stellvertretender Vorsitzender des NACA, schrieb er in sein Tagebuch, würde ihm einen engen Zeitplan aufzwingen, regelmäßige Konferenzen und ständige Reisen. Wann blieb Zeit zum Nachdenken? Wann sollte er sein Tagebuch führen? Zwar schienen andere mit dem Streß eines solchen Jobs fertig zu werden, aber er konnte sich nicht vorstellen, wie sie es schafften. Sein Geist, klagte er, sei wie ein »kreiselndes Projektil«, das nicht so leicht die Richtung ändere.

»Darf ich Ihnen eine persönliche Frage stellen?« fragte der verblüffte General Arnold. »Was haben Sie eigentlich vor?« Lindbergh erwiderte, er habe gar nichts vor. Er versuche nur, das Leben so zu nehmen, wie es komme.

Die Rockefeller University hatte mittlerweile Dr. Carrel davon in Kenntnis gesetzt, daß man sein Laboratorium im Juli schließen würde, und Lindbergh war der Meinung, daß Highfields – Annes und sein ehemaliges Haus in Hopewell – der ideale Sitz für Carrels Institut wäre. Das widersprach zwar dem Geist der Schenkung, die vorsah, daß das Haus ein Kinderheim werden sollte, aber offenbar verhandelte Lindbergh schon seit 1935 mit den Behörden von New Jersey, und man zeigte sich seinen neuen Plänen gegenüber keineswegs abgeneigt. Carrel korrespondierte ebenfalls mit der Behörde in New Jersey, und im März desselben Jahres fragte deren stellvertretender Leiter E. P. Earle bei Carrel an: »Wann werden Sie und Colonel Lindbergh mit Commissioner Ellis und mir nach Vineland fahren (eine staatliche Nervenklinik) und einige unserer geistig behinderten ›Anwärter‹ begutachten?« Es folgte eine Stellungnahme zu den relativen Vorteilen einer Insulin-Schocktherapie und dem Stoffwechselprodukt Xanthin. Da Carrel seit vielen Jahren weder Patienten gehabt noch mit menschlichen Versuchsobjekten gearbeitet hatte und sein Arbeitsbereich die Geisteskrankheiten nicht einschloß, stellte sich bei diesem Brief die Frage, wofür die Patienten »Anwärter« waren.[5] (Eine Zeitlang hatte Lindbergh sein Interesse daran bekundet, zu Kältetod-Experimenten und der Ganzkörper-Perfusion überzugehen – bei der man den Blutkreislauf künstlich aufrechterhielt, um beispielsweise Operationen am offenen Herzen durchzuführen –, aber in seinen Gesprächen mit Experten war die Rede davon gewesen, diese Versuche an Affen durchzuführen.)

Was immer Carrel und Lindbergh vorgehabt haben mögen, es war sicher erheblich harmloser als die Gerüchte, die immer wieder in Boulevardblättern auftauchten. Es wurde behauptet, Carrel wolle mit der Verpflanzung kompletter Organe experimentieren. Inspiriert von den Möglichkeiten dieser Idee, sahen verschiedene Illustrierte Science-fiction-Romane zur Realität werden und spekulierten über die Entwicklung eines »Carrel-Lindbergh-Roboters«, eines künstlichen Mannes, der aus Organen verschiedener Menschen zusammengesetzt war. In Carrels Akten finden sich zahlreiche Briefe von Personen – manche davon erschreckend ernsthaft –, die sich als Versuchskaninchen anboten.

Zweifellos als Reaktion auf solche Gerüchte bat Lindbergh Carrel, seinen Namen in der Öffentlichkeit nicht im Zusammenhang mit dem Institut zu erwähnen. Ein überarbeiteter Prospekt des Laboratoriums, das inzwischen in »Highfields Center for the Science of Man« umbenannt worden war, versprach potentiellen Geldgebern, sowohl Carrel als auch Colonel Lindbergh würden einen »erheblichen Teil« ihrer Zeit der Arbeit in diesem Zentrum widmen. Ihre Forschungen sollten speziell der Virologie und Studien der Gewebekultur gelten und »ausschließlich wissenschaftlich (sein), seine Ergebnisse und Schlußfolgerungen auf erkennbaren Daten basieren«.[6] Jim Newtons Versuche, Geld für das Highfields Center zu beschaffen, scheiterten ebenso wie Gespräche mit anderen Institutionen wie dem Kellogg's Battle Creek Sanitarium in Michigan. Lindbergh machte den drohenden Krieg dafür verantwortlich. Sponsoren, schrieb er, zögerten, sich neuen Projekten zu verschreiben. Eine gewisse Unsicherheit gegenüber Carrels – und vielleicht stärker noch Lindberghs – politischen und philosophischen Ansichten spielte zweifellos eine Rolle, wenn sich Sponsoren abgeschreckt fühlten.

Im Mai trafen Anne und die Jungen aus Frankreich ein und mieteten ein Haus am Lloyd Neck, einer malerischen Enklave am nördlichen Strand von Long Island. Charles verbrachte die Wochenenden bei seiner Familie, ging mit Jon im Long Island Sound oder dem Club Pool schwimmen und widmete sich seinem neuesten Hobby, dem Malen von Ölbildern.

Zu den Gästen in Lloyd Neck zählten in jenem Sommer 1939 Dwight jr. und seine Frau Margot. Sie brachen kurz danach zu einer sechsmonatigen Reise auf – den Spuren des Christoph Kolumbus mit dem Marinehistoriker Professor Samuel Eliot Morison folgend. Ein anderer Gast war der französische Fliegerpoet Antoine de Saint-Exupéry. »St. Ex«, wie Anne ihn nannte, war ein faszinierender Gesprächspartner, sprach aber nur französisch, so daß Charles von der Unterhaltung meist ausgeschlossen war. Anne fühlte sich von dem schneidigen Franzosen ganz offensichtlich sehr angezogen, und Charles gestand ihr seine Eifersucht. In seinem Tagebuch mußte er sich selbst versichern, daß Anne und St.-Exupéry höchstens eine halbe Stunde allein miteinander verbracht hatten. Seine Eifersucht war nicht gänzlich unbegründet. Anne sah »St. Ex« nie wieder, aber sie las ihren Kindern sein Buch *Der Kleine Prinz* vor und sprach so oft und ehrfürchtig vom Autor dieser Geschichte, daß Jon »St. Ex« für einen Heiligen wie St. Johannes oder St. Peter hielt.

Regelmäßig kam Carrels Freund Jim Newton zu Besuch. Newton war früher persönlicher Assistent von Harvey Firestone gewesen, dem Gründer der Firestone Reifen- und Gummifabrik. Newton wurde schon bald ein enger Freund der Familie Lindbergh. Noch immer spielte Charles anderen gern Streiche. Newton, ein passionierter Amateurzauberer, konnte 30 Sekunden lang eine brennende Kerze im Mund halten. Als er diesen Trick in Lloyd Neck vorführte, tropfte dabei etwas Wachs auf seine Hose, und Lindbergh überredete ihn, sie auszuziehen, damit das Kindermädchen das Wachs herausbügeln konnte. Newton versteckte sich in einer Abstellkammer unter der Treppe und wollte dort warten, bis seine Hose fertig war. Einige Minuten später ging die Tür auf. Charles hatte eine Tränengaspistole gefunden, die ihm vor Jahren ein britischer Marineoffizier in China gegeben hatte, und er feuerte eine Patrone auf den Boden. Japsend kam Newton aus der Kammer gesprungen und flitzte zum Entsetzen des Kindermädchens ohne Hosen durchs Haus. Anne war davon nicht aus der Fassung zu bringen, und es tat ihrem Verhältnis zu Newton keinen Abbruch.[7]

Newton indes gelang es nicht, Charles für das Moral Re-Armament, »die Bewegung zur moralischen Aufrüstung«, zu gewinnen. Zwar imponierte Charles, daß sich im MRA Menschen »eines feinen Typs« zusammenfänden (Antialkoholiker und Antikommunisten), fühlte sich jedoch vom blinden Enthusiasmus des MRA abgestoßen. Und was diese Leute wollten, war ihm nie ganz klar. Sie schienen zu glauben, daß guter Wille und positives Denken allein sämtliche Probleme dieser Welt lösen könnten. Newton arrangierte ein Treffen zwischen Charles und einigen führenden Organisatoren des MRA, die ihm die Haltung ihres Führers Frank Buchman zur internationalen Lage erklärten. Mit einer Reihe von Radiosendungen auf beiden Seiten des Atlantiks wollte Buchman 100 Millionen Menschen dafür gewinnen, sich in internationalen Fragen Gottes Willen zu unterwerfen.

Lindbergh verbrachte in dieser Zeit seine Wochen überwiegend in Washington. Am 23. August 1939 war er zum Abendessen bei William Castle eingeladen, dem ehemaligen Botschafter in Japan, der ihm schon 1931 bei der Planung des Fluges über die Großkreisroute geholfen hatte. Castle arbeitete für den Vorsitzenden des Republikanischen Nationalkomitees und glaubte fest daran, daß sich Hitlers Ambitionen auf die von Deutschen besiedelten Gebiete beschränken würden. Als Lindbergh bei Castle erschien, waren die anderen

Gäste schon eingetroffen, darunter Fulton Lewis jr., der Hearst-Kolumnist und Radiokommentator, der während der Luftpostkrise 1934 sein größter Gegner gewesen war. Während des Essens beschwerte sich Lewis, daß »jüdische Werbefirmen« gedroht hätten, seine Radiosendung zu boykottieren, wenn er einen bestimmten Kommentar brächte. Obwohl Umfragen zeigten, daß 85 Prozent der Amerikaner gegen eine amerikanische Einmischung in einen europäischen Krieg waren, hörte man in den nationalen Medien nur die Propaganda der Gegenseite. In Lewis' Augen war Lindbergh das einzige Sprachrohr der Mehrheit, die für eine Nichteinmischung in Europa plädierte.

Wenn Lewis die kriegslüsterne Haltung der Medien beklagte, zielte er zweifellos in erster Linie auf den sehr einflußreichen Walter Winchell ab. Dessen fast tägliche Attacken gegen die Nazis und den Deutsch-Amerikanischen Bund hatten mit der antisemitischen Kampagne zu Hauptmanns Verteidigung begonnen. Rückblickend bildete Winchells damaliger lautstarker Protest gegen die Nazis allerdings eine Ausnahme. Die Filmindustrie hatte – was Lewis ebenfalls beklagte – dieses Thema bisher weitgehend gemieden. (Nach einer Deutschland-Reise 1934 versicherte Irving Thalberg einer Gruppe jüdischer Filmproduzenten, die beste Politik sei es, zu schweigen: »Hitler und der Hitlerismus werden vergehen: Die Juden wird es immer geben.«[8]) Erst 1939 wandelte sich die Stimmung in den Medien, als Warner Brothers' Film *Confessions of a Nazi Spy*, den man trotz drohender antisemitischer Gegenreaktionen in die Kinos brachte, ein enormer Erfolg wurde.

Lindbergh gefiel nicht, daß Lewis die Schuld bei den Juden suchte, aber trotzdem stimmte er ihm zu, daß die amerikanische Öffentlichkeit nur die halbe Wahrheit hörte. Kommentatoren, die England und Frankreich drängten, Deutschland den Krieg zu erklären, erwähnten nicht, daß die militärische

Lage dieser demokratischen Länder »hoffnungslos« war. Selbst wenn die Vereinigten Staaten in den Krieg eingriffen, glaubte Lindbergh, würde ein Krieg in Europa wahrscheinlich den Aggressoren noch Verhandlungsspielraum lassen.

Am 1. September überfiel die deutsche Wehrmacht Polen, und England und Frankreich reagierten mit ihrer Kriegserklärung. Zwei Wochen später, am 15. September, nahm Lindbergh an einer Konferenz des NACA-Sonderkomitees teil. Jerome Hunsacker flehte ihn an, es sich noch einmal zu überlegen und den stellvertretenden Vorsitz anzunehmen. Gereizt wies Lindbergh ihn zurück. »Er wollte mir einfach das ganze Problem aufbürden!« schimpfte er in seinem Tagebuch. Nur wenige Menschen wüßten, wie wichtig es sei, sich Freiräume zum Denken und Leben zu bewahren.

Verblüfft von Lindberghs Weigerung, sich den Angelegenheiten des NACA voll zu widmen, verdächtigte man ihn, andere Ziele zu verfolgen, wahrscheinlich eine Präsidentschaftskandidatur.[9]

Tatsächlich hatte Lindbergh längst beschlossen, nach Lewis' Vorschlag eine Radioansprache zu halten. Sie sollte noch am selben Abend stattfinden. Zwar behauptete Lewis, die Kriegshetzer seien in den Medien überrepräsentiert, aber alle drei großen Radiosender – Mutual, NBC und Columbia – waren bereit, Lindberghs Rede zu übertragen.

Vom NACA-Treffen fuhr Charles direkt zu seiner Zweitwohnung in Washington. Während er mit Anne und Jim Newton beim Essen saß, stand plötzlich Truman Smith vor der Tür, der inzwischen für den Militärischen Geheimdienst MID arbeitete. Er brachte eine dringende Nachricht von Kriegsminister Wooding und General Arnold. Falls Lindbergh davon absehen würde, die Behörden zu kritisieren, sei der Präsident bereit, ein eigenes Ministerium der Luftstreitkräfte einzurichten und ihn zum Minister zu machen. »Wie Sie sehen, hat man Angst«, freute sich Smith.[10]

Dies war für einen Präsidenten sicher eine ungewöhnliche Art, eine so wichtige Nachricht zu übermitteln. Man kann davon ausgehen, daß Roosevelt anders plante und sich bedeckt halten wollte. Er erwartete nicht, daß Lindbergh akzeptierte, und wollte im Zweifelsfall abstreiten können, daß dieses Angebot jemals unterbreitet worden war.

An diesem Abend versammelten sich die Amerikaner gespannt vor ihren Radiogeräten. Lindy, dessen Rede am Washington Monument 1927 als erste bundesweite Radiosendung ein Höhepunkt in der amerikanischen Geschichte gewesen war, hatte sich seitdem nicht mehr an die Öffentlichkeit gewandt.

Nach zwölf Jahren brach er sein Schweigen.

Ich spreche heute abend zu jenen Menschen in den Vereinigten Staaten von Amerika, die der Ansicht sind, daß es nicht unsere Bestimmung ist, in europäische Kriege einzugreifen... Dieses Land wurde von Männern und Frauen aus Europa kolonialisiert. Der Haß, die Verfolgungen, die Intrigen, die sie hinter sich ließen, verliehen ihnen den Mut, über den Atlantischen Ozean in ein neues Land zu ziehen. Sie zogen die Wildnis den Problemen Europas vor. Sie wägten den Preis der Freiheit gegen diese Probleme ab und haben den Preis dafür bezahlt. In diesem Land haben sie schließlich die Möglichkeit gefunden, friedlich miteinander zu leben – dieselben Nationalitäten bekämpfen sich heute in Europa.

Lindbergh sagte weiter, er sei kein strenger Isolationist. Er glaube an die Monroe-Doktrin, und sollte Amerika angegriffen werden, würde er kämpfen. Aber, warnte er, jedes Abgehen von strikter Neutralität gegenüber Europa werde darin enden, daß die Vereinigten Staaten in einen Konflikt hineingezogen würden, in dem »eine Million, vielleicht mehrere Millionen der besten jungen Amerikaner« geopfert würden.

Jerry Land hatte den Text seiner Rede vor der Sendung gelesen und war zu dem Schluß gekommen, daß Slims Meinung sich von der des Präsidenten gar nicht so sehr unterschied. Seine Frau Betty – die Lindberghs Angewohnheit, die Post ungelesen wegzuwerfen, kannte – bot sich an, die großen Mengen von Briefen und Telegrammen zu sichten, die in den folgenden Tagen eintrafen. Sie meldete, 95 Prozent davon drückten Zustimmung aus. Am 25. September jedoch nahm Admiral Land an einem Herrenabend im Mayflower Hotel teil. Unter den Gästen waren Postminister General Jim Farley, Stephen Early, der Sekretär des Präsidenten, und verschiedene demokratische Senatoren. Überrascht nahm Land zur Kenntnis, daß Early Lindberghs Rede als Komplott der Republikaner abqualifizierte. Seine Unruhe steigerte sich zur Empörung, als mehrere Journalisten ihm erklärten, sie hielten die Rede für nazifreundlich und judenfeindlich.

Sicher hatte Early insofern recht mit seiner Annahme, als William Castle, Fulton Lewis und Truman Smith Lindbergh gedrängt hatten, im Radio zu sprechen, weil sie hofften, in ihm werde Roosevelt ein potentieller Gegenkandidat erwachsen. Dieser wollte 1940 zum drittenmal zum Präsidenten gewählt werden, was vorher noch niemandem gelungen war. Unmittelbar nach der Rede wurde Lindbergh sowohl von älteren Staatsmännern der Republikanischen Partei als auch von Südstaaten-Demokraten heftig umworben, die gegen eine Intervention eintraten. Senator Harry Byrd (der Bruder von Dick Byrd) lud Lindbergh zum Lunch ein, um ihn dem Vizepräsidenten John Nance Garner vorzustellen, und bei anderer Gelegenheit arrangierte Byrd ein Treffen mit sieben demokratischen Kongreßabgeordneten, die in der Frage der England-Hilfe gegen die Regierung opponierten. Senator William Borah, der unnachgiebige Isolationist und Republikaner aus Idaho, bat Lindbergh in sein Büro, um ihn wegen einer Präsidentschaftskandidatur unter dem Banner der Republikaner auszuhorchen. Ex-Präsident Herbert Hoover, Bill Castle und verschiedene andere konservative Republikaner kamen beim Lunch im Harvard Club ebenfalls auf diese Kandidatur zu sprechen.

Allerdings wollte Hoovers Tischrunde in einigen Punkten noch Zweifel ausräumen. Man störte sich an Teilen von Lindberghs Rede. Gemeint war sicher der Absatz, der vielfach Widerspruch hervorgerufen hatte:

Kein Dschingis Khan oder Xerxes marschiert gegen unsere westlichen Nationen. Es geht nicht darum, sich zu verbünden, um die weiße Rasse gegen fremde Invasoren zu schützen. Einmal mehr geht es um einen dieser uralten Kämpfe in unserer Staatenfamilie – einen Streit, der durch die Irrtümer des letzten Krieges entstanden ist. Wir dürfen nicht zulassen, daß unsere Gefühle, unser Mitleid, unsere persönlichen Sympathien das wahre Problem überdecken und das Leben unserer Kinder berühren. Unpersönlich müssen wir sein, wie ein Chirurg mit seinem Skalpell ... das Geschenk der Zivilisation muß weiter erhalten werden. Das ist wichtiger als die Sympathien, die Freundschaften, die Wünsche einer einzelnen Generation.

Nun, viele Menschen waren der Ansicht, daß in Europa sehr wohl ein Dschingis Khan wütete. Neutralität gegenüber Nazideutschland war für keine der beiden Parteien akzeptabel. Und was genau meinte Lindbergh mit seinem Chirurgenvergleich? Das Essen endete damit, daß Lindbergh beleidigt erklärte, er werde seine Überzeugungen nicht parteipolitischen Richtlinien opfern, ob nun demokratischen oder republikanischen.[11]

In späteren Rundfunkansprachen machte Lindbergh deutlich, daß er nicht nur gegen einen Eintritt in den Krieg war, sondern gegen jede militärische Hilfe für England. Moralisch sah er keinen Unterschied zwischen den Achsenmächten und den Alliierten. Zwar waren die Deutschen die Aggressoren und hatten sich vieler Verbrechen schuldig gemacht, aber sie selbst waren Opfer des Versailler Vertrages. Auch Großbritannien führte den Krieg nicht aus humanitären Gründen, sondern weil es seinen eigenen Machtbereich bedroht sah.

Jim Newton hatte einen Freund, der Redakteur bei *Reader's Digest* war und der sowohl Carrel als auch Lindbergh ermöglichte, Artikel zu veröffentlichen. Carrel schrieb zu Gesundheitsthemen – als erstes setzte er sich für das Stillen von Babys ein. Lindberghs Beitrag lautete »Luftfahrt, Rasse und Geographie« und erschien in der Novemberausgabe 1939. Die Luftfahrt, schrieb er, sei sowohl die Krönung der westlichen Zivilisation als auch ein Symbol ihrer maßlosen Eitelkeit – »der Mensch schwang sich auf im Angesicht Gottes; ein jeder sucht als Ikarus den Himmel zu beherrschen.«

Dieses Instrument ist speziell geschaffen für westliche Hände, eine wissenschaftliche Kunst, die andere nur mittelmäßig kopieren können, eine weitere Barriere zwischen den Millionen und Abermillionen Asiaten und dem griechischen Erbe Europas, eines dieser unbezahlbaren Güter, die es der weißen Rasse überhaupt ermöglichen, in einer drängenden Flut von Gelben, Schwarzen und Braunen zu überleben.

Aber auch der weißen Rasse zeigten sich die dunklen Seiten von Luftfahrt und Technik: Umweltzerstörung, antriebsschwache Kinder, »physische und spirituelle Mittelmäßigkeit« und jetzt »furchtbare Vernichtungswaffen«. Und genau wie Athen und Sparta gestritten hatten, als die Perser heranmarschierten: »Während wir kampfbereit gegeneinander stehen, wenden sich die orientalischen Waffen gen Westen, Asien steht an der russischen Grenze, alle fremden Rassen in

Aufruhr. Es wird Zeit, daß wir von unserem Streit ablassen und wieder weiße Schutzwälle errichten.«

Dieses Gebräu aus sozialdarwinistischen Klischees war für Lindberghs Freunde und Bewunderer schockierender als alles, was er jemals im Radio gesagt hatte. Was war aus dem Mann geworden, der einmal vorausgesagt hatte, die Luftfahrt würde die Grenzen des Nationalismus, das Klassensystem und die Rassenvorurteile niederreißen?

Lindbergh – wie er immer wieder bekräftigte – glaubte nicht an die Existenz einer arischen Herrenrasse. Wenn er von der Bedrohung durch »asiatische« Einflüsse redete, die die westliche Zivilisation überfluteten, sprach er nicht vom jüdischen – wie es die Nazis meistens taten –, sondern vom japanischen Imperialismus und dem Sowjetkommunismus, den man ihm als Variante des zaristischen oder besser »asiatischen« Despotismus dargestellt hatte. Er selbst hielt sich keinesfalls für einen Nazi und war aufs höchste entrüstet, wenn jemand das behauptete. Doch die Grenze war sehr fein gezogen. Seine rassistischen Ansichten machten ihn sicher für Hitlers Ideologie empfänglich, Deutschland sei der Verteidigung Europas verpflichtet, die letzte Hoffnung, die Flutwelle des Kommunismus aufzuhalten.

Solche Ideen kommen einem 37jährigen Mann nicht plötzlich in den Sinn. Charles' Vater, und sicher auch seine Mutter, glaubten an die intellektuelle Überlegenheit der Weißen, und Lindbergh hat diese Überzeugung zweifellos in jungen Jahren übernommen. Der Journalistin Grace Nute, die sich mit C.A.s Artikeln über die Rassenbeziehungen aus dem Jahre 1904 beschäftigte, hatte Lindbergh ein Jahr zuvor geschrieben, dieser Aufsatz repräsentiere »einen Teil der Weltsicht eines Vaters, dessen« er sich »immer bewußt gewesen« sei. Er sei »wirklich froh«, daß dieser Artikel nun bestimmte Leute widerlegen könne, die versuchen, C.A. als ihren Wortführer zu vereinnahmen. Allerdings erinnere er sich nicht, jemals mit seinem Vater über das Rassenthema gesprochen zu haben.[12]

Einen sehr viel direkteren Einfluß auf Lindberghs Denken nahm Carrel, der wiederum von den quasi faschistischen Theorien eines Houston Stewart Chamberlain, des englischen Autors von *The Foundation of the Nineteenth Century (Die Grundlagen des 19. Jahrhunderts)*, geprägt wurde. Chamberlain war mit Richard Wagners Tochter Eva verheiratet gewesen und hatte seine letzten Lebensjahre in Bayreuth verbracht. Carrels bevorzugte Diskussionsthemen – beispielsweise seine Beobachtung, daß der Faschismus zumindest einen gesünderen Körpertypus hervorbrachte als der Kommunismus –, waren genaue Kopien von Darstellungen Chamberlains. Im Gegensatz zu diesem glaubte Carrel allerdings weniger an die vermeintliche Vorherrschaft der weißen Rasse, sondern stellte ihre Schwächen in den Vordergrund. Die Industriegesellschaft, erklärte er immer wieder, sei dermaßen degeneriert, daß die westliche Zivilisation ihren eigenen Untergang beinahe verdiene.

Ein Blick wie vom Olymp herab auf die Geschichte der Neuzeit als bloßes Zucken im Evolutionsprozeß erleichterte es sicher, über die aktuellen Gegebenheiten wie die Konzentrationslager hinwegzugehen. In dieser Hinsicht hatte Lindbergh viel mit den amerikanischen Marxisten gemein, denen es ihr »objektives« Verständnis der historischen Prozesse ermöglichte, die Existenz des stalinistischen Terrors zu ignorieren. Für Lindbergh dagegen war Ideologie nie mehr als ein schöner Schein. Trotz all seiner Reden über »Werte« waren Ideen für ihn rutschige Felsen, an denen er sich festhielt, damit ihn die Wogen der Ereignisse nicht fortspülten. Fast immer basierten seine Ansichten auf persönlichen Erfahrungen, denen er später abstrakte Formulierungen anheftete, um persönliche Reaktionen zu rechtfertigen. Lindberghs Bild von der weißen Rasse, die sich von einer »drängenden Flut von

Gelben, Schwarzen und Braunen« bedroht sah, erinnert lebhaft an den Augenblick am Jangtse 1931, als er an Bord der Sirius stand und auf Drängen seines Begleiters Warnschüsse abgab, um die hungernden Bauern an der Plünderung seiner Maschine zu hindern. Das Wehklagen der Nazis, ihr Vaterland werde von »asiatischen« Einwanderern überrollt, stieß bei ihm auch deshalb auf Verständnis, weil er sich selbst ebenfalls als Opfer eines Einwanderers sah: Zwar war Hauptmann Deutscher, aber als Spartakist bekannt und – unbestätigten Berichten zufolge – von deutschen Eltern in Rumänien geboren. Außerdem wäre Hauptmann in der Heimat für seine Verbrechen sofort verhaftet und eingesperrt worden. Im freieren Klima Amerikas konnte er ungehindert seinen kriminellen Tätigkeiten weiter nachgehen.

1939 wurden Warnungen vor dem drohenden japanischen Imperialismus oft und mit deutlichen Worten geäußert, so daß der Artikel im *Reader's Digest* weit weniger Entrüstung hervorrief, als man heute denken würde. Lindbergh allerdings wurde durch die offensichtlichen Parallelen zwischen seinen Ansichten und dem Weltbild der Nazis zur Lieblingszielscheibe liberaler Kolumnisten. Dorothy Thompson, verheiratet mit Sinclair Lewis, dem Autor von *Main Street (Die Hauptstraße)*, griff Lindbergh gnadenlos in mehreren Kolumnen an und vermischte gelegentlich scharfsinnige Bemerkungen mit einem Schuß Amateurpsychologie. Einmal schrieb sie, Lindberghs Flug nach Paris 1927 habe »rigorose, sogar grausame Selbstdisziplin« erfordert. Im nächsten Atemzug meinte sie, Clarence Chamberlin habe der Luftfahrt weit bessere Dienste erwiesen als Lindbergh. Derartiger Unsinn und die Unterstellung, sein Antikommunismus sei eine massive Charakterschwäche, beeinflußte vieles, was später über Lindbergh geschrieben wurde.[13]

Über Thompson-Kolumnen konnte Lindbergh immerhin noch lachen, was ihm sonst nicht bei jeder Kritik gelang. Als er sich in einem Hotel in Minneapolis eintrug und feststellte, daß er die »Nordische Suite« hatte, witzelte er: »Warte, bis Dorothy Thompson das erfährt!«

In Washington ging das Gerücht, die Rundfunkansprachen und Artikel, die Lindbergh so ganz anders zeigten, als Jerry Land und seine Kollegen vom Air Corps ihn kannten, habe in Wahrheit Truman Smith verfaßt, vielleicht auch Bill Castle, der gelegentlich für ein prodeutsches Magazin namens *Today's Challenge* schrieb. Am Tag nach der zweiten Rundfunkansprache traf sich Land mit Slim zum Lunch, um ihn wegen dieser Gerüchte auszuhorchen. »Es sind seine eigenen Ideen, und ich glaube kaum, daß irgend jemand Einfluß darauf nehmen kann«, berichtete der Admiral im Anschluß verzweifelt. Er und seine Frau, bei denen Lindbergh oft zu Gast gewesen war, wenn er in Washington zu tun hatte, waren so verärgert, daß sie ihn nicht wieder anriefen oder einluden. Im Jahr darauf sahen sie Slim nur zweimal, und dann nur noch kurz, wenn sie sich zufällig begegneten.[14]

Kurz nach seinem Streit mit Land war Lindbergh in der Zentrale der Morgan-Bank mit seinem Finanzberater Harry Davison zum Lunch verabredet. Während er im Empfangsraum in der Chefetage wartete, kamen Jack Morgan und Tom Lamont aus ihren Büros und machten ihm Vorhaltungen, weil er sich gegen die England-Hilfe ausgesprochen hatte. Verbittert hielt Lindbergh in seinem Tagebuch fest, etwas anderes sei von Männern wie Morgan und Lamont wohl nicht zu erwarten, weil sie viel zuviel Zeit in der stickigen, ungesunden Atmosphäre der Wall Street Nr. 23 verbrachten.

Trotz all seiner festgefahrenen Ideen wies Lindbergh doch sehr treffend auf den zentralen Fehler in der Argumentation seiner Gegner hin. Einflußreiche Befürworter einer England-Hilfe wußten sehr wohl, daß sie das Land damit auf abschüssiges Gelände führten. Wie schon im Ersten Weltkrieg bedeutete eine Hilfe für die Alliierten, daß die Vereinigten Staaten früher oder später unweigerlich in den Konflikt hineingezogen würden. Die Politiker, Kolumnisten und Bankiers wie Lamont weigerten sich allesamt, dies offen zuzugeben – stritten es tatsächlich sogar oft genug ab –, da die Mehrheit der Amerikaner noch nicht bereit war, die Notwendigkeit eines Krieges einzusehen. Für Lindbergh war dies schlicht und einfach eine böswillige Irreführung der Öffentlichkeit. Und niemand würde mehr davon profitieren als das Bankhaus Morgan, das sich – wie im letzten Krieg – auch diesmal bereit machte, die Alliierten zu finanzieren.

Im Mai 1940, als die deutsche Armee die Niederlande überrollte, sprach Lindbergh wieder im Radio, forderte die Amerikaner zur Neutralität auf und prangerte »einflußreiche Elemente« an, die planten, Profit aus dem Verkauf von Waffen an die Briten zu schlagen. Das war zuviel für Henry Breckinridge: Ihr persönlicher Anwalt zog sich von den Lindberghs zurück. Ein Jahr später klagte Breckinridge seinen ehemaligen Freund und Mandanten in einer Rede vor der »American Society of Law« an, indem er ausführte: »Norwegen hat seinen Quisling, Frankreich seinen Laval und die Vereinigten Staaten dessen Pendant.«

Etwa zu dieser Zeit kühlte sich auch das Verhältnis der Lindberghs zu Harry Guggenheim ab. Es bleibt allerdings unklar, ob sie politische Differnzen hatten. Guggenheim hatte sich von seiner Frau Carol scheiden lassen, mit der sich Charles und Anne gut verstanden. 1940 heiratete er Alicia Medill Patterson, deren Familie die *Daily News* und die *Chicago Tribune* gehörten. Alicia Guggenheims Vater, Joseph Patterson, war ein überzeugter Isolationist, und die Zeitungen der Familie, speziell die *Tribune,* traten lautstark für Lindbergh ein. Harry Guggenheim selbst wurde kurz aktiv, als er amerikanische Juden gegen eine Intervention organisierte. Aber Guggenheim hatte sich nie zurückgehalten, wenn er fand, daß Lindbergh sich zum Esel machte, und Lindbergh war nicht mehr bereit, Kritik dieser Art hinzunehmen. Obwohl la Falaise und Lloyd Neck nur wenige Meilen voneinander entfernt waren, fanden keine Treffen mehr zwischen Lindbergh und seinem früheren Freund statt.

Trotz aller geopolitischen Spekulationen machte Lindberghs Rede über die »einflußreichen Elemente« deutlich, wen er in Wahrheit für den Krieg verantwortlich machte: die Familie seiner Frau und deren Freunde, die »anglophilen Bankiers«. Kurz nach dieser Ansprache lud die verzweifelte Betty Morrow ihre Tochter zum Lunch in den Cosmopolitan Club ein und versuchte, sie zur Vernunft zu bringen. Vielleicht würde es eine deutsche Invasion in England geben. Dachte sie denn nicht an ihre britischen Freunde? Was war mit der Familie ihres Schwagers Aubrey? Und Lord und Lady Astor, die so nett zu ihr gewesen waren? Anne machte sich sehr wohl Gedanken, aber sie unterstützte auch Charles' Ansicht, daß nur ein Friedensvertrag mit Deutschland (mit anderen Worten eine Kapitulation vor Hitler) Europa vor der Verwüstung retten könne.

Das Verhältnis zwischen Mrs. Morrow und ihrem Schwiegersohn war nie besonders gut gewesen. Seit Jahren hatten sie kein vernünftiges Gespräch geführt, und sie glaubte auch jetzt nicht, daß sie ihn beeinflussen konnte. In ihrer Verzweiflung wandte sie sich an Tom Lamont, weil Anne »seelisch so zerrissen« sei, daß sie sich um ihre Gesundheit sorgte. Sie flehte ihn an einzugreifen. Lamont schrieb Lindbergh einen wohlmeinend-väterlichen Brief, in dem er ihn bat, den Preis zu bedenken, den die Familie Morrow für seine Reden zahlte.

Charles' Antwort war knapp: »Ich habe in meiner Rede absichtlich weder Einzelpersonen noch Gruppen oder Organisationen namentlich genannt, weil ich noch immer hoffe, daß es nicht nötig sein wird«, schrieb er.[15]

Der unerschütterliche Aubrey Morgan, den man erst kurz

zuvor zum stellvertretenden Leiter des Britischen Informationsbüros in New York gemacht hatte, war der einzige aus dem Morrow-Clan, der gelassen blieb. Auf die Frage, warum er nicht mehr Einfluß auf seinen Schwager nehme, witzelte er: »Ich bin der lebendige Gegenbeweis für die Unbezwingbarkeit der britischen Propaganda.«

Harold Nicolson hatte Lindberghs Verhalten bereits in einem Artikel zu erklären versucht, der im Oktober 1939 in *The Spectator* erschien. Lindbergh, vermutete er, litt unter einer verspäteten Reaktion auf das doppelte Trauma seines kometenhaften Aufstiegs und des Mordes an seinem Erstgeborenen: »Er setzte die Greueltat in seinem persönlichen Leben zuerst mit der Boulevardpresse gleich, dann unweigerlich mit der Redefreiheit und beinahe mit der Freiheit überhaupt. Er fing an, die Demokratie zu verachten.« Lindberghs Tragödie sei, daß er seiner eigenen Publicity glaube: »Die Legende von dem Jungen aus Minnesota, der von seinem Ziel nicht abzubringen war.« Und jetzt verwandle er sich durch den unerträglichen Druck in eine Parodie seines strengen, von Verschwörungstheorien besessenen Vaters.

So hart dies klang, war Nicolsons Artikel doch insgesamt der wohlwollende Versuch, einen Mann zu rechtfertigen, den er nach wie vor mochte. »Lassen wir uns durch diesen Vorfall nicht blind werden für Charles Lindberghs große Qualitäten«, schloß er. »Er ist und wird immer ein heldenhafter Schuljunge bleiben, aber ein Schuljunge.«

Lindbergh selbst sah sich nicht als Gegner der Redefreiheit – seiner Ansicht nach übte er sie aus. Die Opposition gegen eine Einmischung in europäische Kriege hatte seit George Washington Tradition. Und in seinen anderen Punkten wich er nicht grundsätzlich von dem ab, was die Mehrheit der Amerikaner dachte. Daß die Äußerung dieser Ansichten jetzt Verrat sein sollte, bestätigte ihm nur, daß die Medien zu einem Werkzeug der Kriegspropaganda geworden waren.

Charles und Anne taten Harold Nicolson zwar als »desillusionierten Idealisten« ab, eine Formulierung, die besser auf sie selbst gepaßt hätte, aber sein Artikel hatte beide bis ins Mark getroffen. Vielleicht zum einzigen Mal in seinem Leben gab Charles zu, daß er sich verstoßen fühlte. Wenn Nicolson ein so »großartiger Freund« war, fragte er sich in seinem Tagebuch, wieso hatten Vita und er so selten Zeit für ihn und Anne gehabt, als sie in England gewesen waren. »Wir haben sie nie richtig gekannt und sie uns nicht.«[16]

Als die deutsche Wehrmacht die Maginot-Linie durchbrach, befand sich Alexis Carrel mitten auf dem Atlantik, auf dem Rückweg von einem Besuch in seiner Heimat, wo er bei der Organisation von Militärhospitälern hatte helfen wollen. Anne Carrel war trotz aller Bitten ihres Mannes noch in Frankreich geblieben. Sie war ausgebildete Krankenschwester und inspizierte Hospitäler nahe der Front, als die Deutschen kamen, und fast einen Monat erhielt Carrel keine Nachricht von seiner Frau und wußte nicht, ob sie lebte oder tot war.

Als er hörte, daß Lindbergh sich auf seine zweite Radioansprache vorbereitete, flehte er ihn an, er solle unbedingt für eine sofortige und massive Unterstützung der Alliierten eintreten. Lindbergh erwiderte, amerikanische Hilfe würde das Elend nur verlängern und die Zerstörung der europäischen Zivilisation fördern.

»Die Nazis sind es, die die westliche Zivilisation zerstören!« schrie Carrel wütend. »Die Nazis!«

Charles antwortete seinem Mentor, er sei unvernünftig.

Kurz nach diesem Gespräch erschien Carrel im Büro eines angesehenen Psychiaters namens Schorr in Manhattan und bat um einen Rat in seiner Funktion als Colonel Lindberghs Arzt. Carrel erklärte Dr. Schorr, daß ihm »die Richtung, die Lindberghs Verstand nimmt«, nicht gefalle. »Lindbergh«, sagte er, »haßt die Briten, und gleich danach haßt er die Vereinigten Staaten.« In diesem Augenblick bemerkte Carrel, daß Schorrs Sprechstundenhilfe dem Gespräch lauschte, und bat darum, daß der Psychiater die Tür zu seinem Sprechzimmer schloß. Zufällig war die Schwester mit einem Informanten des FBI befreundet, und so gelangte ihr Bericht an das New Yorker FBI-Büro.

Carrels Bemühungen, vernünftig mit Lindbergh zu sprechen, schlugen fehl. Einige Monate später kehrte er über Lissabon in das besetzte Frankreich zurück, offiziell, um eine Ladung Vitamine für unterernährte Kinder zu überbringen, aber insgeheim wegen seiner Hoffnung, er könne seine Frau zur Flucht überreden. Madame Carrels Briefe, in denen sie ihren Mann vor einer Rückkehr warnte, trafen erst nach seiner Abreise in New York ein, und kurz nachdem er in Frankreich angekommen war, gaben die Nazis bekannt, er habe den Posten des Gesundheitsministers in der Besatzungsregierung angenommen. Carrels Freunde und seine treue amerikanische Sekretärin Katherine Crutcher entlarvten diese absichtliche Falschmeldung als Propagandatrick, indem sie Carrels in die USA geschmuggelte Briefe zu den amerikanischen Medien durchsickern ließen. Niemand wußte besser als die Lindberghs, daß Carrel trotz aller verschrobenen Ansichten kein Nazi war, und doch hielten sie sich kühl zurück. In einem Gespräch mit Katherine Crutcher schien sich Charles damit zufriedenzugeben, daß sein Mentor keine Not litt.

Lindbergh beharrte später darauf, er habe diesen Lebensabschnitt nicht als sonderlich schwierig und belastend in Erinnerung. Und aus seiner Perspektive traf dies vielleicht sogar zu. Nachdem er seine Gefühle jahrelang für sich behalten hatte, ließ er jetzt seinen Zorn auf die Familie seiner Frau, die amerikanische Öffentlichkeit und die Presse erkennen und war zufrieden mit sich. Obwohl Rowdies die Lindberghs in ihrem Haus in Lloyd Neck heimsuchten, nachts am Haus vorbeifuhren und »Nazifreund« riefen, machte er sich um

Sicherheitsprobleme keine Sorgen mehr. Selbst Briefe, in denen das Leben seiner Söhne bedroht wurde, tat man jetzt als bloßes Ärgernis ab.

Ende 1939 mieteten die Lindberghs ein anderes Haus in Lloyd Neck, ein Farmhaus aus der Zeit vor dem Bürgerkrieg. Besitzerin war Mrs. William Delano Wood, eine entfernte Verwandte von Roosevelt. »The Manor House«, wie es genannt wurde, war einmal das Hauptquartier des Tory-Führers Graf Rumford gewesen. Jetzt wurde es zum Versammlungsort all jener, für die Lindbergh zum Führer der Antiinterventionisten geworden war.

Zwar verschreckte Lindbergh mit seinem Widerstand gegen Hilfsleistungen für die Alliierten und mit seiner Weigerung, die deutsche Aggression zu verurteilen, viele potentielle Anhänger, aber Umfragen zeigten, daß 80 bis 85 Prozent aller Amerikaner gegen eine Beteiligung am Krieg waren. Von daher war Lindbergh der Sprecher der Mehrheit, und es mangelte nicht an Aktivisten, die um ihn herum liebend gern eine Organisation aufgebaut hätten. Ein besonders enthusiastischer Anhänger war R. Douglas Stuart jr., der junge Erbe des »Quaker Oats«-Vermögens (Haferflocken-Imperium, A.d.Ü.). Stuart stand vor seinem Examen an der juristischen Fakultät der Yale University. Zusammen mit ein paar Kommilitonen und O. K. Armstrong, einem ehemaligen Leiter der American League aus dem Mittleren Westen, rief er die »No Foreign Wars Campaign« ins Leben. Die NFWC, wie sie genannt wurde, sollte nicht ideologisch gefärbt sein, sondern eine Art Dachorganisation darstellen, die sämtliche Bemühungen von denen der Quäker und Sozialisten bis hin zu Kriegsveteranen und konservativen Geschäftsleuten aus dem Mittleren Westen koordinieren sollte.

Charles Lindbergh nahm an den Gesprächen zur Gründung der NFWC teil, trat jedoch nie offiziell bei und sah sich auch nicht als Führer der Gruppe. Die Folgen dieses Vakuums an der Spitze waren abzusehen. Verne Marshall, ein Journalist aus Iowa, den man als Sekretär der NFWC eingestellt hatte, entpuppte sich als schlechter Organisator mit einem Hang zu Verschwörungstheorien. Stuart wollte profaschistische Gruppen wie das New World Movement ausgrenzen. Hierbei handelte es sich um eine Organisation unter Führung von Merwyn K. Hart, dem Chef des Wirtschaftsrates im Staat New York. Lindbergh unterstützte diese Gruppierung nicht. (Tatsächlich – sollten die FBI-Berichte stimmen – traf Lindbergh jedoch mehrmals privat mit Hart zusammen.) Fragwürdige Figuren wie George Eggleston, dessen Magazin *Scribner's Commentator* von Woche zu Woche antisemitischer wurde, verschafften sich immer mehr Einfluß in der NFWC und verdrängten die Gemäßigten.

Die umstrittenste Figur in der NFWC war sicher Lawrence Dennis, ein markiger Absolvent der Eliteschule Philips Exeter und ehemaliger Kolumnist für den *New Republican.* Anne war überzeugt davon, daß seine harten Gesichtszüge und die zynische Denkweise einen tiefen Kummer verbargen. Dennis war der Autor des Buches *The Coming American,* in dem er die These vertrat, die Vereinigten Staaten würden gezwungen sein, etwas zu akzeptieren, was er einen »wünschenswerten Faschismus« nannte, einen streng kontrollierten Gemeinschaftsstaat, der Vollbeschäftigung und Sozialfürsorge garantierte, wenn auch um den Preis der Einschränkung individueller Rechte. Dennis war ein echter Intellektueller und bestand darauf, daß er nur historische Entwicklungen beschreibe, sie aber keineswegs vertrete. Ganz sicher sei er nicht »Amerikas führender Faschist«. Mit einigen Spiegelfechtereien brachte er es dennoch fertig, Hitler zu verteidigen. In einem Artikel für den *American Mercury* beispielsweise deutete er an, daß Amerikaner, die eine »praktisch unblutige« Besetzung Österreichs verurteilten, zweierlei Maß anlegten.

»Haben wir die Eroberung Mexikos durch uns vergessen oder die Verdrängung der Indianer in diesem Land?«

Charles erklärte, er habe die Übernahme der NFWC durch Extremisten ignoriert, weil er Zeit für seine Reden brauchte – selten hielt er mehr als zwei pro Monat – und weil er eine »Balance« zwischen privatem und öffentlichem Leben wahren mußte. Daß er sich vor allem mit Jon und Land beschäftigen wollte – inzwischen vier und acht Jahre alt –, war sicher lobenswert, obwohl seine Vorstellung von Kindererziehung gelegentlich seltsame Formen annahm. Charles, der glaubte, man müsse Kindern die Selbständigkeit einimpfen, nahm beispielsweise Jon mit auf die Weide eines aggressiven Schafbocks, wo sein Sohn lernen sollte, sich durchzusetzen.

Mittlerweile betrachtete Anne Lindbergh mit zunehmender Sorge die Ansammlung von Helfershelfern und Halbverrückten, die um ihren Eßtisch saßen, und fragte sich, wie sie – die früher dabeigewesen war, wenn ihr Vater weltumfassende Probleme mit Leuten wie Walter Lippmann und Jean Monnet besprach – so tief hatte sinken können. Sie mochte diese Leute nicht, wenn ihre Einwände auch gelegentlich eher ästhetischer als politischer Natur gewesen sein mögen. (»Alle Intellektuellen sind gegen uns!« klagte sie in ihrem Tagebuch.)

Doch Anne stand zu ihrem Mann, wie »zerrissen« sie in dieser Situation auch sein mochte. Im Oktober erwartete sie ihr viertes Kind und widmete nun die letzten Monate ihrer Schwangerschaft einer eigenen Verteidigungsschrift des Anti-Interventionismus. Ihr kleiner Essay mit dem Titel *The Wave of the Future: A Confession of Faith* verkaufte sich in zwei Monaten mehr als 50 000mal, wurde für den »Book-of-the-Month«-Club ausgewählt und gelangte bis an die Spitze der Bestsellerliste in der *Herald Tribune*. Annes These lautete: Die »Demokratien« (Anführungszeichen im Original) hätten die Probleme der Arbeitslosigkeit, Armut und sozialen Auflösung nicht auffangen können und müßten einer neuen Ordnung weichen. Freie Wahlen und individuelle Rechte seien Luxusgüter, die man in den »Haben-Nationen« dieser Welt unter dem Druck der »Nichthaben-Nationen« würde aufgeben müssen, da diese jetzt ihren Anteil an den Rohstoffen der Welt einforderten.

Was ist die Triebfeder hinter dem Kommunismus? Was hinter dem Faschismus in Italien? Was hinter dem Nationalsozialismus? Ist es nichts weiter als eine »Rückkehr zur Barbarei«, die um jeden Preis in einem »Kreuzzug« zerschlagen werden muß? Oder ist es ein neues und vielleicht am Ende gutes Konzept der Menschlichkeit, die hier geboren werden will, wenn auch oft in böser und grausamer Form und mit fehlgeschlagenen Versuchen?

Anne wagte keine Vermutungen, was dieses »neue Konzept« sein sollte – ganz sicher wollte sie es nicht als »wünschenswerten Faschismus« wie Dennis bezeichnen –, aber was es auch sein mochte, sie war sicher, daß es nicht aufzuhalten war: »Die Woge der Zukunft wird kommen, und wir werden uns ihrer nicht erwehren können.«[18]

Abgesehen von der Behauptung, daß Faschismus und Kommunismus zwei Seiten derselben Münze seien – und abgesehen natürlich vom Namen der Autorin –, war *The Wave of the Future* potentiell sowohl für Rechte als auch Linke akzeptabel. W. H. Auden gehörte zu denen, die Anne schriftlich gratulierten. Nur die antikommunistischen Liberalen, eben jene, die Anne erreichen wollte, lehnten das Buch strikt ab. Charles Lindbergh sprach zumindest noch davon, daß er die Werte der westlichen Zivilisation erhalten wollte, selbst wenn er nicht wußte, worin diese bestanden. Anne dagegen war bereit, sich über alles hinwegzusetzen – über »die Heiligkeit des Besitzes, die Unfehlbarkeit der demokratischen Lebensweise, die Leistungsfähigkeit des kapitalistischen Systems« –, und das alles im Namen eines revolutionären »Konzepts«, das sie zwar nicht benennen konnte, aber lauthals als unausweichlich propagierte.

Jerry Land gratulierte Anne zur Geburt ihrer Tochter, Anne jr., war aber skeptisch, was ihr anderes »Produkt« anging: »Mich persönlich kann es nicht überzeugen, ruft aber einige Zweifel dort in meinem Schädel wach, wo mein Hirn sich befinden soll.«[19]

Nach Einschätzung des Luftfahrtkorrespondenten C.B. Allen, der Colonel Lindbergh in dieser Zeit für die *Saturday Evening Post* interviewte, mißbilligte selbst Charles das Buch: Das Letzte, was er sich für die Vereinigten Staaten wünschte, war eine Regierung, die im Tausch gegen persönliche Freiheiten die totale Absicherung versprach.

Annes politische Naivität zeigt sich darin, daß sie ehrlich überrascht war, als Kritiker ihr vorwarfen, sie rechtfertige den Totalitarismus. Im *Atlantic Monthly* entgegnete sie den Vorwürfen, sie habe den Faschismus niemals als Woge der Zukunft bezeichnet, sondern als den »Schaum auf dem Kamm der Welle«. (Allerdings sagte sie immer noch nicht, was diese Welle nun war.) Kaum hatte sie ihren Artikel für den *Atlantic Monthly* zur Post gebracht, als sie feststellte, daß ihr wieder »neue Erkenntnisse gekommen waren«. Zum erstenmal ging ihr auf, daß die Interventionisten »die grundlegende Wahrheit unserer Epoche vertreten – *Man muß sein Leben lassen, um es zu gewinnen*... Charles zeigt in seinen Reden kein Ideal auf, für das es sich zu sterben lohnt.«[20]

Die wohl vielsagendste Reaktion auf *The Wave of the Future* stammte von Annes Cousin Dick Scandrett, der hin und wieder als Sprecher der Familie Morrow auftrat: »Charles' Reden und Artikel haben mir nie solche Sorgen bereitet wie deine Aufsätze, weil er seine Gedanken unumwunden äußert und der Sohn seines Vaters ist, nicht der Sohn deines Vaters.«

Scandrett klagte, Annes Argumentation gaukle leicht zu beeindruckenden und idealistischen Menschen vor, wegen ihres Wohlstands seien sie verpflichtet, totalitäre Systeme in Übersee zu unterstützen. »Du bleibst vage und fatalistisch, wenn es darum geht, was der Faschismus zu einer zukünftigen sozialen Ordnung für uns alle beitragen soll. Ansonsten scheint deine These zu sein, daß wir hart arbeiten sollten – couragiert und loyal in und für Amerika –, um eine wunderschöne harte Nuß darzustellen, von der du glaubst, daß ein ausländischer Aggressor sie nur schwerlich knacken kann.«

Scandrett führte die richtigen Argumente an, aber am Ende fiel ihm nichts Besseres ein, als ihr zu drohen und Angst zu machen. Zuerst hielt er Anne vor, daß sie mit der Treue zu ihrem Mann das Andenken ihres Vaters beflecke. Und er fügte hinzu, er trete für eine sofortige Kriegserklärung ein, weil die Regierung dann mit Sympathisanten der Feinde »fertig werden« könne, indem man deren »illegale und verräterische« Taten bestrafe.[21] Da eine Kopie dieses Briefes prompt in Roosevelts persönlichen Akten landete, darf man wohl annehmen, daß man damit nicht Anne umstimmen, sondern die Position der Morrows darlegen wollte.

Gegen Ende 1940 war die »No Foreign Wars Campaign« zu einem Sammelbecken für die Anhänger der Faschisten geworden, so daß Douglas Stuart sich zurückzog und eine neue Organisation gründete, das sogenannte »America First Commitee«. Robert Wood, der Vorstandsvorsitzende von Sears, Roebuck willigte ein, den Vorsitz zu übernehmen. Sydney Hertzberg wurde Leiter der Öffentlichkeitsarbeit. Zu den Vorstandsmitgliedern zählten der Sozialist Norman Thomas, Dorothy Detzer von der Internationalen Frauenliga für Frieden und Freiheit und Chester Bowles, der Chef der Werbeagentur Benton & Bowles. Lillian Gish, Philip La Folette aus Wisconsin und Adelaide Hunt Marquand, deren Schwester auf Miss Chapins Schule Annes Klassenkameradin gewesen war, traten als Sprecher ins Rampenlicht.

Der wichtigste Geldgeber des Komitees war Colonel Patterson, Harry Guggenheims Schwiegervater. Lindbergh, der keine moralischen Bedenken gehabt hatte, mit Leuten wie George Eggleston und Lawrence Dennis zu verkehren, paßte diese Konstellation überhaupt nicht, er tröstete sich aber mit dem Gedanken, daß Patterson für das Verhalten seiner Zeitung während der Ermittlungen im Entführungsfall vielleicht nicht persönlich verantwortlich gewesen war.

Wieder lehnten Charles und Anne es ab, eine führende Rolle zu übernehmen. Als America First organisiert wurde, hatten sie sich gerade mit Windpocken infiziert. Lindbergh teilte Wood mit, er sei bereit, auf ihren Veranstaltungen zu sprechen, verlange aber vollständige Freiheit, was den Inhalt seiner Reden anging. Anne war mit ihrem Mann auf den Podien für America First zu finden, aber beide traten der Organisation nie bei.

Mit dieser Vereinbarung war die Zukunft der Organisation von vornherein belastet. Obwohl America First angeblich 300 000 Mitglieder zählte, gab es außer Lindbergh keinen echten Führer von nationalem Bekanntheitsgrad. Der Vorstand erklärte, man wolle bekannte Antisemiten oder Sympathisanten der Faschisten ausschließen. Avery Brundage vom Amerikanischen Olympischen Komitee und der Fabrikant William R. Grace wurden daraufhin abgewiesen. Henry Ford wurde gebeten zurückzutreten, dann wieder eingeladen, und schließlich zog er sich zurück, als er befand, die Vereinigten Staaten sollten doch Waffen an die Alliierten liefern. Die Diskussionen um Einzelfälle nahmen viel Zeit und Energie in Anspruch, aber solange Colonel Lindbergh sich weigerte, die Nazis zu verurteilen, waren sie sinnlos. Das Komitee konnte absolut nichts dagegen ausrichten, daß Randgruppen wie John T. McWilliams' »American Destiny Party« oder William Pelleys »Silver Shirts« ihre Mitglieder drängten, America First zu unterwandern.

Das Buch *Under Cover* von John Roy Carlson, das Resultat mehrjähriger Recherchen bei nationalsozialistischen Gruppierungen, zeigt lebhaft, welche Wirkung Lindbergh auf Rechtsradikale hatte. Carlson, der behauptete, William Castle werde von einem Naziagenten geführt, hätte Lindbergh liebend gern dasselbe vorgeworfen. Feststellen mußte er etwas vollkommen anderes. Das Fußvolk dieser Bewegungen betrachtete Lindbergh als seinen Weißen Ritter, der hervortreten und es führen würde, wenn die Zeit reif war. Nur Fachleute wußten, daß er dafür nicht in Frage kam. Als Lawrence Dennis von Carlson interviewt wurde, gestand er zögernd ein, Lindbergh könne als Galionsfigur von Nutzen sein: »Lindbergh ist eine strahlende Persönlichkeit, in der Politik allerdings nicht sonderlich bewandert. Mit einem Kreis von nationalistischen Beratern im Hintergrund würde Lindbergh als Führer eine exzellente Figur machen.«[22]

Das hatte verherrende Folgen. Als Carlsons Buch 1943 erschien, wollte eine aufgeregte Schwester Land vom Admiral wissen, ob das stimmte, was dort über Slim stand. Jerry Land antwortete ausweichend, er habe das Buch nicht gelesen. Daß er sich weigerte, ein beschwichtigendes Wort hinzuzufügen, sagt mehr als jedes Urteil über Lindbergh.

Trotz anderslautender Gerüchte schrieb Lindbergh seine Reden selbst, aber in dieser Zeit zeigte er die Rohfassungen dem New Yorker Vorsitzenden von America First. John T. Flynn war ein ehemaliger Anhänger des New Deal, und seine Bücher – darunter *Graft in Business, God's Gold (Gold von Gott)* und *Investment Trusts Gone Wrong!* – hätten sicher C.A. Lindberghs Zustimmung gefunden. Unter Flynns Einfluß war nicht mehr die Rede von einer Bewaffnung weißer Schutzwälle, und Lindbergh hob in seinen Reden traditionelle Themen der Isolationisten hervor, darunter die Angst, die Vereinigten Staaten könnten gezwungen sein, ein Abbild ihrer Feinde zu werden – »eine reglementierte Nation, eine militaristische Nation, die selbst Deutschland in totalitärer Effektivität übertrifft«. In einem Gespräch sagte Lindbergh tatsächlich: »Ich wollte nie, daß Deutschland diesen Krieg gewinnt.«

Im Namen des Komitees sprach Lindbergh unter anderem auf Massenveranstaltungen im New Yorker Madison Square Garden und dem Hollywood Bowl. Er, der früher beinah unnatürlich jung ausgesehen hatte, schien jetzt vorzeitig zu altern. Leicht gebeugt stand Colonel Lindbergh da, mit lichter werdenden Haaransatz, in kurzärmeligen Hemden, aus deren Brusttasche Schreibstifte ragten. Er wirkte nicht mehr wie ein schneidiger Pilot, eher wie ein Ingenieur, der ungehalten war, weil man ihn von seinem Zeichentisch weggeholt hatte, damit er ein paar aufmunternde Worte zur Politik sagte. Seine Reden, die er Wort für Wort mit näselnder und monotoner Stimme ablas, waren eher langweilig als mitreißend. Er richtete sie an all jene, die sich von den Ereignissen der letzten 20 Jahre überrollt fühlten, in denen die Welt so viel konfliktreicher, gewalttätiger und unüberschaubarer geworden war.

Der typische Anhänger von America First war nicht radikal und sicher kein Nazi. Er war mittleren Alters, wohnte in einer Kleinstadt oder auf dem Land. Für eine solche Gefolgschaft schien der Krieg in Europa weit weg, und man hoffte, es würde auch so bleiben. Dennoch registrierten die Organisatoren etwas beklommen, daß die Veranstaltungen, bei denen Lindbergh auftrat, immer überfüllt waren und daß die enthusiastischsten Zuhörer Lindberghs Rede kaum beachteten, sondern am lautesten applaudierten, wenn er sich die Stirn wischte und hin und wieder lächelte.

Die Gründung von America First hatte die Regierung Roosevelt plötzlich wachgerüttelt. Innenminister Harold Ickes, der es sich beinahe zur persönlichen Aufgabe machte, Lindbergh in Mißkredit zu bringen, ritt unbarmherzig darauf herum, daß dieser von den Deutschen einen Orden entgegengenommen hatte, und ließ nur selten eine Gelegenheit aus, Lindbergh als den »Ritter vom Deutschen Adler« zu bezeichnen. Roosevelt selbst verglich Lindbergh auf einer Pressekonferenz am 25. April 1941 sowohl mit Clement Vallandigham, dem Anführer der »Copperheads«, einer Gruppe von Abtrünnigen der Unionstruppen im Bürgerkrieg, als auch mit den »Sonnenscheinpatrioten« in Valley Forge, die General Washington zur Kapitulation gezwungen hatten. Roosevelt wußte, wie dünnhäutig Lindbergh war, sein Kommentar sollte seinen Gegenspieler zweifellos zu einer Reaktion zwingen. Mit der Bemerkung, er könne keinem Befehlshaber dienen, der seine Loyalität anzweifle, trat Lindbergh von seinen Pflichten als Reservist zurück. Die Zeitungskommentare wiesen prompt darauf hin, daß derselbe Mann, der nichts dagegen einzuwenden gehabt habe, einen Orden von Hitler anzunehmen, jetzt meine, der Dienst in amerikanischer Uniform sei mit seiner Ehre unvereinbar.

Auch Harold Ickes war fest davon überzeugt, daß Truman Smith Lindberghs Reden verfaßte, vielleicht auf Anweisung des leitenden deutschen Militärattachés Friedrich von Boetticher. Smith, dem man – wie vielen anderen – nachsagte, er würde Lindbergh kontrollieren, hätte sich glücklich geschätzt, wenn es wirklich so gewesen wäre. »Beim Schreiben seiner Reden wie beim Fliegen ist Charles Lindbergh ein einsamer Wolf«, schrieb er später.

Grimmig startete Ickes eine Kampagne zur Diskreditierung Smiths, indem er über Drew Pearsons Kolumne »Washington Merry-Go-Round« bewußt Falschmeldungen lancierte. Unter anderem sollte Smith angeblich im Scherz auf einer Cocktailparty gesagt haben, Roosevelt sei »vom Hals an aufwärts gelähmt.« Smith, der Diabetiker war und mit Sondergenehmigung trotzdem im aktiven Dienst tätig bleiben durfte, konnte beweisen, daß er am fraglichen Tag im Walter-Reed-Hospital behandelt worden war.

Während dieser Kampagne von Ickes rief Truman Smiths Frau Kay die Lindberghs an, um sie zu warnen. Ein Freund beim FBI hatte angedeutet, die Telefone sowohl der Smiths als auch der Lindberghs würden vom FBI abgehört. Lindbergh wies daraufhin die Mitarbeiter von America First an, deutlich zu sprechen, damit die Überwachungsteams sie auch richtig verstehen konnten.

Roosevelt hatte im selben Monat den Generalstaatsanwalt autorisiert, Abhörgeräte bei Ermittlungen gegen die »Fünfte Kolonne« einzusetzen. Allerdings finden sich in den veröffentlichten FBI-Akten keine Beweise dafür, daß Lindberghs Telefon tatsächlich abgehört wurde. Wenn die Akten nicht zurückgehalten werden, muß Smith falsch informiert gewesen sein. J. Edgar Hoover bewunderte Lindbergh und wollte vielleicht erst eine deutlichere Aufforderung abwarten, bevor er diese für das FBI äußerst brisante Überwachung durchführte.[23]

Truman Smiths Gespräche mit von Boetticher dagegen wurden von Smiths Dienststelle, der Spionageabwehr des MID, abgehört. Hier wurden auch verschiedene Anschuldigungen gegen Lindbergh untersucht. Die amerikanischen Akten sind geheim, aber die nach dem Krieg der Öffentlichkeit zugänglich gemachten deutschen Archive konnten zur späteren Aufklärung dieser Vorgänge beitragen: Smith bat im Juni 1941 von Boetticher, zu verhindern, daß die Nazipresse Lindbergh weiter unterstützte. Hans Thomsen, der zuständige Offizier, trug diesen Wunsch sofort dem Chef des deutschen Generalstabs vor und fügte hinzu, daß der »Kontakt zu ihm [Lindbergh] über eine Gruppe im [amerikanischen] Generalstab gewahrt« bliebe. Höchstwahrscheinlich handelt es sich dabei um pure Aufschneiderei, denn falls Thomsen tatsächlich mit einer Gruppe deutschfreundlicher Generäle in der U.S. Army kommunizierte, hätte er dieses sicher nicht nur in einem knappen Nebensatz erwähnt. Wenige Wochen nach diesem Gespräch mit von Boetticher kam das MID jedenfalls zu dem Schluß, daß Smith gehen müsse. Trotz der Einwände General Marshalls zwang man Smith, sich aus gesundheitlichen Gründen zur Ruhe zu setzen.

Derweil wurden die Lindberghs vom Finanzamt einer Steuerprüfung unterzogen, was sicher politisch gelenkt war. Möglich ist, daß die Neugier der Finanzbehörde durch einen Hinweis geweckt wurde, den Walter Winchell seinem Freund J. Edgar Hoover gegeben hatte. Winchell schickte Hoover die Kopie einer Falschmeldung aus seiner Kolumne, in der behauptet wurde, daß ein gewisser »Popanz [Lindbergh] sein Vermögen nach Deutschland transferiert habe, um damit die Propaganda in Südamerika zu finanzieren«. Die Lindberghs besaßen ein Konto bei der Morgan-Niederlassung im besetzten Frankreich und überwiesen Geld für den Hausverwalter auf Illiec. So war diese höchst unglaubwürdige Geschichte entstanden. Auf jeden Fall brachte die Steuerprüfung keinerlei Verfehlungen zutage. Charles' Paranoia jedoch nahm weiter zu.

Eine weitere Bestätigung, daß die Morgan-Bank den Krieg wollte, bedeutete für Charles die Tatsache, daß man den begeistert für England eintretenden Wendell Willkie 1940 zum Präsidentschaftskandidaten der Republikanischen Partei machte. Willkie war relativ unbekannt, und seine Nominierung hatte Tom Lamont fast im Alleingang betrieben. »In der Frage von Krieg oder Frieden hatten wir so wenig die Wahl, als lebten wir selbst in einem totalitären Staat«, sagte Lindbergh auf einer Veranstaltung von America First.

Im Juni 1941 überrollte die deutsche Wehrmacht die Sowjetunion und setzte sich in Nordafrika fest. Großbritannien trotzte dem gnadenlosen Bombardement. Nach jedem

Luftangriff schickte Harold Nicolson seinem früheren Freund eine Postkarte mit den Worten: »Glaubst du immer noch, daß wir weich sind?« (Lindbergh behauptete später, er habe nie eine dieser Karten zu sehen bekommen.) Der Kampf gegen Hilfsleistungen für die Alliierten war verloren. Amerikanische Schiffe lieferten Waffen an Großbritannien, und auch mit der Sowjetunion hatte man Leihpachtverträge abgeschlossen. Darüber hinaus waren viele Vorhersagen, die Lindbergh 1938 und 1939 gemacht hatte, widerlegt. 1941 bauten die Vereinigten Staaten 19 445 Kampfflugzeuge, und viele davon waren den deutschen Maschinen überlegen. Deutschland brachte es auf nicht mehr als 11 776 Flugzeuge. Der deutsche Totalitarismus gab sich nur den Anschein von Leistungsfähigkeit, und aufgrund der politischen Machtstrukturen und allgemeiner Inkompetenz wurden die besten Ideen der Wissenschaftler in der Luftwaffe nie umgesetzt.

Mehr denn je war Lindbergh davon überzeugt, daß Amerika am Rande der Anarchie stand. Als er mit Anne ein Wochenende in Kalifornien auf der Ranch der Schriftstellerin Kathleen Norris, einer Sprecherin von America First, verbrachte, stellte er entsetzt fest, daß sie vier Verwandte hatte, die Mitglieder der Kommunistischen Partei waren. Er war nicht davon zu überzeugen, daß Anhänger von America First und Kommunisten wunderbar miteinander auskommen konnten. Im Gegenteil war für ihn die Familie Norris das erste Anzeichen für einen Krieg der Weltanschauungen, der Amerika in naher Zukunft zerreißen würde.

America First behauptete inzwischen, 800 000 Mitglieder zu haben. Diese Zahlen sind irreführend. Der Autor John P. Marquand, dessen Frau mit Anne befreundet war, gab eine Wohltätigkeits-Cocktailparty für die Lindberghs und bemerkte, daß sich Charles und der Vorstand von America First in einer Art »geistigen Schockzustands« zu befinden schienen und nicht mit der Tatsache fertig würden, daß ein Kriegseintritt inzwischen unumgänglich war. Dasselbe galt für ihre Kontrahenten, das William-Allen-White-Komitee. Keine der beiden Seiten wollte zugeben, daß Amerika von Ereignissen mitgerissen wurde, die niemand kontrollieren konnte. Whites Gruppe behauptete, Antiinterventionisten seien allesamt Antisemiten. Andererseits, bemerkte Marquand, ging bei America First ein Gerücht um, der British Secret Service finanziere heimlich das White-Komitee.[24]

Die Atmosphäre war so aufgeheizt, daß einige Kommentatoren es als Aufruf zur gewalttätigen Revolution deuteten, als Lindbergh in einer Rede die Frage stellte: »Ist es nicht an der Zeit für eine neue Politik und eine neue Führung?« In Oklahoma City weigerte sich der Stadtrat, eine Versammlung von America First in der Festhalle oder an einem anderen Ort innerhalb der Stadtgrenzen zu genehmigen. Die Organisatoren verlegten das Treffen in ein Baseballstadion außerhalb der Stadt und gaben den neuen Ort erst wenige Stunden vorher bekannt, um eine gewalttätige Gegendemonstration zu verhindern. Trotzdem kamen 10 000 Menschen.

Am 11. September gab Roosevelt den Befehl an die U. S. Navy aus, das Feuer auf feindliche Schiffe zu eröffnen. Am selben Abend unterließ Lindbergh auf einer Veranstaltung in Des Moines seinen üblichen Aufruf zum »Realismus« und klagte drei Gruppen an, die seiner Ansicht nach die Verantwortung dafür trugen, daß man »von einer Politik der Neutralität und Unabhängigkeit zu einer Einmischung in fremde Angelegenheiten« umgeschwenkt war. Dabei handele es sich um die Regierung Roosevelt, dann die Briten und diese »Kapitalisten, Anglophilen und Intellektuellen, die an ihre Zukunft glauben«, und drittens die Juden:

Es ist nicht schwer zu verstehen, warum die Juden den Sturz Nazideutschlands herbeiwünschten. Die Verfolgungen, die sie in Deutschland erlitten haben, würden jede Rasse zum erbitterten Feind machen. Niemand mit einem Gespür für die Würde des Menschen kann die Verfolgung der Juden in Deutschland dulden. Meine Freunde und ich ganz sicher nicht. Aber niemand mit Verantwortungsgefühl und Weitblick kann sich heute ihre Kriegsbefürwortungspolitik ansehen, ohne die Gefahren dieser Politik zu erkennen, sowohl für uns als auch für sie selbst. Anstatt sich für den Krieg stark zu machen, sollten die jüdischen Gruppen in diesem Land auf jede erdenkliche Weise dagegen eintreten, da sie zu den ersten gehören werden, die seine Konsequenzen zu spüren bekommen. Toleranz ist eine Tugend, die von Friede und Stärke abhängig ist. Die Geschichte zeigt, daß die Tugend Krieg und Verwüstung nicht überlebt. Einige wenige jüdische Bürger wissen das und stellen sich gegen eine Intervention. Die Mehrheit nach wie vor nicht. Die größte Gefahr, die von ihnen in diesem Land ausgeht, besteht in ihrem Reichtum und ihrem Einfluß auf unsere Filmindustrie, unsere Presse, unser Radio und unsere Regierung.

Die Rede löste einen wahren Aufruhr aus, weil sie zu bestätigen schien, was viele seit langem vermuteten. Lindbergh rechnete mit dieser Reaktion, verstand aber nicht wirklich, warum sie so ausfiel. Antisemitismus war in seinen Kreisen sicher verbreitet, aber er hatte sich schon immer von der Masse abgesetzt. Verbittert erinnerte er sich, daß Henry Breckinridge, der inzwischen nichts mehr mit ihm zu tun haben wollte, in seiner Gegenwart einmal bemerkt hatte: »Immer wenn ein Jude den Raum betritt, spricht Lindbergh schneller und leiser.« Das ständige Klagen von Fulton Lewis und anderen Antiinterventionisten über die jüdische Kontrolle der Medien hatte ihn anfangs abgestoßen, obwohl es vielleicht im Laufe der Zeit weniger geworden war, besonders wenn man bedenkt, daß Wendell Willkie (Tom Lamonts »Werkzeug«!) als Berater der Filmindustrie engagiert worden war.

Es scheint Lindbergh nie in den Sinn gekommen zu sein, daß es Menschen gab, die Frankreich und Großbritannien nicht aus irgendwelchen engstirnigen Interessen heraus unterstützten, sondern weil sie davon überzeugt waren, daß die Freiheit in Westeuropa lebenswichtig für den Bestand eines freien Amerika ist. Ebensowenig hatte er sich vorstellen können, daß die antisemitischen Hetzer seine Bemerkungen zu »Konsequenzen« für die Mehrheit der Juden als willkommene Bestätigung aufgreifen würden. Als man ihn über diese Folgen seiner Rede aufklärte, war er schockiert, nahm aber nichts zurück. Er fühlte sich nur für seine eigenen Äußerungen verantwortlich, die sowohl er als auch Anne für »moderat« hielten. In seinem Tagebuch schrieb er, diese Aussage sei nicht als Drohung gemeint gewesen, sondern als freundliche Warnung, da die Vereinigten Staaten offensichtlich ein gewalttätigeres Land waren als Deutschland.

Niemand im Vorstand von America First hielt Lindbergh für einen Antisemiten, und anfangs war man bereit, John T. Flynn die Schuld zuzuschieben. Der Vorsitzende der New Yorker Ortsgruppe hatte in seiner Organisation viel Ärger mit »Bundisten« gehabt, und es hielt sich hartnäckig der Verdacht, er benutze Lindberghs Rede, um sich bei den Extremisten anzubiedern. Aber Lindbergh hatte absichtlich dafür gesorgt, daß Flynn keinen Entwurf der Des-Moines-Rede zu sehen bekam. Nur Anne hatte das Manuskript gesehen und ausgerufen: »Das kannst du nicht sagen!« Aber weiter hatte sie nichts unternommen.

Nach der Rede schrieb Flynn einen wütenden Brief an Lindbergh, es sei eine Sache, sich über die Befangenheit der Medien zu beklagen, »aber das ist etwas ganz anderes, als wenn man auf die Bühne der Öffentlichkeit steigt und ›die Juden‹ als Kriegshetzer denunziert. Das kann niemand tun, ohne sich religiöser und rassistischer Intoleranz schuldig zu machen, und das bedeutet Gift für eine Gemeinschaft wie die unserige.« Derartige Feinheiten verstand Lindbergh nicht. Er kam zu dem Schluß, daß Flynn nicht zu seinen Überzeugungen stand. Er ignorierte Flynns Forderung, er solle öffentlich erklären, daß er nur für sich, nicht für das Komitee gesprochen habe.[25]

Vielleicht jedoch begriff Lindbergh mehr, als er zugab. In einem unveröffentlichten Memo erinnerte er sich 1968: »Monate vorher hatte ich beschlossen, daß ich – bevor mein Land tatsächlich in den Krieg eintrat – die Gruppen nennen würde, die dafür verantwortlich waren. Im September 1941 waren wir so weit in den Krieg verstrickt, daß es nur eine Frage der Zeit sein konnte, welcher Zwischenfall zu einer formellen Kriegserklärung führen würde. Die Rede in Des Moines war für diesen Termin angesetzt, und ich glaubte, wenn ich noch länger wartete, würde ich vielleicht keine weitere Gelegenheit mehr bekommen.«[26]

Ausgerechnet von Henry Ford, dem früheren Herausgeber des als rassistisch und antisemitisch bekannten *Dearborn Independent,* bekam Lindbergh nach der Des-Moines-Rede die schärfste Standpauke zu hören. Lindbergh hatte dem Dearborn Museum einige Erfindungen aus dem Labor von Großvater Land gestiftet, und als er nach Detroit kam, um die Schenkung zu besprechen, schloß Ford seine Bürotür und redete mit Lindbergh fast eine Stunde lang Fraktur. Nach dem Aufstieg des Nationalsozialismus hatte Ford immer weniger an die Theorie von einer internationalen jüdischen Verschwörung geglaubt. Zumindest gab er es vor. Die Nachricht von dieser Standpauke machte in der Chefetage bei Ford die Runde und hatte einen Anruf vom örtlichen FBI zur Folge. Die Strafpredigt hinterließ bei Lindbergh jedoch wenig Wirkung, vielleicht weil Ford inzwischen glaubte, die Familie DuPont aus Delaware sei für alles Übel auf der Welt verantwortlich.[27]

Nach der Rede in Des Moines war der Vorstand von America First dermaßen entmutigt, daß man überlegte, die Organisation insgesamt aufzulösen. Ein entsprechender Antrag wurde knapp überstimmt, und eine Zeitlang kämpfte das Komitee noch weiter. Trotz der Amtsniederlegungen einiger Bezirksvorsitzender zogen Lindberghs Reden nach wie vor eine begeisterte Zuhörerschaft an. Am 3. Oktober erklärte Lindbergh in Fort Wayne, Indiana, Roosevelt versuche, die Kongreßwahlen von 1942 zu unterwandern. Zur letzten Veranstaltung des Komitees erschienen am 30. Oktober 20 000 Menschen im Madison Square Garden, und diejenigen, die in der Halle keinen Platz gefunden hatten, demonstrierten draußen vor den Türen, während Lindbergh seine Rede hielt. Die letzte offizielle Aktion von America First war ein Brief der Ortsgruppe Glendale, New York, an Präsident Roosevelt. »Lieber Mr. President«, begann er, »was hat all das Säbelrasseln in bezug auf Japan zu bedeuten?«

Der Brief trug das Datum vom 6. Dezember 1941.

24.
KRIEG

»Tja, er hat uns durch die Hintertür hineingezogen«, war Robert Woods Kommentar, als Charles Lindbergh ihn wegen des Angriffs auf Pearl Harbor anrief.

Wood spielte damit auf amerikanische Aktivitäten wie die Patrouillenfahrt der U.S.-Navy-Jacht *Isabel* Anfang Dezember in der Cam Ranh Bay an. Zuvor hatte Großbritannien in Washington auf die Zusicherung gedrängt, daß die Vereinigten Staaten Japan den Krieg erklären würden, sollte ein japanischer Angriff auf britische Besitztümer in Asien erfolgen. Kongreß und Öffentlichkeit waren – nachdem man sich geweigert hatte, zur Verteidigung von Paris in den Krieg zu ziehen – nicht unbedingt davon überzeugt, daß man es im Falle von Malaysia tun sollte. Einige Anhänger von America First, darunter mehrere Marineoffiziere, verdächtigten Roosevelt, er habe eine japanische Aggression gezielt heraufbeschworen, um die Gemüter umzustimmen.

Auch Lindbergh fand das amerikanische Verhalten im Pazifik provozierend, aber das war jetzt nicht mehr wichtig. Entsprechend der Vereinbarungen bei seiner Gründung löste sich das America-First-Komitee auf, nachdem der Kongreß Japan den Krieg erklärt hatte. Zwei Tage später bat Lindbergh General Arnold, ihn bei seinen Bemühungen um einen Wiedereintritt in den Militärdienst zu unterstützen.

Am 16. Dezember 1941 nahm Lindbergh in Manhattan an einer Dinner-Party bei Ed Webster teil, einem der Organisatoren von America First, der seine bevorstehende Hochzeit mit einer Mitarbeiterin des Komitees feierte. Webster hatte mindestens 40 Leute eingeladen, die zumeist »Straßenredner« des Komitees gewesen waren, und prompt kam es zum Streit zwischen denen, die der Entscheidung des Vorstands zur Auflösung zustimmten, und einem harten Kern, der sich dafür aussprach, nun aktiv Antikriegspropaganda zu betreiben. Lindbergh gab sich alle Mühe, der Auseinandersetzung zu entgehen, meldete sich schließlich aber doch zu Wort und sprach mindestens eine Viertelstunde.

Zwei der Gäste, Amos und Cornelia Pinchot, faßten die Rede später für ihre Freundin Daisy Harriman zusammen. Lindbergh, berichteten sie, habe zu den Gästen gesagt:

> Es gäbe auf der Welt tatsächlich nur eine Gefahr – und das sei die gelbe Gefahr. China und Japan hätten sich in Wahrheit gegen die weiße Rasse verbündet. Es habe nur eine einzige wirkungsvolle Waffe gegen diese Allianz gegeben... Deutschland selbst hätte diese Waffe sein können. Die ideale Lösung wäre gewesen, wenn Deutschland Polen und Rußland eingenommen hätte, zusammen mit den Briten als Schutzwall gegen die gelben Völker und die Bolschewiken. Statt dessen mußten die britische Regierung und die Dummköpfe in Washington eingreifen. Die Briten beneideten die Deutschen und wollten für alle Zeiten die Welt regieren. Großbritannien sei der Auslöser für alle heutigen Probleme.

Dem Bericht der Pinchots zufolge fuhr Lindbergh fort: »Natürlich kann America First momentan nicht aktiv werden. Aber wir sollten uns bereithalten, und wenn die langen Vermißtenlisten veröffentlicht werden, wird das amerikanische Volk merken, wie die Briten und die Regierung sie betrogen haben... Vielleicht können wir uns schon bald für einen Friedensvertrag stark machen.«

Es ist nicht bekannt, auf welchem Weg Harrimans Version

der Rede dem FBI in die Hände fiel. Sie wurde jedenfalls umgehend in der Presse veröffentlicht. Ein weiterer Informant des FBI, der zufällig auf Websters Party war, bestätigte vage die Bemerkungen zur »Gelben Gefahr«, sagte aber, Lindbergh habe die Entscheidung des Komitees zur Selbstauflösung verteidigt. Lindbergh selbst bestritt auf das heftigste, jemals von »gelben Rassen« gesprochen zu haben (er sagte, er sorge sich um den japanischen Expansionismus, nicht um die Rasse), wenn er auch zugeben mußte, daß er harsche Kritik an den Briten geübt hatte.[1] Da man sich inzwischen im Kriegszustand befand, galten solche Bemerkungen als potentiell aufrührerisch.

Die Nachrichtendienste überprüften Lindbergh wegen eines ganz anderen Vorfalles. Gerade vier Tage vor Pearl Harbor hatte ein Unbekannter Senator Burton Wheeler die Kopie eines Geheimplans aus dem Kriegsministerium zugespielt. Dieser Plan mit dem Namen »Project Victory« besagte, daß die Vereinigten Staaten spätestens 1943 in den europäischen Krieg eintreten würden. Für den Isolationisten Wheeler war dieses Papier ein gefundenes Fressen, der Beweis, daß Roosevelt nie die Absicht gehabt hatte, die Vereinigten Staaten aus dem Konflikt in Europa herauszuhalten. Wichtige Passagen des Berichts ließ er zur *Chicago Tribune* durchsickern. Nach Pearl Harbor war die amerikanische Öffentlichkeit nicht gewillt, sich über das »Project Victory« zu ereifern, aber viele im Umfeld der Nachrichtendienste glaubten, das Bekanntwerden dieses Berichts habe eine entscheidende Rolle bei Hitlers Entschluß gespielt, den Vereinigten Staaten schon jetzt den Krieg zu erklären und sie damit zu zwingen, an zwei Fronten zu kämpfen.

Im nachhinein erschien den Anhängern von America First der Zeitpunkt dieser Veröffentlichung verdächtig. Für diejenigen, die längst von einem Roosevelt-Churchill-Komplott überzeugt waren, bewies das Bekanntwerden dieser Information, daß der britische und vielleicht sogar der amerikanische Geheimdienst im Vorfeld über den Angriff auf Pearl Harbor informiert gewesen waren. In diesem Fall hätte ein Agent des Secret Service – da er wußte, daß es nur eine Frage von Tagen war, bis die Vereinigten Staaten Krieg gegen Japan führen würden – Wheeler diesen Bericht zugespielt. Ziel dieser Aktion war, Deutschland zu provozieren, damit die Vereinigten Staaten als Reaktion darauf dem Konflikt in Europa größere Aufmerksamkeit widmeten.

Nach Ansicht der Spionageabwehr des MID kamen für die undichte Stelle acht Beamte des Planungsstabes im Kriegsministerium und deren Mitarbeiter in Frage. Ursprünglich hieß der Hauptverdächtige General Albert Wedemeyer, ein enger Freund von Truman Smith und Anhänger von Lindbergh. Die Abwehr vermutete, Lindbergh selbst sei es gewesen, der den Bericht von Wedemeyer an Wheeler weitergegeben habe. Das FBI war derselben Ansicht, und zwar aufgrund des Hinweises eines Informanten aus den Ford-Werken. Daraufhin besuchten FBI-Agenten die Zentrale der Firma und befragten den Manager Harry Bennett und den Technischen Direktor Charlie Sorenson zu Lindberghs Kontakten zur Armee. Mit welchen Generälen unterhielt er sich? Mit wem war er befreundet? Bennett und Sorenson blieben standhaft dabei, daß sie keine Ahnung hatten.

Am 12. Dezember, fünf Tage nach Pearl Harbor, verriet J. Edgar Hoover seinem Mitarbeiter Clyde Tolson, der Generalstaatsanwalt und er hätten bereits darüber gesprochen, Lindbergh wegen der Veröffentlichung des Geheimplanes vor eine Grand Jury zu zitieren. »Ich sagte, ich wäre der Meinung, man müßte ihn [Lindbergh] dazu bringen, daß er entweder mit der Sache rauskommt oder den Mund hält. Der Generalstaatsanwalt sagte, wenn wir in dieser Sache einen aussagekräftigen Bericht bekämen, könnte der Präsident auf diese Weise ein paar ›hohe Tiere‹ loswerden.«[2]

Das MID kam letztlich jedoch zu dem Schluß, daß die undichte Stelle nicht bei Wedemeyer liegen konnte, und die Ermittlungen gegen Lindbergh wurden eingestellt. Allerdings verhinderten diese Ermittlungen Lindberghs Rückkehr zum Militär, wie sich bald zeigen sollte. Am 12. Januar 1942 stattete Lindbergh dem Kriegsminister Henry L. Stimson einen Besuch ab, damit dieser ihn wieder in seinen militärischen Rang einsetzte. Stimson wußte, daß Lindberghs Deutschland-Besuche im Dienste des militärischen Nachrichtendienstes stattgefunden hatten, und fand die Kritik daran, daß er einen deutschen Orden angenommen hatte, im Grunde unfair. Außerdem kannte Stimson zufällig den Hintergrund einer anderen Aktion Lindberghs, die als Beweis für seine profaschistischen Neigungen angeführt wurde: 1930, als antifaschistische Demonstranten drohten, den Staatsbesuch des italienischen Außenministers Graf Dino Grandi zu stören, hatte Stimson persönlich Lindbergh telegrafiert und ihn gebeten, Grandi mit einem Wasserflugzeug von New York nach Washington zu fliegen, um so den Demonstranten am Flugplatz zu entgehen. Lindbergh, der genau an diesem Tag den Flugboot-Service der Pan-Am nach Südamerika feierlich eröffnen sollte, hatte eingewilligt, seine Pläne zu verschieben und im Dienste der Regierung nach New York zu fliegen. (Tatsächlich wurde der Flug nach Washington wegen schlechten Wetters unmöglich, und Lindbergh traf an diesem Tag gar nicht mit Grandi zusammen.)

Sichtlich schweren Herzens erklärte Stimson Lindbergh, er bedauere, daß er ihm keinen militärischen Auftrag übertragen könne. Lindberghs Reden für America First, sagte er, zeigten seine »äußerst konträren Ansichten, was unsere Freunde und Feinde im gegenwärtigen Krieg angeht«, und ihm fehle »offenkundig das Vertrauen in die Rechtmäßigkeit unserer Sache«. Mit deutlichem Hinweis auf Daisy Harrimans Wiedergabe von Lindberghs Partyrede – die in der

Regierung die Runde machte, um eine Rechtfertigung zu haben, warum man Lindbergh nicht wieder seine Uniform tragen ließ – beschuldigte er später Lindbergh, China gegenüber »antagonistisch« eingestellt zu sein.[3]

Stimson war nicht gerade glücklich darüber, daß er Lindbergh die schlechte Nachricht überbringen sollte, und ungeheuer erleichtert, als Lindbergh andeutete, er könne den Kriegsanstrengungen vielleicht am besten als technischer Berater der Luftfahrtindustrie dienen. Der Minister arrangierte für den folgenden Tag ein Treffen zwischen Lindbergh und General Arnold, aber Arnold, der sich bisher für Lindberghs Wiedereinsetzung stark gemacht hatte, wollte sich auf nichts festlegen. Lindbergh schien es, als habe sein alter Freund Anweisung bekommen, ihn nicht mehr weiter zu unterstützen.

Daraufhin bot Lindbergh seine Dienste alten Bekannten in der Privatindustrie an. Harry Bixby, inzwischen leitender Angestellter bei Pan-Am, Guy Vaughan bei Curtiss-Wright und Deac Lyman, der ehemalige Luftfahrt-Korrespondent der *Times* und jetzige Vizepräsident von United Aircraft, erklärten, sie würden sich gern nach einer Beschäftigung für ihn umsehen. Unter dem Druck der Regierung allerdings zogen alle drei Firmen ihr Angebot zurück. Wie es Juan Trippe in einem Telefonat mit Lindbergh verlegen formulierte, hatten sich bestimmte unvorhergesehene »Hindernisse« ergeben, die es ihm unmöglich machten, seine Dienste in Anspruch zu nehmen. Nur Henry Ford, der sich vom Kriegsministerium nicht sagen lassen wollte, wie er sein Unternehmen zu führen hatte, ignorierte die Warnungen gegen eine Einstellung Lindberghs. Ford bot an, ihn als Berater bei der Produktion der B-24-Bomber zu beschäftigen.

Lindbergh war überzeugt davon, daß der Druck gegen ihn ausschließlich politische Motive hatte, und war tief getroffen, daß Leute, die seit 1927 seine Fachkollegen gewesen waren, sich nicht hinter ihn stellten. Zweifellos wäre er noch um einiges verbitterter gewesen, wenn er gewußt hätte, wie weitreichend deren Zusammenarbeit mit der Regierung war. Selbst Lindberghs persönliche Unterlagen, die er der Sterling Library an der Universität von Yale nur unter der Voraussetzung überlassen hatte, daß man sie ausschließlich mit Annes und seiner besonderen Genehmigung für Forschungen zur Verfügung stellte, blieben davon nicht verschont. Im November 1942 äußerte der Bibliotheksleiter Dr. Russell Pruden gegenüber einem Agenten vom FBI-Büro New Haven, das FBI dürfe sich gern Lindberghs im Tresor gelagerte Korrespondenz mit America First durchsehen. Hoover lehnte dieses Angebot ab, gab die Nachricht jedoch an den militärischen Geheimdienst weiter.[4]

Es war während des Krieges nicht einfach, in Detroit eine Unterkunft zu finden, und Anne wohnte mit den Kindern noch einige Monate an der Ostküste in einem gemieteten Landhaus auf Martha's Vineyard, während Charles schon bei Ford arbeitete. Das Haus war so verfallen – und die Miete derart überhöht –, daß einige Nachbarn das Gerücht verbreiteten, Anne nutzte diesen Wohnsitz nur als Posten, um deutschen U-Booten Signale zu geben. Im Juli schließlich fand Charles ein großes, hübsches Haus im exklusiven Bloomfield Hills, und Anne und die Kinder kamen nach Michigan.

Das Haus, das die Lindberghs von der wohlhabenden Familie Belknap mieteten, besaß eine mit modernsten, blitzblanken Haushaltsgeräten ausgestattete Küche, im Wohnzimmer hingen Reproduktionen von impressionistischen Gemälden, eine rosa und weiß gestreifte Chaiselongue stand im Salon, und sämtliche Räume waren mit Teppichboden ausgelegt. Für Anne war diese Begegnung mit dem Geschmack des Mittleren Westens ein Schock. Sie klagte, sie fühle sich, als wohne sie in einer Filmkulisse und sorge sich darum, ob die makellosen Teppiche, Satinvorhänge und die beigefarbenen Polster dem Ansturm ihrer drei höchst aktiven Rangen gewachsen seien. Ihre Befürchtungen wurden prompt bestätigt, als Jon und Land im Wald ein Stinktier erlegten und den übelriechenden Kadaver ins Haus schleppten, um ihn dem Kindermädchen zu zeigen.

Trotz solch kleiner häuslicher Katastrophen schienen die Lindberghs gut untergebracht zu sein. Zwar fand auch Charles die Inneneinrichtung der Belknaps etwas übertrieben luxuriös, war aber froh, daß er für seine Familie ein anständiges Haus gefunden hatte – weitab von der New Yorker Presse und der Familie seiner Frau. Außerdem freute er sich, daß er in der Nähe seiner Mutter sein konnte, deren Hände in letzter Zeit stark zu zittern begonnen hatten, was bald als Frühstadium der Parkinsonschen Krankheit diagnostiziert werden sollte. Evangeline bestand darauf, sämtliche Hausarbeiten allein zu erledigen, und hatte furchtbare Angst vor Ärzten. »Bruder« Lands Versuche, sie zur Aufgabe ihrer Lehrtätigkeit zu bewegen und sie in die Obhut eines Arztes zu geben, waren erfolglos geblieben. Charles hatte mehr Glück.

Im August 1942, einen Monat nach dem Umzug, brachte Anne ihr fünftes Kind zur Welt, einen Jungen, den Charles und sie Scott nannten. Zwischen den Wehen versuchte Anne, sich mit einer Postkarte abzulenken, auf der eine Hirschmaske der Calusa-Indianer aus dem 15. Jahrhundert abgebildet war, und Charles – wie immer während der Wehen und der Geburt an ihrer Seite – war tief beeindruckt von ihrer Geistesgegenwärtigkeit und Stärke. 1942, schrieb er in sein Tagebuch, sei das glücklichste Weihnachten gewesen, das sie seit ihrer Hochzeit verbracht hatten.

Zwar konnte Charles – wie er oft bemerkte – seine einmal gesteckten Ziele nicht so leicht aufgeben, grübelte jedoch auch nicht über Vergangenem, wenn er sich umorientiert hatte. Für Anne dagegen war die Zeit von America First keineswegs vorüber. Nach dem Proteststurm gegen *The Wave of the Future* war sie abwechselnd wütend und deprimiert. Die Tatsache, daß man ihre Botschaft dermaßen mißverstanden hatte – erklärte sie Freunden gegenüber –, zeigte, daß sie als Autorin versagt hatte. (Andererseits waren der Niedergang des Westens und die Rückständigkeit der Demokratie intellektuelle Klischees, die sie mit ihrer kraftvollen Prosa deutlich gemacht hatte.)

Charles erinnerte seine Frau daran, daß die Welt voller Schriftsteller sei, die ein Buch nach dem anderen veröffentlichten, ohne auch nur einen Bruchteil ihres Erfolges zu haben, ganz zu schweigen von der Aufmerksamkeit, die man ihr entgegenbrachte. Er riet ihr, sich die Zeit zum Schreiben zu schaffen, indem sie aufhörte, ihre Energie mit dem Auspacken der Möbel und der Einrichtung des Hauses zu vergeuden, da sie in einigen Monaten ohnehin wieder ausziehen würden.

Was Anne unter den Reaktionen auf *The Wave of the Future* am meisten kränkte, war die gesellschaftliche Isolation. Viele liberale Intellektuelle, eben jene Leute, deren Anerkennung und Respekt sie am dringendsten suchte, waren überzeugt davon, daß die Lindberghs Antisemiten seien, und wollten auf gesellschaftlicher Ebene nicht mit ihnen verkehren. Der Autor Robert Nathan und seine Frau waren entsetzt, als man ihnen mitteilte, daß die Lindberghs zu einer Dinner-Party geladen waren, an der sie teilnehmen wollten. Die Gastgeberin reagierte prompt und lud Charles und Anne aus. Bei anderer Gelegenheit, als Anne Adelaide Marquand im Haus des Dramatikers George S. Kaufman anrief, war Beatrice Kaufman darüber so wütend, daß sie Adelaide des Hauses verwies. Auch von ihrem kleinen Freundeskreis, Leuten wie den Guggenheims und den Breckinridges, hatten sich Charles und Anne entfremdet. Anne ahnte, daß die ständige Aushäusigkeit ihres Mannes nicht nur mit dem Krieg und seinen

Pflichten bei Ford zu tun hatte. Die jeweiligen Interessen gingen immer weiter auseinander.[5]

Anne arbeitete am liebsten in spartanischer Umgebung, und Charles besorgte ihr von Henry Ford einen verbeulten, alten Wohnwagen, den er als Arbeitszimmer auf das Grundstück stellte, sicher zum Entsetzen der Nachbarn in Bloomfield Hills. Obwohl man glauben sollte, daß Anne in dieser Lebensphase nichts zu verlieren hatte, wenn sie schrieb, was ihr durch den Kopf ging, tat sie doch das genaue Gegenteil. Entwürfe von Geschichten, die allzu deutlich machten, wie enttäuscht sie von ihrem Familienleben war, und andere unpassende Emotionen thematisierten, wurden verworfen und nicht veröffentlicht. Statt dessen machte sie sich daran, den Entwurf ihrer autobiographischen Geschichte von Eves und Geralds Nebelflug über die Alpen zu überarbeiten. In *The Steep Ascent (Die Gefährtin)* offenbarte sich Anne mehr als in jedem anderen Buch, das sie bis dahin verfaßt hatte. Es handelte von ihren Vorbehalten gegen das Fliegen, ihren Schuldgefühlen, weil sie ihre Kinder so oft allein gelassen hatte, und ihren Bemühungen, eine »Brücke« zwischen ihrem mißverstandenen Mann und der Welt zu sein.

Nun war 1943 kein gutes Jahr für ein Buch darüber, wie die Angst eine geistige Stärkung sein konnte. Kritiker lobten wie immer die Feinfühligkeit und Präzision von Annes Stil, waren vom Inhalt des Romans allerdings nicht gerade überwältigt. Das 120 Seiten schmale Buch wirkte in gewisser Weise zusammengewürfelt. Von der Form her war es ein langer innerer Monolog, in dem die Heldin sich mit Gott und ihrem Gewissen auseinandersetzt, kaum aber mit ihrem Mann, ganz zu schweigen vom Rest der Welt. Nachdem man um das Resultat ihrer Bemühungen im wahren Leben wußte, bezeichneten Kritiker die Heldin, die eine »Brücke« sein wollte, als unerträglich naiv, und ein feindseliger Kritiker nannte die Geschichte eine Illustration der »gefährlichen Lage, in die ein Romantiker geraten kann«. Für Anne war diese Bemerkung »so unglaublich, daß es schon wieder komisch ist«.[6]

Entmutigt veröffentlichte Anne zehn Jahre lang nichts mehr. Statt dessen nahm sie an der Cranbrook Academy, einer kleinen Kunstschule, unter Leitung des schwedischen Künstlers Carl Milles Unterricht in Bildhauerei. Cranbrook war eine abgeschlossene Gemeinschaft, in der Anne Anschluß an einen bestehenden Freundeskreis bekam und ihr Selbstvertrauen wiederfand. Sie selbst allerdings betrachtete diese Zeit als eine Form von Eskapismus.

Charles, der in den Ford-Werken von Willow Runs voll eingespannt war, hatte zu Recht vermutet, daß er den Anforderungen einer Vollzeitbeschäftigung in leitender Position nicht entsprechen konnte. An seinem ersten Arbeitstag mußte er entsetzt feststellen, daß Fords Testpiloten und selbst einige Mitarbeiter aus der Chefetage die Stechuhr bedienen mußten. Er konnte diese Firmenpolitik ändern und überredete Ford außerdem, das Rauchen in der Cafeteria zu gestatten. (Zwar haßte Charles Zigarettenqualm, aber ihm war aufgefallen, daß die hohen Herren vom Militär – wenn sie zu Besuch kamen – trotzdem rauchten, und er fand es unfair, daß man den Angestellten dieses Recht verweigerte.) Gegen Fords Führungsstil allerdings konnte er nichts ausrichten. Charlie Sorenson und Harry Bennett waren erbitterte Rivalen, und wenn sie einander nicht bekämpften, stürmten beide regelmäßig durch die Fabrik, gaben widersprüchliche Anweisungen und terrorisierten das mittlere Management.

Die Firma richtete sich darauf ein, den B-24 zu bauen, der auf einem von Republic Aircraft in Kalifornien entwickelten Prototyp basierte. Obwohl Ford seit Jahren keine Flugzeuge mehr baute, war die Geschäftsleitung der Ansicht, daß sie von Außenstehenden nur wenig lernen konnte. Lindbergh bezeichnete den ersten B-24, der in Willow Run hergestellt wurde, als das schlimmste Beispiel einer stählernen Flugzeugkonstruktion, das er je gesehen hatte. Bei seiner eigenen Aufgabe, der Ausstattung der Maschinen mit Panzerplatten und Maschinengewehren, sah er sich von Behörden und widerstrebenden Generälen behindert, die, ignorant gegenüber aeronautischen Erfordernissen, ihre Anweisungen gaben. Die Kriegssituation erforderte eine zügige Produktion, und Lindbergh fürchtete, übereilte Entscheidungen könnten amerikanische Piloten das Leben kosten.

Aus Enttäuschung über die Lage bei Ford lehnte Lindbergh seine symbolische Bezahlung ab und erklärte Bennett, er brauche mehr freie Tage. Er wollte unbedingt zum Einsatz kommen, und daher unterzog er sich einem strengen Trainingsprogramm zur Erweiterung seiner Lizenz auf mehrmotorige Maschinen. Dann schloß er sich einer Gruppe von Testpiloten aus Willow Run an, die man als menschliche Versuchskaninchen an das Aeromedizinische Labor der Mayo-Klinik geschickt hatte, damit an ihnen Sauerstoffgeräte für Piloten erprobt wurden. Die Versuchspersonen atmeten reinen Sauerstoff, während sie ihre Übungen absolvierten, und wurden dann in einem Tank eingeschlossen, in dem der Druck so weit abgesenkt wurde, daß man Höhen bis zu 13500 Metern simulieren konnte. Für seine 41 Jahre war Lindbergh in glänzender körperlicher Verfassung – bei einer Routineuntersuchung 1936 hatte er volle drei Minuten lang die Luft angehalten –, aber dennoch waren die Tests für ihn anstrengend und manchmal auch gefährlich. Während eines Experiments war der Schlauch an seiner Sauerstoffflasche blockiert, und bis die Kontrolleure merkten, daß etwas nicht stimmte, hatte er schon das Bewußtsein verloren.

Anfang 1944 war die Aufregung um das »Project Victory« vergessen. Al Wedemeyer war wieder in Gnaden aufgenommen worden, und Lindbergh – der das Mißtrauen ihm gegenüber offenbar nie verstanden hatte – stellte etwas verspätet fest, daß man ihn problemlos für andere Verteidigungsunternehmen arbeiten ließ. Sofort verpflichtete er sich bei der Chance Vought Division von United Aircraft als Berater für das einmotorige Kampfflugzeug F-4U Corsair, das United im Auftrag der Navy und der Marines baute. Sein eigentliches Ziel war es, in die Schlacht zu ziehen, und dank einiger Freunde beim Luftfahrtbüro der Navy schickte ihn United tatsächlich wenig später als zivilen Beobachter (auch »Tech Rep« genannt) zum Kriegsschauplatz im Pazifik. Marineminister Frank Knox bekam die Genehmigung nie zu sehen, und wahrscheinlich wußte niemand im Kabinett, daß Lindbergh sich auf den Weg an die Front gemacht hatte.

Lindbergh ließ sich von Militärmaschinen quer über den Pazifik bis zu den Salomon Inseln mitnehmen, wo er eine Corsair der Marine zugewiesen bekam. Schon bald schloß er sich den Patrouillenflügen über Rabaul und Neuirland an. Da es für die Japaner von größtem Propagandawert gewesen wäre, den »Einsamen Adler« abzuschießen, benutzte Lindbergh im Funkverkehr den Decknamen »Jones«. Ansonsten nahm er voll an den Einsätzen und Schießübungen teil. Dies alles entsprach überhaupt nicht den Vorschriften, aber in der militärischen Luftfahrt war Lindbergh nach wie vor ein Held. Tatsächlich hatte ein hoher Prozentsatz von Militärs America First unterstützt, und so erfüllte man den Wunsch des Lone Eagle nach Kampfeinsätzen nur allzu gern.

Von der Insel Emirau aus flog Lindbergh in Begleitung von zwei weiteren Maschinen einen Einsatz, bei dem eine neue Bombenaufhängung getestet werden sollte, und nahm bei dieser Gelegenheit eine enttarnte Flugabwehrstellung in Kavieng unter Beschuß. Schon bald konnte er 25 Einsätze auf seinem Konto verbuchen, und die höheren Offiziere im Sektor, die Lindbergh fast alle persönlich kennengelernt hatten und kaum vorgeben konnten, sie wüßten nichts von seinen Einsätzen, wurden langsam nervös.

Es war an der Zeit weiterzuziehen, und ein australischer Pilot nahm Lindbergh mit nach Neu Guinea, wo der General Ennis Whitehead vom Army Air Corps ihm eine P-38 Lightning auslieh, mit der er zum Vorposten in Hollandia flog. Zufällig gehörte die geborgte Maschine dem berühmten Flieger Dick Bong, und als die mit 21 Flaggen des Feindes geschmückte P-38 in Hollandia aufsetzte, rannten alle auf das Flugfeld, um den Helden zu begrüßen. Die Feststellung, daß der Pilot nicht der große Dick Bong war – der sich auf Urlaub in Australien befand –, sondern ein unbekannter 40jähriger Zivilist, rief allgemein Enttäuschung hervor.

Lindbergh fand diesen Rollentausch höchst amüsant. Er meldete sich im Zelt bei Colonel Charles H. MacDonald, dem Kommandanten der Elite-Jagdgruppe 475, bekannt als »Satan's Angels«. Lindbergh nuschelte seinen Namen und daß er von United Aircraft käme, um herauszufinden, wie die Lightnings sich im Kampf bewährten. MacDonald knurrte, er hätte schon genug Probleme. Er müßte nicht noch den Babysitter für einen Sesselpuper spielen. Damit widmete er sich wieder seinem Kartenspiel. Irgendwann dämmerte es dem Colonel, daß sein Besucher *der* Charles Lindbergh war. Beeindruckt war er aber erst, als er erfuhr, daß Lindbergh pro Gallone Kraftstoff um ein Drittel weiter flog als jeder andere Pilot im Geschwader.

Bei einem Einsatz zu den Waigeo Islands ging MacDonald und dem Rest der Einheit der Kraftstoff aus, und sie kehrten um, während Lindbergh und sein Flügelmann zurückblieben, um ein paar getarnte Frachtschiffe unter Beschuß zu nehmen. Plötzlich meldete der Flügelmann, sein Kraftstoff ginge ebenfalls zur Neige. »Wieviel hast du noch?« fragte Lindbergh. »Ungefähr 175 Gallonen«, kam die ängstliche Antwort. Er wies den Piloten an, Gas wegzunehmen und ein magereres Gemisch einzustellen. Gemeinsam schafften sie es zur nächstgelegenen Kraftstoffbasis auf Obi. Der Tank des Flügelmanns war leer. Lindbergh dagegen hatte noch 260 Gallonen. Nach diesem Ausflug hielt Lindbergh Vorträge über sparsamen Kraftstoffverbrauch. Seine Methoden waren keineswegs neu, nur die üblichen Tricks der alten Kunstflieger, aber sie wurden in den Lehrbüchern nirgendwo erwähnt.

Wie Walter S. Ross in seiner Biographie über Lindbergh 1965 bemerkte, sprechen die Schnappschüsse von Charles in Neuguinea für sich. Das unbefangene Lachen, mit dem er 1927 die Welt betört hatte, war wieder da. Lindbergh flog wieder, machte, was er gelernt hatte, und er war glücklich. Aber wie viele Männer, die es zum Militär zieht, genoß Lindbergh am Krieg alles bis auf die Tatsache, daß man töten mußte. Er war über 40 Jahre alt, als er diesbezüglich den ersten Einblick bekam, und er hatte eine etwas altmodische, vielleicht naive Vorstellung von den Regeln des Krieges. Als jemand vorschlug, er könne mit seinem Talent zum Kraftstoffsparen Tokio bombardieren, erwiderte er ernsthaft, das würde er nicht übers Herz bringen – ein Schlachtschiff ja, eine Stadt niemals. Tatsächlich hat er keine Hütte im Dschungel beschossen, ohne sich zu fragen, ob darin wirklich japanische Soldaten saßen, wie der Tagesbefehl besagte, oder nur eine verängstigte Mutter mit ihren Kindern.

Er war schon 23 Tage in Neuguinea, bis General Kenney davon erfuhr. Lindbergh erhielt den Befehl, sich augenblicklich im Hauptquartier der Fifth Air Force in Brisbane, Australien, zu melden.

»Wissen Sie nicht, daß die Japse Sie einen Kopf kürzer machen, wenn Sie abgeschossen werden?« fuhr Kenney ihn an.

Der General nahm kein Blatt vor den Mund, und ihm fielen einige unschöne Bezeichnungen für die Offiziere ein, die Lindbergh ohne Genehmigung zu einer Einheit des Air Corps mitgenommen hatten. Nachdem jedoch Kenney davon überzeugt war, daß Lindbergh auf eigene Faust gehandelt hatte und die Navy den General nicht wegen Mißachtung der Vorschriften anschwärzen wollte, beruhigte er sich.

Als das Gespräch auf die Kraftstoffersparnis kam, bemerkte Kenney, Lindbergh sei ein echtes Kunststück gelungen, als er 1927 bei seiner Landung in Paris noch Benzin im Tank der *Spirit of St. Louis* gehabt hatte. Er wünschte, jemand würde seinen P-38-Piloten zeigen, wie man dieses Wunder zustande brachte. Lindbergh erklärte Kenney, mit dem entsprechenden Training könnten die Geschwader ihren Einsatzradius auf 1000 Kilometer erweitern, besonders fähige Piloten auf 1200 Kilometer. Als diese Aussichten General MacArthur und seinem Stabschef General Richard Sutherland unterbreitet wurden, waren diese hoch erfreut.

Schon bald erhöhte Lindbergh seine Schätzungen. Ein ehemaliger »Satan's Angel« erinnerte sich an einen Vortrag, den Lindbergh kurz nach seiner Rückkehr aus Brisbane gehalten hatte: »Er sprach allgemein über Einsatztechniken und Kraftstoffersparnis. Als er aber behauptete, die damalige P-38J-15-LO sei für einen Operationsradius von 1300 Kilometern und zehn Stunden Flugzeit gut, war die allgemeine Meinung: Selbst wenn die Triebwerke es schafften, wäre es unklug, einen Piloten auf so lange Feindflüge zu schicken.«

Lindbergh nahm jeden Einsatz wahr, den er bekommen konnte, aber am 28. Juli war nur ein reiner Übungsflug geplant. Lange ging alles glatt, aber auf dem Rückflug tauchten wie aus dem Nichts zwei japanische Maschinen vom Typ Sonia auf. Eine davon flog mit aufblitzendem MG-Feuer frontal auf Lindbergh zu. Bei einer Geschwindigkeit von 800 Kilometern pro Stunde und auf Kollisionskurs feuerte Lindbergh zurück. Im letzten Augenblick stiegen beide Piloten auf, und die P-38 zog im Abstand von kaum drei Metern über die Sonia hinweg, so nah, daß Lindbergh die Kühlrippen an den Zylindern der japanischen Maschine erkennen konnte. Die Sonia drehte schwer getroffen ab und stürzte ins Meer.

Drei Tage später sollte es anders kommen. Als Lindbergh dem Flügelmann seiner Gruppe helfen wollte, weil dieser von einer feindlichen Zero bedrängt wurde, verschätzte er sich und fiel zu weit vom Rest der Einheit ab. Die Zero wandte ihre Aufmerksamkeit diesem vielversprechenden Ziel zu und eröffnete aus nächster Nähe das Feuer. Lindbergh glaubte, er müßte sterben. »Ich denke an Anne – an die Kinder... Es dauert eine Ewigkeit. Nie war die Welt klarer.« Unerklärlicherweise traf die Zero nicht, und MacDonald und zwei weitere Piloten kamen Lindbergh zu Hilfe. »Der Japse war wohl kein guter Schütze«, bemerkte MacDonald später.[7]

In Neuguinea sprach alles von Lindys knappem Entkommen. Eine Zeitung aus Passaic, New Jersey, hatte inzwischen auf den Hinweis eines Soldaten hin eine Story darüber gebracht, wie Lindbergh den japanischen Jäger erwischt hatte. »Es gibt ein Mordsspektakel, wenn Sie abgeschossen werden«, bekam Lindbergh von Kenney zu hören, bevor er ihm das Fliegen verbot. Insgesamt hatte er 50 Kampfeinsätze geflogen.

In der militärischen Luftfahrt empfand man es als schrecklich ungerecht, daß der Lone Eagle nicht in Uniform dienen durfte. Einige Offiziere in MacArthurs Stab traten dafür ein, Druck auf den Kommandeur auszuüben, damit Abhilfe geschaffen wurde, und MacArthur mag sehr wohl bereit gewesen sein, dieses Thema im Kriegsministerium vorzubringen. Schließlich war Jean, die Frau des Generals, seit 1929 mit Evangeline Lindbergh bekannt. Natürlich gab es in der Regierung Roosevelt Funktionäre, die eher auf Knien die Stufen zum Washington Monument erklommen hätten, als zuzusehen, wie Lindbergh seinen militärischen Rang zurückerhielt. Da der kränkelnde Präsident jedoch im Wahlkampf für seine vierte Legislaturperiode stand, hätte ein solcher Schritt andererseits gewisse Vorteile gebracht. Was immer Lindbergh auf der Party bei Webster gesagt haben mochte: Er hatte den harten Kern von America First unter Führung des Pro-Faschisten Gerald L. K. Smith gemieden. Die Invasion Europas stand bevor, und der Einsatz auf dem Schlachtfeld als Belohnung für erbrachte Leistungen wäre jetzt in der Öffentlichkeit weit weniger umstritten als zu Kriegsbeginn.

Bezeichnenderweise war es Lindbergh, der dagegen Einspruch erhob. Er hatte keinen Respekt vor Roosevelt, und mit seinen sturen und schwer nachvollziehbaren Vorstellungen von Ehre konnte Lindbergh einen solchen Auftrag unmöglich annehmen.

Bis zum Mai 1945 arbeitete Charles für United Aircraft in Connecticut, und kurz nach der Kapitulation Deutschlands schloß er sich als ziviler Repräsentant des Unternehmens einer marinetechnischen Delegation in Europa an. Auf dem Weg nach Deutschland legte Lindbergh einen Zwischenstopp in Paris ein, weil er hoffte, dort Anne Carrel anzutreffen. Dr. Carrel war wenige Tage nach Kriegsende gestorben, und seine letzten Stunden waren von einem Streit verschiedener Fraktionen der Resistance um seine Kooperation mit dem Vichy-Regime geprägt gewesen. Madame Carrel, die stets behauptet hatte, sie habe nicht die Kraft, zu ihrem Mann nach New York zu fahren, reiste noch am selben Morgen in die Staaten ab. Sie sollte ihren Mann um 30 Jahre überleben.

In München schloß sich Lindbergh einem Team von Beobachtern an, das mit Jeeps in Regionen fuhr, die die deutsche Wehrmacht – besiegt, aber nicht entwaffnet – noch immer unter Kontrolle hatte. In der BMW-Flugzeugfabrik wurden sie von einem Arbeiter zu einem Gelände geführt, auf dem er die Pläne für eine Experimentalturbine vergraben hatte. Überall, wohin das Team kam, suchte es Deutschlands führende Ingenieure auf, befragte sie und versuchte, sie zu bewegen, sich den Amerikanern und nicht den Russen anzuschließen. Lindberghs Gruppe spürte Professor Willy Messerschmitt auf, der in einer Scheune lebte, Dr. Felix Kracht, den Erfinder des Raketengleiters, Dr. Helmut Schelp, den stellvertretenden Leiter bei der Entwicklung des Düsen- und Rakentenantriebsprogramms, Dr. Franz-Josef Neugebauer, der an der Entwicklung eines atomgetriebenen Flugzeugs arbeitete, Dr. August Lichte, einen der Erfinder des Junkers-Strahltriebwerks, und Dr. Ulrich Henschke, der mit künstlichen Gliedmaßen experimentierte, die über neurologische Impulse zu steuern waren.

Wenige Tage nachdem Lindbergh mit ihm gesprochen hatte, wurde Messerschmitt verhaftet, nachdem man in einem Schrank seines früheren Hauses eine SS-Uniform gefunden hatte. Die meisten Wissenschaftler gaben vor, gegen Hitler gewesen zu sein, und manche erzählten Geschichten von Verwandten und Kollegen, die verhaftet worden waren oder in den letzten Kriegsmonaten auf mysteriöse Weise Selbstmord begangen hatten. Ein Sergeant, der Lindberghs Gruppe begleitete, hatte Fotos aus den gerade erst befreiten Konzentrationslagern bei sich und zeigte sie den Deutschen, die noch immer an ihrem Glauben an die Nazis festhielten. Fast alle Deutschen waren verzweifelt darauf bedacht, den Russen zu entkommen. Selbst Schelp, dessen Frau und Kinder in der sowjetischen Zone festsaßen, lief zu den Amerikanern über.

In Nürnberg wurden Lindbergh und Lieutenant Uellendahl im Haus einer Frau einquartiert, die die Uniform eines deutschen Luftschutzwarts trug. Als Lindbergh sie darauf ansprach, erklärte sie ihm lachend, sie sei Halbjüdin und der Registrierung entgangen, indem sie ständig umgezogen war. Ihr Mann und ihre Mutter waren umgekommen. Von ihrem Vater hatte sie nichts gehört, seit dieser zehn Jahre zuvor nach Buchenwald verschleppt worden war. Sie glaubte nicht, daß er noch lebte. Daß man ihr die Uniform gegeben hatte, sei ein »Scherz« gewesen.

Lindbergh schrieb ihre Geschichte in sein Tagebuch und bemerkte voller Abscheu, wie die Deutschen von den Alliierten behandelt wurden. Er war schockiert, daß Soldaten damit prahlten, sie würden deutsche Frauen »befreien« (ein anderes Wort für vergewaltigen), und darüber, wie man deutsche Kriegsgefangene behandelte. Er protestierte gegen Armeevorschriften, die den amerikanischen Soldaten untersagten, ihre Verpflegung mit Deutschen zu teilen. Lindbergh wußte jedoch, daß keine Vorschrift die GIs daran hindern konnte, hungernden Kindern Schokolade zuzustecken. Er hatte Mitleid mit einer Frau in Dessau, die ihm sagte, sie sei zwölf Jahre von Hitler betrogen worden, und jetzt machten sich die Amerikaner bereit, die Stadt den Russen zu übergeben.

Am 11. Juni kam die Delegation ins Lager Dora, in dem man die Zwangsarbeiter für die V2-Raketenfabrik in Nordhausen rekrutiert hatte. Ein 17jähriger Gefangener aus Polen zeigte ihnen das Krematorium, in dem, wie er sagte, in den letzten anderthalb Jahren 25000 Leichen eingeäschert worden waren. Eine drei Meter lange und zwei Meter breite Grube war bis zum Rand voll mit menschlicher Asche und Knochenstücken.

»Natürlich wußte ich, daß solche Dinge geschehen waren«, schrieb Lindbergh in sein Tagebuch, »aber es ist eine Sache , das intellektuelle Wissen zu besitzen, ja selbst sogar Fotos anzusehen, die ein anderer aufgenommen hat, und eine andere, dazustehen und mit den eigenen Sinnen zu hören und zu sehen. Ich fühlte mich seltsam verwirrt. Wo hatte ich schon so empfunden?«

Der Eintrag fährt fort mit einer Aufzählung der Greueltaten von Biak: Japanische Soldaten, in Höhlen eingeäschert; andere, die im Dschungel verhungerten, weil die Amerikaner ihre Kapitulation nicht akzeptieren wollten; die Köpfe von Japanern, vergraben in Ameisenhügeln, damit das Fleisch abgelöst wurde und man sie als Souvenirs mitnehmen konnte.

»Wir, die wir behaupten, die Deutschen hätten durch ihre Behandlung der Juden die gesamte Menschheit beschmutzt, haben mit unserer Behandlung der Japaner bewiesen, daß wir um kein Haar besser sind... Und warum siehst du den Splitter im Auge deines Bruders und achtest nicht auf den Balken in deinem eigenen?«[8]

Als Lindberghs Tagebücher 1970 veröffentlicht wurden, bezeichnete ein Kritiker der *New York Times* diesen Vergleich zwischen gelegentlichen Auswüchsen kriegsmüder Soldaten und der Ausrottungsstrategie der Nazis als »grotesk«. Historisch betrachtet ist das sicher zutreffend, nur schrieb Lindbergh von einem sehr persönlichen Standpunkt aus. Für diejenigen, die es durchleben mußten, war ein »normales« Gefecht, wie es während des Feldzugs in Neuguinea stattfand, sicher schlimm genug. Lindberghs Verständnis für mangelnde Moral tendierte selbst im günstigsten Fall gegen Null, und das Ausmaß des Nazischreckens war mehr, als er begreifen konnte. Er wurde damit fertig, indem er nur allzugern glaubte, daß die große Mehrheit der Deutschen, einschließlich jener, die er gekannt und denen er vertraut hatte, nicht gewußt hatten, was vor sich ging. Er ließ die Gelegenheit ungenutzt, Dachau zu besuchen. Tatsächlich vermied er sogar die Bezeichnung »Konzentrationslager« in seinen Tagebüchern und bezeichnete sie nur als Kriegsgefangenenlager. (Wer es als eine liberale Geisteshaltung wertet, immer zuerst Amerika die Schuld zu geben, sollte sich Lindberghs Fall genau ansehen.)

Schwerer fiel es Lindbergh, über die sich häufenden Beweise hinwegzusehen, daß man ihn bewußt getäuscht und belogen hatte. Ernst Udet war während des Krieges gestorben, angeblich bei einem Absturz, aber es stellte sich bald heraus, daß er sich nach einem Nervenzusammenbruch erschossen hatte, der unter anderem auf das Durcheinander im Planungs- und Entwicklungsprogramm der Luftwaffe zurückzuführen war. Dieses Programm hatte schon während Lindberghs Reise 1938 in Schwierigkeiten gesteckt. Außerdem erfuhr Lindbergh, daß es sich bei dem Wissenschaftler, der beim Herrenabend mit Göring im selben Jahr sein Tischnachbar gewesen war, um den Leiter des V2-Raketenprogramms gehandelt hatte. Diese Tatsache hatte man ihm gänzlich verschwiegen. Da Lindbergh bekanntermaßen schon früh ein Anhänger von Robert Goddard gewesen war, konnte dies kein Versehen sein, und als er erfuhr, daß ein Großteil der deutschen Arbeiten auf patentierten Verfahren basierte, die man dem kürzlich verstorbenen Goddard gestohlen hatte, erlaubte sich Lindbergh im Namen dieses Freundes einen seiner seltenen Wutausbrüche.

Nachdem die Aufgabe der technischen Delegation beendet war, kaufte Lindbergh einen Renault und fuhr durch das zerstörte Westeuropa. Er legte etwa 60000 Kilometer zurück, bis General Carl Spaatz ihn einlud, an einem streng geheimen Programm zur Waffenentwicklung an der University of Chicago teilzunehmen. Aufgrund des Berichtes der Delegation, mit der Lindbergh gereist war, entschied die amerikanische Regierung, den Bau von Raketen, technisch hochentwickelten Flugzeugen und Waffensystemen zu fördern. Da Lindbergh seine antiinterventionistischen Überzeugungen seit Erfindung der Atombombe und der Überschallbomber überdacht hatte, nahm er Spaatz' Einladung an. Einen großen Teil der folgenden zehn Jahre sollte er für einen symbolischen Dollar pro Jahr seine Zeit als Berater einer Vielzahl von technischen Ausschüssen der Air Force und der Army widmen.

Das Projekt in Chicago trug den Decknamen CHORE, und Lindbergh arbeitete mit den Atomphysikern Enrico Fermi und Walter Bartky zusammen. Die Diskussionen im Ausschuß über höhere Mathematik und Physik waren oft zu hoch für ihn, und seine hauptsächliche Funktion bestand darin, die gedanklichen Ausflüge der Wissenschaftler auf den

Boden der Tatsachen zurückzuholen und sie daran zu erinnern, daß hochentwickelte Jets noch immer von Menschen geflogen wurden und Gefechtssituationen unberechenbar waren, egal, wie perfekt die Ausrüstung sein mochte.

Lindbergh arbeitete außerdem in einem Ausschuß zur Umorganisation des Strategic Air Command mit, leitete eine Untersuchung zur Leistungsfähigkeit von Entwicklungsanlagen der Air Force und arbeitete mit John von Neumann für den Wissenschaftlichen Beraterstab der Air Force an Studien zu Raketengeschossen. Er verbrachte fast zwei Wochen in einem atomgetriebenen U-Boot, flog B52-Bomber und trainierte mit der 509. Atomic Bomb Group von der Walker Air Force Base aus. Er gab Empfehlungen zu Fragen bezüglich Waffensystemen, Pilotentraining und Personalpolitik. Um die Jahreswende 1948/49 flog er um die Welt, auf der Suche nach geeigneten Standorten für das Strategic Air Command (SAC). Als die Berliner Luftbrücke eingerichtet wurde, wirkte er als Berater mit und überflog als Passagier mehrmals den sowjetischen Korridor.[9]

In seinen seltenen Erklärungen zu Verteidigungsfragen stellte sich Lindbergh als energischer Verfechter des kalten Krieges dar. In einem Artikel der *Saturday Evening Post* 1954 warnte Lindbergh: »Wasserstoffbombe und Überschallrakete haben alle Sicherheit unserer Verteidigung beseitigt.« Da ein atomarer Erstschlag »gegen Traditionen und Politik des amerikanischen Volkes« sei, ließe sich die Sicherheit nur gewährleisten, wenn man mit überwältigender Macht zurückschlagen könne: »Unsere Waffen müssen weit gestreut und extrem schlagkräftig werden, und sollte unsere Wachsamkeit vorübergehend nachlassen, wird unsere Zivilisation aller Wahrscheinlichkeit nach untergehen, und es wird große Verluste an Menschenleben geben.«

Im privaten Kreis gestand Lindbergh ein, daß man das Potential der Sowjets oft überschätze und Millionen für überflüssige Waffensysteme ausgäbe. Aber der Mann, der in der Öffentlichkeit noch immer »Lucky Lindy« hieß, war von jeher ein vorsichtiger Charakter gewesen. Waren Risiken unvermeidbar, nahm er sie auf sich. Wenn nicht, bestand er auf einem Sicherheitsspielraum, den andere für übertrieben halten mochten. Als Militärstratege war er der pessimistischste amerikanische General seit George Washington. Seine Haltung im kalten Krieg war nichts anderes als die Fortsetzung seiner antiinterventionistischen Haltung aus der Zeit vor dem Krieg. Früher hatten sich die Vereinigten Staaten auf die Ozeane als ihren Schutzwall verlassen. Jetzt mußten sie auf sichtbare Zeichen der Macht bauen. Das atomare Arsenal, von dem er hoffte, daß es nie zum Einsatz kommen müßte, war nur ein äußerliches Indiz der westlichen Entschlossenheit.[10]

Als Lindbergh 1945 Willy Messerschmitt kennenlernte, erklärte der deutsche Wissenschaftler, wenn der Krieg nicht dazwischengekommen wäre, hätte er den ersten kommerziellen Düsenjet für den Transatlantikverkehr schon lange gebaut. Nach seiner Rückkehr aus Europa erzählte Lindbergh Juan Trippe davon, und wenige Monate später war er wieder technischer Berater für die Pan-Am und arbeitete mit einigen Ingenieuren an der Umstellung auf Strahltriebwerke. 1952, als Lockheed und Boeing Prototypen für den kommerziellen Markt entwickelten, setzten die meisten Luftlinien noch darauf, daß die Turboprop-Triebwerke über Jahre Standard bleiben würden. Juan Trippe, der von Lindbergh und der Entwicklungsabteilung von Pan-Am schon vom Gegenteil überzeugt worden war, bildete die Ausnahme. Er sah die neue Technologie als reale Möglichkeit, mehr Passagiere für weniger Geld transportieren zu können. Daher drängte er Lockheed, die Pläne für die Boeing 707 so umzuarbeiten, daß ein zukunftsweisender Antrieb und mehr Platz für Passagiere berücksichtigt würden.

Nach Trippes Ankündigung im Oktober 1955, Pan-Am plane, 269 Millionen Dollar in 45 Jets von Lockheed und Douglas zu investieren, war der Rest der Branche fassungslos und der Wechsel zum Düsenantrieb unumgänglich. Später erklärte Trippe seinem Biographen Robert Daley, keine geschäftliche Entscheidung in der Geschichte von Pan-Am sei derart sorgsam überprüft worden. Lindbergh war in jeden einzelnen Schritt einbezogen.[11]

Auf die eine oder andere Weise war Charles Lindbergh an fast allen großen Entscheidungen in der kommerziellen und militärischen Luftfahrt seit 1927 beteiligt. Da er stets Berater war und nie einen Titel trug, läßt sich sein Beitrag im nachhinein schwer einschätzen, und in der Öffentlichkeit war sicher nur wenig darüber bekannt. Es kann wohl als Ironie des Schicksals gelten, daß Lindbergh, dessen größter Wunsch es war, Anerkennung als Intellektueller und Autor zu finden – oft zu seinem eigenen Schaden –, eben dieser Wunsch erfüllt wurde, daß man sich jedoch kaum an ihn als denjenigen erinnert, der die Infrastruktur der ersten transkontinentalen Luftlinie aufbaute, die erste amerikanische Luftpostverbindung in die Karibik flog und – gemeinsam mit Anne – Karten der wichtigsten internationalen Routen anfertigte. Lindberghs Arbeit für die Air Force nach dem Krieg war noch weit weniger bekannt, und im April 1954, als Präsident Eisenhower ihn im Rang eines Brigadegenerals wieder in die Reservetruppen aufnahm, stellte man diese Ehre als späte Anerkennung seiner Verdienste im Krieg dar. Die Experten der Luftfahrtindustrie wußten es besser, wie auch die Kongreßabgeordneten, die in Ausschüssen zur militärischen Luftfahrt und zum Verteidigungshaushalt gearbeitet hatten: Lindbergh hatte sich immer wieder in der Hauptstadt aufgehalten, um weitere finanzielle Mittel aufzutreiben.

Emory Land, der nicht gerade für das Verteilen unverdienter Komplimente bekannt war, bewertete seinen Cousin als eine der drei einflußreichsten Persönlichkeiten im Entwicklungsstadium der amerikanischen Fliegerei. Für Land war Jimmy Doolittle der beste Testpilot und Allround-Flieger und Jerome Hunsacker von MIT der führende Flugzeugtechniker, Lindbergh jedoch war seiner Meinung nach gleichzeitig ein außergewöhnlicher Pilot und eine führende Figur in der kommerziellen und militärischen Luftfahrt.[12]

Doch selbst noch, als er an der Planung von Raketensystemen beteiligt war und die kommerzielle Luftfahrt ins Düsenzeitalter vorstieß, kämpfte Lindbergh mit ernüchternden Einsichten. Sein alter Traum hatte sich erfüllt. Tatsächlich war der Himmel zum Highway für alle geworden, aber anstatt Brüderlichkeit, Frieden und Wohlstand zu bringen, schien er ins soziale Chaos und die ständige Bedrohung einer atomaren Vernichtung zu führen. In seinem Essay *Of Flight and Life* wies Lindbergh 1948 vielleicht als erster auf ein Phänomen hin, das Piloten von Hochleistungsjets oft erleben: das Gefühl einer fast gottähnlichen Losgelöstheit. Es bereitete ihm Sorge, daß diese Piloten Atomwaffen transportierten. In *Of Flight and Life* prophezeite er außerdem, daß die Mühelosigkeit des Transports in der modernen Welt im Zusammenspiel mit der Schaffung einer globalen Ökonomie und einer einheitlichen Massenkultur massive Bevölkerungswanderungen hervorrufen würde. Eine Flüchtlingswelle könne Amerika zwingen, zwischen seiner traditionellen Haltung, die Enteigneten dieser Welt aufzunehmen, und der Wahrung seines Wohlstands und seiner politischen Werte zu wählen. Die meisten Kritiker hatten keine Ahnung, was er damit meinte, und taten diesen Abschnitt seines Essays als eine weitere paranoide Phantasie von weißer Vorherrschaft ab.

Lindbergh allerdings war keineswegs fremdenfeindlich. Er verabscheute den Umstand, daß die einzelnen Nationen der Welt ihren individuellen Charakter verloren und zunehmend in den Sog einer alles gleichmachenden Massenkultur gerieten. Während seines Besuchs in Japan 1948 wurde er ungehalten, als seine Gastgeber ihn im Offizierskasino zum Essen einluden und voller Stolz erklärten, die Zutaten der Mahlzeit seien allesamt aus den Staaten importiert. Die Schwäche der Amerikaner in Übersee andererseits, sich überall kleine Ohios, New Yorks und Kaliforniens zu schaffen, blieb ihm unerklärlich, besonders da ihre Bemühungen sie dazu verdammten, sich von Lebensmitteln aus Dosen oder durch Pakete aus der Heimat zu ernähren.

Die endgültige Desillusionierung erlebte Lindbergh während eines Inspektionsbesuchs der SAC-Basis in Fairbanks, Alaska, als man ihn einlud, an einem Aufklärungsflug über den Nordpol teilzunehmen. Das Abenteuer, von dem er seit seiner Kindheit geträumt hatte, erwies sich am Ende als ein Teil einer routinemäßigen Nachmittagspatrouille. Da er mit einem beheizten Wagen zum Flugfeld hin und wieder zurückgefahren wurde, mußte er noch nicht einmal einen Parka überziehen. Er saß den gesamten Flug über auf seinem Fallschirm und schrieb an einem Kapitel für seine Autobiographie.

25.
DIE MEERJUNGFRAU UND DER ADLER

Im Jahr 1946, nach 17 Ehejahren, ließen sich Charles und Anne endgültig nieder und kauften ein Haus an der Küste des Long Island Sound in Scott's Cove nahe Darien, Connecticut. Das 80000-Dollar-Haus mit neun Schlafzimmern, sechs Bädern und drei Arbeitszimmern – je eines für Charles und Anne und eines für ihre Sekretärin – bot Platz für die ganze Familie, die im Oktober desselben Jahres durch die Geburt der zweiten Tochter Reeve erneut Zuwachs erhalten hatte. Das America-First-Debakel hatte Charles von der Last befreit, der Held aller Amerikaner sein zu müssen, und endlich genossen Anne und er ein gewisses Privatleben. Es kann kaum überraschen, daß die Ehe der Lindberghs in genau diesem Augenblick erste Ermüdungserscheinungen zeigte.

Während der Monate, die Charles im Pazifik verbracht hatte, war Anne zum erstenmal in ihrem Leben allein gewesen und hatte sich gut zurechtgefunden. Als Charles aus dem Krieg heimkehrte, mußte er feststellen, daß seine Frau einen ihm bisher unbekannten Sinn für Unabhängigkeit entwickelt hatte. Nach dem sechsten Kind beschloß Anne, inzwischen fast 40, daß ihre Familie keinen Zuwachs mehr brauchte. Ihr Mann war schwer enttäuscht. Schon immer hatte ihn Botschafter Kennedys Sippe beeindruckt, und oft genug hatte er gesagt, eine Familie mit zwölf Kindern halte er für ideal. Auch Charles' Kopilot wollte Anne nicht mehr sein. In Zukunft zog sie den Komfort und die Sicherheit eines Pan-Am-Linienfluges vor.

Da sie fünf Kinder unter 15 Jahren hatte, hoffte Anne zweifellos, daß Charles etwas öfter zu Haus sein würde, wenn der Krieg erst einmal vorüber wäre. Schließlich hatte sie ihm in der schwierigen Zeit von America First beigestanden, was auf Kosten des Familienfriedens und alter Freundschaften gegangen war, und als Charles 1945 wieder in die Vereinigten Staaten kam, um für United Aircraft zu arbeiten, hatte sie Bloomfield Hills und ihre neuen Freunde an der Cranbrook Academy zurückgelassen und war wieder an die Ostküste gezogen.

Aber anstatt seßhaft zu werden, wurde Charles immer mehr zum Wandervogel. Er war ein echter Peter Pan, und Freiheit hieß für ihn noch immer, spontan in ferne Länder fliegen zu können. Erfolgreich war er beruflichen Verpflichtungen aus dem Weg gegangen, denn eine tägliche Routine wollte er sich nicht aufzwingen lassen. Annes Entschluß, sich von der Fliegerei zurückzuziehen, beseitigte das letzte Hindernis für die große Freiheit, denn jetzt hatte er ein gefestigtes, gut geordnetes Zuhause, zu dem er heimkehren konnte, wann immer er wollte. »Lindbergh war nicht domestiziert«, bemerkte ein Freund, der Mitgefühl für Anne empfand. Andererseits muß man sagen, daß er für seine Familie Opfer brachte, die den meisten Männern nicht abverlangt werden. Ein aufmerksamer Leser von Annes Tagebüchern muß zu dem Schluß kommen, daß ihre Loyalität möglicherweise ein Geschenk gewesen sein könnte, das ihr nicht immer leicht gefallen war. Charles sah sich nicht als Peter Pan, sondern als König Midas, der bei jeder Berührung alles zu Gold verwandelte und jeden zerstörte, den er zu lieben wagte.

Die zehn Jahre nach dem Krieg waren eine schwierige Zeit, nicht zuletzt wegen Charles' wachsendem Interesse an Militärstrategie und hochentwickelten Waffen. Anne war nie eine strikte Pazifistin gewesen, haßte aber den Krieg und mehr noch die Atombombe. Ansonsten war sie ein Abbild ihrer Freunde und der Familie, die von liberalen Republikanern bis hin zu Parteilinken reichte. Dwight jr. und seine Frau wurden in den 40er Jahren Mitglieder des NAACP, der Gesellschaft zur Förderung der farbigen Minderheit, lange bevor der Kampf um Bürgerrechte modern wurde. Corliss Lamont, zu dem Anne freundschaftliche Beziehungen pflegte, wurde vom FBI ausspioniert, und die Ehemaligen des Smith College – fast nur Intellektuelle – waren in der Regel gegen die Bombe und McCarthy eingestellt. In diesen Kreisen konnte man schlecht stolz darauf sein, an der Seite eines Mannes zu leben, der als Berater des Strategic Air Commands arbeitete. Tatsächlich war Charles' strenger Antikommunismus gesellschaftlich weniger akzeptabel als seine isolationistischen Ansichten vor dem Krieg.

Da sie wußte, daß es sinnlos wäre, ihren Mann mit Worten umzustimmen, dachte sie sich eine raffiniertere Methode aus, indem sie besonders überzeugende Zeitungsartikel ausschnitt und unter sein Kopfkissen legte. In gewisser Weise hatte diese Strategie Erfolg. Schon bald teilte Charles die Aversion seiner Frau gegen McCarthys antikommunistische Demagogie, und 1952 wählte er zum erstenmal in seinem Leben einen demokratischen Präsidentschaftskandidaten und unterstützte Adlai Stevenson gegen General Dwight D. Eisenhower. (Diese Entscheidung Lindberghs dürfte Eisenhower kaum bekannt gewesen sein, als dieser ihn wieder in seinen militärischen Rang einsetzte und zum General beförderte.)

Zwar hatten sie oft unterschiedliche politische Ansichten, aber was die Lindberghs in dieser Zeit zusammenschweißte, war das Verantwortungsgefühl gegenüber ihren Kindern. Obwohl man beim Lesen von Annes Tagebüchern schnell den Eindruck bekommen kann, sie sei eine ewig erschöpfte, nervöse Mutter gewesen, sahen ihre Kinder in ihr eine große Stütze, die geduldig und manchmal sogar allzu nachgiebig war. Im Gegensatz zu manchen Frauen, die ihre Babys allem

Anschein nach kritiklos lieben, besaß Anne die Fähigkeit, die individuellen Persönlichkeiten ihrer Kinder von klein auf zu akzeptieren und sich daran zu erfreuen.

Charles wollte, daß seine Kinder vor allem große Unabhängigkeit erlernten, und mit zahllosen Strategien versuchte er, ihnen den Wert von Pünktlichkeit, Ehrlichkeit und Sparsamkeit einzuprägen. Er zahlte Jon fünf Cents pro Pfund für die Fische, die er angelte, bis die Kühltruhe im Keller so voller Fische war, daß es keinen Platz für andere Lebensmittel mehr gab. Etwas später, als Jons Aluminium-Kanu durch ein kleines Motorboot ersetzt wurde, bekam er einen Dollar für jede Fuhre Sand und Erde, die er mitbrachte. Gemeinsam mit seinem Vater legte er am nördlichen Ende des Grundstücks einen kleinen Strand an. Lindbergh brachte den Kindern das Schwimmen bei, das Schießen, wie man auf Bäume klettert, er zeigte ihnen die Handhabung von Werkzeugen, und der Reihe nach gab er ihnen Fahrstunden, wobei er unter anderem vorführte, wie man ein schleuderndes Auto in der Gewalt behielt.

Gelegentlich empfanden andere seine Methoden, mit denen er die Kinder lehrte, kalkulierbare Risiken einzugehen, als extrem. Harold Nicolson hatte mit Entsetzen zugesehen, als Charles bei dem Versuch, dem dreijährigen Jon das Schwimmen beizubringen, diesen wiederholt ins tiefe Wasser des Morrowschen Schwimmbeckens geworfen hatte. Kay Smith erzählte von einem Ausflug auf den Eiffelturm, den sie gegen Ende der 30er Jahre unternommen hatten. Als sie Jon beim Abstieg daran erinnerte, sich am Geländer festzuhalten und auf die Stufen zu achten, hörte sie entgeistert, wie Charles den Jungen anwies: »Jon, laß das Geländer los und lauf nach unten.« Auf Einwände antwortete Lindbergh, die meisten Eltern behüteten ihre Kinder in jungen Jahren zu sehr, so daß diese dann keinerlei Disziplin zeigten, wenn sie etwas älter wurden.

Lindbergh war aufbrausend und gab zu, daß er seinen Kindern gelegentlich den Hintern versohlte, aber insgesamt war er eher ein begeisterter, oft ehrgeiziger Spielgefährte und weniger ein Zuchtmeister. Ein Lieblingsspiel der Kinder hieß »Wildkatzen«, und es wurde in einer »Höhle« gespielt, die man aus einem Laken oder einer Decke und ein paar Stühlen baute. Charles kroch dann mit den »Katzen« in die Höhle und verteilte kleine Gaben. Aber selbst als die Kinder klein waren, wäre es Lindbergh nie in den Sinn gekommen, sie ein Spiel oder einen Wettbewerb absichtlich gewinnen zu lassen, denn das wäre nicht ehrlich gewesen. Auch als Jon und Land schon erwachsen waren und selbst Kinder hatten, war er stolz, wenn er sie bei einem Wettlauf besiegen konnte.

Der Schwimmunterricht hatte Jon ganz und gar nicht entmutigt, und er liebte das Wasser. Als aus ihm ein Teenager wurde, brauste er stundenlang in seinem kleinen Boot mit Außenborder auf dem Sound herum. Für sein Alter genoß er enorme Freiheiten. Einmal – er war kaum älter als 15 Jahre alt – durfte er sogar allein einen dreitägigen Ausflug mit seinem Boot unternehmen.

Charles nahm für sich das Verdienst in Anspruch, seine älteren Söhne von der Fliegerei ferngehalten zu haben. Er hatte ihnen klargemacht, daß das Fliegen nicht mehr so aufregend war wie zu seiner Zeit und sie immer gegen den Vergleich mit ihrem berühmten Vater würden ankämpfen müssen. Jon wechselte noch während seiner Zeit in Stanford von der Air Force zur Navy und schloß beim Trainingscorps der Reserveoffiziere seine Ausbildung als Marinetaucher ab. Mit seiner Frau Barbara, die er mit 22 Jahren geheiratet hatte, ließ er sich in Seattle nieder, wo er gemeinsam mit dem Erfinder Edwin Link eine Firma namens Ocean Systems Inc. für die Entwicklung von Gerätschaften zur Unterwasserforschung gründete. 1964 brach Jon den Rekord im Dauertauchen, indem er 49 Stunden in einer Tiefe von 130 Metern verbrachte. Auch der schlaksige, stille Land, der Sohn, der seinem berühmten Vater am ähnlichsten war, heiratete jung. Er ließ sich in Greenough, Montana, nieder und wurde Besitzer und Betreiber der Lindbergh Cattle Company.

Für die jüngeren Kinder war »Vater«, wie er genannt wurde (niemals »Dad«), eine etwas unnahbarere Gestalt. Seine Tochter Anne, die in den Monaten, die er an der Front im Pazifik verbracht hatte, noch ein Baby gewesen war, litt am meisten unter seiner Abwesenheit. Charles war erstaunt und etwas gekränkt, als er einmal nach kurzer Abwesenheit heimkam und sah, daß Anne ihn mit großen Augen ansah. Zwei Jahre später, als er von einer wochenlangen Geschäftsreise heimkehrte, begrüßte Anne ihn mit den Worten: »Zieh deinen Mantel aus – bleibst du da?«[1]

Anne jr. wurde später Autorin einer Reihe versponnener Kindergeschichten und gestand in einem Interview, sie habe sich in ihrem Buch *Nobody's Orphan* bei der Figur des leicht exzentrischen Vaters, der mit Vorliebe Aphorismen seines Lieblingspolitikers Calvin Coolidge zitiert, an ihrem eigenen Vater orientiert. »Vater hatte eine sehr hohe Meinung von Calvin Coolidge«, sagte Anne. Noch offensichtlicher dem wahren Leben entlehnt ist die Figur des Mr. Sweeny in Annes Roman *The People in Pineapple Place* aus dem Jahr 1982. Es handelt sich dabei um einen Peter Pan in den besten Jahren, der sich das Haar über den Kopf kämmt, um eine kahle Stelle zu verbergen, genau wie Charles Lindbergh es mit Ende 50 tat. Mr. Sweeny leidet unter einer Krankheit, die sich »chronisch-zyklisch-antizipatorisches Bewegungsbehagen« nennt, die – wie man uns wissen läßt – 43 Jahre zuvor begann, als er sich »um den Krieg in Europa sorgte und darum, daß die Vereinigten Staaten möglicherweise darin verwickelt werden konnten«. Als Folge dieser Krankheit wird Mr. Sweeny niemals älter, sondern reist in Raum und Zeit hin und her und nimmt die Kinder vom Pineapple Place mit sich. Die Kinder finden diese wiederholten Reisen lehrreich, wenn auch ein wenig beunruhigend.[2]

Seit 1927 wurde die meiste Arbeit, mit der Charles seine Zeit verbrachte, entweder gar nicht oder nur mit einem Bruchteil dessen entlohnt, was er hätte verdienen sollen. Nach dem Krieg machte Juan Trippe Lindbergh den Vorschlag, sich Pan-Am für ein Beraterhonorar von 10000 Dollar jährlich anzuschließen, unter der Voraussetzung, daß er ein Zehntel seiner Zeit der Luftlinie widmete. Charles wollte um jeden Preis weniger verdienen, da ihm die Vorstellung zuwider war, sich dermaßen verplanen zu lassen. Am Ende widmete er eigenen Angaben zufolge weit mehr als ein Zehntel seiner Arbeitszeit der Pan-Am, nur wurde der Vertrag nie geändert. Charles' beinah pathologische Aversion gegen jede Form der Entlohnung – er konnte nicht glauben, daß er das Geld verdient hatte und sah in Verträgen Beschränkungen seiner Freiheit – muß für Anne frustrierend gewesen sein. Sie waren keineswegs arme Leute, aber das Familienvermögen war weit kleiner, als die meisten vermuteten, und die Tatsache, daß Charles' regelmäßige Reisen nur wenig mit Geldverdienen zu tun hatten, machten sie für die Familie sicher nicht erträglicher.

Paradoxerweise sollte Charles bald mehr mit dem Schreiben als mit der Fliegerei verdienen. Seit dem Ende der 30er Jahre hatte er an dem Manuskript von *The Spirit of St. Louis (Mein Flug über den Ozean)* gearbeitet, einem Bericht über seinen Rekordflug von 1927 mit autobiographischen Rückblenden. Im Laufe von 13 Jahren war das Manuskript aus kleinen Teilen zusammengewachsen, die er in Flugzeugen, in seinem Zimmer im Army-Navy-Club in Washington und selbst im Dschungel von Neu Guinea beim Warten auf den nächsten Einsatz geschrieben hatte. Verächtlich sah er auf die Artikel herab, die man über ihn schrieb, und machte nie ein Geheimnis daraus, daß er seine Abenteuer besser als jeder professionelle Autor beschreiben konnte. Erstaunlicherweise behielt er mit *The Spirit of St. Louis* vom Schriftstellerischen her recht.

In jeder Hinsicht und ganz sicher im Vergleich mit *We (Wir zwei)* seinem vorangegangenen Buch, stellt *The Spirit of St. Louis* eine bemerkenswerte Leistung dar. Es hat das Erzähltempo eines Abenteuerromans und eine komplexe Struktur, in der sein Flug Stunde für Stunde beschrieben wird. Die Rückblenden sind so geschickt eingeflochten, daß der Leser nie daran zweifelt, daß die Erlebnisse aus dem Leben des Piloten tatsächlich während der kritischen Augenblicke des Abenteuers vor seinen Augen aufgeblitzt sind. Darüber hinaus ist das Buch, wie Brendan Gill bemerkt hat, im historischen Präsens geschrieben, auf einer Zeitebene, zu der kaum jemand einem Anfänger raten würde und die über ein 500 Seiten dickes Sachbuch hinweg schwer durchzuhalten ist.

Charles widmete das Werk seiner Frau, »die nicht ahnt, wieviel von diesem Buch sie geschrieben hat«. Mehrere Kritiker vermuteten, er wollte auf diese Weise verschämt eingestehen, daß sie in Wahrheit alles oder zumindest das meiste geschrieben hatte. Anne stritt dies ab und bleib dabei, daß sie Fassungen der einzelnen Kapitel erst gelesen habe, als diese bereits in mehr oder minder endgültiger Form vorlagen. Außerdem habe sie versucht, Charles das Präsens als Erzählzeit auszureden, was aber letztlich dem Buch seine Energie und die ungeheure persönliche Ausstrahlung verleiht. Und tatsächlich läßt eine Untersuchung des Manuskripts keinen Zweifel daran, daß dieses Buch aus Charles' Feder stammt. Er hatte sich das Schreiben buchstäblich selbst beigebracht, und erst nach mehrmaligen Überarbeitungen des Manuskripts gab er es anderen in die Hand. Er verschickte es nicht nur an alte Freunde wie Bud Gurney und Don Hall, die darauf achten sollten, ob alles stimmte, sondern auch an Verlagsprofis, die ihm Tips zu Stilfragen gaben.[3]

Als *The Spirit of St. Louis* 1953 erschien, stand Charles Lindbergh seit einem Vierteljahrhundert im Mittelpunkt des öffentlichen Interesses, und doch war dieses Buch das erste unzensierte Porträt des Menschen Lindbergh. Ein Kritiker der *New York Times* bemerkte, das Buch rücke ihn »in die Nähe der anderen Sterblichen«. Zu den Enthüllungen des Buches gehörte Lindberghs Beschreibung der »Phantome«, die ihn während der Endphase des Transatlantikfluges heimgesucht hatten.

Dennoch zeigt sich in *The Spirit of St. Louis,* wie in den meisten Autobiographien, ein Hang zur Selbststilisierung. Die gröbste Verzerrung war – nach Brendan Gills Einschätzung – die Tatsache, daß Evangeline Lindbergh auf die Karikatur einer konventionellen Hausfrau reduziert wurde, ganz im Gegensatz zu der hochintelligenten, unberechenbaren Frau, die sie eigentlich war. Während der letzte Entwurf von *The Spirit of St. Louis* für den Verlag überarbeitet wurde – Lindbergh hatte keinen Agenten, sondern ließ sich von verschiedenen Leuten beraten –, lag Evangeline gelähmt in ihrem bescheidenen Haus in Grosse Point Park: Sie befand sich im letzten Stadium der Parkinsonschen Krankheit. Lindbergh besuchte seine Mutter, sooft er konnte, aber die Hauptlast, sie zu versorgen, war dem stets loyalen »Bruder« zugefallen. Es ist verständlich, daß Lindbergh zu dieser Zeit keine kritischen Bemerkungen über seine Eltern veröffentlichen wollte, denn es hätte Evangelines Qualen in den letzten Monaten nur noch verschlimmert.

Allerdings erklärt das nicht, warum im Buch Evangelines wissenschaftliches Interesse und ihre Rolle als Charles' wichtigste Lehrerin ausgeklammert wird. Hier wie in allen späteren Schriften widmete Lindbergh seinen nostalgischen Erinnerungen an Little Falls breiten Raum, und fast vergißt man, daß er in Minnesota nur die Sommerferien verbrachte. Lindbergh selbst wollte sich an eine idyllische Kindheit erinnern und sträubte sich gegen die Vermutung anderer Autoren, es könne ganz anders gewesen sein. Der moderne Biograph neigt zu der Annahme, daß Lindbergh, der sein ganzes Leben lang Themen vermied, die ihm allzu schmerzlich waren, ein Kindheitstrauma unterdrückte. Andererseits zeigen frühe Entwürfe des Manuskripts, daß er versucht hatte, seine Kindheit ehrlicher zu behandeln, aber die Anekdoten schienen den Verlust nie wirklich angemessen illustrieren zu können. Gleichzeitig zeigt sich eine Art ungewollter Verbitterung in Geschichten, die etwas vollkommen anderes behandeln: die jugendliche Scheu oder seine Aversion gegen das Stadtleben. Obwohl es scheint, als wäre C.A. derjenige gewesen, der Evangeline in ihrer Freiheit beschnitt, hegte Charles einen tiefen, wenn auch sorgsam unterdrückten Groll gegen seine Mutter.

Lindbergh muß gemerkt haben, daß er den Familienzweig der Lands in *The Spirit of St. Louis* allzukurz abgefertigt hatte. Als das Buch den Pulitzer-Preis für Biographien bekam, spendete er das Preisgeld Dr. Laszlo Schwartz, einem Lehrer an der Columbia University, der angekündet hatte, er wolle eine Biographie über Charles H. Land schreiben. Leider wurde das Buch nie fertiggestellt.

Evangeline Lindbergh starb im September 1954. Im November ehrte man Betty Morrow – mit 81 Jahren noch immer eine unermüdliche Spendensammlerin – auf einem Bankett im Waldorf-Astoria für 50 Jahre Arbeit im Dienste der Allgemeinheit. Wenige Tage später erlitt Mrs. Morrow einen Schlaganfall und lag acht Wochen im Koma, bis sie schließlich am 23. Januar 1955 starb. Charles, der im Auftrag der Armee in Europa war, kam gerade noch rechtzeitig zur Beerdigung zurück.

Mrs. Morrow hatte gut gelebt, war ausgiebig gereist und hatte großzügig an karitative Organisationen gespendet. Als Dwight Morrow 1931 starb, hinterließ er ein Vermögen, auf das allein die Erbschaftssteuer im Staat New Jersey mehr als eine Million Dollar betrug, ein Betrag, der in diesem Jahr der Wirtschaftskrise ausgereicht hätte, die Staatskasse vor dem drohenden Bankrott zu retten. Nun, 23 Jahre später, belief sich das Gesamtvermögen auf 10 Millionen Dollar. In ihrem Testament vermachte sie Next Day Hill der Little School, die in Elizabeth Morrow School umbenannt wurde. Die meisten Wertpapiere gingen auf Dwight jr. über, der wiederholt auf Geisteskrankheiten hin behandelt worden war und während des Krieges in Carmel, Kalifornien, als Bauer gearbeitet hatte. 1951 schließlich verlieh man ihm den Doktorgrad der Geschichtswissenschaften. Nach einer gütlichen Scheidung von Margot, mit der er drei Kinder hatte, lehrte Dwight an der Lincoln University in Pennsylvania und später an der Temple, bevor er nach Carmel zurückkehrte und sich als Experte für die Geschichte und Technologie der industriellen Weinherstellung niederließ. Mit seiner Rolle als »der vergessene Morrow« fand er sich nie ab, und oft bemerkte er sarkastisch, letztendlich habe er den lebenslangen Wunsch seines Vaters erfüllt und sei Geschichtslehrer geworden.

Betty Morrow starb nur wenige Monate vor dem überraschenden Erfolg, den Annes nächstes Buch *Gift from the Sea (Muscheln in meiner Hand)* feierte. Es war ein Essay über die Rolle der Frau, inspiriert von Virginia Wolfs *A Room of One's Own (Ein Zimmer für sich allein),* das Mrs. Morrow einmal »das wichtigste Buch (in englischer Sprache) seit *Onkel Toms Hütte*« genannt hatte. *Gift from the Sea* erschien im März und schoß bis an die Spitze der Bestsellerlisten, wo es sich 51 Wochen lang hielt. Erstaunlicherweise wird es noch 38 Jahre später als Auswahltitel des »Book-of-the-Month«-Clubs geführt. Mittlerweile hat es sich sieben Millionen mal verkauft. Nach Auskunft des Verlags erhält Mrs. Lindbergh noch immer wöchentlich etwa 15 Briefe von Lesern, die sich von der Aussage des Buches inspiriert fühlen.

1991 landete es bei einer Umfrage unter repräsentativ ausgewählten Amerikanern, in der nach dem einflußreichsten Buch für ihr privates Leben gefragt wurde, gemeinsam mit Betty Friedans *Feminine Mystique (Der Weiblichkeitswahn)* und verschiedenen anderen Titeln auf dem neunten Platz.

Anne Lindbergh hielt *Gift from the Sea* für ihren »feministischen Essay«, und doch wurde dieses nur scheinbar gefällige Buch – was bei der enormen Popularität nur erstaunen kann – von der Frauenforschung schlichtweg ignoriert. In seiner Biographie über Charles Lindbergh tat Leonard Mosley das Buch 1976 als »Schmerzmittel für Massen von quengelnden Frauen« und »die Bibel der amerikanischen Mittelschichts-Hausfrau« ab. Es handelt sich dabei um eine ganz brauchbare Zusammenfassung vorherrschender Meinungen, und vor der Veröffentlichung schlug ein Lektor bei Pantheon – nicht ganz ernst gemeint, hoffentlich – vor, den Titel in »Stille Verzweiflung« zu ändern, in Anspielung auf das berühmte Thoreau-Zitat. Anne Lindbergh war keineswegs eine Gesellschaftskritikerin und noch weniger eine Verfechterin der Selbstdarstellung, und daher trat sie dafür ein, daß Frauen die Veränderung in ihrem Inneren durch Besinnung und Selbsterneuerung schaffen sollten.

Die zurückhaltende Prosa in *Gift from the Sea* vermittelte gleichwohl eine revolutionäre Botschaft. In einem Jahrzehnt, in dem Frauenillustrierte voller Artikel waren, in denen »Zusammengehörigkeit« angemahnt wurde und die Idealfrau einen makellosen Haushalt führte, als Muttertier für kleine Pfadfinder diente, Fahrgemeinschaften organisierte und immer noch Zeit fand, Tischdekorationen aus Tannenzapfen und Geschenkschleifen für das Weihnachtsfest zu basteln, erklärte Anne Lindbergh, viele der traditionell weiblichen Aufgaben seien schlicht den Aufwand nicht wert. Außerdem dürften und sollten Frauen in ihren emotionalen und intellektuellen Bedürfnissen nicht von ihren Männern abhängig sein. Fast vier Jahrzehnte später, nachdem an die Stelle der Managerin mit der Schürze das Ideal der Anwältin mit dem Filofax getreten ist, die gezielt Zeit mit ihrer Familie verbringt und eine Stunde täglich ihren Körper stählt, ist Mrs. Lindberghs Warnung davor, das Leben mit der Jagd nach dem Perfektionsanspruch anderer zu vergeuden, aktueller denn je.

Ob Anne selbst Nutzen aus ihrem Ratschlag ziehen konnte, ist eine andere Frage. Sicher war sie dieser Meinung. 1978 erinnerte sich Mrs. Lindbergh vor Smith-Studentinnen in einer Rede unter dem vielsagenden Titel »Der Weg, nicht das Ziel zählt«, wie sie sich seit ihren ersten Ehejahren verändert habe, als ihre Vorstellung von Freiheit darin bestand, »den devoten Pagen zu spielen und meinem Ritter zu dienen«. Je regelmäßiger und unvorhersehbarer Charles' Reisen jedoch wurden, desto öfter blieb sie allein zu Haus und mußte mit ihrer Verantwortung für das Haus und der Erziehung ihrer fünf Kinder fertig werden.

Annes Gefühl, von den nie endenden Pflichten des Alltagslebens erdrückt zu werden, war nicht notwendigerweise ein Zeichen ihrer Überarbeitung. Zwar kann man sagen, daß eine Mutter von fünf Kindern es nie leicht hat, aber die Lindberghs hatten eine Vollzeit-Köchin, eine Teilzeit-Putzfrau und hin und wieder ein Kindermädchen und eine Sekretärin. Anne gab ehrlich zu, daß sie noch nie sonderlich gut gewesen sei, wenn es um Besorgungen oder Zeitpläne ging. Sie war eine Autorin, die langsam und methodisch vorging, und sie brauchte Zeiten des Ungestörtseins. Wenn sie in das abtauchte, was sie ihren »Brunnen der Konzentration« nannte, vergaß sie oft genug, die Kinder von der Schule abzuholen.

Trotz seiner eigenen Probleme, geistig umzuschalten, verzweifelte Charles an der Unfähigkeit seiner Frau, zu »funktionieren«. »Meine Schwierigkeit, von einer Rolle in die andere zu springen, war ihm ein Rätsel«, sagte Anne später.[4]

Einer der Gründe, warum Anne die Fliegerei nach dem Krieg aufgab, war ihre Suche nach der eigenen Stimme – »und zwar nicht der Stimme einer Funkerin«. Charles glaubte schon lange, daß seine Frau das Zeug zu einer großen Schriftstellerin hatte, und hoffte, sie würde ihren »Ruhestand« von der Fliegerei nutzen, einen großen »Gesellschaftsroman« zu schreiben. Wie schon in Detroit versuchte er, sie zu ermutigen, indem er ein Arbeitszimmer baute, diesmal aus einem alten Werkzeugschuppen, den er neben der Route 1 am Straßenrand gefunden hatte. Aber Monate, manchmal Jahre vergingen, in denen Anne keine Zeit zum Schreiben fand, und trotz ihrer vielversprechenden Kurzgeschichten schien die Vorstellung, daß sie sich auf einen großen Roman einlassen sollte, sie zu überwältigen.

Charles war nicht bereit, seinen Zeitplan so umzustellen, daß er zu Hause einige Pflichten hätte übernehmen können. Man muß ihm dabei allerdings zugestehen, daß Annes Vorstellung vom Familienleben als einem Spinnennetz, das mit jedem Jahr komplizierter (und klebriger) wird, nicht sonderlich einladend gewirkt haben dürfte. Nachdem er vor vielen Jahren aus der allzu engen Beziehung zu seiner Mutter geflohen war, fand Charles jetzt ausreichend Gründe, sich von Connecticut fernzuhalten. Geheimprojekte der militärischen Luftfahrt boten sich besonders an, da es nicht nur möglich, sondern unvermeidlich war, etwas vage zu bleiben, was den Grund seiner Reisen anging.[5]

Nach dem bemerkenswerten Erfolg von *Gift from the Sea* machte Annes literarische Karriere keine weiteren Fortschritte. 1956 veröffentlichte Pantheon ein schmales Bändchen mit Gedichten unter dem Titel *The Unicorn (Das Einhorn)*. Zwar waren die Texte, die sie über 20 Jahre hinweg geschrieben hatte, nicht direkt autobiographisch, aber eine Reihe davon waren offensichtlich inspiriert vom Tod des kleinen Charles jr. und der Einsamkeit ihrer Jahre mit America

First. Das Titelgedicht erzählt von einem Einhorn – »Seine strahlende Unverwundbarkeit/Am Ende gefangen«. Aus irgendeinem Grund schienen Kritiker die Ähnlichkeit zwischen diesem verwundeten, mythischen Wesen und Charles Lindbergh nicht wahrnehmen zu wollen. In einem anderen Gedicht wird Hans Christian Andersens »Kleine Meerjungfrau« beschrieben, die ihre Spielwiese auf dem Meeresgrund hat und ihre lachenden Schwestern zurückläßt und erfährt, »welchen Preis man für sterbliche Liebe zahlt«. Nur wenige dürften Zweifel daran gehabt haben, daß dieses Gedicht persönliche Erfahrungen der Autorin widerspiegelt.

The Unicorn wurde allgemein lobend besprochen – unter anderem bekam es eine Titelseite der sonntäglichen Buchbeilage in der *New York Times* – und tauchte bald in den Bestsellerlisten auf. Am 12. Januar 1957 jedoch mußte es einen schweren Seitenhieb von John Ciardi, dem Lyrik-Redakteur des *Saturday Review,* einstecken, der die Gedichte als »minderwertige Lyrik und minderwertigen Humanismus« abkanzelte, als »plumpes Wortgeklingel, schlampig, sogar analphabetisch und aufgeblasen durch die dümmliche Inspiration stereotyper Hochgeistigkeit.« (Dabei war Ciardis Besprechung noch abgeschwächt worden. Er wollte sie unter dem Titel »Das schlampige Einhorn« veröffentlichen, wurde aber von seinem Herausgeber Norman Cousins zurückgepfiffen, und in später veröffentlichten Kommentaren bezeichnete er Mrs. Lindberghs unpräzise Sprache als »der Erbsünde ähnlich«.) Es kann kaum überraschen, daß viele Leser der normalerweise auch bei harter Kritik noch höflichen *Saturday Review* zu dem Schluß kamen, persönliche oder politische Animositäten müßten Ciardi dazu getrieben haben. Hunderte schrieben Protestbriefe, und der Skandal zog solche Kreise, daß Cousins einen außergewöhnlichen Schritt unternahm und eine Erklärung veröffentlichte, in der er die Entscheidung, seinen Lyrik-Redakteur nicht zu entlassen, ausdrücklich rechtfertigte.

Aus heutiger Sicht besteht der vielleicht erstaunlichste Aspekt dieses Zwischenfalls darin, daß die Besprechung eines Gedichtbändchens eine dermaßen erregte öffentliche Debatte hervorrufen konnte. Leider hatte Ciardi im Grunde recht. Zwar fehlte der Autorin von *The Unicorn* keineswegs natürliche Begabung, aber sie war doch ein begrenztes Talent. Anne Lindbergh baute zu sehr auf romantische Klischees. Sie hatte nie gelernt, ihre eigenen Arbeiten zu lektorieren, und hätte sicher von der schonungslosen Kritik profitiert, die die meisten Lyriker von Schriftstellerkollegen oder Lehrern und Redakteuren zu hören bekommen. Wie Ciardis Erwiderung deutlich machte, ärgerte ihn vor allem, daß ein großer Verlag das Buch einer Prominenten veröffentlicht hatte, daß es in allen Buchläden auslag und wohlwollende Kritiken bekam, und dies alles zu einer Zeit, in der viele begabte Lyriker froh sein konnten, wenn ihre Werke überhaupt gedruckt wurden. Trotz oder wegen ihrer früheren Befürchtungen, ihre Texte könnten als bloßer »Lindbergh-Gag« gelten, tappte Anne voll in eben diese Falle. Sie schrieb als Amateurin – »zur Therapie«, wie sie einem Journalisten gegenüber sagte – und veröffentlichte wie eine professionelle Autorin.

Allerdings weckten Annes Charme und Sensibilität auch das ritterliche Schutzbedürfnis. Ciardi machte ihr immerhin das Kompliment, daß er sie als Künstlerin wahrnahm, selbst wenn er sie für eine besonders schlechte hielt. Vielen Schriftstellern wäre es nicht unangenehm gewesen, im Mittelpunkt einer literarischen Auseinandersetzung zu stehen, besonders wenn man bedenkt, daß dieses Buch um ein Vielfaches mehr verkauft wurde als jeder andere Gedichtband in diesem Jahr. Beim aufmerksamen Lesen von *The Unicorn* wird außerdem deutlich, daß sich Anne Lindberghs treue Anhänger nicht nur von ihrer Berühmtheit blenden ließen. Was ihre Schriften interessant machte, war keineswegs die Sanftheit, sondern ihr zorniger Unterton, der gelegentlich in leidenschaftlicher Phantasie aufblitzte. »Tauchte tief / In den Himmel / O Flügel / Der Seele«, beginnt ein Gedicht, das dann bald im Schmalz über den »blassen Wolkenweiden / des Geistes« erstickt. Wäre Ciardis Kritik einige Jahre früher gekommen, hätte sie vielleicht befreiend gewirkt. Statt dessen schreckte Anne zunehmend davor zurück, etwas von sich preiszugeben. Sie veröffentlichte keine Lyrikbände mehr, sondern nahm die Arbeit an einem Roman zur Verteidigung der Institution der Ehe auf, eine Reaktion auf Kritik, die niemand geäußert hatte.

In mancher Hinsicht blieben die Lindberghs ein fest verwobener Clan. Regelmäßig fuhr man auf Familienurlaub – Skireisen, Ferien auf den Florida Keys und zwei Wochen auf den Bahamas –, und nachdem Jon und Land verheiratet waren, wurden deren Frauen und Kinder mit in diese Gruppe aufgenommen. Allerdings war Nähe nicht gleichbedeutend mit Gespräch und Austausch. Lindbergh konnte ziemlich wortreich werden, wenn er wollte, aber er neigte dazu, seine Interessen aufzuteilen. Was genau der Vater beim Militär machte, blieb seiner Frau und den Kindern ein Rätsel. Ebensowenig mochte er sich an vergangene Heldentaten erinnern. In den 60er Jahren, als Land eine Rede seines Vaters vor der Verfassunggebenden Versammlung von Montana arrangierte, staunte er über den Wirbel, der um ihn gemacht wurde. Zwar wußte er, daß sein Vater berühmt war, aber zum erstenmal sah er, wie sehr er bewundert wurde.

Natürlich war »diese Sache in New Jersey«, wie Lindbergh es gern nannte, als Thema tabu. In einem unveröffentlichten Memo schrieb er, nicht einmal mit seiner Frau habe er über die Entführung gesprochen. Er wirkte überrascht, daß man so etwas – das Gespräch miteinander – für nötig hielt (»Schließlich hat sie es doch alles durchgemacht«), was die Frage aufwirft, wie zwei Menschen nebeneinander durchs Leben gehen und ein Thema ausklammern können, unter dem beide leiden. Die kleine Anne hörte zum erstenmal von der Entführung, als sie eines Tages an der Haustür einem verstörten Mann gegenüberstand, der behauptete, ihr Bruder Charles Augustus Lindbergh jr. zu sein. (Alle paar Monate tauchten Leute in Darien auf, die behaupteten, sie seien das Lindbergh-Baby, aber die meisten wurden vorher von den Bediensteten des örtlichen Fahrdienstes entdeckt, die man angewiesen hatte, in diesen Fällen die Polizei zu rufen.) Scott, der Nächstjüngere, erfuhr von dem Verbrechen im Alter von zehn Jahren, als er in der Bücherei auf ein Buch zu dem Thema stieß.

Weniger nachvollziehbar ist die Tatsache, daß auch über die Zeit mit America First kaum gesprochen wurde. 1956, als der Produzent Leland Hayward die Arbeit an dem Film *The Spirit of St. Louis* aufnahm, stellte er bald fest, daß in der Branche Lindberghs Rede in Des Moines aus dem Jahre 1941 weder vergeben noch vergessen war. Lindbergh sorgte dafür, daß Bud Gurney als technischer Berater für den Film engagiert wurde, und er selbst kam nur selten an den Drehort. (Überraschenderweise störte er sich nicht daran, daß der Autor Fiktives in seine Lebensgeschichte eingewoben hatte, unter anderem die berühmte Szene, in der eine Fliege im Cockpit Jimmy Stewart am Einschlafen hindert.) Wenige Wochen vor der Premiere allerdings bekam Lindbergh einen Anruf von seinem Rechtsanwalt Walter Fletcher bei Davis, Polk, Wardwell, Sunderland & Kiendl. Lindbergh zufolge erklärte Fletcher ihm, die Rechtsabteilung von Warner Brothers sei an ihn herangetreten, da sie Proteste von jüdischen Kinobesitzern erhalten habe, die sich weigerten, einen Film zu zeigen, in dem Charles Lindbergh glorifiziert wurde. Zur Schadensbegrenzung schlugen die Anwälte der Filmgesellschaft vor, Lindbergh solle in seiner Generalsuniform nach Israel fliegen und dort »offiziell die israelische Armee inspizieren«.

Falls dies ein ernstgemeinter Vorschlag der Produzenten war, tat Lindbergh gut daran, ihn als lächerlich zurückzuweisen. Allerdings war ihm nicht klar, wie dringend die Öffentlichkeit eine Versicherung brauchte, daß er kein Nazi war. Nach zwei Jahren als medienpräsenter und umstrittener Sprecher der Antiinterventionisten war Lindbergh kurz nach Kriegseintritt von der Bildfläche verschwunden. Abgesehen von einem Artikel von Charles MacDonald im *Collier's* und einem Beitrag des *Times*-Korrespondenten Deac Lyman war über seinen Kriegsdienst fast nichts veröffentlicht worden. Viele Amerikaner hatten keine Ahnung, was aus Charles Lindbergh nach dem Dezember 1941 geworden war, und die wenigen, die seine oft komplizierten Darlegungen in *Of Flight and Life* gelesen hatten, dürften dadurch kaum beruhigt worden sein. Selbst wenn er nicht bereit war, seine Ansichten aus der Vorkriegszeit zu widerrufen oder sie in irgendeiner Weise zu bedauern, hätten ein oder zwei gutplazierte Interviews sicher viel zur Besänftigung der Öffentlichkeit beigetragen. Zumindest hätte er deutlich machen müssen, daß er sich der Greueltaten der Nazis sehr wohl bewußt war.

Aber selbst auf dem Höhepunkt seines Ruhms war es Lindbergh schwergefallen, sich bei irgend jemandem einzuschmeicheln. Das Prinzip der Öffentlichkeitsarbeit war ihm zuwider. Er weigerte sich, mit seinen Biographen zusammenzuarbeiten, aber Jahre nach Erscheinen der Bücher bereitete er ellenlange Memos vor, in denen er ihnen angebliche Fehler nachwies. (In mehr als nur einigen Punkten muß das Urteil zugunsten der Biographen ausfallen.) Er konnte sich nie so recht entscheiden, was er lieber wollte: verstanden oder in Ruhe gelassen zu werden. Also tat und sagte er nichts.

Die Befürchtungen der Chefetage bei Warner Brothers bewahrheiteten sich, als *The Spirit of St. Louis* an den Kinokassen durchfiel, und das vermutlich nur zum Teil wegen des mangelnden Einsatzes der Kinobesitzer. Jimmy Stewart war in mehrerlei Hinsicht die ideale Verkörperung Lindberghs auf der Leinwand. Stewart war ein geschickter Pilot, der im Air Corps in den Rang eines Generals aufgestiegen war, und das eher durch Verdienste als durch die Vetternwirtschaft, die Hollywood-Stars oft begünstigte. Von der Persönlichkeit her, der Haltung und den Sprachgewohnheiten, wenn nicht sogar vom eigentlichen Aussehen her, war seine Ähnlichkeit mit Lindbergh geradezu unheimlich. (Ein Journalist, der mehrere Jahre nachdem er den Film gesehen hatte, General Lindbergh auf einem diplomatischen Empfang vorgestellt wurde, sagte erst kürzlich, sein erster Eindruck sei gewesen, er stünde einem Mann gegenüber, der Jimmy Stewart imitierte.) Nur war Stewart einfach zu alt, um den jungen Lindbergh überzeugend spielen zu können. Der Lindy von 1927 ähnelte bei all seiner vielzitierten sauberen, gesunden Ausstrahlung eher einem James Dean, und ein älterer Schauspieler erinnerte die Kinobesucher nur an einige desillusionierende Vorkommnisse, die der Film – wie auch das Buch, auf dem er basierte – besser ausgelassen hatte.

Bei der Produktion des Films ließ Charles Lindbergh die Chance ungenutzt, Frieden mit den Medien und der amerikanischen Öffentlichkeit zu schließen. »Ich schätze, ich bin bloß ein sturer Schwede«, erklärte er Alden Whitman gegenüber, einem Reporter von der *New York Times*. Diese Erklärung ist nicht so leichtfertig dahingesagt, wie sie klingt. Die Selbstdarstellung fällt dem schwedischen Charakter schwer, und es gibt eine klare Tradition, auf öffentliche Angriffe zu reagieren, indem man sich in die Rolle des unnahbaren, unverstandenen Exilanten zurückzieht. Lindberghs Großvater war dafür das beste Beispiel gewesen.

Auch privater Kritik gegenüber zeigte sich Lindbergh extrem empfindlich, wie Lektoren, die mit ihm an Artikeln, Vorworten und anderen Projekten arbeiteten, erfahren mußten. Niemand war gewissenhafter, was das Überarbeiten von Manuskripten anging. Hatte er aber einen Text erst einmal offiziell abgeschlossen, ließ er sich kaum noch zu den kleinsten Änderungen bewegen. In den Büros des *Reader's Digest* nannte man ihn deshalb »The Lone Ego«, was ein nettes Wortspiel, aber eine unzutreffende Diagnose ist. Ein wahrer Egoist fürchtet die eigenen Widersprüche nicht. Lindbergh hatte keine Ahnung, wer er war, und daher fühlte er sich bedroht, wenn andere ihn auf etwas festlegen wollten, egal, ob sie es gut mit ihm meinten oder nicht.

In gewisser Hinsicht war Lindbergh, was seine Rolle in der Öffentlichkeit anging, eher ein Antiheld. Sein Vater und sein Großvater hatten aus ihrem Kampf gegen das Establishment ihre Karriere gemacht. Seit ihm in jungen Jahren eingetrichtert worden war, das Labor seines Großvaters sei die Werkstatt des Teufels, hatte dieser Teufel Lindbergh nicht mehr losgelassen. Besonders vom gefallenen Engel in *Paradise Lost* war er fasziniert. Er hatte Probleme mit dem Christentum, weil diese Religion sich mit der Notwendigkeit einer Existenz des Teufels nicht abfinden wollte, und im Alter studierte er das Tao-Te-ching: »Die ganze Welt erkennt das Schöne als schön, und doch ist es nur häßlich; die ganze Welt erkennt das Gute als gut, und doch ist es nur schlecht.« Lindbergh brauchte den Trost einer solchen Philosophie, da die Luftfahrt, die Religion seiner Jugend, eine so desillusionierende Entwicklung genommen hatte. Im Laufe der Jahre unterstützte er immer wieder politische Strategien – Luftfahrtlinien anstelle des Individualverkehrs, eine einheitlichere Pilotenausbildung, den Erwerb von Jumbo Jets, die Schaffung eines bewaffneten Strategic Air Corps. Diese Strategien waren praktisch und notwendig, standen aber im krassen Gegensatz zu der Vision, die ihn ursprünglich zur Fliegerei gebracht hatte.

Die Tatsache, daß Anne Lindbergh dieses existentielle

Dilemma nachfühlen konnte, half ihr, an einer Ehe festzuhalten, die oft sehr schwierig war. Im Gegensatz zu Charles gefiel sie sich nicht in der Rolle des Querulanten. Noch Jahre nach dem Krieg fürchtete sie sich vor fremden Menschen, weil sie Angst hatte, auf jemanden zu treffen, der sie für das kritisierte, was sie in *Wave of the Future* formuliert hatte. Nach solchen Angriffen war sie entweder peinlich berührt oder aufgebracht. Sie sah darin die amerikanische Neigung zu »Teufelsaustreibungen«. Auf einer Teegesellschaft bei Amey Aldrich, einer Freundin ihrer Mutter, äußerte Anne gegenüber Corliss Lamont, sie seien gewissermaßen in einer ähnlichen Situation. »Naja«, gab Corliss zurück, »irgendwann hat man genug davon, beschimpft zu werden.« (Eine interessante Bemerkung, da Lamont normalerweise dadurch erst aufblühte.)

Einige Monate später sprach Anne das Thema in einem Brief an:

> Ich *weiß* es! Es ist die schwierigste Sache der Welt. Wenn die eigenen Worte, vielleicht sogar die Taten mißverstanden werden. Schmähung. Mißtrauen. Haß. Isolation. Ich habe das alles erlebt. Das Schwierigste daran ist, es nicht einfach nur zu *ertragen*. Ich glaube, wir sind beide puritanisch-presbyterianisch genug, Dinge ganz gut *ertragen* zu können ... Das Schwierige daran ist, es sozusagen ohne Panzer zu tun, es hinzunehmen und doch offenherzig zu bleiben, großzügig, zuversichtlich, hoffnungsfroh und natürlich nach wie vor verletzbar.[6]

Isolation war der entscheidende Begriff. Die Lindberghs erschienen nur noch selten in der Öffentlichkeit. Da sie mit jedem Jahr weniger Freunde hatten, besuchten sie auch keine Partys oder Abendgesellschaften mehr. Sie gingen nur selten ins Kino und sahen überhaupt nie fern. Ihr gemeinsames gesellschaftliches Leben bestand in erster Linie aus Seminaren und Konferenzen in Aspen und ähnlichen Orten, an denen Intellektuelle wie Robert K. Hutchins von der University of Chicago über Probleme der Zeit sprachen. Durch Jim Newton und seine Frau Ellie Forde, eine MRA-Aktivistin, die er 1942 geheiratet hatte, gerieten sie außerdem in den Dunstkreis des Moral Re-Armament Movement. Unter dem Motto »Die Veränderung beginnt bei mir« glaubten die MRA-Anhänger daran, daß soziale Konflikte zwischen Arbeitgebern und Arbeitnehmern oder das Problem der Dritten Welt, die Fesseln des Kolonialismus abzustreifen, friedlich zu lösen seien, wenn beide Seiten sich ehrlich selbst hinterfragten und offen miteinander redeten. Diese Plattform paßte zu der optimistischen Stimmung der Nachkriegsjahre, in denen selbst ernsthafte Politikwissenschaftler (etwas vorschnell, wie sich herausstellte) »das Ende aller Ideologien« verkündeten. Das MRA war ein Ableger der Oxford Movement Christianity, einer religiösen Bewegung, die zu Beginn dieses Jahrhunderts an der Oxford University in England entstanden war. Unterstützung fand es im *Reader's Digest* und anderen amerikanischen Zeitschriften, aber stark war das MRA vor allem in Europa, wo sich besonders viele Anhänger unter gutsituierten, gebildeten Konservativen fanden.

Dr. Carrels Hoffnung, daß die Lindberghs Trost und Frieden in der Religion finden würden, begann sich schon in den Kriegsjahren zu erfüllen. Charles hatte eine Ausgabe des Neuen Testaments in seinem Aktenkoffer. Anne las die Werke von Teilhard de Chardin und anderen katholischen Philosophen, betete regelmäßig und fühlte sich von Madonnendarstellungen angezogen. Dennoch waren sie beileibe keine orthodoxen Gläubigen. Weder gehörten sie einer Kirche an, noch besuchten sie Gottesdienste. Das Schwergewicht des MRA auf öffentliche Bekenntnisse widersprach Annes instinktivem Gefühl, daß Religion eine zutiefst private Erfahrung sei. Charles äußerte schon 1939 Vorbehalte gegen die intellektuellen Platitüden der MRA-Philosophie. 1950 allerdings änderte er seine Meinung, nachdem es MRA-Vermittlern gelungen war, einen erbitterten Streik bei den National Airlines zu schlichten. Mehrere Sommer lang mieteten Anne und er ein Chalet im Schweizer Vevey nahe dem internationalen Konferenzzentrum des MRA in Caux.

Die Lindberghs für die gemeinsame Sache zu gewinnen wäre ein großer Coup für das MRA gewesen, da man in der Öffentlichkeit keine prominenteren Mitglieder als den Schauspieler Joel McCrea und einen Enkel von Mahatma Gandhi vorweisen konnte. Charles und Anne widerstanden allen Bemühungen, aber der Einfluß der MRA-Seminare wird in Annes Schriften deutlich, besonders in *Gift from the Sea.* Charles dagegen war fasziniert von der Botschaft der Versöhnung, und das zu einem Zeitpunkt, an dem er nach James Newtons Aussage tatsächlich die Möglichkeit erwog, sich bei der Presse zu entschuldigen. Caux' Hauptanziehungskraft lag allerdings darin, daß man sich hier mit Geistesverwandten in einer Umgebung treffen konnte, ohne peinliche Begegnungen mit feindlich gesonnenen Fremden fürchten zu müssen. Frank Buchman, der amerikanische Gründer des Oxford Movement, hatte 1936 ebenfalls an den Olympischen Spielen in Berlin teilgenommen und war wie andere alte Mitglieder empfindlich, wenn es um den Vorwurf ging, die Bewegung habe sich nicht deutlich genug von den Nazis abgegrenzt.

Gegen Ende der 50er Jahre wurden erste Meldungen publik, die Bewegung lasse alarmierende Anzeichen eines Sektenkultes erkennen. Vielversprechende junge Gewerkschaftsfunktionäre und Politiker aus der Dritten Welt, die per Stipendium an MRA-Konferenzen teilnahmen, klagten, die Rekrutierungstaktiken der Vereinigung (Neulinge überwältigte man mit starrem Lächeln und aggressivem Wohlwollen) seien einer Gehirnwäsche nicht unähnlich. Weiterhin erfuhren einige Mitglieder während der Gruppenmeditationen »Erleuchtung durch Gott«. Eine erstaunliche Menge dieser »Erleuchtungen« bezog sich auf die Schwierigkeit, dem MRA-Maßstab nach »Absoluter Reinheit« zu entsprechen. Gott, so schien es, hatte die Botschaft ausgegeben, daß die absolut Reinen dem Geschlechtsverkehr selbst in der Ehe entsagen mußten, es sei denn, er diente der Fortpflanzung. Ein britischer Journalist, der einer Diskussionsgruppe des MRA beiwohnte, hörte, wie ein Teilnehmer unter Tränen verkündete: »Es gibt da etwas, das ich euch anvertrauen muß. Heute morgen hat meine Frau versucht, mich zu verführen.«

»Absolute Reinheit« besaß für Charles nicht den geringsten Reiz. Weiterhin hatte er seine Zweifel, was das MRA-Prinzip der »Absoluten Liebe« anging. Auch Gott sei nicht »absolut liebevoll«, erklärte er Ellie Newton gegenüber. Wenn er es wäre, würde er nie erlauben, daß der Teufel Einfluß auf die Menschheit nähme. Diese Behauptung zog einen derart wütenden Streit nach sich, daß Mrs. Newton ihn später brieflich um Entschuldigung bat. »Es tut mir leid, wenn ich zu sehr Partei für den Teufel ergriffen habe«, antwortete Charles, »aber ich gehe davon aus, daß Gott ihn belächelt, zumindest gelegentlich, und das sicher wohlwollender als Sie ... Würde ich nicht glauben, daß es im Himmel so etwas wie Sünde und Humor gäbe, würde ich viel lieber in die Hölle kommen. Ich bin mir sicher, daß ich dort eine Menge alter Freunde treffe.« Und er konnte nicht widerstehen hinzuzufügen: »Sie würden mir doch auch zuwinken, nicht?«[7]

Im Frühjahr 1961, als Jim Newton ihm eine Einladung zur Sommerkonferenz in Caux schickte, erinnerte Charles seinen Freund daran, daß er große Zweifel an der »Ideologie« und der »Effektivität« des MRA habe. Dennoch waren die Lindberghs in diesem Sommer in der Schweiz, und Charles nahm an einigen offiziellen Veranstaltungen des MRA teil. Zu den Rednern auf der Konferenz gehörte in diesem Jahr ein in

Oxford ausgebildeter Kenianer namens John Ole Koncellah. Lindbergh war fasziniert von Koncellahs Berichten über seine Jugend im Massai Mara Reservat, insbesondere von der Löwenjagd, auf die man traditionell ging, wenn ein Krieger der Massai volljährig wurde. Während eines Essens, das Newton organisiert hatte, löcherte Lindbergh Koncellah mit Fragen, und der Massai lud Lindbergh höflicherweise ein, ihn im Reservat zu besuchen.

Einige Monate später staunte Koncellahs kleiner Sohn Ben, als er in einer abgelegenen Ecke des Reservats einen staubigen Volkswagen sah, der sich dem *enkang* (Lager) der Familie näherte. Am Steuer saß Charles Lindbergh. Das *enkang* ohne Hilfe eines Führers zu finden war ein nicht zu unterschätzendes Kunststück, und Lindberghs Bitte, eine Zeitlang im Lager wohnen zu dürfen, um die Massai zu studieren, wirkte kaum weniger beunruhigend. Dem traditionellen Massai ist der Hang einiger Besucher, sie als malerische Kuriositäten zu betrachten, nur allzu vertraut, und daher steht man solchen Wünschen generell eher skeptisch gegenüber. Koncellah aber war kein typischer Massai und Lindbergh kein typischer Besucher. Er konnte nicht nur laufen, ohne zu ermüden, sondern auch gut zuhören. Lindbergh bekam seine eigene Hütte – dazu eine ältere Frau, die ihm den Haushalt führte – und nahm am Alltagsleben teil. Begeistert ernährte er sich von der traditionellen Mischung aus frischer Milch mit dem Blut einer lebenden Kuh, die in einer mit tierischem Urin ausgewaschenen Kürbisflasche serviert wurde. Lindbergh, der noch nie auf etwas gestoßen war, das ihm nicht geschmeckt hätte, fand dieses Getränk ganz »angenehm«. Tatsächlich fügte er sich so mühelos ein, daß Koncellah später in einem Gespräch mit dem Amerikaner Dr. Richard Logan äußerte, er fände, Lindbergh sei den Massai »sehr ähnlich«.[8]

Erst vom Dritten Reich »fasziniert« zu sein und sich dann von den Massai bezaubern zu lassen, mag wie ein Widerspruch klingen. In Wahrheit sind die Unterschiede nicht so groß. Beides kriegerisch eingestellte Gesellschaften, waren beide auch – wie Lindbergh es sah – Opfer der britischen Kolonialisierung. Im Gegensatz zur Ansicht Kenneth S. Davis', Lindberghs erstem Biographen, der ihn einmal eine »totalitäre Persönlichkeit« genannt hat, war Lindbergh ein romantischer Reaktionär, immer auf der Suche nach einer idyllischen Gesellschaft, in der Mut und Individualismus noch zählten und das Abenteuer nicht Ausdruck purer Hemmungslosigkeit, sondern integraler Bestandteil des täglichen Überlebenskampfes war. Im nachhinein war er entsetzt, daß er manches davon in Nazideutschland gesehen hatte, denn inzwischen wußte man, wie besessen das Regime von Reglementierungen, Zwängen und technisch effizienter Ausrottung gewesen war. Dieser monumentale Irrtum überzeugte ihn jedoch nicht davon, daß die Suche deshalb zwecklos sein mußte.

1973 faßte Lindbergh in einem Brief an den Historiker Wayne S. Cole zusammen, wie sich sein Denken über den Einfluß von Rasse und Biologie in der Geschichte entwickelt hatte. Er glaubte nicht immer an die »durchschnittliche intellektuelle Überlegenheit der weißen Rasse« und »die sinnliche Überlegenheit der schwarzen Rasse«. Nur sah er inzwischen in einer allzu großen Betonung des Intellekts ein Hindernis fürs Überleben. »Es ist gut möglich, daß die schwarze Rasse am Ende ein besseres Lebensgleichgewicht finden wird.«[9]

Während seines Aufenthalts bei den Massai entdeckte Lindbergh, daß das Reservat ganz und gar kein Utopia war. Es gab viele Probleme, angefangen bei der Armut, der Unterernährung, der Gewalt unter den Stämmen und dem erschreckend häufigen Auftreten von Krankheiten, darunter auch der endemischen Syphilis. Aber die Massai, schrieb er, waren nicht primitiver als die Amerikaner des 20. Jahrhunderts. Abgesehen von Kontakten der Massai zu den Briten und anderen Angehörigen der westlichen Zivilisation war ihre Kultur das Produkt einer langen Entwicklung, die Sitten und Tabus im Widerspruch zur Weisheit der Natur schuf. Dennoch – und trotz der Tatsache, daß die Zahl der Massai weiter sank und selbst viele Kenianer sie für ein trauriges Relikt aus vergangenen Zeiten hielten – fand Lindbergh bei ihnen eine »Vitalität«, die ihm in seinem eigenen Leben fehlte.

»Sie sprechen von Freiheit in ihrem Land«, erklärte ihm ein Stammesfürst. »Wir aber kennen eine weit größere Freiheit als ihre.«

Für Charles Lindbergh waren dies die Alarmglocken. »Schon bald wollte ich der Zivilisation abschwören. Warum hatte ich so lange gewartet?«[10]

26.
NACH DEM SÜNDENFALL

Für die Allgemeinheit waren Charles und Anne Lindbergh undurchschaubar und oft genug Stein des Anstoßes. Vertieft man sich in die Schriften der beiden manischen Tagebuchschreiber, fühlt man sich oft an die »teleskopische Philanthropie« von Dickens' Mrs. Jellyby erinnert, deren Familie zugrunde ging, während sie ihre Korrespondenz für die Interessen der Eingeborenen des weit entfernten Borrioboola-Gha führte. Im Gegensatz zu Mrs. Jellyby waren die Lindberghs weder unbedeutend noch dumm. Sie waren die letzten großen Amateure in einer Welt, in der Amateure zum Anachronismus geworden waren. Zwei introvertierte Menschen fanden sich im grellen Licht der Geschichte wieder, hypnotisiert wie zwei Rehe im Scheinwerferkegel eines herannahenden Autos.

Menschen, die dem Zauber der Fliegerei erlegen sind, scheinen die Lindberghs am besten zu verstehen. Der Pilot Michael Parfit, der Lindberghs Guggenheim-Route von 1927 nachvollzogen und dies in *Chasing the Glory* geschildert hat, schreibt: »Fliegen ist, als stünde man in einem Zimmer voller Kinder auf und stellte fest, daß man ein Riese ist. Man glaubt, man kann alles sehen, und die Streitereien unten am Boden erscheinen einem unbedeutend.«[1]

Als der Traum der Luftfahrtutopisten ausgeträumt war, wandelte tatsächlich so mancher Pilot sein Denken in etwas, das man heute als »New-Age-Bewußtsein« bezeichnen würde. Der Marineflieger Donald Keyhoe beispielsweise – Lindberghs offizielle Eskorte 1927 – war später überzeugt davon, daß es sich bei geheimnisvollen Lichtern (»foo-fighters«), die alliierte Piloten während des Zweiten Weltkriegs gesehen hatten, um »fliegende Untertassen« handelte. Außerdem sei die U.S. Air Force in ein gigantisches Tarnmanöver verstrickt, mit dem man der Öffentlichkeit verheimlichen wolle, daß Außerirdische einer weit höherentwickelten Zivilisation schon vor einiger Zeit in der Wüste von Arizona gelandet waren. Keyhoe schrieb acht Bücher über »fliegende Untertassen« und trug als Leiter des »Nationalen Komitees zur Untersuchung von Luftphänomenen« mehr als jeder andere zur Verbreitung dieser Theorie bei. Charles Lindbergh war so interessiert an Keyhoes Ansichten, daß er den »Project Blue Book«-Bericht der Air Force bezüglich UFOs durchsah, die Angelegenheit mit General Carl Spaatz besprach und einmal sogar Pan-Am-Piloten beauftragte, Keyhoe bei seinen Nachforschungen zu unterstützen. Allerdings kam er bald zu dem Schluß, daß die ganze Sache Unsinn war. (Keyhoes Behauptung, selbst Senator Barry Goldwater glaube daran, könnte Lindberghs Entscheidung beeinflußt haben, Johnson 1964 seine Stimme zu geben.)[2]

Die Lindberghs verkörperten die rationalere, gemäßigtere Seite des New-Age-Denkens. Sie lasen Jung, waren jedoch bestürzt, als sie den alten Mann persönlich kennenlernten und feststellen mußten, daß auch er glaubte, die UFOs würden von Besuchern aus dem All kontrolliert. Anne studierte weiterhin mystische Literatur und Charles den Taoismus. Ihr Interesse an den Kulturen amerikanischer Eingeborener, den präkolumbianischen Mythen und an Yoga rührte schon aus den 30er Jahren her. Wie viele Piloten kleiner Maschinen gehörten sie zu den ersten, denen die Umweltzerstörung Sorgen bereitete. Was auf dem Erdboden wie Fortschritt wirkte, war aus der Luft als Katastrophe zu erkennen: das Verschwinden der Wälder, das Austrocknen der Feuchtgebiete, der rapide Rückgang der Vogelwelt und die Luftverschmutzung, die Dunstglocken beispielsweise, die – früher beschränkt auf die Luft über den Städten – inzwischen ganze Regionen überzogen.

Mit Sicherheit entsprach dem New-Age-Denken nichts besser als die schonungslose Selbstprüfung der Lindberghs. Ihr ganzes Leben verbrachten sie damit, sich selbst zu finden. Keine Entwicklung war zu umfassend, als daß sie nicht im Schlund ihres ichbezogenen Strebens verschwinden konnte. Andere wurden von den Nazis vernichtet; die Lindberghs wurden psychisch überwältigt von ihrer Unentschlossenheit, wie sie zum Nationalsozialismus stehen sollten. Andere weiße Amerikaner mit ähnlichem Hintergrund reagierten auf die Bürgerrechtsbewegung der 60er Jahre, indem sie ihre Vorurteile hinterfragten und die Rassenintegration akzeptierten; Charles Lindbergh trank Rinderblut in Afrika und erwartete am Ende der Evolution einen Sieg der schwarzen Rasse. Dennoch: Im Gegensatz zu vielen, die nur vor sich hin brüteten, handelten die Lindberghs zumindest. In ihren besten Momenten waren sie unschlagbar. Und wie unausgegoren ihre politischen Ansichten auch sein mochten, trug ihr Beharren darauf, daß die Demokratie mehr sein müsse als die träge Glorifizierung des Materialismus, Züge von Ritterlichkeit.

Charles' Aufenthalt bei den Massai illustriert die verwirrenden Haken, die er auf seiner Suche nach »Werten« schlagen konnte. Obwohl er während seiner Zeit in Masai Mara keine einzige Löwenjagd zu sehen bekommen hatte, war er doch fasziniert von der Vorstellung, die direkte Konfrontation mit einem wilden Tier sei eine der wenigen noch möglichen echten Mutproben. Auf der Suche nach dem »Primitiven« in sich selbst ging er auf Safari mit Führern wie Denis Zaphiro, der einige Jahre zuvor Ernest Hemingway auf einer ähnlichen Expedition begleitet hatte.

Lindbergh hatte als Erwachsener Waldhühner oder Enten geschossen, was gewöhnlich andere für ihn arrangierten, aber er war sicher kein passionierter Sportler. Daß er sich – schon mehr als 60 Jahre alt – plötzlich für die Jagd begeistern konnte, war erstaunlich, und man fühlt sich an die Großwildjagd erinnert, von der sein Vater und er vor so vielen Jahren gesprochen hatten – eines der Versprechen seinem Sohn gegenüber, die C.A. in treuem Glauben gemacht, aber niemals hatte einlösen können. Lindberghs Karriere als Großwildjäger dauerte jedoch nicht lange an. Die Tiere waren so schön – viel perfekter als die Menschen –, daß er vor sich selbst kaum rechtfertigen konnte, sie zu töten. Für eine Expedition mit Zaphiro schaffte er es, die Genehmigung zum Abschuß eines Nashorns zu bekommen, obwohl Nashörner schon als vom Aussterben bedrohte Tierart geschützt wurden. Als er dann ein Nashorn vor sich hatte, legte Lindbergh das Gewehr beiseite, statt abzudrücken.

Bei späteren Besuchen in Ostafrika (mindestens ein halbes Dutzend im Laufe des Jahrzehnts) trug er weder eine Waffe noch eine Kamera bei sich. Charles, der früher begeistert fotografiert hatte, war zu dem Schluß gekommen, daß seine Tasche mit der schweren Fotoausrüstung nur ein weiteres Beispiel für das unnötige Gepäck der Zivilisation war und er besser ohne sie auskäme. Statt dessen erkundete er die Landschaft von der Straße aus und aus der Luft und landete einmal mit einem geliehenen Flugzeug in der Olduvai-Schlucht, weil er dem Camp der Anthropologin Mary Leakey einen Überraschungsbesuch abstatten wollte.

Der nächste Schritt – vom Tierliebhaber zum Umweltschutzaktivisten – war keineswegs naheliegend. In dieser Zeit arbeitete Lindbergh gelegentlich als Berater der NASA in weltraummedizinischen Fragen. Er war Mitglied eines technischen Komitees bei Pan-Am, das mit den Konstrukteuren des SST (eines Überschalltransporters) zusammenarbeitete, und widmete noch immer einen Großteil seiner Zeit der Air Force. Seit seinen Erfahrungen mit der antiinterventionistischen Kampagne mißtraute er allem, was radikal wirkte, und weigerte sich, irgendeiner Sache seinen Namen zur Verfügung zu stellen. Wie Lindbergh es selbst sagte, fiel die Entscheidung, öffentlich für die Umwelt Stellung zu beziehen, eher beiläufig. Ende 1964 oder Anfang 1965 las er in der *New York Times* von der Bildung einer amerikanischen Abteilung des in Genf ansässigen World Wildlife Fund. Er rief den Vorsitzenden Ira Gabrielson an, um ihm seine Dienste anzubieten. Nach Aussage einiger WWF-Leute wurde die Mitarbeit der Lindberghs hauptsächlich von Anne initiiert. Der Kauf von »L'Argonaute«, einem Chalet mit Blick auf den Genfer See, ging auf Annes Konto, und sie hatte in der Schweiz zahlreiche Bekannte. Außerdem ist belegt, daß sie im stillen schon einige Jahre für die Sache der Umwelt spendete, und sie ermutigte ihren Mann, sich zu engagieren, in der Hoffnung, daß diese Arbeit zur Rettung bedrohter Tiere seine Ziellosigkeit und Desillusionierung vertreiben würde. Charles Lindbergh selbst erklärte an anderer Stelle, seine Kinder hätten ihm klargemacht, daß der SST zu laut wäre, die obere Atmosphäre verschmutzen und außerdem keinem sinnvollen Zweck dienen würde. Wie dem auch sei: Mit ihrem neuen Umweltbewußtsein stießen die beiden Lindberghs auf Fakten, die ihren allgemeinen Pessimismus zu rechtfertigen schienen.

Das erste öffentliche Bekenntnis zu dieser Wandlung erschien 1964 im *Reader's Digest* unter dem Titel »Ist Zivilisation Fortschritt?« Das Wunder der Luftfahrt, schrieb Charles, ermögliche es ihm, am einen Tag in New York zu sein, um auf einer Vorstandssitzung die Entwicklung des neuen Überschalljets zu diskutieren, und am nächsten Tag im afrikanischen Busch zu kampieren. Der Preis für diese ungeheure Freiheit aber sei die Vernichtung natürlicher Schönheit durch Technologie: »Wo die Zivilisation am weitesten fortgeschritten ist, leben kaum noch Vögel. Inzwischen weiß ich: Wenn ich wählen müßte, hätte ich lieber Vögel als Flugzeuge.«

Wie immer waren Lindberghs Überzeugungen weniger extrem, als sie in gedrucktem Zustand klangen. Diese Wahl wollte er nicht treffen müssen, aber er glaubte, daß für die Entwicklung aufgeklärter Umweltpolitik entsprechende wissenschaftliche Arbeit nötig war. Das Argument, Umweltbewußtsein sei die letzte Zuflucht für Oberschicht-Misanthropen, ist oft genug angeführt worden, und sicher fand sich in der Haltung der Lindberghs mehr als nur ein Hauch davon. Annes gelegentliche Essays und Reden zum Thema zeigen eine snobistische Verachtung für Einkaufszentren. Charles schnaubte wütend: »Der Mensch ist die schmutzigste Kreatur auf Erden«, und seine erfolglose Kampagne gegen die Landerechte der französisch-britischen Concorde in den Vereinigten Staaten zeigte, daß der kratzbürstige Isolationist in ihm noch immer existierte. »Wieweit haben wir Kontrolle über unser eigenes Schicksal?« fragte er in einem Brief an die *New York Times*. »Müssen wir, nachdem wir beschlossen haben, den SST nicht einzusetzen, es unter dem Druck fremder Regierungen dennoch tun?«[3] Im großen und ganzen jedoch waren die Positionen, die Anne und er in Einzelfragen vertraten, moderat und vernünftig. Sie waren nie reine Gefühlsmenschen und hatten begriffen, daß das Überleben der wilden Tiere ein Gradmesser für den allgemeinen Zustand der Umwelt war.

Besonders Charles stellte klar, daß er nicht per se gegen Technologie und Wachstum eingestellt war, sondern nur gegen den übermäßigen Einsatz der Technologie. Die durchschnittliche Familienlimousine der frühen 60er Jahre, erklärte er gern, hatte einen stärkeren Motor als die *Spirit of St. Louis*. Mit der Wandlung zum Umweltschützer ging nach langen Jahren seine Rückkehr ins wissenschaftliche Labor einher. Einige Wissenschaftler vom Naval Research Institute in Bethesda, Maryland, wollten die Arbeit an der Perfusionspumpe fortsetzen, die Carrel und Lindbergh 1939 abgebrochen hatten. Charles fuhr zu einer Besprechung nach Bethesda und erklärte sich bereit, mit Dr. Theodore Malinin unter Verwendung moderner, synthetischer Materialien an einer größeren Pumpe zu arbeiten.

Malinin scheint anfangs skeptisch gewesen zu sein, war jedoch von Lindberghs Mitarbeit schon bald begeistert. Er hielt sich mit ihm 14 Stunden ununterbrochen im Labor auf, wobei sie sich von Unmengen Kentucky Fried Chicken ernährten. Die beiden Männer beschrieben den umgearbeiteten Apparat gemeinsam in einem Artikel für das Magazin *Crybiology,* und später wurde das Gerät von Corning Glass für Forschungsarbeiten in Serie hergestellt.

Die Liebe zur Natur war ein in der ganzen Lindbergh-Familie ausgeprägtes Gefühl. Mitte der 60er Jahre organisierte Charles, der seine Erfahrungen in Afrika gern mit seiner Familie teilen wollte, eine Safari für seine Frau und die Kinder Reeve, Jon und dessen Frau Barbara und Land mit dessen Frau Susan. Die Gruppe reiste per Landrover ohne Führer und suchte die schönsten Plätze auf, die Charles auf seiner Reise gefunden hatte.

Wenige Jahre später organisierte Jon, der Berufstaucher war, eine Fahrt zu den Walen vor der Baja California. Er und seine Eltern mieteten zusammen mit Land und Susan ein 12 Meter langes Fischerboot, um die Grauwale in Laguna San Ignacio zu beobachten. Als Jon in einen Taucheranzug stieg, weil er zwischen den Walen schwimmen wollte, bestand sein 67jähriger Vater darauf, mitzukommen. Erschrocken bemerkte Jon, daß ein kleiner Grauwal ihn verspielt immer wieder mit dem Kopf stieß. Das Baby amüsierte sich wundervoll, aber wie Jon sehr wohl wußte, kann eine ansonsten friedfertige Walmutter aggressiv werden, wenn sie glaubt, einer ihrer Sprößlinge werde bedroht. Als Jon zum Boot schwamm – mit seinem überfreundlichen Gefährten im Schlepptau – sah er die Grauwalmutter aus dem Wasser aufsteigen.

»Inzwischen«, schrieb Jon, »war mein Vater im Wasser und kam herüber, um an unserem Spaß teilzuhaben. Entsetzt sah ich, wie die Walmutter aus dem Wasser hervorbrach und er nicht mehr zu sehen war. Das mußte der Angriff gewesen sein! Ich sprang ins Boot, und wir rasten hinüber, um zu helfen. Als wir dort waren, hatten sich die Wale verzogen. Vater konnte nicht verstehen, was die ganze Aufregung sollte. Er war auf dem Rücken geschwommen und hatte die Walmutter nicht einmal gesehen.«

Die Reise zur Baja, während der es noch zu einigen wirklich beglückenden Begegnungen mit Grauwalen kam, beschrieb Jon in einem großen Artikel für das *Life*-Magazin. Hier schilderte er außerdem als einer der ersten die unheimlichen »Gesänge« der Buckelwale. Über die afrikanische Safari hatte Anne schon früher für *Life* geschrieben. In derselben Ausgabe findet sich außerdem ein Beitrag von Charles mit dem Titel »Die Weisheit der Wildnis«. In der Zwischenzeit wurde Charles 1966 von der »Nationalen Vereinigung für die Erhaltung der Natur« zur Konferenz der Internationalen Walfangkomission geschickt. Nach Ende der Konferenz besuchte Lindbergh den peruanischen Präsidenten Fernando Belaunde Terry, um den Schutz der Buckel- und Blauwale zu erwirken, die vor der Küste seines Landes gefangen wurden. Betroffen mußte Charles feststellen, daß eine der schuldigen Firmen ihren Sitz in Minnesota hatte und von einem Amerikaner schwedischer Abstammung geleitet wurde, der den Melroses und Lindberghs aus Little Falls einmal nahegestanden hatte. Sein persönlicher Appell an den Firmenchef bewirkte, daß der Betrieb das Harpunieren vom Aussterben bedrohter Wale aufgab.

Leider war das im *Life*-Magazin publizierte Porträt einer harmonischen Familie, die gemeinsam Pionierarbeit für den Ökotourismus leistete, nur unvollständig. Die jüngeren Kinder erinnerten sich nicht an die Zeit mit America First, und da zu Hause nie darüber gesprochen wurde, mußte jeder für sich allein unter eher unerfreulichen Umständen davon erfahren. Reeve war im ersten Semester in Radcliffe, als man ihr sagte, der Zimmergenosse einer ihrer Freunde hätte geäußert: »Na, Reeve würde ich ja noch kennenlernen wollen, aber keiner mich bringt dazu, ihrem Vater die Hand zu geben.« Sie hatte keine Ahnung, worauf sich diese Bemerkung bezog, vermutete aber, daß es etwas mit der distanzierten Haltung zu tun haben mußte, die sie bei bestimmten Erwachsenen zu spüren meinte. Ihre Nachforschungen brachten ans Licht, daß diese Leute ihren Vater für einen Antisemiten hielten. Für sie war das ein Schock, und sie war wütend, ohne zu wissen, auf wen sie nun wütend sein sollte. Nicht, daß sie die Beschuldigung glaubte – keine Sekunde. »Nichts von dem [was solche Leute glaubten] entsprach dem, wie *ich* meinen Vater sah«, erklärte sie später Julie Nixon Eisenhower (die dies sicher am allerbesten nachfühlen konnte), »so daß jede dieser Erfahrungen wie ein verrückter Alptraum war.«[4]

Die Kinder gingen der unangenehmen Situation aus dem Weg, indem sie jede Form von Öffentlichkeit mieden.

Die hübsche, schüchterne Anne Spencer Lindbergh, die Eva, der Halbschwester ihres Vaters, sehr ähnlich sah, heiratete 1963 in Paris Julien Feydy. Sie hatte ihn während ihres Studiums in Paris kennengelernt. Das Paar zog in das Château der Familie in Douzillac in der Dordogne. Erst 1976 kehrte Anne in die Vereinigten Staaten zurück. Inzwischen war ihre erste Ehe gescheitert, und mit ihrem zweiten Mann, dem polnisch-amerikanischen Komponisten Jerzy Sapieyevski, erwarb sie ein Haus in Georgetown in Washington, D. C. Ohne große Ambitionen schrieb Anne seit langem Gedichte, und Sapieyevski untermalte einige davon mit Musik. Er komponierte einen Liederzyklus unter dem Titel »Love Poems«, der seine Premiere in der Phillips Gallery hatte, und einen weiteren mit dem Titel »Nocturnes«, den man in der

National Gallery aufführte. Anne und Jerzy waren ein ungewöhnlich gutaussehendes Paar, »so verliebt, daß es ein Erlebnis war, mit ihnen im selben Raum zu sein«, erinnerte sich ein Freund, der nicht genannt werden möchte, »nur leider ist sie ein Wildfang.« Jedenfalls folgte eine weitere Scheidung, und 1988 heiratete Anne ihren dritten Mann, den Autor Noel Perrin, einen Englischprofessor in Dartmouth.

Reeve hatte inzwischen den Fotografen Richard Waldron Brown geheiratet und sich als Lehrerin in Vermont niedergelassen. Sie schrieb Kurzgeschichten und veröffentlichte einen Bildband mit Fotos ihres Mannes, aber ihre Karriere begann erst Ende der 80er Jahre, als inzwischen auch sie ein weiteres Mal verheiratet war, diesmal mit Nathaniel Tripp.

Scott – geboren 1942 – war das einzige Kind, das sich offen von seinem Vater distanzierte. Er hatte sich noch nie gut unterordnen können und zeigte keinerlei Interesse, dem unermüdlichen Kampfgeist seines Vaters nachzueifern. Nachdem er Amherst abgeschlossen hatte, ging er nach England, studierte Philosophie an der Universität von Cambridge und verlebte die Ferien in Europa auf Erkundungsreisen mit seinem verbeulten Volkswagen. Er fuhr gern schnell und schaffte sich (gegen alle Einwände seines Vaters) einen MG-Sportwagen und eine Dänische Dogge an, die sein ständiger Begleiter wurde. 1967 lernte Scott Alika Watteau kennen, eine belgische Filmschauspielerin, Malerin und passionierte Tierschützerin. Alika kämpfte gegen Tierversuche, Tierhandel und Zoos und besaß zwei Affen, die sie vor ihren Besitzern gerettet hatte, weil diese mit den Tieren nicht fertig wurden. Nachdem Scott und sie 1968 geheiratet hatten, wuchs die Zahl ihrer Schützlinge ständig.

1971 zog Scott mit seiner Frau in die Dordogne bei Bergerac auf ein Landgut aus dem 17. Jahrhundert, das sie in ein Zentrum für Primaten umwandelten.

Die Affen zu halten war eine teure Angelegenheit, und die

unorthodoxen Methoden der Lindberghs, fehlende Referenzen und Ausbildungsnachweise verhinderten, daß sie mit Spendenmitteln unterstützt wurden. Ein Journalist, der das Landgut in den 70er Jahren besuchte, bemerkte, daß die Affen in komfortablen, genau temperierten Quartieren lebten, während Scott und seine Frau in zwei unbeheizten Zimmern froren. Über dem Kaminsims im Wohnzimmer hing ein Bild, das Alika gemalt hatte. Es zeigte Scott als St. Hubertus, den Heiligen der Jagd, der der Legende nach ins Kloster ging, nachdem er einen Hirschen mit einem Kruzifix im Geweih gesehen hatte.

Anne Morrow Lindberghs zweiter Roman, der 1962 veröffentlicht wurde, zeigt, daß sie eine Scheidung von Charles ernsthaft erwogen hatte. *Dearly Beloved (Halte das Herz fest)* war Fiktion, aber der Ablauf und Inhalt des Romans war – wie die Kritikerin Elise Mayer bemerkte – nie mehr als ein »dünner Schleier«, der Fakten verhüllte, die offensichtlich sehr persönlicher Natur waren. Der Autorin am ähnlichsten ist die Romanfigur Deborah McNeil, eine zierliche, mädchenhafte Hausfrau, die mit aller Kraft versucht, die perfekte Ehefrau, die perfekte Mutter zu sein. Ihr Mann John, den Deborahs Freundinnen allesamt für eine ausgesprochen gute Partie halten, ist ein kaltherziger, hyperkritischer Mensch, der Fehler weder bei ihr noch bei sich selbst akzeptieren kann. Er überfordert seine Söhne und verzieht seine Töchter. Als ihr ältestes Kind heiratet, wird Deborah klar, daß John ihr so fremd ist wie an ihrem Hochzeitstag. Eine weitere weibliche Figur – Beatrice – läßt sich von einem Zeitungskorrespondenten scheiden, der sein Zuhause lediglich als einen Ort benutzt, an dem er sich zwischen seinen Reportagen verkriechen kann. (»Manchmal argwöhnte sie fast, er erfände die auswärtigen Krisen oder stöbere sie auf, um einen Grund zur Abreise zu haben.«) Eine dritte Frau – Frances –

läßt sich nicht so leicht mit der Autorin in Verbindung bringen, da sie mit einem Alkoholiker verheiratet ist. Sie erinnert sich, daß sie zum erstenmal kurz nach der Hochzeit an eine Scheidung gedacht hatte, ihre Mutter aber nicht enttäuschen wollte. Jahre später (»Mutter war inzwischen tot«) hat Frances eine Affäre, aber als sie ihrem Liebhaber vorschlägt, daß beide sich von ihren Partnern trennen und heiraten sollen, läßt er sie abblitzen: »Ach, mein Liebes, du wirst doch nicht einen Lebensinhalt daraus machen wollen?«[5]

Dearly Beloved war gehaltvoller, kunstfertiger als *Steep Ascent (Die Gefährtin)*, aber es war eine Geschichte, in der, wie ein Kritiker beklagte, »nichts passiert«, und der Ausblick auf das Eheleben war den meisten Lesern zu pessimistisch. Wahre Liebe, selbst wahrer Austausch, sind schwer faßbar, deutet die Autorin an, aber die Institution sei trotzdem erhaltenswert, weil sie zumindest die Möglichkeit darstellte, wahre Liebe dennoch zu finden. Anne hatte Trost in Rilkes Worten gefunden: »Es fällt niemandem ein, von einem einzelnen zu verlangen, daß er ›glücklich‹ sei, – heiratet aber einer, so ist man sehr erstaunt, wenn er es *nicht* ist! ... vielmehr ist die gute Ehe die, in welcher jeder den anderen zum Wächter seiner Einsamkeit bestellt.«

Möglicherweise stellt diese Philosophie die beste Form der Ehe dar, die sich zwei zutiefst introvertierte Menschen erhoffen können. Andererseits kann man sie auch als Aufforderung nehmen, eine »perfekte« Gattin zu werden, die alles erträgt, und es finden sich Hinweise darauf, daß Anne für ihre Haltung einen körperlichen Preis zahlte. Sie gehörte zu den ersten einer Reihe von Patienten, bei denen man eine schmerzhafte Krankheit diagnostizierte, die durch die dauernde Anspannung der Unterkiefermuskulatur hervorgerufen wird. Obwohl sie inzwischen als weit verbreitet gilt, sind verschiedene Spezialisten der Ansicht, daß dieser Zustand unter wohlhabenden und gebildeten verheirateten Frauen auffällig häufig zu finden ist. Anne engagierte sich am Smith College, und ehemalige Studentinnen haben sie als warmherzige und liebenswürdige Person in Erinnerung, deren Fähigkeit zu genauer Beobachtung sie zu einer anregenden Gesprächspartnerin machte. Dennoch fragten sie manche Bekannte, ob ihre Suche nach Einsamkeit, die bald zu regelmäßigen Aufenthalten in einem Benediktinerkloster führte, sie nicht von der Welt entfremdete.

1963, als ihre jüngste Tochter nach Radcliffe kam, schraubten Anne und Charles ihr Familienleben auf ein Minimum zurück und folgten einem alltäglichen Lebensablauf, der ihren gegensätzlichen Interessen zu entsprechen schien. Sie verkauften Scott's Cove und zogen in ein sehr viel bescheideneres Haus, das nur einige hundert Meter entfernt lag. Viele wertvolle antike Möbel, die sie von Annes Mutter geerbt hatten, wurden verkauft oder eingelagert. Im Wohnzimmer des neuen Hauses fielen zwei Stilleben von de Vlaminck ins Auge, die sie vor dem Krieg in Paris gekauft hatten. Ansonsten war es spartanisch eingerichtet.

Neben Annes Chalet mit Blick über den Genfer See hatten die Lindberghs ein Haus auf Maui erworben. Es handelte sich eher um ein Cottage, in dem bis auf die nötigste Ausstattung jeder Komfort fehlte, aber es bot einen atemberaubenden Blick auf den Pazifik. Außerdem grenzte es an den Besitz von Sam Pryor, einem der Vizepräsidenten von Pan-Am, mit dem Charles jahrelang eng zusammengearbeitet hatte. Normalerweise verlebten sie den Frühling und den Herbst in Connecticut, den Sommer in der Schweiz – wo Anne am liebsten war – und zwei Wintermonate auf Maui, was Charles vorzog.

Gelegentlich erschienen die Lindberghs auch bei offiziellen Anlässen gemeinsam. Charles war ein großer Bewunderer John F. Kennedys und seiner Politik, und Anne und er, die gesellschaftliche Einladungen normalerweise ausschlugen, erschienen auf dem Staatsempfang, zu dem der Präsident und die First Lady im Mai 1962 zu Ehren von André Malraux geladen hatten. Sie fuhren nach Cape Kennedy, um sich Starts von Apolloraketen anzusehen, und nahmen 1968 an einem weiteren Staatsempfang zu Ehren der Astronauten teil.

Aber wenn Anne jemals gehofft hatte, die Arbeit für den Erhalt der Umwelt würde ihrem Mann seine Rastlosigkeit nehmen, sollte sie enttäuscht werden. Gegen Ende der 60er Jahre, als Charles die Aktivitäten im Dienste von Pan-Am und Armee einschränkte, nahm sein ökologisches Engagement rapide zu. Keine der zahlreichen Organisationen, mit denen er zu tun hatte, stand ihm näher als der in Genf ansässige World Wildlife Fund. Lindbergh schloß sich dem »Komitee der 100« im WWF an, einem Gremium international bekannter Personen – darunter Prinz Bernhard der Niederlande und Prinz Charles von Großbritannien –, die zur Rettung bedrohter Arten und Lebensräume Einfluß auf Staatsoberhäupter nehmen. Seltsamerweise machte Lindberghs Ruf als Beinah-Einsiedler und streitbarer Charakter ihn in dieser Rolle besonders wirkungsvoll. VIPs, die genug davon hatten, die ständig gleichen berühmten Gesichter zu sehen, waren neugierig auf Lindbergh und beeindruckt, wenn sie mit der charmanten Persönlichkeit und dem erstaunlichen Verhandlungsgeschick konfrontiert wurden, das Lindbergh an den Tag legen konnte, wenn er jemanden für seine Vorstellungen gewinnen wollte.[6]

In dieser Zeit begann Lindbergh auch, seine Aktivitäten auf Asien und den Südpazifik zu konzentrieren. Dies hatte seinen Grund zum Teil in seiner Freundschaft zu dem britischen Anthropologen Tom Harrisson, der durch seine Aktion, auf Borneo Katzen per Fallschirm auszusetzen, Aufsehen erregt hatte. Auf Harrissons Vorschlag hin flog Lindbergh nach Indonesien, weil er Präsident Sukarno dazu bringen wollte, das javanesische Nashorn schützen zu lassen, und überredete Ferdinand Marcos, spezielle Reservate für den

Tamarau, einen wilden Büffel auf der Insel Mindoro, und den vom Aussterben bedrohten, affenfressenden Adler einzurichten. Für Marcos war die Einrichtung eines Tamaru-Reservats in erster Linie eine Prestigefrage. Was Harrisson erstaunte, war die Tatsache, daß Lindbergh bereit war, sich an der körperlich anstrengenden und zeitraubenden Aufgabe zu beteiligen, per Hubschrauber auf Mindoro herumzureisen und den Menschen das Konzept der Arterhaltung zu vermitteln. »Es bedeutete, daß man in jedem Dorf aus dem Hubschrauber springen, der Menge zuwinken, Reden halten und alle möglichen langweiligen Zeremonien mitmachen mußte... Lindbergh nahm das alles nicht nur auf sich, sondern machte sogar einen absolut zufriedenen Eindruck.«[7]

Zum erstenmal seit 1941 war er sogar bereit, vor der Öffentlichkeit zu sprechen. Lowell Thomas jr. unterstützte 1968 eine Gesetzesvorlage zur Aufhebung von Abschußprämien für Wölfe in Alaska. Er fragte Sam Pryor, seinen Schwiegervater, ob sich Lindbergh wohl im Sinne dieser Vorlage äußern würde. Zu Pryors Überraschung stimmte Charles nicht nur zu, sondern war sogar bereit, seine Pläne komplett umzustoßen und auf direktem Weg nach Anchorage zu fliegen. Wenige Tage später sprach er vor einer eilig einberufenen Versammlung der Legislative. Er erinnerte die gesetzgebende Versammlung daran, daß Alaska einer der letzten unberührten Orte der Erde sei und es von ihrer Verwaltung abhinge, ob dies so bliebe. »Ich war schon damals der Ansicht, daß Lindberghs Rede den Wendepunkt im Denken der meisten Bewohner Alaskas gebracht hat«, sagte Thomas später.[8]

Lindbergh bekam bei dieser Gelegenheit nicht viel von der Wildnis Alaskas zu sehen, aber kaum ein Jahr später kehrte er zurück und erkundete gemeinsam mit Thomas die Halbinsel Kenai in dessen einmotorigem Wasserflugzeug. Seit langem schon nahm Alaska einen besonderen Platz in Charles' Phantasie ein.

Wegen seiner Bereitschaft, spontan auf Reisen zu gehen, die er kaum vergnüglich finden konnte, war er der Traum eines jeden Organisators. Als John Paul Getty beschloß, einen Preis für den Artenschutz zu stiften, rief Frank Kellogg an und fragte, ob Lindbergh zu der Bekanntgabe nach London fliegen könne, da man sich von diesem Ereignis wichtige Publicity für den WWF erhoffte.

»Ich wollte gerade nach Maui, wo ich lieber bin als sonstwo auf der Welt«, sagte Lindbergh. »Mein Wagen steht schon in der Auffahrt. Aber wenn Sie mich brauchen, komme ich.«

»Es werden Fotografen da sein«, warnte Kellogg. »Es könnte sein, daß es kein reines Vergnügen für Sie wird.«

»Ich fahre unter einer Bedingung. Kein Fernsehen. Wie viele Fotografen da sind, ist mir egal.«

Am Ende entstanden bei dieser Gelegenheit so viele Fotos und Zeitungsartikel, daß sich damit zwei große Notizbücher füllen ließen. Diese überreichte man Getty, für den Lindbergh nach wie vor der Kolumbus der Lüfte war, eine entscheidende Figur der Weltgeschichte. »Wenn ich niedergeschlagen bin, nehme ich mir diese Bücher und blättere darin herum«, gestand er später.

Auch Lindbergh genoß es, mit Getty zu verkehren. Ein Teil seines Wesens ließ sich von Rang, Titel und Reichtum beeindrucken, und er war stolz auf seine Verbindung zu anderen WWF-Sponsoren wie Prinz Bernhard. Gleichzeitig jedoch war ihm zuwider, daß sich auch der Rest der Welt von Äußerlichkeiten beeindrucken ließ. Auf Reisen kleidete sich Lindbergh wie ein etwas heruntergekommener College-Professor mit Nylonhemden und etwas abgetragenen bügelfreien Anzügen. In seiner Leinentasche (der Mann, der den ersten Gepäckdienst von Küste zu Küste eingerichtet hatte, behielt seine Tasche immer bei sich) war Schuhputzzeug für seine robusten Armeestiefel. Aus Gründen der Raumersparnis waren im Innenfutter seines Mantels übergroße Taschen eingenäht. Diese, prahlte er, seien groß genug für ein Paar Ersatzhosen, ein Safarihemd oder sogar einen Smoking! Obwohl er als ein Direktor der Pan-Am Anspruch auf die Erste Klasse hatte, mied er die Clipper Club Lounges und ließ sich in den Passagierlisten unter Pseudonym ganz normal eintragen – oft einfach als August Lindbergh.

Seltsamerweise zeigte sich Lindbergh, der höchst unflexibel war, wenn es um Ideen und Gefühle ging, unendlich anpassungsfähig, was Reisen betraf. Am liebsten aß er Fleisch mit Kartoffeln, danach Schokoladenkuchen. In Städten suchte er die chinesischen Restaurants, gab sich aber ohne weiteres auch mit einem Schnellrestaurant zufrieden. Unterwegs genoß er die lokale Küche, und gab es rohen Fisch oder exotische Zutaten, war ihm das nur recht. Anne, die noch nie viel gegessen hatte, ernährte sich von Joghurt, Früchten und ähnlich gesunden Lebensmitteln, und man kann wohl davon ausgehen, daß auch Charles sich mäßigte, wenn er zu Hause war.

Daß sich dieser 1,88 Meter große Mann, der nie im Leben Sport getrieben hatte, rund um den Erdball futtern konnte und dabei fit und tatkräftig blieb, versetzte andere Männer seines Alters, und selbst jüngere, in Erstaunen. Im Dschungel ernährte er sich oft von dem, was die Natur zu bieten hatte. »Er aß Wildschwein, pflückte Früchte von den Bäumen und schien sich um brackiges Wasser keine Gedanken zu machen«, erinnerte sich Tom Harrisson einige Jahre nach ihrer gemeinsamen Tour auf Mindoro und fügte hinzu, Lindbergh konnte sich »überall im Dschungel hinhauen, auf dem Boden eines Flugzeugs, in einer Hütte voller Käfer, und schlief sofort ein.«[9]

Lindbergh zog es vor, auf dem Boden zu schlafen, selbst wenn andere Möglichkeiten zur Verfügung standen. 1971 wollte er bei einem Besuch der Lindbergh Historical Site in Little Falls die Nacht gern im Haus seiner Kindheit verbringen. Der Aufseher erklärte, die Betten in dem restaurierten Haus seien nicht gemacht, aber er wolle dafür sorgen, daß man ihm Laken und Decken bringe. »Sparen Sie sich die Mühe«, erwiderte Lindbergh. »Ich werde mich hier einfach auf dem Küchenfußboden ausstrecken.« Was er dann auch tat.

Diese Spontaneität vermittelte Charles zwar das Gefühl, jung zu sein, war jedoch für den Rest der Familie nicht immer leicht zu ertragen. Da er weder gern telefonierte noch gern Briefe schrieb, wußten »Mutter« (wie er Anne nannte) und die Kinder oft nicht, wo er war. Einmal – höchstwahrscheinlich, als er zu Getty nach London flog – erwartete Anne ihn auf Maui und hörte fast einen Monat lang nichts von ihm. Für sie war das nicht sonderlich angenehm, zumal das Cottage lediglich Charles' ganz persönliche Vorstellung von einem Paradies war. In den groben Mauern aus Lavasteinen tummelte sich eine ganze Reihe kriechender und zappelnder Lebensformen, darunter Eidechsen und Ratten. Der nächste Laden war 18 Kilometer weit entfernt und nur mit dem Jeep zu erreichen. Diese Unzuverlässigkeit konnte Anne weder beunruhigen noch verärgern. »Du kennst doch Charles. Wenn er da ist, ist er da«, erklärte sie einem Bekannten.

Trotz seiner Arbeit für Umweltschutzorganisationen hatte Lindbergh die Suche nach einer Gesellschaft, in der er sein Freiheitsideal verwirklicht sah, nie aufgegeben. Gegen Ende des Jahrzehnts brachte er beides zusammen, indem er als Direktor einer philippinischen Stiftung mit Namen PANAMIN (Private Association for National Minorities) aktiv wurde. Lindbergh mochte die Philippinen, und der Gründer von PANAMIN, der Filipino Manuel Elizalde jr., war ganz nach seinem Geschmack. Dieser hatte eine Ausbildung in Harvard genossen und war der Sproß einer der reichsten Familien der Inseln. Manda, wie er genannt wurde, war außerdem ein trinkfreudiger Playboy, der sich für Stammesvölker interessierte, seit er ein Hausboot für medizinische Dienste gespendet hatte. Was als Hobby eines reichen Mannes begann, hatte Elizaldes Leben Stück für Stück eingenommen, und als Lindbergh ihn kennenlernte, hatte Elizalde dem Alkohol abgeschworen, mehr als 50 Waisen adoptiert und arbeitete daran, ein Reservat für die Tboli, einen großen Stamm auf Mindanao, zu organisieren.

Naturvölker vor dem Aussterben zu schützen genoß im Ausland hohes Ansehen, war auf den Philippinen jedoch sehr umstritten, da die Bevölkerungsexplosion einen heftigen Wettbewerb um Land und Energiequellen nach sich zog. Als man begann, den Dschungel zunehmend landwirtschaftlich zu nutzen, kam es häufig zu blutigen Auseinandersetzungen zwischen Bauern und Stammesangehörigen, denen man Viehdiebstahl und andere Verbrechen zur Last legte. PANAMINs vordringliche Aufgabe war es erstens, Bauern und Dorfbewohner dazu zu bringen, daß sie das Reservat akzeptierten und zweitens Räte zur Beilegung von Konflikten zu bilden. 1969 und noch einmal 1970 besuchte Lindbergh das Reservat, lernte nicht nur die Tboli selbst kennen, sondern begrüßte die Bürgermeister, nahm an Dorfzeremonien teil und posierte für Fotos sogar mit einem bäuerlichen Kegelhut.

Angesichts der politischen Situation auf den Philippinen standen viele Filipinos Elizaldes Motiven als Held der Minderheiten ausgesprochen mißtrauisch gegenüber. Manche vermuteten, das Reservat sei eigentlich nur Tarnung, weil er sich wertvolle Rechte an Holzbeständen und Mineralienvorkommen sichern wolle. Andere sahen darin – zweifellos ebenso gerechtfertigt – einen Plan zum Aufbau einer politischen Basis innerhalb der Stämme, entweder für Manda selbst oder als Agent für Marcos. Als bekannt wurde, daß Elizalde den Eingeborenen Waffen übergeben hatte – angeblich zur Selbstverteidigung –, nahmen die Gerüchte zu. Man sagte, einer der Dorfbürgermeister habe Geld auf Elizaldes Kopf ausgesetzt. Verständlicherweise heizte Elizaldes enges Verhältnis zu Charles Lindbergh, dem Brigadegeneral der Reserve, der bekanntermaßen Spezialprojekte für verschiedene Abteilungen des amerikanischen Militärs geleitet hatte, die Gerüchteküche zusätzlich an. Während seiner Reise auf Mindanao im Frühjahr 1970 wurde Lindbergh von Alden Whitman begleitet, der an einem Artikel über Lindberghs Umweltaktivitäten arbeitete. Gleichzeitig machte der Fotograf Edgar Needham heimlich Notizen für einen nicht autorisierten Bericht, der später im *Esquire* erscheinen sollte.

Obwohl Needham andeutete, Lindbergh reise in geheimer Mission für den Aufbau von CIA-Basen zur Rebellenbekämpfung, nahm selbst er solche Spekulationen nicht ernst. Sein Porträt zeigt Lindbergh nicht so sehr als »häßlichen Amerikaner«, sondern als Wichtigtuer, einen »Bauernlümmel aus dem Mittleren Westen«, der seine Cowboy-und-Indianer-Phantasien auslebte, mit einer Maschinenpistole bewaffnet durch den Busch stapfte und versuchte, die Eingeborenen zu beeindrucken, indem er ihnen Tricks zeigte, wie man Kokosnüsse knackte. Alden Whitman war – nach Needhams Worten – mit einem Revolver bewaffnet, der ihm in den unpassendsten Momenten aus der Hosentasche rutschte.

Nachdem er Lindbergh als rechtslastigen Idioten dargestellt hatte, zitierte Needham zum Beweis langatmige Passagen aus Gesprächen. Als er den General nach einem Bad im Meer antraf, bemerkte Needham: »Sie sind aber schnell wieder getrocknet«, woraufhin Lindbergh antwortete: »Ich werde nie besonders naß, wenn ich ins Wasser gehe.« Später, auf die Frage hin, was er von den Studentenprotesten in Amerika halte, sagte Lindbergh:

Ich werde von dieser Art Bewegung weiter nach rechts gedrängt, als mir lieb ist. Die Linke schiebt mich ständig nach rechts, und die Rechte schiebt mich nach links. Jetzt bin ich rechts von der Mitte und wegen der Studentenbewegung weiter rechts, als ich sein möchte. Und wenn ich auf Long Island ausgehe und einige von diesen Restaurants sehe, von denen Sie sprechen [Whitman und ich hatten uns über die Preise der Lokale in Manhattan unterhalten], drängt mich das wiederum nach links. Auf Long Island könnte ich ohne weiteres Kommunist werden, wenn ich nicht allzuviel Kontakt zum Kommunismus hätte.

Einige Tage später, nach einem Aufenthalt bei den Agta, einer Negrito-Minderheit, sagte Lindbergh: »Wissen Sie, wenn ich mir eine Hautfarbe aussuchen könnte, würde ich braun wählen, denn es ist die schönste Farbe für Haut.« Dies drängte Needham zu der Frage: »Wie weit entfernt von Ihnen wohnt der nächste schwarze Nachbar? ... Glauben Sie wirklich, Sie könnten Ihr Haus behalten, wenn Sie braun wären?«

Needham, der sich alle Mühe gab, dem damals modernen, radikalen Chic zu entsprechen, war sicher kein objektiver Beobachter. Elizaldes Frau beispielsweise fand er unmöglich, weil sie ihren Lidschatten zu dick auftrug und gern Cheez Doodles (Chips-ähnliches Knabbergebäck, A. d. Ü.) aß. Unter amerikanischen Journalisten in Asien war wohlbekannt, daß Lindbergh 1967 in Vietnam gewesen war und es ihm dort nicht gefallen hatte. Das kann kaum überraschen, denn von jeher war er der Ansicht gewesen, die Vereinigten Staaten sollten sich aus imperialistischen Abenteuern heraushalten. Umgekehrt konnte man Lindbergh kaum einen Vorwurf machen, weil er als Kriegsgegner nicht vor die Öffentlichkeit treten wollte. Trotzdem fand Needham großen Spaß daran, Lindbergh zu provozieren, der Vietnam als »schlechtes Schlachtfeld, schlecht gewählt« bezeichnete und dann einen Rückzieher machte und sagte: »Ich glaube nicht, daß wir uns zurückziehen können... Aber da ich nicht die Verantwortung trage, kein Spezialist auf dem Gebiet bin, zögere ich, wie gesagt, eine feste Meinung zu äußern... Für mich ist Saigon die deprimierendste besetzte Stadt, die ich je gesehen habe.«[10]

Zwei Jahrzehnte später klingen viele der Aussagen, die Needham als Beispiele für Lindberghs Einfältigkeit zitiert, nicht so dumm wie Needhams liberale Pose. Selbst die Bemerkung »Ich werde nie besonders naß, wenn ich ins Wasser gehe« ist eigentlich eine schlagfertige Antwort auf eine alberne Frage. Ebensowenig, so stellt sich heraus, kam Lindberghs Bemerkung zu brauner Haut wirklich spontan. »Der Kerl hat mich dauernd gefragt, welche Hautfarbe ich am liebsten mag«, beklagte er sich später. »Mir war klar, daß jede Antwort falsch wäre. Ich wußte einfach nicht, was ich sagen sollte.«[11]

Needham stellte es als kindische Provokation dar, daß Elizalde darauf bestand, die Männer der Reisegruppe zu bewaffnen. Manda dagegen kannte das Risiko, eine Gegend zu bereisen, in der Schießereien an der Tagesordnung waren und man bekanntermaßen 10 000 Dollar Kopfgeld auf ihn ausgesetzt hatte. Die Gefahr wurde bei einem Zwischenfall deutlich, als die PANAMIN-Gruppe von einer Hochzeit in der Nähe von Cotabuto City ins Reservat zurückkehrte. Die Delegation war auf zwei Busse verteilt. Im ersten saßen Elizalde, seine Frau, Lindbergh und mehrere Journalisten. Die meisten der Männer waren bewaffnet, Lindbergh mit einer Schweizer 9-mm-HK-Maschinenpistole.

»Als wir durch Surallah kamen«, schrieb Lindbergh später, »fiel uns auf, daß es in den Straßen ungewöhnlich ruhig war. Ein paar Meilen weiter kamen wir in ein Dorf und sahen vor uns einen Lastwagen, der die Straße blockierte. Es war stockfinstere Nacht. Als wir kurz vor dem Lastwagen hielten, sahen wir zu beiden Seiten der Straße die Umrisse bewaffneter Männer, und wir hörten das Knacken der Bolzen hinter den Gestalten, die da zu erkennen waren... die Lage war gespannt, und beide Parteien hatten die Finger am Abzug.«[12]

Die Situation fand ein Ende, als ein uniformierter Beamter der philippinischen Polizei mit schußbereiter M-14 aus dem Bus stieg. Der Lastwagen setzte langsam zurück, und der PANAMIN-Bus durfte weiterfahren.

Elizalde gab die Geschichte sofort an die Presse weiter und meldete, Lindbergh und die anderen seien auf einer einsamen Straße einem »Hinterhalt« entkommen. Lindbergh bezeichnete die Begegnung treffender als »Machtdemonstration« des Bürgermeisters von Surallah, der mit der PANAMIN im Streit lag. Zwar ging man das Risiko ein, daß die Konfrontation eskalierte, aber offenbar wollte man Elizalde nur eine Warnung zukommen lassen. Dennoch korrigierte Lindbergh die Meldung nicht. Am Ende der Reise stimmte er sogar einem von PANAMIN-Leuten verfaßten Dokument zu, das der Presse unter dem Titel »Lindberghs Erklärung« übergeben wurde.

Needhams Artikel im *Esquire* unter dem spöttischen Titel »Reisen mit Charlie« war überzogen, aber man muß zugeben, daß Lindbergh so etwas herausgefordert hatte. Seine Angewohnheit, laut zu denken, ganz zu schweigen von seinem Hang, anderen das Denken zu überlassen, machte ihn zum leichten Opfer für journalistische und reale Fallen. Zwar mögen PANAMINs Ziele achtbar gewesen sein, aber trotzdem hätten sich die meisten Persönlichkeiten von internationalem Rang nur zögerlich so weit mit einer höchst umstrittenen Operation identifiziert, die von den Launen eines einzelnen Mannes abhängig war.

John Nance, der Chef von Associated Press auf den Philippinen, traf Lindbergh das erste Mal in Manila kurz nach dem Zwischenfall von Cotabuto. Wie Needham verwirrten auch ihn gelegentlich Lindberghs assoziative Monologe. Allerdings erlebte er – wie Tom Harrisson und andere Aktivisten, die bei verschiedenen Projekten mit Charles gearbeitet hatten – auch die positive Seite seiner Verbindung zu PANAMIN. Da Lindbergh nicht nur ein Prominenter auf der Durchreise war, arbeitete er sich stundenlang in die Probleme ein und gab Elizalde Ratschläge für Verhandlungen mit internationalen Organisationen. »Das war keine Show. Er ist hingefahren und hat gearbeitet«, sagt Nance. Nach Nances Aussage war sich Lindbergh der Fragen sehr wohl bewußt, die man sich in Manila und andernorts zu Elizaldes Motiven stellte, aber er mochte Elizalde, weil er »missionarischen Eifer« an den Tag legte ohne das oft damit einhergehende »missionarische Dogma«.

Mit 70 Jahren hatte Charles Lindbergh nur noch wenig Ähnlichkeit mit dem lachenden Lindy, den die Öffentlichkeit kannte, und viele Bekannte hielten seine Vorsichtsmaßnahmen, auf Flughäfen und Straßen nicht erkannt zu werden, für leicht paranoid. Dennoch wurde er erstaunlich oft entdeckt. Nance erinnerte sich, wie er mit Lindbergh das Hotel in Davos City betrat, so dreckig und zerlumpt von einer Reise ins Landesinnere, daß selbst ihre Freunde sie nicht leicht erkannt hätten. Kaum standen sie an der Rezeption, da steuerte ein etwas älterer amerikanischer Tourist zielstrebig auf Lindbergh zu.

»Sagen Sie, sind Sie nicht Charles Lindbergh?«

»Ja, der bin ich. Und wer sind *Sie?*«

Die folgenden zehn Minuten befragte Lindbergh den Fremden freundlich zu seiner Familie, seinem Zuhause und seinen Erfahrungen auf den Philippinen. Schließlich jedoch konnte er nicht verhindern, daß der Mann eine langatmige Anekdote zum Besten gab: »Ich erinnere mich noch genau daran, was ich getan habe, als ich hörte, daß Sie es nach Le Bourget geschafft hatten. Ich war in der Küche, und meine Mutter machte Pfannkuchen. Und sie sagte ...«

»Die Menschen wollen mir immer unbedingt erzählen, was sie an diesem Tag gemacht haben, bis hin zu den Gesprächen«, erklärte Lindbergh später lachend. »Und Sie kämen nicht im *Traum* darauf, was manche gerade getan haben!«

Lindbergh schien dieses Gespräch zu genießen, und an anderer Stelle sagte er, an solchen Begegnungen mißfiele ihm eigentlich nur, daß so viele Leute – besonders aus der »besseren Gesellschaft« – ihn um Gefallen bitten würden. Da gab es Interessen zu vertreten, Reden zu halten und so weiter. Er hatte nicht die Absicht, diese Wünsche zu erfüllen, aber es war ihm unangenehm, sie zurückzuweisen.

»Lindbergh reist, weil er davor flieht, Lindbergh zu sein«, sagte Elizalde.

Im Frühjahr 1971 wurden auf den Philippinen dramatische Neuigkeiten bekannt, mit denen für Charles Lindbergh das letzte Kapitel seiner Suche nach dem verlorenen Paradies beginnen sollte. Mitglieder des Stammes der Blit waren – nachdem die Siedler immer näher gekommen und sie tiefer in die Wälder zurückgedrängt hatten – auf einen kleinen Stamm von Waldbewohnern gestoßen, die weder Reis noch Taro oder Tabak kannten. Die kleine Schar – nicht mehr als 25 Personen – lebte in Höhlen und ernährte sich von Früchten, Wurzeln und Kaulquappen. Sie kannten keine Waffen, kein Metall, und in ihrer Sprache gab es keine Worte für »Krieg« oder »Feind«. Die Tasaday, wie sie sich selbst nannten, waren möglicherweise die letzte noch lebende Steinzeitkultur auf der Erde.

Einige Monate später flog Lindbergh von New York aus auf die Philippinen, um an der ersten Expedition zu den abgelegenen Waldhöhlen der Tasaday teilzunehmen. Die Gruppe bestand aus acht Personen, darunter Elizalde, ein Redakteur und ein Fotograf vom *National Geographic,* John Nance von Associated Press und zwei Anthropologen, einer davon Amerikaner, der andere Filipino. Bevor das Abenteuer begann, fand ein Treffen mit dem Bürgermeister von Surallah statt, und Lindbergh nahm seine Ernennung zum ehrenamtlichen Polizeichef des Dorfes an, um den Waffenstillstand zwischen dem Bürgermeister und der PANAMIN zu besiegeln. Der Bürgermeister gab lachend zu, er sei dabeigewesen, als der PANAMIN-Bus gestoppt worden war. Dann zeigte er, wo er gestanden hatte. Lindbergh verkniff sich die Bemerkung, daß seine Maschinenpistole auf eben diese Stelle gerichtet gewesen war, für den Fall, daß die Schießerei losgehen sollte.

Die Veröffentlichung eines Berichts der PANAMIN über die Tasaday von Dr. Robert Fox, dem bekannten amerikanischen Anthropologen und leitenden wissenschaftlichen Berater der Stiftung, hatte die akademische Welt längst in Aufruhr versetzt. Es gab Streit darum, wer die Tasaday studieren durfte und wie. Auch Lindbergh machte sich Sorgen darum, welche Folgen das Eindringen in eine wehrlose Kultur haben würde, aber die Tasaday nahmen bereits Kontakt zu anderen Stämmen auf, da diese ihre traditionellen Jagdreviere verließen.

Allein schon die PANAMIN-Gruppe in das Gebiet der Tasaday zu bringen war ein Problem. Ein Treck durch den Dschungel wäre lang und mühsam gewesen. Einen Landeplatz zu roden, der groß genug für einen Hubschrauber war, hielt man für einen allzu weitgehenden Eingriff in die Welt der Tasaday. Nach langer Debatte schickte man eine Vorhut der Tboli, die eine Landeplattform in die Baumwipfel bauen sollte. Lindbergh hielt diese Idee für zu riskant, und tatsächlich geriet die Plattform – fast 30 Meter über dem Boden und kaum größer als eine Tischtennisplatte – durch die Luftverwirbelung des Hubschraubers gefährlich ins Wanken. Als die Maschine zwei Meter über der Plattform schwebte, sprangen die Mitglieder der Expedition auf die schwankende, nicht allzu stabil wirkende Plattform, kletterten durch eine Falltür und stiegen an einer Strickleiter in den Dschungel hinab. Wie zu erwarten, waren die Tasaday wegen der vielen Fremden, die plötzlich in ihr Leben eindrangen, sehr aufgeregt, aber sie sahen Elizalde als fast gottähnliche Gestalt, zumal ihrem Stamm heiratsfähige Frauen fehlten und sie hofften, Elizalde könne einem von ihnen eine Braut aus einem der Nachbarstämme vermitteln. In den folgenden zwei Wochen kampierte die PANAMIN-Gruppe in einigem Abstand von den Höhlen der Tasaday und verbrachte nie mehr als drei Stunden täglich mit den Höhlenbewohnern.

Die Tasaday nannten Lindbergh »Kakay Shalo« (Freund Charles) und beehrten ihn mit einer Probe ihrer Lieblingsdelikatesse – einer Art brauner Made, die sie auf der Unterseite von moderndem Holz sammelten. Er warf sich das Geschenk in den Mund und brachte ein Lächeln zustande. »Gar nicht so schlecht«, stieß er hervor. »Wie eine Auster... eine sehr zähe Auster.«

In langen Diskussionen mit Nance und einem anderen Mitglied der Expedition, dem Anthropologen Carlos Fernandez, vertrat Lindbergh die Ansicht, die moderne Technologie mit ihren unersättlichen kommerziellen Ansprüchen und phantastischen Zerstörungsmöglichkeiten gefährde das Überleben der menschlichen Rasse. »Das Aufkommen des Intellekts fiel mit dem Niedergang des natürlichen Lebens zusammen«, erklärte er. Der Wandel sei erst sehr langsam vor sich gegangen, aber in letzter Zeit habe er sich so sehr beschleunigt, daß – graphisch dargestellt – eine Kurve über Ewigkeiten langsam und sanft ansteigen, dann aber in die Höhe schnellen würde. Der moderne Mensch habe einen Punkt erreicht, an dem die Kurve fast senkrecht zur Basislinie verlaufe, und bevor sie vollends senkrecht stehe, müsse sie sich biegen oder brechen.[13]

Bekümmert fügte Lindbergh hinzu, der erste Kontakt mit dem Ubud-Blit-Führer Dafal habe das paradiesische Leben der Gruppe für immer zerstört. »Er hat ihnen den Apfel gebracht, und sie haben hineingebissen. Daran besteht kein Zweifel. Jetzt gibt es kein Zurück mehr. Man kann sich nur größte Mühe geben, dafür zu sorgen, daß die Tasaday nicht ausgerottet werden, und verhindern, daß sie sich selbst ausrotten.«

Robert Fox hatte bereits den Vorschlag gemacht, man solle die Geschichte der Tasaday in zwei Perioden einteilen – v.D. für »vor Dafal« und n.D. für »nach Dafal«. Nachdem er Lindbergh gehört hatte, sagte Fernandez: »Ich denke, man könnte sagen, n.D. steht außerdem für ›nach dem Sündenfall‹.«[14]

Als es nach zwei Wochen für die Gruppe Zeit wurde, den Dschungel wieder zu verlassen, bekamen sie die Nachricht, der Hubschrauber der PANAMIN sei nicht funktionstüchtig. Da es zwei Wochen dauern sollte, bis aus Manila Ersatzteile kamen und die Expedition nicht ausreichend Proviant für einen längeren Aufenthalt mitführte, arrangierte ein Mitarbeiter der PANAMIN, daß die Clark Air Force Base einen Chinook-Helikopter schickte, der die Gruppe abholen sollte. Die Geschichte wurde von den internationalen Medien aufgegriffen: Die dramatischen Schlagzeilen meldeten, Charles Lindbergh sei von der U.S. Air Force aus dem Dschungel »gerettet« worden. Fünf Tage später, als Lindbergh schon in die Vereinigten Staaten abgereist war, unterzeichnete Präsident Marcos einen Erlaß, nach dem ein 116 000 Hektar großes Reservat für die Stämme der Tasaday und der Manubo-Blit eingerichtet werden sollte. Die Größe des Reservats war zumindest teilweise Lindberghs Verdienst, da er Elizalde das Prinzip des Spendensammelns erklärt hatte, nach dem es sich niemals auszahlt, wenn man um zu wenig bittet. Ausgehend von der Annahme, daß es Marcos' internationales Prestige aufpolieren würde, wenn er sich zum Retter einheimischer Stämme aufschwang, und daß Politiker automatisch sämtliche Forderungen um 50 Prozent kürzten, hatte Lindbergh Elizalde bedrängt, alles auf eine Karte zu setzen. »Fordere doppelt soviel Land wie du brauchst. Fordere 250 000 Hektar!«

Marcos' schnelle Reaktion brachte ihm im Ausland viel Lob und Publicity ein. Zu Hause dagegen stieß er auf Ablehnung, da man ihn verdächtigte, er wolle im Wahljahr die philippinischen Minderheiten für sich gewinnen und dabei den Anspruch des Regimes auf ein potentiell wertvolles Stück unberührten Dschungels geltend machen. Nach einem Zwischenfall, der sich ereignete, als Imelda Marcos einige Monate später die Provinz bereiste, wurde ein Verdacht hinsichtlich des Zeitpunkts geäußert, an dem die Tasaday entdeckt worden waren. Mrs. Marcos hatte den Wunsch geäußert, Repräsentanten der Tasaday zu treffen. Anthropologen aus dem Umfeld der Stiftung waren entsetzt: Man riß Höhlenbewohner nicht einfach aus ihrem Umfeld und führte sie Prominenten vor, aber als Schirmherrin der PANAMIN konnte man Imelda diesen Wunsch nicht abschlagen. In dieser Situation kamen einige Mitarbeiter überein, stellvertretend zwei Mitglieder vom Stamm der Tboli vorzuführen, eine List, die bald nach hinten losging, da Gegner des Reservats behaupteten, bei den Tasaday handele es sich schlicht um eine Zeitungsente. Eine Gruppe von Stammesbrüdern der Tboli habe sich mit Tangas aus Schlingpflanzen ver- oder besser entkleidet und so getan, als hätten sie noch nie von Grundnahrungsmitteln wie Reis und Zucker gehört.

Zwar pflegte die PANAMIN enge Beziehungen zum Marcos-Regime, aber da Lindbergh mit der Entdeckung der Tasaday zu tun hatte, setzte in den amerikanischen Medien eine breite Debatte ein, und über eine Dokumentation des Senders ABC und zahlreiche Artikel fand der Betrugsvorwurf weite Verbreitung. Das ABC-Team fuhr nach Aussage eines Beobachters auf die Philippinen, um Lindberghs dunkle Machenschaften mit Marcos aufzudecken. Sämtliche Vorurteile wurden ihnen bestätigt, da sie arglos Führer engagierten, die Agenten der kommunistischen Rebellen waren.

Noch immer wird dieser Betrugsvorwurf in internationalen Zeitschriften lebhaft diskutiert, aber die Motive seiner Befürworter scheinen eher politischer als wissenschaftlicher Natur zu sein. Die 16 Anthropologen, die den Stamm der Tasaday studiert haben, stimmen darin überein, daß er tatsächlich echt ist und eine Sprache spricht, die sich von derjenigen der Tboli deutlich unterscheidet. Die Meinungen der Experten gehen allerdings auseinander, was die Geschichte der Tasaday angeht. Manche halten sie für echte Überlebende der Steinzeit, andere vertreten die Theorie, sie hätten sich vor nicht allzu langer Zeit (vor vielleicht 150 Jahren) von einer höher entwickelten Stammesgruppe abgespalten.

Diese unterschiedlichen Positionen waren Lindbergh nicht bekannt, und während seines Besuches glaubte er, ein Steinzeitvolk vor sich zu haben, das von jeder Zivilisation unbeleckt war. In mancher Hinsicht bestätigte das, was er zu sehen bekam, seine romantischen Vorstellungen von Naturvölkern. Die Tasaday waren wohlgenährt und im allgemeinen gesund, frei von Krankheiten wie Bilharziose (durch Saugwürmer verursachte chronische Infektion, A.d.Ü.), die auf den Philippinen weit verbreitet ist. Sie waren großzügig und herzlich, hatten nur wenig Erfahrung mit Konflikten, und in ihrem Vokabular gab es nur wenige Worte, mit denen sich unangenehme persönliche Beziehungen umschreiben ließen.

Obwohl Lindbergh Nance gegenüber erklärte, sein Aufenthalt bei den Tasaday sei »eine der großen Erfahrungen« seines Lebens, vergleichbar mit dem Flug von 1927, deuten seine Kommentare an, wie tief enttäuscht er war: Frei von gesetzlichen Zwängen, religiösen Tabus und dem Drang, sich materielle Güter anzueignen, nutzten die Tasaday ihre Freiheit zum Nichtstun. »Sie haben keinen einzigen Versuch gemacht, ihr Zuhause zu verbessern, weder die Schlafplätze noch die Hütteneingänge«, bemerkte Lindbergh verwundert. »Wieso schaffen sie sich nicht Verbesserungen? Und warum fragen sie sich nicht, was hinter dem nächsten Berg ist?«

Als Lindbergh anmerkte: »Mich wundert ihr Mangel an Abenteuerlust«, gab Nance zurück: »Not macht erfinderisch.« Dieses Sprichwort, mag es ein Klischee sein oder nicht, widerlegt perfekt Lindberghs Überzeugung, daß die Zivilisation die menschliche Rasse aus einem natürlichen Idealzustand »herausgerissen« habe. Seine Suche nach dem Ursprung endete in einer Sackgasse.

27.
ZEUGEN

Nichts ärgerte Charles Lindbergh so sehr wie die Behauptung, er habe keine echten Freunde.

Lindbergh beklagte sich oft darüber, daß Freunde und Bekannte dazu neigten, schon aus dem geringsten Anlaß Anekdoten zu stricken, die sich mit jedem Erzählen veränderten und ihn exzentrischer machten, als er tatsächlich war. Trotzdem läßt sich nicht leugnen, daß er nicht immer leicht zu verstehen war, und Menschen, die in den letzten Jahrzehnten seines Lebens mit ihm arbeiteten oder reisten, scheinen oft vollkommen verschiedene Menschen zu beschreiben. Manche fanden seine Erzählungen weitschweifig und unstrukturiert, andere hielten ihn für »einen intellektuellen Schachspieler«, dem man gelegentlich schwer folgen konnte, da er dem, was gesagt wurde, immer zwei oder drei Schritte voraus war. Manche fanden ihn humorlos (»Ich habe nie gehört, daß er einen Scherz gemacht oder über einen gelacht hätte«, sagte Frank Kellogg), andere lobten seinen trockenen Witz – ein Widerspruch, der möglicherweise mit seiner betont ausdruckslosen Erzählweise zusammenhängt, die er selbst als »schwedischen Sinn für Humor« bezeichnete.

Alle sind sich einig, daß Lindbergh sich in seinen persönlichen Beziehungen ausgesprochen höflich und zurückhaltend gab. Man erfährt von Hunderten kleiner Aufmerksamkeiten, die allesamt zu unbedeutend sind, als daß man sie in Einzelheiten wiedergeben müßte, aber für diejenigen, die dabei waren, blieben sie unvergeßlich. Frank Kellogg erinnert sich an eine Ausschußsitzung des WWF in Manhattan, zu der ein Teilnehmer, der gerade von einer Krankheit genesen war, direkt vom Flughafen kam und noch seinen Koffer bei sich hatte. Als die Sitzung zu Ende war, gingen die Ausschußmitglieder die Fifth Avenue hinunter und mußten beschämt feststellen, daß Lindbergh, der mit Abstand der Älteste unter ihnen war, den schweren Koffer trug. Beeindruckt war Kellogg weniger von Lindberghs Aufmerksamkeit als davon, daß er den Koffer so unauffällig an sich genommen hatte, daß dem Mann seine Schwäche vor den anderen nicht peinlich sein mußte.

Auch die wenigen Journalisten, die eine persönliche Beziehung mit Lindbergh verband, fanden ihn außergewöhnlich hilfsbereit, wenn es darum ging, Empfehlungsschreiben aufzusetzen oder ihnen sonstwie beruflich zu helfen. »Er war mir bei Gelegenheiten gefällig, von denen ich erst nach seinem Tod erfahren habe«, sagt John Nance.

Es ist immer schmeichelhaft, die uneingeschränkte Aufmerksamkeit eines Menschen zu genießen, umso mehr, wenn dieser Mensch eine Berühmtheit ist. Unglücklicherweise gingen einige Bekannte davon aus, daß Lindbergh sie besonders schätzte, und waren später gekränkt, wenn sie feststellten, daß Lindbergh sie vergaß. »Aus den Augen, aus dem Sinn«: Das traf in den meisten dieser Fälle zu. Als Lindbergh sein Interesse an der Fliegerei verlor, stellten viele »alte Freunde« fest, daß sein Interesse an ihnen ebenfalls nachließ. Lindbergh lehnte Einladungen zu offiziellen Empfängen ab – unter anderem ein Abendessen, das Kollegen zum 40. Jahrestag seines New-York-Paris-Fluges organisiert hatten – und erklärte freimütig, das Leben sei zu kurz, um es mit Essen und langweiligen Reden zu vergeuden. Statt dessen schlug er vor, sich im privaten Kreis zum Mittagessen zu treffen, aber sein Zeitplan war so unberechenbar, daß sich solche Verabredungen kaum arrangieren ließen. Und wenn sie doch stattfanden, zeigte sich Lindbergh meistens so offensichtlich gelangweilt, daß man Treffen dieser Art nur selten wiederholte.

Auch Lindbergh selbst mißdeutete oberflächlichen Charme oft als Freundschaft, und sein schlechtes Urteilsvermögen in diesem Punkt machte es Leuten wie Mickey Rosner und Ernst Udet leicht, ihm etwas vorzuspielen. Menschen, an deren Urteil ihm wirklich gelegen war, konnten seine Unbeholfenheit und sture Naivität nur schwer ertragen: Glückskinder wie der brillante, scharfsinnige Dwight Morrow, der Multimillionär geworden war, ohne daß er es darauf angelegt hätte (zumindest behauptete er das), Harry Guggenheim (»immer ein Gentleman«, wie Lindbergh es formulierte) und Harold Nicolson, der gesellschaftlich so abgesichert war, daß sein beißender Witz und sein unangepaßtes Benehmen seinem Ruf nur nützten.

Es ist sicher keine Übertreibung, wenn man sagt, Lindbergh habe Nicolsons Zurückweisung nie verwunden. Er war fast so gekränkt wie ein verschmähter Liebhaber (nicht im direkten Wortsinn, denn es gibt keinen Hinweis darauf, daß Lindbergh etwas von Nicolsons Bisexualität geahnt hätte, geschweige denn daß ähnliche Neigungen bei ihm selbst vorhanden waren). Obwohl er schon seit langem ignorierte, was andere über ihn schrieben, las Lindbergh gleich 1966 bei seinem Erscheinen den ersten Band von Nicolsons *Diaries and Letters (Tagebücher und Briefe)* sehr aufmerksam, und er war fassungslos wegen einer Passage, in der Nicolson nach ihrem Streit auf Sissinghurst Castle über die Luftmacht der Deutschen schrieb, Lindbergh habe die »Nazitheologie« verinnerlicht.

Da die Lindberghs schon 1939 einen entsprechenden Artikel Nicolsons im *New Statesman* gelesen hatten, dürfte diese Einschätzung sie kaum überrascht haben. Was Charles wirklich wurmte, war wohl eher die Erkenntnis, daß Nicolson ihn und Anne für unkritisch hielt. In einer weiteren Passage, die

Lindbergh als beleidigend empfand, schreibt Nicolson, Lindbergh habe die Bibliothek auf Next Day Hill durch ein »Fenster« betreten – eine Art Glastür, die die Briten gelegentlich als »French Windows«, die Amerikaner dagegen als »French Doors« bezeichnen.

Wütend forderte Lindbergh, Nicolson solle dies zurücknehmen. Nicolson, der schon über 80 Jahre alt und dessen Gesundheit sehr angeschlagen war, sah sich nicht in der Lage, zu antworten, und sein Sohn Nigel, der den ersten Band im Sinne seines Vaters bearbeitet hatte, lehnte höflich ab. Briefe flogen über den Atlantik hin und her. Lindbergh hatte anfangs mit einem Verleumdungsprozeß gedroht, klagte dann jedoch nur Nigel Nicolson seine Sorge, wie er den Schaden beheben könne, den das Buch seinem Ruf zugefügt hatte. Nigel schlug vor, er solle einer wohlwollenden amerikanischen Tageszeitung einen Leserbrief schicken.

Besonders seltsam ist an diesem Zwischenfall (den Leonard Mosley in seiner Biographie 1976 nicht erwähnen durfte), daß Nigel, da er annahm, die Lindberghs könnten an den fraglichen Passagen Anstoß nehmen, um die Erlaubnis zur Veröffentlichung gebeten hatte. Seinen Brief hatte Mrs. Lindbergh beantwortet und keinerlei Einwände erhoben. Anne fand sich in der peinlichen Situation wieder, daß ihr Mann sich weigerte, ihre Entscheidung anzuerkennen.

Leider gab sich Charles nicht damit zufrieden, Nigel Nicolsons Ratschlag zu befolgen. Statt dessen fuhr er nach Yale, las seine eigenen Tagebücher aus der fraglichen Zeit und kam zu dem Schluß, daß sie die Behauptung, er habe mit den Nazis sympathisiert, nicht stützten. William Jovanovich, einer der Verleger von Harcourt Brace Jovanovich, willigte ein, die Tagebücher zu veröffentlichen, nicht komplett, aber zu großen, weitgehend unbearbeiteten Teilen. Das Ergebnis war ein mächtiger Wälzer: 1038 Seiten deckten gerade sieben Jahre ab, und diese nicht einmal besonders ausführlich.

Dieses private Material zu veröffentlichen, fiel Charles schwer. Trotz seiner Begabung zum Selbstbetrug merkte er, daß die Tagebücher kein schmeichelhaftes Porträt abgaben. »Ich hätte mich daranmachen können, sie zu bereinigen, aber ich habe es nicht getan«, erklärte er später John Nance gegenüber.

Als das Buch in die Läden kam, waren acht Seiten Einleitung hinzugekommen, die anscheinend dazu gedacht waren, eben jene Leute vor den Kopf zu stoßen, die möglicherweise das Interesse aufbringen würden, das Buch durchzuackern. Obwohl man die Tagebücher am besten als Dokument eines stolzen Mannes liest, der vor aller Öffentlichkeit einen Nervenzusammenbruch erleidet, bescheinigt William Jovanovich ihnen in seinem kurzen Vorwort einen Wert als »Zeitdokument von außerordentlichem Rang«, außerdem »Aufrichtigkeit und Standhaftigkeit«. Der Rest des Vorworts besteht aus einem Brief von Lindbergh, in dem er den Zweiten Weltkrieg – was die Zivilisation angeht – letztendlich als Niederlage bezeichnet. Der Krieg hatte Millionen Menschenleben gekostet. Polen, für das die Alliierten in den Krieg gezogen waren, war noch immer nicht frei, das Britische Empire zerfallen, und der Kommunismus herrschte vom Baltikum bis zum Pazifik. Er faßte nicht in Worte, um wie vieles besser die Zivilisation dastehen würde, wenn England mit Hitler einen Friedensvertrag ausgehandelt hätte. Viele Historiker sind wie Lindbergh der Ansicht, daß die Politik der Alliierten Deutschland nach 1918 ins Chaos gestürzt hat und daß damit ein Krieg unvermeidbar wurde. Haarsträubend an Lindberghs Erklärung war, daß er sich selbst als Sprachrohr der Vernunft aufspielte, als Anwalt zur Klärung strittiger Fragen. Nach 30 Jahren hatte er noch immer nicht begriffen, daß dem Nationalismus mit Vernunft nicht beizukommen ist.

Die Tagebücher selbst waren ein solches Durcheinander, daß Kritiker für fast jede Interpretation einen Beleg finden konnten. Wer glaubte, Lindbergh sei schon immer ein Nazi gewesen, wurde hier bestätigt. Reed Whittemore von *The New Republic* fand Anhaltspunkte für Idealismus und das Entsetzen vor der Gewalt. Louis Berg schrieb im *Commentary,* er sähe einen gewöhnlichen militärischen Geist, der versuche, mit den Realitäten des Totalitarismus fertig zu werden, und bemerkte treffend, Lindberghs Haltung habe viel mit dem Selbstbetrug der Junkergeneräle gemein. Jean Stafford diagnostizierte einen »liebevoll gepflegten Groll« und nannte ihn unverblümt einen »armen Irren«.

Anne, die dafür gesorgt hatte, daß Dutzende von Bekannten Freiexemplare der früheren Bücher ihres Mannes erhielten, weigerte sich, das neue zu verschicken. Ein paar Freunde bekamen zu hören, das Buch sei »zu teuer«.

Das letzte Urteil über die *Wartime Journals (Kriegstagebuch)* läßt sich erst fällen, wenn man weiß, welche Passagen herausgestrichen wurden. Betrachtet man die Masse nicht gerade schmeichelhaften Materials, können allerdings kaum Zweifel daran bestehen, daß die Kürzungen in erster Linie Längen im Text betrafen. Die große Enthüllung der *Tagebücher* war nicht, daß Charles Lindbergh Sympathien für den Nationalsozialismus gehegt hatte, sondern daß er aus Ehrfurcht davor keine andere Möglichkeit als die Unterwerfung sah. Leider war er bei aller physischen Courage ein moralischer Feigling. Vielleicht kann man das den Ereignissen von 1932 zuschreiben.

Doch die Veröffentlichung der *Tagebücher* war nicht so masochistisch, wie es damals schien. Charles hatte einen scharfen Blick für die Schriften anderer und wußte, daß Harold Nicolsons erzählerische Gabe dessen Ansichten Gewicht verlieh. Zwar fand er, eine Anekdote, mit der man etwas um der Spannung willen ausschmückte, sei eine Lüge, aber die Öffentlichkeit behielt besonders gut erzählte Anekdoten in Erinnerung. Glücklicherweise hatte er in seiner

Familie eine begabte Chronistin. Annes persönliche Schriften, die er lange als Zeitverschwendung und Zerstreuung abgetan hatte, schienen plötzlich ihr Meisterstück zu werden. Das Projekt, ihre Briefe zu sammeln und zu kürzen, ging Anne höchst widerwillig an. Es gab zu viele schmerzliche Erinnerungen – der frühe Tod ihres Vaters und Elisabeths, Dwights Krankheiten, ihre eigenen Probleme, sich als Person des öffentlichen Lebens zurechtzufinden, ganz zu schweigen von den düsteren Wochen nach der Entführung. Charles bedrängte sie, alles zum Druck zu geben, einschließlich ihrer Reaktionen auf das, was er unverändert als »diese Sache in New Jersey« bezeichnete.

Trotz dieser Ermutigung hätte Anne in ihrer zögerlichen Art diese Aufgabe sicher verschoben, aber die Veröffentlichung der Tagebücher ihres Mannes und die darauf folgende scharfe Kritik gaben ihr den letzten Anstoß. Inzwischen gingen ihre Enkel zur Schule und waren demselben Spott ausgesetzt wie damals Jon und Land. *Bring Me a Unicorn (Bring mir das Einhorn),* der erste Band ihrer Schriften, erschien ein Jahr nach Charles' *Wartime Journals.* Der zweite, *Hour of Gold, Hour of Lead (Stunden von Gold, Stunden von Blei)* folgte 1973, und der dritte, *Locked Rooms and Open Doors (Verschlossene Räume, offene Türen)* 1974.

»Ich werde nie müde«, gab Charles Lindbergh gern vor, »nur hin und wieder bin ich doch etwas schläfrig.« Aber in seinem 70. Lebensjahr war er doch oft müde. Als er sich von den Tasaday verabschiedete, versprach er ihnen, er würde sie bald wieder besuchen, Ende 1972 verschob er jedoch seine Pläne, noch einmal nach Mindanao zu fahren, sagte eine weitere Asienreise ab, bei der er sich mit Tom Harrisson treffen wollte, und fehlte erstmals bei Vorstandssitzungen des WWF. Charles entschuldigte sich mit der Begründung, er sei schwer an einer Gürtelrose erkrankt, später dann an einer Lungenentzündung. Tatsächlich hatten seine Ärzte bei einer Routineuntersuchung bösartige Lympthknotenschwellungen entdeckt. Anfangs bestand noch die Hoffnung, er würde wieder gesund, aber im Laufe des darauffolgenden Jahres bildeten sich Metastasen.

Jahrelang hatte er unwirsch reagiert, wenn er an die Anfangszeit seiner Pilotenkarriere erinnert wurde, aber 1973 schien er es kaum erwarten zu können, die Vergangenheit wieder aufleben zu lassen. George Dade, den ehemaligen Mechaniker vom Roosevelt Field, hatte er seit Jahrzehnten nicht gesehen. Als er hörte, daß dieser seine alte Jenny in einer Scheune in Iowa entdeckt und nach New York verfrachtet hatte, fuhr Lindbergh eilig zu Dade nach Long Island, um nachzusehen, ob sie es auch wirklich war. Die Ladefläche seines Kombi lag voller Bücher, Freiexemplare, die er von verschiedenen Verlegern bekommen hatte und die er in La Falaise abgeben wollte, das entsprechend Harry Guggenheims Testament der Öffentlichkeit zugänglich war. Bei dem überraschten Dade, der wußte, daß Lindbergh nicht gern in Erinnerungen schwelgte, lud sich Charles selbst zum Essen ein und wollte unbedingt über die alten Zeiten auf dem Roosevelt Field reden. Bevor er abfuhr, inspizierte er die Jenny und fand seine Initialen, die er während seines Zwangsaufenthaltes auf einem Acker in den Stoff des Flugzeugrumpfs geritzt hatte.

Mit der für ihn charakteristischen Sorgfalt setzte sich Lindbergh mit dem Tod auseinander. Er stattete dem Nationalfriedhof in Arlington einen Besuch ab, dann löcherte er einen Bekannten, der mit dem militärischen Protokoll vertraut war, mit seinen Fragen: Wer hatte ein Anrecht darauf, hier beerdigt zu werden? (Als Träger der »Congressional Medal of Honor« war er es.) Warum waren manche Grabsteine anders als andere? Wie wurden die Grabstellen zugewiesen? Es war nicht ungewöhnlich, daß Lindbergh Leute aus seinem Bekanntenkreis zu obskuren Themen befragte, und er erwähnte nie, daß er vielleicht ein persönliches Motiv haben mochte. Selbst als er mehr als zehn Kilo abgenommen hatte und in sichtlich schlechtem Zustand war, sprach Lindbergh nicht über seine Krankheit, und mancher Beobachter nahm fälschlicherweise an, die Ärzte ließen ihn im Ungewissen. Das wäre kaum möglich gewesen, selbst wenn sie es gewollt hätten. Nur wenige Laien verstanden mehr von medizinischen Diagnosen als Lindbergh.

Im Frühjahr 1974 zog sich Lindbergh aus den Vorständen des World Wildlife Fund und der Pan-Am zurück. Er ruhte sich in seinem Cottage auf Maui aus, schrieb das Vorwort zu John Nances Buch *The Gentle Tasaday (Tasaday)* und kehrte wenige Wochen später nach New York zurück, wo er ins Columbia Presbyterian Hospital eingewiesen wurde. Er hatte vor, den Krebs zu bekämpfen und – wenn möglich – zu leben, und als Nance ihn im Frühsommer besuchte, sprach er begeistert davon, daß er wieder auf die Philippinen wollte.

Als die Ärzte eingestanden, sie könnten sein Leben bestenfalls um einige Monate verlängern, bestand Lindbergh darauf, das Krankenhaus zu verlassen und wieder nach Hawaii zu fliegen. Ein Team von Ärzten versammelte sich in seinem Zimmer und sprach sich gegen diese Idee aus. Einer der jüngeren Ärzte drohte sogar, das Krankenhaus würde sich weigern, ihn gehen zu lassen. Er wischte ihre Einwände beiseite. »Das ist jetzt kein medizinisches Problem mehr, sondern ein philosophisches.«

Sam Pryor sorgte dafür, daß Lindbergh mit einem Linienflug zurückkehren konnte, und man stellte seine Trage quer auf eine Sitzreihe in der Ersten Klasse. Zufällig handelte es sich bei dem Flugkapitän um den Stuntpiloten, der in der Filmversion von *The Spirit of St. Louis (Mein Flug über den Ozean)* die nachgebaute Maschine geflogen hatte.

Charles Lindbergh hat sein ganzes Leben lang viel über den

Tod nachgedacht. Das Thema beschäftigte ihn seit seiner Kindheit, als er gesehen hatte, wie sein Großvater Knochen durch Porzellan ersetzte. Seither stellte er sich die Frage nach den Grenzen medizinischer Technik. Während seiner Arbeit im Naval Research Institute in den 60er Jahren hatte er dort mit Spezialisten die Zukunft der Kryobiologie diskutiert und davon geträumt, daß es eines Tages möglich sein würde, in ferne Galaxien zu fliegen, indem man Menschen in scheintotem Zustand ins All schickte. Zwar deutet ein früherer Biograph an, Lindbergh wäre gerne einen Heldentod gestorben, aber man kann sicher sein, daß Lindbergh sich glücklich schätzte, die persönlichen Erfahrungen im Angesicht des Todes bewußt zu erleben und bis zum Ende die Kontrolle über dieses große Experiment zu behalten.

Während sich sein Zustand rapide verschlechterte, verbrachte Lindbergh die letzten Tage damit, sein Ableben mit großer Sorgfalt zu planen. Er prüfte Annes Vorschläge für den Trauergottesdienst, wählte Kirchenlieder mit Hawaiianischen Texten und ein Gedicht amerikanischer Eingeborener aus. Er hatte beschlossen, daß er auf dem Friedhof der Jahrhunderte alten Palapala Hoomau Congregational Church in Kipahulu beigesetzt werden sollte. Nachdem er mit Nachbarn in Hana darüber gesprochen hatte, entwarf er eine Gruft im hawaiianischen Stil, drei mal drei Meter groß und eingefaßt von Lavagestein. Der Boden der Gruft bestand aus mehreren Schichten ili'ili-Steinen, die man am Fuß der malerischen Klippen von Maui fand. Der Entwurf war traditionell, die Ausmaße nicht. Nach den Worten des Bauleiters war die Gruft nicht für einen »kleinen Mann – eher für einen Präsidenten« gedacht. Ebensowenig war es üblich, das Grab eines Mannes zu bauen, solange dieser noch lebte. Mr. Kahaleuahi, ein Nachbar, der auch das Cottage der Lindberghs errichtet hatte, mußte seine ganze Überredungskunst aufbieten, um die Arbeiter davon zu überzeugen, daß es ihnen kein

Unglück bringen würde, und da Vater ungeduldig wurde, legten seine Söhne mit Hand an.[1]

In dem gemieteten Cottage bei Hana, in dem die Lindberghs wohnten (ihr eigenes Haus war für die Krankenschwester zu schwer erreichbar), verbrachte Charles seine letzten Tage, indem er an der Sauerstoffanlage herumbastelte, die man in seinem Schlafzimmer installiert hatte. Anne, die bis zum letzten Augenblick bei ihrem Mann war, sagte später, selbst als er schon langsam das Bewußtsein verlor, hätte er noch versucht, seine Sauerstoffmaske zu richten.

In dieser Woche war er dem Tod mehrmals nah gewesen, und Anne hatte ihn gebeten, ihr dieses Erlebnis zu beschreiben, damit sie wußte, was auf sie zukäme, wenn sie an der Reihe wäre. Er wußte nicht, wie er es in Worte fassen sollte. Aber er hinterließ einen Zettel. Als er seinen letzten Atemzug getan hatte, fand man diesen auf dem Nachttisch. »Ich weiß, es gibt eine Ewigkeit jenseits unserer selbst. Ich frage mich, ob wir auch eine Ewigkeit in uns tragen.«[2]

Charles Lindberghs Grab, das in Arlington nur von beiläufigem Interesse wäre, gilt im abgelegenen Kipahulu als ungeheure Attraktion, die regelmäßig von Touristenbussen angesteuert wird. Man wird nie wissen, ob es Lindberghs Absicht war, aber er traf Vorsorge, wer seine Nachbarn sein würden: Neben Lindbergh liegen vier Affen begraben, Sam Pryors geliebte Gibbons, die er in Gefangenschaft großgezogen hatte. Pryor hatte so an seinen Tieren gehangen, daß er sie auf geweihtem Boden bestatten wollte, was Lindbergh wußte, als Pryor und er sich gemeinsam um angrenzende Familiengräber bemühten. Dies, so scheint es, ist Lindberghs elementare Aussage. Da er sich nicht entscheiden konnte, ob er als Held oder als ein Primat unter vielen begraben werden wollte, erfüllte er sich beide Wünsche.

»Ich war *froh,* daß er tot war«, gesteht eine von Anne Lindberghs Freundinnen, die aus verständlichen Gründen ihren Namen nicht nennen möchte. »Ich dachte, na, wenigstens bleiben ihr jetzt noch ein paar gute Jahre. Jetzt kann sie sie selbst sein.« Anne, die mehr Verstand hatte und sicher mehr Liebe für ihn empfand, wußte, daß eine Ehe, die 45 Jahre gehalten hat, nicht notwendigerweise zu Ende ist, weil einer der Partner nicht mehr lebt. Bevor das Testament ihres Mannes vollstreckt werden konnte, mußte sie die Forderungen zweier Männer abwehren, die behaupteten, sie seien der verstorbene Charles Lindbergh jr. (Immer wieder tauchen Leute auf, die dieses behaupten – erst kürzlich eine schwarze Frau, die behauptete, das FBI habe Hautfarbe und Geschlecht verändert, um ihre Identität geheimzuhalten!) Außerdem stand der 50. Jahrestag »des Fluges« mit einer ganzen Reihe von Gedenkveranstaltungen bevor. An einigen nahm Anne teil, unter anderem an der Taufe eines Pan-Am-Clippers auf den Namen ihres Mannes, aber bei der größten Feier auf dem Roosevelt Field auf Long Island vertrat ihre Tochter Reeve die Familie. Die wichtigste offizielle Veranstaltung, ein Symposium in der großen Halle des Luft- und Raumfahrtmuseums von Washington D.C., fand ein tragisches und plötzliches Ende, als der Pilot John Grierson während seiner Rede einem Herzanfall erlag.

Inzwischen war Brendan Gills Buch über den Flug offiziell genehmigt worden, und einige Freunde unter Leitung von James Newton hatten verkündet, sie wollten zu Ehren Lindberghs eine Stiftung für Stipendiaten gründen. Der »Lindbergh Fund« mit seinem Sitz in Minneapolis unterstützt Wissenschaftler, die im Sinne vernünftiger ökologischer Ziele arbeiten. Einigen von Lindberghs Bewunderern liegt es besonders am Herzen, Lindbergh-Denkmäler an Staaten und Städte zu verschenken, die in seinem Leben eine Rolle gespielt haben. Minnesota, das Lindberghs als eines seiner größten Söhne gedenkt, nahm das Angebot an und stellte eine Skulptur auf dem Gelände des State House in St. Paul auf. Andernorts, zum Beispiel in St. Louis, steht man Lindbergh mit gemischten Gefühlen gegenüber und zeigt sich weit weniger begeistert.[3]

Kurz nach Richard Nixons Rücktritt vom Amt des U.S.-Präsidenten schrieb Anne Lindbergh seiner Tochter Julie Nixon Eisenhower, die sie von ihrer Arbeit am Smith College her kannte, sie solle sich selbst als »Zeugin des Lebens« ihres Vaters betrachten. Mrs. Lindberghs Brief machte deutlich, daß sie es mit ihrem verstorbenen Mann ebenso hielt und diese Aufgabe an ihre Nachkommen weitergeben wollte. »Ich habe das Gefühl, daß unsere Kinder Zeugen des Lebens meines Mannes sind und sein werden, noch lange nach seinem und meinem Tod«, erklärte sie.[4]

Wenn man bedenkt, daß Charles Lindbergh jegliche Art der Heldenverehrung ablehnte und seine Kinder wiederholt anwies, ihn in der Öffentlichkeit nicht zu verteidigen, läßt sich vermuten, daß ihm die Denkmäler und Jubiläums-Symposien wahrscheinlich mißfallen hätten. Ganz sicher hätte er seine Familie nicht damit belastet, zu »Zeugen« zu werden. Allerdings war Lindbergh ein vielschichtiger, oft undurchschaubarer Mann, und es ist gut möglich, daß andere für ihn tun durften, was er sich selbst nicht gestattete. Es kann auch nicht überraschen, daß sich sein Vermächtnis als einigermaßen verwirrend herausstellte. Obwohl die *New York Times* am 19. Mai 1977 verkündete, Lindberghs Unterlagen in Yale seien von nun an Forschern zugänglich, war dies keineswegs der Fall. Ein angekündigtes Buch von Alden Whitman über Lindberghs Umweltschutzaktivitäten ist nie erschienen, ebensowenig ein Band mit Lindberghs Briefen. Eine posthum erschienene Autobiographie, *Autobiography of Values (Stationen meines Lebens),* die William Jovanovich und Judith Schiff von der Yale University mit großer Sorgfalt bearbeitet hatten, war voll nebulöser Gedanken zum »Strom des Lebens«, zur Evolutionstheorie und zur Unzerstörbarkeit der Moleküle (»Ich bin die Sterne.«). In der Darstellung seiner 45jährigen Ehe findet sich kein einziges freundliches Wort für seine Ehefrau. (Statt dessen diskutiert er peinlicherweise die Qualität einer Frau hinsichtlich der gemeinsamen Fortpflanzung als Kriterium für die Wahl seiner Partnerin.) Das Durcheinander erinnert an Harold Nicolsons Lebensbeschreibungen Dwight Morrows, und man ist sich nicht einmal einig, ob es einen oder zwei autorisierte Biographen gibt. Ein pensionierter Colonel der Armee und Militärhistoriker namens Raymond Fredette besitzt einen Vertrag mit Harcourt Brace Jovanovich, aber Mrs. Lindbergh hat erst kürzlich Scott Berg zu seinem einzig autorisierten Biographen ernannt.

In den späten 70er Jahren äußerte Anne Lindbergh gelegentlich Interesse daran, ein Buch über das Leben als Witwe zu schreiben, eine Art Fortsetzung zu ihren Gedanken in *Gift from the Sea (Muscheln in meiner Hand)*. Da sie in den letzten Jahrzehnten ihrer Ehe oft allein war, hat sie offenbar viel über dieses Thema nachgedacht, lange bevor sie selbst Witwe wurde. Einmal erzählte sie im Scherz vor einer Gruppe am Smith College von einer alten Waliserin, die ihr gesagt hatte: »Wahres Glück ist es, eine kinderlose Witwe zu sein!«

Als Mrs. Lindbergh schließlich Zeit zum Schreiben fand, widmete sie sich nicht einem Buch über das Leben als Witwe, sondern einem Projekt, das sie beinah ängstlich anging: Sie bearbeitete den vierten und fünften Band ihrer Tagebücher und Briefe aus den Jahren 1936 bis 1944. Seltsamerweise handelt es sich bei dem vorletzten Eintrag in Band 5 um Gedanken zum Tode Antoine de St.-Exupérys. Man hatte ihn vermißt gemeldet, nachdem sein Flugzeug während eines Aufklärungsfluges über Südfrankreich verschwunden war. 1942 hatte Anne Jim Newton zu seiner bevorstehenden Hochzeit einen Brief geschrieben, in dem sie Charles »die Sonne« ihres Lebens nannte. Jetzt, nur zwei Jahre später, hatte sie ihn degradiert. »Charles ist für mich die Erde«, schreibt Anne im Oktober 1944, während St.-Exupéry, den sie nur einmal getroffen hatte, »eine Sonne oder ein Mond oder ein Stern ist, der die Welt beleuchtet«. Der nächste und letzte Eintrag aus demselben Monat beschreibt Charles' Heimkehr vom Kriegsdienst im Pazifik. Irgendwie klingt ihre abschließende Erklärung, die Trennung habe geholfen, eine gemeinsame Basis für die Fortführung ihrer Ehe zu schaffen, nicht sonderlich überzeugend.[5]

Dies war das Ende der Saga. Und obwohl Mrs. Lindbergh zumindest sporadisch Tagebuch schrieb, bis sie weit über 80 Jahre alt war, folgten keine weiteren Bände. Die kompletten Tagebücher, die sechs Jahrzehnte im Leben einer außergewöhnlichen und einflußreichen amerikanischen Frau dokumentieren, wären sicher ein einzigartiges literarisches und historisches Dokument. Es ist bedauerlich, daß die Autorin ihre Veröffentlichung in dem Moment abreißen ließ, als sie begann, ihren Mann als Menschen mit Fehlern und nicht mehr als Ikone zu betrachten.

Während der 70er und 80er Jahre stellte man Mrs. Lindbergh oft als eine Art Einsiedlerin dar. Das ist aber nicht unbedingt zutreffend. Sie arbeitete einige Jahre im Vorstand des Verlages Harcourt Brace Jovanovich, blieb am Smith College aktiv und gab gelegentlich Wissenschaftlern Interviews. Bis zum Ende des Jahrzehnts, als sich ihr Gesundheitszustand verschlechterte, verbrachte sie jeden Sommer in ihrem Chalet in der Schweiz. Sie besuchte regelmäßig ihre fünf Kinder und ihre mehr als ein Dutzend Enkel und verlebte viel Zeit im Norden von Vermont, wo sich ihre beiden Töchter niedergelassen hatten. (Das Haus auf Maui, das sie nie sonderlich gemocht hatte, blieb bis 1990 im Familienbesitz, dann verkaufte man es an Mike Love, ein ehemaliges Mitglied der Beach Boys.)

Trotz ihrer Aktivitäten fanden zwei ehemalige Angestellte

unabhängig voneinander dieselbe Bezeichnung für Anne Lindbergh: »Die einsamste Frau der Welt.«

Auch Bruno Richard Hauptmann hatte Zeugen seines Lebens. Anna Hauptmann und ihr Sohn Mannfried waren nach dem Prozeß fast in Vergessenheit geraten, hatten erst in der Bronx gewohnt, wo sie eine kleine Versandfirma betrieben, später dann in New Jersey und der Gegend um Philadelphia. Jahre nach der Hinrichtung erhielt Anna Hauptmann noch immer Briefe von Leuten (»Tausende«, sagte sie später), die ihren Mann für unschuldig hielten. Außerdem hatten ihr zahlreiche »berühmte Detektive«, Journalisten und Amateurkriminalisten versichert, es gäbe Beweise, daß man ihrem Mann die ganze Sache nur angehängt hatte. Die größte Rolle spielte dabei ein privater Ermittler namens Julius A. Braun, mit dem sie seit Ende der 30er Jahre zusammengearbeitet hatte.

Ein vermeintlicher Retter nach dem anderen raubte Mrs. Hauptmann ihre Illusionen, und sie fand Trost in der Religion. Den Glauben an die Unschuld ihres Mannes verlor sie nie. Im Laufe der Jahre idealisierte sie Richard zunehmend. Sie behielt ihn als Muster an Tugendhaftigkeit, als hart arbeitenden Tischler und ergebenen Ehemann und Vater in Erinnerung. Als der Journalist Anthony Scaduto Mrs. Hauptmann Anfang der 70er Jahre besuchte, erklärte sie ihm, sie hätte wohl vermutet, daß ihr Mann in der Garage etwas anstellte, hatte ihre Neugier aber im Zaum gehalten, weil sie dachte, er baute eine Kommode für das Baby, und sie wollte ihm die Überraschung nicht verderben. Nach seiner Verhaftung hatte Richard ihr erklärt, er hätte Scheine aus dem Lösegeld getrocknet, das er angeblich von Isidore Fisch hatte.

Scadutos Meinung über Bruno Richard Hauptmann faßt der Titel seines 1977 erschienenen Buchs *Scapegoat* (»Sündenbock«) zusammen, das, wie die *Kirkus Revies* anmerkt,

»aus dem ›Untier‹ und ›Babykiller‹ eine Gestalt von fast tragischer Integrität macht, deren Charakter selbst Lindbergh noch überstrahlt«.

Mit der Absicht, jeden außer Hauptmann zu beschuldigen, ließ Scaduto eine Reihe alter Theorien aufleben. Da man zeigen wollte, daß das NYPD während der Ermittlungen zum Entführungsfall nicht untätig gewesen war, schilderte Lieutenant Finn später in einer Illustrierten namens *Liberty* seine Erinnerungen und enthüllte, daß man gegen die Familien Giessler und Leipold intensiv ermittelt habe. (Die Geschichte von Duane Bacon, der der New Yorker Polizei vor der Nase entwischt war, gab anscheinend keine so gute Story ab.) Die Theorie, daß die Giesslers in die Sache verwickelt waren, nahm auch Alan Hynd auf, der für das Magazin *True* schrieb. Eine noch farbenfrohere Theorie war schon während des Prozesses massiv vom sogenannten »Zeugenkomitee« vertreten worden, dessen Organisator ein ehemaliger Geheimdienstoffizier namens Hal Walton war. Walton, der offenbar Verbindungen zur Anwaltskanzlei von Robert Thayer unterhielt, kam zu dem Schluß, die Entführung sei von Agenten der deutschen Lufthansa organisiert worden. Seiner Ansicht nach war die Entführung ein Racheakt für Lindberghs Chinabesuch 1931, durch den Juan Trippe mit den Deutschen um die Landerechte in großen chinesischen Städten konkurrieren konnte. Nach Aussage einer Broschüre des Komitees war das Wohnviertel der Giesslers ein Nest von »alten deutschen Kaisertreuen und High-School-Lehrern«. (Letztere waren verdächtig, weil Friedrich Muentzer, der 1915 versucht hatte, Jack Morgan zu ermorden, Deutschlehrer war.) Scaduto ließ die Theorie wieder aufleben, daß die Giesslers mit dem Fall zu tun hatten, obwohl er in keinem Fall eine Verbindung zwischen ihnen und seinen Lieblingsverdächtigen Isidore Fisch und Paul Wendel herstellen konnte.[6]

Ich bin ganz und gar nicht Scadutos Ansicht, daß Bruno

Richard Hauptmann das Opfer eines Komplotts wurde. Hauptmann hat ohne jeden Zweifel die Erpresserbriefe geschrieben, und am Ende war er im Besitz eines erheblichen Teils vom Lösegeld. Die Giesslers und Henry Leipold hatten mit dem Verbrechen nichts zu tun, ebensowenig Spione der Hohenzollern, die Lufthansa oder High-School-Lehrer. Behauptungen von Scaduto und anderen, Charles Lindbergh habe absichtlich gelogen, als er Bruno Hauptmanns Stimme identifizierte, oder habe sonstwie an einem Komplott gegen diesen Mann teilgenommen, entbehren jeglicher Grundlage. Mit einem aber hatte Scaduto recht: Lindbergh wußte, daß die Beweise auf mehr als einen Täter und auf mögliche Verbindungen zu Angestellten auf Next Day Hill hindeuteten. Als er in England lebte, fernab seiner wissenschaftlichen Karriere, an deren Aufbau er so hart gearbeitet hatte, blieb Lindbergh reichlich Zeit, darüber nachzubrüten, wieso es ihm in Amerika weder gelungen war, seiner Familie ein sicheres Heim zu schaffen noch die volle Wahrheit über den Tod seines Sohnes herauszufinden. Die Bemühungen seiner Schwiegermutter zum Schutz ihrer Angestellten hatten die Polizeiarbeit zunichte gemacht und viele Fragen zur möglichen Komplizenschaft von Charles Ellerson und anderen Dienern unbeantwortet gelassen. Noch beunruhigender war die Vorstellung, daß das Kind womöglich entführt worden war, weil Hauptmann wütend auf die Morgan-Bank war. Lindbergh blieb bis zu seinem Tod dabei, daß er nie an vermeintlich böse Machenschaften des Geld-Trusts geglaubt hat, aber seine fast körperliche Abneigung bei dem Besuch in der Wall Street Nr. 23 nach seiner Rückkehr in die Vereinigten Staaten hatte sicher nicht nur mit seiner Ablehnung der geplanten England-Hilfe oder mit der Überzeugung zu tun, daß die Architekten des Versailler Vertrags verantwortlich für die schweren, die folgenschweren Belastungen Europas waren. Ein vielleicht nie bewußt artikuliertes Gefühl, daß auch er ein

Opfer war, lag Lindberghs Zorn auf die »anglophilen« Bankiers zugrunde.

Obwohl ihr Mann in *Scapegoat* als unschuldig dargestellt wurde, fühlte sich Mrs. Hauptmann von Anthony Scaduto ausgenutzt, und 1981 hatte sie sich einen neuen Mitstreiter auserkoren, den Anwalt Robert Bryan, der bisher das »Lindbergh-Baby« Kenneth Kerwin vertreten hatte. Bryan erwirkte vom Staat New Jersey die Herausgabe der Akten zum Fall Lindbergh, darunter auch geheime Papiere, die man in der Garage des verstorbenen Gouverneurs Harold Hoffman gefunden hatte. Bryan strengte in Anna Hauptmanns Namen außerdem eine 100-Millionen-Dollar-Klage gegen David Wilentz und den Staat New Jersey an.

In einem Interview äußerte Mrs. Hauptmann 1981 William Geist von der *New York Times* gegenüber, sie würde gerne Mrs. Lindbergh kennenlernen. Sie beschrieb Richard als einen Mann, der weinte, als ihr Hund Lottie starb und, so schrieb Geist, »erzählt von Zeiten, in denen sie die Treppe hinaufrannte und schimpfen wollte, weil er Mandoline spielte, als das Baby schon schlief, dann aber merkte, daß er das Wiegenlied von Brahms spielte und ihm das Baby selig dabei zusah. ›Es war wunderschön, aber als sie [die Polizei] kam, brach diese Welt zusammen!‹«

Zehn Jahre später, nachdem alle Klagen und Wiederaufnahmegesuche vergeblich gewesen waren, kehrte Mrs. Hauptmann im Alter von 93 Jahren zum erstenmal in die Gegend von Flemington, New Jersey, zurück und gab eine Pressekonferenz, in der sie erklärte: »Es ist meine Pflicht, solange ich lebe, für meinen Mann zu kämpfen.« Nachdem der Gouverneur sie abgewiesen hatte, wiederholte sie ihren Wunsch nach einem Treffen mit Anne Lindbergh. Anfang 1992 erneuerte sie ihren Aufruf bei einem Auftritt in der Fernsehsendung »A Current Affair«.

Wie in solchen Fällen üblich, machten sich nach Mrs. Hauptmanns Aufruf eine Vielzahl von Experten auf den Weg nach Scott's Cove, aber Anne Lindbergh war schwer krank und oft geistig verwirrt. Im Alter von 85 Jahren konnte sich Mrs. Lindbergh kaum noch an ihre Triumphe als Fliegerin und Autorin erinnern. Das einzige, das sich unauslöschlich in ihre Erinnerung eingegraben hatte, war »diese Sache in New Jersey«. Die Besuche von Fremden bedrängten sie so sehr, daß sich die Familie gezwungen sah, sie an einem geheimen Ort unterzubringen.

Der feste Glaube einer Witwe kann weder Beweise wegwischen noch Bruno Richard Hauptmann nachträglich von einem kaltblütigen Kidnapper in einen unschuldigen Mann verwandeln. Trotzdem haben Mrs. Hauptmanns leidenschaftliche Appelle (von denen sie zweifellos jedes Wort glaubt) Wirkung gezeigt. Viele Amerikaner haben heutzutage eine ungenaue Vorstellung von dem, wofür Charles Lindbergh berühmt war. Nur wenige wissen von seinem und Annes tatsächlichem Verdienst um die Fliegerei. Noch weniger können sie sich eine Zeit vorstellen, in der Luftfahrt mit idealistischen Werten wie Frieden, Brüderlichkeit und internationaler Zusammenarbeit zu tun hatte. Aber nur schwerlich läßt sich jemand finden, der nichts von der Entführung des Lindbergh-Babys wüßte und nicht »gehört« hätte, Bruno Hauptmann sei unschuldig. Eine erstaunliche Menge Menschen ist bereit, energisch für die Schuld ihres Lieblingstäters einzutreten, von Violet Sharpe und der armen Elisabeth Morrow bis hin zu Charles Lindbergh selbst.

Fast kommt man zu dem Schluß, dieser Ausgang der Dinge würde Alexis Carrels Klage untermauern, daß die moderne Welt vom Bösen fasziniert ist und das Abnormale auf Kosten des Normalen pflegt. Aber es war Lindys Normalität, sein uramerikanisches Image, das die Öffentlichkeit 1927 feierte.

Es stimmt nicht, daß die Menschen keine Helden mehr wollen, aber jeder, der durch die Mühle der Massenmedien zum Helden wird, muß bereit sein, das Spiel mitzuspielen, und so zu tun, als wäre er ein ganz normaler Mensch. Weder Charles Lindbergh, der eher etwas mit exzentrischen, griesgrämigen Genies wie Henry Ford und Thomas Edison gemein hatte, noch seine schöngeistige Frau waren bereit oder in der Lage, die Spielregeln zu akzeptieren. Wie John Gregory einmal schrieb, war das, was das Land von Lindy wollte, »diese kleinen, alltäglichen Geschichten, diese menschlichen Anekdoten, die beweisen, daß wir alle dem Helden ähnlich sind ... Wir wollen den liebenswerten Jungen sehen.«[8] Doch den gab es nicht.

ANHANG

DANKSAGUNG

Besonderen Dank schulde ich meiner Lektorin Terry Karten für ihren Rat und ihre Unterstützung, meiner Korrektorin Sue Llewellyn für ihre sorgfältigen Verbesserungen und Hinweise und meiner Agentin Barbara Lowenstein.

Ohne die Anregung und den Einfluß meiner Mutter, die eine Fahne schwenkte, um den Triumph eines Landsmannes aus einer schwedisch-amerikanischen Familie zu feiern, und ohne meinen Vater, der nie einen Blick auf Lindy erhaschte, als der in Pittsburgh landete, aber bald darauf selbst von dort zu seinem ersten Flug startete, wäre dieses Buch nie entstanden.

ZUR QUELLENLAGE

Charles und Anne Morrow Lindbergh stellen für einen Biographen ein besonderes Problem dar. Auf der einen Seite haben beide natürlich und aufschlußreich über ihr privates und ihr öffentliches Leben geschrieben. Anne Morrow Lindberghs Tagebücher und Briefe sind in einer fünfbändigen Ausgabe erschienen. General Lindbergh hat drei Autobiographien verfaßt: *We (Wir zwei. Im Flugzeug über den Atlantik), The Spirit of St. Louis (Mein Flug über den Ozean)* und die posthum veröffentlichte *Autobiography of Values (Stationen meines Lebens)*. Den Wandel seiner Empfindungen hinsichtlich der Luftfahrt hat er in einem langen Essay dargestellt: *Of Flight and Life* (Scribner's, New York, 1948). *The Wartime Journals of Charles A. Lindbergh (Kriegstagebuch)* widmen der Zeit zwischen dem März 1938 und dem Juni 1945 etwa 1000 Seiten.

Auf der anderen Seite waren die Lindberghs trotz ihrer langjährigen Erfahrung als Piloten, Autoren, Autobiographen und gelegentlich als Verfechter umstrittener Standpunkte oft nicht gut auf das zu sprechen, was andere über sie schrieben. Der Zugang zu den »Lindbergh-Papieren« der Sterling Library an der Universität von Yale wurde auf einige wenige Forscher beschränkt, und fast 20 Jahre nach Charles Lindberghs Tod gibt es nach wie vor keine autorisierte Biographie. Die soll allerdings noch vor Ende der 90er Jahre erscheinen.

Was rechtfertigt unter solchen Umständen eine weitere

Biographie? Vom Standpunkt des Biographen aus betrachtet fällt die Antwort leicht: Man sucht sich ein Thema, zu dem man etwas Neues beizutragen hat.

Kaum jemand erinnert sich noch an Zeiten, in denen die Luftfahrt ruhmreich und abenteuerlich war. Noch schwerer fällt es, sich vorzustellen, daß es Menschen gab (unter anderem den jungen Charles Lindbergh), die ernsthaft glaubten, Luftfahrt würde Frieden, Wohlstand und soziale Gerechtigkeit bringen. Lindberghs Begeisterung für diese Vision erklärt weitgehend seine spätere Suche nach einem Ersatz für das verlorene Utopia. In frühen Luftfahrtmagazinen wie *Western Flying Popular Aviation* und *Aero Digest* fand ich viele interessante Beispiele der Begeisterung für die Luftfahrt, und *The Winged Gospel: America's Romance with Aviation, 1900–1950* von Joseph J. Corn gibt einen faszinierenden und wissenschaftlichen Überblick.

Charles und Anne Lindbergh waren Kinder charismatischer Väter, und man unterschätzt leicht die ungewöhnlich engen Beziehungen zu ihren Müttern. Emory Scott Lands Unterlagen in der Library of Congress boten wichtige Einblicke in Charles Lindberghs Familie mütterlicherseits und das Verhältnis zwischen Admiral Land und seinem berühmten Vetter. Der Zahnarzt Dr. William S. Chase und die American Dental Association waren besonders hilfreich bei der Suche nach biographischen Informationen zu Dr. Charles Henry Land.

Der deutlichste Unterschied zwischen dieser und früheren Biographien über Charles Lindbergh liegt in dem Gewicht, das auf die Entführung von Charles Augustus Lindbergh jr. gelegt wird. Der Wunsch der Familie Lindbergh, die Erinnerung an dieses tragische Verbrechen hinter sich zu lassen, ist mehr als verständlich. Dennoch muß ein objektiver Biograph bedenken, daß dieser schreckliche Vorfall das Leben der Lindberghs für immer verändert hat. Im Gegensatz zu früheren Forschern, die in offiziellen Archiven nach Beweisen für Bruno Richard Hauptmanns Unschuld suchten, wollte ich in erster Linie herausfinden, was ich aus den Akten zu Charles Lindberghs Rolle als Leiter der Ermittlungen erfahren würde. Lindberghs Privatbereich wurde zeitweilig zum Polizeihauptquartier umfunktioniert, was in den Annalen der amerikanischen Verbrechensbekämpfung ungewöhnlich, wenn nicht sogar einzigartig ist, und Colonel Lindbergh war in diesem Fall der inoffizielle, aber dennoch sehr wohl anerkannte Koordinator der Staats-, Bundes- und Bezirksbehörden. Die CALNAP-Akten des FBI erwiesen sich in dieser Hinsicht als besonders hilfreich, da sie zusätzlich ein ausführliches Bild vom häuslichen Leben der Morrows in Englewood lieferten. Diese Akten umfassen mehr als 300 000 Seiten, wenn auch viele davon Protokolle zu unergiebigen Hinweisen aus der Bevölkerung enthalten. Die Archive zum Fall Lindbergh in der Zentrale der New Jersey State Police bei Trenton waren ebenfalls sehr hilfreich, besonders was Informationen zu Bruno Richard Hauptmann, die forensischen Beweise und die oftmals eher surreal anmutende zweite Ermittlung durch Gouverneur Harold Hoffman anging.

Obwohl es in den meisten Fällen nicht möglich war, aus diesen Quellen zu zitieren, fanden sich in den »Charles A. Lindbergh (Senior) and Family Papers« aus der Sammlung der Minnesota Historical Society und den »Dwight Whitney Morrow Papers« in Amherst eine Menge wichtiger Informationen. Das Archiv in Minnesota beherbergt außerdem die Unterlagen der Historikerin Grace Nute und die Sammlung zu C.A. Lindberghs Karriere von Lynn und Dora Haines. Die »Sophia Smith Collection«, das Smith College, die »Sackville-West Papers« in der Lilly Library der University of Indiana in Bloomington und die »Thomas W. Lamont Papers« in der Baker Library der Harvard Business School trugen ebenfalls nützliches Material bei.

Die Lindbergh-Sammlung in der Handschriftenabteilung der Library of Congress beschränkt sich hauptsächlich auf das Manuskript von *The Spirit of St. Louis (Mein Flug über den Ozean)* und Korrespondenzen dazu, enthält aber auch zwei längere Memoranden (79 und 76 Seiten) mit Lindberghs Anmerkungen zu den Biographien von Kenneth S. Davis und Walter S. Ross. Lindberghs Kommentare zu Ross' Buch stammen vom August 1968, die zu Davis' Buch vom August 1969. Diese Memoranden klären einige Verwirrungen auf, entlarven viele unwahre oder übertriebene Anekdoten und erlauben Einblicke in Lindberghs Ansichten zu wichtigen Ereignissen. In einigen Fällen zeigt sich, daß auf Lindberghs Erinnerungsvermögen weniger Verlaß ist als auf die nachweisbaren Behauptungen von Davis und Ross.

Die Lindbergh-Akten in der wissenschaftlichen Bibliothek des Luft- und Raumfahrtmuseums, einer Abteilung des Smithsonian Instituts, bestehen größtenteils aus Zeitungsausschnitten. Die Akten anderer Persönlichkeiten dagegen sind informativer. Besonders interessant war der Bericht des langjährigen Pan-Am-Piloten Basil Rowe über seine Karibikflüge mit Lindbergh.

Die »Alexis Carrel Papers« der Georgetown University beantworteten einige Fragen zu dem rätselhaften Dr. Carrel, warfen aber auch neue Fragen auf. Nützlich zu Carrels Verständnis war außerdem Pater Joseph Durkins Buch *Hope for our time: Alexis Carrel on Man and Society* (Harper and Row, New York, 1965) und *Surgery and Life: The Extraordinary Carreer of Alexis Carrel* von Theodore Malinin, das sich auch in den Anmerkungen wiederfindet.

Die Franklin D. Roosevelt Library in Hyde Park, New York, wurde zum Hintergrund der America-First-Bewegung und der Kämpfe konsultiert, die Lindbergh mit der Regierung Roosevelt austrug. Bei einer Prüfung der Akten des Deutsch-Amerikanischen Bundes, die im Alien Property Office des

Nationalarchivs in Suitland, Maryland, untergebracht sind, finden sich Beispiele für Flugblätter und Zeichnungen der Propaganda gegen Großbritannien und die Morgan-Bank.

Eine Bibliographie sämtlicher Artikel der Lindberghs und solcher, die über sie geschrieben wurden, bliebe noch zu erstellen. Interessierte Leser sollten Perry D. Lucketts Werk *Charles A. Lindbergh: A Bio-bibliography* (Greenwood Press, New York, 1986) konsultieren. Kenneth S. Davis' Bibliographie seiner 1958 erschienenen Vita Lindberghs unter dem Titel *The Hero* bleibt für die von ihm bearbeitete Zeit unübertroffen. Zu den interessantesten, in den Anmerkungen der einzelnen Kapitel nicht zitierten Artikeln gehören die von Lauren D. Lyman, besonders »The Lindbergh I Know«, *Saturday Evening Post,* 4. April 1953, weiterhin »The Facts About Lindbergh« von C. B. Allen (*Saturday Evening Post,* 28. Dezember 1940) und »The Price of Fame« von Alden Whitman (*New York Times Magazine,* 8. Mai 1977).

Sowohl Lyman als auch Whitman schrieben für die *Times,* Lindberghs Lieblingszeitung, in der sich im Laufe der Jahre auch die bestrecherchierten Artikel über Charles und Anne Lindberghs Karriere finden. Die *Times* brachte außerdem die verläßlichste Berichterstattung über das transatlantische Rennen von 1927, über Violet Sharpes Selbstmord und die Verhaftung und den Prozeß gegen Hauptmann.

Unter den vielen Büchern, die über die Entführung von 1932 geschrieben wurden, ist *The Lindbergh Case* von Jim Fisher am objektivsten und am besten recherchiert. Allerdings verläßt sich Fisher in erster Linie auf das Archiv der New Jersey State Police, und er kommt zu vollkommen anderen Schlußfolgerungen als ich selbst. Obwohl eine Reihe von Ermittlern, die mit diesem Fall zu tun hatten, Artikel in *Liberty* und an anderer Stelle veröffentlichten, waren diese Texte meist von Ghostwritern verfaßt und sind größtenteils enttäuschend.

Zu Beginn meiner Nachforschungen hatte mir Anne Morrow Lindbergh ein Interview zugesagt. Dieses Gespräch kam nicht zustande, weil Mrs. Lindberghs Gesundheit dies nicht erlaubte. Ihr späterer Entschluß, einen autorisierten Biographen zu ernennen, machte es mir unmöglich, mit gewissen engen Freunden und Familienmitgliedern zu sprechen. Andere aus dem Bekanntenkreis der Lindberghs baten um Anonymität. Im großen und ganzen kann ich General Lindberghs Klagen über die Ungenauigkeit von Anekdoten nachempfinden, besonders wenn es um Ereignisse geht, die Jahrzehnte zurückliegen.

Unter denen, die sich offen äußern wollten, danke ich besonders John Nance, L. Francis Kellogg, George Dade und George T. Rutledge, der sich an die Zeit erinnerte, als er zusammen mit dem Luftpostpiloten Slim Lindbergh auf dem Lambert Field gearbeitet hatte. Weiter gilt mein Dank Dr. Brashier für seine Führung durch Highfields; Donald Westfall von der Lindbergh Historical Site in Little Falls, Minnesota; Sheriff Jim Marino vom Hunterdon County, New Jersey; Sergeant Thomas DeFeo und Dolores Raisch vom New Jersey State Police Museum; Lowell Thomas jr.; Gore Vidal; Nigel Nicolson; Dr. Richard Logan; Denis Zaphiro; Robert Ball; Jim Fisher; Patterson Smith; Mr. und Mrs. Godfrey Rockefeller; Donn Coddington; Caroline Crockett; Michael Parfit; Dr. H. Berton McCauley; dem American Heritage Center an der University of Wyoming; den Mitarbeitern der Forbes Library in Northampton, Massachusetts, und der New Jersey State Library in Trenton; Reeve Lindbergh Tripp und Anne Spencer Lindbergh.

ANMERKUNGEN

Die in den Anmerkungen verwendeten Abkürzungen:

A & S	Research Library of the Air & Space Museum, Smithsonian Institution, Washington, D. C.
COH	Oral History Research Office, Columbia University, New York, N.Y.
DWM	Papiere Dwight Whitney Morrow, College Archive, Amherst College, Amherst, Mass.
FBI	Federal Bureau of Investigation, Washington, D. C.
FDR	Franklin Delano Roosevelt Presidential Library, Hyde Park, N. Y.
GU	Papiere Alexis Carrel, Georgetown University, Washington, D. C.
HB	Papiere Thomas W. Lamont, Baker Library, Harvard Business School, Boston, Mass.
HC	Hunterdon County Historical Society, Flemington, N. J.
LC	Manuskript-Abteilung der Library of Congress, Washington, D. C.
LL	Papiere Vita Sackville-West, Lilly Library, University of Indiana, Bloomington, Ind.
MHS	Papiere Charles A. Lindbergh (sen.) und Familie, Papiere Grace Nute, Papiere Lynn und Dora Haines, Historische Gesellschaft von Minnesota, St. Paul, Minn.
NJSP	Archive der New Jersey State Police, Trenton, N. J.
SS	Sammlung Sophia Smith, Smith College, Northampton, Mass.

1. PROPHETEN

1. Willard Glazier: *Down the Great River.* Hubbard Brothers, Philadelphia, 1988. Seine Ankunft in Little Falls beschreibt Glazier auf S. 153–154.
2. Charles A. Lindbergh: *Boyhood on the Upper Mississippi: A Reminiscent Letter.* MHS, St. Paul, 1972, S. 1–2.
3. Auszüge aus diesen Briefen siehe Brendan Gill: *Lindbergh Alone.* Harcourt Brace Jovanovich, New York, 1977, S. 55–56.
4. Interessanterweise fügte C.A. in seinem letzten Buch eine – für den Text ziemlich unwesentliche – Fußnote ein, in der er *Main Street* (Sinclair Lewis: *Die Hauptstraße*) verurteilte. Lewis' Roman, fand er, gründe sich auf den »Spott über gewisse Leute vom Lande«. Siehe *The Economic Pinch,* Neuaufl., Omni, Hawthorne, Kalif., 1988 (1923), S. 177.
5. C. A. am 9. Juli 1914 an Eva, Lindbergh-Papiere, MHS; vgl. auch Bruce L. Larson: *Lindbergh of Minnesota: A Political Biography.* Harcourt Brace Jovanovich, New York, 1973, S. 31.
6. Ebd., S. 44.
7. Ebd., S. 55.
8. Russel Blaine Nye: *Midwestern Progressive Politics.* Michigan State University Press, East Lansing, 1959, S. 247.
9. Lindbergh: *The Economic Pinch.* Die Antwort auf die erste Frage ist, laut Kapitel 9, daß die Bankiers Geschäfte mit anderer Leute Geld treiben.
10. Ebd., S. 22.
11. Box 23, Akte 137, Lindbergh-Papiere, LC.
12. Larson: *Lindbergh of Minnesota,* S. 31; Memo vom 4. August 1969, S. 5, Lindbergh-Papiere, LC; Lynn Haines und Dora B. Haines: *The Lindberghs.* Vanguard Press, New York, 1931, S. 45.
13. Dr. Jerry Herschfield, DDS: »Charles H. Land and the Science of Porcelain in Dentistry«, *Bulletin of the History of Dentistry,* Jg. 34, Heft 1/1986; vgl. auch L. Laszlo Schwartz, DDS: »The Life of Charles Henry Land: Address before the American Academy of the History of Dentistry«. Schwartz' Ansprache wurde anschließend im *Journal of the American College of Dentists,* Jg. 24, Heft 1/1957, S. 33–51 nachgedruckt.
14. Schwartz, ebd.
15. Diesen aufschlußreichen Vergleich verwendete Lindbergh in

mehreren frühen Entwürfen von *The Spirit of St. Louis (Mein Flug über den Ozean).* Siehe Box 23, Lindbergh-Papiere, LC.

2. *ICH BETETE DIE WISSENSCHAFT AN*

1. Charles A. Lindbergh: *The Spirit of St. Louis.* Charles Scribner's Sons, New York, 1953; Neuaufl. Avon, New York, 1985, S. 292 (*Mein Flug über den Ozean,* Fischer, Frankfurt, 1954, S. 356).
2. Haines und Haines: *The Lindberghs,* S. 209.
3. Box 4, Akte 23, Lindbergh-Papiere, LC.
4. Kenneth S. Davis: *The Hero.* Doubleday, Garden City, N. Y. 1958, S. 60. Das Zitat von Juno Butler ist einem Interview entnommen, das ursprünglich in der *Minneapolis Tribune* vom 21. Mai 1927 erschien. Weitere Erinnerungen an Charles' Kindheit in Little Falls siehe *Tribune,* 20. Mai 1936.
5. Davis: *The Hero,* S. 59.
6. C.A. über Religion s. Larson: *Lindbergh of Minnesota,* S. 34.
7. Lindbergh: *Boyhood on the Upper Mississippi,* S. 14.
8. *Congressional Record* (Veröffentlichung der Kongreßdebatten), 64. Kongreß, 1. Sitzung, Anhang, S. 497–498.
9. Ebd., S. 666.
10. Charles A. Lindbergh: *Of Flight and Life.* Charles Scribner's Sons, New York, 1948, S. 50.
11. Haines und Haines: *The Lindberghs,* S. 252.
12. Larson: *Lindbergh of Minnesota,* S. 237.

3. *ERHABEN UND WERTLOS*

1. Davis: *The Hero,* S. 75.
2. Einige von Lindberghs Arbeiten am College wurden später nachgedruckt in George Buchanan Fife: *Lindbergh, the Lone Eagle.* Burt, New York, 1927, S. 131–140.
3. Charles A. Lindbergh: *Autobiography of Values,* hg. v. William Jovanovich und Judith A. Schiff. Harcourt Brace Jovanovich, San Diego, Kalif., 1978, S. 121 (*Stationen meines Lebens. Memoiren.* Molden, Wien, München, Zürich, 1980, S. 152).

4. Lindbergh: *The Spirit of St. Louis,* S. 235 *(Mein Flug über den Ozean,* S. 292).
5. Don Dwiggins: *The Barnstormers.* Tab, Blue Ridge Summit, Pa., 1981, S. 51.
6. Davis: *The Hero,* S. 81.
7. Lindbergh: *The Spirit of St. Louis,* S. 240–241 (*Mein Flug über den Ozean,* S. 298–299). Lindbergh schreibt, der Fallschirmsprung habe seinem Alptraum vom Fallen ein Ende gesetzt, und er ist erfüllt von einem Gefühl von »Freiheit und Abenteuer«.
8. Joseph J. Corn: *The Winged Gospel: America's Romance with Aviation, 1900–1950.* Oxford University Press, New York, 1983, Kap. 2, pass.
9. Larson: *Lindbergh of Minnesota,* S. 271.
10. Charles A. Lindbergh: *We.* Putnam's, New York, 1927, S. 55 (*Wir zwei. Im Flugzeug über den Atlantik.* Brockhaus, Leipzig, 1927).
11. *St. Cloud Daily Times,* 19. August 1989. Ein Ausschnitt dieser Geschichte sowie ein damit in Zusammenhang stehender Artikel aus dem *Morrison County Record* wurde der Autorin bei einem Besuch der Lindbergh Historical Site in Little Falls, Minn., beschafft.
12. »M« (Mutter) an »C«, 17. April 1923, Lindbergh-Papiere, MHS.

4. *KADETT UND LUFTPOSTPILOT*

1. Ein lebhaftes Portrait über die mechanischen, finanziellen und romantischen Tücken der Schaufliegerei entsteht in Briefen an Lindbergh von seinen Fliegerkameraden. Siehe besonders »Buddie« (Gurney) an Slim, undatiert, aber anscheinend September 1923. Evangelines besorgter Brief, Charles könnte nicht genug zu essen bekommen, ist vom 29. November 1923. Lindbergh-Papiere, MHS.
2. Marvin Northrop: »Lindbergh, the Jenny Pilot«, *Western Flying,* Mai 1937, S. 18-19. Leonard Mosley zitiert in seiner Lindbergh-Biographie – *Lindbergh.* Doubleday, Garden City, N. Y., 1976 – zusätzliche, von Northrop in einem persönlichen Interview abgegebene Kommentare, S. 55–56.

3. Box 5, Akte 25, Lindbergh-Papiere, LC.
4. *St. Louis Post-Dispatch,* 8. Oktober 1923, S. 3.
5. Randy Enslow: »Barnstorming with Lindy«, *Popular Science Monthly,* Okt. 1929, S. 19–21.
6. Lindbergh: *We,* S. 128.
7. Eine Kopie des ursprünglich von C.A. Lindbergh handgeschriebenen Unfallberichts befindet sich in der Akte Lindbergh, A & S.
8. Charles A. Lindbergh: »He Does It Again«, *National Aeronautic Association Review,* 4. Nov. 1926, S. 174–175.

5. DER UMMAUERTE GARTEN

1. Harold Nicolson: *Dwight Morrow.* Harcourt Brace, New York, 1935, S. 17.
2. Ebd.
3. Ebd., S. 71; vgl. auch Constance Morrow Morgan: *A Distant Moment: The Youth, Education & Courtship of Elizabeth Cutter Morrow.* Smith College, Northampton, Mass., 1977.
4. Nicolson: *Dwight Morrow,* S. 110.
5. Ebd., S. 158–163.
6. Thomas Lamont and Harold Nicolson, Box 114, Akte 4, S. 6, Papiere Thomas Lamont, HB.
7. Für einen Überblick über Lamonts Aufstieg bei J.P. Morgan und seine Rolle in internationalen Angelegenheiten siehe Ron Chernow: *The House of Morgan: An American Banking Dynasty and the Rise of Modern Finance.* Atlantic Monthly Press, New York, 1990, besonders S. 225–229.
8. Thomas Lamont an Nicolson, S. 8, Lamont-Papiere, HB. Beide Gedichte stammen von Rudyard Kipling (A. d. Ü.).

6. REGEL NUMMER SECHS

1. Masefields Beitrag »Some Memories of Thomas William Lamont und Florence Corliss Lamont« erschien in dem von Corliss Lamont herausgegebenen Buch *The Thomas Lamonts in America.* A.S. Barnes, South Brunswick, N. J., 1971,

S. 137–44. Dieser Band enthält nostalgische Essays von Mitgliedern der Lamont-Familie. Constance Morrow Morgans *A Distant Mirror* liefert einen Bericht über die frühen Jahre der Morrows. Viel bekannter ist natürlich Anne Morrow Lindberghs *Bring Me a Unicorn: Diaries and Letters, 1922-128.* Harcourt Brace Jovanovich, New York, 1971 (*Bring mir das Einhorn. Jahre meiner Jugend.* Piper, München, 1972). Annes Kommentare über den »ummauerten Garten« siehe Einleitung (bes. S. 19 f.).

2. Erinnerungen von Corliss Lamont, COH.
3. Siehe etwa Dwight Morrow an Elisabeth Morrow, 15. Dez. 1926, Reihe XIII, Privat- und Familienpapiere, Box 3, Akte 12: Elisabeth Morrow, DWM.
4. Anne Morrow Lindbergh: *North to the Orient.* Harvest/HBJ, San Diego, Kalif., 1963, S. 13.
5. Julie Nixon Eisenhower: *Special People.* Simon & Schuster, New York, 1977, S. 127.
6. In einer Rede vor zukünftigen Smith-Studentinnen scherzte Constance über ihre erfolglose Rebellion gegen Smith, wie der *New York World-Telegram* und der *New York Herald Tribune* am 29. April 1933 berichteten; Constance Morrow Morgans Schülerakte, SS. Annes Rebellion gegen Smith findet sich in *Bring Me a Unicorn,* S. 5–7 (*Bring mir das Einhorn,* (S. 25–28).
7. Chernow: *The House of Morgan,* S. 193-195 und Kap. 11 pass.
8. Siehe Morrow an Elisabeth, 16. März 1920, Serie XIII, Privat- und Familienpapiere, Box 3, Akte 12: Elisabeth Morrow, DWM. Die Bemerkungen von Constance sind aus dem *New York World-Telegram* vom 29. April 1933.
9. Dwight senior an junior, 20. Sept. 1924, Serie XIII, Privat- und Familienpapiere, Box 3, Akte 10: Dwight W. Morrow jr., DWM. Die Aussage, daß Dwight von Klassenkollegen verfolgt würde und »Stimmen höre«, machte Mrs. Morrow gegenüber Harold Nicolson.
10. Anne Morrow Lindbergh erinnerte sich an ihre Reaktion auf den Vorschlag der Dekanin in einer Rede mit dem Titel »Earth Values«, gehalten am 20. Febr. 1970 am Smith College, SS.
11. Morrow an Anne, 28. Jan. 1926, Serie XIII, Box 3, Akte 3, DWM.
12. »Caprice«, *Smith College Monthly,* 34, 1. Okt. 1926, S. 16.
13. Nicolson: *Dwight Morrow,* S. 233.

14. *Hearings Before the President's Aircraft Board, September 21 to October 16, 1925*, 4 Bd. Mitchells Artikel erschienen zwischen dem 10. Dez. 1924 und dem 14. März 1925 und wurden später unter dem Titel *Winged Defense* – New York: Putnam's, 1925 – veröffentlicht. Eine lebhafte, Mitchell äußert wohlgesonnene Darstellung der Kontroverse findet sich in Isaac Don Levine: *Mitchell: Pioneer of Air Power.* Duell, Sloan & Pearce, New York, 1958.

7. DER TAPFERE LOCHINVAR AUS DEM WESTEN

1. Sikorskys eigener Bericht über den Versuch von Fonck siehe *The Story of the Winged-S.* Dodd, Mead & Co., New York, 1938. Für weitere Informationen mit genauen Flugangaben siehe Dorothy Cochrane, von Hardesty and Russell Lee: *The Aviation Careers of Igor Sikorsky.* University of Washington Press, Seattle, 1989.
2. Daran glaubte Lindbergh, und es traf wohl auch zu; laut Cochrane, v. Hardesty und Lee hatten Testflüge der S-35 gezeigt, daß sie mit zwei Motoren weiterfliegen konnte.
3. Lindbergh: *The Spirit of St. Louis,* S. 181 (*Mein Flug über den Ozean,* S. 217).
4. Ev Cassagneres: *The Spirit of Ryan.* Tab, Blue Ridge Summit, Pa., 1982, S. 45.
5. Ebd., S. 48.
6. Einen guten Überblick über die Vorbereitungen am Curtiss-Flugplatz bietet Richard Montagu: *Oceans, Poles and Airmen: First Flights over Wide Waters and Desolate Ice.* Random House, New York, 1971. Die Reaktion der Öffentlichkeit auf Lindbergh besonders S. 65.
7. Harry Bruno: »Lindbergh, the Famous Unknown«, *Saturday Evening Post,* 21. Okt. 1933.
8. Lindbergh: *The Spirit of St. Louis,* S. 284 (*Mein Flug über den Ozean,* S. 347).
9. Davis: *The Hero,* S. 209; unter Bezug auf einen Bericht im Pariser *Herald* vom 23. Mai 1927 heißt der glücklose Amerikaner in Daves' Buch Henry Wheeler. In einem Artikel der *New York Times* über die Landung der *Spirit* wird dieses Mißverständnis

auch aufgegriffen, ebenso wie in Lindberghs *We (Wir zwei)* und *The Spirit of St. Louis (Mein Flug über den Ozean).*

8. DER RUHM

1. Janet Flanner: *Paris was Yesterday: 1925–1939,* hg. v. Irving Drutman. Harvest/HBJ, San Diego, 1988, S. 22–23.
2. *New York Times,* 26. Mai 1927, S. 3.
3. Lindbergh, der sich des ungeschriebenen Gesetzes nicht bewußt war, daß man Privatgespräche mit der königlichen Familie nicht enthüllt, erzählte jemandem aus seinem Gefolge von der Unterredung, worauf die Geschichte prompt veröffentlicht wurde.
4. Lindbergh, Memo vom 12. Aug. 1969, S. 39, Lindbergh-Papiere, LC.
5. Erinnerungen von Vizeadmiral Emory Scott Land, U. S. N. Ret., COH.
6. Emory Scott Land: *Winning the War with Ships: Land, Sea and Air – Mostly Land.* Robert M. McBride Co., New York, 1958, S. 125.
7. Lindbergh, ein unverbesserlicher Listenführer, erstellt im Anhang von *The Spirit of St. Louis (Mein Flug über den Ozean)* einen Überblick über seine Auszeichnungen. Ein etwas anspruchsvollerer und daher auch nicht so interessanter Katalog ist die *Lindbergh Collection* in der Historischen Gesellschaft von Missouri in St. Louis.
8. Memo vom 1. Aug. 1968, S. 30, Lindbergh-Papiere, LC.

9. RETTUNG VOR DEN WÖLFEN

1. Milton Lomask: *Seed Money: The Guggenheim Story.* Farrar, Straus & Giroux, New York, 1964, S. 92. Ein etwas anders lautender Bericht findet sich auch in Harry F. Guggenheim: *The Seven Skies.* Putnam's, New York, 1930, S. 74–75. In einem Brief von 1970 schreibt Lindbergh an Bruce L. Larson, den Biographen seines Vaters: »Ich machte mir wenig Gedanken über die ›Wölfe‹ und fühlte mich sehr wohl imstande, diesbezüglich

auf mich achtzugeben.« Siehe Larson, »Lindbergh's Return to Minnesota, 1927« in: *Minnesota History,* Jg. 42, Heft 4/1970, S. 141–152.

2. Robert Daley: *An American Saga: Juan Trippe and His Pan Am Empire.* Random House, New York, 1980, S. 62.
3. In Lindberghs *Autobiography of Values (Stationen meines Lebens)* findet dieses Treffen im Herbst 1927 statt; den Dwight-Morrow-Papieren (DWM) zufolge muß es jedoch vor der Guggenheim-Rundreise stattgefunden haben, wahrscheinlich im Juni.
4. Knight an Morrow, 29. Juni 1927, Serie I, Business Affairs and Public Activities, 1900–1931, Akte: Charles A. Lindbergh, DWM.
5. Morrow an Knight, 29. und 30. Juni 1927, ebd.
6. Bruno: »Lindbergh, the Famous Unknown«, *Saturday Evening Post,* 21. Okt. 1933.
7. William Randolph Hearst: *Selections from the Writings and Speeches of William Randolph Hearst.* Private Veröffentlichung, San Francisco, 1948, S. 61–62.
8. Memo vom 1. Aug. 1968, S. 6–8, Lindbergh Papers, LC.
9. Mitchells Brief und Warners Statement wurden, zusammen mit Lindberghs Freisprechung der Navy, in der *New York Times* vom 16. Juni 1927, S. 4, abgedruckt.
10. Lindbergh: *The Spirit of St. Louis,* S. 453 (*Mein Flug über den Ozean,* S. 553).
11. Donald Keyhoes Bericht erschien mit zahlreichen Fotos als »Seeing America with Lindbergh« in *National Geographic,* Jan. 1928, S. 1–46. Weitere Ereignisse der in diesem Teil beschriebenen Rundreise basieren auf Keyhoes Buch *Flying with Lindy.* Putnam's, New York, 1928. Vgl. auch die offiziellen Unterlagen der Stiftung Daniel F. Guggenheim zur Förderung der Zivilen Luftfahrt, LC, besonders die unveröffentlichte Geschichte der Stiftung von R.F. Mayo, Box 20. Die *New York Times* widmete sich ausführlich der Rundreise und berichtete über Lindberghs Rauchen (9. Aug., S. 11), über den Widerruf desselben (10. Aug., S. 13 u. 11. Aug., S. 10), die Zurückweisung des Mädchens, das ihn küssen wollte (24. Aug., S. 5) und die Pressekonferenz in Memphis, als er die Kritiker für deren falsche Interpretation des Titels *We* rügte (5. Oktober, S. 4).
12. Corn: *The Winged Gospel,* S. 21–24; 52–53. Die Goldstein-Stu-

die erschien in *Prospects: An Annual of American Cultural Studies*, 5, 1980, S. 294. Der Bibliograph Perry D. Luckett führt über 75 veröffentlichte, von Lindbergh inspirierte musikalische Kompositionen an. Zu den etwas eigenartigeren zählt »Der Lindberghflug«, eine Kantate auf Charles' Transatlantikflug mit einem Libretto von Bertolt Brecht und Musik von Paul Hindemith und Kurt Weill.

13. Lindbergh: *Autobiography of Values*, S. 122 (*Stationen meines Lebens*, S. 152).
14. Ebd., S. 320 (s. 400); auch Memo vom 13. Aug. 1969, S. 46, Lindbergh Papiere, LC.
15. Land: *Winning the War with Ships*, S. 131.
16. Ochs an Morrow, 20. Dez. 1927, Serie X, Botschafter von Mexiko, 1927–130, Box 3, Akte 17: Charles A. Lindbergh, DWM.

10. DER LETZTE UNTER DEN GÖTTERN

1. Erinnerungen von George Rublee, COH.
2. Lindbergh: *Autobiography of Values*, S. 87 (*Stationen meines Lebens*, S. 115).
3. Constance Morrow an »Rhea und Anne«, undatiert, Serie XIII, Privat- und Familienpapiere, 1882–1954, Box 3, Akte 9: Constance Morrow, DWM.
4. Anne Morrow Lindbergh: *Bring Me a Unicorn (Bring mir das Einhorn*, S. 128–129).
5. *Northampton Gazette*, 20. Jan. 1928. Beginnend am 16. Jan., berichtete die *Gazette* fast zwei Monate täglich ausführlich über den Fall Smith. Der *New York Mirror* und der *Boston Herald* gehörten zu den Zeitungen mit der reißerischsten Berichterstattung. Auch Dr. Lydiard H. Horton schrieb im *New England Journal of Medicine* vom 5. Dez. 1929 über den Fall. Horton kam zu dem Schluß, daß Frances Smith in einem durch eine pubertäre Hormonstörung bedingten, halb benommenen Zustand versehentlich von einer Bahnbrücke in der Nähe des Campus gestürzt war. Wie die Reaktion vieler Polizeibeamter und Collegemitarbeiter spiegelte Hortons Artikel die Weigerung wider, zu akzeptieren, daß eine 18jährige Frau, die keine Geld-

und Liebesprobleme hatte, Selbstmord begehen könnte. (Die Leiche von Alice Corbett wurde nie gefunden.)

6. Endicott Peabody an Betty Morrow, 2. März 1927. Serie XIII, Privat- und Familienpapiere, 1882–1954, Box 3, Akte 10: Dwight Morrow jr., DWM.
7. Anne Morrow Lindbergh: *Bring Me a Unicorn,* S. 113, 124, 130 (*Bring mir das Einhorn,* S. 134-135, 155, 159, 175).
8. »'Lida Was Beautiful«, in: *Smith College Monthly,* Jg. 37, Heft 9/Juni 1928, S. 5–8.
9. »Madame D'Houdetot«, in: *Smith College Monthly,* Jg. 26, Heft 1/Okt. 1928, S. 21–34.

11. ANNE UND LINDY HEIRATEN

1. Morrow an Lindbergh, 2/14/28, Serie X, Botschafter in Mexiko, 1927–1930, Box 3, Akte 17: Charles A. Lindbergh, DWM.
2. Telefoninterview mit John Nance am 17. April 1991.
3. Corn: *The Winged Gospel,* S. 91–111.
4. Lauren D. Lyman: »Lindbergh Will Aid Aviation«, 27. Mai 1928, *New York Times,* S. 17. Die Autorin gründet ihre Darstellung der Entstehungsgeschichte von TAT und der Arbeit des technischen Komitees auf Lymans Berichte in der *Times,* u. a. vom 25. April 1929, S. 31, und vom 18. Juni 1929, S. 45, sowie auf Robert J. Serling: *Howard Hughes' Airline.* St. Martin's Press, New York, 1983.
5. Harry Bruno: *Wings over America: The Story of American Aviation.* Halcyon House, Garden City, N. Y., 1944, S. 251.
6. Telefoninterview mit George Dade am 11. Mai 1991.
7. Lindbergh: *Autobiography of Values,* S. 123 (*Stationen meines Lebens,* S. 154).
8. *New York World,* 13. Febr. 1929, S. 1 und ff.
9. Chernow: *The House of Morgan,* S. 295. Aus Chernows Interview mit Anne Morrow Lindbergh.
10. Anne Morrow Lindbergh: *Bring Me a Unicorn,* S. 216 (*Bring mir das Einhorn,* S. 258).
11. Abschrift von David McCulloughs Interview mit Anne Morrow Lindbergh für die Dokumentationsserie »American Experience«, A & S.

12. Anne Morrow Lindbergh: *Bring Me a Unicorn*, S. XXV (*Bring mir das Einhorn*, S. 22).
13. D.W. Morrow, Senior an Junior, 17. Okt. 1928, Serie XIII, Box 3, Dwight Morrow jr., DWM.
14. In: *Amherst*, Jg. 24, Heft 2/Herbst 1976, S. 62, DWM.
15. Eine Fotokopie des Erpresserbriefs befindet sich in den Unterlagen der New Jersey State Police, NJSP.
16. Morris Markey: »Young Man of Affairs«, in: *The New Yorker*, 20. Sept. 1930, zweiteiliges Portrait.
17. Siehe Edward Dean Sullivan: *The Snatch Racket*. Vanguard Press, New York, 1932.

12. UNSERE TURTELTÄUBCHEN AM HIMMEL

1. Edward Moffat Weyer jr.: »Exploring Cliff Dwellings with the Lindberghs«, in: *Worlds Work*, 56, Dez. 1929, S. 52–57.
2. Anne Morrow Lindbergh: *Hour of Gold, Hour of Lead. Diaries and Letters, 1927–1932*. Harcourt Brace Jovanovich, New York, 1973, S. 101 (*Stunden von Gold, Stunden von Blei. Jahre der Prüfung*, 2. Aufl. Piper, München, 1992, S. 101).
3. Ebd., S. 51 (S. 60).
4. Lomask: *Seed Money*, S. 142.
5. Anne benützt diese Redewendungen in *North to the Orient*, S. 74. Siehe auch Amelia Earhart: *The Fun of It*. Harcourt Brace, New York, 1932, S. 174–175; ebenso Doris L. Rich: *Amelia Earhart*. Smithsonian, Washington, D. C., 1989, S. 100–101.
6. George Palmer Putnam: *Soaring Wings*. Harcourt Brace, New York, 1939, S. 183–184.
7. Memorandum für Charles Fay, 14. Sept. 1929, Serie III, Privat- und Familienpapiere, 1882–1954, Box 5, Akte 32: Trusts – Anne S. Morrow Lindbergh, 1926–1936, DWM.
8. Anne Morrow Lindbergh: *Hour of Gold, Hour of Lead*, S. 9 (*Stunden von Gold, Stunden von Blei*, S. 15).
9. »The High Cost of Fame«, *New Republic*, 12. Juni 1929. Ebenso »Crippling His Wings«, *New Republic*, 29. Febr. 1928. Daß Lindberghs Forderung nach Privatsphäre zum Teil psychologisch motiviert war, um die Presse zu manipulieren, ist ein Hauptthema von Kenneth Davis' Biogaphie *The Hero*.

10. Lindbergh behauptete später, daß Anne nicht übel gewesen sei; gefilmtes Interview mit David McCullough, A & S.
11. Als ein Foto des Lindbergh-Babys erhältlich war, kommentierte der *Daily Mirror* als Reaktion auf die Gerüchte abfällig, daß das Kind »letztlich wie jedes andere Baby« war.
12. Bei den fünf Zeitungen handelte es sich um den New Yorker *American,* den *Evening Journal* und den *Mirror* – alle aus dem Hause Hearst –, die *Daily News* und die *Post.* Bernarr Macfaddens *Daily Graphic,* manchmal auch »Porno Graphic« genannt, war pleite und veröffentlichte die letzte Ausgabe am 7. Juli, sie spielte also keine Rolle mehr.
13. Marlen Pew: *Editor & Publisher,* 26. Juli 1930, S. 60.
14. International News Photos an Dwight W. Morrow, 9. Juli 1930. Serie X, Botschafter in Mexiko, 1927–1930, Box 3, Akte 17: Charles A. Lindbergh, DWM.
15. Anne Morrow Lindbergh: *Hour of Gold, Hour of Lead,* S. 146 (*Stunden von Gold, Stunden von Blei,* S. 144).
16. Alexis Carrel: *Man, the Unknown.* Harper & Brothers, New York, 1935, S. 141, 143 (*Der Mensch, das unbekannte Wesen.* List, München, 1955); zusätzliche Hintergrundinformationen über Carrol finden sich in seinen Unterlagen, GU.
17. Lindbergh: *Autobiography of Values,* S. 134 (*Stationen meines Lebens,* S. 167–168).
18. Charles A. Lindbergh: »A Method for Washing Corpuscules in Suspensions«, in: *Science,* 75, 1932, S. 415; ebenso Lindbergh: »An Apparatus for the Culture of Whole Organs«, in: *Journal of Experimental Medicine,* 62, 1935, S. 409; und Carrel u. Lindbergh: »The Culture of Whole Organs«, in: *Science,* 81, 1935, S. 2112.
19. Michael Parfit: *Chasing the Glory.* Collier Books/Macmillan, New York, 1989, S. 208-229.
20. McCullough-Interview, A & S. Eine etwas andere Version des Gesprächs findet sich in *North to the Orient,* S. 31.
21. Ebd., Kap. 12.
22. Dieser in *North to the Orient* geschilderte Vorfall wird auch von Lindbergh in einem Brief an die Historikerin Grace Nute beschrieben, Papiere Nute, MHS.
23. Mrs. Elizabeth Morrow an Nelson Johnson, 5. Okt. 1931, Serie XIII, Privat- und Familienpapiere, 1882–1954, Box 3, Akte 2: Anne Morrow Lindbergh, DWM.

13. DER KLEINE ADLER IST VERSCHWUNDEN

1. John Mosedale: *The Men Who Invented Broadway.* Marek, New York, 1981, S. 192.
2. Die Ereignisse vom Abend des 1. März wurden vorwiegend aus den Akten des FBI und der New Jersey State Police rekonstruiert.
3. Aussage von Anne M. Lindbergh gegenüber Lt. John J. Sweeney, 11. März 1932, NJSP.
4. Aussage von Col. Charles A. Lindbergh gegenüber Lt. John J. Sweeney, 11. März 1932, NJSP.
5. Aussage von Anne M. Lindbergh gegenüber John J. Sweeney und Hugh Strong, Polizei Newark, 13. März 1932, NJSP.
6. Cpl. Joseph A. Wolf: »Major Initial Report«, 1. März 1932, NJSP.
7. Das Originalschreiben befindet sich im Besitz der New Jersey State Police. Eine Kopie findet sich in J. Vreeland Haring: *The Hand of Hauptmann.* Hamer, Plainfield, N. J., 1937, S. 16.
8. Daniel J. Boorstin: *Hidden History.* Harper & Row, New York, 1987, S. 293.
9. »Summary Report re Unknown Subjects« (62-3057), S. 51, 52, 106, FBI.
10. Ebd., S. 112–122.

14. DER »INNERE KREIS«

1. »Summary Report«, S. 142–143, FBI. Die Wiedergabe von Pratts Anruf bei Donovan entstammt einem von H. Norman Schwarzkopf bei einer FBI-Konferenz am 13. Mai 1932 abgegebenen Bericht; Donovan und Thayer lieferten unterschriebene Aussagen ab, in denen sich weitere Informationen über den 17. Jan. 1934 finden. Die Zitate in diesem Abschnitt sind – wenn nicht mit gesonderten Fußnoten versehen – aus FBI-Akten. In wenigen Fällen hat die Autorin schriftlich festgehaltene Gespräche in direkte Rede gesetzt, es wurden jedoch keine Dialoge oder Ereignisse erfunden.
2. Laura Vitray: *The Great Lindbergh Hullabaloo.* William Faro, New York, 1932.

3. Anne Morrow Lindbergh: *Hour of Gold, Hour of Lead,* S. 231 (*Stunden von Gold – Stunden von Blei,* S. 218).
4. Haring: *The Hand of Hauptmann,* S. 27–28. Haring druckt sämtliche Lösegeldschreiben ab. Es ist oft nicht einfach zu unterscheiden, ob es sich um eine schludrige Handschrift oder tatsächliche Rechtschreibfehler handelt. Die Autorin folgt bis auf wenige Ausnahmen Harings Interpretationen.
5. Ebd., S. 35–36.
6. Evalyn Walsh McLean: *Father Struck It Rich.* Little Brown, Boston, 1936, S. 251. Siehe auch McLeans Artikel in *Liberty,* 2. Juli 1938.
7. Land: *Winning the War with Ships,* S. 141.
8. Am selben Tag hatte Betty Morrow einen Abstecher nach Washington gemacht, um an einer Versammlung des Verwaltungsrats des YMCA teilzunehmen. Später wurde berichtet, sie habe sich persönlich mit Ogden Mills getroffen und ihn um eine eventuelle Kaution für Capone gebeten. Die Lindberghs stritten dies verärgert ab.
9. William J. Slocum: *The Tax Dodgers.* Greenberg Publishing Co., New York, 1948, S. 69.

15. JAFSIE

1. Leo Braudy: *The Frenzy of Renown.* Oxford University Press, New York, 1986, S. 23.
2. Ein Freund erzählte Condon später, dasselbe Symbol sei auf Zielscheiben gedruckt gewesen, die deutsche Soldaten im Krieg benutzt hatten, die wohl beste Erklärung für den Ursprung des Symbols.
3. John F. Condon: *Jafsie Tells All.* Jonathan Lee, New York, 1936, S. 29.
4. Ebd., S. 72 ff. Laut Condons späteren Aussagen in den FBI-Akten behauptete Graveyard John auch, er handle im Auftrag eines ungenannten Regierungsbeamten: »In diesen Fall ist ein sehr hoher Mann verwickelt – einer der klügsten.«
5. 1932 wurde die Post zweimal pro Tag ausgeliefert, und der Poststempel gab Zeit wie auch Datum an. Condon vertraute seinen Verdacht mit dem Schlafanzug später einem Journalisten an.

6. Der in Italien geborene Berritella war früher Schuster und bezeichnete sich selbst als »göttlichen Wunderheiler«. Der Agent Frank Wilson (später unter Roosevelt Chef des Secret Service) verdächtigte Berritella als den »dunkelhäutigen« Mann, den Al Reich außerhalb des Friedhofs Woodlawn gesehen hatte. Auf Mary Cirrito traf die allgemeine Beschreibung der »Geigen-Interessentin« zu. Am Tag, nachdem Berritella und Cirrito in Princeton gewesen waren, zahlte der Italiener 35 Dollar und im Verlauf der folgenden Wochen noch einige Male 25 Dollar auf sein Bankkonto ein. Als Wilson am 11. November 1933 seinen Abschlußbericht über den Fall schrieb, war es ihm jedoch nicht gelungen nachzuweisen, daß einer der beiden etwas vom Lösegeld erhalten hatte.

   Rückblickend scheint es fast unglaublich, daß Berritella und Cirrito – für die Behörden die einzigen Verbindungsleute zu dem Verbrechen – nicht weiter verfolgt wurden. Die Behörden von New Jersey waren nicht zuständig. Das New York Police Department konnte Berritella erst verhören, nachdem Owney Madden ihn getroffen hatte, und zudem schloß sich die New Yorker Polizei anscheinend dem Glauben der Ermittlungsbeamten in New Jersey an, das Paar würde für Rosner arbeiten. Unterdessen wurde Frank J. Wilson, der für die Überprüfung der beiden verantwortlich war, der Fall im Sommer 1932 offiziell entzogen, nachdem die Untersuchung dem FBI übertragen wurde. Es vergingen einige Monate, bis die neuen Ermittler an dem Paar interessiert waren und dessen Besuch in Princeton als »einen wichtigen Hinweis« erkannten, dem das NYPD nicht nachgegangen war.
7. Slocum: *The Tax Dodgers*, S. 75.
8. Mrs. Lindbergh spielt in *Hour of Gold, Hour of Lead (Stunden von Gold – Stunden von Blei,* S. 204) auf diesen Vorfall an, beschreibt Garsson jedoch als »einen städtischen Beamten«. Ireys Bericht ist etwas vollständiger. Garsson wurde später in einem anderen Fall vor Gericht der Bestechung eines Kongreßabgeordneten überführt.
9. Curtis' Geschichte, der Junge würde auf einem Boot festgehalten, erschien zum erstenmal einige Tage nach der Entführung und inspirierte zweifellos Graveyard John zu einer ähnlichen Behauptung.
10. In dem außergewöhnlichen Umstand, daß Condon den Kidnap-

per ausgerechnet mit seinem eigenen Namen, John, belegte, sahen einige Ermittlungsbeamte einen Wink, daß die beiden Komplizen waren. Condons Erklärung hierzu bleiben mysteriös – »Es ist nicht einfach, mit Dr. Condon zu sprechen«, beklagte sich der Verfasser eines FBI-Berichtes. Aber auch Curtis hieß mit Vornamen John, und vielleicht war der Deckname ursprünglich die Idee des Kidnappers – ein plumper Versuch, den Verdacht auf Curtis zu lenken.

11. Anne Morrow Lindbergh: *Hour of Gold, Hour of Lead,* S. 240 (*Stunden von Gold – Stunden von Blei,* S. 227).
12. Autopsiebericht sowie Polizeiberichte über die Entdeckung und ein Tonbandinterview mit Walter Swayze, s. NJSP.
13. Bericht über ein Interview mit Pat Candido von George Foster an Harold Hoffman, 24. Febr. 1936, NJSP.
14. Lindbergh: *Autobiography of Values,* S. 140 (*Stationen meines Lebens,* S. 173–174). Lindbergh widmet der Entführung nicht einmal zwei Seiten – er erwähnt nie den Namen des Mörders –, erinnert sich jedoch verbittert dieser Zeit.
15. *New York Times,* 18. Mai 1932, S. 1. Vgl. auch Lloyd Fisher: »The Case New Jersey Would Like to Forget«, *Liberty,* 1., 8., 15., 22., 29. Aug. und 5. und 12. September 1932.

16. DAS LEBEN IST SO TRAURIG GEWORDEN

1. Charles Lindbergh schrieb später in sein Tagebuch, erst Jahre später – als seine Frau ihm ihre alten Tagebücher zu lesen gab – hätte er erfahren, wie zutiefst unglücklich sie in dieser Zeit gewesen war. Hätte er das gewußt, fügte er hinzu, wäre er schon viel früher mit ihr ins Ausland gezogen.
2. J. E. Seykora: »Unknown Subjects«, 10. Mai 1934, lfd. Nr. 7-1-3760; siehe auch Seykora, 13. April 1934, FBI.
3. Ebd.
4. »Summary Report«, FBI.
5. Anne Morrow Lindbergh: *Hour of Gold, Hour of Lead,* S. 273 (*Stunden von Gold – Stunden von Blei,* S. 259).
6. Die Polizei wußte nicht, was sie gegen Curtis vorbringen sollte, da er Lindbergh nie tatsächlich um Geld gebeten hatte, und nach dem Gesetz in New Jersey war eine Falschaussage vor der

Polizei kein Verbrechen. Der Ankläger Anthony Hauck gab sich größte Mühe, darauf hinzuweisen, daß Curtis Kontakt zu den eigentlichen Lindbergh-Entführern gehabt und die Polizei über deren Aufenthaltsort im unklaren gelassen hatte. Die Geschworenen sprachen ihn schuldig, aber Haucks seltsame Argumentation warf kein gutes Licht auf das Rechtssystem in New Jersey. Für die beste Darstellung des Falls Curtis und seine Behandlung durch die Anklage siehe Jim Fisher: *The Lindbergh Case*, Rutgers University Press, New Brunswick, N. Y., 1987.

7. Erinnerungen von Marjorie Nicolson, S. 316–320, COH.
8. Lamont: *The Thomas Lamonts in America*, S. 128.
9. Theodore I. Malinin: *Surgery and Life: The Extraordinary Career of Alexis Carrel*. Harcourt Brace Jovanovicj, New York, 1979, S. 111.
10. Die Zitate von Carrel stammen aus seinen Unterlagen; siehe Box 37, Akte 5 und 6, und Box 38, Akte 1, GU. Die vielleicht beste populärwissenschaftliche Darstellung über die Zusammenarbeit zwischen Carrel und Lindbergh – wenn auch beide Vorbehalte hinsichtlich seiner Genauigkeit hatten – schrieb Arthur Train: »More Will Live«, *Saturday Evening Post*, 23. Juli, S. 5–7, 67–70.

17. EINMAL UM DEN NORDATLANTIK HERUM

1. Harold Nicolson: *Diaries and Letters: 1930–1939*, hg. v. Nigel Nicolson. Atheneum, New York, 1966, S. 131–132 (*Tagebücher und Briefe 1930–1962* in zwei Bänden. Erster Band: *1930–1941*. Fischer Verlag, Frankfurt a. M., 1969, S. 123).
2. Anne Morrow Lindbergh: *Locked Rooms and Open Doors. Diaries and Letters, 1933–1935*. Harcourt Brace Jovanovich, New York, 1974, S. 13 (*Verschlossene Räume offene Türen. Jahre der Besinnung*. Piper, München, 1975, S. 36).
3. Dudles D. Shoenfeld: *The Crime and the Criminal: Psychiatric Study of the Lindbergh Case*. Covici-Friede, New York, 1936, S. 46.
4. Leigh Matteson hatte seinen Bericht über das Treffen direkt von Shoenfeld; siehe Mattesons unveröffentlichtes Manuskript, S. 114, NJSP.

5. »Summary Report«, S. 233, FBI.
6. Zu diesem Zeitpunkt hatte das NYPD unter der Leitung von Lieutenant Finn und Inspector John J. Lyons 23 Detectives und fünf Sergeants diesem Fall zugeteilt; die New Jersey State Police setzte vier Polizisten und 13 Detectives unter Lieutenant Keaton und Captain John J. Lamb ein. Zu Elmer Ireys Ärger hatte man der Finanzbehörde offiziell die Verantwortung entzogen, aber Frank Wilson und andere arbeiteten weiter mit dem NYPD zusammen. In New York und New Jersey arbeiteten 13 Special Agents vom FBI an dem Fall. Weitere Agenten in anderen Außenstellen verbrachten endlose Stunden damit, Hinweise von Bürgern zu prüfen, die glaubten, daß Radikale, ausländische Spione oder sogar ihre eigenen Nachbarn in das Verbrechen verwickelt waren. Diese undankbare Aufgabe brachte viele Agenten zu der Überzeugung, daß Hauptmann allein gehandelt hatte. Diese Ansicht vertraten sie der Zentrale gegenüber in zahllosen Memos.
7. Daley: *An American Saga,* S. 129. Siehe auch John Grierson: *Challenge to the Poles: Highlights of Arctic and Antarctic Aviation.* Foulis, London, 1964, in dessen Anhang man Lindberghs offiziellen Bericht findet.
8. McCullough-Interview, A & S. Den Aufenthalt der Lindberghs auf Grönland beschreibt Anne Lindbergh ausführlich in ihrem Artikel »Flying Around the North Atlantic«, *National Geographic,* Sept. 1934, S. 2537–2559.
9. Anne Morrow Lindbergh: *Locked Rooms and Open Doors,* S. 89–90 (*Verschlossene Räume offene Türen,* S. 129).
10. Grierson: *Challenge to the Poles,* S. 325.
11. Anne Morrow Lindbergh: *Listen! the Wind.* Harcourt Brace, New York, 1938, S. 230 (*Wind an vielen Küsten.* Überarb. Neuausgabe, 3. Aufl., Piper, München, 1987 [1939], S. 175).
12. McCullough-Interview, A & S.
13. *New York Times,* 12. Feb. 1934, S. 1.
14. Ebd., 4. März 1934, S. 3. Für den Hintergrund zu der Kontroverse und Lindberghs Aussage vor dem Senat siehe Henry Ladd Smith: *Airways: The History of Commercial Aviation in the United States.* Russell & Russell, New York, 1965, Kapitel 13 bis 21, und Arthur M. Schlesinger jr.: *The Coming of the New Deal.* Boston Houghton Mifflin, Boston, 1958, S. 446–455.
15. Lindberghs eigene Darstellung der Kontroverse in *Autobiogra-*

phy of Values (Stationen meines Lebens, S. 175) zeigt, daß seine Einschätzung in den 60er Jahren noch genauso naiv war wie 30 Jahre zuvor: »Ich kannte viele der Leute, die damals an dieser Konferenz teilgenommen hatten. Keiner von ihnen war ein Gesetzesbrecher. Sie waren von einem Regierungsmitglied der Vereinigten Staaten aufgefordert worden, an einem Zusammentreffen in Washington teilzunehmen ... Es gab zu viele Parallelrouten, und die Fluggesellschaften verloren deshalb Geld.«

18. UNBEKANNTES SUBJEKT NR. 5

1. Henry Carl Leipolds Selbstmord geschah in Arthursburg, Dutchess County, New York, am 20. August 1933.
2. Fisher: *The Lindbergh Case,* S. 188.
3. Manuskript Matteson, S. 132.
4. Siehe Leon Turrou: *Where My Shadow Falls.* Doubleday, Garden City, N. Y., 1949, S. 127.
5. *New York Times,* 24. Sept. 1934.
6. Mrs. Hauptmanns Entschluß, sich an Whitney zu wenden, gefiel ihrer Cousine Wally Freirmuth keineswegs. Wally war seine zweite Frau, und sie beschrieb ihren Mann der Polizei gegenüber als »Ratte«. »Bericht von Sgt. John Wallace«, 4. Dez. 1934, NJSP. Whitneys Angebot, seine Lösung des Falles zu verkaufen, wurden dem FBI von Redakteuren des *Herald Tribune* und der *Daily News* gemeldet. Interessanterweise stammte die Geschichte von jemandem, der später im Prozeß auch einen Alibizeugen für Hauptmann vermittelte.
7. »Aussage der Anna Hauptmann gegenüber Ellis Peters jr.«, 20. Apr. 1935, NJSP.

19. FAST SOWEIT, HITLER EIN TELEGRAMM ZU SCHICKEN

1. Interview der Autorin mit Maurice Sendak. Für einen Roman, der die Identifikation mit dem Lindbergh-Baby thematisiert, siehe John Vernon: *Lindbergh's Son*, Viking, New York, 1987.

2. Hintergrundinformationen sowohl zu Flemington in diesem Teil als auch verschiedene Zeitungszitate stammen hauptsächlich aus einem Band mit Zeitungsausschnitten der Hunterdon County Historical Society. Einige Ausschnitte sind undatiert, oder es fehlen die Seitenzahlen, H.C.
3. *New York Times,* 3. Jan. 1935, S. 4.
4. *New York Journal,* 26. Jan. 1935.
5. Undatierter Ausschnitt, H.C.
6. *Sunday Mirror,* 6. Jan. 1935.
7. John F. Tyrrell, ein Experte der Anklage, legte unbeabsichtigt die Grundlage für spätere Verschwörungstheorien, indem er die zittrigere, schrägere Handschrift des sogenannten Kinderzimmer-Briefes als »übertrieben verstellt« bezeichnete. In Wahrheit hatte der Entführer keinen Grund, seine Handschrift in diesem Brief oder einem der anderen zu verstellen, da das erfolgreiche Kassieren des Lösegeldes davon abhing, ob er die Eltern davon überzeugen konnte, daß die Briefe zwei bis achtzehn von derselben Person stammten, die den Kinderzimmer-Brief geschrieben hatte. Eine Untersuchung der Briefe stützt ebenfalls nicht die Schlußfolgerung, daß die Handschrift des ersten Briefes absichtlich verstellt war. Wahrscheinlicher ist, daß dieser Brief in großer Eile und unter nervlicher Anspannung und/oder schwierigen physischen Bedingungen verfaßt wurde (zum Beispiel, indem ein Werkzeugkasten als improvisierter Schreibtisch diente). In jedem Fall stimmen die Syntax, das Wiedererkennungssymbol und sogar Papier und Tinte mit denen in den nachfolgenden Briefen überein.
8. Hugo Adam Bedau und Michael L. Radelet: »Miscarriages of Justice in Potentially Capital Cases«, *Stanford Law Review,* 40 (1987), S. 21.
9. Lupica behauptete außerdem, der Wagen, den er gesehen hatte, sei ein 1929er Dodge gewesen. Als Autofan erkannte er es am Kühlergrill und den Verzierungen an der Motorhaube. Die Anklage, die sich auf die Anmeldeunterlagen des Staates New York berief, hielt Hauptmanns Dodge für ein 1930er Modell. Interessanterweise wird der Wagen in den Akten des FBI abwechselnd als 1929er, 1930er und selbst als 1931er Dodge bezeichnet. Ein ähnliches Durcheinander herrscht in den Primär- und Sekundärquellen, was die Farbe angeht: Ludovic Kennedy bezeichnet den Dodge in *The Airman and the Carpen-*

ter – Viking, New York, 1985 – als dunkelblau (S. 75) oder grün (S. 76). Hauptmann kaufte den Wagen 1931 »neu« von einem Händler, ließ ihn aber als 1930er Modell eintragen. Während der Streit um die Farbe ein semantisches Problem zu sein scheint, ist es doch möglich, daß das Fahrzeug einige für die normale 1930er Limousine untypische Merkmale hatte.

10. Biographische Informationen zu Hauptmann stammen aus seiner Aussage gegenüber Lloyd Fisher am 6. Dez. 1934, aus Polizeiverhören am 19. und 20. Sept. beim NJSP und aus dem Prozeßprotokoll, FBI.
11. Stenographen gaben Deibischs Namen abwechselnd mit Deibig, Diebeg und Irish an. Zu Lena Aldingers Hintergrund siehe J. Meades Memos vom 20. Nov. und danach, NJSP.
12. Aussage von Clayton Moul, 24. Sept. 1934, Nr. 7-1-4636, FBI.
13. Quellen waren zwei Bekannte von Fisch, Oskar Bruchman und Henry Uhlig. Uhlig sagte, er habe die Geschichte von einem ungenannten Privatdetektiv gehört. Viele Jahre später hatte der Autor Anthony Scaduto Kontakt zu einem Mann namens Arthur S. Trost, der diese Geschichte bestätigte. Seltsamerweise wies Scaduto die Möglichkeit zurück, daß Fisch Geld für seinen Freund Bruno Hauptmann gewaschen haben könnte.
14. »Aussage von James B. Russell«, 5. Okt. 1934, Nr. 7-1-5096, FBI.
15. »Eidesstattliche Aussage von Anna Hauptmann gegenüber Ellis Parker jr.«, 20. April 1935, NJSP. Ein weiterer Bericht dazu findet sich in Anthony Scaduto: *Scapegoat: The Lonesome Death of Bruno Richard Hauptmann*, Putnam's, New York, 1976, S. 429.
16. *New York Times*, 27. Dez. 1946.
17. Die Anekdote ist nicht belegt, aber zum Hintergrund des Mordfalles Lonergan siehe Meyer Bergers Essay »Mom, Murder Ain't Polite«, in *Treasury of Brooklyn*, hg. v. Mary Ellen Murphy, Mark Murphy und Ralph Foster Weld, William Sloane, New York, 1949. Berger merkt an, daß irische Geschworene in Brooklyn üblicherweise nicht dazu neigten, ihre eigenen Leute zu verurteilen, was Reilly in die Lage versetzte, »in Irishtown als Retter unterdrückter Revolverhelden und schöner Frauen mit mörderischen Neigungen berühmt zu werden«.
18. Manuskript Matteson, S. 160, NJSP. Fisher: *The Lindbergh Case*, S. 327.

19. *New York Times,* 7. Okt. 1932.
20. Eine mögliche Antwort auf diese Frage war, daß Hauptmann in den Wochen nach der Entführung nur einen einzigen Ausflug unternommen hätte, und zwar die Fahrt nach New Jersey, um den Schlafanzug abzuholen. Es gibt keinen Beleg dafür, daß die Jury zu dieser Schlußfolgerung kam, aber der Geschworene Philip Hockenberry sagte später, man hätte sich über Annes Reaktion auf Achenbachs Aussage unterhalten. Manche glaubten, sie hätte geschauspielert, und es sei ein fehlgeschlagener Versuch gewesen, die verletzte Unschuld zu mimen. Andere nahmen an, daß sie wütend war, weil eine alte Bekannte im Sinne der Anklage aussagte.
21. Paul Hutchinson: »Trial by Newspaper«, *Scribner's Magazine,* Jan. 1936, Ausschnitt ohne Seitenangabe, NJSP.

20. DAS HAUS DES ATREUS

1. Das Gespräch mit Mina Curtiss findet sich in Nicolson an Sackville-West, 27. Sept. 1934. Zu Nicolsons Beschreibungen der Morrows und Next Day Hills siehe die Briefe vom 22. Sept. und 1. Okt. 1934, Papiere Sackville-West, LL.
2. Nicolson an Sackville-West, 30. Sept. 1934, ebd.; diese Passage erscheint auch in Nicolson: *Diaries and Letters,* S. 180–181 (*Tagebücher und Briefe I,* S. 164).
3. Die Zitate im vorangegangenen Absatz stammen vom 5. Oktober, 9. Nov., 30. November, 30. Sept., 14. Okt., Papiere Sackville West, LL.
4. 10. Juli 1935, ebd.
5. 31. Okt. und 13. Okt., ebd.
6. 1. Okt., ebd.
7. vgl. 6. Nov., ebd.
8. 25. Nov., ebd.
9. Nicolson: *Diaries and Letters,* S. 196–197 (*Tagebücher und Briefe I,* S. 175).
10. *New York Times,* 23. Febr. 1935, S. 18.
11. Memorandum vom 6. Aug. 1968, S. 38, LC.
12. Abschrift und ein Ausschnitt des Interviews mit Anne New im *Cosmopolitan* 1936 stammen aus Box 37, Akte 6 von Dr. Car-

rels Papieren, GU; siehe auch *New York Times,* 18. Sept. 1935, S. 25.

13. Anne Morrow Lindbergh: *Locked Rooms and Open Doors,* S. 323 (*Verschlossene Räume offene Türen,* S. 375).
14. Roger Butterfield »Lindbergh: A Stubborn Young Man of Strange Ideas Becomes the Leader of the Wartime Opposition«, *Life,* 11. Aug. 1941, S. 65. Butterfield gibt für dieses Zitat keine Quelle an; möglicherweise stammte es von Deac Lyman, den Korrespondenten der *New York Times,* der wenige Tage vor Lindberghs Abreise aus den Vereinigten Staaten ein Interview mit ihm machte. Lindbergh bezeichnet das Zitat in einem unveröffentlichten Memorandum als »unkorrekt«, ein Wort, das in seinem Vokabular weit weniger als »unwahr« bedeutete. Siehe Lauren D. Lyman »Lindbergh Family Sails for Europe«, *New York Times,* 23. Dez. 1935, S. 1 und 3.
15. Fisher: *The Lindbergh Case,* S. 409.
16. Zu Liebowitz' Interview mit Hauptmann siehe Quentin Reynold: *Courtroom: The Samuel S. Liebowitz Story.* Farrar Straus, New York, 1950, S. 330–334.
17. Ein entfernter Verwandter von Paul Wendel glaubte, die Familie sei durch ein Komplott der Familie Astor, der Morgan-Bank und der Drew University um eine Erbschaft betrogen worden. Dieser andere Wendel war zeitweilig Mitglied der »Freunde des Neuen Deutschland« und berüchtigter Verfasser versponnener Briefe an Roosevelt und andere. Es gibt keinen Beweis dafür, daß Paul Wendel diese Wahnvorstellungen teilte, aber Ellis Parker, der sein Opfer seit Jahren kannte, hatte vielleicht die Möglichkeit gesehen, auf diese Weise ein Motiv aufzubauen. Siehe Paul H. Wendel: *The Lindbergh-Hauptmann Aftermath.* Loft, Brooklyn, N. Y., 1940.
18. Carrels Aussagen gegenüber Freunden und Zeitungskorrespondenten wurden in einer Geschichte des Hearst-Kommentators Lew Wedemann vom 10. Okt. 1936 zitiert. Als Wedeman Carrel bat, seine Aussage zu bestätigen, sagte Carrel: »Sollte sich Colonel Lindbergh entschließen, das Amt des Präsidenten anzustreben, wird man ihn sicher wählen.« Carrel Papers, Box 42, Akte 19, GU.

21. EXIL

1. Anne Morrow Lindbergh, *The Flower and the Nettle: Diaries and Letters, 1936–1939.* Harcourt Brace Jovanovich, New York, 1975, S. 124–126 (*Blume und Nessel. Jahre in Europa.* Piper, München, 1984, S. 95–97).
2. Malinin: *Surgery and Life,* S. 149.
3. Nicolson an Sackville-West, 6. Mai 1936, Papiere Sackville-West, LL.
4. Sackville-West an Nicolson, 2. Sept. 1936; 7. Dez. 1937; 14. Juni 1938, ebd.
5. Anne Morrow Lindbergh: *The Steep Ascent.* Harcourt Brace, New York, 1944, S. 59, 96–97 und pass. (*Die Gefährtin.* Tübingen, 1956).
6. Truman Smith, *Berliner Alert,* hg. v. Robert Hessen. Hoover Institution, Stanford, Kalif., 1984, S. 89–90.
7. Ebd., S. 92.
8. William L. Shirer: *Berlin Diary: The Journal of a Foreign Correspondent, 1939–1941.* Little Brown, Boston, 1940, S. 65 (*Berliner Tagebuch. Aufzeichnungen 1934-41.* Kiepenheuer, Leipzig, Weimar, 1991, S. 68). Shirer schreibt außerdem (S. 64 [S. 67], daß die Lindberghs während ihres Besuchs eine Begegnung mit der amerikanischen Presse aus dem Weg gegangen waren. Diese setzte normalerweise Besucher über das Regime in Kenntnis, und er fügt hinzu: »Wir haben sie wegen eines Interviews nicht bedrängt.«
9. Wayne S. Cole: *Charles A. Lindbergh and the Battle Against American Intervention in World War II.* Harcourt Brace Jovanovich, New York, 1974, S. 38.
10. Ebd., S. 34–38.
11. Nicolson an Sackville-West, 10. Dezember 1936, Papiere Sackville-West, LL; siehe auch Nicolson: *Diaries and Letters: 1930–1939,* S. 183 (*Tagebücher und Briefe,* S. 226–227).
12. Charles Lindbergh: *The Wartime Journals of Charles A. Lindbergh.* Harcourt Brace Jovanovich, New York, 1970, S. 12 (*Kriegstagebuch 1938–1945,* Molden, Wien, München, Zürich, 1972, S. 20–21).

22. VERHANDLUNGEN IN BERLIN

1. General James H. (»Jimmy«) Doolittle: *I Could Never Be So Lucky Again.* Bantam, New York, 1991, S. 26–29.
2. Sackville-West an Nicolson, 24. Mai 1938, Papiere Sackville-West, LL.
3. Anne Morrow Lindbergh: *The Flower and the Nettle,* S. 336 (*Blume und Nessel,* S. 220).
4. Slim an Land, 9. Dez. 1938, Box 6: Lindbergh Material, Papiere Emory Scott Land, LC.
5. Davis: *The Hero,* S. 378-389.
6. Smith: *Berlin Alert,* S. 30.
7. Lindbergh: *The Wartime Journals,* S. 137 (*Kriegstagebuch,* S. 76).
8. Leonard Mosley: *Lindbergh: A Biography.* Doubleday, Garden City, N. Y., 1976, S. 240.
9. Paradoxerweise wurde dieses Projekt in manchen Kreisen als der »Kennedy-Plan« bekannt. Ursprünglich war Kennedy gegen Rublees Bemühungen und bekam erst später damit zu tun. Rublee-Interview, COH; siehe auch Richard J. Whalen: *The Founding Father: The Story of Joseph P. Kennedy.* NAL, New York, 1964, S. 253–256 (*Der Kennedy-Clan: Joseph P. Kennedy und seine Söhne.* Düsseldorf, 1965).

23. AMERICA FIRST

1. Land an Slim, 17. Aug. 1938, Box 6: Lindbergh-Material, Papiere Emory Scott Land, LC.
2. Carrel an Morgenthau, Mai 1939, Box 42, Akte 19, Papiere Carrel, GU.
3. Lindbergh: *The Wartime Journals,* S. 183 (*Kriegstagebuch,* S. 112–113).
4. Ebd., S. 187 (S. 115).
5. E. P. Earle an Carrel, 14. Mai 1935, Box 75, Sec. 311, Papiere Carrel, GU.
6. Prospekt vom 7. Juli 1939, ebd.
7. James Newton: *Uncommon Friends.* Harcourt Brace Jovanovich, San Diego, 1987, S. 215.

8. Neal Gabler: *An Empire of Their Own.* Anchor, Garden City, N. Y., 1989, S. 338.
9. Ebd., S. 256.
10. Dieses Angebot wird erwähnt von Newton: *Uncommon Friends,* S. 212, und auch in Lindberghs *Wartime Journals (Kriegstagebuch,* S. 136–137).
11. Lindbergh: *Wartime Journals,* S. 271 (*Kriegstagebuch,* S. 146).
12. Charles Lindbergh an Nute, 24. März 1938, Papiere Nute, MHS. In *Autobiography of Values (Stationen meines Lebens)* deutet Lindbergh an, ein erstes Bewußtsein für Rassenunterschiede habe ihm seine Mutter vermittelt.
13. Ein gutes Beispiel ist John Lardners hochgelobter Essay »The Lindbergh Legends«. Lardner behauptet tatsächlich, Lindbergh sei ein Feigling, weil er als Luftpostpilot bis zum letzten Augenblick gewartet hatte, bevor er aus einer flugunfähigen De Havilland sprang. Tatsächlich wurmte ihn, daß Lindbergh nach seinem Besuch 1937 kein gutes Wort für die Sowjetunion gefunden hatte.
14. Emory Land an »Schwester« (Dolly DeKay), 16. Okt. 1939, Box 27: Family Correspondence, 1927–1971, Papiere Emory Scott Land, LC.
15. Chernow: *The House of Morgans,* S. 446.
16. Lindbergh: *Wartime Journals,* S. 279 (*Kriegstagebuch,* S. 148).
17. Lawrence Dennis, »Propaganda for War«, *American Mercury,* Mai 1938, S. 7.
18. Anne Morrow Lindbergh: *The Wave of the Future: A Confession of Faith.* Harcourt Brace, New York, 1940, S. 15–16, 37.
19. Land an Anne Morrow Lindbergh, 14. Okt. 1940, Box 27, Papiere Emory Scott Land, LC.
20. Anne Morrow Lindbergh: *War Within and Without, Diaries and Letters, 1939–1944.* Harcourt Brace Jovanovich, New York, 1980, S. 183 (*Welt ohne Frieden. Tagebücher 1939–1944.* Piper, München, Zürich, 1986, S. 187–188).
21. Scandrett an Mrs. Lindbergh, 22. Jan. 1941, Franklin D. Roosevelt, Papiers as President, President's Personal File, 1933–1945, 1080, Akte: Lindbergh. FDR.
22. John Roy Carlson: *Under Cover.* E. P. Dutton, New York, 1943, S. 465.
23. Hoover schrieb General Lindbergh zu Evangelines Tod 1954 einen Beileidsbrief. Ein Zettel, der an diesen Brief geheftet war,

weist darauf hin, daß man erst 1953, als sich Lindbergh um eine Unbedenklichkeitserklärung bemühte, aktiv Ermittlungen zur Prüfung seines Hintergrunds aufgenommen hat. Was Hoover mit diesem Aktenvermerk bezweckte, bleibt ungewiß.

24. Millicent Bell: *Marquand: An American Life.* Atlantic Monthly Press, Boston, 1979, S. 295–297.
25. Flynn an Lindbergh, 21. Sept. 1941, zitiert in Ronald Radosh: *Prophets on the Right.* Simon & Schuster, New York, 1975, S. 224.
26. Memo vom 5. Aug. 1968, Lindbergh-Papiere, LC.
27. Edward A. Tamm: »Memorandum for the Director«, 13. Dez. 1941, FBI. Nach früheren Berichten aus der Ford-Fabrik hatte Tamm Agent Bugas in Detroit ersucht, Ford zu vernehmen. Er meldete: »Henry Ford erklärte Bugas, er habe eine Rede gehört, die Lindberg [sic] einige Abende zuvor gehalten hatte, und Ford gefiel einiges nicht, was Lindbergh über die Juden gesagt hatte. Daraufhin hatte er Lindbergh zu sich gebeten, um ihm seine Ansichten dazu mitzuteilen. Lindbergh war etwa vor vier Wochen da draußen.« Lindbergh erwähnt in *Wartime Journals* S. 553 (*Kriegstagebuch,* S. 259) seinen Besuch bei Henry Ford am 11. Nov. 1941, sagte aber nur, Ford und er hätten sich über »den Krieg und Trends in diesem Land« unterhalten. In späteren Einträgen läßt sich Lindbergh in seinem Tagebuch über Fords seltsame Theorien aus, darunter auch über Fords Besessenheit mit den Du Ponts.
28. Roosevelt, Papers as President, Official File, 1933–1945, 4330, FDR.

24. *KRIEG*

1. Kopien von beiden Versionen der Rede finden sich in Charles A. Lindberghs FBI-Akte.
2. Memorandum für Mr. Tolson, Ladd & Tamm, 12. Dez. 1941, 65-11449-115, Charles A. Lindberghs FBI-Akte.
3. Lindbergh: *Wartime Journals,* S. 580–581 (*Kriegstagebuch,* S. 273–274). Obwohl Lindbergh überzeugt davon war, daß Stimson auf Anweisung handelte, äußerte Stimson in einem Brief an den Präsidenten vom 13. Januar, daß Lindbergh – trotz

seiner vergangenen Tätigkeiten – »aus vollem Herzen« mit Roosevelts Haltung übereinstimme.

4. R. H. Simons, SAC, New Haven, an Hoover, 13. Nov. 1942, 65-11449-155; ebenso Hoover an L. M. C. Smith, 16. Dez. 1942, Lindbergh-Akte, FBI.
5. Anne Morrow Lindbergh: *War Within and Without*, S. 170–171 (*Welt ohne Frieden*, S. 174); Leonard Mosley: *Lindbergh*, S. 319–320.
6. Anne Morrow Lindbergh: *War Within and Without*, S. 419 (*Welt ohne Frieden*, S. 427).
7. Lindbergh: *Wartime Journals*, S. 892 (*Kriegstagebuch*, S. 431); Charles H. MacDonald: *Colliers*, 23. Feb. 1946, S. 26 ff. Dieser Artikel erschien auszugsweise auch in der Ausgabe vom 16. Feb. Einen ausgezeichneten Überblick über Lindberghs Zeit in Neuguinea – basierend auf Erinnerungen von Veteranen des Jagdgeschwaders – bietet Kapitel 6 von Ronald W. Yoshino: *Lightning Strikes: The 475th Fighter Group in the Pacific War 1943–1945*. Sunflower University Press, Manhattan, Kans., 1988.
8. Lindbergh: *Wartime Journals* (Kriegstagebuch, S. 523–524).
9. Für weitere Beiträge Lindberghs zur militärischen und kommerziellen Luftfahrt siehe Tom D. Crouch (Hg.): *Charles A. Lindbergh: An American Life*. National Air and Space Museum, Washington, D. C., 1977, insbesondere die Kapitel von Paul Ignatius, Richard Hallion und Judith L. Schiff. Lindbergh äußert sich dazu auch in seiner *Autobiography of Values (Stationen meines Lebens)*.
10. Charles A. Lindbergh: »Our Best Chance to Survive«, *Saturday Evening Post*, 17. Juli 1954; siehe auch Charles A. Lindbergh: »The Fourth Dimension of Survival«, *Saturday Review*, 27. Feb. 1954, S. 11–12.
11. Daley: *An American Saga*, S. 513.
12. Erinnerungen von Emory Scott Land, COH.

25. *DIE MEERJUNGFRAU UND DER ADLER*

1. Anne Morrow Lindbergh: *War Within and Without*, S. 407 (*Welt ohne Frieden*, S. 415).

2. Barbara Gamerikan: »Her Words, His Music«, *New York Times,* 24. Feb. 1985, Teil 1, S. 49; Anne Spencer Lindbergh: *The People in Pineapple Place.* Harcourt Brace Jovanovich, San Diego, 1982.
3. Gill: *Lindbergh Alone,* S. 129.
4. Anne Morrow Lindbergh: »The Journey, Not the Arrival Matters«, Nachdruck aus *Smith Alumnae Quarterly* (Aug. 1978), SS.
5. Sowohl für den Vergleich mit einem Spinnennetz als auch die Bemerkung zur »eigenen Stimme«, siehe ebd.
6. Corliss Lamont: *Yes to Life.* Horinzon Press, New York, 1981, S. 26.
7. Newton: *Uncommon Friends,* S. 312.
8. Dr. Logan beschäftigte sich mit Lindberghs Erlebnissen in Kenia, als er selbst in den 60er Jahren dort lebte. Er lehrt an der Wisconsin State University, an der Ben Koncellah Student war.
9. Cole: *Charles A. Lindbergh and the Battle Against American Intervention,* S. 81.
10. Lindbergh: *Autobiography of Values,* S. 272, 274 (*Stationen meines Lebens,* S. 356, 358).

26. NACH DEM SÜNDENFALL

1. Parfit: *Chasing the Glory,* S. 12.
2. In Keyhoes *Flying Saucers: Top Secret* (Putnam's, New York, 1960) werden Senator Goldwater und Carl Jung als NICAP-Mitglieder genannt, außerdem die Schauspielerin Gloria Swanson.
3. *New York Times,* 27. Juli 1972, S. 31.
4. Eisenhower: *Special People,* S. 134.
5. Elsie F. Mayer: *My Window on the World: The Works of Anne Morrow Lindbergh.* Archon, Hamden, Conn., 1988, S. 109; Anne Morrow Lindbergh: *Dearly Beloved.* Harcourt Brace & World, New York, 1962, S. 108–109, 148 und pass. (*Halte das Herz fest. Die Hochzeit.* Großdruckausgabe, Niemeyer, Hameln, 1993, S. 148, 203 und pass.).
6. Interview mit Francis Kellogg, New York, 19. März 1990.
7. Mosley: *Lindbergh,* S. 376.

8. Lowell Thomas jr. an die Autorin, 6. März 1990.
9. Mosley: *Lindbergh*, S. 375.
10. Edgar Needham: »Travels with Charlie«, *Esquire*, März 1971.
11. Nance-Interview.
12. John Nance: *The Gentle Tasaday*. Harcourt Brace Jovanovich, New York, 1975 (*Tasaday. Steinzeitmenschen im philippinischen Regenwald*. List, München, 1977). Die Beschreibung stammt aus einem schriftlichen Bericht, den Nance von Lindbergh erhalten hat.
13. Vgl. ebd. S. 235–236 (S. 169).
14. Ebd.

27. ZEUGEN

1. *Honolulu Star-Bulletin*, 27. August 1974, S. 6.
2. Newton: *Uncommon Friends*, S. 350.
3. Lindberghs Eintreten für den Anti-Interventionismus rief in St. Louis große Bestürzung hervor. Die Stadt war Heimat vieler Deutschamerikaner und Flüchtlinge vor dem Naziregime. Der Direktor der Historical Society war nicht sicher, ob seine Einrichtung die Lindbergh Collection richtig behandelte. Diese war von Miss Beauregard seit vielen Jahren nahezu wie ein Schrein gehütet worden. Miss Beauregards Nachfolgerin, die ehrenamtlich viel Zeit in eine enorme Sammlung von Erinnerungsstücken investiert hatte, wurde entlassen. Die strenge Haltung des damaligen Direktors zu America First nahm zweifellos Einfluß auf Lindberghs Entschluß, seine Unterlagen Yale zu vermachen.
4. Eisenhower: *Special People*, S. 139.
5. Anne Morrow Lindbergh: *War Within and Without*, S. 447 (*Welt ohne Frieden*, S. 455).
6. Siehe »Committee of Witnesses, New York«, Rundschreiben in der Sammlung der New York Public Library. Lieutenant Finns Reihe »How I Captured Hauptmann«, verfaßt von Thomas D. Curtin, lief in *Liberty* zwischen dem 12. Okt. und 23. Nov. 1935. Alan Hynds bekanntester Artikel zur Entführung erschien in *True*, März 1949. Siehe auch Anthony Scaduto: *Scapegoat*, S. 304–310 und Schlußkapitel.
7. *New York Times*, 11. Okt., Teil 2, S. 26; 15. Okt., Teil 2, S. 18;

20. Okt., Teil 2, S. 2; und 23. Nov., Teil 2, S. 2 – alle 1981; außerdem 5. Oktober 1991, Teil 2, S. 24.

8. Im selben Artikel behauptet Gregory, manche Zeitungen hätten ihren Nachruf auf Lindbergh schon geschrieben, »triefend vor menschlichen Geschichten, über die sich nicht streiten läßt«. Siehe John Gregory: »What's Wrong with Lindbergh?« *Outlook*, 3. Dez. 1931, S. 532–534.

STAMMBAUM DER FAMILIE LINDBERGH-LAND

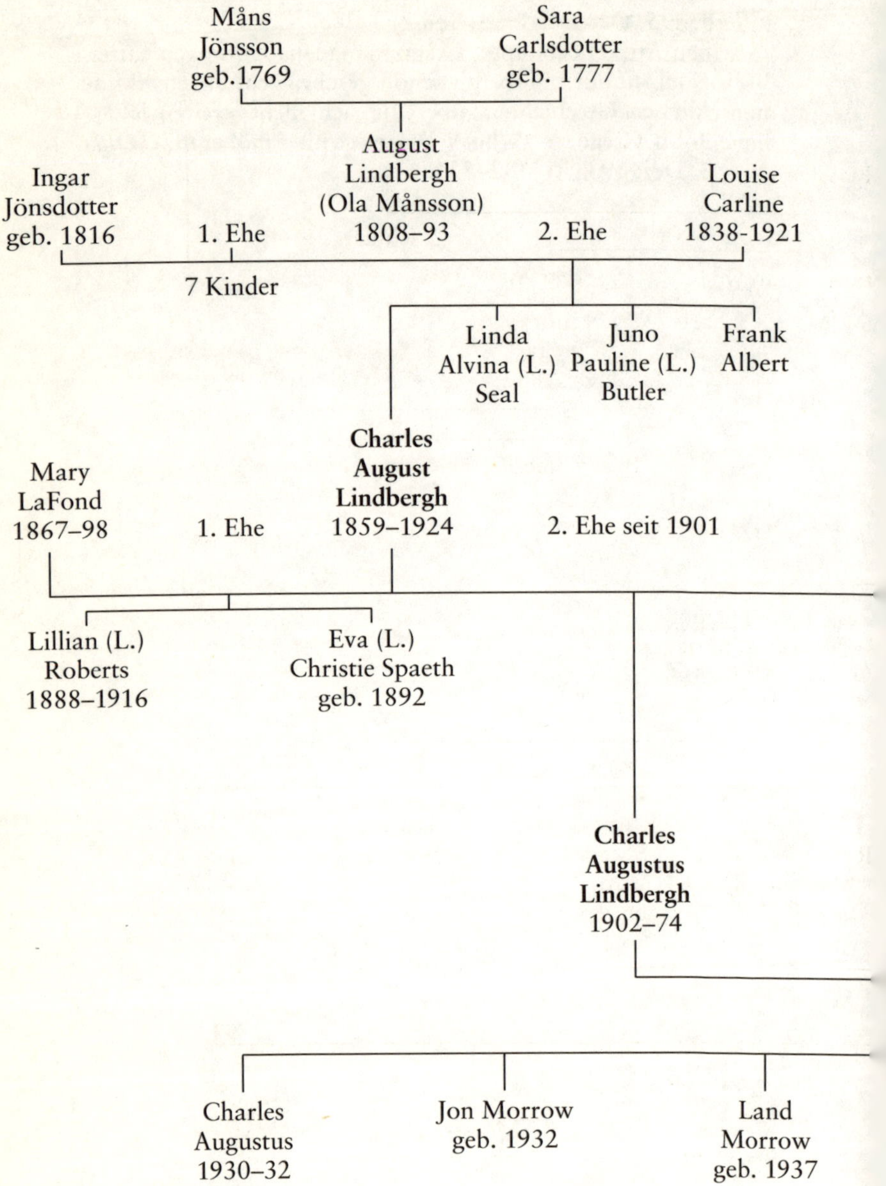

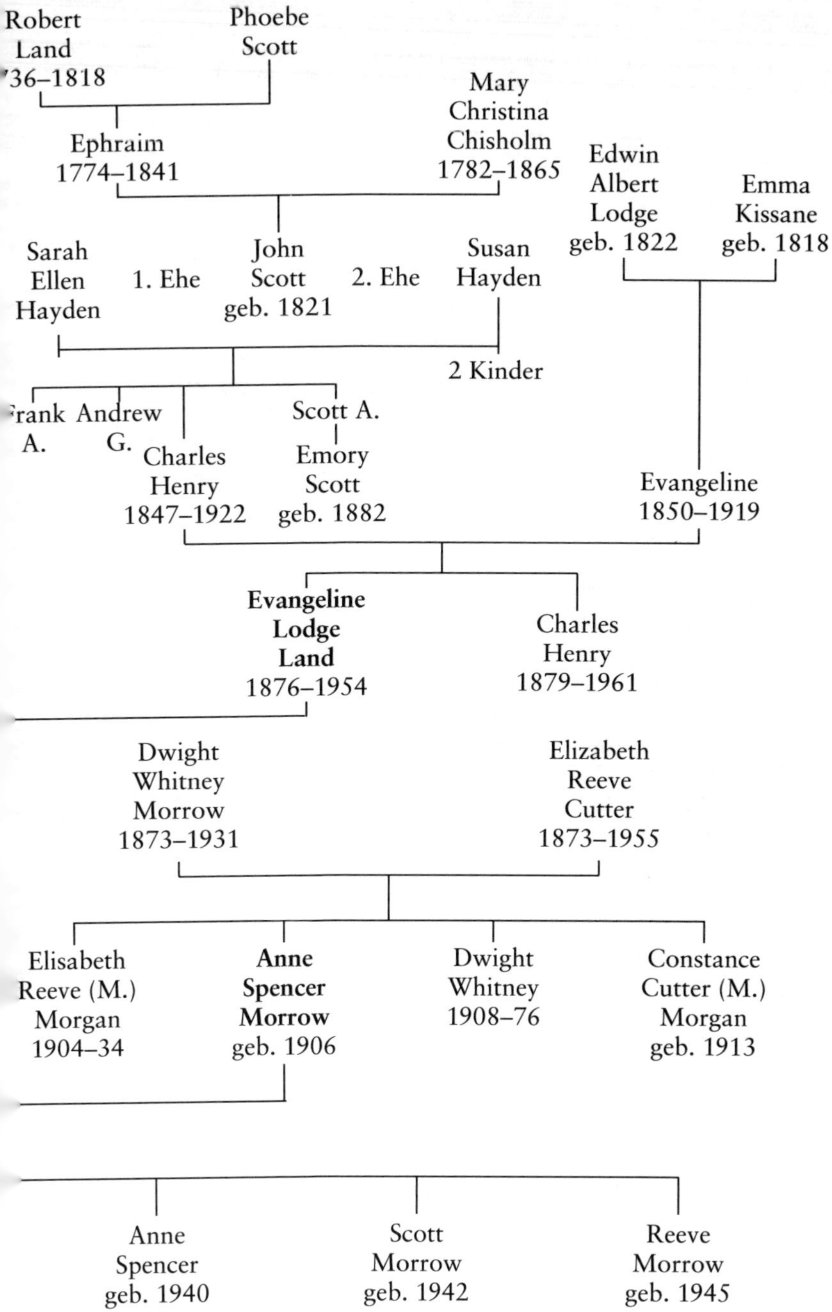

Robert Land
36–1818
Phoebe Scott
Ephraim 1774–1841
Mary Christina Chisholm 1782–1865
Sarah Ellen Hayden
1. Ehe
John Scott geb. 1821
2. Ehe
Susan Hayden
2 Kinder
Edwin Albert Lodge geb. 1822
Emma Kissane geb. 1818
rank A.
Andrew G.
Charles Henry 1847–1922
Scott A.
Emory Scott geb. 1882
Evangeline 1850–1919
Evangeline Lodge Land 1876–1954
Charles Henry 1879–1961
Dwight Whitney Morrow 1873–1931
Elizabeth Reeve Cutter 1873–1955
Elisabeth Reeve (M.) Morgan 1904–34
Anne Spencer Morrow geb. 1906
Dwight Whitney 1908–76
Constance Cutter (M.) Morgan geb. 1913
Anne Spencer geb. 1940
Scott Morrow geb. 1942
Reeve Morrow geb. 1945

NAMENREGISTER